Translatio Neidhardi

MIKROKOSMOS
BEITRÄGE ZUR LITERATURWISSENSCHAFT UND BEDEUTUNGSFORSCHUNG

Herausgegeben von Wolfgang Harms
und Peter Strohschneider

BAND 61

Jörn Bockmann

Translatio Neidhardi

Untersuchungen zur Konstitution
der Figurenidentität in der Neidhart-Tradition

PETER LANG
Frankfurt am Main · Berlin · Bern · Bruxelles · New York · Oxford · Wien

Jörn Bockmann

Translatio Neidhardi

Untersuchungen zur Konstitution
der Figurenidentität in der Neidhart-Tradition

PETER LANG
Europäischer Verlag der Wissenschaften

Die Deutsche Bibliothek - CIP-Einheitsaufnahme

Bockmann, Jörn:

Translatio Neidhardi : Untersuchungen zur Konstitution der
Figurenidentität in der Neidhart-Tradition / Jörn Bockmann. -
Frankfurt am Main ; Berlin ; Bern ; Bruxelles ; New York ;
Oxford ; Wien : Lang, 2001
  (Mikrokosmos ; Bd. 61)
  Zugl.: München, Univ., Diss., 1998
  ISBN 3-631-34506-2

Gedruckt auf alterungsbeständigem,
säurefreiem Papier.

D 19
ISSN 0170-9143
ISBN 3-631-34506-2
© Peter Lang GmbH
Europäischer Verlag der Wissenschaften
Frankfurt am Main 2001
Alle Rechte vorbehalten.

Das Werk einschließlich aller seiner Teile ist urheberrechtlich
geschützt. Jede Verwertung außerhalb der engen Grenzen des
Urheberrechtsgesetzes ist ohne Zustimmung des Verlages
unzulässig und strafbar. Das gilt insbesondere für
Vervielfältigungen, Übersetzungen, Mikroverfilmungen und die
Einspeicherung und Verarbeitung in elektronischen Systemen.

Printed in Germany 1 2 3 4 6 7

www.peterlang.de

Dem Andenken meiner Großeltern

Vorwort

Die vorliegende Arbeit ist eine überarbeitete Fassung meiner Dissertation, die im Sommersemester 1998 von der Fakultät 14 der Ludwig-Maximilians-Universität in München angenommen wurde.
Vielfältige akademische Anregungen, für die ich an dieser Stelle ausdrücklich danken möchte, sind aus Veranstaltungen meines Betreuers, Prof. Dietmar Peils, und Prof. Jan-Dirk Müllers (beide München) hervorgegangen. Daneben haben auch die Diskussionen als Gast im Oberseminar von Prof. Werner Röcke (Berlin) die Ergebnisse der Arbeit befördert. Prof. Wolfgang Harms, dem Korreferenten der Arbeit, danke ich für die Aufnahme in die Schriftenreihe Mikrokosmos.
Ohne die Anregungen, Besprechungen, Hilfen und vor allem die Ermutigungen mit folgenden Mitstreitern und Freunden ist die Arbeit mir auch im nachhinein kaum vorstellbar. Ich danke dafür: Birgit Bockmann, Corinna Dörrich, Judith Klinger, Gernot Müller, Christoph Petersen, Tatjana Schorr und Veronica Schuster. Schließlich tat es sehr gut, eine Leserin zu haben, bei der die Distanz zur Sache der Nähe zum Autor nicht geschadet hat. Stefanie Kreckow, meiner Frau, bin ich zu mehr als Dank verpflichtet.
Ein Stipendium der Graduiertenförderung an der Universität München sowie die Unterstützung meiner Eltern haben das Beginnen und Abschließen der Arbeit erst möglich gemacht.

München, im Dezember 2000   Jörn Bockmann

INHALTSVERZEICHNIS

	Vorbemerkung zur Zitierpraxis	13
I	**Der Neidhart-Komplex und die Konstitution der Figurenidentität**	15
	1. Die Identität der Neidhart-Figur in Tradition, Rezeption und Überlieferung	19
	2. Identität des Corpus: Die Konstruktion von Autor und Text in der Editions- und Wissenschaftsgeschichte	26
	3. Textcorpus der Arbeit	35
	4. Rollen und Masken: Die Neidhart-Identität in der Forschung und die biographische Suggestion	40
	5. Ansatz und Gliederung	47
II	**Aspekte der Figurenidentität und ihrer Analyse**	51
	1. Aspekte der Figurenidentität	53
	1.1 Moderne und mittelalterliche Identitätsauffassung: Methodische Probleme der Analyse mittelalterlicher Texte	53
	1.2 Identitität als epistemische Gegebenheitsweise	57
	1.3 Exkurs zum Rollenbegriff und zur Fiktionalität	60
	1.4 Figurenidentität und Textualität	63
	2. Textmodelle	68
	2.1 Warnings Modell der Identitätskonstitution	68
	2.2 Ein identitätsthematisches Modell der Liedanalyse	72
	3. Anwendungen	75
	3.1 Identitätskonstitution im höfischen Minnesang	75
	3.2 Zwei exemplarische Analysen: ‚Ich vant si âne huote' (MF 93,12) und ‚Swaz ich nu niuwer maere sage' (MF 165,10)	82
III	**Neidhart-Namen und -Instanzen: Erste Annäherung an die Figurenidentität**	91
	1. Verwendung der Namen	94
	1.1 Namensproblem und Sprecherpositionen	94
	1.2 Verwendungsweisen des Namens	95
	2. Nîthart/Neidhart - ein Teufelsname?	124
	3. Fazit zum Namensproblem	129

IV	Die Neidhart-Figur in den Liedern	131
	1. Figurenidentität in den Neidharten und im Minnesang	134
	1.1 Figurenkonstellation in den Neidharten: Strukturen und Modelle	134
	1.2 Ruhs Minnemodell - hinterfragt am Beispiel der Sommerlieder	143
	1.3 Das identitätsthematische Textmodell am Beispiel der Sommerlieder	149
	1.4 Zwischenbilanz	171
	1.5 Eine exemplarische Analyse: c 128 (WL 7)	174
	2. Figurenkonstellation in den Liedern	182
	2.1 Konstellationstypen	182
	2.2 Der Ritter und die Frauen I: Sänger-Dame-Beziehungen außerhalb der Gesprächslieder	184
	2.3 Der Ritter und die Frauen II: Liebhaber und Vagant (Sänger-Mädchen-Dialoge)	193
	2.4 Der Ritter unter Bauern: Das ‚Dreiecksverhältnis'	210
	2.5 Der Ritter und das Kollektiv: Friedliche Vergesellschaftung vs. Explosion der Gewalt	221
V	Die Schwänke im ‚Neithart Fuchs'	229
	1. Realien und Wissensstrukturen: Zur Geschichte des ‚Neithart Fuchs'	230
	2. Die Schwänke im ‚Neithart Fuchs'	243
	2.1 Texttyp und Übersicht	243
	2.2 Initialschwank I: Neithart Fuchs als Fürstendiener (Hosenschwank)	249
	2.3 Initialschwank II: Neithart Fuchs als Bauernfeind (Veilchenschwank)	256
	2.4 Die Schwankreihe nach den Initialschwänken: Allgemeine Merkmale	273
	2.5 Exemplifizierte Bauernfeindlichkeit (z 6-z 15)	276
	2.6 Herr Neithart, die Bauern und der Fürst: Zwei weitere Schwänke	306
	3. Poetik der Kompilation und Identität des Helden	311
	3.1 Figurenidentität und Kompilation	311
	3.2 Der Übergang zum Epilog	312
	3.3 Der Epilog	314
	3.4 Fazit	318

VI	Ausblick	323
	1. Resümee der bisherigen Ergebnisse	323
	2. Ausblick auf eine zuküntige Neidhart-Forschung	330

Literaturverzeichnis 335

Anhang I	Verzeichnis der Überlieferungsträger	365
Anhang II	Editions- und Überlieferungskonkordanz	369
Anhang III	Übersicht zum Aufbau des ‚Neithart Fuchs‘	389

Vorbemerkung zur Zitierpraxis

Auf Literatur jeder Art wird in einer abgekürzten Form verwiesen, die sich durch das Literaturverzeichnis auflösen läßt. Im Fall der Forschungsliteratur geschieht dies durch den Namen des Autors und das Erscheinungsjahr der aktuell benutzten Ausgabe. Aus wissenschaftsgeschichtlichen Gründen wird bei Arbeiten der Neidhart-Philologie auch das Jahr der Erstveröffentlichung angegeben (Beispiel: RUH 1974/86). Lediglich punktuell benutzte Literatur wird in den Fußnoten vollständig nachgewiesen.

Die Texte der Neidhart-Tradition werden aus Gründen, die in Kapitel I dargelegt sind, grundsätzlich nach Transkriptionen oder nach Editionen, die sich dem Leithandschriftenprinzip verpflichten, zititert. Eine von Ingrid Bennewitz angefertigte unveröffentlichte Transkription der Hs. R wurde mir freundlicherweise von den Mitarbeitern des Salzburger Neidhart-Projekts zur Verfügung gestellt.

Ihrer besseren Auffindbarkeit wegen werden die behandelten Lieder mit Kurztiteln belegt, die oft mit den Liednamen der verfügbaren Editionen identisch sind, aber nicht mit deren Textbestand. Die Angabe SL 23 bezeichnet beispielsweise in dieser Arbeit *nicht* den Text der ATB-Ausgabe, der unter deren Kurztitel steht, sondern den entsprechenden Überlieferungsverbund. Ist der gesamte Textbestand der Überlieferung eines bestimmten Lieds gemeint, findet sich der bevorzugt einbezogene Überlieferungsträger in Klammern nach dem Kurztitel, z.B. SL 23 (c 28). Ist hingegen der Text eines bestimmten Überlieferungsträgers gemeint, wird der Kurztitel eingeklammert, z.B. c 28 (SL 23). Der Bezug auf Textstellen geschieht immer durch römische Ziffern für die Strophen- und arabische Ziffern für die Zeilenzahl (z.B. Boueke 7 XII 4). Abweichungen von den zitierten Transkriptionen und Textausgaben werden jeweils gesondert vermerkt.

Die Siglen der Überlieferungsträger werden durch Anhang I aufgelöst. Die Kurztitel für die Texte der Neidhart-Tradition sind im Anhang II zu einer Editions- und Überlieferungskonkordanz zusammengestellt. Ansonsten werden die in der Neidhart-Philologie und Germanistik üblichen Abkürzungen verwendet (WL, WLL für Winterlied, Winterlieder, Hss. für Handschriften usw.).

I DER NEIDHART-KOMPLEX UND DIE KONSTITUTION DER FIGURENIDENTITÄT

Um die Mitte des 14. Jahrhunderts beschließt ein Wiener Schreiber, der sich selbst Laurencius nennt, die Abschrift eines Lucianus-Glossars mit den Worten, sie sei „Anno A translacione Neithardi in ecclesia[m] Sancti Stephani Wienne primo" fertiggestellt worden, zu jenem Zeitpunkt also, als der Leichnam eines gewissen Neidhart in den Wiener Stephansdom überführt wurde.[1] Diese Datierung ist in verschiedener Hinsicht erstaunlich. Zum einen setzt sie die Bekanntheit eines Ereignisses voraus, über das die Geschichtsbücher nichts zu berichten wissen. Dann verzichtet sie auf repräsentativere Referenzpunkte, wie sie etwa die Hochzeit, der Tod, der Regierungsantritt oder das Regierungsjahr eines Herrschers darstellen und wie sie weithin zur Selbstdatierung mittelalterlicher Handschriften üblich waren. Schließlich ist es unklar, wer die erwähnte Person ist, deren sterbliche Überreste in den Wiener Stephansdom überführt worden sein sollen.[2] Ob der Mann, dem das Ehrengrab in der Mitte des 14. Jahrhunderts errichtet wurde, derselbe ist wie der, dessen Überführung in der lateinischen Handschrift erwähnt wird, ist eine Frage der Identität und der zu verschiedenen Zeiten unterschiedlich ausfallenden Identifizierungsakte. Sicher ist nur: Der markante Zeitpunkt der Tanslatio Neidhardi gilt jemandem, dessen Name mit einem ganzen Komplex von Zeugnissen in Verbindung steht. Dafür sind die zitierte Explicit-Formel und das sogenannte Neidhart-Grabmal an der Südseite des Stephansdoms, das auch heute noch jeder Wien-Reisende besichtigen kann, nur zwei Beispiele. Die Gesamtheit der mit dem Namen Neidharts verbundenen Zeugnisse ist Ausdruck einer Tradition, welche genau die Frage nach der Identität ihres Protagonisten beantwortet, die auch hier gestellt werden soll: Wer war Neidhart nach Auffassung dieser Tradition selbst?

Die Identität eines historischen Gegenstands oder einer historischen Person kann grundsätzlich als Antwort auf Fragen verstanden werden, die den zu untersuchenden Texten und Zeugnissen inhärent sind und als solche in der Inter-

---

[1] Vocabularius Lucianus, Wien, Österreichische Nationalbibliothek, Pergament-Hs., Cod. 164 (Philol. 168), Bl. 94rb. Zitiert nach dem Eintrag in: Tabulae Codicum manu scriptorum praeter graecos et orientales in Bibl. Pal. Vindobonensis. Bd. I., Graz 1965, S. 22f. Zur Datierung vgl. SIMON 1968, S. 139f.; SIMON 1974, S. 64f.; Klaus GRUBMÜLLER: Vocabularius Ex quo. Untersuchungen zu lateinisch-deutschen Vokabularien des Spätmittelalters. München 1967, S. 43.

[2] Zum Neidhart-Grabmal vgl. WIESSNER 1958, SIMON 1974, JÖST 1976a, SAARY 1983, JÖST 2000. JÖST (2000, S. 241) hält es aufgrund archäologischer Untersuchungen im April 2000 für möglich, daß *zwei* Männer im Grabmal bestattet wurden.

pretation offengelegt zu werden vermögen.[3] Für den zentralen Gegenstand der Arbeit bedeutet das: Die Frage, wer jeweils mit dem Namen Neidharts[4] bezeichnet wurde, ist vom 13. Jahrhundert an bis in unsere Zeit unterschiedlich beantwortet worden, kann aber als Frage nach ein und demselben Gegenstand betrachtet werden, da die Zeugnisse selbst dies nahelegen. Ein Beispiel ist der Fragenkomplex um Neidhart und Neithart Fuchs. Das Wiener Grabmal wird von zahlreichen spätmittelalterlichen und frühneuzeitlichen Zeugnissen vom 14. bis in das 16. Jahrhundert hinein erwähnt; wobei diese dem Namen „Neidhart" (wahlweise „Neithart", „Nithart" usw.) zumeist noch den Beinamen „Fuchs" hinzufügen. Neithart Fuchs soll ein Ritter am Hof des österreichischen Herzogs Otto des Fröhlichen (1301-1339) gewesen sein, der als einer der lustigen Räte des Fürsten durch die Streiche, die er den Bauern der Umgebung spielte, zu Berühmtheit gelangte. Darüber hinaus soll dieser Neidhart nicht nur Hofnarr und Bauernfeind, sondern auch ein bekannter Sänger gewesen sein, der seine selbsterlebten Abenteuer zu Gehör und Papier brachte. Unabhängig von der archivalischen und historischen Aufarbeitung der Neithart-Fuchs-Nennungen bleibt es eine Tatsache, daß dieser Ritter bis in die Frühgeschichte der Germanistik hinein nicht von jenem Minnesänger des 13. Jahrhunderts unterschieden ist, der von späteren Philologen „Neidhart von Reuental" genannt zu werden pflegt.[5] Die Figuren-Identität Neidharts und ihre Konstitution ist also nicht nur in der Neidhart-Tradition und -Rezeption (diese Begriffe werden weiter unten zu entfalten sein), sondern auch in der Editions- und Wissenschaftsgeschichte äußerst komplex und vielseitig.

Als Clemens Brentano im Jahr 1804 die Neidhart-Handschrift f erwarb, die neben Liedern in der Tradition des Minnesangs auch solche mit schwankhaftem Inhalt enthält, beschrieb er den Codex als einen Band, der „die von dem Minnesinger Nithart, dem Hofnarr[en] des Otto des frölichen von Oesterreich, gesungenen eigenen Schalksstreiche mit Bauern, und manches Andere"[6] enthalte. Brentanos Neidhart-Bild ist der Sicht, die ein zeitgenössischer Rezipient des 15. Jahrhunderts auf eine Sammlung mit Neidhartiana haben mochte, noch erstaunlich nahe. Die Ansicht, daß ein historischer Minnesänger Neidhart, dessen

---

3   Zur grundsätzlichen Bestimmung von Identität vgl. II.1.
4   Es wird im folgenden immer die neuhochdeutsche Lautung und Graphie „Neidhart" für den Protagonisten und den Autor der gleichnamigen Tradition benutzt. Ausnahmen sind originalsprachliche Anführungen des Namens sowie „Neithart Fuchs" als Name des Schwankhelden und Titel des Schwankromans.
5   Eine Zusammenstellung der auf Neidhart und Neithart Fuchs bezogenen Zeugnisse findet sich bei HW, S. 324-332, sowie in DüD, S. 4, 33, 80, 88f., 90f., 101f. Ich verzichte an dieser Stelle auf genauere Nachweise und verweise auf diese Sammlungen. Zum Neithart-Fuchs-Problem vgl. JÖST 1976, S. 13-61.
6   In einem Brief an Ludwig Tieck, geschrieben in Marburg am 22. April 1804; zitiert nach SIMON 1968, S. 12f. Vgl. auch SIMON 1972/86, S. 217.

letzte Wirkungszeit man am Hof des Babenberger-Herzogs Friedrich II. (gestorben 1246) ausmachen wird, nicht mit dem Hofnarren eines rund 100 Jahre später Regierenden identisch sein konnte, setzte sich erst allmählich durch und markiert den Anfang der Neidhart-Philologie.[7] Was ist hier in Hinblick auf die Identitätskonstitution geschehen? Die noch im Entstehen begriffene Mittelalter-Philologie setzt zwischen dem mutmaßlichen Wirken des historischen Autors und Minnesängers und seiner Wiederentdeckung durch die Romantik das Reich der Neidhart-Legende - und erklärt damit ihren Identifizierungsakt des historischen Gegenstands für den einzig wahren und zutreffenden.[8] Neidhart (von Reuental) als der realhistorische Minnesänger und Neithart Fuchs bzw. Herr Neithart als die zentrale Figur der sogenannten Neidhart-Legenden werden zu zwei verschiedenen Entitäten, weil der erste in das Gebiet der Realgeschichte, der letzere in das Reich der Legende (des Mythos, der Fiktion usw.) fallen soll. Mit Hilfe solcher Differenzierungen soll eine Tradition erklärt werden, die derartige Unterscheidungen nicht kannte. Wie kann ein solcher Identitätsknoten gelöst werden?

Zentraler Ausgangspunkt dieser Arbeit ist die Tatsache, daß Neidhart bereits ab dem späten 13. Jahrhundert außerhalb jeweils historisch gewordener kultureller Formungen nicht mehr greifbar ist. Selbst wenn man von einer real existierenden historischen Person namens Neidhart ausgeht, die ab der Mitte des 13. Jahrhunderts zu existieren aufhörte, so gilt bereits für den Zeitpunkt der ersten überlieferten Handschriften, d.h. für die Tradierung der ersten unter Neidharts Namen überlieferten Lieder, daß der Autor und Protagonist ausschließlich in Texten zugänglich war: Als es aufgezeichnete Neidhart-Texte gab, existierte der historische Neidhart nicht mehr; und als es den historischen Neidhart gab, existierten (vermutlich) noch keine aufgezeichneten Texte, zumindest keine, die uns heute erhalten sind. Neidhart war also vom Überlieferungsbeginn der heute existierenden Zeugnisse an den Rezipienten dieser Texte ausschließlich als Figur greifbar und sollte daher auch als Figur behandelt werden. In diese Richtung gehen auch die jüngsten Überlegungen, die Edith und Horst Wenzel zum Verhältnis ‚Die Handschriften und der Autor - Neidharte oder Neidhart?' aufgestellt haben. Die Tatsache, daß bereits „die frühesten handschriftlichen Überlieferungsstufen eine Autor-Figur" präsentieren, der, je nach Handschrift, besondere Konturen verliehen werden", scheine darauf hin-

---

7   Vgl. zur Wissenschaftsgeschichte SIMON 1968 sowie MÜLLER/SCHULZE 1991.
8   Zur ‚Neidhart-Legende' vgl. MEYER 1887, ZINGERLE 1888 sowie SIMON 1968, S. 5-15. SCHWEIKLE (1990, S. 64-68) kennzeichnet das Phänomen als „Umwandlung Neidharts zur Sagenfigur" (ebd., S. 64). Die Begriffe der Sage und Legende, die von den genannten Autoren angeführt werden, scheinen mir zur Bezeichnung der Auffassungen Neidharts als historische Person, wie sie sich u.a. in den Chroniken äußern, sehr problematisch zu sein. Ein historisches Rezeptionsphänomen sollte nicht mit zwei eingeführten Gattungsnamen bezeichnet werden.

zuweisen, so formulieren sie vorsichtig, „daß eine Autor-Figur keinesfalls erst auf die Legendenbildung des Spätmittelalters zurückzuführen ist, sondern daß bereits relativ früh die Redaktoren bzw. Sammler an Neidhart-Profilen arbeiteten, die sich an einer mehr oder minder festen Vorstellung von einem Autor Neidhart und dessen Liedern orientierten."9 Bereits aus diesem überlieferunggeschichtlichen Grund wird im folgenden die Neidhart-*Figur* in einem umfassenden Sinn (s.u.) in den Mittelpunkt des Interesses gerückt.

In methodischer Hinsicht ist die vorangegangene Argumentation noch weiter zu entfalten. Zunächst läßt sich festhalten, daß die Figur Neidharts nicht nur den Zeitgenossen der erhaltenen Dokumente, sondern auch dem heutigen Rezipienten und Interpreten nur in divergenten Versionen zugänglich ist. Diese bestehen aus Texten und weiteren kulturellen Zeichen (wie Fresken, Holzschnitten, Reliefs oder dem erwähnten Grabmal), welche die Figur jeweils auf medien-, gattungs- und zeitspezifische Weise konstituieren. Wenn in dieser Arbeit die Konstitution der Figurenidentität Neidharts zentrales Thema ist, dann kann es bei einer solchen Fokussierung der Figur nicht um personale Identität in einem heute oft bis zur Verschwommenheit entstellten sozialpsychologischen Sinn gehen. Thema ist nicht das, was man um 1800 „Charakter" nannte und heute mit Begriffen wie „Individualität" oder „Subjektivität der Person" belegt; und zwar unabhängig von der Frage, ob es grundsätzlich möglich ist, auch auf literarische Figuren diese Kategorien anzuwenden oder nicht.10 In Termini, die noch zu klären sein werden, ist nicht die personale Identität eines historischen Subjekts Thema der Arbeit, sondern ausschließlich die Konstitutionsweisen der Figurenidentität, welche den überlieferten Texten zugrunde liegen.11

Mit diesen Einschränkungen seien zugleich die Konsequenzen in bezug auf die Überlieferungsgeschichte genannt: Es soll im folgenden nicht um den historischen Autor Neidhart, sein ursprüngliches Werk oder seine ersten Rezipienten gehen. Keine dieser drei Konstituenten ist heute noch greifbar. Statt dessen soll die innere Struktur der mit Neidharts Namen verbundenen Tradition im Vordergrund stehen, insofern sie sich an der Identität ihrer zentralen Figur festmachen läßt. Autor, Figur und Rezipient werden dabei als Textfunktionen aufgefaßt, d.h. als Elemente eines Diskurses, die sich in der Interpretation anhand der überlieferten Texte als Teil ihres Deutungspotentials offenlegen lassen.12

---

9   WENZEL, E. / WENZEL, H. 2000, S. 91f.
10 Vgl. Günther BUCK: Über die Identifizierung von Beispielen - Bemerkungen zur ‚Theorie der Praxis'. In: MARQUARD/STIERLE (Hgg.) 1979, S. 61-81, S. 61.
11 Der Terminus „Figur" in der Bedeutung fiktive Person ist damit zum Teil außer Kraft gesetzt. Vgl. zum Begriff der Figur: Jörn STÜCKRATH: Figur und Handlung. In: BRACKERT/STÜCKRATH (Hgg.) 1994, S. 40-53.
12 Der Ansatz, Autor, Figuren und Leser als interne Größen zu betrachten, ist auch in den verschiedenen Entwürfen der Rezeptionsästhetik und Rezeptionsgeschichte verfolgt wor-

Die grundsätzlichen Konstitutionsweisen der Neidhart-Figur sind gleichwohl nach den unterschiedlichen Sinn- und Überlieferungszusammenhängen sowie nach den damit verbundenen Rezeptions- und Erkenntnisinteressen zu differenzieren. Diese sollen zur Entfaltung und Eingrenzung des Gegenstands, der Themen und des methodischen Ansatzes im folgenden umrissen werden. Dieses Kapitel gliedert sich in folgende Abschnitte: (1) eine Erläuterung des Themas und Gegenstands nach den zentralen Begriffen der Tradition, der Überlieferung und Rezeption; (2) eine Darstellung des Textcorpus, das durch die Editions- und Wissenschaftsgeschichte hergestellt wurde, sowie seiner problematischen Voraussetzungen; (3) die zu entwickelnde Textgrundlage, welche in der Forschungsgeschichte zumeist an das Konzept realhistorischer Autorschaft gebunden war und von diesem zu lösen ist; (4) eine kurze Diskussion von Forschungsergebnissen hinsichtlich der Identität der Figur und des Autors und schließlich (5) die Erläuterung der weiteren Vorgehensweise samt Gliederung der Arbeit.

1 Die Identität der Neidhart-Figur in Tradition, Rezeption und Überlieferung

Die Neidhart-Figur erscheint in den Zeugnissen, die sich auf sie beziehen, in sehr unterschiedlicher Weise. Es macht einen Unterschied, ob ein Lied in einer mittelalterlichen Liederhandschrift unter Neidharts Namen überliefert ist, ob in einem anonymen Neidhartspiel ein Schwankstoff in Szene gesetzt wird, ob ein mittelalterlicher Autor sich auf die Autorität Herrn Neidharts bezieht oder die Stoffe und Motive der mit diesem Namen verbundenen Tradition verwertet werden, ob diese in Archivalien auftauchen oder ob sich Chronisten des 15. und 16. Jahrhunderts mit dem Ritter Neidhart beschäftigen.[13] Auch wenn in allen Fällen der Bezugspunkt Neidhart bleibt, stellt sich seine Identität doch in kaum vergleichbaren Produktions- und Rezeptionsmodi her.

Die Forschung hält für diese Rezeptionsphänomene im weitesten Sinne verschiedene Begriffe bereit, von denen derjenige der Tradition zweifelsohne der wichtigste ist. Im Fall Neidharts wurde dieser Ausdruck durchaus verschieden verwendet. In vielen Fällen wird etwa das Werk des historischen Autors einer anonymen Liedtradition gegenübergestellt, also eine Unterscheidung zwischen den authentischen Werken des Autors und den epigonalen Produkten verschie-

---

den. Vgl. hierzu LINK 1980, S. 43-52. Als impliziter Leser oder impliziter Autor gingen diese Größen auch in die strukturalistisch beeinflußten Kommunikationsmodelle ein, vgl. etwa PFISTER 1982, S. 20-22.

13 Im Schlußabschnitt dieser Arbeit (VI.2) werde ich kurz auf die Rezeptionszeugnisse zurückkommen.

dener Nachahmer getroffen.[14] Die Tradition steht dann dem Œuvre gegenüber. Richard Brill untersucht unter dem Titel ‚Die Schule Neidharts' (1908) sogenannte unechte Lieder ebenso wie Anklänge an neidhartiansche Stoffe und Motive in Texten außerhalb der Neidhart-Überlieferung (bei Hans Heselloher, Wittenwiler, in den Fastnachtspielen und diversen Liedgattungen).[15] In Arbeiten, die überlieferungsgeschichtlich orientiert sind, wird die Neidhart-Tradition mit der Überlieferung identifiziert.[16] So stellt Dietrich Boueke in seiner Arbeit zu den ‚Materialien zur Neidhart-Überlieferung' fest, daß sein Gegenstand „das von den Quellen Neidhart zugeschriebene Material" sei, nicht aber die Spiele und die ‚Schule Neidharts', worunter er die motivischen, stofflichen und formalen Anleihen an den Autor versteht. Boueke grenzt einen „traditionsgeschichtlichen" von einem „literaturgeschichtlichen" Zusammenhang ab und begründet auf diese Weise die Gleichsetzung von Tradition mit Überlieferung. Die Neidhartspiele entfallen in dieser Definition genauso wie Brills ‚Neidhart-Spiegelungen'.[17]

Ein Kuriosum der Forschungsgeschichte ist, daß die einzige neuere Arbeit, die Neidhart-Tradition im Titel führt (Herrmann 1984), nicht beschreibt, was darunter zu verstehen ist, während die umfangreichste neuere Arbeit zur Neidhart-Überlieferung (Holznagel 1995) den Begriff der Tradition nicht enthält und sich statt dessen von vornherein und ausschließlich der Überlieferung der Lieder zuwendet.[18]

Ich möchte für das Anliegen dieser Arbeit eine Unterscheidung von Neidhart-Tradition und Neidhart-Rezeption vorschlagen, die auf den wörtlichen Sinn dieser beiden Ausdrücke zurückgreift, die Differenz der damit voneinander abgegrenzten Gegenstände aber in Hinblick auf die Identitätsproblematik

---

14 Vgl. hierzu TITZMANN 1971, S. 485ff.
15 Vgl. BRILL (1908, S. 192-217), der diese Anklänge ‚Neidhart-Spiegelungen' nennt.
16 Für die hier interessierenden Texte sind zu nennen: GUSINDE 1899, BRILL 1908, SINGER 1920, ANACKER 1933. Diese Arbeiten behandeln durchweg die Entwicklung von den Neidhartliedern zu den Pseudo-Neidharten, den Schwänken und Spielen, die sie neben überlieferungs- und motivgeschichtlichen Konstatierungen stilistisch werten, wobei die entsprechenden Stichworte lauten: „Vereinfachung", „Vergröberung", Zunahme des „Stofflichen" und der „Obszönität", „Episierung" und „Grobianismus". Die gründlichste neuere Untersuchung zur Überlieferungsgeschichte ist die Studie von HOLZNAGEL (1995), die frei von solchen Wertungen ist.
17 BOUEKE, S. 2f. Zu BRILL vgl. Anm. 15.
18 HERRMANN (1984, S. 1-49) geht in ihrem einleitenden Kapitel lediglich auf das Karnevalisierungskonzept Bachtins ein. Der von Herrmann gewissermaßen praktizierte Begriffsumfang von ‚Neidhart-Tradition' zeigt sich an den behandelten Gegenständen ihrer Kapitel (Kapitelnummer in Klammern). Dies sind: die Pseudo-Neidharte (2), die Neidhartspiele (3) und der ‚Neithart Fuchs' (4). HOLZNAGEL (1995, S. 14f.) versteht unter Tradierungsweisen hauptsächlich Überlieferungsfragen, verbindet diese aber mit einer „rezeptionshistorischen Sicht" (ebd.).

weiter ausbaut. Tradition meint zunächst die Überlieferung (*traditio*), dann das damit verbundene Sinnsystem, das ein Bedürfnis nach Tradierung hervorgebracht hat. Tradition manifestiert sich in kulturellen Zeichen, häufig in Texten, und ist auf diese Weise immer an der „Zirkulation kulturellen Sinns" (Assmann) beteiligt.[19] Rezeption ist dagegen die Deutung von kulturellen Einheiten, der interpretative Prozeß bei der Wahrnehmung und Weiterverarbeitung von Zeugnissen, die in anderen Sinn- und Überlieferungszusammenhängen stehen als diese selbst. Wenn etwa ein Autor wie Wolfram von Eschenbach sich auf die literarische Autorität Neidharts beruft[20] oder ein spätmittelalterlicher Chronist wie Veit Arnpeck den in Wien begrabenen Bauernfeind erwähnt,[21] dann stehen solche Zeugnisse offenkundig in Sinnzusammenhängen, die von anderen historischen Rahmenbedingungen, Redemodi und Interessen geprägt sind als ein Lied, das man Neidhart selbst zuschreibt.

Zeugnisse, die auf Neidhart in irgendeiner Weise Bezug nehmen, ohne unter seinem Namen überliefert zu sein, zähle ich somit zur Neidhart-Rezeption. Alle Zeugnisse, die dagegen nach Auskunft der Überlieferung Neidhart als Autor zugeschrieben werden, zähle ich zur Neidhart-Tradition, unabhängig von Zeitpunkt und Urheber dieser Zuschreibung. Die Neidhart-Tradition ist Thema der Arbeit, während die Neidhart-Rezeption nur gelegentlich gestreift werden kann. Gegenstand der Arbeit sind alle Texte, die in der Überlieferung Neidhart zugesprochen werden.[22] Damit ist der Gegenstand der Arbeit größer als das bisher in der Neidhart-Philologie hauptsächlich untersuchte Corpus, das zumeist auf die sogenannten echten Lieder beschränkt bleibt, also auf die vorgeblich authentischen Produkte des historischen Sängers (s.u.). Zugleich stellt das von mir gewählte Corpus gegenüber der Gesamtheit aller auf Neidhart bezogenen Zeugnisse eine Begrenzung dar, insofern die Neidhartspiele und weitere Zeugnisse, die von Neidhart handeln, aus der Betrachtung weitgehend ausgeschlossen bleiben. Diese Einschränkung der untersuchten Zeugnisse des gesamten

---

19 Zum Begriff der Tradition vgl. ASSMANN 1999, S. 64-66; EHLICH 1983 sowie das nach wie vor erhellende Buch von Josef PIEPER: Über den Begriff der Tradition. Köln 1958. Zum Zusammenhang von Überlieferung, Kultur und Tradition vgl. Aleida und Jan ASSMANN: Schrift, Tradition und Kultur. In: Zwischen Festtag und Alltag. Zehn Beiträge zum Thema ‚Mündlichkeit und Schriftlichkeit'. Hg. von Wolfgang Raible u.a. Tübingen 1988 (= Script-Oralia 6), S. 25-50.
20 WOLFRAM, WILLEHALM 312,11-14.
21 „Hic [Otto dux austriae] quendam militem in curia sua habuit dictum Neithardum Fux ex Frankonia omnibus ioculationibus et solaciis imbutum, qui et Wienne quiescit." Veit ARNPECK: Chronicum austriacum. In: ders: Sämtliche Chroniken. Hg. von Georg Ledinger. München 1915 (= Quellen und Erörterungen zur bayerischen und deutschen Geschichte NF 3), S. 787.
22 Die 55 Melodien der Neidhart-Überlieferung konnte ich nicht in die Untersuchung einbeziehen.

Neidhart-Komplexes hat ihren Grund in einem besonderen Merkmal der Neidhart-Überlieferung, das sie von anderen Liedüberlieferungen unterscheidet und das auf eine wissenschaftsgeschichtlich wie phänomenal herausfordernde Weise in die Identitätsproblematik führt.

Ein Autor wird, wie Burghart Wachinger in bezug auf mittelalterliche Autortypen und Konzepte von Autorschaft feststellt, „erst durch die Überlieferung konstituiert."[23] Eine Besonderheit der Liedüberlieferung liege darin, auch wenn „anonymes Produzieren und Verbrauchen von Texten (...) eher die Regel"[24] gewesen sei, daß hier doch ein gegenüber anderen Gattungen ausgeprägtes Konzept von Autorschaft besteht. In dieser Hinsicht unterscheidet sich die Liedüberlieferung unter Neidharts Namen zunächst keineswegs von denen mit anderen Autorennamen verbundenen Überlieferungskomplexen wie etwa den Corpora unter Reinmars oder Walthers Namen.[25] Eine Besonderheit der Neidhart-Tradition, welche sie sowohl als Überlieferung wie auch als Sinnsystem vor anderen auszeichnet, ist hingegen der stets vorhandene Doppelaspekt von Autorschaft und Protagonistenschaft, der nach dem Zeugnis dieser Überlieferung selbst die Identität Neidharts wie auch die der neidhartianischen Gattung ausmacht.

Dieser Doppelaspekt besteht im wesentlichen daraus, daß in (beinahe) jedem der Neidhart zugeschriebenen Lieder dieser nicht nur als Autor der entsprechenden Überlieferung gekennzeichnet, sondern auch als Protagonist des Geschehens figuriert wird: Die Lieder stammen - nach Auskunft der Überlieferung - nicht nur von Neidhart, sondern handeln auch von ihm. Dieser Doppelaspekt von Sänger-Identität ist ein einmaliger Fall in der gesamten Überlieferungsgeschichte der deutschen Literatur des Mittelalters. Auch vergleichbare Autorenfiguren, die man in der Literaturgeschichte ebenfalls zu Legendengestalten erklärt hat, wie der Tannhäuser oder Heinrich von Morungen, weisen in den von ihnen berichtenden Liedern nicht diesen Doppelaspekt auf.[26] Die Tannhäuser-Ballade etwa berichtet zwar vom Tannhäuser, stammt aber nicht vom Tannhäuser.[27] Dagegen behauptet noch die letzte überlieferte Liedkompilation der Neidhart-Tradition, die ‚Neithart Fuchs'-Inkunabel (welche immerhin bis in das 16. Jahrhundert hinein drei Auflagen gefunden hat), daß sich in ihr die selbsterlebten und selbstgedichteten Lieder Neidharts finden las-

---

23 WACHINGER 1991, S. 1.
24 Ebd., S. 5.
25 Vgl. SCHWEIKLE 1989, S. 16ff.
26 Vgl. zu diesem Phänomen der Sagenbildung um Autoren des Minnesangs: Fritz ROSTOCK: Mittelhochdeutsche Dichterheldensagen. Halle/Saale 1925 (= Hermaea 15); zu Morungen vgl. Edward SCHRÖDER: Das Lied des Möringers. In: ZfdA 43 (1899) S. 184-192.
27 Vgl. TANNHÄUSER, ed. SIEBERT, S. 207-235, sowie Burghart WACHINGER: Von Tannhäuser zur Tannhäuser-Ballade. In: ZfdA 125 (1996), S. 125-141.

sen.[28] Die Frage nach der Figurenidentität führt also mitten in die aktuellen Debatten um Konzepte von Autorschaft, Überlieferung und Textualität. Der Problemtitel „Figurenidentität" wird im folgenden so aufgefaßt, daß er frei ist von jeder Stellungnahme hinsichtlich der Fiktionalität, des Realitätsanspruchs oder des historischen Substrats der mit dem Namen Neidhart bezeichneten Entität. Figur soll in operationaler Definition alles heißen, was in Texten mit Eigennamen bezeichenbar ist (etwa in dem Sinne, wie Luther eine Figur der Weltgeschichte und eines Romans sein kann). Der erwähnte Doppelaspekt der Figurenidentität im Fall der Neidhart-Tradition läßt sich unter den ausgeführten Voraussetzungen so explizieren, daß sowohl der Protagonist als auch der Autor interne Größen der betrachteten Texte sind. Als Protagonist wird Neidhart textintern als Handelnder betrachtet, dem zumeist auch Antagonisten an die Seite gestellt werden; als Autor wird er in gleicher Weise (d.h. ebenfalls textintern) als ‚Schöpfer' des jeweiligen Lieds vergegenwärtigt. Als Autor eines Lieds, das dem Rezipienten im 14. und 15. Jahrhundert aufgeführt oder als Leser vor Ohren oder Augen gestellt wird, ist Neidhart der vom Vortragenden oder Leser geschiedene Sprecher des Textes.

Der Begriff der Figur wurde bewußt als zentraler Aspekt der Neidhart-Identität gewählt. Zum einen, um die Problematik der herkömmlichen Begriffe wie „Sänger", „Dichter", „Autor" zu umgehen; zum anderen, weil der Aspekt der Autorschaft in der Tradition selbst immer weiter hinter den der Protagonistenschaft zurücktritt, wie sich insbesondere am ‚Neithart Fuchs' zeigen wird. Hauptsächlich der den Texten eingeschriebene Doppelaspekt der Neidhart-Figur (Neidhart als Autor und Protagonist) verbietet eine Konzentration der Untersuchung auf nur eine Seite. Mit dem Begriff der Figur soll verhindert werden, daß eine ungleiche Opposition von Autor und Protagonist (als den Bewohnern zweier unterschiedlicher Sphären, dem der Fiktion und dem der Realität) die Textanalyse bestimmt. Von einer Figur zu sprechen kommt dem Blick der Tradition selbst am nächsten. In dieser Hinsicht stellt die vorliegende Arbeit einen Bruch mit der Interpretationsgeschichte der Lieder dar. Die Identität der Neidhart-Figur ist bisher in der Forschung vornehmlich in bezug auf den historischen Autor diskutiert worden, auch dann, wenn andere Konzepte und Fragestellungen im Vordergrund stehen.[29] Der Bezug der Identität des Corpus zur Identität des Autors ist aber durch die Identifizierungsakte der Editionsgeschichte - wie im folgenden noch genauer zu zeigen sein wird - frühzeitig festgelegt worden und wirkt bis heute nach. Von diesen Voraussetzungen muß sich eine traditionsgeschichtliche Arbeit erst befreien, um ihren Gegenstand gewissermaßen freizulegen.

---

28 Vgl. hierzu Kapitel V sowie die Angaben im Anhang I.2.
29 Vgl. hierzu den nächsten Abschnitt.

Eine der überkommenen Meinungen zur Neidhart-Tradition ist der Gegensatz zwischen einem Autor-Œuvre und einer dieses nachahmenden anonymen Epigonen-Gattung. So stellt etwa Burghart Wachinger im zitierten Aufsatz über ‚Autor und Überlieferung' zum Fall Neidhart fest, daß hier „bekanntlich das Profil eines Œuvres durch die Fülle von Dichtungen in Neidhartscher Manier verdunkelt" sei. Das „Werk Neidharts ist mit dem seiner Nachahmer zusammen zu einem eigenen Genre" geworden. Vor diesem Hintergrund kommt Wachinger zur Feststellung:

> In der Tradition der Neidhart-Sammlungen überwiegt das Interesse an der Figur, die hier von ihren Erfahrungen spricht, von Anfang an so sehr, daß der Autor als solcher kaum beachtet wird. Das gilt auch schon für die authentischste Sammlung, die wir haben, die Riedegger Handschrift, die von Moriz Haupt letztlich doch mit gutem Recht zum Kronzeugen für den echten Neidhart auserwählt wurde. In dieser Sammlung steht zwar nichts, vielleicht sogar überhaupt nichts Unechtes; aber es fehlt doch einiges, was möglicherweise echt ist (...).[30]

Das Urteil Wachingers ist von bemerkenswerter Ambivalenz hinsichtlich seiner Modernität auf der einen und seiner Traditionalität auf der anderen Seite und mag prototypisch für die Lage der jetzigen Neidhart-Philologie im Rahmen aktueller mediävistischer Diskussionen zur Autorschaft stehen. Eine kritische Befragung der von Wachinger nur sehr knapp vorgelegten Argumente und Behauptungen zur Neidhart-Überlieferung soll dabei zum besonderen Problemzusammenhang zwischen Überlieferungslage, Editions- und Wissenschaftsgeschichte im Zeichen der Autor- und Figureninstanz Neidhart führen.

Wachinger hält zunächst den Doppelaspekt von Figur und Autor in der Überlieferung fest und benennt damit einen wichtigen Motor der Neidhart-Tradition. Er diagnostiziert zugleich eine Marginalisierung der Autorschaft im Rezeptionsprozeß. Autorschaft faßt er dabei in der zitierten Passage, wie die Erwähnung von Echtem und Unechtem zeigt, primär im Sinne realhistorischer Urheberschaft auf. Wachinger legt damit jene einheitliche Beziehung zwischen Autorsubjekt und Textproduktion in einem Werkzusammenhang (Œuvre) zugrunde, die er zuvor noch verabschiedet hat. Entsprechend dem Tenor aller neueren literaturwissenschaftlichen und mediävistischen Diskussionen um den Begriff des Autors hat auch Wachinger Autorschaft als Rezeptionsgröße bestimmt, wenn er festhält, daß Autorschaft nur in der Überlieferung gegeben ist.[31] Bei dieser Auffassung von Autorschaft kann es aber keinen Unterschied

---

30   WACHINGER 1991, S. 21.
31   Vgl. Anm. 23. Zur Kategorie der Autorschaft in mittelalterlichen Texten vgl. die Beiträge in HAUG/WACHINGER (HGG.) 1991, INGOLD/WUNDERLICH 1995; ANDERSEN ET AL.

zwischen einem Œuvre und einem Genre geben, wie sie Wachinger zur Beschreibung der Neidhart-Tradition benutzt.[32] Das, was uns heute als Text einer Gattung entgegentritt, soll dem Urteil Wachingers zufolge zugleich eine „Verdunklung" eines authentischen Werks sein, welches sich wiederum in einer besonders authentischen Sammlung, der Hs. R, zeige. Die Hs. R ist nun die Grundlage der ersten kritischen Neidhart-Ausgabe von Moriz Haupt (1858), eine Entscheidung, welcher der Philologen-Kollege des 20. Jahrhunderts Richtigkeit attestiert. Angesichts der Bestimmtheit des Urteils läßt sich fragen, woher es seine Gewißheit und seine Kriterien bezieht, die nicht weiter ausgeführt werden. Die Antwort läßt sich wohl in der faktischen Editionslage finden, welche genau jene Voraussetzungen enthält, die auch noch in der heutigen Mediävistik gelegentlich die expliziten Meinungen über das Corpus, in den meisten Fällen aber zumindest die Praxis der Interpretation bestimmt.

Die in der Forschungsgeschichte keineswegs unübliche stillschweigende Gleichsetzung von Urheberschaft und Autorschaft, die sich bei einem überlieferungsgeschichtlichen Konzept von Autorschaft nicht mehr von selbst versteht, hat im Fall Neidharts zu einer Ausgrenzung eines Teils der Lieder aus dem Gesamtbestand der Überlieferung geführt. Folgt man nun allerdings konsequent dem Gedanken, daß ein Autor durch die Überlieferung konstituiert wird, dann tut sich auch heute noch eine Kluft auf zwischen dem philologischen Blick auf Neidhart und der Sichtweise der Tradition selbst: Während die Lieder, die unter dem Namen Neidharts überliefert wurden, sich einem mittelalterlichen Rezipienten in einem umfassenden Zusammenhang eines mit der Neidhart-Figur verknüpften Sinnsystems darstellen (welches durch bestimmte, sehr weitläufige Erwartungen an Inhalt, Form und Wertungen durch die Rezipienten geprägt

---

(HGG.) 1998, in bezug auf Neidhart und den Minnesang LIENERT 1998. Aus den Publikationen zum Thema Autorschaft im allgemeinen seien die gut kommentierte Anthologie von JANNIDIS ET AL. (HGG.) 2000, KLEINSCHMIDT 1998 sowie folgender jüngerer Sammelband hervorgehoben: Die Rückkehr des Autors. Zur Erneuerung eines umstrittenen Begriffs. Hg. von Fotis JANNIDIS, Gerhard LAUER und Matias MARTINEZ. Tübingen 1999 (= Studien und Texte zur Sozialgeschichte der Literatur 71). Einen konzisen Überblick über postmoderne Autorkonzepte und ihre Rezeption vermittelt Jürgen FOHRMANN: Über Autor, Werk und Leser aus poststrukturalistischer Sicht. In: Diskussion Deutsch 116 (1990), S. 577-588.

32 Auch der in Wachingers Formulierung beiläufig berufene „Autor als solcher" ist gewissermaßen ein Restbestand einer älteren ontologischen Auffassung von Autorschaft. Mit dieser Auffassung haben auf der Ebene der theoretischen Diskussion Autoren wie Roland Barthes und Michel Foucault bereits Ende der 60er Jahre Schluß gemacht. Vgl. BARTHES ‚Tod des Autors' (zuerst in einer englischen Fassung 1967 veröffentlicht; erstmals in deutscher Übersetzung bei JANNIDES ET AL. [HGG.] 2000, S. 185-193) oder Michel FOUCAULTS (2000, zuerst 1969) ‚Was ist ein Autor?'. Ähnlich wie im Fall des Intertextualitätsbegriffs besteht eine relativ große Zeitspanne zwischen der Entwicklung des Konzepts und den ersten Umsetzungen in der älteren Germanistik.

ist), werden dieselben Texte durch die von dieser Perspektive gänzlich verschiedenen Authentizitätskriterien des Forschers eingeteilt in die überlieferungsfremde Opposition ‚echter' und ‚unechter' Lieder. Diese editorische Selektion betrifft nun sowohl das Bild der Überlieferung als auch das der Figur, die beide nur in einer reduzierten Gestalt wahrgenommen werden.

Im Fall der Neidhart-Tradition ist die Problematik der Editionslage in besonders komplexer Weise mit der Forschungsgeschichte verbunden. Urteile, die dieser entstammen, werden in jener weitertradiert, auch wenn sich die expliziten Konzepte von Werk, Text, Autorschaft und Überlieferung mittlerweile stark gewandelt haben. Aus diesem Grund möchte ich die Identität des Neidhart-Corpus in jenen zwei Versionen beschreiben, die zu äußerst unterschiedlichen Auseinandersetzungen in der Forschung führen: einmal in der reduzierten Fassung der jetzigen Editionen und dann in der Fassung der Überlieferung selbst.

2   Die Identität des Corpus: Zur Konstruktion von Autor und Text in der Editions- und Wissenschaftsgeschichte

Die Identität der Neidhart-Figur wie auch der Neidhartlieder baut in der Editions- und Wissenschaftsgeschichte auf einer Konstruktionsweise auf, die immer noch ganz im Bann eines Autorkonzepts steht, welches forschungsgeschichtlich seit einigen Jahren abgelöst wird. Die den meisten wissenschaftlichen Deutungen des Neidhart-Komplexes zugrundeliegende Perspektive hat in irgendeiner Weise ihren Bezugspunkt auch heute noch im historischen Autor, von dem die Tradition vermutlich ihren Ausgang genommen hat. Wenn Autorschaft explizit oder implizit als realhistorische Urheberschaft an einem Text aufgefaßt wird, dann macht letztlich das Zuschreibungsurteil an einen (einzigen) und bestimmten historischen Autor die Authentizität bzw. die Echtheit eines Lieds aus. Die allgemeinste Formel der Echtheit ist also identisch mit der postulierten Urheberschaft des historischen Autors; die allgemeinste Formel für Unechtheit besteht in der postulierten Urheberschaft anderer (anonymer) Autoren an einem Lied.

Das, was heutige Leser im akademischen Lehrbetrieb als Neidhartlieder kennenlernen, ist genauso wie der Gegenstand der meisten wissenschaftlichen Arbeiten über Neidhart auf die 67 Lieder in der Altdeutschen Textbibliothek (ATB-Ausgabe) beschränkt, welche in der Editionsgeschichte den fast uneingeschränkten Echtheitsstatus zugesprochen bekommen haben. So legen noch die meisten der von Ulrich Müller und Ursula Schulze 1991 in einer Sammelrezension[33] besprochenen Arbeiten diese Ausgabe zugrunde, welche von den

---

33   MÜLLER/SCHULZE 1991.

insgesamt fast 160 unter Neidharts Namen überlieferten Liedern nur etwa 40 Prozent berücksichtigt. Die Forschungspraxis hat sich bis zu diesem Zeitpunkt auch nicht durch die bekannten Nachteile der ATB-Ausgabe verändert. In dieser unterscheiden sich Textgestalt und Textbestand in einem erheblichen Maße von den entsprechenden überlieferten Liedern in den Handschriften. Insbesondere die Winterlieder sind mehrheitlich aus dem Bestand verschiedener Handschriften kontaminiert; Strophenumstellungen sind häufig willkürlich nach nicht markierten inhaltlichen Entscheidungen vorgenommen; Konjekturen sind nur ungenügend oder gar nicht gekennzeichnet. Insgesamt entspricht die meistbenutzte Ausgabe der Neidhartlieder nicht mehr den Ansprüchen moderner Editionsphilologie.[34]

Da sich die kleine Ausgabe aber ungeachtet dessen (und wohl hauptsächlich in Ermangelung einer praktikablen neueren Gesamtausgabe) immer noch ungebrochener Beliebtheit erfreut und damit große Teile der akademischen wie nicht-akademischen Beschäftigung mit der Neidhart-Tradition auf fraglichen impliziten Voraussetzungen hinsichtlich des Überlieferten beruhen, möchte ich im folgenden nicht so sehr eine editionsphilologische Kritik einzelner Ausgaben betreiben als vielmehr diese Voraussetzungen in der Editionsgeschichte kritisch rekonstruieren. Ziel dieser Rekonstruktion ist die Begründung des in dieser Arbeit zugrundezulegenden Textbestands.

Wie es zur heutigen Editionslage kommen konnte, welche Voraussetzungen sie enthält und welche Folgen sich aus ihr ergeben, das läßt sich an der Behandlung des überlieferten Liedcorpus in den beiden klassischen Ausgaben von Moriz Haupt (1858 = H) und dessen Nachfolger Edmund Wießner (1923 = HW) zeigen, auf welchen die gewissermaßen durch ständigen Gebrauch kanonisierte ATB-Ausgabe (1984/1999) aufbaut.[35] Am Anfang der editorischen Aufbereitung der überlieferten Neidharte, wie Moriz Haupt sie in seiner Ausgabe ‚Neidhart von Reuenthal' vornahm,[36] steht unschwer erkennbar eine Reduktion des Überlieferten, die im Zeichen der beschworenen realhistorischen Autorinstanz vorgenommen wurde. Haupt sortierte den zu seiner Zeit bekannten Textbestand in 66 echte Lieder und einen Rest, den er für unecht, das heißt

---

34 Zur Problematik der ATB-Ausgabe vgl. die Arbeiten von Ulrich Müller, insbes. MÜLLER, U. 1977. 1990, 1991, 1995.
35 Die ATB-Ausgabe besorgte in der ersten Auflage 1955 Edmund Wießner, sie wurde 1963 und 1968 von Hanns Fischer, 1984 erneut von Paul Sappler revidiert (4. Auflage). Sie ist nicht als im umfassenden Sinne des Wortes kritische Ausgabe konzipiert, sondern lediglich als „Studienedition für den akademischen Unterricht" (Vorwort zur zweiten Auflage von Hanns Fischer, S. VII) und weist als solche nur einen „knappen Auswahlapparat" (Vorwort zur vierten Auflage von Paul Sappler, S. VIII) auf. Auch die letzte Revision (5. Auflage von 1999) enthält nur wenige Änderungen.
36 Vgl. hierzu und zum folgenden das sehr instruktive Nachwort der Mitglieder des Salzburger Neidhart-Projekts im Nachdruck von HW 1986, S. 409-421.

für das Werk von anonymen Nachahmern hielt. Einen Teil der von ihm als
„unecht" betrachteten Lieder druckte er im Anhang zu seiner Vorrede ab;[37]
während ein weiterer Teil gar nicht der editorischen Mühe für wert befunden
und so nicht in die Ausgabe aufgenommen wurde.[38] Der Rest der seit der Ausgabe Haupts beiseite gelassenen Lieder findet sich bis heute nur noch in der als
Edition geschmähten und kaum benutzten ‚Minnesinger'-Ausgabe von der
Hagens oder in den entsprechenden Transkriptionen der handschriftlichen
Überlieferung.[39]

Der recht willkürlich scheinende Einteilungsakt der Lieder in „echte" und
„unechte" begann bei Haupt mit einer Setzung, die er kaum explizit begründete, die aber im Zusammenhang mit seiner editorischen Praxis von einer gewissen logischen Geschlossenheit gekennzeichnet ist. Unter allen damals bekannten Handschriften wurde die aus Niederösterreich stammende Riedegger
Handschrift (= R)[40] privilegiert, indem der Herausgeber für sie eine besonders
starke Nähe zum historischen Autor postulierte:

> Unter allen diesen urkunden [der hss. Überlieferung] zeichnet
> sich die Riedegger handschrift aus, nicht sowohl durch fehlerlosigkeit im einzelnen oder durch besonders sorgfältige schreibweise als dadurch dass sich in ihr nur selten willkürliche änderungen erkennen lassen. deshalb muste die gestaltung des textes auf diese handschrift gegründet werden (...).[41]

Die Nähe der Riedegger Handschrift zum Autor wurde also weniger durch
positive Eigenschaften als vielmehr durch ein Ausschlußkriterium begründet.
Die Hs. R zeichnet sich nach Haupts Urteil im wesentlichen durch das Fehlen
dessen aus, was den anderen Überlieferungsträgern unterstellt wird: das
„willkürliche" Ändern (dies meint wohl: Umstellen, Hinzufügen, Weglassen)
eines Ursprungstextes. Wissenschaftsgeschichtlich bekannt geworden ist das
Echtheitspostulat denn auch durch Haupts in der Neidhart-Philologie vielzitiertes Ausschlußkriterium: „was in R nicht steht das hat keine äussere gewähr der
echtheit."[42] Die Liedüberlieferung der anderen Handschriften galt fortan als
schlechter; in ihnen findet sich zwangsläufig der größte Teil der Pseudo-Neidharte, die ja in R definitionsgemäß nicht überliefert wurden.

---

37   Es sind dies 24 Lieder aus den Hss. RBC; vgl. H, S. XI-LVI. Haupt waren die meisten
     der heute zugänglichen Hss. schon bekannt; vgl. H, Vorrede S. V-VIII.
38   In der Vorrede kündigt Haupt noch die Edition dieser verbleibenden Lieder „für eine
     andere zeit" (S. XI) an, konnte sie aber nicht verwirklichen.
39   Zur Editionsleistung von der Hagens und Wackernagels vgl. MÜLLER, U. 1990.
40   R ist eine Pergamenthandschrift des ausgehenden 13. Jahrhunderts. Zu den hss. Überlieferungsträgern vgl. Anhang I.
41   H, Vorrede, S. IX.
42   Ebd.

Nach dem eingangs zitierten Urteil Wachingers soll Haupts Entscheidung für die Bevorzugung des R-Bestandes eine historische Berechtigung haben. Allerdings wird von keinem der Haupt folgenden Herausgeber wirklich begründet, warum nur eine bestimmte Handschrift das ursprüngliche Œuvre bewahren soll und warum dies gerade R sein soll, während andere Überlieferungsträger dieses Œuvre aufschwellen. Dennoch sind die Herausgeber aller maßgeblichen Ausgaben dem Urteil Haupts in dieser Hinsicht gefolgt. Sogar die als Leseausgabe für ein breiteres Publikum konzipierte Edition Siegfried Beyschlags (1975), welche durchaus auch eine wissenschaftliche Neubehandlung des Überlieferten bietet, unterscheidet sich im Textbestand nicht von der Hauptschen Ausgabe. Beyschlag suspendiert zwar explizit die Unterscheidung von „echten" und „unechten" Liedern, teilt die Lieder statt dessen wegweisend nach Überlieferungsblöcken ein, ediert aber schließlich genau jene 90 Lieder, die bereits Haupt und Wießner der Edition für wert befunden haben.[43]

Aber nicht nur die Textauswahl an sich bestimmt die Identität des so gewonnenen Corpus und des zugleich damit postulierten Autors (als Rezeptionsgröße der Editoren). Darüber hinaus macht die Reihenfolge der Lieder diese zu Zeugnissen des dem Autor zugeschriebenen Lebenslaufes. Das seit Haupt bis in die ATB-Ausgabe erhaltene Vita-Prinzip ordnet die ausgewählten Texte nach dem Muster, das von der Jugend des Sängers (in den Sommerliedern) über ein vergleichsweise konfliktfreies Leben unter *dörpern*[44] (in den sogenannten frühen Winterliedern, WLL 1-10), über einen beständigen Kampf mit diesen (in den WLL 11-29) bis hin zum verbitterten Alter (WLL 30-36) reicht. Texte, die den Daten dieses Lebenslaufs nicht entsprechen, wie vor allem die am Wiener Herzogshof und dem Dorf Zeiselmauer angesiedelten Schwanklieder, wurden aus der Textauswahl der kanonischen Ausgaben genauso ausgeschlossen wie eine Reihe von erotischen Liedern, auch wenn diese bereits in den Handschriften des 14. Jahrhunderts überliefert wurden.[45] Im Rahmen der konstruierten Künstler-Vita ist die Neidhart-Figur als Protagonist der Lieder wiederum nur im Bild der Maske thematisierbar; ein Problem, auf das noch genauer einzugehen sein wird.[46] Auch wenn die Vita des Sängers noch als eines der wichtigsten identitätsstiftenden Prinzipien der Neidhart-Figur weiter behandelt werden muß; problematisch ist der Lebenslauf in bezug auf Edition und Überlieferung hauptsächlich, weil die Vita dem Überlieferten nicht eigentlich entnommen wurde, sondern als Reduktionskriterium für die Schaffung eines echten Corpus,

---

43 BEYSCHLAG vertagt dabei das Echtheitsproblem als „das „primäre Erfordernis aller wissenschaftlichen Beschäftigung" (S. 501), wie er in den überlieferungsgeschichtlichen Bemerkungen seiner Ausgabe sagt, auf spätere Zeiten und scheint hauptsächlich aus diesem Grund die Entscheidungen Haupts und Wießners nicht anzurühren.
44 Zu diesem Begriff vgl. den nächsten Abschnitt.
45 Vgl. SCHWEIKLE 1981/86, S. 337.
46 Vgl. hierzu Abschnitt 4.

des Autor-Œuvres, diente. Hinsichtlich der Editionslage ist die Forschung zum Neidhart-Komplex seit nunmehr 140 Jahren von einer sehr spezifischen, „biographistischen" Textauswahl der überlieferten Lieder ausgegangen, wobei die editorisch ausgeschlossenen etwa 90 Lieder in der Regel auch in der literaturwissenschaftlichen Forschung übergangen werden.[47] Die Frage nach der Textgrundlage ist angesichts dieses Sachverhalts mehr als nur eine wissenschaftsgeschichtliche Randnotiz. Sie läßt sich in jedem Fall in einen Frageaspekt nach der Überlieferung und einen nach dem Autorbild aufspalten.

Da die Echtheitserklärungen Haupts, wie die zitierte Bemerkung Wachingers zeigen sollte, nicht nur in der Praxis der Interpretation gewirkt haben, sondern auch explizit weiterhin vertreten werden, läßt sich zunächst nach ihrer überlieferungsgeschichtlichen Begründung fragen. Auf die Frage, warum Haupt ausgerechnet die Lieder der Hs. R als echt gelten, gibt es zunächst kein zwingendes überlieferungsgeschichtliches Argument. Auch wenn das Alter der Handschrift und der geographische Raum ihrer Entstehung (Oberösterreich, Ende des 13. Jahrhunderts) sie näher an das wahrscheinliche Wirkungsfeld des historischen Neidharts rücken, zwingt nichts dazu, den in Hs. R versammelten Bestand tendenziell als autornah und den in anderen Handschriften überlieferten tendenziell als autorfern im Sinn anonymer Weiterdichtungen zu bestimmen. Auch für R läßt sich das allgemeine Sammelprinzip mittelalterlicher Handschriften herausstellen, welche jeweils eine spezifische Auswahl und Zusammenstellung von Texten vornehmen. Durch die Arbeit von Ingrid Bennewitz-Behr (1987) genauso wie durch die überlieferungsgeschichtlich akribischen Untersuchungen Franz-Josef Holznagels (1995) konnte dies auch für den der Haupt-Ausgabe als Leithandschrift dienenden Codex bestätigt werden.[48] Die neue Sichtweise auf die Überlieferung, welche durch diese Studien befördert wird, besteht primär darin, daß jede Handschrift ein anderes, für die jeweilige Sammlung spezifisches Bild von Neidhart und einer neidhartianischen Gattung vermittelt. Dieses Bild ist jedoch nicht mehr hintergehbar.[49] Ein Ursprungstext, der allen Handschriften zugrunde liegen soll, ist durch keine philologischen Finessen rekonstruierbar, da er der grundsätzlichen Varianz mittelalterlicher Texte widerspricht. So zeigt die Manessische Handschrift einen obszönen Neidhart, die

---

47 Die Liedanzahl nach der Aufstellung in Anhang II beträgt 159 Lieder; wobei verschiedene Prinzipien der Textkonstitution in einigen Fällen zu Unsicherheiten führen. Vgl. zu Einzelheiten die in der Vorbemerkung zum Anhang II genannten Materialanhänge HOLZNAGELs (1995) sowie die Vorbemerkungen BENNEWITZ' zu ihrer Transkription von Handschrift c (HS.-C.-TRANSKR., S. VII-X).
48 Vgl. BENNEWITZ-BEHR 1987, S. 288ff.; HOLZNAGEL 1995, S. 285-310.
49 Dies ist auch der Tenor des Ansatzes von Edith und Horst WENZEL (2000), die unterschiedliche Autorprofile der Handschriften aufzeigen. Zum Bild Neidharts in den Überlieferungsträger vgl. Ursula SCHULZE in MÜLLER/SCHULZE 1991, S. 146 und HOLZNAGEL 1995, S. 435.

Sammlung f weist mit ihrer großen Anzahl an Schwankliedern den Protagonisten als Schwankhelden aus, R und B weisen den Autor als einen zeitlosen Minnesänger aus, während die in Nürnberg im letzten Drittel des 15. Jahrhunderts entstandene Hs. c sich selbst bereits als eine Art Neidhart-Summe versteht, wie die Angabe „Nihil deficit" (auf Bl. 266r) im Zusammenhang einer Bilanzstrophe zeigt.[50]

Das Postulat der Ursprünglichkeit der Lieder in der R-Sammlung basiert letztlich nicht auf einer überlieferungsgeschichtlichen Basis und ist in argumentatorischer Hinsicht von Zirkularität geprägt: Die Kriterien für die Echtheit eines Lieds werden einem als von vornherein autornah postulierten (d.h. „echten") Corpus entnommen, dessen Texte diesen Kriterien natürlich genügen. Entsprechendes gilt auch für die Kriterien der Unechtheit, die zumeist auf jene Texte zutreffen, die nicht zum Kreis der in R überlieferten gehören. Die Setzung, die Lieder der Hs. R seien dem historischen Neidhart besonders nahe, basierten, wie insbesondere Ulrich Müller immer wieder herausgestellt hat, auf ästhetischen Urteilen über deren Inhalt sowie auf inzwischen überholten Konzepten von Autorschaft und Texteinheit.[51]

Das in den Liedern der Hs. R vermittelte Bild des Minnesängers Neidhart scheint mit dem Bild, das die ersten Herausgeber vom Autor Neidhart und seinen Werken hatten, übereingestimmt zu haben. Haupt und Wießner hatten zweifelsohne einen Idealtypus eines Neidhartlieds im Sinn, der ihnen als Maßstab diente, an dem sich die Echtheit aller Lieder erweisen konnte. So wurden auch einige der in R überlieferten Strophen, die außerhalb dieses Typus lagen, als „unecht" ausgeschieden.[52] Aus weiteren Handschriften wurden entsprechend einige Lieder dem echten Bestand zugeschlagen, wenn „kein innerer grund gegen ihre echtheit sprach, ton und inhalt dem dichter gemäss schienen."[53] Dies schien für Haupt immer dann der Fall gewesen zu sein, wenn diese Lieder dem in R überlieferten, von ihm implizit postulierten Idealtypus ähnelten.[54] Dieser

---

50 Zu den Überlieferungsträgern vgl. SCHWEIKLE 1990, S. 2-18; BECKER 1978, S. 58-93; zur Bilanzstrophe vgl. ebd., S. 63. Zur Varianz s.u.
51 Vgl. insbes. BENNEWITZ-BEHR/MÜLLER 1985.
52 Grundsätzlich wurden alle Töne der Hs. R in der Hauptschen Ausgabe ediert, die meisten als echte Lieder. Als unecht galten - in der Zählung der ATB-Ausgabe - die Zusatzstrophen zu den SLL 21, 22, 24 zu den WLL 10, 14,17,31 sowie das spätere (d.h. das seit der letzten Revision der ATB-Ausgabe wieder für echt befundene) SL 30 (= H XI,1-XIII,11). Vgl. hierzu SCHWEIKLE 1990, S. 6f.
53 H, Vorrede, S. IX.
54 Die Beurteilung des Vorgehens von Haupt wird durch dessen Praxis erschwert, Entscheidungen hinsichtlich Echtheit und Unechtheit zu treffen, ohne diese explizit zu begründen. Die Hinzunahme einiger der von ihm als tendenziell ‚unecht' betrachteten Lieder aus anderen Hss. genauso wie die Fortlassung zweier Lieder aus R kommentiert Haupt lakonisch: „wo also meine anmerkung oder mein schweigen von Beneckes ausgabe [die

Idealtypus war indes weder durch überlieferungsgeschichtliche oder textkritische Befunde noch durch eine Textanalyse auf breitere Basis, sondern durch die Ästhetik und die Moralvorstellungen des 19. Jahrhunderts geprägt, die von vornherein Obszönität, Gewalttätigkeit sowie bestimmte Inhaltsmomente der Lieder (wie epische Elemente oder die bäuerlichen Sprechern in den Mund gelegten sogenannten Trutzstrophen) als nicht autor- oder gattungsgemäß aus dem originalen Bestand ausschlossen.[55]

Die Konsequenzen der Hauptschen Setzung in editionsphilologischer und forschungsgeschichtlicher Hinsicht sind durchaus gewichtig. Einerseits arbeitete Haupt, indem er den Text seiner Ausgabe an der Hs. R ausrichtete, durchaus im Sinne des moderneren, heute sogenannten Leithandschriftenprinzips. Andererseits war der Schüler Karl Lachmanns dem Konzept des Archetyps, den der Philologe mithilfe der vorhandenen Überlieferung zu rekonstruieren hat, noch soweit verpflichtet, daß sich dies deutlich im Aufbau der Ausgabe und ihrem Textbestand zeigt. Das Ergebnis ist verwirrend und erklärt den Bedarf nach einer reduzierten und für den Gebrauch des Lehrbetriebs vereinfachten Studienausgabe, welchen die Altdeutsche Textbibliothek mit ihrer Ausgabe befriedigte. Neben dem Lesetext liegt in der großen Ausgabe (HW) eine auch für den Philologen nur schwer durchschaubare Hierarchisierung von Liedern, Strophen und Varianten vor, die zeigt, daß man in den hergestellten Lesetexten „die echte gestalt der neidhartischen lieder"[56] zu sehen habe, während die Varianten und Anhänge als Beiwerk marginalisiert sind. In der Haupt-Wießnerschen Neidhartausgabe trifft man insbesondere für den ausgesonderten Teil der Liedüberlieferung auf ein „eigenartiges Mehrklassensystem von unechten Texten"[57], das zwischen echten Liedern, unechten Strophen zu echten Liedern (Zusatzstrophen), unechten Liedern, zusätzlichen Strophen zu unechten Liedern und deren jeweiligen Varianten unterscheidet. „Der Grad der Unechtheit läßt sich also bereits aus den philologischen Stellenangaben ablesen."[58] Bedenkt

---

alle in R überlieferten Lieder wiedergibt] abweicht verlange ich glauben" (H, Vorrede, S. VII).
55 Vgl. hierzu auch SCHWEIKLE 1981/86, S. 337.
56 H, Vorrede, S. 5.
57 SCHWEIKLE 1990, S. 37.
58 Ebd. Vgl. SCHWEIKLEs Beschreibung einer vierfachen Staffelung der Texte in der Edition (ebd.). Die Ausgabe geht meiner Einschätzung nach komplizierter vor, als es selbst Schweikle umreißt. Ein Lied kann so bei HW (1) mit einem aus mehreren Hss. kollationierten Lesetext abgedruckt werden und (2) die Lesarten hierzu aus diesen und weiteren Hss. im Apparat aufweisen. Stark abweichende sogenannte (3) Parallelfassungen, die sich in vielen Fällen durchaus als eigene Texte behandeln ließen, können genauso wie (4) ‚Zusatzstrophen' in den Anmerkungen erscheinen, während (5) im Apparat zu den Anmerkungen wiederum weitere Lesarten zu diesen Strophen enthalten sind. Zusätzliches textkritisches Material enthalten (6) WIESSNERs ‚Kommentar' und (7) dessen ‚Kritische Beiträge zur Textgestaltung der Lieder Neidharts' (1924). Es gibt nur sehr wenige Bei-

man, daß Echtheit und Unechtheit im Hauptschen Sinn mit der Kategorie der Autorschaft gleichgeordnet, so enthält diese Hierarchisierung implizit ein Urteil über den Überlieferungsprozeß, das sich alles in allem nicht bestätigen läßt.

Das vorausgesetzte und dem Benützer der klassischen Editionen suggerierte Bild von der Neidhart-Überlieferung gestaltet sich hier nach folgendem Entwicklungsschema: Ausgehend von dem postulierten echten Autor-Œuvre mit etwa 66 Liedern, das von Zu- und Nachdichtungen überlagert wird, haben wir letztlich nur drei basale überlieferungsgeschichtliche Texttypen zu unterscheiden, die sich durch ihre spezifische Autornähe oder -ferne bestimmen:

(1) Lieder, die vom historischen Neidhart stammen („echte" Lieder)
(2) Unselbständige Textteile, die während des Überlieferungsprozesses hinzugekommen sind und folgerichtig von anonymen Nachahmern stammen müssen („Zusatzstrophen")
(3) Selbständige Lieder, welche zum historischen Neidhart nur die prätendierte Nähe kennen - als stilistisches Vorbild, Stoff-, Motiv- oder Formelvorrat - und ebenfalls von Nachahmern stammen müssen („unechte" Lieder)

Wichtig ist, an dieser Stelle zu betonen, daß ein solches Bild sich zunächst für jeden, der mit der Liedüberlieferung als Benutzer der klassischen Ausgaben konfrontiert ist, allein aus der Darbietungsweise der Lieder in diesen Editionen ergibt. Die Überlieferung der Neidharte selbst bietet dagegen nicht dieses eindeutige Bild.[59] Bis heute lassen sich nämlich keine Kriterien ausfindig machen, welche über den genauen Überlieferungsverlauf Auskunft geben können. Was man in den Handschriften und in den frühen Drucken antrifft, sind verschiedenartige Texte von großer Varianz.[60] Das von diesen Ausgaben vorausgesetzte Stufenmodell ist somit auf jeden Fall verfälschend, was den Status des als sicher suggerierten Wissens anbelangt. Dennoch ist es, wie gesagt, das seit der Hauptschen Erstausgabe vorausgesetzte Bild, das bis heute mittels der edierten Texte sowie des Ausschlusses anderer die Forschung bestimmt. Dieser Einfluß macht sich - zugespitzt formuliert - an der bequemen Greifbarkeit in den Editionen bemerkbar. Das heißt, daß eine unter den Voraussetzungen der Germanistik in der ersten Hälfte des 19. Jahrhunderts getroffene Auswahl der

---

träge in der Geschichte der Neidhart-Forschung (z.B. die von Edmund Wießner selbst), in denen alle genannten Ausgabenteile und Hilfsmittel, die für eine textkritische Beurteilung der Lieder notwendig sind, explizit herangezogen werden. Wegen der Unübersichtlichkeit des Haupt-Wießnerschen Variantengrabes scheint mir das allerdings auch kaum verwunderlich zu sein.

59 ‚Zusatzstrophen' eines Textzeugen ließen sich so auch als Reduktionsformen in einem anderen Textzeugen beschreiben, wobei Begriffe wie Plus- oder Minusstrophen noch kein Urteil über Abhängigkeit der Quellen implizieren müssen.

60 Vgl SCHWEIKLE 1981/86, S. 342f.

Neidhart-Überlieferung auch heute noch, da die literaturtheoretischen Debatten gänzlich andere Zeichen setzen, hauptsächlicher Untersuchungsgegenstand der Neidhart-Philologie ist, während die anderen überlieferten Texte nach wie vor unberücksichtigt bleiben.

Durch die Bestimmung als echt oder unecht scheint über viele Lieder und Strophen nicht nur ein editorisches Urteil, sondern ein regelrechter Bann auch in bezug auf eine literaturwissenschaftliche Auseinandersetzung gesprochen worden zu sein. Vergraben im Lesartenapparat und Anmerkungsteil der Haupt-Wießnerschen Ausgabe, markiert als im Petit-Druck gesetzte Zusatzstrophen in der darauf aufbauenden ATB-Ausgabe oder nur in als überkommen geltenden Ausgaben abgedruckt (wie denen Beneckes oder von der Hagens),[61] schien eine Beschäftigung mit diesem Teil der schriftlichen Neidhart-Überlieferung als zu problembeladen, als daß sich die mit Neidhart befaßten Literaturwissenschaftler im Interpretationsalltag mit den komplizierten Voraussetzungen dieser Texte hätten beschäftigen können.

Im Regelfall kommt es in der Sekundärliteratur zu einer Bekundung der Schwierigkeiten, welche die Editions- und Überlieferungslage darstellt, während die alte Textgrundlage dann doch weiter benutzt wird.[62] Dabei bleibt der Bezug zu einer realgeschichtlichen Autorinstanz erhalten, insofern die bloße Akzeptanz der Corpusaufteilung in echte oder unechte Lieder einen namentlich bekannten Urheber der ersten Lieder anonymen Urhebern aller weiterer Lieder (der Pseudo-Neidharte) entgegensetzt. Insgesamt herrscht in der Neidhart-Philologie also noch ein Biographismus vor, der bei anderen Autoren und Werkgruppen der mittelhochdeutschen Literatur längst überwunden sein dürfte. Angesichts dieser Situation möchte ich Konsequenzen ziehen, die sich zunächst auf die Textgrundlage dieser Arbeit beziehen, bevor die „biographische Suggestion"[63], welche nicht nur von den Editoren, sondern auch den Liedern selbst ausgeht, in einem eigenen Abschnitt behandelt wird.

---

61   Die Ausgaben BENECKEs (1832) und VON DER HAGENs (HMS) sind im wesentlichen Transkriptionen der Hss. R und c. Sie wurden aber in der Forschung kaum benutzt, obwohl sie bereits vor Haupts kritischer Ausgabe entstanden und erschienen sind und zusammen beinahe alle überlieferten Lieder enthalten.
62   Ein Topos, der von Ingrid BENNEWITZ(-BEHR) und Ulrich MÜLLER (1985, S. 60) die „salvatorische Neidhart-Klausel" genannt wird: „Man weist in einer Anmerkung oder einer einleitenden, zumeist recht beiläufigen Bemerkung auf die Probleme der Überlieferung hin, zeigt damit seine Kenntnis der Lage, klammert sie im folgenden aus und interpretiert munter die Haupt-Wießnersche Fassung, also nur eine philologische Schreibtisch-'Konstruktion' (keine ‚Rekonstruktion')."
63   Vgl. BERTAU (1973, S. 1040), der diesen Ausdruck auf die Winterlieder bezieht und in Gegensatz zur „szenischen Suggestion" der Sommerlieder setzt.

3 Textcorpus der Arbeit

Wenn im folgenden die Neidhart-Tradition im Mittelpunkt steht, deren Interesse der Figur des Herrn *Nîthart* in wechselnden Ausdrucksmedien galt, dann soll jeder Text einbezogen werden, der unter diesem Namen überliefert wurde.[64] Die Unterscheidung von echten und unechten Texten wird im Zeichen eines ausschließlich als Rezeptionsgröße verstandenen Autorkonzepts suspendiert. Grundlage ist der gesamte Textbestand der Neidhart-Überlieferung, wie er noch nicht als Ausgabe vorliegt und wie er einem Vorschlag Günther Schweikles gemäß „alles, was einem literarisch Interessierten im Mittelalter als ‚Neidhart' entgegentrat,"[65] umfaßt.

Ich schließe mich in bezug auf den Texttyp Neidhart der Definition Eckehard Simons an:

> Mit dem Gattungsbegriff ‚Neidharte' gedenke ich, das Liedkorpus als Ganzes zu bezeichnen, so wie es im ausgehenden Mittelalter rezipiert und überliefert wurde. Mir ist kein Hinweis darauf bekannt, daß Sammler oder Kenner der Neidharte jemals versucht hätten, zwischen echten und unechten Liedern zu unterscheiden, oder daß solch eine Unterscheidung für sie als künstlerisches Prinzip von Bedeutung gewesen wäre.[66]

Als Neidhart-Überlieferung, die auch in jeder neuen Ausgabe „rein deskriptiv, sammelnd, nicht Wertungen suggerierend"[67] aufzubereiten wäre, läßt sich der entsprechende Textbestand zum jetzigen Zeitpunkt nur mühsam nach den bisherigen Editionen ordnen und ist durch eine relativ komplexe Überlieferungslage gekennzeichnet.

Um auf alle unter Neidharts Namen überlieferten Lieder zurückgreifen zu können, stehen zur Zeit folgende Editionen zur Verfügung:

---

64 Im Fall der Lieder bleibt als (allerdings nicht schwerwiegende) Grauzone die Zuschreibungsproblematik in einigen Fällen dennoch erhalten. Vgl. hierzu SCHWEIKLE 1990, S. 29-32. Zu Göli vgl. BÄRMANN 1995.
65 SCHWEIKLE 1981/86, S. 354.
66 SIMON 1972/86, S. 197f. Als Ausnahme erwägt Simon lediglich die Sammlung der Hs. R, „die nur einen Pseudoneidhart und mehrere unechte Strophen" enthalte, was sich durch die Nähe dieser Hs. zum historischen Neidhart ergebe (ebd., Anm. 3). Es scheint mir, als setze der Kenner der Neidhart-Tradition an dieser Stelle genau die Unterscheidung von Echtheit und Unechtheit voraus, deren verfälschende Voraussetzungen er explizit ablehnt. Die Gefahr des Zirkelschlusses liegt zudem auf der Hand, wenn sich Qualität der Überlieferung und vorgebliche Nähe zum historischen Autor gegenseitig stützen: Gut ist die Überlieferung eo ipso, sobald man ihr Nähe zum Autor attestiert.
67 SCHWEIKLE 1981/86, S. 354.

(1) Der Komplex der ‚kanonischen' Ausgaben im Gefolge Haupts (H, HW, ATB) mit ihren hauptsächlich nach den Hss. C und R edierten 90 (66 echten und 24 unechten in HW) bzw. 67 (ATB) Liedern
(2) Bouekes (1967) kritische Edition von 11 Neidharten (überwiegend Schwänke)
(3) Die ‚Minnesinger'-Ausgabe von der Hagens und der ‚Neithart-Fuchs'-Druck in der Edition Bobertags (1884) mit ihren etwa 40 verbleibenden Liedern

Dieser editorische Komplex an Neidhartliedern ist offenkundig zu uneinheitlich und in den älteren Ausgaben mit zu vielen problematischen Voraussetzungen belastet, als daß er gegenwärtig noch die Basis für eine Interpretation bilden dürfte.[68] Die literaturtheoretischen Debatten um den Autorbegriff wie auch die in der ‚Neuen Philologie' fokussierte Gewichtung, die der Überlieferung bei der Interpretation von alten Texten eine große Bedeutung zubilligt, stehen unter gänzlich anderen Zeichen als die gegenwärtige Editionslage.[69] Die geänderte Auffassung spiegelt sich im Fall der Liedüberlieferung in einer inzwischen veränderten Bewertung der Varianz wider, die nicht mehr nur als ein bloßes Hindernis auf dem Weg zum rekonstruierbaren Original gesehen wird, sondern als ein wesentliches Merkmal mittelalterlicher Literatur.[70] *Varianz* kann daher, über ihren Status als textkritisches Phänomen hinaus, sogar als die eigentliche Seinsform mittelalterlicher Literatur definiert werden. Hinzu kommt, daß auch die Auffassung von Textualität als solche sich gewandelt hat, insofern ein fester Text mit Werkcharakter erst durch die Möglichkeit des identischen Textbestands im Buchdruck und spätere Konzepte von zu schützender Autorschaft sich entwickeln konnte.[71] Die historische Realität im Mittelalter dominierte dagegen, sowohl in konzeptueller als auch realienkundlicher

---

68   Vgl. die von Günther SCHWEIKLE (1990, S. X) benannte Textgrundlage seiner Neidhart-Monographie, die allerdings unverständlicherweise BOUEKEs Edition nicht einbezieht. Der Rückgriff auf die ‚Minnesinger'-Ausgabe ist in Hinblick auf deren Kommentare zum Verständnis nützlich, in Hinblick auf die Textdarbietung aber problematisch, weil hier die in c überlieferten Texte in den Wortbestand und Lautstand des 13. Jahrhunderts übertragen wurden. Vgl. hierzu MÜLLER, U. 1991, S. 5.
69   Zur ‚New Philology' vgl. STACKMANN 1994; den Forschungsbericht von Rüdiger SCHNELL: Was ist neu an der ‚New Philology'? Zum Diskussionsstand in der germanistischen Mediävistik. In: Alte und neue Philologie. Hg. von Martin-Dietrich GLESSGEN und Franz LEBSANFT. Tübingen 1997 (= Beihefte zu Editio 8), S. 61-95; Peter STROHSCHNEIDER: Situationen des Textes. Okkassionelle Bemerkungen zur ‚New Philology'. In: ZfdPh 116 (1997), Sonderheft ‚Philologie als Textwissenschaft. Alte und neue Horizonte', S. 62-68.
70   HOLZNAGELs (1995) Untersuchungen widmen sich zu großen Teilen dem Phänomen der Varianz (in bezug auf die Neidhart-Überlieferung vgl. ebd., S. 405-426).
71   Vgl hierzu GUMBRECHT 1988.

Hinsicht, der ‚unfeste Text'[72], ein in seiner buchstäblichen Gestalt noch oszillierendes Gebilde, das in den Worten Cerquiglinis nicht nur Varianten produziert, sondern Varianz *ist*.[73]

Angesichts der Editionslage der Neidharte und der nur kurz skizzierten Debatte um die Begriffe der Autorschaft, Textualität und Überlieferung läßt sich für die Neidhart-Philologie also zusammenfassend die Diagnose stellen, daß sich mittlerweile eine Diskrepanz zwischen den literaturtheoretischen Ansichten jüngerer Forschung und den unter anderen Voraussetzungen entstandenen Textgrundlagen in den kanonischen Ausgaben herausgebildet hat.[74] Diese Diskrepanz zwischen Textgrundlage und grundsätzlichem Textverständnis soll nun aber nicht polemisch gegen einzelne Studien gewendet oder topisch beklagt, sondern in der Praxis dieser Arbeit aufgehoben werden. Aus den angesprochenen Diskussionsergebnissen innerhalb der Mediävistik müssen hinsichtlich der Textgrundlage der Neidhart-Interpretation Konsequenzen gezogen werden.

Die Umorientierung in Hinblick auf den Text- und Autorbegriff hat für die Textgrundlage zur Folge, daß nicht nur alle unter dem Namen Neidharts überlieferten Lieder auch in die Untersuchung einbezogen werden, sondern daß diese wiederum ausschließlich in „historisch beglaubigten Gebrauchsfassungen"[75] zitiert werden. Die Zitierweise der Lieder folgt dabei entweder den Handschriften in den vorliegenden Transkriptionen oder kritischen Editionen, die nach dem Leithandschriftenprinzip vorgehen.[76] Solange die seit 1977 angekündigte kritische Ausgabe des Salzburger ‚Neidhart-Projekts' (Ingrid Bennewitz, Ulrich Müller, Franz V. Spechtler) noch nicht erschienen ist, kann

---

72 So der Titel von BUMKE 1996.
73 „L'ecriture médiévale ne produit pas des variantes, elle est variance." Aus: Bernard CERQUIGLINI, Eloge de la variante. Histoire critique de la philologie. Paris 1989, S. 111. Cerquiglinis ‚Eloge' gilt als eines der Gründungsdokumente der Neuen Philologie.
74 Eine Ausnahme bilden die Arbeiten von Ulrich Müller und Ingrid Bennewitz, die auf der breiten Grundlage ihrer in Planung befindlichen Edition immer auch die Liedüberlieferung in der historisch beglaubigten Form einbeziehen. Immer noch ist eine Diskrepanz zwischen alter Textgrundlage und neuer Methodik sichtbar, wenn auch avancierte Forschungen auf veralteten Editionen aufbauen. Auch methodisch neue Wege gehende Aufsätze wie die von Elisabeth LIENERT (1989) oder Jan-Dirk MÜLLER (1996) demonstrieren dies. So behandelt LIENERT anhand des Spiegelraubmotivs die Zyklizität der Lieder, J.-D. MÜLLER (1996) geht es dem Titel nach um die ‚Literarisierungstendenzen im späten Minnesang'. Beide Autoren beziehen sich auf das eingeschränkte Liedcorpus der ATB-Ausgabe, obwohl sich die von ihnen anvisierten Phänomene deutlicher erst in der gesamten Überlieferung zeigen würden.
75 So Ursula Schulze in MÜLLER/SCHULZE 1991, S. 126.
76 Eine Betonung der Überlieferung schließt den Begriff des Fehlers oder Versehens nicht unbedingt aus, wie Karl STACKMANN (1994, S. 414) hervorhebt. Wesentlich ist nur, daß ein Ausbessern eines Fehlers nicht als Rekonstruktion eines im Mittelalter konzeptuell inexistenten Originals verstanden wird.

der Rückgriff auf die Lieder nur in dieser etwas uneinheitlichen Weise geschehen.[77] Dennoch bedarf der Bezug auf einzelne Lieder angesichts dieser Lage einer eindeutigen Zitierkonvention. Um mich auf alle Lieder der Neidhart-Überlieferung in einer einheitlichen Weise beziehen zu können, sind diese in einem Anhang zu einer Editions- und Überlieferungskonkordanz zusammengestellt.[78]

Bedenkenswert scheint bei dieser Vorgehensweise noch ihr Verhältnis zur Überlieferungs- und Entstehungsgeschichte. Während im Fall der Neidhartspiele eine überlieferungsgeschichtliche Einordnung mit keinen größeren Schwierigkeiten verbunden ist (sie weisen alle in den bairisch-österreichischen Raum im 15. Jahrhundert), ist die Entstehungs- und Überlieferungsgeschichte der Lieder sehr komplex und in Einzelheiten kaum noch genau rekonstruierbar.[79] Durch die erhaltenen Handschriften eindeutig erwiesen ist nur, daß die *Gesamtheit* der heute bekannten Lieder erst im 15. Jahrhundert überliefert war, namentlich in der umfangreichsten aller erhaltenen Neidhart-Sammlungen, der Nürnberger Papierhandschrift c.[80] Die aus dem 14. Jahrhundert überlieferte Textmenge fällt geringer aus, während die unzweideutig aus dem 13. Jahrhundert stammende Überlieferung letztlich auf nur eine namentlich nicht ausgewiesene Strophe in den ‚Carmina Burana' beschränkt bleibt.[81] Weil die heute greifbare Überlieferung schließlich nur der Überrest einer in wenigen Artefakten erhaltenen, einst lebendigen Tradition (als Sinnsystem) ist,[82] bleibt es schwierig, ein beweisbares Bild von der tatsächlichen Verbreitung und Kenntnis der Neidhartlieder zu rekonstruieren. Daher möchte ich als Konsequenz für diese Arbeit die Reichweite ihrer Analyseurteile von vornherein auf die literarische Situation des 14. und 15. Jahrhunderts beziehen. In diesem Zeitraum haben die Neidharte und die neidhartianischen Gattungen am stärksten gewirkt, auch wenn sich ihre Entstehung aus dem 13. Jahrhundert herleitet und sie mit dem letzten Druck des ‚Neithart Fuchs' und diversen Rezeptionszeugnissen

---

77 Die überlieferten Lieder sollen in der angekündigten Salzburger Ausgabe in einer am Leithandschriftenprinzip gründenden Edition unabhängig von der Echtheitsproblematik berücksichtigt werden. Die erste Anküdigung findet sich bei MÜLLER, U. 1977; eine Bibliographie, die auch die bis 1986 erschienenen Publikationen der Projektmitarbeiter enthält, im Anhang zum Nachdruck der Ausgabe HW (1986, S. 428-437); eine diese ergänzende Zusammenstellung von Projektpublikationen ab 1985 bei MÜLLER, U. 1995, S. 51-53; hier wird auch das Programm des Projekts (insbes. S. 49f.) nochmals skizziert.
78 Vgl. Anhang II. Eine ‚Tabellarische Übersicht über das in der Neidhart-Ausgabe von Haupt und Wießner nicht berücksichtigte Material' bietet BOUEKE, S. 67-104.
79 Vgl. zu den Spielen insbes. SILLER 1985.
80 Untersuchungen zum Liedbestand dieser Hs. sind BECKER 1978, FRITZ 1969.
81 Carmina Burana, Nr. 168, vgl. zu dieser Strophe HOLZNAGEL 1995, S. 316-320.
82 Dies zeigt sich auch durch die Entdeckungen von neuen Textzeugen. Vgl. BOKOVA/BOK 1984 sowie BEIN/TERVOOREN 1988.

Fernwirkungen bis in das 16. Jahrhundert kannten. Spätestens zum Zeitpunkt des Erscheinens der Inkunabel Ende des 15. Jahrhunderts waren prinzipiell *alle* im folgenden behandelten Texte bekannt.[83]

Medial tritt uns das Liedcorpus in der Überlieferung in zwei unterschiedlichen Weisen entgegen: (1) als Liedcorpus, das in diversen Autorsammlungen und Sammelhandschriften erscheint und dessen Texte in Anschluß an Eckehard Simon Neidharte genannt werden, und (2) als Auswahl und neu zusammengestelltes Corpus im Medium des Drucks im ‚Neithart Fuchs', bei dem nach dem Selbstverständnis der Kompilation der Typ der Schwanklieder im Vordergrund steht.[84]

Besonders in der Inkunabel zeigt sich ein Rezeptionsinteresse, welches auch für die Liedüberlieferung vor der Druckkompilation galt: Dem Interesse am Autor und am Protagonisten korrespondiert ein Interesse am entsprechenden Texttyp. Die Liedüberlieferung läßt sich aufgrund der Gestaltung und der Bezogenheit der Lieder untereinander, die nach ihrem zentralen Inhalt gelegentlich auch als „ain Neidhart" bezeichnet werden, wie *ein* Text behandeln.[85] Der Großteil der überlieferten Lieder enthält Elemente, die sich in mehr oder weniger starker Variation auch in anderen Liedern finden lassen; wobei sich die Formen der Rekurrenz auf alle Ebenen der Textidentität beziehen können (von der Strophenform, der Topik der Natureingänge über ein bestimmtes Arsenal an Stoffen und Motiven bis hin zu literarischen Verfahren und Argumentationsstrukturen). Den Liedern eignet so ein zyklisches Moment, das eine Ordnung nach Entstehungsphasen oder Überlieferungsschichten genauso erschwert wie die in der Forschungsgeschichte immer wieder versuchte Rückbindung an eine reale Biographie des historischen Neidharts.[86] Anhand des ‚Spiegelraubmotivs'[87] wie auch anhand der sogenannten ‚Alterslieder'[88] ist so in jüngerer Zeit erfolgreich nachgewiesen worden, daß die Lieder - innerhalb

---

83 Im 15. Jahrhundert liegt der eigentliche Sammelschwerpunkt der Neidharte, wie auch die Aufstellung der Hss. in Anhang I ergibt. Vgl. hierzu auch SCHWEIKLE 1990, S. 20ff. Die Überlieferungslage bezeugt natürlich nicht, daß alle hier behandelten Texte bei allen in Frage kommenden Rezipientengruppen gleichermaßen *bekannt* waren. Vorsichtiger ließe sich formulieren: Spätestens Ende des 15. Jahrhunderts liegen mit den dann entstandenen, heute erhaltenen Papierhss. sowie dem ‚Neithart Fuchs'-Druck *alle* Lieder vor und waren damit einer breiten Rezeption prinzipiell zugänglich.
84 NF, ed. Bobertag 1884. Vgl. Kapitel V.
85 „Von den größeren Neidhartsammlungen ist nur in der Hs. s ohne Namensnennung" (SCHWEIKLE 1990, S. 23). Das Thema des Namens in der Überlieferung wird in Kapitel III gesondert behandelt.
86 Zum zyklischen Moment der Lieder vgl. LIENERT 1989, S. 7. Zyklus ist nicht als Überlieferungs- oder Vortragseinheit zu verstehen, sondern primär als thematische Gruppe und Anspielungszusammenhang (ebd.).
87 MÜCK 1986 anhand der Hs. c.
88 TRAVERSE 1997.

einzelner Überlieferungsträger wie auch diese übergreifend - zyklische Zusammenhänge stiften. Diese Forschungsergebnisse erlauben eine wesentlich genauere Beschreibung der Liedinhalte, als es eine biographische Zuordnung von Motiven und Lebensstationen zu tun imstande wäre. Die Problematik der „biographischen Suggestion" (Bertau)[89] soll im folgenden primär zur Skizzierung der Identitätsthematik in der Neidhart-Philologie dienen.

4 Rollen und Masken: Die Neidhart-Identität in der Forschung und die biographische Suggestion

Die bisherige Forschung hat die Identität der Figur auf der Grundlage des eingeschränkten Corpus thematisiert und dabei zumeist auf den historischen Autor bezogen. Da die hier anvisierte Fragestellung nach der Figurenidentität in unmittelbarem Zusammenhang steht mit einer anders gelagerten Konstitution des Textcorpus ‚scheint es mir nicht sinnvoll, die bisher vorliegende Neidhart-Forschung skizzenhaft nachzuzeichnen.[90] Ich werde mich statt dessen im Zusammenhang spezifischer Fragestellungen in den einzelnen Kapiteln den betreffenden Forschungspositionen zuwenden.

In Hinblick auf die Thematisierung von Identität in der bisherigen Neidhart-Philologie halte ich zwei Momente für hervorhebenswert, von denen eines den Gegenstand und seine Konstruktionsweise, das andere ein prominentes Beschreibungsmodell liefert. Gemeint ist erstens die von Karl Bertau festgestellte biographische Suggestion der Neidharte, die darin besteht, in den Liedern Bruchstücke eines Lebenslaufs des Sängers abgebildet zu sehen, und zweitens die diese Suggestion gewissermaßen ergänzende und von Widersprüchen reinigende Erklärungsmethode der Maskentheorie. Eine Beschreibung der Beziehung zwischen Autor und Text in Termini von Masken und Rollen ist zunächst keineswegs spezifisch für Neidhart oder andere, quellenmäßig ebenfalls nicht bezeugte Autoren und deren Texte. Sie stellt vielmehr einen seit der Genieästhetik des 18. Jahrhunderts sehr üblichen Deutungsansatz vieler Arbeiten dar, der davon ausgeht, daß bestimmte Momente der dargestellten Welt Elemente der Verhüllung, Verzerrung („Masken") sind, während andere Momente eine direkte Entsprechung im historischen Substrat kennen.[91]

---

89 Vgl. Anm. 63. Bertaus anhand der WLL geprägter Begriff sei im weiten Sinn gebraucht.
90 Hier sei auf die konzisen Forschungsberichte von SIMON (1968) und MÜLLER/SCHULZE (1991) verwiesen, welche die Wissenschaftsgeschichte von ihren Anfängen bis ins 19. Jahrhundert (SIMON 1968, S. 5-50) und bis in jüngste Zeit hinein (MÜLLER/SCHULZE mit einem Schwerpunkt auf dem Zeitraum seit 1976) behandeln.
91 Vgl. zur Darstellung von Autorschaft in Termini von Masken und Rollen die gleichnamigen Kapitel bei Erich KLEINSCHMIDT (1998, S. 79-117, insbes. S. 83).

Zunächst läßt sich - rezeptionsästhetisch betrachtet - feststellen: Die biographische Suggestion ist in der Tat ein Inhaltsmoment vieler Lieder, das auf die historischen Rezipienten in ähnlicher Weise gewirkt haben muß wie auf die ersten Editoren. Bei den historischen Rezipienten ist es zu einer Sammlertätigkeit gekommen, welche die Dokumente des Lebens und des Schaffens Herrn Neidharts zusammenstellt, wie dies insbesondere in der Hs. c und der ‚Neidhart Fuchs'-Inkunabel offenkundig wird. Auf die Editoren hat die gleiche biographische Suggestion die Wirkung entfaltet, einen historisch möglichen Lebenslauf zu entwerfen, dessen Elemente allerdings entweder der Poesie oder dem Leben des Autors zugeordnet wurden. Auf diese Weise entstand das Konstrukt einer Biographie des Autors auf der einen Seite und eines poetischen Lebenslaufs der Figur auf der anderen. Die Schnittmenge von ‚poetischer' und ‚realer' Sphäre enthält sodann die bekanntesten biographischen Inhaltsmomente der Lieder: etwa die Jugend des Protagonisten als die frühe Schaffensphase des Dichters in Bayern; seine Vertreibung von dort; einen Wechsel an den Hof des österreichischen Herzogs; einen oder zwei Kreuzzüge; lebenslangen Minnedienst und schließlich ein verbittertes Alter, in welchem der Sänger den Dingen der Welt zu entsagen sucht.[92]

Überlieferungsgeschichtlich und editionskritisch ist die biographische Suggestion anders zu beurteilen: Allen Texten der Tradition wie auch einigen Zeugnissen der Rezeption lassen sich diese Stationen zwar entnehmen; bei der Annahme einer Aufschwellung des Corpus im 14. und 15. Jahrhundert läßt sich sogar ein Weiterdichten an diesen Stationen in neu hinzugekommenen Texten vermuten. Die Zusammenstellung der Texte nach dem Prinzip eines Lebenswegs wird aber in der Überlieferung selbst erstmals im ‚Neithart Fuchs' versucht, kann ihr also als konsequentes Bild des Protagonisten kaum zugrunde liegen. Die Konstruktion eines Lebenslaufs im Sinne einer individuellen Biographie unternimmt hingegen erstmals die Neidhart-Philologie, indem sie die überlieferten Lieder in eine entsprechende Reihenfolge ordnet und Texte, die nicht in dieses Bild passen, aus ihrem Bestand aussondert. Auf diese Weise hängen die biographische Suggestion der Texte selbst und die Konstruktion eines echten Corpus und einer nur darin möglichen Identität des Helden eng miteinander zusammen.

Worin liegt nun aber die Problematik der biographischen Suggestion in Hinblick auf das Thema dieser Arbeit: die Konstitution der Figurenidentität?

---

92 Die Problematik von poetischem und historischem Lebenslauf ist besonders anhand der Kreuzlieder diskutiert worden. Vgl. vor allem SCHULZE 1977/86. Die neueste umfassende Arbeit zu dieser Textgruppe (BLECK 1998) praktiziert trotz ihres textkritisch und überlieferungsgeschichtlich überlegten Vorgehens einen unverhüllten Biographismus in der Tradition KEINZ', in der Aussagen wie „Im Jahr 1221 ist Neidhart verheiratet" (ebd., S. 285) die Regel sind.

Diese Frage läßt sich anhand eines der prominentesten Lösungsversuche des Biographie-Problems gut beantworten. Gemeint ist ein Modell, das von den Anfängen der Philologie bis heute zum großen Teil die Beschreibungssprache in Hinblick auf die Neidhart-Identität ausmacht. Dieses Modell kann nach der zentralen Hintergrundmethapher ‚Maskentheorie' genannt werden. Hierunter sei jeder Typ von Beschreibung eines indirekten mimetischen Verhältnisses zwischen dem realen Autor der Lieder samt dessen Leben zu den Merkmalen des Hauptprotagonisten der Lieder zusammengefaßt. Die Maskentheorie sieht in den Neidhartliedern das Maskenspiel des historischen Sängers Neidhart, der als Regisseur eines Figurenarsenals fungiert, und baut damit auf einer grundsätzlichen Unterscheidung von nur zwei Ebenen und Instanzen auf. Der Sänger legt sich ihr zufolge eine oder mehrere Masken zu, hinter denen er sich versteckt bzw. verhüllt hervorschaut.[93] Da die Maskentheorie als Typ von Lösungsansätzen hinsichtlich der Problematik verschiedener historischer und kommunikativer Instanzen der Neidhart-Figur bestimmt wird, versteht sich von selbst, daß sich hier keineswegs von vornherein eine naive Lösung verbirgt. Des weiteren können auch moderne Betrachtungsweisen, wie etwa eine Analyse der Lieder in ihrer mutmaßlich ersten Kommunikationssituation (der Aufführungssituation), auf einer der Maskentheorie entsprechenden Trennung der zwei Instanzen Autor und Protagonist aufbauen, wie sie hier gerade nicht praktiziert werden soll. Dies sei im folgenden kurz anhand von Forschungsdebatten aufgezeigt.

Karl Bertau kann als reflektiertester Vertreter einer Maskentheorie der Neidhartlieder gelten; in seiner Literaturgeschichte spricht er von Neidhart als einem „Mensch[en] mit dem völlig allegorischen Namen Nîthart von Riuwental", dessen „Biographie wie seine Dichtung eine einzige allegorische Maskerade" sei, „montiert aus Elementen genau gesehener Weltwirklichkeit."[94] In dieser Formulierung ist bereits das gesamte Biographie-Problem gebündelt. Die Neidhart-Biographie zerfällt, folgt man Bertaus Argumentation, in zwei Teile: die, welche in der Dichtung *dargestellt* wird („poetische Biographie"), und die des realen Dichterlebens, welche als Erfahrung des historischen Autors der ersteren *zugrunde liegt*. Das Verfahren, das nun aus der Grundannahme einer doppelten Biographie folgt, ist der Versuch der Korrelation von poetischen, d.h. in den Liedern realiter auffindbaren Inhaltsmomenten mit daraus erschlossenen (möglichen) historischen Ereignissen im Leben des Dichters oder in seiner Zeit. Aus der Annahme eines Erfahrungsgrunds der Lieder, insofern sie auf den historischen Autor zurückführbar sind,[95] resultiert also eine doppelte philologi-

---

93 Als erste Maske des Sängers werden manchmal bereits die Namen „Nithart" und „Riuwental" angeführt; vgl. III.1.1
94 BERTAU 1973, S. 1026.
95 Diese Voraussetzung ist natürlich die Bedingung der Möglichkeit jedweder Korrelation von ‚Dichtung' und ‚Leben', wie sie oft in der Neidhart-Philologie aufgestellt wird.

sche Buchführung. Diese stellt - je nach Urteil des Interpreten - zwischen dem Ereignis auf der poetischen Seite (d.h. dem Stoff, dem Motiv, der Anspielung usw.) und dem ihm entsprechenden möglichen realhistorischen Ereignis verschiedene Relationen auf: von der direkten Entsprechung über eine Teilentsprechung bis hin zu ihrem Fehlen (in bezug auf die Ereignisse selbst); von einer realistischen Schilderung über Brechungen in Form von Ironie, Hyperbolik, Satire bis hin zum Erfinden einer poetischen Welt (in bezug auf die Art der Entsprechungen). Der poetisch dargestellte Lebenslauf soll - Bertau zufolge - dabei folgende Form haben:

> Ursprünglich hat der Herr Neidhart in „Riuwental", ‚Kummertal' gesessen. Der Dichter läßt sich von den Gestalten seiner ‚Sommerlieder' (...) zunächst den ‚knappen', dann den ‚ritter von Riuwental' nennen (Bertau). Als solcher will er den Bauern seiner Gegend zum Tanz und den Bauernmädchen zu ritterlicher Liebe verholfen haben. Dadurch hat er den Zorn der Bauern auf sich gezogen, die er in eigenen Bauernstrophen (‚Trutzstrophen') gegen sich andichten läßt. Dabei nennen ihn diese poetischen Bauern mit dem Teufelsnamen ‚Nîthart' (...), den er sich selbst nie beilegt. (...) Schließlich, so die poetische Aussage der Lieder, haben ihm die erzürnten Bauernburschen Haus und Hof angezündet, woraufhin er in das Herzogtum Österreich floh und dort unter Herzog Friderich dem Streitbaren (1230-1246) eine neue Bleibe fand.[96]

Hinzufügen ließe sich: Zwischenzeitlich hat Herr Neidhart an einem der Kreuzzüge teilgenommen. Angedeutet wird auch der Verlust der Gunst seines Herren in Bayern, also ein weiterer Grund, in ein anderes Land zu gehen. In Österreich - in der Umgebung des Ortes Melk lebend - hat sich Neidhart solange mit den Bauern herumplagen müssen, bis er, der Welt müde, ihr entsagen will und resigniert. Aus dieser ‚poetischen Biographie' heraus läßt sich das Leben des Dichters dann in bestimmte Stationen aufteilen. Diese bringt man traditionellerweise mit bestimmten Textgruppen der kanonischen Ausgaben in Verbindung, insofern man diesen genau jene Anhaltspunkte für die reale Biographie entnehmen zu können meint, als deren Manifestationen sie in der poetischen erscheinen.[97] Bertau zufolge erscheinen Bauer, Ritter und Dame gleichermaßen als Masken, die als „bloße Schauspielerrolle(n)" definiert werden.[98]

---

96 BERTAU 1973, S. 1032.
97 Die Stationen des Lebens macht Friedrich KEINZ sogar zum Aufbauprinzip seiner Ausgabe. Eine weitere biographistische Konstruktion ist auch das populärwissenschaftliche Buch Karl WINKLERs: Neidhart von Reuental. Leben - Lieben - Lieder. Kallmünz 1956.
98 BERTAU 1973, S. 1043.

Jede Maskentheorie geht über die Heuristik einer bloßen Hintergrundmetaphorik hinaus, insofern sie eine grundsätzliche Verschiedenheit von Autor und Figur voraussetzt, die in den überlieferten Liedern gerade nicht zu finden ist. Diese Kritik gilt für die naiveren Varianten der Maskentheorie genauso wie für die geschichtsphilosophisch reflektierte Form, die Karl Bertau ihr gibt. So wendet sich Bertau in polemischer Abgrenzung gegen die von Ulrich Gaier im Neidhart-Kapitel seines Satire-Buchs praktizierte Verwendungsweise der „bekannte(n) poetologische(n) Unterscheidung von poetischem und biographischem Ich", die außer acht lasse, daß „auch das biographische Ich kein Ort der Eigentlichkeit ist, sondern geschichts- und gesellschaftsbedingte ‚persona', d.h. Entfremdungsform."[99] Tatsächlich macht die Gaiersche Maskentheorie eine Sprechweise möglich, der zufolge die Maske gewissermaßen fällt, da man Neidhart gelegentlich „mit unverstellter Stimme sprechen hört."[100] Bertau übersieht allerdings - und das macht die zitierte Auseinandersetzung auch heute noch methodisch interessant - die grundsätzliche Problematik jeder Maskentheorie, die auch bei ihrer Modifizierung bestehen bleibt: Die Schwierigkeit der Vermittlung von zwei Wirklichkeiten und Sprechweisen fordert den Interpreten immer zu einer Art Sortierarbeit auf, das Maskenhafte von dem Nicht-Maskenhaften zu trennen. Für diese Sortierarbeit können aber bei der Interpretation historischer Texte keine echten Kriterien benannt werden. So behauptet selbst noch die Postulierung eines biographischen Ich als Entfremdungsform, wie sie Bertau in hegelianischer Manier vornimmt, die Anwesenheit eines Subjekts, das in diesem Fall eben über zwei Masken verfügt, mit deren Hilfe es sich, wenn auch verstellt, zu erkennen gibt. Auf diese Weise unterscheidet auch Bertau zwischen einer Wirklichkeit des Textes und einer Wirklichkeit hinter dem Text, wenn er behauptet, Neidharts „Rollenmasken sind insofern poetische Formen von Wahrheit, als sie die dargestellte Wirklichkeit nur als verzerrte gelten lassen."[101] Dem ist die Einsicht zu entgegnen: Die einzige Realität der Texte ist die textuell erzeugte Realität. Eine Rekonstruktion der außerhalb des ‚Biographieschemas' stehenden Identitäten ist nur durch dessen Suspension möglich.

Die eigentliche Problematik der Maskentheorie, die Postulierung zweier Arten von Wirklichkeit, wird gelegentlich auch bei einer sozialgeschichtlichen oder kommunikationstheoretischen Analyse der Lieder berührt, insofern diese ebenfalls die Figuren zu Allegorien von außerhalb ihrer textuellen Wirklichkeit befindlichen Zuständen oder Personen machen. So ist einer der ältesten Streitpunkte in der Neidhart-Philologie die Frage, wer die Dörper ‚eigentlich' seien. Viele Antwortversuche sind ebenfalls in Termini der Maskentheorie gehalten.

---

99 BERTAU 1971/86, S. 192.
100 GAIER 1967, S. 12.
101 BERTAU 1973, S. 1055.

So sollen die Dörper nach älteren Forschungsmeinungen eigentlich den in seiner Lebensform verrohten Adligen bezeichnen[102] oder in einer modernen Lesart aufstiegswillige Schichten im Rahmen des Territorialisierungsprozesses.[103] Auch wenn im Fall der Dörper die Forschung über den Stand eines einfachen Maskenpostulats weit hinausgekommen ist, indem sie beispielsweise das Wort als Kunstprägung,[104] den Status der Figuren als gegenweltliches Konstrukt[105] oder die Identifizierung des *dörpers* mit Bauern im ‚Neithart Fuchs' als Ideologem[106] beschrieben hat, so ist die Orientierung an der Maskenbildlichkeit im Fall der Instanzen Autor und Sänger noch weiterhin aktuell. Diese Orientierung läßt sich an der Tatsache erkennen, daß auch die überlieferten Texte des 14. und 15. Jahrhunderts in eine Kommunikationssituation zurückversetzt werden, die nicht mehr die ihrer Überlieferung ist: die Aufführungssituation.[107] Die Lieder werden in ihrer überlieferten Form wieder nur zu einem Teil eines ursprünglichen Schauspiels, zum deutungsbedürftigen Ausdruck einer größeren Einheit erklärt, die nur noch aus Indizien zu erahnen ist, kurz: zur Maske einer ursprünglichen Aufführungssituation. Abschließend möchte ich kurz auf die Relevanz des Aufführungsbegriffs für die Ziele dieser Untersuchung eingehen.

Die Fokussierung des Aufführungsbegriffs scheint kurioserweise in eine sehr direkte Form der Maskentheorie zu führen, denn nur in der Aufführungssituation durch den historischen Sänger läßt sich ein Neidhartlied als Maskerade Neidharts im *wörtlichen* Sinne auffassen. Die der Theaterkommunikation entlehnte Hintergrundmetaphorik des Maskenspiels legt mindestens folgende Komponenten nahe: (1) eine reale Person, die sich maskiert, (2) die Maske als

---

102 So bereits LILIENCRON 1848, S. 105.
103 Vgl. BEHR 1983.
104 Vgl. hierzu SCHWEIKLE 1994.
105 Vgl. WENZEL, H 1988, S. 107: „Die Nähe der feudalen Grundherrschaft zur agrarischen Lebensweise macht die kontrastive Bildlichkeit dieser Abgrenzung verständlich und erklärt die Übertragung des 'Unhöfischen' auf die Sphäre der Bauern (*villain, dörper*), der als negative Exempelfigur aristokratischer Selbstdeutung literarisiert wird." Zum Bauernbild vgl. auch Fritz MARTINI: Das Bauerntum im deutschen Schrifttum von den Anfängen bis zum 16. Jahrhundert. Halle/S. 1944 (= Deutsche Vierteljahresschrift, Buchreihe 27).
106 So die These JÖSTs (1976, S. 276), der in der „Konservierung höfischer Werte und der mittelalterlichen Sozialordnung (...) das zentrale Agitationsziel der Neidhartiana" vor dem Hintergrund ständischer Konflikte im Spätmittelalter sieht.
107 Vgl. den Forschungsbericht von Peter STROHSCHNEIDER: „Aufführungssituation: Zur Kritik eines Zentralbegriffs kommunikationsanalytischer Minnesangforschung. In: Kultureller Wandel und die Germanistik in der Bundesrepublik Deutschland. Vorträge des Augsburger Germanistentages 1991. 4 Bde. Tübingen 1993, Bd. III, S. 56-71. Zur neueren Diskussion vgl. auch die Beiträge in MÜLLER, J.-D. (Hg.) 1996. Eine gattungstypologische Diskussion der Neidhartlieder unter dem Aufführungsaspekt unternimmt VÖGEL 1997.

Mittel, um eine fiktive Person (eine Rolle, eine *persona*) herzustellen, (3) die Maskerade oder das Maskieren als in die historische Wirklichkeit eingelassenen Akt, der einen Anfang und ein Ende hat (Momente, in denen die Maske aufgesetzt wird und solche, in denen sie fällt) und schließlich (4) Zuschauer, die das Maskenspiel als solches durchschauen und deuten können oder eben nicht.[108] Abgesehen von der grundsätzlichen Problematik einer Dissoziation zwischen Individuum und *persona* bzw. Maske, wie sie oben diskutiert wurde, kann diese Rekonstruktion nur die Aufführung eines Lieds durch die Erstrezipienten und einen historischen Sänger beschreiben,[109] nicht aber die komplexe Schriftlichkeit, in der uns die Lieder in allen überlieferten Handschriften entgegentreten. Was sich in der Aufführung noch im wörtlichen Sinne als Rolle beschreiben läßt, ist in der Liedüberlieferung (auch in ihrer Wiederaufführung) bereits eine schriftlich fixierte Sprecherrolle und somit tendenziell eine vom Text entworfene Figur.[110]

Auch was die Begriffe Rolle und Sprecher anbelangt, gehe ich nicht vom Ziel aus, eine konkrete Aufführungssituation zu rekonstruieren, da diese für uns genausowenig greifbar ist wie der historische Autor. Statt dessen sei hier die Schriftlichkeit der überlieferten Lieder betont. Auch die Elemente einer möglicherweise einmal im Modus der Mündlichkeit geäußerten Kommunikation sind in der Überlieferung und ihrer Deutung eben nur als verschriftlichte gegenwärtig. So läßt sich auch das oft attestierte Rollenspiel in den Neidharten wie auch im Minnesang als Interaktion zwischen Figuren lesen. Sogar die Kommunikation zwischen einer Sängerinstanz und einem Publikum, Musterbeispiel für die Aufführungsform mittelalterlicher Lieder,[111] kann bei einer Deutung der vorhandenen Überlieferung als die den Liedern eingeschriebene Interaktion zwischen textinternen Instanzen betrachtet werden. Auf diese Weise entfällt die Dissoziation zwischen Autor und Figur, von der jede Maskentheorie begrifflich notwendig ausgehen muß. Zugleich wird erst durch diese erneute Wende der Minnesangphilologie hin zur Schriftlichkeit[112] auch der mehrfach angesprochene Doppelaspekt der Neidhart-Figur widerspruchsfrei beschreibbar: Eine

---

108 Diese Hintergrundmetaphorik wurde insbes. von Hans-Dieter MÜCK (1983) für die Interpretation der Identität von Neidhart und Reuentaler ausgebaut.
109 So betrachtet z.B. J.-D. MÜLLER (1996, S. 59) die Dame und den Reuentaler als „personae des Sängers".
110 In dieser Hinsicht unterscheidet sich das hier praktizierte Vorgehen grundsätzlich von dem Claudia HÄNDLs (1987, insbes. S. 84), die Rollen als Sprecherrollen des realen Sängers Neidhart bestimmt.
111 Die Debatte nahm in der deutschsprachigen Mediävistik ihren Ausgangspunkt von Hugo KUHN: Minnesang als Aufführungsform (Hartmann 218,5). In: ders.: Text und Theorie. Stuttgart 1969, S. 182ff; S. 364-366.
112 Eine solche Wende deutet sich in letzter Zeit durch Arbeiten wie die von HOLZNAGEL (1995) oder HAUSMANN (1999) an.

Figur unter anderen ist eben auch der Autor. Die Autor-Figur, wie man diese Instanz auch nennen könnte,[113] hat zwar als textinterne Sprecherinstanz des ganzen Lieds eine bevorzugte Stellung inne; sie verfügt aber nicht über einen privilegierten Zugang zur Wirklichkeit ‚hinter' den Texten. Ob es diese nun gibt, ob sie grundsätzlich beschreibbar ist und wie diese, wenn überhaupt, zu erkennen wäre, über diese Fragen herrscht bekanntlich keine Einigung in der Literaturwissenschaft und -theorie der Gegenwart. Sie braucht hier vorerst nicht weiter behandelt zu werden. Fest steht: Ein wesentliches Moment der Historizität der Autorinstanz liegt in ihrer Einbindung in die Figurenwelt.[114]

5 Ansatz und Gliederung

Für eine methodisch kontrollierte Untersuchung der Figurenidentität in der Neidhart-Tradition eignet sich nur ein Verfahren, das einen indirekten Weg zur Identität wählt. Der direkte Weg zur Identität der Figur ist jener der Tradition selbst. In ihr wird die Frage „Wer ist Neidhart?" gestellt und mit Hilfe von vorhandenen und im Überlieferungsprozess weiter hinzukommenden Geschichten um Herrn Neidhart beantwortet. Die Philologie, die sich der Tradition annimmt, kann sich der Frage nach der Identität Neidharts in ähnlich direkter Weise stellen. Sie wird dabei aber immer nur auf der Ebene des Erzählten eine Antwort finden, sei es als Vita, als poetischer Lebenslauf oder als (Autor-)Biographie. Aus den bereits aufgezeigten Gründen soll dieser Weg hier nicht beschritten werden. Im Muster der Hermeneutik von Frage und Antwort formuliert soll statt dessen die Frage der Tradition „Wer ist Neidhart" zur hermeneutisch-rekonstruierenden Frage „Wie wird die Identität der Figur in der Tradition hergestellt?" umgebogen werden.

Für dieses Vorhaben benötigt man verschiedene Dinge: auf der einen Seite ein begrifflich-methodisches Instrumentarium, das die Konstitutionsweisen zu entdecken hilft, und andererseits das auch in die Interpretationspraxis umzusetzende Bewußtsein, daß die Figurenidentität eine so komplexe Amalgamierung von sich überschneidenden, quer zueinander verlaufenden und gelegentlich sogar einander widersprechenden Sinnschichten ist, daß der spanische Stiefel einer einzigen strengen Methode ihr kaum gerecht zu werden vermag. Diese Herausforderung, die nicht zuletzt in der langen zeitlichen Erstreckung und der Textartenbreite (poetologisch formuliert: der Gattungsvielfalt) der Neidhart-Tradition ihren Grund hat, spiegelt sich auch im Aufbau der Arbeit wider, in-

---

113 Diesen Begriff benutzen in der Tat auch Edith und Horst WENZEL (2000) des öfteren.
114 Vgl. zur Frage der Geschichtsschreibung im Zeitalter der Postmoderne den instrukiven Artikel von SPIEGEL 1994. Auf die methodische Entfaltung der Problematik komme ich in II.2 zu sprechen.

dem bewußt auf eine Überschneidung der textgliedernden Prinzipien gesetzt wird.

In einem Grundlagenkapitel (II) werden die Aspekte der Figurenidentität erläutert, begrifflich entwickelt und spezifiziert. Ein weiteres zentrales Ziel des Kapitels gilt der Entwicklung eines Textmodells zur Analyse der Figurenidentität. Dieses Modell lehnt sich an Rainer Warnings Modell der Identitätskonstitution im höfischen Roman an, erweitert es zu einem allgemeinen identitätsthematischen Analysemodell für die Interpretation mittelalterlicher Texte und erprobt es anhand der prominenten Vorgängertexte des klassischen Minnesangs.

Eine erste philologische Annäherung an die Figurenidentität stellt die Untersuchung der Namensproblematik (III) dar, welche für das Thema dieser Arbeit von großer Tragweite ist. Von der Überlieferung der Lieder über die Rezeption der Figur und ihrer Kenntnis bis hin zur Konstitution des Textcorpus in der Neidhart-Philologie ist die Wahrnehmung einer spezifischen Figurenidentität durch die Rezipienten ohne die entsprechenden Eigennamen nicht möglich. „Neidhart", „Riuwental" und deren Varianten, angeblich tendenziell als Eigennamen für den Autor und seine Figur benutzt, erweisen sich gleichermaßen als Kennmarken der Neidhart-Figur. Diese Kennmarken sind Dokumente eines Spiels mit Namen, das sehr assoziationsreich ist, gerade weil keine eindeutigen Unterscheidungen in bezug auf die Figur auszumachen sind.

Der Arbeit liegt sodann eine relativ grobe Unterteilung der Lieder nach Texttypen und Überlieferungszusammenhängen zugrunde, deren Untersuchung vom Allgemeinen der Liedüberlieferung bis zum spezifischen Werkzusammenhang der ‚Neidhart-Fuchs'-Kompilation reicht. Unterschieden werden - in Fortsetzung einer in dieser Hinsicht berechtigten Forschungspraxis - alle Texte der Neidhart-Tradition in Lieder und Schwänke. Gemäß ihrer Gewichtung in der Überlieferung werden dabei vorwiegend Lieder aus den Handschriften R und c (Kapitel IV) untersucht, während die Schwänke im konkreten Werkzusammenhang der ‚Neithart-Fuchs'-Inkunabel interpretiert werden sollen.

Der Weg, den diese Arbeit beschreitet, verläuft von den allgemeineren Konstitutionsformen bis hin zu den werkspezifischeren. Das Kapitel über die Lieder untersucht die Identität Neidharts hauptsächlich anhand der Interaktion mit anderen Figuren. Dabei werden es die Konstellationen der Figuren sein, die das Ordnungsmuster der Textinterpretation abgeben. Das Kapitel über den ‚Neithart Fuchs'-Druck zeigt dessen Status als Kompilation einer Abenteuer-Reihe auf; als Zusammenhang sehr verschiedener Texte in einem Schwankroman.[115] Dieser schafft es auch erstmalig, seiner Figur eine Biographie zu verleihen, die mit einem Initialerlebnis einsetzt und erst mit dem Tod des Helden endet: Der Weg zur Legende und anderen Rezeptionsformen war damit geebnet. Diese sind allerdings nicht Themen dieser Arbeit, sondern verlangen eine

---

115 Diese Gattungsbegriffe werden in V.2.1 diskutiert.

eigenständige Aufarbeitung. Am Ende steht daher ein kurzer Ausblick (Kapitel VI) auf die Aufgaben einer zukünftigen Neidhart-Forschung, die notwendigerweise auch den philologischen Rahmen überschreiten muß.

Translatio Neidhardi: das könnte dem Wortsinne nach auch eine rhetorische Übertragung, eine Metaphorisierung, eine Vertauschung oder Verwandlung meinen. Von Verwandlungen ist die Neidhart-Tradition voll; ihre Texte zeigen das „vielfältige Spiel mit Identitäten (...) in den verschiedenen Liedgattungen in wechselnden Kulissen und Schauplätzen."[116] Ein Spiel, das erst in späteren Rezeptionszeugnissen - wie dem anfangs erwähnten Grabmal - gewissermaßen zur Ruhe kommt. Neidhart fristet irgendwann nur noch eine marginale Existenz in Anspielungen und Chroniken. Die Figur verwandelt sich zwischenzeitlich allerdings so beständig, daß sich die Frage stellt, worin ihre Identität liegt und wie sie erzeugt wird.

---

116 SCHWEIKLE 1990, S. 53.

II ASPEKTE DER FIGURENIDENTITÄT UND IHRER ANALYSE

Identität ist ein überaus schwieriger Begriff, dessen Tiefe hier nicht ausgelotet werden kann.[1] Im Mittelpunkt des Kapitels steht nicht so sehr eine Rekapitulation der Problematik von Identität, sondern primär die Explikation des Begriffs der Figurenidentität sowie die Entwicklung eines textanalytischen Modells, das ihre Konstitutionsweise in den hier zur Debatte stehenden Texten ermöglicht. Wenn im folgenden dennoch bestimmte Momente der allgemeineren Identitätsdebatte aufgenommen werden, dann vor allem deshalb, um ein Konzept von Figurenidentität zu entwickeln, das sich von mißverständlichen oder anachronistischen, kurz: für die Analyse mittelalterlicher Texte ungeeigneten Identitätsvorstellungen abgrenzen läßt. Dieses Kapitel verfolgt in seinen drei Teilen folgende Ziele:

(1) Die Diskussion der wichtigsten Aspekte der Figurenidentität
(2) Die Darstellung eines Konstitutionsmodells mittelalterlicher Figurenidentität und dessen Abwandlung zu einem Modell mittelalterlicher Liedanalyse
(3) Die Anwendung dieses Modells anhand des klassischen Minnesangs

Die Frage nach der Identität einer Figur läßt sich auf verschiedenen Ebenen beantworten: logisch-semantisch, erkenntnistheoretisch, historisch und literaturwissenschaftlich. Ich stelle die Frage in einer leichten (rezeptionsästhetisch-phänomenologischen) Abwandlung: Welche Aspekte bestimmen bei der Interpretation mittelalterlicher Texte die Wahrnehmung der Figurenidentität? Im wesentlichen sind hier drei zu nennen: die Identitätsauffassung moderner Rezipienten, das Wissen um die Identitätsauffassung des Rezipienten und die Tatsache, daß Figurenidentität immer textuell konstituiert wird.

Diese Aspekte seien hier zunächst thesenartig in ihrem Bezug auf die Textanalyse erläutert.

Zur Identitätsauffassung des modernen Rezipienten

Es ist unvermeidbar, will man nicht gewissermaßen begriffslos von den immer gänzlich andersartigen Phänomenen des Mittelalters sprechen, daß für die

---

[1] Einen sehr guten Überblick über die verschiedenen Identitätskonzepte bieten HENRICH 1979 sowie die HWPh-Artikel ‚Identität' (Bd. 4, Sp. 144-148) und ‚Identität, Ich-Identität' (ebd., Sp. 148-151). Einen Überblick über Konzepte kultureller Identität gibt ASSMANN 1999, S. 130-144.

Textanalyse ein Konzept von Figurenidentität zugrunde gelegt wird, das sich nur in einem Feld von übergeordneten oder überschneidenden Begriffen wie denen von Identität im allgemeinen, personaler Identität, Fiktionalität usw. bestimmen läßt. Diese Begriffe können wiederum nur im Rahmen moderner Theoriebildung expliziert werden. Rückgriffe auf Konzepte des Mittelalters selbst blieben disparat, da diese, wenn sie vorhanden sind, für gänzlich andere Zusammenhänge geschaffen wurden.[2]

Der entwickelte Begriff von Figurenidentität darf andrerseits nicht die Signatur unserer Zeit tragen, sondern muß als universelles Konzept betrachtet werden, das allerdings für die Auffüllung mit verschiedenartigen historischen Formen offen bleiben muß.

Zum Wissen um die Identitätsauffassung des Primärrezipienten

Das Wissen um die Identitätsauffassung der Primärrezipienten ist auf einige wenige Konstanten beschränkt und darf im Interpretationsprozess nicht vorausgesetzt werden. Wenn eine bestimmte Interpretation genau die Identitätsauffassung in einem Text wiederfinden sollte, die man dem Mittelalter als Epoche unterstellt, spricht das tendenziell gegen diese Interpretation. Der gewonnene Forschungskonsens kann nur in einem dialektischen Prozeß herangezogen werden, insofern seine Modifikation möglich bleiben muß.

Das Wissen des Rezipienten ist darüber hinaus jedoch ein textinterner Konstitutionsfaktor, der für die Textanalyse nutzbar zu machen ist. Interpretationen, die auf die Identität einer Figur abheben, können deren Konstitution nicht ermitteln, ohne die Epistemologie der Personenbeziehung mit einzubeziehen.

Zur Tatsache, daß Figurenidentität immer textuell konstituiert wird

Es geht bei der Konstitutionsweise von Figurenidentität nicht um personale Identität; auch wenn historische Auffassungen über diese immer in jene eingehen. Figurenidentität ist in erster Linie ein wichtiges Inhaltsmoment von Texten. Ihre Konstitution zu entdecken besteht primär im Aufdecken textueller Verfahren. Auch wenn die sinnstiftenden Ordnungen, an denen ein Text teilhat, nicht gleichermaßen literarischen Charakter haben, müssen sie als Sedimente oder Schichten des Textes selbst herausstellbar sein.

Die angesprochenen Aspekte der Figurenidentität - moderne und mittelalterliche Identitätsauffassungen, Semantik und Epistemologie der Figurenidentität sowie Identität und Textualität - sollen im ersten Abschnitt des Kapitels weiter erläutert werden.

---

2 Vgl. Anm. 12.

Der zweite Abschnitt widmet sich der Methodik. Ich nutze dafür einen Ansatz, den Rainer Warning vor mittlerweile über zwanzig Jahren im Rahmen des Sammelbands ‚Identität' der Gruppe ‚Poetik und Hermeneutik' vorgestellt hat.[3] Warnings Aufsatz trägt den Titel ‚Formen narrativer Identitätskonstitution im Höfischen Roman', und es mag auf den ersten Blick sicher seltsam anmuten, wenn ein als Beitrag zur Gattungspoetik der zentralen narrativen Gattung volkssprachlich-mittelalterlicher Literatur gedachter Aufsatz verwendet wird, um Texte einer Liedtradition untersuchen zu können. Der Grund, warum gerade dieser Ansatz gewählt wird, liegt aber nicht in seinem Gattungsaspekt, sondern in seiner methodischen Herangehensweise, die auch nach über zwanzig Jahren von großer innovativer Potenz ist. Statt auf besondere Aspekte der aus der sozialen Identität abgeleiteten Figurenidentität zu zielen, wie dies andere Arbeiten, die Identität im Titel führen, tun,[4] hebt Warning auf die *Konstitution* der Identität ab. Warnings Modell deckt sich in dieser Hinsicht mit der Grundfrage dieser Arbeit: Es ist deshalb so geeignet, weil es mit seiner Konzentration auf den Konstitutionsaspekt ermöglicht, die gattungspoetologische Zielsetzung zu überschreiten und das erzähllogische Inventar damit auch zu einem Modell der Liedanalyse abzuwandeln.

Ein dritter Abschnitt des Kapitels ist der exemplarischen Analyse des Minnesangs mithilfe dieses neuen Modells gewidmet. Der traditionell angewendete Vergleich der Neidhartlieder mit den Liedern des Minnesangs wird damit zugleich auf ein strukturelles Niveau mit einem festen methodischen Bezugsrahmen gehoben.

1 Aspekte der Figurenidentität

1.1 Moderne und mittelalterliche Identitätsauffassung: Methodische Probleme der Analyse mittelalterlicher Texte

In der moderneren Mediävistik rennt man mittlerweile offene Türen ein, wenn man sich von jenem Identitätskonzept abgrenzt, das unser zeitgenössisches Selbstverständnis immer noch stark beeinflußt: dem Konzept personaler Identität im Sinne einer autonomen Subjektivität oder einer sich aus der Gesellschaftlichkeit durch Exklusion definierenden Individualität.[5] Mit der Subjektivität und der Individualität sind die beiden Hauptparadigmen jener Debatte

---

3   WARNING 1979. Der Aufsatz hat besonders in der germanistischen Mediävistik eine breite Rezeption erfahren.
4   Dies ist etwa das Vorhaben von RAGOTZKY/WEINMEYER (1979).
5   Zu diesen Konzepten vgl. FRANK ET AL. (HGG.) 1988, FRANK 1988 sowie LUHMANN 1989.

um personale Identität angesprochen, die seit ungefähr 200 Jahren unser europäisches Selbstverständnis stark beeinflussen und zugleich sein theoretischer Ausdruck sind.

Im Mittelalter waren nun nicht nur die Begriffe selbstversorgter Subjektivität oder exklusiver Individualität unbekannt, auch deren soziokulturelle und mentale Voraussetzungen fehlten. Horst Wenzel charakterisiert die mittelalterliche Auffassung personaler und sozialer Identität und ihre Differenz zum modernen individualistischen Konzept folgendermaßen:

> Für das frühe und das hohe Mittelalter sind gesellschaftliche Beziehungen Ausdruck der göttlichen Ordnung, der Einzelne ist Repräsentant seines von Geburt an festgelegten Status, den zu vertreten und optimal auszufüllen ihm aufgegeben ist, solange die tradierte Lebensordnung als Naturgesetz erfahren wird. Wer deshalb in seinen gesellschaftlichen Beziehungen gezeigt wird (bei der Amtshandlung, beim Fest, als Ritter oder Bauer), erscheint als Repräsentant seines Status, und nur im Hinblick auf den Status, das Allgemeine, wird das Individuelle relevant.[6]

Auch wenn eine solche Skizze der mittelalterlichen Identitätsauffassung, die Identität als Moment der sozialen Funktion und Position von Personen ausweist, heute einen in der Mediävistik allenthalben vorhandenen Konsens formulieren mag, so bleibt das methodische Problem noch ungelöst. Wie sind die historischen Auffassungen von personaler Identität eigentlich zu ermitteln? Und: Sind die Auffassungen wie auch die Phänomene selbst einander ähnlich oder verschieden, vergleichbar oder unvergleichbar? Diese Fragen führen sehr schnell in ernsthafte methodische Aporien.

Zunächst ist die von Wenzel referierte mittelalterliche Auffassung letztlich aus der Lektüre und bestimmten Deutungstraditionen mittelalterlicher Zeugnisse gewonnen, die seit dem Humanismus das Bild dieser Epoche bestimmen. Das Extrakt eines Deutungsprozesses kann aber ohne methodischen Zirkelschluß kaum als weitere Deutungsgrundlage verwendet werden, will man zu differenzierten Ergebnissen gelangen. Dann führt sowohl die Betonung der Andersartigkeit als auch die der Gleichheit von Auffassungen, Mustern, Mentalitäten in bezug auf die personale Identität zu hermeneutischen Grundpositionen, die methodisch betrachtet höchst problematisch sind.

Zunächst zur Andersartigkeit der mittelalterlichen Identität: Die radikale Entgegensetzung neuzeitlicher und moderner gegen mittelalterliche Identitätsauffassungen steht in einer Tradition, die von vornherein auf die Andersartigkeit des Mittelalters setzt und oftmals eher dem Selbstbild der Neuzeit und der schönen Symmetrie der Entgegensetzungen als dem echten Bemühen um mit-

---

6   WENZEL (Hg.) 1983, Vorwort, S. 7. Ähnlich auch GURJEWITSCH 1994, S. 19.

telalterliche Sichtweisen geschuldet scheint. Dies drückt sich in den Oppositionspaaren wie Stand vs. Person, Kollektivismus vs. Individualismus, personale Identität durch Inklusion vs. personale Identität durch Exklusion aus.[7] Die Betonung der Andersartigkeit des Mittelalters stand am Beginn der Erfindung der Epoche des Medium aevum im Humanismus. Der Charakter der Epoche kann seitdem von der Hervorhebung der Dunkelheit des mittleren Zeitalters, wie sie der Humanismus vornimmt, bis hin zum Testat einer grundsätzlichen Alterität reichen, wie sie heute gelegentlich anzutreffen ist. Während sich die neuere Mediävistik aber vom humanistischen Epochenbild[8] emanzipiert hat, besteht das Problem der radikal aufgefaßten Alterität mittelalterlicher Dokumente als echte Herausforderung an die Methodologie fort.

Die Aporie der Alteritätshermeneutik besteht darin, daß eine radikale Andersartigkeit vergangener oder fremder Kulturen nicht mehr beschreibbar ist. Mittelalterlichen Texten und ihren Inhalten - wie etwa den Handlungsweisen von Figuren, den zugrundeliegenden Interaktionsmustern, den Mentalitäten, den Identitätsauffassungen usw. - eine radikale Form der Andersartigkeit zuzubilligen entzieht diese Aspekte nämlich der Vergleichbarkeit. Ein Vergleich unterschiedlicher Phänomene ist aber die Basis eines Urteils über das, was anders ist. Erst vor dem Hintergrund von gemeinsamen Vergleichshinsichten wird ein Urteil über Andersartigkeit möglich.[9] Dies gilt auch und besonders für die Phänomene der personalen und der Figurenidentität.[10]

---

7   Zur Opposition von Identitätsgewinnung durch Inklusion vs. Exklusion vgl. LUHMANN 1989, S. 156.
8   Vgl. die Beiträge in: Mittelalter und Moderne Entdeckung und Rekonstruktion der mittelalterlichen Welt. Kongreßakten des 6. Symposions des Mediävistenverbandes in Bayreuth. Hg. von Peter SEGL. Sigmaringen 1997.
9   Die Auffassung einer radikalen Alterität des Mittelalters, wie sie etwa CZERWINSKI (1989) betont, beruht auf einer problematischen Anwendung des philosophischen Alteritätskonzepts der Postmoderne in die Praxis der Mittelalter-Philologie. Sie unterscheidet sich erheblich von der Verwendungsweise des Begriffs, die Hans-Robert Jauß in den 70er Jahren einzuführen bemüht war. JAUSS (1977 [EINL.], S. 14ff.) hat den Begriff der Alterität in die Mediävistik als das Bezogensein auf den Anderen sprachlicher Kunstwerke, d.h. den Leser und den Rezipienten, eingeführt. Damit ist die Alterität die wesentliche Verstehensdimension von Texten, nicht die der Nicht-Verstehbarkeit.
10 Für die Geschichtsschreibung der personalen Identität ist ein verbreitetes Mißverständnis hinderlich: die Auffassung, ein bestimmtes modernes Konzept von Identität erzeuge erst personale Identität als relevante Größe menschlicher Selbstdeutung. Mittelalterliche und moderne Identität erscheinen dann als inkommensurable Größen. In dieser postmodernen Auffassung wird aber die universelle Dimension des Phänomens mit der historischen Dimension seiner Konzeptualisierung vermengt. Auf diesen Unterschied wies Thomas LUCKMANN (1979, S. 294) bereits vor über 20 Jahren in einem ironischen Statement hin: „Persönliche Identität als solche ist (...) nicht eine Erfindung moderner industrieller Gesellschaften. Persönliche Identität hat eine Geschichte, die zumindest so alt ist wie die Ge-

Geht man hingegen von der Universalität von Mustern menschlicher Interaktionen und Verstehensvorgänge aus, so erscheint bei näherer Betrachtung auch dieser Standpunkt als methodisch aporetisch. In seiner Extremform geht ein hermeneutischer Universalismus von der Gleichförmigkeit menschlicher Affekte, Mentalitäten und Deutungsmuster aus, bei denen nur die Ausdrucksformen der historischen Veränderung ausgesetzt sind. Das spezifisch Andere mittelalterlicher Dokumente kommt auch bei dieser Grundposition nicht in den Blick.

Die geschilderten Grundpositionen für den Umgang mit mittelalterlichen Texten, wie sie für den Begriff der Identität besonders virulent sind, d.h. jene Standpunkte, die von einer grundsätzlichen Gleichheit oder Andersheit der Identitätsauffassungen des Mittelalters im Vergleich zur Neuzeit und Moderne ausgehen, führen so beide in die Sackgasse. Wie soll dieses Problem gelöst werden?

Zunächst sei betont, daß der Versuch, auf jeden theoretischen Standpunkt zu verzichten und sich direkt (in ‚dichten Beschreibungen') dem Phänomen selbst zu nähern, ebenfalls zum Scheitern verurteilt ist. Die Identität von Figuren ist genauso wenig mehr unmittelbar zugänglich wie die personale Identität realer Personen, sondern bedarf einer Rekonstruktion, die sich ihrer Voraussetzungen bewußt ist. Ich möchte dem methodischen Problem durch einen bewußten Rückzug auf die Textualität der Figurenidentität begegnen. Die Figurenidentität Neidharts, um die es in den textanalytischen Kapiteln dieser Arbeit geht, ist per Definition ausschließlich als textuell konstituierte greifbar. Die Texte, um die es in den folgenden Kapiteln geht, haben zwar als aufgeführte, als gelesene und auch als wissenschaftlich gedeutete Lieder im Mittelpunkt sehr verschiedener historischer Kommunikationsprozesse gestanden. Diese historischen Prozesse werden aber nicht als Rahmen behandelt, innerhalb derer sich die Figurenidentität orten läßt, auch wenn sie das realiter waren.[11] Umgekehrt sind vielmehr die Texte selbst die Anhaltspunkte, von denen aus solche Prozesse rekonstruierbar sind. Für die Beziehung von textueller und außertextlicher Realität heißt das: Im Fall der Neidhartlieder läßt sich nicht von einer historisch spezifi-

---

schichte der Gattung homo sapiens, wenn sie nicht vielleicht darüber hinaus zurückreicht. Aber die Geschichte der persönlichen Identität als einer reflexionsbedürftigen und nicht selbstverständlichen Angelegenheit hat nicht einmal eine Vorgeschichte, die weiter zurückreicht als etwa die Geschichte des Monotheismus oder der griechischen Philosophie, um hier eine Größenordnung anzudeuten. Die eigentliche Geschichte dieses merkwürdigen Phänomens selbst liegt jedenfalls in der Größenordnung so etwa zwischen der Geschichte der Elektrizität und der des Minnesangs."

11 Rahmen wird hier im Sinn des Frame-Konzepts des symbolischen Interaktionismus verstanden, wie er vor allem durch die Arbeiten von Erving Goffman entwickelt wurde. Vgl. hierzu Erving GOFFMAN: Rahmen-Analyse. Ein Versuch über die Organisation von Alltagserfahrungen. Frankfurt am Main 1980.

schen Konstruktion sozialer und personaler Identität in der Wirklichkeit der jeweiligen Rezipienten ausgehen, da diese nicht mehr greifbar ist. Die wenigen expliziten Stellungnahmen zu Problemen der personalen Identität, die das Mittelalter hervorgebracht hat, lassen sich nicht für eine allgemeine mittelalterliche Identitätsauffassung und erst recht nicht für die Identitätsauffassungen in volkssprachlichen Texten heranziehen, da sie sich meistens in logischen und theologischen Spezialdiskursen bewegen.[12]

Der Ansatz zur Methodisierung und Historisierung liegt im folgenden darin, sowohl die Aspekte der Identität als auch das textanalytische Modell zunächst auf einem universellen Niveau zu bestimmen, dieses aber für die Auffüllung mit verschiedenen historischen Formen offen zu lassen.[13] Der Generalisierung folgt in der Textanalyse die Respezifizierung. Die Bestimmung literarisch konstituierter Identität in mittelalterlicher Literatur soll dabei gewissermaßen stufenweise geleistet werden, indem zunächst die relevanten Begriffe und Konzepte erläutert und im Zusammenhang der historisch fernen Zeit des Mittelalters und ihrer Literatur diskutiert werden.

1.2 Identität als epistemische Gegebenheitsweise

Als Hauptergebnis der langen philosophisch-logischen Bestimmung der Identität kann man die Erkenntnis betrachten, daß Identität eine Verhältniskategorie ist, die mit Namen (onómata, nomina), Gegenständen und Urteilen zu tun hat. Nach einer dieser Definitionen ist Identität ein Sonderfall der Gleichheit und bezeichnet die Relation eines Gegenstands zu sich selbst.[14] Für Identität als Spezialfall der Gleichheit zweier Gegenstände gilt das von Leibniz formu-

---

12 Dies trifft vor allem für die Begriffsgeschichte der Individualität zu, die aus einem scholastischen Kontext stammt. Vgl. hierzu den Artikel ‚Individuation' in: Josef de VRIES: Grundbegriffe der Scholastik. Darmstadt 1993, S. 49-53 (mit Quellenangaben) sowie John F. BENTON: Consciousness of Self and Perception of Individuality. In: Renaissance and Renewal in the Twelfth Century. Hg. von Robert L. Benson und Giles Constable. Cambridge/Mass. 1982, S. 263-295. Vergleichbares gilt auch für die Begriffe des Subjekts und der Person. Letzterer spielt im Mittelalter vor allem im Rahmen der Trinitätstheologie eine Rolle (vgl. FUHRMANN 1979, S. 102f.), während Subjekt neben der theologischen auch eine logisch-semantische Begriffsgeschichte hat. Einen wesentlichen Anstoß für die Geschichtsschreibung der Individualität gegeben hat Colin MORRIS: The Discovery of the Individual, 1050-1200. London 1972. Einen Überblick zum Problem der Individualität mit Bezug auf viele mittelalterliche Gattungen gibt GURJEWITSCH 1994.
13 In den Termini des mittelalterlichen Universalienstreits würde man diese Position als Konzeptualismus bezeichnen.
14 ARISTOTELES unterscheidet in der Topik (103a) und der Metaphysik (1016b) verschiedene Arten der Gleichheit, von der die numerische Identität nur einen Sonderfall ausmacht.

lierte Kriterium, daß alles, was von einem Gegenstand ausgesagt werden kann, ohne Änderung des Wahrheitsgehalts der Aussage auf den anderen zutrifft.[15] Die Bestimmung von Identität als Gleichheit führt jedoch zu einer doppelten Schwierigkeit, die Wittgenstein auf die knappe Formel bringt: „Von *zwei* Dingen zu sagen, sie seien identisch, ist ein Unsinn und von *einem* zu sagen, es sei identisch mit sich selbst, sagt gar nichts."[16]

Insbesondere die Debatten in der analytischen Philosophie und der modernen Semantik haben ergeben, daß sich mit den klassischen logischen Kriterien Identitätsaussagen bestimmter Form nicht erklären lassen. Die klassischen Kriterien gehen zumeist von einem unproblematischen Bezugsverhältnis von Dingen und Namen aus und berücksichtigen nicht die epistemische Dimension, die vielen Identitätsaussagen innewohnt. Gottlob Frege, einer der Begründer der modernen Logik und Semantik[17], wählt in seinem prominenten Aufsatz über ‚Sinn und Bedeutung' (1892) als Beispiel für eine Identitätsaussage, deren Sinn sich nach den herkömmlichen Kriterien nicht entschlüsseln ließe, den Satz „Der Morgenstern ist der Abendstern."[18] Der Satz hat weder die klassische Form der Identitätsaussage a=a noch drückt er ein analytisches Urteil aus, sondern er vermittelt eine echte empirische Erkenntnis; eine Tatsache, die in der Geschichte der Logik bis zu diesem Zeitpunkt für Identitätsaussagen nicht vorgesehen war. Eine solche Identitätsaussage ist nun - und das ist für die historischen Wissenschaften hauptsächlich von Interesse - erst zu einem Zeitpunkt möglich, als sich herausstellte, daß der Abendstern und der Morgenstern ein und denselben Himmelskörper bezeichnen, nämlich die Venus. Die inhaltliche Bestimmung (Planet, am Morgen erscheinend, hell usw.) nannte Frege den „Sinn", das damit bezeichnete Objekt die „Bedeutung" des Namens. Jeder nominale Ausdruck verfügt über einen Sinn, auch wenn er keine Bedeutung im Fregeschen Verständnis hat.[19]

Auch wenn diese epistemisch-historische Dimension noch nicht primärer Gegenstand der Fregeschen Betrachtungen war, zeigt das Beispiel, daß Identitätsaussagen Erkenntnisse vermitteln können, die einen Zeitpunkt vor dieser Erkenntnis deutlich von einem Zeitpunkt nach dieser Erkenntnis unterscheiden. Wie ist das möglich?

---

15   Vgl. Specimen Calculi universalis. In: Die philosophischen Schriften von Gottfried Wilhelm Leibniz, hg. von C. J. Gerhard. Berlin 1890, S. 219.
16   Ludwig WITTGENSTEIN. Tractatus logico-philosophicus. Frankfurt am Main 1980 (zuerst London 1921), § 5.5303.
17   Zu Frege als Begründer der analytischen Philosophie vgl. die Monographie von Verena MAYER: Gottlob Frege. München 1996 (Beck'sche Reihe 534. Denker).
18   FREGE 1980, S. 46f.
19   Die Unterscheidung von Bedeutung und Sinn entspricht den modernen Begriffspaaren Denotation und Konnotation bzw. Extension und Intension. Vgl. ECO 1977, S. 99f.

Freges Lösung läßt sich abgekürzt folgendermaßen skizzieren: Bestimmte Identitätsaussagen der Form a=b behaupten nicht die Identität zweier Gegenstände miteinander noch konstatieren sie die Synonymie zweier Namen. Die entsprechenden Urteile setzen vielmehr zwei (oder mehr) *Gegebenheitsweisen* von Gegenständen so in Beziehung, daß das bezeichnete Objekt als ein und dasselbe erkennbar wird. „Unterschiede in der Art des Gegebenseins" bestehen im Fregeschen Sprachgebrauch im jeweiligen Bezug, den ein Ausdruck konventionellerweise für einen Urteilenden in bezug auf die beurteilte Sache hat.[20] Der Name „Abendstern" kennzeichnet eine Gegebenheitsweise (Planet an einer bestimmten Position des Abendhimmels), der Name „Morgenstern" (Planet einer bestimmten Position des Morgenhimmels) eine andere. Jeder Ausdruck hat einen bestimmten Sinn, ist also - in epistemologischer Hinsicht - die Art und Weise, in der ein Gegenstand dem Benutzer des Ausdrucks gegeben ist.[21]

Warum ist diese Erkenntnis nun für die Konstitution der Figurenidentität im allgemeinen und in der Neidhart-Tradition im besonderen relevant? Im Fall der Neidhart-Tradition besteht eine basale Konstitutionsweise von Identität in den Erkenntnisprozessen, die mittels der beteiligten Eigennamen zustande kommen: Primärer Gegenstand der Neidhart-Tradition ist eben der Protagonist, welcher mit den Namen „Nîthart", „Neithart", „von Riuwental" u.a. bezeichnet wird. Dies mag sich wie eine verklausulierte Banalität anhören, ist aber im Fall der Neidhart-Tradition von nicht zu unterschätzender Bedeutung: Ein Rezipient nimmt den Protagonisten nämlich erst dank der Namensgebung als abgegrenzten Gegenstand war; er erkennt z.B., daß in einem Lied der Träger des Namens „Nîthart" Gegenstand der Benennung, Träger von bestimmten Handlungen, Sprecher bestimmter Sprechakte usw. ist. Darüber hinaus steht der solcherart abgegrenzte Gegenstand zu anderen Gegenständen, sprich: zu anderen Figuren in Beziehung. Erst als denotierter Gegenstand kann die Figur in Relation zu Trägern anderer Namen gesetzt werden. Während diese Tatsache sowohl für den Rezipienten wie auch die internen Figuren von basaler Bedeutung ist, ist für diese die epistemische Dimension von besonderer Relevanz: Eine Identitätsaussage der Form a=b ist auch für die Neidhart-Figur möglich und vermittelt den anderen Figuren echte Erkenntnis. Wie die Namen „Morgenstern" und „Abendstern" bestimmte Gegebenheitsweisen eines Gegenstandes im Sinne Freges markieren, so können bestimmte Figurenbeschreibungen, um ein Beispiel aus den Schwänken zu wählen, wie die von Neidhart als Abt und als Bauernfeind (Kuttenschwank)[22] für die anderen Figuren bestimmte epistemi-

---

20 FREGE 1980, S. 41.
21 Da Letzteres auch für fiktionale und imaginierte Gegenstände zutrifft, hat Frege zugleich einen wichtigen Beitrag zur Theorie der Fiktionalität geleistet. Vgl. Terence PARSONS: Fiktion: Frege vs. Meinong. In: Zeitschrift für Semiotik 9 (1987), S. 51-66.
22 Vgl. V.2.5.

sche Gegebenheitsweisen darstellen. Diese stehen für die Figuren so lange als isolierte Identitäten dar, bis am Ende der Handlung die Erkenntnis steht: Der eine ist mit dem anderen identisch. Die epistemische Situation ist also dadurch gekennzeichnet, daß das Publikum die Formel a=b bereits kannte, während eine Protagonistengruppe sie sich erst zu erkämpfen hat. Diese Formel ist das epistemische Grundschema der meisten Schwänke und vieler Lieder; eine Formel, die man in der Philologie bisher in Begriffen des fiktionalen Rollenspiels zu beschreiben pflegt. Die Begriffe der Rolle und Fiktionalität seien in einem Exkurs erläutert.

1.3 Exkurs zum Rollenbegriff und zur Fiktionalität

Die Konstitutionsweise personaler Identität, darauf hat insbesondere die Wissenssoziologie hingewiesen, erwächst in jeder Hinsicht - ontogenetisch, phylogenetisch, historisch und strukturell - aus der Interaktion, d.h. dem am anderen orientierten Handeln. „Dies wiederum setzt eine besondere Form der Aktion und Reaktion der einzelnen in der Interaktionsgemeinschaft voraus: das Agieren und Reagieren mit Hilfe signifikanter Gesten und Symbole."[23] Interaktion als Handeln, dessen Grundform die „Reziprozität der Perspektiven"[24] ist, bedarf verbindlicher Formen und Zeichen wechselseitigen Austauschs, derer sich alle bedienen.[25] Nur mit Hilfe von Zeichen und Deutungsschemata einer Gemeinschaft kann Stabilität in den ansonsten prozeßhaft hergestellten Interaktions- und Identifizierungsakten gewährleistet werden. Um einen anderen als Vater, Onkel, Beichtiger, Ritter usw. ausmachen und behandeln zu können, bedarf es der entsprechenden Ausdrücke und damit verbundener Konzepte, die in der konkreten Begegnung mit Erwartungshaltungen beider Seiten ergänzt werden.[26] Für diese Konzepte steht traditionellerweise der heterogene Begriff der Rolle zur Verfügung.

---

23 SOEFFNER 1983, S. 16.
24 Zur „Reziprozität der Perspektiven" vgl. BERGER/LUCKMANN 1995, S. 31.
25 Die wichtigsten Begriffe dieser Prozesse sind in der neueren Diskussion „Interaktion", „Kommunikation" und „Semiose". Zur Abgrenzung vgl. Günter BENTELE, Ivan BYSTRINA: Semiotik. Grundlagen und Probleme. Stuttgart 1978, S. 122-127. Ich verwende den Interaktionsbegriff als grundlegend im Sinn der phänomenologischen Sozialtheorie, derzufolge „Interaktion" gleichbedeutend mit jeder Form gesellschaftlichen Austauschs (Sozialkommunikation) ist, während „Kommunikation" alle Verständigungsprozesse meint. Vgl. hierzu vor allem LUCKMANN 1980.
26 Diese Deutungsschemata und Zeichen liegen in verschiedenen Sinnsphären, wie den Verhaltensregeln und Typisierungen bestimmter sozialer Segmente (Gruppen, Schichten, Familien), der Sprache der Gemeinschaft und dem darin manifesten Weltbild sowie allen höheren symbolischen Sinnsystemen, die zumeist der Legitimation und konzeptuellen

Auch in der Literaturgeschichtsschreibung kristallisiert sich die Beschreibung von Figureninteraktion häufig im Rollenbegriff, dessen Verbindung zur Fiktionalität allerdings oft genauso selbstverständlich wie unklar ist: Der Rollenbegriff ist ein markanter, gerade in der Minnesangforschung immer wieder aufgegriffener Schnittpunkt zwischen der allgemeinen gesellschaftlichen Praxis und der Literatur als Handlung.[27] Wenn der Rollenbegriff im folgenden in der Textanalyse so weit wie möglich umgangen wird, dann hängt das zum einen mit der Forschungsgeschichte der Neidhart-Philologie zusammen, in der die Begriffe der Rolle und Maske letztlich ontologische Grenzziehungen der figuralen Neidhart-Instanzen anzeigen, die hier gerade suspendiert wurde. Zum anderen bereitet der Begriff der Rolle in der historischen Literaturwissenschaft wegen der Übertragung des Begriffs aus dem Kunstbereich des Theaters in die allgemeine Gesellschaftstheorie und der Rückübertragung in die Literatur erhebliche Probleme: Was eine Rolle ist, das läßt sich nur im Rahmen einer allgemeinen Handlungstheorie definieren; ob Figuren in gleicher Weise Rollen ausführen wie reale Personen, in Texten inszenierte Sprecher von Gedichten in der gleichen Weise wie Autoren, läßt sich nur literaturtheoretisch klären. Eine Vermengung der Ebenen führt fast zwangsläufig zu ungenauer Begrifflichkeit.[28] Es sei daher nur ein kurzer Versuch unternommen, die soziale Interaktionsebene des Rollenbegriffs von der Bestimmung der Literatur als Handlung zu trennen.

Abgesehen von der grundsätzlichen sozialtheoretischen und -philosophischen Problematik des Rollenbegriffs[29] läßt sich dieser im Rahmen der Handlungstheorie relativ gut bestimmen. Die Rolle, die eine Person spielt, läßt sich auf

---

Stützung, aber auch der Diskussion und Umstrukturierung der zuvor genannten Deutungsschemata dienen. Zu diesen Stützkonzepten vgl. BERGER/LUCKMANN 1995, S. 98-138.

27 Vgl. Peter BRÜNDL: „unde bringe den wehsel, als ich waen, durch ir liebe ze grabe". Eine Studie zur Rolle des Sängers im Minnesang von Kaiser Heinrich bis Neidhart von Reuental. In: DVjS 44 (1970), S. 409-432.

28 Claudia HÄNDL (1987, S. 2f.) benutzt einen linguistisch modifizierten Rollenbegriff, der teilweise unklar bleibt.

29 Wenn die Rolle in einem deutschsprachigen Klassiker der Soziologie als „Elementarkategorie (...), in der der Einzelne und die Gesellschaft vermittelt erscheinen" (DAHRENDORF 1974, S. 19) definiert wird, tut sich die Problematik des Gegensatzes von Individuum und Gesellschaft auf, die eben nur nach modernen Vorstellungen einer Vermittlung bedürfen. Manfred FUHRMANN (1979, S. 101) kontrastiert unser Verständnis mit dem der Antike und kommt anläßlich einer Rekonstruktion des antiken Rollenbegriffs, die sich u.a. auf Ciceros Rollentheorie in ‚De officiis' (1.93-151) bezieht, zum Schluß, daß „die Identität, um die es hier geht, (...) keine subjektive Kategorie, kein aus dem eigenen Innern gesehenes Ich, keine Einheit des Erlebens und Bewußtseins" sei, sondern „eine vom ‚Stellenplan' der Gesellschaft aus betrachtete Größe, eine konventionelle Gegebenheit, ein ‚pattern', kurz: die perpetuierte soziale Rolle."

eine bestimmte Menge von Handlungen beschränken. Rollenhafte Handlungen sind am anderen orientiert und setzen bei den Handelnden eine Bewußtheit des Handelns voraus, das auf allgemein akzeptierte Handlungsmuster aufsetzt. In bezug auf den Aspekt des bewußten und auf den anderen angelegten Handelns ist rollenhaftes Verhalten zu definieren als die Handlungsform eines Interaktanten, bei der dieser sich selbst als Objekt der Wahrnehmungen eines anderen bewußt antizipiert und diese Antizipation die Handlungen bestimmen läßt.[30]

Als Urmodell des Rollenhandelns gilt zu Recht das Drama.[31] Im Drama interagiert jemand mit einem anderen, ähnlich wie in der Face-to-face-Kommunikation, d.h. teilweise mit sprachlichen, teilweise mit anderen Mitteln (Gesten, Signalen, weiteren Zeichen). Der Unterschied zur Alltagsinteraktion besteht darin, daß die Kommunikationssituation des Alltags zwischen (mindestens) zwei Beteiligten „vor einer dritten Instanz" aufgeführt wird. Die Kommunikation der Face-to-Face-Interaktion wird zu einem „inszenierten Diskurs." Auf diese Weise entsteht Fiktionalität.[32]

„Inszenierung" meint eine besondere Art der Handlung von Interaktanten: Handlungen im Modus des Als-Ob. Das kann im konkreten Fall heißen: Ein Mönch als Darsteller eines Osterspiels tut so, als sei er Jesus Christus; ein spätmittelalterlicher Stadtbewohner tut in einem Fastnachtspiel so, als sei er ein Bauer des Umlands. Die beteiligten Personen agieren nicht als das, was sie im sozialen Leben sind, sondern so, als ob sie jemand anderer wären. Handlungen im Modus des Als-Ob sind nur in bestimmten Rahmensituationen möglich: in der Theatersituation oder anderen Kommunikationssituationen, die eine Rahmung einer Kommunikationssituation durch eine andere kennen.[33] Handlungen im Modus des Als-Ob sind überall dort möglich, wo eine Suspendierung vom sozialen Ernst zugelassen wird: im Spiel, im Scherz, in der Erzählung mit gespielten Sprecherrollen.[34]

---

30 Vgl. die Definition der Rolle von PARSONS: „The role is that organized sector of an actor's orientation which constitutes and defines his participation in an interactive process. It involves a set of complementary expectations concerning his own actions and those of others with whom he interacts." (T. PARSONS/E. A. SHILLS (Hrsg.): Toward a General Theory of Action. Cambridge/Mass. 1951. S. 23 [General Statement aller Autoren, zitiert nach DAHRENDORF 1974, S. 64]).
31 Vgl. WARNING 1983, S. 193.
32 Vgl. WARNING 1983, insbes. S. 203f.
33 Dies entspricht WARNINGs Konzept der Fiktionalität als Situationsspaltung, wie er es in den Aufsätzen zum ‚inszenierten Diskurs' (1983, zuerst 1979 erschienen) erstmals entwickelt und im Aufsatz über die Trobadordichtung (1979a) auf eine prominente mittelalterliche Gattung anwendet.
34 JAUSS (1979, S. 603) bemerkt, daß „ästhetisches Rollenverhalten (...) also nicht wesensverschieden von dem (...) Sich-Verhalten in einer sozialen Rolle" sei; es mache „nurmehr die Verdoppelung, die allem Rollenverhalten inhärent ist, kontrastiv bewußt und ermöglicht es, sich selbst in der Erfahrung der Rolle zu genießen".

Auf handlungstheoretischer Ebene lassen sich somit zwei verschiedene Handlungsmodi der Interaktion unterscheiden: Als-Handlungen und Als-Ob-Handlungen.[35] Handlungen in verschiedenen Modi können sowohl in Texten dargestellt werden wie auch in der Gegenwärtigkeit des Alltagshandelns stattfinden. Normalerweise werden Handlungen nicht im Modus des Als-Ob vorgenommen. Rollenhafte Handlungen sind typisierte Verhaltensweisen, die jemand in einer bestimmten sozialen Funktion oder Position vornimmt (etwa als Mönch in der Messe, als Herrscher im Beratungsritual, als Kaufmann beim Handeln usw.).[36] Die genauere Bestimmung der Handlungsmodi ist erst in der Analyse der Zeugnisse möglich; eine gewissermaßen apriorische Grenzziehung zwischen den Bereichen des Fiktiven und des Realen ist der mittelalterlichen Kultur unangemessen. Für den Bereich mittelalterlicher Kultur in ihrer Gesamtheit ist es von Bedeutung, daß insbesondere im Schnittpunkt des Repräsentationshandelns die Bestimmungen zwischen Fiktion, Als-Ob-Handlungen und herrschaftlicher Repräsentation ineinander fließen.[37]

1.4 Figurenidentität und Textualität

Literatur als einen Bestandteil gesellschaftlicher Kommunikationsprozesse zu sehen ist in der modernen Literaturwissenschaft zum Topos geworden. Oft mithilfe der Sender-Empfänger-Metaphorik beschrieben, birgt dieses Modell

---

35 Die Opposition der Handlungsmodi ist nicht identisch mit der Unterscheidung von fiktionaler und sozialer Rolle, wie sie etwa Rainer Warning und Robert Jauß unterscheiden. JAUSS (1979, S. 603) sieht das Unterscheidungskriterium zwischen sozialer und fiktionaler Rolle in der Bewußtheit der „Verdoppelung in einer Rollenfigur", welche „auf verschiedenen Ebenen der Identifizierung zwischen ‚bitterem Ernst' und ‚heiterem Spiel' eintreten" könne und dabei „verschiedenen Motivationen zwischen Routine, Nachahmung und freier Interpretation" folge: „Die Schwelle zwischen sozialem und ästhetischem Rollenverhalten würde jeweils dann überschritten, wenn die unausdrücklich eingenommene Rollendistanz (...) durch das ‚Als ob' der ästhetischen Einstellung ausdrücklich gemacht wird."
36 Die Wissenssoziologie sieht Rollen im Zusammenhang der Habitualisierung und Institutionalisierung von Verhaltensweisen: „Rollen treten in Erscheinung, sobald ein allgemeiner Wissensvorrat mit reziproken Verhaltenstypisierungen entsteht, ein Prozeß, der (...) zur gesellschaftlichen Interaktion gehört und der eigentlichen Institutionalisierung vorausgeht." In der konkreten Aktion folgt der Handelnde einem Muster, wobei die Typisierung von Handlungsweisen, auf die er zurückgreift, auch seiner konkreten Handlung einen objektiven Sinn verleiht. Der Handelnde identifiziert sich „in actu mit den gesellschaftlich objektivierten Verhaltenstypisierungen", baut aber zugleich eine Distanz zur Handlung auf, welche eine Wiederholung ermöglicht (BERGER/LUCKMANN 1995, S. 79). Zum Rollenbegriff vgl. ebd., S. 76-83.
37 Dies hat vor allem Horst WENZEL (1990, S. 204-208) deutlich gemacht.

der literarischen Kommunikation trotz seines heuristischen Werts die Gefahr eines reduktionistischen Blicks, der auch mittelalterliche Literatur als Informationsaustausch mit sprachlichen Mitteln betrachtet. Der Kommunikationsbegriff im Sinn des Datenaustauschs ist zweifelsohne oft als Generalmetapher für alle kulturellen Austauschprozesse benutzt worden.[38] Diese Eigenschaft als Generalmetapher teilt er sich in den letzten fünfzehn Jahren mit einem oft hypertroph verwendeten Textbegriff. Vor dem Hintergrund der aktuellen kulturtheoretischen Debatten stellt sich die Frage: Wie hat man sich das Verhältnis von Text und Wirklichkeit im Mittelalter vorzustellen, und welcher Platz kommt der Textualität in einem möglichst perspektivenreichen Modell der mittelalterlichen Kultur zu?

Wenn in einer kulturwissenschaftlichen Bestimmung Text zur universellen Beschreibungskategorie und zum zentralen Gegenstand gleichermaßen wird, dann ist jedes kulturelle Datum ein Text und darum auch als solcher interpretierbar.[39] Der traditionelle Gegenstand der Literaturwissenschaft wird erweitert und zugleich dem Gegenstand weiterer Kulturwissenschaften angenähert:

> Wenn Kultur insgesamt als ein Text lesbar ist (‚cultural poetics'), dann bilden sprachliche Zeichen, geschrieben oder gesprochen, nur eine Ordnung innerhalb komplexerer Zeichenordnungen, die in einem bestimmten Situationsrahmen wirksam werden, neben den Gebärden, den Kleidern, Wappen, Bildern, Klängen (...). In dieser Perspektive sind traditionelle Unterscheidungen (etwa zwischen Chronik, Festbeschreibung, Panegyrikus, Ritual, selbst Landkarte und anatomischem Atlas) von nachgeordneter Bedeutung. Wichtig sind sie nur insofern, als sie den Status der jeweiligen Zeichenproduktion innerhalb einander überlagernder Zeichensysteme angeben.[40]

Kann diese Auffassung für das Thema der Identitätskonstitution hilfreich sein? Zunächst besteht die Gefahr im ‚Pantextualismus' der Modellbildung, welcher spezifische Eigenschaften sprachlicher Systeme unbeabsichtigt auf an-

---

38 Vgl. LUCKMANN (1980, S. 28), der konstatiert, Kommunikation könne „heute alles heißen. (...) Wie andere Modebegriffe, anno dazumal z.b. der des Organismus, erhebt auch dieser [Begriff] einen nicht völlig unglaubwürdigen Universalitätsanspruch." Dem so aufgefaßten Kommunikationsbegriff folgte ein universell aufgefaßter Textbegriff und in den letzten Jahren entsprechend weite Konzepte von Performance und Ritual und Kultur (siehe weiter unten).
39 Ein Hauptinitial dieses Verständnisses bieten die Arbeiten von Stephen Greenblatt, der für die neuere Auffassung von Kultur als Text den Terminus „cultural poetics", dt. „Poetik der Kultur" prägte. Vgl. Stephen GREENBLATT: Towards a Poetics of Culture. In: The New Historicism. Hg. von Harold Aram VEESER. New York 1989, S. 1-14.
40 MÜLLER, J.-D. (Hg.) 1996, Vorbemerkung, S. XVI.

dere Zeichensysteme überträgt.[41] Die grundsätzliche Gefahr dieses Pantextualismus besteht vor allem in der versteckten Wörtlichkeit der Generalmetapher. Diese besteht vor allem in der postulierten Sprachlichkeit aller kulturellen Formen, die gelegentlich als Zeichen*systeme* mit Eigenschaften des Sprach*systems* identifiziert werden.[42] Aus diesem Grund soll hier der Entgrenzung des Textbegriffs nicht gefolgt werden. Ich schließe mich statt dessen der funktional-pragmatischen Begriffsbestimmung an, derzufolge ein Text ein in einer zerdehnten Kommunikationssituation entstandenes überlieferungsfähig gemachtes sprachliches Produkt ist.[43] Dieses Produkt ist grundsätzlich immer Artefakt einer Handlung und hat als Bestandteil von Interaktion selbst Handlungscharakter. In bezug auf eine mündliche oder schriftliche Verfaßtheit ist dieser Textbegriff offen.[44] Dies bedeutet, daß sich kein Text ausschließlich aus den Umständen heraus, in denen er entstanden ist, interpretieren läßt, da jedem Text der Umstand der Situationsentkopplung als Überlieferungsmoment eigen ist.[45] Zugleich bedeutet diese Bestimmung, daß kein Text nur „aus sich heraus", in seiner Eigenart als Sprachwerk verständlich ist.

Im Verweis auf Außertextuelles ist auch der mediävistische Anknüpfungspunkt an die Debatten um eine Kultursemiotik und ihr Textverständnis zu sehen: Es sind in der Tat unterschiedliche Ordnungen und Sinnschichten, an denen ein Text partizipiert. Texte sind Teil von Interaktions- und Austauschprozessen, die in diesen zugleich ihren Ausdruck finden. Die Ordnungen, die einen mittelalterlichen Text bestimmen, müssen keineswegs Zeichenordnungen im Sinn moderner Semiotik sein (d.h. ‚Systeme', die aus Zeichen mit einer Syntax und Semantik bestehen). In der dargestellten Welt eines Textes, sei es die einer Chronik oder die eines Romans, finden nämlich Interaktions- und

---

41 Terminus in Anlehnung an ECO (1977, S. 114), der vom Pansemiotismus des Mittelalters spricht. So wie in Mittelalter und Früher Neuzeit die erkenntnisleitende Metapher vom ‚Buch' (der Natur oder dem Buch der Bücher, der Bibel) Ausgangspunkt für alle Wahrnehmungen war, prägt in den Kulturwissenschaften das philologische Textmodell bis heute weitgehend die Wahrnehmung auch nicht-sprachlicher Zeichen.
42 Mit der Textmetapher können sogar überkommene Ansichten zur Sprache übernommen werden, die in der Sprachwissenschaft überwunden sind, insofern hier mittlerweile nicht nur der System-, sondern auch der Handlungscharakter menschlicher Sprachkommunikation betont wird. So bringt Gabrielle SPIEGEL (1994, S. 162) die poststrukturalistische Kritik auf die Formel, daß „das, was wir als ‚Realität' erfahren, nichts anderes sei als ein gesellschaftliches (d.h. sprachliches) Konstrukt oder ein ‚Effekt' unseres jeweiligen Sprachsystems." Die zugrundeliegenden Äquivalenzrelation von Gesellschaftlichkeit = Sprachlichkeit = Sprachsystem ist alles andere als plausibel.
43 EHLICHS (1983) Hauptkriterien sind die ‚zerdehnte' Sprechsituation und die Überlieferung, die beide notwendig und zusammen hinreichend den Textbegriff definieren.
44 Die Schriftlichkeit ist diesem Konzept zufolge keine notwendige Bedingung für die Textualität.
45 Das Konzept der Situationsentkoppelung geht auf BÜHLER (1982) zurück.

Austauschprozesse statt, die weder in Begriffen des Informationsaustauschs noch mit Hilfe eines generalisierten Textbegriffs angemessen beschreibbar sind. Man gelangt hier eher zu dem in früheren Zeiten unter der Metapher des ‚geselligen Verkehrs' gefaßten Prozeß, für den Ethnologen wie Marcel Mauss oder Philosophen wie Baudrillard den Begriff des Tausches bemüht haben.[46]

Im Fall des modernen Pansemiotismus, der nur Zeichenordnungen kennt (und keine ‚Ordnung der Dinge' mehr zuläßt) droht das Mauss zufolge totale Phänomen des Tausches von Gegenständen hinter der Beschreibungssprache, die tendenziell nur noch Zeichen und Bedeutungen kennt, zu verschwinden. Das, was im Fall eines Zehnten aber von der Hand des Lehnsmannes in die des Lehnsherren übergeht, ist kein Zeichen oder jedenfalls nicht nur ein Zeichen, sondern auch ein realer Gegenstand. Auch im Fall einer Allianzenbildung durch zwei hochadlige Familien wechselt eine Frau von einer Familie in die andere hinüber, aber keine Information. Das gesellschaftliche und familiäre Band, das zwischen den Beteiligten damit geknüpft wird, ist selbst kein abstraktes Zeichen, sondern eine soziale Tatsache. Die Frau wechselt realiter in die Familie des Mannes hinüber und ist zugleich Ausdruck und Mittel der Allianzenbildung.[47]

Die mittelalterliche Hermeneutik hat, auf die Begründung durch Augustinus zurückgreifend, diesen physisch-symbolischen Doppelaspekt der Interaktion mittels Zeichen bereits deutlich herausgestellt: Neben die rhetorisch strukturierte Zeichenhaftigkeit der Sprache tritt eine Sprache der Dinge, die zu Zeichen weiterer Dinge werden, ohne sich in ihrer Dinglichkeit aufzulösen.[48] Dieser Eigenart mittelalterlicher Zeichenhaftigkeit muß in jeder Analyse mittelalterlicher Literatur auch Berücksichtigung finden.[49] In der Literatur sei diese Dimension - mit einem Begriff moderner Theoriebildung - die Schicht der symbolischen Interaktion genannt. Zur kurzen Entfaltung möchte ich auf das

---

46 Vgl. MAUSS 1990 sowie Jean BAUDRILLARD: Der symbolische Tod und der Tausch, München 1982.

47 Vgl. hierzu. DUBY 1989, S. 7-31.

48 Dieser Grundzug der mittelalterlichen Hermeneutik findet sich bereits in Augustinus' ‚De doctrina christiana'. Vgl. zu Augustinus Raffaele SIMONE: Die Semiotik Augustins. In: Zeichen. Semiotik in Theologie und Gottesdienst. Hg. von Rainer Volp. München 1982, S. 79-113; vgl. zur mittelalterlichen Auffassung der Res als Zeichen Hennig BRINKMANN: Mittelalterliche Hermeneutik. Tübingen 1980, S. 45ff.

49 In der Mediävistik ist es vor allem Horst Wenzel, der solche Aspekte anhand deutschsprachiger mittelalterlicher Literatur untersucht und dabei immer wieder die Abhängigkeit der Lernprozesse und der Herausbildung feudaladliger Identität von körperlich präsenten Vorgängen und Handlungen herausgestellt hat. Vgl. WENZEL 1988 u. 1995, insbes. S. 26ff. In der heutigen deutschsprachigen Geschichtswissenschaft ist Gerd Althoff zu nennen, der in seinen Untersuchungen anhand von politischen Ritualen der Körper- und Zeichenbezogenheit mittelalterlicher Interaktion nachgeht. Vgl. Gerd ALTHOFF: Spielregeln der Politik im Mittelalter. Kommunikation in Frieden und Fehde. Darmstadt 1997.

bereits erwähnte Modell von Interaktion als Tausch weiter eingehen. Das Modell ist mustergültig von Marcel Mauss anhand außereuropäischer Gesellschaften anhand des Gabentauschs herausgearbeitet worden und eignet sich auch für die Analyse vorindustrieller Kulturen.[50] Der Tausch beruht, auch wenn Mauss den Begriff nicht benutzt, auf dem Prinzip der Reziprozität.[51] Jede Gabe erfordert eine Gegengabe, wobei sich Gabe und Gegengabe nicht quantitativ oder qualitativ in jedem Fall entsprechen müssen und der Tausch auch vermittelt oder verallgemeinert vor sich gehen kann.[52]

Der angesprochene Doppelaspekt mittelalterlicher Interaktionsformen, deren Zeichenhaftigkeit an die Anwesenheit eines Körpers oder Gegenstands und die hierdurch repräsentierte Bedeutung gebunden war, ist mittelalterlichen Texten grundsätzlich eigen und läßt sich anhand der Tauschbeziehungen nachweisen.[53] Neben Gaben im konkreten Sinn können auch abstraktere Werte wie *êre* oder *aventiure*, Nachrichten und Geschichten untereinander oder gegen anderes eingetauscht werden. Daß sich das Tauschmodell gerade für die Analyse der symbolischen Interaktion von Figuren mittelalterlicher Texte besonders gut eignet, hat Haferland ansatzweise anhand der Artusliteratur aufgezeigt.[54] In der erzählenden Literatur funktioniert ein solches Modell sicher besser als in anderen Gattungen, da im Tauschmodell eine Analyse der geschilderten Handlungen geleistet werden kann, nicht aber des Diskurses, der sie schildert.

Wenn im folgenden Rainer Warnings Modell der Identitätskonstitution vorgestellt, modifiziert und in der modifizierten Fassung als primäres Analyseinstrument eingesetzt wird, dann vor allem deshalb, weil dieses Modell auf beiden Ebenen - der des Erzählten wie auch der Art und Weise der Darstellung - greift. Für die Analyse der Neidhart-Tradition soll aber das Modell der symbolischen Interaktion das Warningsche Konstitutionsmodell dennoch immer wieder ergänzen und bereichern.

---

50 Vgl. MAUSS 1990, S. 13ff. Zum Gabentausch vgl. auch Ulla HASELSTEIN: Poetik der Gabe: Mauss, Bourdieu, Derrida und der New Historicism. In: Gerhard Neumann (Hrsg.) Poststrukturalismus. Herausforderung an die Literaturwissenschaft. Stuttgart und Weimar 1997 (= Germanistische Symposien, Berichtsbände 18), S. 272-289.
51 Vgl. hierzu OPPITZ 1993, S. 99-104.
52 Wie im Fall des von Levi-Strauss postulierten ‚verallgemeinerten Frauentauschs', auf dem die elementaren Verwandschaftsstrukturen einfacher patriarchalischer Gesellschaften beruhen. Vgl. OPPITZ 1993, S. 73ff.
53 Ernst H. Kantorowicz hat dies bereits in der Studie ‚Die zwei Körper des Königs' exemplifiziert und auf eine Anschauung des Mittelalters selbst zurückführen können. Vgl. Ernst H. KANTOROWICZ: Die zwei Körper des Königs: Eine Studie zur politischen Theologie des Mittelalters. München 1990 (Erstausgabe: Princeton 1957)
54 Vgl. auch HAFERLAND 1989, S. 150-159.

2 Textmodelle

2.1 Warnings Modell der Identitätskonstitution

Das Modell, das Rainer Warning 1979 in seinem Aufsatz zu ‚Formen narrativer Identitätskonstitution im höfischen Roman' vorlegte, steht in der Mediävistik als Sonderfall da, insofern hier die Identität des Protagonisten nicht direkt, sondern dezidiert in ihrer *Konstitutionsweise* untersucht wird. Dies gelingt Warning, indem er - in Anlehnung an Modelle der Narrativik - grundsätzlich zwischen zwei Ebenen der Narration unterscheidet: (1) der Ebene der Geschichte, d.h. dessen, was erzählt wird, den „konventionalisierten Erzählschemata", und (2) der Ebene des Diskurses, d.h. dessen, wie erzählt wird: der „Erzählhaltungen" und der Organisation des Dargestellten.[55]

Warnings zentrale These zum höfischen Artusroman lautet, daß das eigentliche Thema der Gattung die Identitätssuche des Helden sei (562). Diese stellte sich im Text durch zwei einander überlagernde Schemata der Geschichtsebene her und werde dem Publikum durch eine spezifische Erzählhaltung als Wertetransfer mitgeteilt. Als Modell der Erzählschemata stellt er das prinzipiell zyklische Ablaufschema des von Greimas an einfachen Formen entdeckten Aktantenmodells[56] fest. Ein Aktant ist ein „klassifizierbarer Handlungsträger" (559), der mit verschiedenen Akteuren (Figuren) besetzt werden kann. Im universellen Modell der Erzählung, wie es Greimas aufstellt, stehen sich zwei Subjektaktanten gegenüber, zwischen denen ein Objektaktant hin und her pendelt. Die elementare Ablaufform besteht dabei im Dreischritt von Konfrontation, Domination und Attribution: Der Objektaktant befindet sich zunächst im Besitz des ersten Subjektaktanten, löst jedoch - hervorgerufen durch die Mangelsituation des zweiten Subjektaktanten - zunächst ein konflikthaftes Begehren (Konfrontation), dann eine Unterwerfung des ersten (Domination) und schließlich eine Aneignung des Objektaktanten durch den zweiten Subjektaktanten aus (Attribution). Da mit der Endsituation eines solchen Dreischritts zugleich die Ausgangssituation, nur mit umgekehrtem Vorzeichen, erreicht ist, ist das Ablaufschema ad infinitum perpetuierbar, hat prinzipiell zyklischen Charakter.

In einfachen Erzählformen, von denen die Narrativik ihren Ausgangspunkt nahm, ist oft die Form eines „récit dédoublé" (559) zu finden, bei der ein Dreischritt zweimal durchgeführt wird.[57] Der zyklische Verlauf wird dabei aller-

---

55 WARNING 1979, S. 557 (im folgenden gelten eingeklammerte Seitenzahlen immer diesem Aufsatz). Zur Geschichte der Unterscheidung eines Handlungssubstrats von seiner Erscheinung auf der Textoberfläche vgl. die Übersicht bei GÜLICH/RAIBLE 1977, S. 216.
56 Vgl. GREIMAS 1971.
57 Ein Beispiel: Ein Räuber entführt die Prinzessin aus dem Schloß ihrer Eltern (erster Dreischritt), ein Prinz befreit sie und erhält sie zur Frau (zweiter Dreischritt).

dings durch eine axiologische Besetzung der Aktanten arretiert, die den ersten Subjektaktanten zum rechtmäßigen Besitzer, den zweiten zum Verräter, Bösewicht usw. macht. Die Aktanten sind Träger von modalen Werten. Im Artusroman folgt jede einzelne Aventiure, nach Warnings Befund, diesem Ablaufschema: Iwein reitet aus, erschlägt Askalon und gewinnt Laudine. Der ganze Text wird jedoch von einem zweiten Schema überlagert: „Der Held gewinnt seine Geliebte, geht ihrer aufgrund eigener Verfehlungen verlustig und muß sie in einem Prozeß der Bewährung erneut gewinnen" (558f.). Am Ende dieses Prozesses hat er neben der Frau auch ein legitimiertes Anrecht auf diese Frau gewonnen und zugleich etwas, was keiner zuvor verloren hat: seine Identität als höfischer Mensch. Den Gewinn der Identität im Verlauf des Romans nennt Warning „die thematische Rolle" des Helden (571). Sie wird durch die Verschränkung des zyklischen Aktantenschemas mit einem nicht-zyklischen Schema erreicht:

> Denn mit der Identitätssuche als der zentralen thematischen Rolle des höfischen Romans treten eben jene modalen Werte des Wissens und des Könnens in den Mittelpunkt, die im Aktantenschema den objektiven Werten angeglichen und folglich ihrerseits gar nicht thematisch werden können. Der Weg des Helden stellt sich dar als die Überführung eines Noch-nicht in ein Nunmehr des Innehabens dieser modalen Werte. Er ist wesentlich nicht zirkulär.[58]

Das Prinzip, das die Aventiurekette zu einer Identitätssuche macht und zum Aktantenschema hinzukommt, ist das der „steigernden Reprise" (564f.). Diese wird durch ein Erzählschema gewährleistet, das dem der Typologie (Figuralschema) strukturell analog ist, indem jeweils zwei Aventiuren, vor und nach der Krise des Ritters, aufeinander bezogen sind.[59] Es überlagern sich also zwei Erzählschemata auf der Geschichtsebene, die zusammen die „konstitutive Heterogenität" (569) des Artusromans ausmachen.

Die Heterogenität läßt sich dabei beispielhaft an der Doppelrolle der höfischen Dame erkennen, die für den Helden einerseits zu gewinnender Objektaktant bleibt, andererseits Wertspenderin ist. Die Dame operiert auf der Ebene der Aktanten und jener der axiologischen Besetzung auf unterschiedliche Weise, was sich an den moderne Kohärenzerwartungen sprengenden Schilde-

---

58 WARNING 1979, S. 562. Auch das Konzept der modalen Werte des Wissens und Könnens übernimmt Warning von GREIMAS (1971), der allerdings meint, es direkt aus den Begriffen der Modallogik als Tiefenstruktur jeder Erzählung ableiten zu können.
59 Dies ist die Reinterpretation des von Hugo Kuhn zuerst postulierten doppelten Kursus. Vgl. Hugo KUHN: Erec. In: ders.: Dichtung und Welt im Mittelalter. Stuttgart 1959, S. 133-150.

rungen Laudines als Brunnenfee und höfische Dame vor und nach dem Gattenmord besonders deutlich zeigt.[60]

Diese Heterogenität auf der Geschichtsebene besteht in Hinblick auf das Textganze darin, daß der Held nach dem Aktantenschema nur gewinnen kann, was ein anderer verliert, während das Figuralschema eine Steigerung erlaubt, nach der er etwas gewinnen kann, was keiner verloren hat. Diese Heterogenität ist jedoch kein störendes Strukturmerkmal des Artusromans, sondern Warning zufolge die spezifische Konstitutionsweise der Identität, die ja als thematische Rolle des Helden manifest wird. Auf der Diskursebene werde die Heterogenität der Geschichtsebene durch die ironische Vermittlung des Erzählers wieder aufgehoben. Dieser Befund ist für Warning auch in Hinblick auf die Ermittlung der „kommunikativen Dimension der Erzählung" wichtig (574). Der Erzähler im Text sei eine Version des impliziten Erzählers, der wiederum eine Funktion, nämlich die pragmatische Handlungsrolle, des realen Autors sei (574f.).

Warning macht an dieser Stelle von seinem Konzept der ‚Situationsspaltung' Gebrauch.[61] Der reale Autor wird sich im 12. Jahrhundert - im höfischen Roman genauso wie in der Lyrik - seiner Autorschaft bewußt, d.h. seiner Rolle als Gestalter und Finder (Trobador) eines Stoffes. Im Gegensatz zum Epos, in welchem „in letzter Instanz die Tradition selbst als Subjekt der Narration" (575) stehe, ist in den Gattungen des Romans und der höfischen Lyrik der Verfasser sich seiner Rolle als Autor bewußt. Dies macht sich im Fall der Lyrik in der Namensnennung, im Fall des Romans durch die Rolle des Erzählers als eines ironischen Vermittlers bemerkbar. Beides ist Ausdruck der Vermittlung eines im Text geschaffenen *Sinns*, der im jeweiligen Gattungsentwurf liegt.

Damit komme ich zum letzten Aspekt, der für eine Überführung des Warningschen Modells in ein allgemeines mediävistisch-literaturwissenschaftliches Modell zur Analyse der Figurenidentität bedeutsam ist: der Neubestimmung der Gattung und ihrer Rolle im Prozeß von Produktion und Rezeption von Texten. Warning geht konventionell von der Gattung des höfischen Romans aus, greift aber mit Wolf-Dieter Stempel auf ein Gattungsverständnis im Sinne der Merkmalslinguistik zurück. Stempel definiert Gattungen als „historisch-normhafte Kompatibilitätsfiguren von Textkomponenten"[62]. Mit dieser Bestimmung ist allerdings nicht der kommunikationspragmatische Status von Gattung berührt; dieser läßt sich nur in der Verortung der Gattung als spezifischer Regelung der Kommunikationsform bestimmen, die Literatur dar-

---

60   Mit kritischem Bezug auf Wapnewski, der im Totschlag Askalons die eigentliche Schuld Iweins sehen will (Peter WAPNEWSKI: Hartmann von Aue, Stuttgart 1976, S. 71-78) konstatiert WARNING (1979, S. 571) diesen Unterschied in den Kohärenzerwartungen moderner und mittelalterlichen Rezipienten.
61   Wie auch in WARNING 1979a und 1983.
62   STEMPEL 1972, S. 175f.

stellt.63 Auf der grundsätzlichen literaturtheoretischen Ebene unterscheidet Warning zwischen drei Abstraktionsniveaus, die sich implizit an die Gattungsdiskussion bei Jauß und eine sprachtheoretische Unterscheidung der verschiedenen Ebenen des Sprachlichen durch Coseriu anlehnen. Die von den genannten Autoren parallelisierten Ebenen des Sprachlichen und der literarischen Kommunikation lassen sich im Fall narrativer Texte wie folgt systematisieren:

(a) Die universelle Ebene; im Sinne der Narrativik: die narrativen Tiefenstrukturen
(b) Die historische Ebene mit den Kompositionsregeln der Gattungen
(c) Die konkrete Ebene, die durch den jeweils untersuchten Text bezeichnet wird64

In Gattungsregeln sieht Warning nun „ein Beziehungssystem dritter Ordnung" (555), das zwischen den (narrativen) Tiefenstrukturen und der Textoberfläche vermittelt. Bei der Untersuchung der Texte ist das Einbeziehen aller Ebenen notwendig, da die Tiefenstrukturen nur für bestimmte historische Besetzungen offen seien und andererseits empirisch nur jene aus diesen beweisbar abzuleiten seien. In Gattungen sieht Warning dementsprechend die „je historischen Konventionen der Konstitution und Integration von Geschichte und Diskurs"(576); diese Konventionen lassen sich jedoch nicht nur textintern beschreiben, sondern verlangen auch eine pragmatische Deutung. Die pragmatische Deutung zielt auf den ‚Sitz im Leben' ab, den die zu untersuchenden Texte eines jeweiligen Typs in ihrer Kommunikationsgemeinschaft haben.65 Gattungen sind so nicht direkt aus lebensweltlichen Situierungen und sozialhistorischen Funktionen ableitbar, müssen aber auf diese beziehbar bleiben.66

Das Modell Warnings ist ausbaufähig und modifikationsbedürftig zugleich. Es ermöglicht, die Konstitution von Figurenidentität in Abhängigkeit von der jeweiligen Gattung, in der die Figur erscheint, zu eruieren. Neben der Beschreibbarkeit der Figurenidentität auf einer textinternen Ebene bietet das Modell zudem noch die Möglichkeit, die Funktion der Figurenidentität in Hinblick

---

63 Vgl. auch die Gattungsbestimmung Wilhelm VOSSKAMPs (1992, S. 265): „Gattungen sind institutionalisierte Organisationsformen literarischer Kommunikation, in denen spezifische Welterfahrungen sedimentiert sind."
64 Warning bezieht sich hier implizit auf die Gattungsdiskussion, die JAUSS 1977 angestoßen hat. JAUSS (ebd., S. 330ff.) hat den Begriff der ‚mittleren Allgemeinheit' zur Kennzeichnung des Abstraktionsniveaus von Gattungen mit Bezug auf die Sprachtheorie Coserius geprägt. Zu den Ebenen des Sprachlichen vgl. COSERIU 1985, S. 8.
65 Zu diesem Begriff, der aus der formgeschichtlichen Bibelinterpretation stammt, vgl. K. KOCH: Was ist Formgeschichte? Neue Wege der Bibelexegese. Neukirchen/Vluyn 1964. Zum Zusammenhang mit dem Gattungskonzept vgl. WARNING 1979a, S. 586f.
66 Vgl. den nächsten Abschnitt.

auf den Rezipienten zu diskutieren. Da Warnings Modell explizit auf narrative Texte beschränkt ist, bedarf es im folgenden einer Modifikation, die auch andere Textarten als Gegenstände zuläßt. Trotz der methodischen Anlehnung an Warnings hermeneutisch und pragmatisch erweiterten Strukturalismus sei nochmals betont, daß die Figurenidentität ein so komplexes Amalgam aus unterschiedlichen sinnstiftenden Schichten darstellt, daß eine Reduktion auf nur eine Methode ihr nicht gerecht wird. Was Warnings Modell angesichts der bereits diskutierten Aspekte der Figurenidentität fehlt, ist ein Einbezug der symbolischen Interaktion von Figuren, der epistemischen Dimension von Interaktionsprozessen und schließlich der Performanzdimension, d.h. der Tatsache, daß Figurenidentität in einem Prozeß hergestellt wird. Der folgende Versuch, ein analytisches Modell für die Konstitution der Figurenidentität auch außerhalb narrativer Gattungen zu entwickeln, soll diese Aspekte mit einbeziehen.

2.2 Ein identitätsthematisches Modell der Liedanalyse

Die Figurenidentität läßt sich in einem abgewandelten Modell der Warningschen Identitätskonstitution nach folgenden Dimensionen und Aspekten beurteilen, die einerseits besonders die Anwendbarkeit auf mittelalterliche Lyrik ermöglichen, andererseits auch den diskutierten Aufführungs- bzw. Performanzcharakter der Texte einbeziehen. Das Modell versteht sich als pragmasemiotisches Inventar, bei dem Texte als ‚Sprachwerke' (Bühler) und Handlungen gleichermaßen gelten.[67]

(i.) Mitteilungsdimension

Die erste Dimension, nach der jeder Text beurteilbar ist, entspricht dem, was Karl Bühler die ‚Darstellungsfunktion' der Sprache nennt. Als allgemeine Dimension von mittelalterlichen Texten kann nicht mehr Narration angesetzt werden, welche die Überführung eines Anfangs- über einen Mittel- in einen Endzustand meint.[68] Diese gilt schließlich nur, insofern die Texte ein narratives Element haben. Wesentlich ist vielmehr die Prädikationsstruktur des Textes an sich, die Tatsache, daß ein Text etwas (eine Mitteilung) über etwas (einen Gegenstand) aussagt. Die Mitteilungsdimension läßt sich in zwei Aspekte diffe-

---

67 BÜHLER 1982, S. 48f.
68 Vgl. auch Arthur DANTOs Charakterisierung eines „erzählenden Satzes", in: Analytische Philosophie der Geschichte. Frankfurt am Main 1974, S. 376:
    (1) x ist F in t-1 (Ausgangskonstellation),
    (2) H ereignet sich mit x in t-2 (Mittelteil),
    (3) x ist G in t-3 (Endkonstellation).

renzieren, welche die narratologische Diskurs-Geschichte-Dichotomie in einem sehr weiten Sinne ausdifferenzieren.

(a) Diskurs: Unter Diskurs kann der Aspekt der Anordnung, der Organisation und Stilisierung, allgemein: der Darstellungsweise des Mitgeteilten verstanden werden. Dies kann die Verteilung der Sprecherrollen anbelangen, aber auch die Vorwegnahme, Voraussetzung oder Implikation von ‚Geschichten'. Eine Form der Strukturierung des Diskurses ist die Isotopie, d.h. die Rekurrenz semantischer Merkmale, die in Form eines latenten Wortfeldes im Text vorhanden ist.[69]

(b) Geschichte: Unter Geschichte soll die Gesamtheit dessen verstanden werden, was dem Rezipienten mitgeteilt wird. Dies kann eine Erzählung im narrativen Sinn sein, aber auch eine Geschichte im alltagssprachlichen Sinn (eine Ereignisfolge, ein Ereignis, eine Handlung, kurz: der Plot); ebenso können darunter die Konstellationen von Figuren verstanden werden, die für den Minnesang und die Neidharte außerordentlich wichtig sind. Aber auch Ablaufschemata auf verschiedenen Abstraktionsebenen sollen unter diese Kategorie fallen, die sich erst durch eine Erweiterung zu einem Instrument der Lyrikanalyse eignen.

(c) „Axiologische Besetzungen" sollen wie im Warning-Modell die Funktionalisierung der Aktanten zu Trägern von Werten bezeichnen. Diese Besetzungen sind bestimmte Werte, deren Träger und Vermittler einzelne Aktanten und Figuren sein können.

(ii.) Prozeßcharakter

Mittelalterlicher Literatur wie auch mittelalterlichen Gattungen im besonderen ist ein prozeßhafter Charakter zu eigen.[70] Prozeßhaftigkeit ist eine weitgefaßte Textdimension, die zur Beschreibung der Figurenidentität notwendig ist. Einmal ist darunter

(a) die Performanzdimension zu verstehen, d.h. die Tatsache, daß mittelalterliche Literatur oft erst in einer konkreten Kommunikationssituation, der Kommunikation unter Anwesenden, ihren besonderen Sinn erhält.[71] Die Identität einer Figur, die sich durch eine Situationsspaltung in der Aufführung vom Sprecher zu unterscheiden beginnt, ist durch diesen Aspekt deut-

---

69 Dieses Konzept nutzt WARNING (1979a) für die Trobadorlyrik.
70 Vgl. RUH 1974/86, S. 252 (mit Bezug auf Jauß und Kuhn).
71 Vgl. zur Performanz die Arbeiten Zumthors, vor allem: Paul ZUMTHOR: Die Stimme der Poesie in der mittelalterlichen Gesellschaft. München 1991. Vgl. zur Diskussion den von Jan-Dirk MÜLLER herausgegebenen Band ‚Aufführung und Schrift' (1996).

lich anderer Natur als die einer Figur, die durch die Lektüre entsteht. Daher ist unter Prozeßcharakter auch die für schriftliche Texte geltende (b) Verlaufsdimension zu verstehen. Auch im Leseakt vollzieht sich das im Text angelegte Sinnpotential erst im Verlauf der Lektüre. Die Bedeutung der Sprachzeichen kann sich rückwirkend, wie an den Neidharten immer wieder zu zeigen sein wird, im Verlauf des Textes und dessen aktiven Nachvollzug durch den Rezipienten beständig verändern.

(iii.) Modellfunktion

Die Modellfunktion beschreibt die möglichen Beziehungen zwischen realen Rezipienten und den zu untersuchenden Texten, d.h. den potentiellen Status für ihren ‚Sitz im Leben'. Dazu zählen sozialhistorische Funktionen genauso wie die gespiegelten und entworfenen (Zeichen-)Ordnungen und Weltbilder. In einer expliziten oder als Modell sehr leicht erschließbaren Form ist darunter die Ideologie des Textes zu verstehen, die eng mit der axiologischen Besetzung auf der Geschichtsebene zusammenhängt.

Die Eingebundenheit von Texten, die heute im Gegensatz zu Gebrauchs- oder Sachtexten als literarisch klassifiziert werden, muß sich bekanntlich nicht mit der Einteilung zur Zeit ihrer Entstehung decken. Sofern Literatur noch nicht in dem Maße institutionalisiert war, daß sie als eigenständige soziale Praxis überhaupt wahrgenommen wurde, kann die rückwärtige literarästhetische Beurteilung leicht zu einem Anachronismus werden. Ein literarischer Text hat nicht nur eine bestimmte gesellschaftlich-kulturelle Funktion (einen ‚Sitz im Leben') zu erfüllen, sondern tut dies in einer jeweils spezifischen, durch eine *vermittelte Kommunikation* geleiteten Weise, indem er *sein Bild*, sein Modell von der bedeuteten Wirklichkeit gibt: „Jeder fiktionale Text bezieht sich auf die Lebenswelt seines intendierten Publikums, auf seine Schemata der Aneignung, der Interpretation und der handelnden Gestaltung von Wirklichkeit. Diese Lebenswelt kehrt im Text selbst wieder in Form modellhafter Konstruktion."[72]

Will man Texte älterer Literatur weder als autonome Kunstwerke mißverstehen noch zu bloßen Dokumenten einer außerliterarischen Lebenswelt degradieren, die von ihnen mehr oder weniger verschlüsselt bezeugt und deren Sinn durch sie determiniert wird, bleibt der Weg, die „gedachten Ordnungen"[73], die

---

[72] Vgl. WARNING (1983, S. 201), der sich wiederum auf LOTMANN (1989) beruft.
[73] So MÜLLER, J.-D. (1986, S. 411f.), der die Fehler der älteren Sozialgeschichte vermeiden will: „ ‚Gedachte' Ordnungen gehören (...) zum Wissensbestand einer Epoche, übernehmen orientierende, sinnstiftende, diskriminierende, handlungsleitende usw. Funktionen. Sie sind an je historische Möglichkeiten des Denkens und Imaginierens gebunden, deren Rahmen durch materielle Strukturen, gesellschaftliche Praxis, mentale Einstellungen, tradierte Weltbilder umrissen werden (...)."

Texte entwerfen, zu rekonstruieren und die rekonstruierte Struktur dann erst in einem weiteren Schritt als Ausgangspunkt von Thesen über deren möglichen Modellcharakter zu verwenden. Das eben als Erweiterung des Warningschen Ansatzes vorgestellte textanalytische Inventar hat als Erkenntnisziel, die Konstitutionsweise der Figurenidentität und deren möglichen Wert für Rezipienten zu eruieren. Das Modell sei anhand des Minnesangs vorgestellt, wodurch die unterschiedliche Identitätskonstitution in dieser Gattung und den Neidharten eine Basis erhält.

3 Anwendungen

3.1 Identitätskonstitution im höfischen Minnesang

Die höfische Minnelyrik hat ein Verhaltensmodell ausgebaut und weiterentwickelt, das schon in vielfältiger Weise zum Gegenstand der Forschung geworden ist und das in seiner allgemeinen Form auf ein zugespitztes Modell des *amour courtois* zurückführbar ist.[74] Ich gebe zunächst das Interaktionsmodell der höfischen Liebe und des Minnesangs wieder, wie es die Forschung skizziert, und erprobe dann das oben entworfene Textmodell in der Anwendung auf den entsprechenden Texttyp des Minnelieds.[75]

Minnesang und höfische Liebe im Forschungsbild
Dem Modell höfischer Liebe gemäß, wie es in einer theoretischen Form Andreas Capellanus in seinem Traktat ‚De amore' dargelegt hat, hat ein männliches Subjekt durch seine werbenden Bemühungen um eine Frau eine doppelte Kompetenz nachzuweisen bzw. zu entwickeln: zum einen die rhetorische, die begehrte Dame mit seiner Sprach- und Redekunst für sich zu gewinnen, und zum anderen die Verhaltenskompetenz, die Werbung in von unmittelbar sexuellen Interessen abstrahierender Weise zu gestalten.[76] Der besondere Effekt des Werbens als Liebes- und Redekunst besteht für den Werbenden dabei nicht in

---

74 Vgl. die umfangreiche Monographie von Rüdiger SCHNELL (1985). Den Begriff des ‚amour courtois' prägte Gaston Paris 1883 in Hinblick auf den ‚Lancelot'-Roman Chretiens von Troyes (vgl. BUMKE 1986, Bd. 2, S. 504f.).
75 ‚Minnelied' soll einen bestimmten Texttyp bezeichnen, der zumeist in der Kanzonenform abgefaßt war und das Konzept der Hohen Minne thematisiert. Vgl. zur Gattungsvielfalt TERVOOREN (1993 [EINL.], S. 27), der entschieden auf die zentrale Stellung des Minnelieds hinweist (ebd., S. 31 u. 38).
76 Andreas nennt als weitere Bedingung für einen höfisch Liebenden ein ansprechendes Äußeres und Aufrichtigkeit. Vgl. DE AMORE I vi 16.

erster Linie im Gewinnen einer Frau, sondern primär in einem erzieherischen, seine Identität als adlig-höfisches Wesen formenden Aspekt.[77] Im Gegensatz zu der im Hochmittelalter stark rezipierten ‚Ars amatoria' Ovids liegt der Schwerpunkt des mittelalterlichen Liebesmodells nicht auf dem pragmatischen Aspekt der Verführung, sondern dem sozialnormativen Aspekt höfischer Gesinnung und höfischen Benehmens (lat. *curialitas*, prov. *cortezia*, mhd. *höveschheit*).[78]
Der primäre Gewinn der Werbung liegt demzufolge im (selbst)erzieherischen Effekt des als ‚Werbungsspiel' inszenierten Interaktionsmodells höfischer Liebe, das die Affekte zähmt und distanziert, adlige Formen der Freigebigkeit und des vorbildlichen Verhaltens gleichermaßen thematisiert und vorführt. „Die Liebe (*amor*) macht höfisch und die Höfischkeit (*cortezia*) macht liebesfähig", so bringt Ulrich Mölk die wechselseitige Abhängigkeit, welche das Liebesmodell und das Selbstverständnis der adligen Laiengesellschaft in ihrer Literatur bestimmt, auf eine knappe Formel.[79]

Der Faszinationstyp Minne, um Kuhns Begriff zu verwenden, aufgefaßt als feudaladliges Verständnis von Liebe und Gesellschaft - bringt schließlich in der höfischen Literatur jene souveräne Artistik des Redens über Liebe zum Vorschein, die sich in verschiedenen Gattungen jeweils spezifisch ausprägt, in der Lyrik der Trobadore, Trouvères und Minnesänger aber zweifelsohne am deutlichsten zeigt.[80] In der höfischen Lyrik ist ein spezifisches Modell des *amour courtois* von Anfang an vorhanden. Seine konzeptuelle Herkunft ist nach wie vor umstritten; das Grundkonzept des *amour courtois* äußert sich allerdings deutlich bereits in den Liedern Wilhelms von Aquitanien sowie in der folgenden Trobador- und Trouvères-Lyrik. In seiner klassischen Ausprägung wird es im deutschen Sprachraum ab dem Ende des 12. Jahrhunderts durch das Konzept der Hohen Minne charakterisiert.[81]

Auch das Programm der höfischen Minne, wie es sich im deutschen Minnesang unter dem Etikett der Hohen Minne thematisiert findet, besteht im wesentlichen im Postulat einer vom Handlungszweck der Eroberung der Frau ab-

---

77 Vgl. PEIL (1996, S. 189), der den engen Zusammenhang von Minneerfahrung und -reflexion betont.
78 Vgl. hierzu die Zusammenstellung bei BUMKE (1986, S. 503-529, insbes. S. 527) sowie den konzisen Beitrag ‚Über die höfische Liebe' von Georges DUBY (1989, S. 81-90).
79 MÖLK 1982, S. 32; ähnlich auch WARNING 1979a, S. 121.
80 Vgl. Hugo KUHN (1980, S. 85f. u. S. 96), der den Begriff des Faszinationstyps entwickelt und festhält, daß auch im 15. Jahrhundert das „Zentrum für Gebrauch, Struktur und Überlieferung (...) noch im ‚Hofieren', d.h. in der Tradition einer freien gesellschaftlichen Artistik" liege, deren „Hauptthema noch immer die Minne" sei (S. 86).
81 Zum Konzept der trobadoresken Minne vgl. MÖLK 1982, S. 32-45; WARNING 1979a; zum Vergleich von Trobador-, Trouverès-Lyrik und Minnesang vgl. Ingrid KASTEN: Frauendienst bei Trobadors und Minnesängern im 12. Jahrhundert. Zur Entwicklung und Adaption eines literarischen Konzepts. Heidelberg 1986 (= GRM-Beiheft 5).

sehenden Werbung.[82] Als Lohn der Werbung kommt nicht mehr der Besitz der Dame (im Sinne einer sexuellen oder weiteren Beziehung) in Frage, sondern allenfalls das abstraktere Gut ihrer Gunst (mhd. *huld*). Diese Konzeption gelingt in der Gattung ‚Minnelied' dadurch, daß einerseits auf der Geschichtsebene meist anonyme oder gestaltlos bleibende Hindernisse wie die der *merkaere* oder *nidaere* eingeführt werden, welche eine Annäherung von Werbern und Umworbener verhindern, andererseits dadurch, daß die Texte selbst die Werbung ideologisieren.[83] Auch dem Wortlaut der Minnelieder nach liegt der Eigenwert der Werbung im affektdisziplinierenden und kultivierenden Effekt (mhd. *bezzerung*), den sie auf den Werbenden hat.[84] Auf die knappste Formel gebracht, findet sich dieser Effekt in Freidanks ‚Bescheidenheit' ausgedrückt: „Ein man wirt werder, dan er sî, / gelît er hôher minne bî" (100,18). Minnedienst, so wie er innerhalb der Gattung Minnesang zur Darstellung kommt, sieht vom unmittelbaren Zweck einer gegengeschlechtlichen Liebeswerbung im Sinne einer Eroberung oder Verführung ab und nutzt dieses Absehen für eine gattungsintern und explizit thematisierte Minneideologie[85].

Das Modell der Geschlechterbeziehungen im Minnelied klassischen Zuschnitts unterscheidet sich damit deutlich von dem anderer Gattungen, die der Werbung um die Frau die Ehe folgen lassen (Artusroman) oder, wenn es um die Problematik einer Liebesbeziehung gegen die oder außerhalb der Gesellschaft geht (wie im ‚Tristan' Gottfrieds von Straßburg oder im ‚Lancelot'-Stoff), durchaus die sexuelle Komponente als Bestandteil der personalen Beziehung zwischen Mann und Frau etablieren.[86] Innerhalb der Liebeslyrik des Mittelalters ist das nach dem Konzept der Hohen Minne verfaßte Lied ein Texttyp, der zwar im Zentrum weltlicher Liedproduktion stand, aber von Anfang an auch Sub- und ‚Gegengattungen' - wie das Tagelied, die Pastourelle, die Gesprächslieder usw.). Diese gehen von einer anderen Situation aus und konnten daher auch andere Ideologeme transportieren. Die Besonderheit des

---

82 Vgl. SCHWEIKLE 1989, S. 168ff.
83 Im Minnesang ist über die konkrete gesellschaftliche Bindung der Dame fast nichts zu erfahren (vgl. SCHWEIKLE 1989, S. 184). Der realhistorische Hintergrund, in der sich ein Rezipient die Frau gebunden denkt, zu welcher der Sänger als Minnediener eine Beziehung anstrebt, ist die Ehe. Auf diese Weise setzt der Minnesang das Konzept der höfischen Liebe gegen die Ehe. Vgl. zum Themenkomplex höfische Liebe und Ehe DUBY 1989, S. 7-51.
84 Belege hierfür bietet der Artikel ‚„minne" und „liebe". Das Fluidum der Interaktion' von Hubert HEINEN im Band: Ehre und Mut, Aventiure und Minne. Höfische Wortgeschichten aus dem Mittelalter. Hg. von Otfrid Ehrismann. München 1995, S. 136-147.
85 Vgl. Horst WENZEL: Frauendienst und Gottesdienst. Studien zur Minne-Ideologie, Berlin 1974 (= Philologische Studien und Quellen 74).
86 Auf die Abhängigkeit des Minnemodells von der jeweiligen Gattung, in der es zur Geltung kommt, macht BUMKE (1986, Bd. 2, S. 504f.) aufmerksam.

Minnelieds ist der enge Zusammenhang zwischen Personenkonstellation, Ideologie und Ausdrucksform des Liebesmodells in höchst anspruchsvollen Formtypen. Das Konzept der Hohen Minne wird in einer artistischen Form vorgeführt, die zu beherrschen die Sänger durch den Gesang selbst demonstrieren. Minnesang ist damit Vollzug, Exempel und Beweis der Minneideologie in einem.

Erprobung des Textmodells

Dem von der Forschung entworfenen Bild des Minnesangs liegt eine spezifische Komplexion der textuellen Aspekte Diskurs, Geschichte, axiologische Wertsetzung, Performanz- und Modellcharakter zugrunde. Im folgenden werde ich dieses Bild mit den Mitteln des oben entworfenen Textmodells mit seinen drei Hauptdimensionen reformulieren. Dies geschieht nicht nur zum Zweck, das Modell zu exemplifizieren und seine Analysekraft vorzuführen, sondern hauptsächlich, um die Figurenidentität anhand jener Vorgängergattung der Neidharte herauszuarbeiten, aus denen diese seit Beginn der Neidhart-Philologie funktional und genetisch abgeleitet wurden. Indem ich die textanalytischen Kategorien auf das Minnelied anwende, versuche ich dessen Konstitutionsweise der Sängeridentität samt ihrer Wechselwirkung mit dem Texttyp aufzuzeigen und damit den später anzustellenden Vergleich mit den Neidharten auf eine gemeinsame Basis zu stellen.

Zunächst zur **Geschichtsebene**: Im Minnelied wird textintern die Situation einer Liebeswerbung behauptet und vorgeführt. Dieser Werbung liegt die abstrakte Personenkonstellation eines männlichen Protagonisten, einer begehrten Frau und meistens recht gestaltlos bleibender ‚anderer' zugrunde.[87] Diese Personenkonstellation, welche auf der Ebene der Akteure schon oft beschrieben wurde, läßt sich nun durchaus auf das strukturale Aktantenschema beziehen, das Warning für den Artusroman skizziert. Demzufolge könnte man im Sänger und den anderen die beiden Subjektaktanten, in der Dame den Objektaktanten sehen. Die Dame befindet sich im Besitz der anderen, wird vom Sänger begehrt, d.h. in seinen Besitz zu bringen gesucht. Im Unterschied zum Artusroman oder anderen epischen Gattungen kommt es in der klassischen Minnelyrik jedoch nicht zu Narrationen im eigentlichen Sinn.[88] Die Anfangskonstellation wird gewissermaßen eingefroren, sie wird eher berichtet, beklagt und reflektiert denn erzählt. Eine Erzählung beinhaltet den Prozeß, der von einer Anfangs- zu einer Endsituation verläuft, so daß den meisten Vertretern des klassischen Minnelieds gerade diese epische Dimension abgeht. Aus diesem Grund läßt sich

---

87 Vgl. MÜLLER, J.-D. 1986, S. 416ff.
88 Diese Aussagen gelten nur für den zentralen Texttyp des klassischen Minnelieds, nicht etwa für Tagelieder oder Pastourellen.

auch fragen: Wenn die dargestellte Geschichte sich *nicht* im Dreischritt von Konfrontation, Attribution und Domination äußert (und das Lied zu einer Erzählung werden läßt), was ist dann ‚Geschichte' in den Liedern?

Hier lassen sich hauptsächlich die *Konstellationen* zwischen den beteiligten Personen nennen, von denen ausgehend eine Geschichte entworfen werden kann, wie sich im Vergleich der Neidharte mit dem Minnelied zeigen wird.[89] Diese Konstellation bleibt im Minnesang zumeist statisch, wird also nicht im Sinne der Universalform der Erzählung in eine Durchgangs- und eine Endkonstellation überführt. Dennoch kann dem Minnelied eine zumindest minimale Geschichte eingeschrieben sein, die sich basal an der Zeitstruktur festmacht.

Damit gelange ich zum nächsten Aspekt des Minnelieds als Texttyp im Sinne des oben entfalteten Textmodells, zu seiner **diskursiven Grundstruktur**. Jeder Sprechsituation liegt bereits als solcher eine zeitliche Strukturierung zugrunde, also auch dem Minnelied, sei es dem Rezipienten nun in der Aufführung oder der Lektüre bzw. dem Gebrauch einer Handschrift präsent. Durch den fiktiven Sprechzeitpunkt, in dem ein Sprecher (sei dieser nun eine reale Person oder eine in dramatischen, lyrischen oder epischen Rollen erzeugte Figur) seine Äußerungen macht, ist auch eine ihm vorangehende und eine ihm folgende Zeit mitgegeben. Im Minnesang wird diese Zeitstruktur zumeist in folgender Weise mit einer, wenn auch minimalen Geschichte verbunden: Die Zeit vor dem und bis zum Sprechzeitpunkt des Lieds ist jene Zeit, die der Sänger bereits mit treuem Dienen verbracht hat; die Zeit nach dem Sprechzeitpunkt ist jene, die möglicherweise den Lohn des Dienens verspricht oder ihn weiterhin versagt, während in der Gegenwart die Möglichkeit eines Ausgleichs von Dienst und Lohn diskutiert, reflektiert und ideologisiert wird. Die ‚Verarbeitung' der spannungsgeladenen Grundkonstellation im Monolog des Sängers, der textintern allenfalls mit Publikumsapostrophen aus dem (inszenierten) Selbstgespräch ausbricht, ist die diskursive Grundstruktur des Minnesangs.

Auch die notwendigerweise vorgegebene Zeitstruktur und die darauf abgebildete Geschichte ändern nichts an der Tatsache, daß die Personenkonstellation selbst immer dieselbe war, ist und sein wird. Zu veränderten Konstellationen und einer Annäherung an die Erzählung kommt es gelegentlich in Dialogliedern sowie im späten Minnesang. Die Probleme, die sich auf der *histoire*-Ebene hinsichtlich der Personenkonstellation und der mit ihr verbundenen Geschichte oder Erzählung ergeben, werden also erst im späten Minnesang virulent. Hauptausgangspunkt dieser Tendenz sind wiederum die Neidharte. Hier finden sich erste Übergänge zur regelrechten Erzählung, welche sich über Veränderungen der Konstellationen des Minnesangs ergeben.[90]

---

89 Vgl. die Diskussionen der Konstellationen in diesen Textarten in IV.1.
90 Es handelt sich bei vielen dieser Lieder aber gerade nicht mehr um Minnelieder im oben beschriebenen Sinn. Zur Entwicklung im späten Minnesang vgl. MÜLLER, J.-D. 1996.

Hinsichtlich der Konstellationen, die im Kapitel über die Neidhartlieder ausführlicher zu erläutern sind, soll an dieser Stelle noch auf die aktantielle Grundstruktur der Dame-Sänger-Relation und deren **axiologische Besetzung** eingegangen werden. Um die Eigenart des Minnesangs in seiner spezifischen Verschränkung der textuellen Dimensionen beschreiben zu können, läßt sich seinem Interaktionsmodell der Liebe ein gewissermaßen naturwüchsiges Modell der Werbung entgegensetzen. In einem solchen Modell läßt sich Werbung als Tauschhandel beschreiben, bei dem die Werbungsbemühungen des Mannes durch das Entgegenkommen der Frau belohnt werden. Dabei fällt auf, daß dieses Tauschmodell dem Mittelalter durch Ovids ‚Ars amatoria' durchaus bekannt gewesen und unter spezifischen Vorzeichen auch in ‚De amore' als Handlung verwirklicht ist, jedoch durch das Konzept der Hohen Minne auf jeder Ebene blockiert wird.[91] In ihrem Grundkonzept setzt die höfische Liebe, wie Rainer Warning sagt, einen „Hiat zwischen sexuellem Begehren und sexueller Erfüllung"[92], im hier zugrundegelegten Tauschmodell also eine Grenzziehung zwischen Werbung um das begehrte Objekt und dem Handlungszweck der Werbung in ihrer naturwüchsigen Form, dem Beischlaf. Der Transfer, der in diesem Tausch- und Verführungsmodell den Dienst, die Überredungskunst oder weitere Bemühungen des Mannes gegen die Hingabe der Frau eintauscht und der als Tausch auch problemlos in einigen Gattungen mittelalterlicher Literatur verwirklicht wird,[93] verbietet sich also durch eine gattungsspezifische Ideologie. Die Werbung wird im klassischen Minnelied entpragmatisiert und nunmehr in den Dienst eines höheren Zwecks gestellt.

In Hinblick auf die Minneideologie, die als kultur- und geistesgeschichtliches ‚Erbe' der Zeit um 1200 seit der Romantik bis hin zu populären Büchern unserer Zeit[94] oft beschrieben wurde, gilt es allerdings, ihren eigentlichen Status

---

91 ‚Naturwüchsigkeit' meint hier natürlich keine ontische Qualität, sondern ist selbst wiederum ein soziales Konstrukt: der Entwurf von Natur als Gegenbild zur Kultur. Bei Andreas Capellanus wird dieser Gegensatz auf die Liebe von Bauern und Adligen abgebildet. Andreas' Einschätzung einer in diesem Sinn ‚naturwüchsigen Werbung' ist ambivalent; einerseits schätzt er die Liebe, die durch Geschenke oder Geld gestiftet wird, äußerst gering ein (I ix), andererseits bleibt auch bei seinen verfeinerten Liebesregeln der Beischlaf letztes Ziel, das der Mann durch seine rhetorische Leistung erreicht. Die Verhandlungen um gesellschaftlich legitimierte Mann-Frau-Beziehungen, also fast ausschließlich um Ehen, hatten in der historischen Realität weder mit Liebe noch ihrem Modell zu tun, sondern mit Allianzen. Vgl. BUMKE 1986, Bd. II, S. 558-582.
92 WARNING 1979a, S. 121.
93 Hier ist insbesondere an die Vagantenlyrik zu denken. Das extremste mir bekannte Beispiel in der deutschen Literatur des Mittelalters für das Funktionieren eines solchen Modells ist die ‚Minnelehre' Johanns von Konstanz. Vgl. BOCKMANN/KLINGER 1998.
94 Als eines unter vielen Beispielen sei ein Buch herausgegriffen, das sich als Jungianische Interpretation des Tristanstoffs versteht: Robert A. JOHNSON: Traumvorstellung Liebe.

festzuhalten. Im idealtypischen Modell des Minnesangs und seines Konzepts von Hoher Minne läßt sich die gattungsspezifische Ideologie so rekonstruieren, daß sie den Austausch von Dienst und Lohn - im Sinne einer in anderen Arten von Liebesdichtung durchaus realisierten Werbung mit sexuellem Erfolg - in ein überhöhtes Modell der Interaktion überführt. Demzufolge liegt die Reziprozität nicht mehr auf einer konkreten, sondern auf einer abstrakteren Ebene, indem sie den auf der Handlungsebene sinnlosen Dienst an der Dame als Selbstzweck definiert und die Gunst der Dame als in gleicher Weise wertvolles Gegengeschenk belegt.[95]

Bei dieser Rekonstruktion ist das komplexe Verhältnis zwischen Diskurs- und Geschichtsebene noch zu bedenken: Der Sänger verzichtet ja im wesentlichen als handelnde Person (Geschichtsebene), um als Sprecher des Lieds, d.h. als Gestalter des Gesagten (Diskursebene), Entlohnung zu finden. Der Lohn selbst, insofern er als der selbsterzieherische Effekt des Werbens oder als Kunst des Singens selbst vorgeführt wird, findet sich so auf einer anderen Ebene als der eines auch noch so geringen personalen Erfolgs einer Liebeswerbung; er ist auf radikale Weise entpragmatisiert. In der Lyrik der Hohen Minne geschieht diese Entpragmatisierung in Termini des Warning-Modells auf besonders zugespitzte Weise: Indem die Dame auf der Ebene der axiologischen Besetzung als das höchste Gut (*summum bonum*) behandelt wird, dient sie als Wertspenderin.[96] Diese Setzung hat ihre Entsprechung im textintern dargestellten absoluten Tabu einer sexuellen Vereinigung. Würde das Tabu durchbrochen, würde der Status der Dame als Wertspenderin zum großen Teil verloren gehen. Dennoch agiert auch die Dame des Minnesangs noch auf der Geschichtsebene (s.u.).

Vergleicht man das Minnekonzept der Lyrik mit dem anderer Gattungen, etwa dem Artusroman, dann fällt auf, daß eine hohe axiologische Besetzung der Dame hier ebenfalls in bestimmtem Maße stattfindet, aber die Rolle der Frau als Objektaktant auf der Geschichtsebene keineswegs aufgehoben ist. Frauen gelten sowohl im Artusroman wie auch im späteren Minneroman als hohe, nicht aber unerreichbare Güter.[97]

Die spezifische Ökonomie des Minnediensts, wie sie sich in der Minnelyrik äußert, basiert demnach auf der Absolutsetzung der Dame als des tendenziell höchsten Guts und somit auf ihrer axiologischen Funktion als Wertspenderin. Es ist wichtig zu betonen, daß diese Absolutierung nur in den Liedern zu fin-

---

Der Irrtum des Abendlandes. Olten 1985. Der Titel zeigt bereits an, daß das kulturelle Erbe des höfischen Liebeskonzepts eher als Fluch angesehen wird.
95 Ein solches Modell legt Harald HAFERLAND (1989, S. 179ff.) der höfischen Liebe zugrunde.
96 Zur Charakterisierung der Dame als höchstes Gut vgl. WARNING 1979a, S. 121f.
97 Das Operieren der Dame auf zwei Ebenen (der Aktantenebene und der axiologischen als Wertspenderin) stellt WARNING 1979 als eines der Momente der konstitutiven Heterogenität des Artusromans heraus. Vgl. II.2.1.

den ist, welche das Konzept der Hohen Minne exemplifizieren. Solche Lieder existieren, wenn man die Minnelyrik quantitativ und qualitativ auf das Konzept Hoher Minne absucht, allerdings niemals in Reinkultur. Damit komme ich auf den Prozeßcharakter der Minnelyrik zu sprechen: In den meisten Fällen findet sich das Modell der Hohen Minne in den jeweiligen Texten eben nicht als reine Ideologie verkündet. Die Minneideologie findet sich nicht im Redemodus der Konstatierung vor, sondern wird in anderen Modi verarbeitet. Das Konzept der Minne wird in den inszenatorischen, argumentativen und reflexiven Abläufen entwickelt, kritisch besprochen oder mit Gegenstimmen innerhalb der Texte oder der Gattung dialogisiert.[98] Das Konzept der Hohen Minne, von dem man ein Schema entwerfen kann, hat in der Verlaufsstruktur der Texte also zumeist einen gänzlich anderen Status, als es die Skizzen der Minnesang-Philologie gelegentlich glauben machen können. Dies sei an zwei Beispielen erläutert.

3. 2 Zwei exemplarische Analysen: ‚Ich vant si âne huote' (MF 93,12) und ‚Swaz ich nu niuwer maere sage' (MF 165,10)

Als Musterbeispiel, wie in der inszenatorischen und argumentativen Verlaufsstruktur eines Lieds das Konzept der Hohen Minne verarbeitet werden kann, erweist sich Albrechts von Johannsdorf ‚Ich vant si âne huote' (MF 93,12).

‚Ich vant si âne huote' (MF 93,12)
In diesem Dialoglied wird die Werbung des Minnesängers um die Dame in Szene gesetzt. Die Positionen des werbenden Mannes und der umworbenen Frau zeigen sich demnach als konkrete Figuren, d.h. in einer gegenüber dem klassischen als Sprechermonolog gestalteten Minnelied stark veränderten Kommunikationssituation. Der männliche Sprecher des Lieds bedient sich der Terminologie und Ideologie des höfischen Minnedients, als er die Dame „âne huote" (I 1) findet, um in konkreter Absicht um sie zu werben. Er betont seinen treuen Dienst, seine Not, die aus dem Nicht-Erhört-Werden erwächst, und bittet um Lohn für seinen Dienst. Die zur Figur gewordene männliche Sprecherrolle setzt die monologische Rede der Minnesänger also in die Zweckrede des Verführers um.

---

98 Als Beispiel eines Reflexes, der sich als Gegenstimme innerhalb der Gattung gibt, lassen sich die ‚Unmutslieder' wie Hartmanns von Aue ‚Ich var mit iuweren hulden' (MF 218,5) anführen.

In der hier entworfenen Gesprächssituation hat die höfische Sprechweise einen anderen Sinn als den, der in der Minnelyrik und ihrer Ideologie der Hohen Minne mit ihr verbunden ist. Durch das Umfeld der geschilderten Situation - ein Treffen ohne die schützenden Aufpasser - und die Gesprächssituation selbst wird die Rede des Werbers mit ihren Minnesanggesten und -termini zur Funktion seiner Verführungsabsicht. Der erhoffte Lohn des Minnedieners ist demzufolge so konkret, wie er es oft in der frühen Minnelyrik war.[99] Die Dame läßt sich ihrerseits, nach vergeblichen Abwehrversuchen des lästigen Werbers, auf die Sprache des Minnesangs ein. Indem sie dem Mann in der letzten Strophe Lohn verspricht, muß sie bei diesem Hoffnung wecken, die Bitte, „die niemer mac beschehen", doch noch gewährt zu bekommen. In der Schlußpointe des Lieds greift die Dame dagegen auf die Programmatik der Hohen Minne in einer Weise zurück, welche diese Hoffnung endgültig zerstört:

„Sol mich dan mîn singen
und mîn dienst gegen iu niht vervân?"
‚iu sol wol gelingen,
âne lôn sô sult ir niht bestân.'
„Wie meinet ir daz, vrowe guot?"
‚daz ir dest werder sint unde dâ bî hôchgemuot.'
(MF 94,9-35)

Die Programmatik der Hohen Minne, die - wie sie Ulrich Müller anläßlich der zitierten Passage formuliert - darin liegt, „daß der werbende Mann deswegen keine Erhörung finde und finden dürfe, weil er durch sein Werben um die höherstehende Frau an äußerem und innerem Wert gewinne"[100], wird in Albrechts Lied jedoch keineswegs verkündet, sondern gewissermaßen vorgeführt. Die Dame bedient sich der Sprache und Programmatik des Minnesangs nurmehr als Zitat und benutzt sie als letztes verbales Mittel der Abwehr, funktionalisiert sie dabei jedoch in Entsprechung zum Mann ebenfalls, wenn auch mit umgekehrtem Vorzeichen um. Das Albrechtsche Dialoglied kann damit stellvertretend für den spielerischen Charakter stehen, mit dem viele Lieder die Minne-Programmatik thematisieren. Die Inszenierung der Werbung in Form einer pastourellenähnlichen Verführungsszene, in welcher sich der Mann der ideologisch aufgeladenen Minnesprache bedient, während die Frau die Termini des Minnesangs erst gebraucht, um sich auf der Handlungsebene als die Überlegene zu entziehen, macht deren Vieldeutigkeit bei Albrecht von Johannsdorf aus. Die angesprochene Umbesetzung gilt jedoch grundsätzlich für alle weiteren

---

99 Vgl. etwa MF 6,5ff. Der Dienst eines Ritters wird in dieser Frauenstrophe „gelônet (...) swenne ich in umbevangen hân".
100 MÜLLER, U. 1983, S. 76.

Minnesänger, ob sie das Konzept der Hohen Minne nun beibehalten, kritisch reflektieren oder umbesetzen.[101]

Warnings Begriff der konstitutiven Heterogenität scheint so auch als Gattungsmerkmal des Minnesangs zuzutreffen: Im Minnesang ist die Dame einerseits als Wertspenderin definiert, hat aber auf der aktantiellen Ebene immer noch die Rolle eines ‚Gutes' im Sinne eines begehrenswerten Objektes inne. Der Konflikt, der aus dieser Besetzung resultiert, ist folgender Art: Die Dame als das höchste Gut veranlaßt den Mann zu Taten, die an sich gut sind, und ist insofern Spenderin der Werte; andererseits bleibt sie auch in der Minnelyrik latent ein ‚Gut' (Objekt-Aktant), in dessen physischen Besitz zu kommen erstrebenswert ist, wie auch die Beteuerungen der körperlichen Schönheit der Dame im Minnesang beweisen. Die Dame operiert damit auf zwei Ebenen: auf der axiologischen Ebene als Wertspenderin, insofern sie es ist, ohne die es die Bemühungen des Mannes nicht gäbe, und auf der Geschichtsebene als begehrenswertes Objekt, insofern sie die attraktive, besitzenswerte Partnerin bleibt.

Aber auch der Sänger befindet sich in einer Doppelrolle: Einerseits trachtet er auf der aktantiellen Ebene danach, dieses Gut zu erwerben, andererseits darf er es aber niemals erhalten, da er sich so die Grundlage für den Erhalt abstrakterer Güter (*werdekeit, êre, staete*) zerstören würde. Auf eine Formel gebracht, muß er auf die Frau verzichten, will er einen Zuwachs auf der Wertebene erhalten: die *bezzerung* seiner selbst durch das Werben. Dieses Streben ist aber auf der Geschichtsebene qua Gattungskonvention nicht abschließbar. Es findet so im Minnemodell ein Wertetransfer statt, der von der Dame zum Sänger verläuft und der im Zeichen einer konstitutiven Heterogenität stattfindet.

Die konstitutive Heterogenität als eines der essentiellen Gattungsmerkmale des Minnesangs verdankt sich dem Interagieren der Ebenen axiologischer Wertsetzung und ‚Geschichte' und bringt im Gesamtkonzept der Hohen Minne eine paradoxe Denkfigur hervor, die Dreh- und Angelpunkt der meisten Lieder ist. Die Werbung gewinnt nur dadurch an Wert, daß sie ohne Erfolg verläuft. Der Wert der Dame ist umso größer, je weniger sie der Werbung nachgibt, und um so geringer, je mehr sie der Werbung nachgibt.[102] Tendenziell begehrt der Sänger das am meisten, was er am wenigsten zu erlangen vermag, und schätzt das am geringsten, was er mit Leichtigkeit erreicht. Der Minnesang, soweit er das Konzept der Hohen Minne demonstriert und thematisiert, lebt aus der Spannung, die den Sänger auf der Handlungsebene etwas wollen läßt, was er auf der axiologischen Ebene nicht wollen kann, und erhält diese Spannung aufrecht, indem beide Ebenen im Standpunkt des Sprechers (auf der Diskursebene)

---

101 Die Umbesetzung der Minnekonzepte ist insbesondere in der Walther-Forschung gewürdigt worden. Vgl. auch ORTMANN/RAGOTZKY 1990, S. 234ff.

102 Die Paradoxie der Minnesituation hat die Forschung von Anfang an hervorgehoben; zur Denkfigur vgl. WARNING 1979a, S. 120f.

personal vereint sind. Im Sänger bzw. in der thematischen Sängerrolle ist der Konflikt zwischen Wert- und Geschichtsebene, der für den Minnesang konstitutiv ist, aufgehoben.
Damit komme ich zu den Normen der Diskursebene. Die Ideologie der höfischen Minne, welche zweckfreie Werbung um Frauen (Minnedienst) mit kunstvollen Mitteln (Minnesang) propagiert, hat ihre Beweiskraft zu einem wesentlichen Teil im Postulat der Einheit dieser beiden Aspekte der Werbung. Im Minnesang behauptet der Sänger, durch seinen Sang der Dame zu dienen. Es werden die Akte des Singens, die man für Akte der textexternen Kommunikation zu halten geneigt ist, in die interne Kommunikationssituation hineingenommen und zugleich eine Identität mit den Handlungsakten der fiktionalen Rolle behauptet. Tendenziell wird damit genau die Situationsspaltung wieder zurückgenommen, die durch die Differenzierung von Minnesänger und -diener entstanden ist.[103] Dies läßt sich beispielhaft an einem Lied Reinmars zeigen.

'Swaz ich nu niuwer maere sage' (MF 165,10)
Das Lied setzt ein mit der Beteuerung, man möge den Sänger nicht fragen, was er Neues zu bieten habe, denn er sei alles andere als hochgestimmt. Die Freunde seien seine Klagen, weil sie diese immer wieder gehört haben, leid.

>   Swaz ich nu niuwer maere sage,
>   des endarf mich nieman vrâgen: ich enbin niht vrô.
>   die vriunt verdriuzet mîner klage.
>   des man ze vil gehoeret, dem ist allem sô.
> 5 Nû hân ich beidiu schaden unde spot.
>   waz mir doch leides unverdienet, daz bedenke got,
>   und âne schult geschiht!
>   ich engelige herzeliebe bî,
>   sône hât an mîner vröude nieman niht.
>   (MF 165,10-34; I)

In dieser Passage zeigt sich als Gestus eine Aufrichtigkeitsbeteuerung der Minnediener-Figur. Hinter dieser ließe sich sicher auch noch die Entschuldigung einer Sänger-Instanz finden, die dem Vorwurf, nichts Neues zu bieten, entgegenzutreten hatte.[104] Intern wird indes bekräftigt, es komme nicht darauf an, ob eine Klage neuartig ist; wer Grund zum Klagen hat, der klagt eben. Zu

---

103 Dies betonen auch MÜLLER, J.-D. 1994 und STROHSCHNEIDER 1996, allerdings mit Bezug auf die Aufführungssituation.
104 Entstehungsgeschichtlich betrachtet mag es sein, daß ein Autor Reinmar sich hinter der Reinmar-Rolle gegen den Konventionalitätsvorwurf von Dichterkollegen zur Wehr setzte.

einer ähnlichen Authentizitätsbeteuerung des Gesagten kommt es auch in der nächsten Strophe:

> Die hôchgemuoten zîhent mich,
> ich minne niht sô sêre, als ich gebâre, ein wîp.
> si liegent und unêrent sich:
> si was mir ie gelîcher mâze sô der lîp.
> 5 Nie getrôste sî dar under mir den muot.
> der ungnâden muoz ich, unde des si mir noch tuot,
> erbeiten, als ich mac.
> mir ist eteswenne wol gewesen:
> gewinne aber ich nu niemer guoten tac?
>
> (MF 165,19-36; II)

Mit dieser Aussage begegnet der Sprecher als impliziter Autor dem (nicht manifest vorhandenen) Vorwurf des Nicht-Authentischen, der in der Einsicht in die Rollenhaftigkeit des Minnesangs (Minne-*gebaren* auf der einen, reales Minnen auf der anderen Seite) auf der Seite des Publikums antizipiert und zurückgewiesen wird. Die Rollenhaftigkeit wird vom Sprecher als Auseinanderfallen von Affektausdruck und Gefühl beschrieben, das von *seinem* Sang eben nicht gelten soll. Die mögliche (im Text selbst als solche organisierte) ‚Entlarvung' durch das Publikum, der Sänger spiele nur eine fiktionale Rolle, wird von diesem in einem Sprechakt antizipiert, aufgerufen und zugleich unterbunden. Es folgt dem antizipierten Vorwurf des nur So-Tun-Als-Ob, also letztlich der Fiktionalität der vorgeführten minnesängerischen Handlungen, die entrüstete Zurückweisung und das nicht nachprüfensbedürftige Bekenntnis („si liegent und unêrent sich: / si was mir ie gelicher mâze sô der lip" I 3-4). Dadurch findet eine Identifizierung dessen statt, der im Text „ich" sagt (Figur des Minnedieners), mit dem, der textextern „ich" sagt: dem Minnesänger.[105] Die fiktionale Rolle wird als soziale Rolle behauptet, die Situationsspaltung zurückgenommen, die Fiktionalität im dialektischen Sinn aufgehoben.

Eine Antwort auf die Frage, warum die Einheit von Minnedienst und Minnesang, welche die Sänger hervorzuheben nicht müde werden, denn nun von so großer Bedeutung war, läßt sich jedoch nur auf der Performanz- und der Modellebene finden. In der Geschichte der Minnesang-Philologie finden sich hinsichtlich dieses Bezugs unterschiedliche Antworten, die von der mehr oder weniger starken Abhängigkeit respektive Unabhängigkeit jeweils eines der bei-

---

105 Es ist hierbei übrigens irrelevant, welche Instanz man für ‚Minnesänger' einsetzt: das vertextete Ich dessen, der singt; den impliziten Autor; den realen Sänger Reimar oder das Bild dieses Autors, das ein den Text rezipierendes späteres Publikum von ihm hat. In jedem Fall organisiert der Text eine Ineins-Setzung aller Instanzen.

den Glieder der Kommunikationssituation vom anderen ausgehen. So gibt es die Möglichkeit, in jeder Ich-Aussage eines Minnelieds das autobiographische Bekenntnis des realen Sängers zu sehen, aber auch die Möglichkeit zur Bestimmung des Minnesangs als ‚poesie formelle', die als eigenständige Kunstübung eine gesellschaftlich unverbindliche Angelegenheit wird. Zwischen diesen Extremen gibt es eine Vielzahl von Versuchen, das Verhältnis von innerliterarischen und weiteren gesellschaftlichen Kommunikationsformen festzuhalten.[106] Die Opposition an sich verrät durchaus etwas über den Status radikal unterschiedlicher Deutungsalternativen.

So läßt sich die Möglichkeit, daß historische Sängerdichter mit den Minneliedern autobiographische Bekenntnisse gegeben haben - z.B., um stellvertretend etwas zu durchleiden, was auch andere betraf - keineswegs a priori ausschließen.[107] Entsprechendes gilt für die These einer ‚poesie formelle', die den gesellschaftlichen Bezug, also den Modellcharakter zumindest von lyrischen Texten im Mittelalter leugnet. Zu fragen ist aber nicht nur nach Möglichkeiten der Deutung, sondern auch nach Wahrscheinlichkeiten sowie nach dem Abgleich einer Hypothese mit dem Wissen, über das man in bezug auf die mittelalterliche Gesellschaft und ihre Kunst verfügt. Aus dieser Sicht erscheint sowohl die Möglichkeit autobiographischer Äußerungen wie auch die einer autarken Kunst im neuzeitlichen Sinne fraglich.

Aus kommunikationspragmatischer Sicht stellt sich die Frage nach dem Aufführungs- und Modellcharakter der Minnelyrik in folgender Weise: Warum bedurfte der Minnesang so sehr der Ich-Form und seiner Personalisierung in einer Sänger-Instanz, die als ‚Sprecher' auf der Diskursebene und zugleich als ‚Held' auf der Geschichtsebene zugleich zu agieren hat? Welche Funktion kommt der Beschwörung dieser Instanz und ihrer Einheitlichkeit, derzufolge ‚der Sänger' eben beides: Minnesänger und -diener ist, im Rahmen der Aufführungsform zu?

Rainer Warning zufolge hat der höfische Minnesang (bzw. die romanische Vorgängergattung der Trobadorlyrik) durchaus von Anfang an im Zeichen der Fiktionalität und der Kunstübung gestanden und zugleich seinen lebenspraktischen Anspruch, für die Gesellschaft, in der er situiert ist, wichtige Werte und Normen zu vermitteln, durch „Bürgschaften gelebter Realität"[108] beglaubigt. Das, was man heute als autobiographische Äußerung verrechnen würde, war eher als Authentizitätsgeste zu verstehen, welche die Kunstübung legitimierte und die Fiktionaliät tendenziell zurücknahm, während das von der Neuzeit als

---

106 Hier ist an die insbesondere von Erich Köhler ausgebaute Ministerialitätstheorie zu denken, derzufolge der Minnesang das Dienstideal der aufstrebenden Ministerialen propagiert. Vgl. hierzu kritisch SCHWEIKLE 1989, S. 74f.
107 So das Minnesangbild der frühen Forschung, vgl. SIMON 1968, S. 50ff.
108 WARNING 1979a, S. 129.

prinzipiell ‚unauthentisch' eingeschätzte formale Moment wiederum die subjektive Mitteilung legitimierte. Im Minnesang wird demnach genau jene Dissoziation in den Texten zurückgenommen, die durch ihr Aufkommen als ‚Literatur' potentiell entsteht: die Trennung von Minnesang als bloßer Kunstübung auf der einen und Minnedienst als dargestelltem Verhalten bzw. exemplifiziertem Verhaltensprogramm auf der anderen Seite.

Die Betonung, daß der, welcher im Lied „ich" sagt und sich als Dichtersänger von hoher Kunstfertigkeit präsentiert (und zwar in der konkreten Aufführungssituation genauso wie in einer Prachthandschrift), identisch ist mit dem, der seine unerfüllte Liebe beklagt, kann also nur deshalb eine Rolle gespielt haben, weil das Gesamtkonzept dieser Gattung eine Beglaubigung in der Person des Sängers nötig hatte, um als gesellschaftlich relevantes Modell anerkennenswert zu sein. Der letztendliche Integrationspunkt der textanalytischen Beschreibungsebenen (hier: der Geschichte, der axiologischen Wertsetzung und des Diskurses) ist auch in der Verortung des Minnesangs als einer historischen Aufführungs- und Darstellungsform sowie in dessen Modellcharakter für die höfische Gesellschaft zu suchen. Minnesang läßt sich als spezifische Form gesellschaftlichen Handelns bestimmen, bei der einerseits eine Kunstübung vorliegt, die nicht unverbindlich ist, andererseits eine Repräsentationsform, die im Vergleich mit anderen Formen des Repräsentationshandelns unverbindlicher ist. Im Minnesang werden dem Produzenten wie Rezipienten Freiräume des Experimentierens mit Personenbeziehungen, Interaktionsmustern und Verhaltensweisen im Zeichen beginnender Fiktionalität vorgeführt und damit auch Möglichkeiten der Reflexion von Identitätsbildung geboten.[109]

Natürlich ist die spezifische Einheit von textuellen Dimensionen und gesellschaftlichen Funktionen, wie sie das Minnelied darstellt, nur unter bestimmten Bedingungen aktuell. Die Einheit ‚Minnelied' kann ihren Modellcharakter, den sie in der Zeit um 1200 zweifelsohne hatte, verlieren und sich so in andere Texttypen differenzieren oder transformieren. Die Möglichkeiten der Transformation des Minnelieds in seiner spezifischen Verfaßtheit sind dabei durchaus vielfältig und färben auf die Figurenkonstellation ab. So ist es möglich, daß die Dame von ihrer Doppelidentität als Wertspenderin und Aktantenobjekt zugleich entbunden wird, indem sie entweder nur noch das eine oder das andere ist. Im ersten Fall rückt die Dame dann in die Position einer (auch vom Sänger gekennzeichneten) Projektion oder wird so hypostasiert, daß jede Kommunikation zwischen dem Minnediener und ihr im Moment ihrer handlungsmäßigen Möglichkeit ausbleibt.[110] Ebenso ist es möglich, daß der Sänger seiner Doppel-

---

109 Vgl. zu dieser Bestimmung auch MÜLLER, J.-D. 1994; zum Repräsentationshandeln auch ORTMANN/RAGOTZKY 1990.
110 Hier ist an Walthers ‚Sumerlaten-Lied' zu denken mit seiner Behauptung „Stirb ab ich, so ist sie tot" (L 73,11), wodurch die Dame als Projektion herausgestellt wird. Die von Jan-

funktion auf der Geschichts- und Handlungsebene verlustig geht, indem er tendenziell zum abstrakten Ich ohne jede figürliche Gestaltung wird,[111] indem er tendenziell ‚Figur' wird oder sich in eine Doppelheit von Minnediener und -sänger selbst gegenüberstellt.[112] Schließlich kann natürlich auch, wie dies etwa im ‚Ring' Wittenwilers dargestellt wird, das Konzept der Minne selbst auf eine bloße Rhetorik reduziert und zum Ausdruck einer euphemistischen, leicht durchschaubaren Verführungstaktik werden.[113] Auf der Handlungsebene setzt hier eine Umsituierung der Werbung von einem höfischen in ein bäuerliches Milieu die Transformationen in Gang, eine Versetzung des Schauplatzes, wie sie mit dem Namen Neidharts in besonderer Weise verbunden ist.

Dirk MÜLLER (1996) untersuchten Lieder Hadloubs zeugen von einer Kommunikationsunfähigkeit mit der hypostasierten Figur der Dame, sobald diese in der Handlung konkretisiert wird.

111 Hier sind die Lieder der ‚Schwäbischen Dichterschule' (Gottfried von Neifen, Burkhart von Hohenfels) zu nennen. Vgl. HÄNDL 1987, S. 224-356.
112 Dies ist am offenkundigsten im ‚Frauendienst' Ulrichs von Lichtenstein der Fall, der in den Minnelied-Passagen als Sänger, im erzählerischen Teil als Minnediener auftritt.
113 Man vergleiche hier vor allem die beiden Minnebriefe, die Bertschi schreibt bzw. von einem gelehrten Briefschreiber schreiben läßt. Ring, V. 1860-1873 und V. 1878-1912. Vgl. hierzu BOCKMANN/KLINGER 1998, S. 124-126.

III NEIDHART-NAMEN UND -INSTANZEN: ERSTE ANNÄHERUNG AN DIE FIGURENIDENTITÄT

Das Neidhart-Problem beginnt mit dem Namen. Moriz Haupt gab 1858 seiner kritischen Neidhart-Ausgabe noch den Titel ‚Neidhart von Reuenthal' und überschrieb den Textteil der von ihm für echt befundenen Lieder mit „Her Nithart von Riuwental", womit er zum Ausdruck brachte, daß der mit diesem Namen Bezeichnete der Autor der Lieder sei. Sein Nachfolger Edmund Wießner kam zu einer anderen Meinung über den Namen des Autors, betitelte die Revision der Ausgabe Haupts 1923 nur noch mit ‚Neidharts Lieder' und setzte als Zwischentitel für den ‚echten Bestand' den Namen „Her Nithart". Zur Begründung führt er lakonisch an: „Der Name her Nithart von Riuwental, mit dem Haupt S. 1 der 1. Ausg. den Text der echten Lieder eröffnet, steht in keiner Handschrift, keiner der Zeitgenossen nennt den Dichter so, und urkundlich ist seine Existenz überhaupt nicht nachgewiesen. Er heißt überall her Nîthart; erst späte Zeugnisse fügen von Riuwental hinzu (...)."[1] Nach der Entschiedenheit dieser Feststellung zu urteilen, die Wießner als Editor und Kenner der gesamten Neidhart-Tradition fällt, dürfte sich damit jede Diskussion über das Namensproblem erledigt haben. Dies ist nicht der Fall.

In der Forschung trifft man hinsichtlich der Namensproblematik zwar auf ein relativ eindeutiges Bild; auf ein Bild allerdings, das bei näherer Betrachtung von Rissen geprägt wird.[2] Als Name des Dichters treffe man - so wird in der Neidhart-Philologie oft behauptet - überwiegend auf „hern Nîthart" oder einfach „Nîthart" (spätmhd. und nhd. „Neidhart"), als welcher er den Zeitgenossen bekannt gewesen sei. „Der von Riuwental" dagegen sei die Bezeichnung für den Knappen oder Ritter von Reuental, also den Hauptprotagonisten der Sommerlieder.[3] Dabei erscheine der Reuentaler in der Frauenrede als besprochener Gegenstand und Objekt der Begierde, könne aber auch als „Deckname" des Dichters (Wießner)[4] bzw. dessen „Maske" (Bertau)[5] betrachtet werden. Bis in jüngere Zeit gibt es Diskussionen des Namensproblems, die freilich auf sehr unterschiedlichen Ebenen der Argumentation und ihres Analysegegenstands abzielen.

Als Beispiel für die Divergenz der Namensdebatte möchte ich den gewissermaßen barocken Titel eines Aufsatzes von Hans-Dieter Mück (1983) anführen,

---

1 HW, S. 187.
2 Zur Namensproblematik vgl. BEYSCHLAG 1979/1986, MÜCK 1983; SIMON 1968, S. 75-77; SCHUMACHER 1960; SCHWEIKLE 1990, S. 50-57; LIENERT 1998.
3 Siegfried BEYSCHLAG (1987, Sp. 871f.) in seinem Artikel im Verfasserlexikon.
4 HW, S. 187.
5 BERTAU 1973, S. 1043.

in dem die Frage gestellt wird: „Fiktiver Sänger Nîthart / Riuwental minus Fiktion = realer Dichter des Neidhart-Liedtypus?" Mück untersucht in erster Linie die Verwendungsweisen der Namen, stellt diese Analyse aber in den Dienst einer Aussage über die Fiktionalität bzw. Authentizität ihrer Mitteilungsdimension. Siegfried Beyschlag faßt die Namensdebatte in seinem Artikel über ‚Neidhart und die Neidhartianer' im Verfasserlexikon unter einem anderen Aspekt zusammen, dem ihres Sinns in Fregescher Terminologie[6]; als Erkenntnisziel hat er ebenfalls eine Aussage über das Verhältnis von ‚Text' und ‚Welt' im Sinn: „Aus der auffallend zur Liedaussage stimmenden Bedeutung der Namen Nîthart (...) und Riuwental (...) entstand die Kontroverse über die Frage nach der biographischen Wirklichkeit oder poetischer (symbolischer) Fiktion beider Namen des (dann anonymen) Dichters."[7] Mück kommt zum Ergebnis, die Namen als Masken aufzufassen, während Beyschlag in einem Aufsatz, der u.a. auf Mücks Thesen antwortet, zum gegenteiligen Ergebnis kommt und beide Namen für mögliche Eigennamen eines realen Menschen hält.[8] Beide Autoren konzentrieren sich dabei auf das Verhältnis Name-Gegenstand.

Wenn die Diskussion um den Namen des Protagonisten der Neidhart-Tradition seit Mücks und Beyschlags Arbeiten mehr oder weniger verstummt ist, dann liegt dies sicher auch daran, daß die Namensfrage immer nur in bestimmten Oppositionen (wie real vs. fiktiv, Dichter-Ich vs. historische Person, Autor vs. Maske usw.) erörtert wird, die selbst kaum noch ergiebig scheinen. Dies gilt vor allem für die Opposition Autorenname auf der einen, Figurenname auf der anderen Seite: Neidhart und Riuwental.[9]

Wenn ich im folgenden das Problem des Namens aufgreife, dann deshalb, weil dieses für die Identitätskonstitution essentiell ist. Zunächst sind alle Gegenstände der literarischen Kommunikation über Namen (im weitesten) Sinn vermittelt.[10] Trifft man auf mehrere Figurennamen, dann muß vom ursprüng-

---

6 Vgl. Kap. II.1.2.
7 BEYSCHLAG 1987, Sp. 872.
8 Vgl. insbes. BEYSCHLAG (1979/86, S. 318f.), der sich kritisch mit MÜCK (1983) auseinandersetzt und als Beleg für die „Authentizität des Nîthart-Namens" (ebd., S. 316) namenkundliche Belege für sein Vorkommen anführt. Die bisherige Diskussion des Namensproblems hat sich hier also zugespitzt auf die Alternative einer biographistischen und einer fiktionalistischen Deutung. Für eine Untersuchung der Neidhart-Tradition laufen beide Deutungen ins Leere: die biographistische, weil sie auf ein nicht faßbares historisches Subjekt Bezug nimmt, es aber dennoch namentlich bestimmen zu können meint; die fiktionalistische, weil sie diesen Bezug ebenfalls kennt, wenn sie ihn auch ex negativo definiert (‚Deckname').
9 Sogar ein differenzierter Beitrag zur Autorschaft wie der von Elisabeth LIENERT (1998) baut auf diese überlieferungsgeschichtlich kaum bewiesene Entgegensetzung auf (vgl. ebd., S. 126).
10 Namen im weitesten Sinn meint die kategorematischen Ausdrücke, die *nomina* der antiken und mittelalterlichen Sprachtheorie. Bis zu de Saussure war es keineswegs selbstver-

lichen Rezipienten wie vom wissenschaftlichen Interpreten erst eruiert werden, welche Personen intern bezeichnet sind, ob zwei Namen wirklich zwei Personen meinen oder nur eine usw. Bei der Untersuchung der Namen, von denen angenommen wird, daß sie gleichermaßen dem Hauptprotagonisten der Neidhart-Tradition beigelegt werden, lassen sich folgende identitätsrelevante Aspekte unterscheiden:

(1) Die Beziehung der Namen zu dem, was ihnen textintern zugrunde liegt: die Sprecher- und Handlungsinstanzen der Neidharte
(2) Die Verwendungsweise der Namen in den Texten einschließlich eines Befunds über ihre Austauschbarkeit für Leser oder Figuren
(3) Der Sinn der Namen, der hauptsächlich in ihrer Semantisierung innerhalb konkreter Verwendungskontexte begründet liegt

Lediglich eine Fragestellung soll im folgenden gänzlich ausgeklammert bleiben: die Frage nach dem ‚echten' Namen des Autors. Ob eine historische Person, die mit dem hier untersuchten Liedcorpus möglicherweise in einer realgeschichtlich ursächlichen Beziehung gestanden hat, den Namen „Neidhart" trug, einen Ort, ein Landgut namens „Riuwental" bewohnte und ähnliche Fragen sind nicht nur nicht mehr rekonstruierbar, sondern auch für die zur Debatte stehende Figurenidentität irrelevant zu sein. Abgesehen von der Grundsatzentscheidung, diese Ebene zu meiden, läßt sich an Foucaults Erkenntnis anknüpfen, daß der Autorname „nicht unbedingt ein Eigenname wie alle anderen" ist: Die „Verbindungen des Autornamens mit dem, was er benennt, sind nicht isomorph und funktionieren nicht in gleicher Weise."[11]

Zugespitzt läßt sich der Ausgangspunkt für das Namensproblem in der Neidhart-Tradition auf eine ein wenig paradox anmutende Formel bringen: Nicht ein anonymer Dichter namens Neidhart ist der Inhalt der Namensfrage. Im Mittelpunkt steht vielmehr das Sinnpotential seiner Namen in Hinblick auf die Figurenidentität.

---

ständlich, Wörter als sprachliche Zeichen zu verstehen; Wörter waren in erster Linie *Namen*; vgl. hierzu Umberto ECO. Semiotik und Philosophie der Sprache. München 1985, S. 49ff. Zur Bedeutung von Eigennamen in mittelalterlicher Literatur vgl. Helmut Peter SCHWAKE: Zur Frage der Namenssymbolik im höfischen Roman. In GRM Neue Folge 20 (1970), S. 338-353.

11 FOUCAULT 2000, S. 208f. Foucault führt mögliche Zuschreibungsurteile an bestimmten Werken (etwa der Shakespeareschen Sonette) an, welche die Beziehung Autor-Werk und damit auch den Autornamen betreffen.

1 Verwendungen der Namen

1.1 Namensproblem und Sprecherpositionen

Nach der modernen Auffassung haben Eigennamen einen festen Referenten, aber im Gegensatz zu anderen Ausdrücken (wie Kennzeichnungen und Indikatoren) keinen bestimmten sprachspezifischen ‚Sinn'; Hauptfunktion eines Eigennamens ist es, den Namensträger eindeutig zu bezeichnen.[12] Im Falle Neidharts von Reuental scheint dies anders. Keiner der Bestandteile des Namens ist als Nomen proprium gesichert, beide sind semantisch äußerst vielschichtig; über ihren historischen Träger, die Funktion des Zusatzes „von Reuental" wie auch über die Kombination als solche und ihre Legitimität ist man sich bis heute nicht sicher.

Die Verwendungsweise in den Liedern folgt nach Karl Bertau einem klaren Schema: „Der Dichter erscheint (...) in zwei, dialektisch einander ausschließenden Masken: als Nîthart-Maske in den Bauernstrophen, als Riuwental-Maske in den Dichterstrophen".[13] Stimmt dieses Bild?

Faßt man „Dichter" als impliziten Autor oder Sprecher der Lieder, dann fällt auf, daß auch „(Her) Nîthart" als textinterne Selbstbezeichnung einer Autorinstanz zu gelten hat. Derjenige, dem man die sprachliche Handlung des Lieds als übergeordneter Senderinstanz unabhängig von einer realhistorischen Festlegung zuspricht, wird nämlich in der Überlieferung als ‚Schöpfer' eines Lieds mit diesem Namen belegt. Das mag trivial klingen (wie „Neidhart ist der Autor der Neidhartlieder"), markiert aber eine wichtige Differenzierung, die auch innerhalb der Hypothesen der traditionellen Neidhart-Philologie noch einen Sinn macht. Wenn man annimmt, daß ein Lied wie ‚Neidharts Gefräß' (Boueke 9) von einem unbekannten und anonym bleibenden Autor stammt, dessen Name aber vermutlich nicht „Neidhart" lautete (und das ist ja das ausformulierte Urteil des Etiketts ‚Pseudo-Neidhart'), dann bleibt die Tatsache der Selbstbezeichnung einer Autorinstanz dennoch bestehen. Die Überschrift suggeriert, daß das Schlemmerlied von Neidhart stammt, und das Lied selbst gibt schließlich nicht zu erkennen, daß dies nicht der Fall ist.[14]

---

12 In der Semiotik und Sprachphilosophie war es Saul Kripke, der eine Debatte um die Eigennamen wieder angestoßen hat. Vgl. Saul KRIPKE: Name und Notwendigkeit. Frankfurt am Main 1981. Zum Problem der Eigennamen vgl. (aus einer Fregeschen Perspektive) KÜNNE 1986 sowie Barbara BRÜNING: Über Sinn und Bedeutung von Eigennamen: eine semantisch-erkenntnistheoretische Untersuchung. Wien 1996.
13 BERTAU 1973, S. 1032.
14 LESARTEN des Titels in den Hss.:
    Neidhartz gefräß *(h 317r)*; Neidhars gefres *(e 247r)*; Dyß ist herr(n) Nytharcz ffrass *(ko 69r) und ein weiteres Mal* Nitharcz frass *(ko70r);* hie nach volget des neitharcz gfreß *(z Bildunterschrift).*

In den Liedern findet sich die Bezeichnung „(Her) Nîthart" in einer Anzahl von Strophen wieder, die zumeist bäuerlichen Sprechern in den Mund gelegt werden, den sogenannten Trutzstrophen.[15] Angesprochene Person ist hier wiederum keineswegs der Autor Neidhart (auch nicht der implizite), sondern eine Figur. Herr Neidhart ist der Adressat in der Kommunikation eines aufgeführten oder gelesenen Lieds. Also ist der Herr Neidhart der Trutzstrophen nach dem oben entwickelten Fiktionalitätskriterium eine fiktive Person, d.h. eine Figur.[16] Suspendiert man jeden Bezug zu einem historischen Autorsubjekt, dann sind der angesprochene Herr Neidhart in den Trutzstrophen, der Autor, der im Titelbild der entsprechenden Autorsammlung in der Manessischen Sammlung abgebildet ist, der in einer Liedüberschrift oder Beischrift bezeichnete oder jener in der ‚Vorstellung' eines Rezipienten entstandene Autor sehr unterschiedliche Instanzen, auch wenn sie alle denselben Namen tragen.

1.2 Verwendungsweisen des Namens

Um ein differenziertes Bild der Benennungsverhältnisse und der Instanzen, die handeln und sprechen und dabei mit den Namen „Nîthart" und „Riuwental" verbunden sind, zu erhalten, sollen die Vorkommen der Namen nicht wie üblich nach den Liedtypen, sondern nach ihren kommunikativen Grundgegebenheiten in der gesamten Liedüberlieferung untersucht werden.[17] Für Benennungen und ihre Typologie läßt sich an ein basales Kommunikationsmodell anknüpfen, welches mit drei Grundkonstituenten auskommt. Diese bestehen aus dem Sprecher, dem Angesprochenen und der besprochenen Sache oder Person (dem Redegegenstand).[18] Für den Fall der Eigennamen heißt das: In allen Benennungsakten, die Eigennamen zur Bezeichnung menschlicher Personen, Orte und weiterer Gegenstände verwenden, wird von einer Person (Sprecher) über

---

15 Zu den Trutzstrophen vgl. auch WACHINGER 1970/86.
16 Diese ‚Trutzstrophen' werden nicht realen Bauern als den historischen Sprechern, sondern ebenfalls dem Dichter Neidhart bzw. einer in seinem Namen handelnden Instanz zugesprochen. Bereits LILIENCRON (1848, S. 99f.) stellte dies fest. BERTAU teilt - wie alle jüngeren Forschungen - diese Voraussetzung.
17 Im folgenden beziehe ich mich auf den gesamten handschriftlich überlieferten Liedbestand, der für die Zwecke des Kapitels gesichtet wurde.
Eine Übersicht, welche hauptsächlich nach dem Überlieferungsschema ‚echter' und ‚unechter' Strophen vorgeht, findet sich bereits bei KIVERNAGEL (1970, S. 153-174). KIVERNAGEL verzeichnet auch vollständig die Namensvorkommen und -varianten der Lieder im ‚Neithart Fuchs' (ebd.), auf die ich nicht gesondert eingehen werde, sowie eine Auswahl der Namen in den Rezeptionsdokumenten (S. 175-183).
18 Dies ist bereits das Kommunikationsmodell der antiken Rhetorik. Vgl. ARISTOTELES, RHETORIK, 1358b.

eine andere Person oder eine Sache (Redegegenstand) zu jemandem (Angesprochener) geredet.
Im Fall der Neidhart-Überlieferung ist der Redegegenstand der Knappe bzw. Ritter von Reuental, dessen gleichnamiger Herkunftsort oder eben (Herr) Neidhart. Die Sprecher sind Figuren wie die Frauen oder Männer der fiktiven Dörperwelt (Mädchen, Alte, Mutter, Tochter, Gespielin, Dörper), wobei die Figuren deutlich nach Geschlechtergruppen aufgeteilt sind, also als einzelne Vertreter ihres Geschlechts oder in einer gleichgeschlechtlichen Gruppe auftreten.[19] Eine weitere wichtige Kommunikationsinstanz ist das sprechende Ich des Lieds (abgekürzt: Sprecher-Ich), worunter jener textinterne Sprecher zu verstehen ist, dem man die sprachlichen Akte außerhalb der Figurenrede zuschreibt und der (in den meisten Fällen durch das Pronomen „ich" vertextet) als Berichterstatter oder Erzähler des dargestellten Geschehens erscheint.[20] Unter „Figur" kann in diesem Kontext jede sprechende und handelnde Person innerhalb eines Lieds verstanden werden.[21]

Typische Figuren in den Neidhart-Liedern sind die bäuerlichen Mädchen (als Tochter oder Gespielin zumeist im Dialog unter Frauen), die älteren Frauen (zumeist in der Rolle als Mutter) sowie die bäuerlichen Bewohner der in den Liedern dargestellten Lebenswelt des Reuentalers: die Dörper[22]. Herr Neidhart und der Mann aus dem Reuental sind die Redegegenstände in diesem Modell, die von den Figuren bezeichnet oder aber, wenn sie zum Protagonisten der Lieder konkretisiert sind, auch angesprochen werden können. Darüber hinaus kann er mit dem Sprecher-Ich identisch sein oder im Verlauf eines Lieds identifiziert werden, so daß Neidhart innerhalb des Liedcorpus auf allen drei genannten Ebenen erscheinen kann: als Sprecher, als Angesprochener und als Gegenstand der Rede.[23] Sortiert man also die Belege nach ihrer Funktion in diesem einfachen Kommunikationsmodell, dann soll dies durchaus über die bloße Belegliste hinausgehen und die Textstellen in Hinblick auf die kommunizierenden Instanzen analysieren. Damit ist zwar noch keine Analyse der Figureninteraktion geleistet. Aus den Kombinationen der Namensvorkommen und ihrer funktionalen Einordnung kündigen sich die inhaltlichen Verknüpfungen zwi-

---

19   Eine gründliche Untersuchung des Geschlechteraspekts steht für die Neidhart-Tradition noch aus. Ein Versuch für die Frauen-Dialoge liegt vor bei BENNEWITZ 1994.
20   Traditionellerweise wird diese Sprecher-Instanz in Gedichten „lyrisches Ich", in der Epik „Erzähler" genannt.
21   Eine Figur handelt also innerhalb des Textes als fiktive Person unter anderen, der Sprecher ist dagegen jene (anonyme oder konkretisierte) Ich-Instanz, welcher der Liedtext als ganzer textintern zugeschrieben wird.
22   Zum Begriff vgl. SCHWEIKLE 1994.
23   Faßt man Termini wie „Figur", „Redegegenstand" und „Sprecher-Ich" als rein funktionale Begriffe, drohen hier keine Widersprüche, da die liedinternen Instanzen durchaus in verschiedenen Redefunktionen erscheinen können.

schen den bezeichneten Neidhart-Instanzen allerdings schon deutlich an, so daß mit einer solchen Zusammenstellung auch ein erster basaler Blick auf die Konstitution der Figurenidentität Neidharts geworfen wird.[24]

Aus den Konstituenten Sprecher, Angesprochener und Redegegenstand ergeben sich sechs mögliche Gebrauchstypen der Benennung, die im folgenden auch für die weitere Gliederung maßgeblich sind: Zunächst wird (i.) der Redegegenstand des Reuentalers und (ii.) Neidharts, nach den Sprechergruppen (1) Frauen, (2) Männer und (3) Ich-Sprecher sortiert.[25] Sonderfälle wie (iii.) die Kombination der Namensbestandteile zu „Nîthart von Riuwental" und (iv.) die Autornennung in den Beischriften der Überlieferungsträger sollen sodann in zwei eigenen Abschnitten behandelt werden.

Grundsätzlich erscheinen die Namen in verschiedenen lautlichen und manchmal auch damit verbundenen semantischen Variationen, so daß sich die Frage der Figurenidentität auf dieser Ebene als Sonderproblem der graphematisch-semantischen Namensidentität stellt. In der Handschrift m erscheint statt „Riuwental" z.B. „Rosenthal"[26]; und „die Neidhart-Handschrift c bringt an Stelle des üblichen ‚Riuwental', ‚Rewental' durchgängig ‚Rubental(l)'. Durch den sprachlich-stilistischen Griff synchronisch-etymologischer Angleichung an obd. ‚rube' ist aus dem ‚Jammertal' ein ‚Rübental' geworden (...)."[27]

Das zuletzt genannte Beispiel zeigt, wie tief eine nur scheinbar rein sprachgeschichtlich-dialektale Verschiebung bereits das semantische Beziehungsgefüge, innerhalb dessen die Neidhart-Identität hergestellt wird, verändern kann.

Ich möchte mich im folgenden im wesentlichen auf das Erscheinungsbild der Namen in den zwei Haupthandschriften der Neidhart-Überlieferung beziehen, auf R und c, dabei aber den Gesamtbestand des Überlieferten im Auge behalten.[28]

---

24 Eine Untersuchung der Personenkonstellationen der Lieder wird weiter unten in Kapitel IV behandelt.

25 Ich vernachlässige dabei den Unterschied zwischen dem *Ansprechen* und dem *Bezeichnen* des Redegegenstands, der, wie zu sehen sein wird, in der Liedüberlieferung selbst schwer erkennbar ist, ebenso wie die Benennungsrichtung, die sich von selbst versteht.

26 HW, S. 196f. VII 3 [ZB 1 = Transkr. der Hs. m, Bl. 170v, in HW durch Edmund Wießner].

27 SCHUMACHER 1960, S. 91. „Riuwental" setzt sich zusammen aus mhd. „riuwe" - ‚Sorge', ‚Kummer', ‚Reue' - und „tal" und ließe sich also am besten mit „Kummertal" übersetzen. Gemäß den Prinzipien der mittelalterlichen Etymologie ließe sich dieser Sinn als der etymologische Sinn bezeichnen, insofern er auch eine Auskunft über die bezeichnete Sache gibt. Im Sinne der Onomastik sind „Riuwental" und „Rubental" - wie Schumacher nachweist (ebd.) - Beinamen, die als Herkunfts- oder Wohnstättenbezeichnungen verstanden wurden.

28 Dabei gilt bei der Zitation: c wird im folgenden immer dann zitiert, wenn das Lied nicht in R überliefert ist oder in besonders aufschlußreichen Fällen.

Mustert man die Benennungen, welche die beiden den überlieferten Texten unmittelbar ablesbaren Neidhart-Instanzen als Reuentaler und (Herr) Neidhart in der Liedüberlieferung erfahren haben, dann ergibt sich folgendes Bild:[29]

(i.) Riuwental

Die in der Forschung oft anzutreffende Meinung, daß der Knappe oder Ritter von Reuental ausschließlich Hauptprotagonist der Sommerlieder ist und hier wiederum bevorzugt in der Frauenrede erscheint,[30] muß hinsichtlich des Textbefundes differenziert werden.[31] Der männliche Protagonist der Lieder, der in der Gesamtheit der Überlieferung sowohl Subjekt als auch Objekt des Handlungsberichts ist und der - z.B. in den Spielen oder in den Rezeptionsdokumenten - nahezu ausschließlich als ‚(Herr) Neidhart' auftritt, ist in den Liedern in äußerst vielschichtiger Weise als der Mann „von Riuwental" bezeichnet.[32] Als Kennzeichnungsverfahren lassen sich bei den Nennungen „Riuwentals" in der Figurenrede einschließlich aller ihrer Variationen (in den Formen als Personenname, Ortsangabe sowie den lautlichen und grammatischen Varianten)[33] drei inhaltliche Typen im Liedcorpus unterscheiden:

---

[29] Orientierungspunkte sind dabei die Vorkommen der Namensbestandteile „Riuwental" und „Nîthart" (einschließlich aller ihrer Varianten) in den Liedtexten.

[30] Vgl. etwa die Charakteristik von BERTAU 1973, S. 1038.

[31] Hinsichtlich der Vorkommensweise des Namens „Riuwental" vgl. die differenziertere Darstellung bei SCHWEIKLE 1990, S. 52f.

[32] Die **Zitierweise** folgt den in der ‚Vorbemerkung zur Zitierpraxis' (S. 13) erläuterten Konventionen. So werden die Liedzitate in der Regel nach den jeweiligen Transkriptionen wiedergegeben. Nachweise, die sich auf einen Überlieferungsverbund ausrichten, werden der besseren Auffindbarkeit wegen mit den Kurztiteln der Überlieferungskonkordanz (Anhang II) bezeichnet. Im Fall der bei HW edierten ‚unechten Lieder' wird als Nachweis auch die Seiten- und Zeilenzahl nach HAUPT (H) hinzugefügt.

Für die **Textwiedergabe** gelten darüber hinaus folgende Spezifikationen: Das Zeichen / bezeichnet den Zeilenbruch in den Ausgaben, wenn die Lieder in fortlaufenden Zeilen zitiert werden. Sonderzeichen werden soweit wie möglich übernommen. Auf die Wiedergabe eines Schaft-s (ſ), von Nasalstrichen und Hochpunkten wurde verzichtet (Hochpunkte in der Zeilenmitte wurde statt dessen spationiert; Nasalstriche erscheinen nur in der Transkription von Beischriften).

Lesarten gebe ich nur in wichtigen Fällen und hier wiederum nur ausgewählte Varianten wieder. In den Lesartenverzeichnissen wurden Bemerkungen kursiviert, ebenso erscheinen Konjekturen kursiv. Für originalsprachliche Zitate wurde der Zeichensatz Ougenweide der Firma MacCampus verwendet.

[33] „Riuwental"-Nennung insgesamt (in der Reihenfolge von Anhang II): SL 1 I 4f; SL 2 V 4; SL 4 V 1; SL 13 VII 4; SL 14 VII 1; SL 16 IIa 6; SL 17 VII 5f.; SL 18 I 2; SL 21 VII 4; SL 22 VIc 8; SL 23 IX 6, IXa 6, IXc 4; SL24 V 4; SL 25 V 4; SL 26 VII 3f.; WL 3 VII 9; WL 4 VII 11; WL 5 VI 4; WL 9 VII 6; WL 10 V 8; WL 11 VI 2; VIa 2; VIa 9; WL 14 VI 10; WL 17 IIIa 2, V 8, Va 1; WL 18 VI 10; WL 24 VII 2, IX 6; WL 29 VIIIc

(1) „Der von Riuwental" wird in Frauenstrophen explizit genannt oder mehr oder weniger implizit als besprochene Person nahegelegt.
(2) Der Reuentaler wird in Männerstrophen benannt oder angesprochen.
(3) Das Reuental („Riuwental") und die nach ihm benannte Figur wird außerhalb der Figurenrede - durch das Sprecher-Ich der Lieder - als solches bezeichnet, näher charakterisiert oder auch alludiert.

Für jeden dieser Fälle seien Beispiele angeführt.

ad (1) der Reuentaler in Frauenstrophen
Die Anzahl der Fälle, in denen weibliche Sprecher von einem begehrenswerten Knappen oder Ritter von Reuental sprechen, der ihnen als Vortänzer, Spielgenosse oder in der Rolle als Liebhaber zur (höfischen) Freude verhilft, ist groß.[34] Typologisch gehören die meisten Belege in den Zusammenhang der Sommerlieder.[35] Die Benennungen des männlichen Protagonisten in der Rede weiblicher Sprecher äußert sich zumeist konkret in der expliziten Titulierung als Ritter oder Knappe „von Riuwental" und findet sich verteilt auf die Mutter-Tochter-Dialoge und die Gespielinnenlieder.[36] Der typische Fall besteht in der Nennung des Reuentalernamens durch eine Frau in der Figurenrede an eine an-

---

1; WL 30 IXa 3, IXb 9; WL 34 IXb 4; H XLV, 25 [UL 16 II 7]; c 14 VII 8 [RB 9]; c 17 VII 11 [RB 12]; c 34 XI 4 [RB 17]; c 37 VII 2 [RB 20]; c 99 VII 8 [RB 38]; c 107 IX 13 [RB 41]; c 121 VII 11, XI 10 [RB 45]; HW, S. 196f. VII 3 [ZB 1 = Transkr. der Hs. m Bl. 170v in HW durch Edmund Wießner].

34 SL 1 I 4, SL 2 V 4, SL 14 VII 1, SL 16 IIa 6, SL 18 I 2, SL 21 VII 4, Sl 25 V 4, SL 26 VI 3f.; c 14 VII 8 [RB 9], c 35 (34) XI 4 [RB 17]; HW S. 196f. VII 3 [ZB 1]. Hinsichtlich der Expliziertheit dieser Kennzeichnung läßt sich das Bild durch den sprachlichen Befund weiter differenzieren: Es taucht nur in zwei Fällen die explizite Bezeichnung „Ritter von Riuwental" auf: in R 50 (SL17) VII 5f. („einem ritter stolzen / von Riwental") und in R 54 (SL 26) VI 3f. („einen ritter nennen / von riwental"). In den meisten Fällen wird durch textgrammatische Verfahren (Anapher und Pronominalisierung) die Identität des Mannes „von Riuwental" mit einem vorher oder später erwähnten Knappen oder Ritter behauptet bzw. durch andere textinterne inhaltliche Bezüge nahegelegt.

35 Unter den Liedern, aus deren Kurzbezeichnung nicht der Typus hervorgeht, sind Sommerlieder: c 14 [RB 9], c 17 [RB 12], c 121 [RB 45] sowie HW S. 196f. VII 3 [ZB 1]. Um Winterlieder handelt es sich bei c 99 [RB 38] und c 107 IX 13 [RB 41]. Dialoglieder ohne Natureingang oder Hybridtypen, die nicht einzuordnen sind in das SL-WL-Schema, sind: H XLV, 25 [UL 16 II 7], c 34 [RB 17] und c 37 [RB 20].

36 Nennungen des Reuentalers in den Mutter-Tochter-Dialogen (nach den benennenden Instanzen geordnet): MUTTER: SL 1 I 4; SL 21 VIIa3; c 34 XI 4 [RB 17]; - TOCHTER: SL 2 V 4; SL 16 IIa 6 (gleichzeitig Gespielin); SL 17 VII 5f.; SL I,2; H S. 196f. VII 3 [ZB 1]; - Nennungen in GESPIELINNEN-Liedern: SL 14 VII 1; SL 25 V 4; SL 26 VI 3f.

dere. In den Mutter-Tochter-Dialogliedern bekennt die Tochter oder die Mutter ihre Zuneigung zum Reuentaler.[37]

In c 55 (SL 2) wird so beispielsweise ein Mädchen von seiner Mutter vor den Männern gewarnt und gibt daraufhin den Namen des erhofften Partners und zugleich ihren Liebeswunsch preis (V 4f.: „er ist genant von Rubental / den will ich vmbefahen"). Auch die Warnung vor der - in der Perspektive der Warnenden - fragwürdigen Gestalt des Ritters von Reuental (zumeist durch die Mutter) gehört zu den häufigsten Vorkommen seiner Benennung. So folgt in c 23 (SL 16) der Aufforderung eines Mädchens an ihre Gefährtin „dahin da súll wir rayen mit dem von Rubental" (III 5) die indirekte Warnung der Mutter an ihre Tochter, sich dem Mann, „der uns den gimpell gemppell sanck" (IV 2) nicht anzuvertrauen: „(...) vnd werd Im dein ein plick / er leg einen strick" (IV 3f.); eine Warnung, die durch eine massive Gewaltandrohung der Mutter bekräftigt wird.[38] Im Lied c 34 ‚Die merfart' [RB 17], dessen Beginn von einer Kreuzfahrt des Protagonisten im Heer Kaiser Friedrichs erzählt,[39] ist als Mittelteil ein typischer Mutter-Tochter-Dialog montiert, innerhalb dessen die Tochter bekennt, sie wolle sich „gehaben woll / mit einem edellinge" (X 5f.). Diesem Bekenntnis folgt die explizite Mahnung der Mutter: „Tochter des hab meinen rat / ein knab sich vermessen hatt / er leg dir gern wol nahen / der ist genant von Rubental" (XI 1-4).[40] Diese explizite Form der Warnung, die in einigen Liedern auftaucht,[41] kann bis zur indirekteren Form gehen, in der, ähnlich wie in den Aussagen des Sprecher-Ich über das „Riuwental", auf dessen wörtlichen Sinn als Tal der Sorge, der Reue, des Jammers Bezug genommen wird.[42]

Dieses Verfahren der Anspielung auf den wörtlichen Sinn von „Riuwental" findet sich in aller Deutlichkeit in den Frauenstrophen nur ein einziges Mal. In R 56 (SL 18) vernimmt ein Mädchen „den von riwental" und verkündet, ihm zum Tanz an der Linde zu folgen (I 2 u. 7). Die Mutter warnt nun ausdrücklich ihre Tochter mit dem Hinweis auf das Schicksal ihrer Altersgenossin Jiute, die ein Kind vom unseriösen „gimpelgempel"-Lehrer bekam.[43] Als die Tochter

---

37 Diese Beziehungen werden in IV.1.2 weiter zu erläutern sein. In Verbindung mit der expliziten „Riuwental"-Nennung bekennt die Mutter nur in SL 1 I 4 ihre Zuneigung; die Tochter in jenen in der vorangehenden Fußnote genannten Strophen.
38 Vgl. ebd., V 1-4.
39 Vgl. zu diesem Lied MÜLLER, U. 1983/84.
40 Das Lied teilt später mit dem zweiten Rat, statt den Ritter „des mayers sun" zu nehmen (XIII 5f.), eine motivische Gemeinsamkeit mit SL 23, insbes. VI und VII.
41 Etwa SL 21 VIIa oder SL 23 .
42 Vgl. die Belege zu „riuwe " und „riuwen" in WIESSNERs WÖRTERBUCH, S. 218f.
43 „der whs von sinem ræien v̂f ir wæmpel / vnd gewan ein chint daz hiez si Lempel / also lert er si den gimpelgempel" (R 56 II 5-7 [SL 18 II 5-7]). Das Motiv des „gimpelgempels" (als Tanz oder in veränderter, obszöner Bedeutung) erscheint mehrmals in der Liedüberlieferung. Vgl. WIESSNER, WÖRTERBUCH, S. 107f.

alle Warnungen in den Wind schlägt, wird sie resigniert belehrt: „wil dv mit im gein Riwental da bringet er dich hin" (V 4); eine Erwiderung, die sich paraphrasieren ließe mit „wenn Du Dich in Sorgen bringen möchtest, dann bringt er dich dorthin" und die als Wortspiel nur verständlich wird angesichts der etymologischen Bedeutung des Ortsnamens Reuental.

Daneben taucht „Riuwental" nicht nur als Wohnsitz des nach ihm benannten Mannes in einigen Frauenstrophen auf, sondern dient gelegentlich als metonymische Bezeichnung für die Einflußsphäre des Reuentalers oder für diesen selbst. So bekennt in R 53 (SL 23) eine Tochter ihrer Mutter „min mv̂t der strebt gein Riwental" (IX 6); ihr ganzes Trachten ist damit weniger auf den Ort bzw. das fiktive Gut Reuental (s.u.) als vielmehr auf dessen Besitzer ausgerichtet. Ähnlich bekennt „v̂delhilt ein magt vn wandelwere" (R 57 [SL 24] IV 2), ihre Liebe zu dem Mann aus dem Reuental, an dessen Hand sie gerne beim Tanzen geführt würde und bei dem „zeriwental" (V 4) sie sich erwünscht weiß. In das Reuental oder ‚gen Reuental' zu ziehen heißt in all diesen Belegen, daß eine Frau sich in die Einflußsphäre des Reuentalers begibt oder zu begeben wünscht. Mit der Bedeutung des Kompositums „Riuwental" wird in diesen Fällen in der Regel auf der Figurenebene nicht gespielt, sie erscheint allenfalls dem Publikum *e contrario*, insofern es durch die Mutter-Strophen oder die Charakterisierungen des Sprecher-Ich mit der Negativ-Bedeutung des Namens vertraut ist und in den Mädchen-Strophen mit der gegenteiligen Bedeutung eines freudvollen Orts konfrontiert wird.

In dem Liedtyp, der zwei Mädchen im szenischen Gespräch darstellt (Gespielinnenlieder), gibt normalerweise ein Mädchen den Namen des Liebhabers preis. Auf besondere Weise wird dabei in **R 15 (SL 14)** der Name thematisiert; er scheint hier etwas durchaus Bewahrenswertes zu sein, das eben nicht ohne weiteres preisgegeben werden darf. Der Name des Reuentalers kann einem Mädchen erst mit Hilfe eines Versprechens einer materiellen Gegenleistung (eines Gürtels) durch ihre Gefährtin entlockt werden. Der Aufforderung „sage mir sinen namen der dich minne / so tavgenlicher sinne" (VI 5f.) folgt dann prompt die Auflösung: „Den si alle nennent / von Riwental / vnd sinen sanch erchennent / wol vber al / der ist mir holt [...]" (VII 1-5).[44]

Es ist in diesen Liedtypen möglich, daß die Zuwendung des Reuentalers als erwünschtes zukünftiges, als gegenwärtiges oder auch als vergangenes Ereignis geschildert oder angespielt wird.[45]

---

44 Hier liegt möglicherweise ein Bezug zu den Diskursregeln des höfischen Minnesangs vor, in welchem der Name der besprochenen Person (der umworbenen Frau) nicht genannt wird.
45 Auf die Personenkonstellation zwischen dem Protagonisten und den weiblichen Figuren gehe ich in IV.2.2 und IV 2.3 weiter ein.

In vielen Liedern ist nicht mehr von dem Reuentaler explizit die Rede, sondern nur noch von einem Knappen, einem Ritter oder einfach einem nicht näher charakterisierten Mann. Der Gattungszusammenhang der Neidharte legt es jedoch auch in diesen Fällen nahe, den anonymen Mann mit ‚dem von Reuental' zu identifizieren. Hierfür lassen sich mehrere Gründe anführen: Zunächst liegt es nahe, in die Position des begehrten Mannes den Reuentaler einzusetzen, wenn die Personenkonstellation eine entsprechende ist wie die in den Liedern, in denen dies explizit geschieht. So verkündet in c 68 (SL 6) ein Mädchen ihrer Mutter den Wunsch, zu einem „knappen" zu gelangen, „ob ich Im hullff springen" (II 3f); in R 11 (SL 10) harrt ein Mädchen „siner chvnfte" (IV 5); und in R 25 (SL 19) bekennt ein Mädchen, sie habe „einen ritter tovgen / an gesehen mit bæiden minen ovgen" (IV 6f.). In allen drei Fällen, in denen ohne weitergehende Benennung auf einen männlichen Protagonisten in seiner Rolle als erwünschter Liebhaber Bezug genommen wird, legt bereits der Gattungszusammenhang der Neidharte nahe, an die Stelle des Anonymus den Reuentaler einzusetzen. Dies gilt auch und gerade dann, wenn die Rolle des Liebhabers durchaus fraglich und durch eigentümliche Motive geprägt ist.[46] Diese Einsetzbarkeit des Reuentalers für den beschriebenen Anonymus läßt sich zudem mit jeweils einem weiteren systematischen und überlieferungsgeschichtlichen Moment stützen. Vor allem in den umfangreichen Neidhart-Sammlungen (R, C und c) stehen sowohl explizite Nennungen wie auch solche mit der entsprechenden Personenkonstellation im gleichen Liedtyp oder sogar im gleichen Lied zur Verfügung. Ein Beispiel hierfür kann **SL 16** in seinen beiden überlieferten Fassungen **(R 23, c 23)** bilden. Gegenüber c fehlen R drei Strophen,[47] von denen eine die oben zitierte „Riuwental"-Nennung enthält. Unabhängig davon, wie die Fassungen textkritisch zu deuten sind (d.h. unabhängig davon, ob der Bestand von c als Erweiterung oder der von R als Verkürzung eines ursprünglichen Lieds betrachtet wird), läßt sich aus dem Nebeneinander der Fassungen folgern, daß eine Einsetzung des Reuentalers in die Position des

---

46 Dies trifft namentlich auf c 67 (SL 8) zu, in dem ein Mädchen von einem Mann spricht, „der mir mit einem saile / (..) púnd einen fuß" (II 3/5) sowie auf R 22 (SL 15), in welchem vom anonymen Liebhaber berichtet wird, er habe beim Küssen „eine wvrzen in dem mvnde" (VII 2). Auch wenn man die erotischen Konnotationen dieser Stellen konstatiert, bleiben die Motive doch rätselhaft. Nicht einmal Edmund Wießner, der in seinem Kommentar ansonsten auch schwierige Stellen literatur- und motivgeschichtlich zu erläutern weiß, gibt hier Hinweise (vgl. Wiessner: Kommentar zu H 8,22 und 17,30). Bei WIESSNER (1924, S. 143) wird für die Stelle aus c 67 nur auf das Bild vom gefangenen Vogel verwiesen, zu H 17,30 findet sich keine Erklärung.

47 Bei diesen Strophen, die in der ATB-Ausgabe (der Einschätzungen der Editoren vom Wert der späteren Handschrift entsprechend) als ‚unecht' gekennzeichnet sind, handelt es sich um I*: die Eingangsstrophe des Sprecher-Ich, IIa und VIIa: Mädchen-Strophen. c enthält jeweils zwei Strophen aus R in einer.

anonymen Mannes, welcher die Attribute des letzteren trägt, ohne weiteres möglich ist.[48] Zudem ist es eine erstaunliche Tatsache, daß unter allen überlieferten Frauenstrophen, in denen ein Mann das besprochene Objekt darstellt, sich nur ein Fall heraushebt, bei dem es *nicht* möglich ist, den Reuentaler in diese Stelle einzusetzen: nämlich in dem nur in der Manessischen Handschrift überlieferten Strophen C **266-271 (SL 7)**, in welchem die Mutter ihre Tochter vor einem namentlich anderen als dem Hauptprotagonisten warnt: „ahte niht vf merzen sin / des rede drinc hin hinder" (267 6f.). Auch in den nicht eindeutigen Fällen der Benennung, in der ein impliziter Bezug auf den Reuentaler fraglich wird, läßt sich zumindest eine Doppeladressierung annehmen.[49]

ad (2) der Reuentaler als Figur in den Männerstrophen
Der Fall, daß der Gegner der *dörper* von diesen als „der von Riuwental" angesprochen oder bezeichnet wird, ist sehr selten in der Liedüberlieferung; normalerweise steht hier „her Nîthart" (vgl. unten ii.2). Es lohnt sich daher, alle diese wenigen Fälle zu erörtern. Auffällig ist, daß keine dieser Verwendungsweisen am Beginn eines Lieds steht, sondern diese immer erst im Verlauf des Lieds eingesetzt werden. Dabei scheint die Nennung des Reuentalers als Person hier in besonders enger Beziehung zur Ortsbezeichnung zu stehen. In **d 12 (WL 11)** steht nach einer dreistrophigen Dörperbeschreibung das Bekenntnis des Dörpers Ellengrôz, „an minem vint von Riuwental" (V 2) sich gerächt zu haben, indem er ihm sein Haus in Brand gelegt habe: „ich tet im doch ze Riuwental vil liehten funken schin" (V 9). Dem schließt sich die Klage des Sprecher-Ich an sowie eine weitere Dörperbeschreibung (VII-VIII). Die letzte Strophe (IX) kann als Resümee des Sprecher-Ich betrachtet werden, das eine Aussage über seinen Gesang und das Leben des Reuentalers (als der er ja figuriert ist) zugleich darstellt: das Bekenntnis, „von œden ganzen alle wile her gesungen" zu haben, die in „so ser gemüeten da ze Riuwental" (VI 1f.).[50] Eine ähnliche Verlaufsstruktur der Nennungen zeigt auch **R 32 (WL 17)**[51], das ebenfalls mit

---

48 Ähnliche Fälle lassen sich der Belegliste von KIVERNAGEL (1970, S. 153-174) entnehmen.
49 Hierzu zählen die Lieder H LI,1, in welchem die Frage, ob einem Edelknecht bzw. jungen Mann generell oder einem älteren Mann der Vorzug zu geben sei, wie ein Minnekasus abgehandelt wird, und c 100 (RB 39), in dem als Autor ein „hoffelicher ritter here vom Reyne" (VIII 7) genannt wird.
50 Hier folge ich der Reihenfolge von d, welche Ellengôz' Bekenntnis der Brandstiftung (VIa=d5) und die Klage des Sprecher-Ich darüber (VII=d6) der Strophe ATB VI (= d9) mit der in der ATB-Ausgabe ersten Nennung Riuwentals vorordnet.
51 Das Lied ist in RCcz überliefert; eine der in der ATB-Ausgabe edierten Zusatzstrophen (nämlich IIIa) enthält eine Riuwental-Nennung, findet sich allerdings nicht in R, sondern nur in C 97/96, c 97,4 und z 24,4 (IIIa 1f.: „Einer der ist kal: / der giht ze Riuwental"). In

der Klage eines anonymen Ich beginnt, um dann mit der Klage über einen
bäuerlichen Widersacher, welcher „vur Riwental" (V 8) herumstrich, fortzufahren. Es schließt sich dieser Strophe als Nachtrag in der Handschrift eine abschließende Trutzstrophe an:

> der von riwental
> brv̊vet tvmplichen schal
> vngenædiger dræv
> der tribet er ze vil
> 5 samir dvrinchart,
> in geriwet div vart
> (N I [VI], 1-6)

Betrachtet man die Verlaufsstruktur dieses Lieds, dann läßt sich beobachten, daß aus dem anonymen Sprecher-Ich der ersten Strophe erst in der fünften Strophe (R 32, 5 = ATB V) durch Nennung der Ortsmarke „Riwental" der Mann aus dem Reuental geworden ist, als der er jetzt bezeichnet bzw. angesprochen wird.[52]

Ein Lied, das eine ganze Reihe von Trutzstrophen enthält, ist **c 113 (WL 29)**. In den Trutzstrophen reagiert ein Dörper auf die Verspottung seiner Haube und bezeichnet den Sprecher des Lieds einmal als Reuentaler (XIII: „Der von Rubental der spottet meiner vogelein") und dann als Herrn Neidhart (XIV: „We was wil her Neithart meiner geigen fehen hauben"). Mit der Ersetzung „de[s] von Rubental" durch Herrn Neidhart findet sich bereits der überwiegende Fall der Bezeichnung für den Protagonisten in der Rede männlicher Sprecher, die weiter unten zu untersuchen sein wird (ii.2). Festgehalten werden kann zunächst die zweifache Benennung als solche, die zeigt, daß zumindest in dieser Fassung Herr Nîthart und der von Riuwental als ein und dieselbe Person gelten.

ad (3) der Reuentaler außerhalb der Figurenrede

Vielfältig sind die Stellen, in denen der „von Riuwental" bzw. das Reuental als dessen Besitz außerhalb der Figurenrede charakterisiert wird. Zumeist wird „Riuwental" dabei, anspielend auf die erwähnte wörtliche Bedeutung des Na-

---

Rz und c wird die Riuwentalnennung unterschiedlich motiviert. Eine ausführliche Interpretation dieses oft kommentierten ‚Schlagers' der Neidhart-Philologie findet sich bei ORTMANN ET AL. 1976.

52 Durch die dritte Person einerseits und die Drohgeste andererseits changiert der kommunikative Modus dieser Äußerung zwischen Ansprechen und Bezeichnen des Reuentalers. Die Reihenfolge der Nennung Riuwentals durch das Sprecher-Ich und der anschließende Bezug in der zitierten Trutzstrophe bleibt auch in den in Ccz überlieferten Fassungen erhalten.

mens, als ein ärmliches Gut gekennzeichnet, auf dem es kaum genug zu essen gibt und das alles in allem nur von Mangel regiert wird.[53] Die entsprechenden Defizite seines Besitzers werden mit dieser Technik mitbezeichnet. Die Charakterisierung Riuwentals kann dabei entweder als Selbstcharakterisierung einer zur Figur konkretisierten Ich-Instanz fungieren oder durch ein anonymes Sprecher-Ich vorgenommen werden; sie kann sich auf die Beziehung des Protagonisten zu den Frauen oder zu den Männern seiner Dorfgemeinschaft richten und dabei mehr oder weniger explizit ausfallen, d.h. sich bis zum Wortspiel oder zu einer Anspielung in Hinblick auf ihre Kenntlichkeit nahezu auflösen.[54]

Eine der häufigeren Gebrauchstypen der „Riuwental"-Nennung außerhalb der Figurenrede besteht in der Selbstcharakterisierung des sprechenden und als Figur konkretisierten Ich, wie sie etwa in **c 56 (SL 4)** vorliegt. Das Lied gehört zu den wenigen Liedern sommerlichen Inhalts, das ohne Figurenrede auskommt und nur aus Ich-Rede besteht. Ein zunächst namenloser Sprecher fordert ein imaginäres Publikum zur gemeinsamen sommerlichen Freude beim Auszug in die Außenräume des Dorfs und die Natur auf (I-II). Die Schlußstrophe besteht dann in der Selbstcharakterisierung des Sprecher-Ich als Reuentaler, d.h. in diesem Fall als Besitzer des (Guts) Reuental:

> Wie rubental mein aigen sej
> Ich pin doch disen summer aller sorgen frej
> seit der winter ist dahin
> Ich will eren
> 5 die Jungen leren
> freud dornach stet mein syn
> (c 56 III 1-6)

In dieser Strophe wird nicht nur das Sprecher-Ich mit dem Reuentaler identifiziert; der eigentliche Charakter der Kennzeichnung einer damit entstandenen Figur besteht in der Entgegensetzung ‚Eigner der Sorge' vs. ‚Lehrer der Freude', die sich bereits im ersten Satz und seinem mit der Konjunktion „[s]wie" eingeleitetem Konzessivgefüge zeigt und durch Aktualisierung der etymologischen Bedeutung von „Riuwental" den Charakter eines Wortspiels erhält.[55]

Ähnliche Wortspiele des Sprecher-Ich, das sich mit ihnen als Reuentaler zu erkennen gibt, finden sich (neben dem oben zitierten in R 31 [WL 8]) auch in

---

53 Belege hierfür finden sich bei ORTMANN ET AL. 1976, S. 13.
54 Anspielungen auf den Namen „Riuwental" finden sich daneben in R 20 (WL 30) III 1 („Swenne ich in der riwen pad") sowie in der diskutierten Stelle c 56 III (SL 4 V) und ihrer Parallele in C 201-205 (H XLV, 25 [UL 16]).
55 Vgl. WIESSNER, Kommentar, S. 9 (zu H 5, 32f.).

R 33 (WL 4) und R 20 (WL 30). Folgt man Siegfried Beyschlags Übersetzung des **Winterlieds 4 (C 150 6)**, muß der Besitz des Reuentalers, an den er die Minnedame wünscht, dem ironischen Vergleich mit der Stadt Siena, „jenem machtvollen Zentrum staufischer Herrschaft in der Toskana"[56], aushalten:

> der ich da gerne diene
> gv̂tes gibe ich ir die wal
> Rúwental
> si ir eigen dc ist min huhú siene
> (C 150 3-6)[57]

In R 20 (WL 30) zeigt sich der Bezug zum Reuental zunächst in der Form einer Anspielung, wenn der Sprecher von sich behauptet, „in der riwen" (III 1) zu baden, wobei auch dieser wortspielerische Bezug sicher nicht mehr in allen Fassungen zu erkennen war.[58]

Wird der Reuentaler aus der Sicht der jeweilig sprechenden Ich-Instanz der Lieder gekennzeichnet, findet sich in einigen Liedern eine ungebrochene Identifizierung dieser Instanz mit jenem, in anderen eine kommunikative Dissoziation. In R 27 (WL 3) etwa ist in einer ‚Haussorgestrophe' die resignierte Einsicht des sprechenden Ich enthalten: „mine vlvech sint niht zesmal / swanne ich daze Riwental / vmberaten bin" (VI 8-10). Die Identifizierung des Sprecher-Ich mit dem Mann „von Riwental" ist in diesem Fall ungebrochen; sie ist zumeist auch in den Fällen gegeben, in welchen die Beziehung der Figuren zum Reuental vom Sprecher thematisiert werden (s.u.).

Belege, in denen das sprechende Ich und der Reuentaler *nicht* identisch sind, sind eher die Ausnahmen. Sie sind anzutreffen, wenn vom Reuentaler in der dritten Person erzählt wird, und deuten auf eine Dissoziation der erzählenden und handelnden Instanzen. Diese Dissoziation ist allerdings in Hinblick auf die Figurenidentität nur in einem Fall von größerer Bedeutung. Es handelt sich hierbei um das in der Geschichte der Neidhart-Philologie oft kommentierte und als autobiographische Aussage des historischen Autors interpretierte **R 2 (WL**

---

56 BEYSCHLAG, Kommentar, S. 564.
57 Beyschlags Übersetzung der entsprechenden Stelle in R 33 verdankt sich einer Konjektur, die bereits Haupt (H 41,32) vorgenommen hat: Für R 33 VI 12 „hohe sinne" liest Haupt - den Lesarten von C und c („das ist min hohe siene") folgend - „Hôhiu Siene". Die Anspielung zeigt sich ausschließlich dann, wenn man Cc folgt.
58 Es handelt sich hier, wie BERTAU (1967, S. 80) zu Recht herausstellt, um ein „metaphorisches Bad", dessen Komik als Anspielung auf den Herkunftsort Reuental zugleich den Wortspielcharakter anzeigt. Die Anspielung ist nur vorhanden, wenn man mit der entsprechenden Hs. auch „Riuwental" (wie in R) oder „ruwental" (wie in O) liest. Bei der Form „Rubental" (wie in c) dürfte der Bezug kaum mehr erkennbar sein. Auch hier hängt die Deutbarkeit von der Einstellung zur Textkritik ab.

24) mit einer Bitte um Namensentlassung.[59] In R 2 bittet das Sprecher-Ich, von seiner Kennmarke „Riuwental" entbunden zu werden, und spricht dabei sowohl die jungen Leute der Figurenebene (das prototypische Publikum des Reuentalers in den Sommerliedern) als auch seine Freunde (das oft angerufene textinterne Publikum der Liedhandlung)[60] an:

> wa von sol man hinevur min geplæcz erchennen
> hie enphor do chande man iz wol be riwental
> da von solt man mich noch von allem rehte nennen
> aigen vnde lehen sint mir da gemezzen smal
> 5 chint ir heizzet iv den singen der sin nv gewaltich si
> ich bin sin verstozzen ane schvlde mine vrivnt nv lazzet
> [mich des namen vri
> (R 2 N I [VII])

Durch die Bitte, hinfort vom Namen „Riwental" entbunden zu werden, wird zunächst die Unterscheidung von Sprecher-Ich und der Figur des Reuentalers vom Sprecher selbst vollzogen. „Riwental" tritt hier allerdings nicht unbedingt als Eigenname des Sprechers auf, sondern als Kennmarke recht unbestimmter Art. Diese identifiziert das Sprecher-Ich als den Sänger, dessen Lieder in irgendeiner Weise mit dieser Kennmarke verbunden waren. Allerdings wird mit dieser Differenzierung keineswegs die Dissoziation zwischen den Instanzen Sprecher-Ich (dieses Lieds), Sänger (eines ganzen Corpus) und handelnder Figur des Reuentalers vollzogen, sondern im Gegenteil deren Identität nur bekräftigt. Selbst wenn man die Behauptung der liedinternen Sänger-Instanz, weitere Lieder zu dichten, fortan aber unter anderem Namen, wörtlich nähme, findet sich in R 2 selbst schon der Widerspruch zu diesem Vorhaben. Die Kennmarke „riwental" erscheint bereits als Selbstcharakterisierung des Sprechers in der nächsten Strophe erneut: „mir ist leit daz ich von eppen vnd von gvmpen ie ze Riwental so vil gesanch" (N II [VIII] 6). Auch im verbleibenden Corpus ist es nicht möglich, einen Teil zu finden, der systematisch auf den Reuentaler-Namen verzichtet.[61]

Als Befund der Textanalyse läßt sich daher festhalten, daß bestimmte sprachliche Operationen die sprechenden und handelnden Instanzen der Lieder

---

59 Dieses Lied nimmt BERTAU (1971/86) zum Anlaß, die Unterscheidung bayerischer und österreichischer Lieder zu fundieren.
60 Vgl. WIESSNER, Wörterbuch, S. 324.
61 Daß die Riuwental-Nennung nach der Namensentlassungsbitte im Corpus nicht mehr erscheint, wie WIESSNER (ebd.) hervorhebt, stimmt also nicht einmal für das WL 24 selbst mehr, das in den von Rcs überlieferten Fassungen der Bitte um Namensentlassung die Reuentalnennung folgen läßt (ATB VII u. IX = R 2,7 u. 8; c 80, 12 u. 14; s 38, 9 u. 10).

deutlich als unterschiedene bewußt machen, ohne aber deren regelrechte Trennung zu vollziehen. Es ereignet sich in diesen Fällen also eine begriffliche Differenzierung, der keine Trennung der Instanzen auf der Ebene der Textwirklichkeit folgt, sondern erstaunlicherweise die Behauptung ihrer Identität.

Für eine solche Operation, die ebenso in den Bereich der Selbstcharakterisierung des Sprecher-Ich als Reuentaler gehört, sei die Erwähnung in **c 91 (WL 34)** angeführt. c 91 stellt eines der sogenannten Alterslieder dar, in dem der Sprecher den Wankelmut seiner Dame beklagt und in einer (nur in c überlieferten) Strophe[62] nach einer längeren Minneklage (c 91, I VII) unvermittelt die Frage nach der Identität jenes bekannten Sängers stellt, der den Typus der Lieder dichtete, von dem das aktuelle ein Exemplar darstellt. Die selbstgestellte Frage beantwortet das Sprecher-Ich in einem Identifizierungsakt mit dem Mann „von Rubental":

> Genug fragen in dem lande vberal
> wer er mug sein der also sang
> von den thumen gauch der vil in der werlt sind
> So will ich yne nennen ich pin von Rubental
> 5 selig sein die mir sein alle sagen danck
> den sing ich newe freude das yn trauren wirt ein windt
> (c 91 VIII 1-6)[63]

Auch in diesem Lied wird also eine faktisch enthaltene Dissoziation zwischen erzählendem Sprecher-Ich und Reuentaler wieder zurückgenommen und statt dessen eine explizite Identifizierung durchgeführt.[64]

Normalerweise erscheint jedoch der Unterschied zwischen den Riuwental-Nennungen im Sprecher-Bericht und im Ich-Bericht als relativ unauffällig, wobei die Beziehungen zwischen diesen beiden Typen durchaus verschieden ausfallen können. Eine Form ist der Bericht über den Reuentaler und das ihn be-

---

62 Hs.-c-Trans., S. 217-219, hier nach der zentralen (obszönen) Metapher des Lieds mit „Das hárein vingerlein" betitelt. Nach dem Titel folgt als weitere Beischrift „Heya sausa" (ebd.).

63 In der ATB-Ausgabe wird statt „ich pin" „der von Riuwental" konjiziert (WL 34 IXb 4), d.h., es wird eine Textherstellung praktiziert, welche die Identifikation gerade nicht vollzieht und somit weit über das Maß sprachlicher Normalisierung und sogenannter offensichtlicher Fehler hinausgeht.

64 Als weitergehende interpretatorische Frage läßt sich allerdings stellen: Wer ist dann die Sprecherinstanz? Wenn diese von vornherein als Reuentaler gedacht wird, scheint eine Identifizierung mit diesem sinnlos. So bliebe die Möglichkeit, daß es Herr Neidhart ist, der vom impliziten Autor des Corpus mit dem Reuentaler identifiziert wird; eine Möglichkeit, die in einer Liedersammlung, in denen Herr Neidhart als Figur, Angesprochener und Autor erscheint, keineswegs unwahrscheinlich ist.

gehrende Mädchen in der dritten Person wie in c 22 (SL 21): „in des hant von Riuwental / warf diu maget ir gickelvêhen bal" (VII 4f.). Der Unterschied zur Figurenrede ist hier in Hinblick auf die Figurenidentität minimal: Sowohl im Fall der weiblichen Sprecherrede als auch im Fall des Berichts durch das Sprecher-Ich ist der Reuentaler in erster Linie besprochene Person, d.h. figuraler Redegegenstand - allerdings jeweils aus deutlich anderer Perspektive, nämlich der eines weiblichen oder eines männlichen Sprechers.[65] Der Bericht über den Reuentaler setzt zwar ein anderes berichtendes Subjekt in der Sprecherposition als jenen selbst voraus; durch den zyklischen Zusammenhang der Lieder wird die Differenz zwischen der ‚berichteten' und der berichtenden Person jedoch oft marginalisiert. So heißt es in **R 50 (SL 17)** nach einem Mutter-Tochter-Dialog:

> Wie si den strit liezzen daz wil ich iv bescheiden
> daz magedin begvnde siner mvter leiden
> zwene roten golzen
> si verstal
> einem ritter stolczen
> 5   von Riwental
> tovgen
> (R 50 VII 1-7)

Der Berichterstatter des Vorgangs ‚Diebstahl der Stiefel' und der Reuentaler sind hier zunächst auf der Textoberfläche durchaus voneinander unterschieden. Das Motiv der roten Stiefel taucht jedoch an anderer Stelle wieder in der Figurenrede eines Mädchens auf, das behauptet, die Stiefel vom Reuentaler geschenkt bekommen zu haben (R 56 [SL 18] III 4). Damit ist der Bericht des Sprecher-Ich weniger objektiv, als die Aussage isoliert betrachtet erscheint. Der Sprecher als derjenige, der von einem Vorgang erzählt, und der Reuentaler als derjenige, der davon betroffen ist, rücken in einer Weise zusammen, die auch ihre Identität wahrscheinlich macht, insofern auch der scheinbar objektive Bericht sich als durch eine subjektive Perspektive gefärbt herausstellt. Hauptsächlich durch den zyklischen Zusammenhang der Lieder mit dem Motiv der roten Stiefel[66] reduziert sich in diesem Beispiel eine dreifache Perspektive - die des sprechenden Ich, des betroffenen Reuentalers und des Mädchens - auf eine zweifache: die Sichtweise der Person, die über einen Diebstahl, und die Sichtweise der Person, die über ein Geschenk berichtet. Auf diese Weise werden das

---

65   Vgl. etwa das entsprechende Bekenntnis eines Mädchens in R 58 (SL 25) V 3- 6: „warf ich den pal / in des hant von Riwental (...) / der chumt mir wol zemaze"). Zum Ballspielmotiv vgl. auch das Lied H XL,7 [UL 13].
66   Zu diesem Motiv vgl. LIENERT 1989.

Sprecher-Ich und der Reuentaler auf der Handlungsebene identifizierbar; ebenso wie in anderen Fällen, in welchen vom Reuentaler in der dritten Person gesprochen wird. So funktioniert in c 14 [RB 9] der Name des Reuentalers gewissermaßen als Autormarke im Explicit: „der vns disen rayen sangk / der ist genant von Rubental" (VII 7f.).[67] Als identisch behandelt werden damit der Sänger des aktuellen Lieds, der Mann „von Rubental" und das sprechende Ich des Textes.

Mit solchen Identifizierungen wächst natürlich auch die Suggestion, die Grenze zum textexternen Bereich sei zu überschreiten und das Gleichheitszeichen zwischen diesen Instanzen auch auf den historischen Autor zu übertragen. Auf diese Weise wurden die Angaben zum Ort Reuental sowie seinem Bewohner als autobiographische Angaben deutbar. Damit komme ich zu jenen Riuwental-Nennungen, die das Personal der Lieder und dessen Verhältnis zum Sprecher bzw. Protagonisten betreffen.

Auch in den meisten Fällen, in denen es um die bäuerlichen Figuren geht, die in irgendeiner Beziehung zum Ort Reuental stehen oder in eine solche gebracht werden, lassen sich die entsprechenden Belege als Selbstcharakterisierungen interpretieren, insofern das sprechende Ich mit der Figur des Reuentalers identifiziert wird. Dabei fällt auf, daß auch dieser Gebrauch der Riuwental-Nennung stark nach den Geschlechtergruppen unterschieden ist. Von den Frauen heißt es so zumeist stereotyp, daß der Sprecher sie, wenn eine von ihnen erst einmal im Reuental sei, nur mit den Mangelerscheinungen seines Besitzes konfrontieren werde. So lautet die nachgetragene Strophe von **R 34 (WL 5)**, in dem eine bäuerliche Minnedame besungen und umworben wird:[68]

>   chumt si mir ze riwental
> 5 si mach grozzen mangel wol da schowen
>   von dem eben hovs vns an die richen
>   da stet iz leider allez bloz
>   ia mach iz wol armer livte hovs genoz
>   (R 34 VI 4-8)[69]

Es lassen sich weitere Stellen nennen, die sich unter dem Schlagwort ‚Hohe Frau am niedrigen Ort' zusammenfassen ließen, insofern jeweils die als Minne-

---

67 Hinzugefügt sei, daß es sich hier nur funktional um ein Explicit handelt, da diesen Versen noch zwei weitere (in allen Hss.) folgen.
68 Die hybride Figur der Dörperin, die zugleich Minnedame ist, kommt hier bereits deutlich im abrupten Registerwechsel des Sprachstils und der Handlungssphäre zum Ausdruck: „swer si minnet der belibt sorgen vri / si ist vnwandelbære / witen garten tvt si Rvben lære" (V 8-10).
69 Vgl. R 43 (WL 9) II 6: „chvmt si mir cze riwental si vindet dvrre mævl".

dame stilisierte Dörperin (die im selben Lied meistens zugleich wieder als solche desillusioniert wird) an die kärgliche Heimat des sprechenden Ich gewünscht wird. Der Wunsch, die Dame in Reuental zu sehen, geht von der einfachen Konstatierung wie in R 14 (SL 13; IV 3f.: [...] si mves indem riwental / vrowe sin [...]) oder c 107 [RB 41] IX 13: „ich fúrt die schonen elsemúten hin gein Rubentall") bis hin zu für das Publikum mehr oder weniger entschlüsselungsbedürftigen Anspielungen. In R 31 (WL 8), dem pastourellenähnlichen Flachsschwingerinlied, vergnügt sich der Protagonist mit der gewonnenen Dame „v̊f einer derre plahen" (V 6) und behauptet, in Anspielung auf den Namen Reuental: „mines gvtes ward ir da daz beste teil / da liez ich der vrowen sevften ekke" (V 9f.).[70] Im Lied H XLV,9 [UL 16] erscheint eine ähnliche ortsanzeigende Wendung wie in c 56 (SL 4; V 1 „Wie rubental mein aigen sej") ohne den anspielenden Charakter, den sie hier (s.o.), aber auch im obigen Beispiel hatte; statt dessen wird das Reuental als von der Mutter ererbter Besitz in der direkten Rede des Sprecher-Ich an eine Frau gekennzeichnet: „ich kan ú niht gezeigen / des minen gv̊tes mer / wan rúwental min eigen / das braht min mv̊ter her" (H XLV, 23-25 [C 199]). Auch hier identifiziert sich das Sprecher-Ich mit der Figur des Reuentalers, tut dies allerdings - als einmaliger Fall innerhalb der Liedüberlieferung - nicht gegenüber einem Publikum, sondern gegenüber der Figur einer Dame in direkter Rede.[71]

Die Fälle der Riuwental-Nennungen, welche die Beziehungen zu den männlichen Dörpern spezifizieren, sind deutlich anders gelagert; beinahe in jedem Fall geht es um die antagonistische Personenkonstellation zwischen dem Reuentaler und seinen Widersachern. Dabei wird schon in den Nennungen des Orts, Wohnsitzes oder Guts (hierzu unten) Reuental dessen Inselhaftigkeit sichtbar: das Reuental scheint als namentlich identifizierter Ort in oder bei einem zumeist namentlich nicht identifizierbaren Dorf und seiner feindseligen, aggressiven Bevölkerung zu liegen.

Der prototypische Dörper steht dergestalt in Beziehung zum Sprecher, daß dieser ihn bedroht oder daß der Dörper und seinesgleichen den Protagonisten bedrohen.[72] Die Freude verbindet sich dementsprechend mit dem Reuental erst dann, wenn auch wirklich Widersacher zu Schaden kommen: „wúrd ich czu rubental noch gerochen / Ich hett hail / freuden tail / vnd wer gaill" (c 17 [RB

---

70 R liest hier „kam ich zu ir des was sie gail / do ward Ir meins leibs der beste tail / den layhe ich den schonen safftneneggke" (c 82 V 9f.).
Auf dieses Motiv komme ich in IV.2.3 bei der Interpretation von WL 8 zurück. Lesarten finden sich in Kapitel IV, Anm. 205.

71 Der Verlauf dieses Lieds entlarvt die Frau aber als etwas anderes als eine klassische Minnedame, da sie später vom Ich des Lieds (dem Reuentaler) in flagranti mit einem Fremden erwischt wird. Vgl. die in IV.2.3 behandelten Lieder.

72 Die Dörper sind es, die etwa in c 90 (WL 30) den Protagonisten „von Rubental dort verdrungen hant" (X 3).

12] VII 11-14).[73] Insgesamt dienen die Nennungen besonders in diesen Fällen der Markierung der Sphären, die bereits in einigen Schwänken, erst recht aber in den Spielen an Eindeutigkeit gewinnen: Riuwental wird hier durch den Wiener Herzogshof ersetzt; das in den meisten Liedern anonyme Dorf, dessen Lebenswelt der Reuentaler mit seinen Konkurrenten teilt, wird zum Dorf Zeiselmauer konkretisiert. Die Riuwental-Marke des Protagonisten fehlt in diesen Fällen und wird durch die Neidhart-Nennungen ersetzt. In der Gesamtheit der Liedüberlieferung zeigt sich dagegen ein durchaus vielfältiges Bild der Verwendung des Namens, das im folgenden Abschnitt nachgezeichnet werden soll.

(ii.) Nîthart

Auch die Vorkommen des Namens „Nîthart" und seiner Varianten in der Liedüberlieferung[74] lassen eine komplexere Verwendung erkennen, als sie durch die Forschungsmeinung nahegelegt wird. Es läßt sich eine den Riuwental-Nennungen entsprechende Typologie mit Beispielen aufstellen:

(1) Der Protagonist der Lieder kann als Figur des „hern nîthart" in Frauenstrophen bezeichnet werden.
(2) Der Protagonist wird von männlichen Sprechern angesprochen (zumeist, jedoch nicht immer, von den bäuerlichen Widersachern, den *dörpern*, in den Trutzstrophen).
(3) In wenigen Fällen kann Neidhart schließlich auch außerhalb der Figurenrede genannt werden, z.B. in der Selbstidentifizierung des Sprecher-Ich der Lieder mit der Figur oder auch durch Nennung des Autors in Form eines Explicits oder einer Beischrift.

---

73   Weitere Fälle der positiven Reuental-Nennung im Kontext der Schadenfreude des Protagonisten finden sich in: R 29 (WL 18) VI; c 121 [RB 45] VII 11; c 127 [RB 49] X 17.
74   Neidhart-Erwähnungen insgesamt (nach der benennenden Instanz geordnet): DÖRPER: SL 27 VIIIg 1; WL 6 Va 1; WL 10 VIb 1; WL 20 IIIa 1; WL 24 IX a; WL 27 VIIb 1; WL 29 VIIId 1; WL 34 IXa 1; H XXXV,10 [UL 9 IX 10]; Boueke 2 VII 2, X 5, XIII 14; Boueke 3 XIX 2, XXIII 2; Boueke 6 XVII 5; Boueke 7 XVIII 1, XL 2; c 1 [RB 1] V 4, VI 4; c 12 [RB7] VIII 5, X 5; c 13 [RB 8] VII 7, VIII 8;c 16 [RB 11] V 16; c 78 [RB 34] IV 4, VI; c 130 [RB 51] VI 1; - SPRECHER: H L, 25 [UL 20 V 4]; Boueke 1 XI 14; Boueke 2 XI 3; Boueke 3 XX 1; Boueke 7 XXVIII 1; Boueke 8 V 3, VIII 9, IX 2; Boueke 9 VII 22; Boueke 10 I 2, XI 2 u. 4, XII 2, XV 1, XV 2, XVI 2, XXI 3, XXII 1; c 1 [RB 1] VI 7; c 130 [RB 51] V 3; pr 1 [ZB 2] I 1; pr. 2 [ZB3] I 1f., XII 3, XVI 3, XVII 2; - MÄDCHEN: H LII,27 [UL 21 V 7]; - TOCHTER: c 69 [RB 30] II 5; - FRAU: Boueke 3 XV 2; - RITTER: Boueke 5 IX 16; - MENGE: Boueke 5 X 1; - FÜRST: Boueke 2 XV 13; - HERZOG: Boueke 6 XVII 7, XIX 2; Boueke 10 XXIII 3; c 78 [RB 34] IX 5; - HERZOGIN: Boueke 8 V 13; c 16 [RB 11] IV 2; - HOFPUBLIKUM: Boueke 8 II 13.

ad (1) „Her Nîthart" als angesprochene Figur in Frauenstrophen
Dieser Fall ist in der Liedüberlieferung sehr selten. In Lied **c 31 (H LI,1 [UL 21])** verhandeln zwei Mädchen und die Mutter der einen den Minnekasus, ob ein jüngerer oder ein älterer Mann in der Liebe den Vorzug verdient. Nachdem die eine der beiden den Wunsch nach einem „edeln knecht" (III 10 [H LII,8]) äußert, mischt sich deren Mutter in das Gespräch ein und verlagert die Diskussion auf die ständische Ebene: „dochter mein nym dein genos (...) Ee du eins edeln knabens múst sein" (V 3-5 [H LII, 22f.]). Ähnlich wie in den Bekenntnissen zum Reuentaler[75] wird an dieser Stelle Herr Neidhart als der erwünschte Liebhaber eingesetzt, wenn die Tochter die anschließende Ermahnung der Mutter mit den Worten in den Wind schlägt:

    ewer betzwang
    múet mich so sere
    Herr Neythart vns den rayen sangk
    was hillfet rede mere
10 er liebet wol dem herczen mein
    c 31 V 6-10 (H LII,26-LIII,1)

Eine wörtliche Entsprechung zu dieser Stelle findet sich in der Liedüberlieferung nur noch ein einziges Mal, wobei unklar ist, ob es sich dabei um Rede einer Figur oder des Sprecher-Ich handelt. Im Mutter-Tochter-Dialog des Lieds **c 52 (H L,6 [UL 20])** versucht die Tochter, ihre Mutter vom Ausgang zum Tanzen abzuhalten. Die Mutter gibt ihr den Auftrag, zuhause einzuhüten, um sie ziehen zu lassen und (anscheinend im Interesse der Älteren) „des knaben eben" wahrzunehmen, „der da tregt das falbe har" (IV 3f.). Die Tochter bietet daraufhin an, die Stelle der Mutter bei ihrem Tanz- und Werbungsbemühen einzunehmen:

    Muter ich will euch vertreten
    ein hubscher knab hat mich gepeten
    der kúrzet vns die weile langk
    Herr Neithart vns den Rayen sanck
    c 52 V 1-4 (H L 22-25)

Der Knappe, den die Mutter sich erwünscht, mag hier der (nicht genannte) Reuentaler sein. Der anonyme Mann, welchen die Tochter nennt, kann mit diesem identisch sein; und die Angabe über den Autor des Lieds läßt sich ebenfalls als eine namentliche Nennung dieses Liebhabers deuten, wenn man die Figurenrede nicht (wie in HW) nach dem vorletzten, sondern nach dem letzten Satz

---

75 Vgl. oben zu (i.1).

des Lieds beendet sein ließe. In dieser Lesart, die nicht beweisbar, aber immerhin möglich ist, hätte man dieselbe eigentümliche Gleichsetzung jener Instanzen vor sich, die sich auch schon bei den Riuwental-Nennungen zeigte: eine Ineinssetzung von textintern vorgestelltem Autor mit der besprochenen und sprechenden Hauptfigur, die nach den Standardeinträgen der Neidhart-Philologie angeblich so deutlich im Liedcorpus geschieden sein sollen.

Daß Herr Neidhart in dieselbe Position einrücken kann, die in der größten Anzahl der Fälle „der von Riuwental" innehat, zeigen auch die Beispiele von c 37 (‚Das Rephún ein wechsell' [RB 20] und c 69 (‚Aber ein Ray' [RB 30]).

In c 37 bekennt eine Tochter ihrer Mutter den Willen nach Minnestreben und setzt in die Position des erwünschten Liebhabers Herrn Neidhart ein:

> Ich will nach mynne werben
> gein des mayen schein
> 5   Mein hercz das hat alles gedingen
> noch dem ich ye in freuden rangk
> den hór Ich singen newen gesanck
> Herr Neytharcz rayen pey der linden klingen
> (c 37 II 3-8)

Der Wohnsitz dieses Herrn, der in derselben Personenkonstellation erscheint wie in den meisten Mutter-Tochter-Dialogen der Reuentaler, ist denn auch - das Reuental.[76] Ebenfalls in der Funktion des Reuentalers, der in c 37 mit Herrn Neidhart offenkundig identisch ist, erscheint der letztere auch in **c 69 (RB 30)**. Hier verlangt eine Tochter ihrer Mutter gegenüber nach einem Tanzkleid mit Verweis auf den erwünschten Tanzpartner: „Du pringe here mir dein liehte wate / Seitt nach mir gefraget hatt / herr neidhart der nach freuden stat" (c 69 II 3-5).

Durch diese Beispiele der Erwähnung Neidharts in Frauenstrophen ist jedenfalls die Communis opinio der Forschung, daß es ausschließlich der Mann „von Reuental" sei, der als besprochenes Objekt in den Frauenstrophen erscheint, widerlegt.[77]

---

76 So kann die Tochter später ohne Brüche ihren Willen bekräftigen: „Ich will gein Rubental / da man die mynne pfendet" (VII 2f.).

77 Auch wenn das - der Fragestellung nach in dieser Arbeit grundsätzlich suspendierte - Urteil, daß dieses Lied zu einer anderen Schicht als jener der vom historischen Autor verfaßten Lieder gehört, genauso richtig sein sollte wie der Hinweis, daß sich im echten Corpus eine solche Verwirrung der Namen nicht finden lassen könne - wie BRILL (1908, S. 22) behauptet - , läßt sich doch durch die mögliche Einsetzbarkeit des einen Namens in die Position des anderen nachweisen, daß die konzeptuelle Verbindung von Anfang an da war, wenn sie auch in den überlieferungsgeschichtlich mutmaßlich späteren Liedern unter anderem Vorzeichen genutzt wird.

Eine Neubesetzung des konzeptuell ähnlichen Verhältnisses des männlichen Protagonisten zu weiblichen Figuren läßt sich in zumindest einem weiteren Fall einer Bezeichnung bzw. Anrede als „(Her) Nîthart" darstellen. In zwei Liedern ist es die Herzogin von Bayern bzw. Österreich, welche die Position der Minnedame und des den Reuentaler begehrenden Dorfmädchens gleicherweise einnimmt, wenn sie sich sprechend und handelnd zu ihm in Beziehung setzt.[78] Am deutlichsten wird dies in c 16 (RB 11), der A-Fassung des Veilchenschwanks, wenn die Herzogin ob der Schmach, die ihr durch das vertauschte Veilchen angetan wurde, den zum Hof- und Minnediener konkretisierten Neidhart[79] anfährt: „Neithart das habt Ir gethan / (...) die schmachheit muß mir nahett gan" (IV 2-4).[80]

Natürlich finden sich auch Stellen, in denen in der Rede weiblicher Sprecher von der Figurenkonstellation der übrigen Lieder, welche Neidhart und die Frauen zum Thema haben, nicht mehr viel zu finden ist; schon deshalb, weil sich die Konventionen des Texttyps gewandelt haben. Ein Beispiel hierfür mag der **Krechsenschwank (Boueke 3)** bilden, in welchem Neidhart als Händler verkleidet in das Haus seines Erzfeinds Engelmar gerät und dort von dessen Frau gefragt wird: „herr gast, seit ir zu Wyen icht wol erkant? / kennt ir herren Neitharthen, der so weit ist genantt?" (Boueke 3 XV 1f.).[81] Die dramatische Ironie, die für ein zuhörendes oder lesendes Publikum daraus entsteht, daß es um die Identität des Angesprochenen weiß, die fragende Figur jedoch nicht, taucht in den Männerstrophen der Schwänke in der gleichen Form auf. Die auf den Hauptprotagonisten bezogene Benennungspraxis oder Ansprechstrategie ist aber nicht mehr in jedem Fall nach den Geschlechtergruppen geschieden.

ad (2) Herr Neidhart als angesprochene Figur in Männerstrophen
Wird das Sprecher-Ich der Lieder von bäuerlichen Figuren angesprochen oder bezeichnet, steht hierfür seit der frühen Neidhart-Philologie der Begriff der Trutzstrophe zur Verfügung.[82] Im folgenden sollen darüber hinaus alle Belege einbezogen werden, in denen männliche Sprecher auf den Protagonisten der Lieder und Schwänke Bezug nehmen. Auf diese Weise wird, wie auch schon zuvor in den Frauenstrophen, neben den Gebrauchstypen der Benennung die Figurenidentität Neidharts in Hinblick auf den jeweiligen Sozialverband

---

78 Veilchenschwank A: c16 [RB 11] IV 2., vgl. auch Veilchenschwank B: Boueke 8 V 13. In der A-Fassung ist es die Herzogin von Bayern, in der B-Fassung die Herzogin von Österreich.
79 Vgl. zum Veilchenschwank V.2.3.
80 Auch die B-Fassung des Veilchenschwanks weist eine ähnliche Stelle auf; vgl. Boueke 8 V 13-15.
81 Vgl. V.2.5.
82 Zur Geschichte des Begriffs vgl. WACHINGER 1970/86.

deutlich. Ich wende mich daher zunächst den in der gesamten Liedüberlieferung für den vorliegenden Benennungstypus dominanten Trutzstrophen zu, bevor ich die anderen Fälle darstelle.

Im typischen Fall einer Trutzstrophe reagiert eine Figur auf die spöttische Beschreibung ihrer selbst oder ihrer Standesgenossen durch den Sprecher der Lieder, welcher erst durch die dörperliche Reaktion zur Figur des Herrn Neidhart konkretisiert wird.[83] Im Falle der Anrede Neidharts wird aber auch der jeweils beschriebene Dörper, der nun zum Sprecher geworden ist, in erhöhtem Maße zur Figur im eigentlichen Sinne, d.h. zur handelnden fiktiven (der Tendenz nach: sogar dramatischen) Person. In den klassischen Trutzstrophen sind damit Keime zur Dramatisierung enthalten, die in den Redepartien der Schwänke weiter ausgeführt sind, wie einige Belege veranschaulichen können: „Her nithart daz iv sand zene lone / schvndet niht / daz man roufe minen hovs genozzen" (R 42 [WL 6] VI 1-3); „Herr Neithart senftett ewer laid" (c 111 [WL 20] V 1); „Herr Neithart múgt Irs lassen" (c 92 [WL 27] IX 1).

In jedem Fall findet sich in den Trutzstrophen eine Replik auf den Inhalt dessen, was das Sprecher-Ich, das mit dem Akt des Bezeichnens oder Ansprechens erst zu Herrn Neidhart gemacht wird, vorher sagte. Das Sprecher-Ich ist damit allerdings keineswegs *nur* die Figur des Herrn Neidhart, sondern kann die Identität als Reuentaler widerspruchsfrei fortführen. So findet sich im c 80 (WL 24) nach der Bitte um Namensentlassung (XII) diese Bitte durch die dörperlichen Sprecher als Verlassen, um des bloßen Vorteils willen, uminterpretiert. Von Herrn Neidhart, der in diesem Lied nicht mehr mit dem „Rubental" (ebd. 2) in Verbindung gebracht werden möchte, sondern sich „gein Osterrich" wendet, um sich dort bei einem anderen Lehnsherrn zu verdingen (XIII 6), heißt es: „Der Neithart hat vns hie verlassen . als die krá den stecken / die da hin fleuget vnd siczet auff ein sat" (XV 1f.). Auch in den beiden Trutzstrophen zu c 113 (WL 29) findet sich die Gleichordnung von Reuentaler und Neithart als dem einzigen Antagonisten der Dörper. Auf die spöttische Beschreibung einer mit Vögeln bestickten Haube eines Dörpers findet sich in der Trutzstrophe die Entgegnung : „Der von Rubental der spottet meiner vogelein" (XIII 1) und zu Beginn der nächsten Strophe „We was wil der Neithart meiner geigen fehen hauben" (XIV 1). Der funktionale Unterschied zwischen der *Anrede* des Bauernfeinds und einer *Bezeichnung* seiner Person ist dabei, wie die zitierten Beispiele zeigen, sehr gering. Wichtig scheint in diesen Fällen die Replik aus der jeweils anderen Perspektive als solche zu sein, nicht der im Keim schon angelegte dramatische Dialog zweier Figuren.

---

83   Trutzstrophen in diesem Sinne (mit Nîthart-Nennung) sind: SL 27 VIIIg; WL 6 Va; WL 10 VIb; WL 20 IIIa; WL 24 IXa; WL 27 VIIb; WL 29 VIIId; WL 34 IXa; Boueke 2 VII, X, XI, XII, XV; Boueke 3 XV, XIX, XX, XXIII; Boueke 5 V; Boueke 6 VII, IX; RB 1 V; RB 34 IV; RB 51 VI.

In einigen Liedern, die fast alle zum Typus Schwank gehören, findet man die Bezeichnung ‚des' oder ‚Herrn Neidharts' in der Figurenrede; wobei dieser gleichermaßen Redegegenstand, Angesprochener wie auch berichtende Figur ist, während seine Identität als Reuentaler praktisch erlischt.[84] In Lied **c 1 [RB 1]** gelangt der Schwankheld „gein Zeyssellmaur" (IV 1), dem Dorf, in dem sich die antagonistischen Bauern aufhalten. Dort wird er erkannt und mit: „Seitt gotwilkum herr Neithart" (VI 4) begrüßt. Dessen Entgegnung wird nun im eigenen Bericht wiedergegeben: „Ich sprach ich pin dem Neithart vngeleiche" (VI 7), wobei die Gefährlichkeit eines Erkanntwerdens durch die Dörper vorausgesetzt wird. In weiteren Schwänken findet sich oft ein dieser Handlungslogik entsprechendes Versteck-Spielen Neidharts mit seinen Feinden, das sich auch in der Benennungspraxis niederschlägt: Die als Bauernfeind unentdeckte und sich zumeist verstellende Figur Neidhart wird etwa gefragt, ob sie Herrn Neidhart kenne.[85] Damit verläuft die Benennung Neidharts durch seine Feinde nur indirekt und durch eine dramatischen Ironie aus der Publikumsperspektive vermittelt, während die Beschwerdeführung der Bauern über den ritterlichen Widersacher stets in Form der dritten Person verläuft.[86] Für seinen Herrn und dessen adlige Hofgesellschaft ist der Bauernfeind hingegen stets als (Herr) Neidhart präsent und wird als solcher auch angesprochen. So belohnt der Herzog von Österreich, als dessen Untertan Neidhart in den Schwankliedern erscheint, den letzteren im Salbenschwank mit den Worten: „Herr neithart, nu habt euch mein pferdt / vnd alles, das ewer hercz begert!" (Boueke 2 XV 13f.).

In den Schwankliedern agiert Neidhart tendenziell in ähnlicher Weise wie weitere Figuren, insofern die privilegierte Perspektive als reflektierendes Sprecher-Ich sich zugunsten von Handlungsmomenten und Dialogen verliert. Dabei wird der Sprecher zu einer unter anderen Figuren, die eben auch über sich selbst berichten kann. Die ‚Figurenhaftigkeit' des sprechenden Ich kann sich bis auf die Namensgebung selbst erstrecken. Im **Hosenschwank (Boueke 5)**, der davon berichtet, wie Neidhart sich, um dem Herzogspaar aufzufallen, zum Kaufen einer Hose mehrere Stadtbürger ‚mietet', motiviert die Schwankhandlung einen Kaufmann zur Namensgebung:[87] „ich sprich es wol auff meinen eyd: ir seyt geleich Neitharten!" (Boueke 5 IX 16). Das berichtende Ich fährt fort:

    Sye schrihen all: „er heist Neythart!"
    der nom mir da beruffet ward

---

84 In den von BOUEKE edierten Schwänken findet sich so kein Reuental-Bezug mehr.
85 Etwa Boueke 2 X 5; Boueke 3 XV 2.
86 Beispiele hierfür sind der Salbenschwank (Boueke 2), der Krämerschwank (Boueke 3), der Mönchsschwank (Boueke 7) und der Beichtschwank (c 13).
87 Auf die motivierende Funktion des Hosenschwanks werde ich in V.2.2 weiter eingehen.

> der must mir do beleyben,
> vil manig zeit vnd mangen tag kund ich in nie uertreiben.
>
> (Boueke 5 X 1-4)

Im Vergleich zu den Trutzstrophen wird hier nicht mehr eine Redepartie einer anderen entgegengesetzt, sondern aus der Perspektive eines berichtenden Ich die Redepartie eines anderen oder einer Gruppe wiedergegeben. Diese Verfahren, die sich umrißhaft als Episierung und Dramatisierung bezeichnen lassen, führen dazu, daß das berichtende Ich zugleich eindeutiger auf der Figurenebene agiert, wobei auch die Redesituation hinsichtlich der Neithart-Benennung sich wandelt. Ein Beispiel für eine solche Umwandlung findet sich in Lied **c 11** **(H XXX,6 [UL 9])**, dem sogenannten Faßschwank, der als ältester der Neidhart-Schwänke gilt.[88] Das Sprecher-Ich beobachtet dabei in seinem Faß-Versteck einen Dörperkampf und wird dabei schließlich entdeckt: „Erkenbolt rufft oben in der gasse . / ir enwert mir nymer holt . der Neithart ligt Im vasse / Wie ich flohe (...)" (IX 9-11). Ein erzählendes Ich ist einerseits als eigenständige Instanz deutlich erkennbar (u.a. deshalb, weil die wiedergegebenen Geschehnisse konsequent in die Vergangenheit verlegt werden), berichtet aber von einer Figur, die er selbst ist und die von anderen als „der Neithart"[89] angesprochen wird. Die Anrede durch Figuren läßt sich also auch in einem solchen Fall noch als indirekte Selbstcharakterisierung erkennen.

ad (3) Neidhart-Nennungen außerhalb der Figurenrede

Die Fälle, in denen sich das Sprecher-Ich der Lieder direkt als (Herr) Neidhart charakterisiert, sind in der Liedüberlieferung äußerst selten. In einem Lied, das in drei Papierhss. des 15. Jahrhunderts überliefert ist (Hss. ckw), weist die Fassung im ‚Liederbuch des Jakob Käbitz'[90] einen dieser seltenen Belege auf, die daher in ihrem Kontext zitiert sei. Das in Hs. c unter der Überschrift **„Der widerdries"** (Bl. 171v) überlieferte Lied (Boueke 1) berichtet vom Verdruß („widerdries" in k IV 1), den der Sprecher von seinen bäuerlichen Widersachern zu erdulden habe und der durch Aufzählung und Beschreibung der Dörpergemeinschaft (k III-IX) exemplifiziert wird. Die Aggressionen der Dörper entladen sich schließlich in eine Schlägerei untereinander (k X und XI), über die das Sprecher-Ich schadenfroh zu berichten weiß:

---

88 Vgl. V.2.5.
89 LESARTEN
    der Neithart *cz;* her Neithart *Bf.*
90 Bayerische Staatsbibliothek München, cgm 811, Bl. 29v-33r. Vgl. BOUEKE, S. 38 (Beschreibung der Hs.) sowie S. 77. (Überlieferungskonkordanz). Das hier enthaltene Lied Boueke 1 wurde von BOUEKE nach c 40 ediert.

> secht, der schimpf der taucht mich pesser vil denn gůt!
> do wolt ich nit lenger sie da trangen.
> wie frölich ich uon dannan schied,
> 10 liebers möcht nymmer sein geschehen.
> selig sey der ders ye geriet.
> grosser tumphat het ich nie gesehen
> noch gesicht ir ein man mit augen nymmer,
> des můß ich, Neythat [sic!], für ein worhat jechen.
> (Boueke 1 XI 7-14)[91]

Das Sprecher-Ich dieser Strophen identifiziert sich anhand des breit ausgeführten Schadenfreude-Motivs explizit als der bekannte Bauernfeind Herr Neidhart, als der er einem literarisch interessierten Publikum in der ersten Hälfte des 15. Jahrhunderts auch bekannt sein durfte. Interessant ist dabei vor allem die Gleichsetzung der kommunikativen Instanzen des Lieds, die auch durch die Überschrift in k „Neytthart"[92] noch eine weitere Dimension erhält. Es war anscheinend unproblematisch, das reflektierende und berichtende ‚lyrische Ich' der Strophen k I-III, die berichtende und handelnde Figur des Dörperfeinds und den Autor Neidhart mit einer Beischrift und einem Explicit dieser Art ineins zu setzen.[93]

Die Fälle, in denen eine Differenz zwischen Sprecher-Ich und dem angesprochenen, bezeichneten oder handelnden Herrn Neidhart zu bestehen scheint, sind angesichts dieses wie auch der obigen Beispiele, welche noch in den berichteten Figurenreden Formen der Selbstcharakterisierung zeigten, besonders aufschlußreich. Dafür möchte ich zwei Beispiele erörtern, in denen jeweils der legendäre Autor und Bauernfeind zu Beginn herbeizitiert wird, aber dennoch im Verlauf des Textes mit den handelnden Instanzen sehr unterschiedlich umgegangen wird. Beim ersten handelt Beispiel es sich um den **Pilz- bzw. Pfifferlingsschwank (Boueke 10)**, der mit folgender Frage ansetzt:

> Wolt ir hörn ein news geschicht,
> was der Neithart hat gethiht?
> er was ein gemelciher man,
> wunders hat er vil gethan.
> (Boueke 10 I 1-4)

---

91 BOUEKE ediert - in Form einer nicht normalisierten Transkription - nach k, da die Strophe in c und w fehlt.
92 Bl. 29v, die Überschrift ist allerdings wieder gestrichen. Unter der letzten Zeile steht: *etc't'a puch.* Vgl. BOUEKE , S. 113 und S. 115.
93 Der Ausdruck „lyrisches Ich" ist ein Anachronismus, der hier unter Vorbehalten verwendet wird.

„Der Neithart" als Autor und Held kann Selbstbezeichnung des sprechenden Ich sein, das von sich in der dritten Person statt in der Ich-Form erzählt. Die dritte Person kann jedoch auch relativ eindeutig in die Kategorie der erzählten Figur einrücken, wobei tendenziell ein Hiat zwischen Ich- und Er-Rede sowie Ich- und Figurenperspektive gemacht wird. Diese beiden Formen wechseln gelegentlich innerhalb eines Lieds, auch wenn Neidhart als Protagonist der Handlung konstant bleibt.[94] In einer Stelle dieses Schwanks, in der Neidhart sich zu seiner Tat bekennt, wird deutlich ein solcher Unterschied zwischen Ich-Rede und der Erzählung einer Figurenhandlung gemacht.

> Vnd da der Neithart das vernam
> das der pot hin nachm kom
> er sprach: „ich bins, Neithart, gewesen,
> der pawren laß ich chain genesen!"
> (Boueke 10 XV 3-6)

Der genaue Grad der Dissoziation zwischen Autor, erzähltem Ich und erzählter Figur ist hier in Wahrheit aber schwer auszumachen. Er ist jeweils auch nach den Rezipientenerwartungen zu beurteilen, wie sie auch durch den Überlieferungskontext gesteuert werden. Gerade bei den Schwänken muß man sich die grundsätzliche Rezipientenerwartung vor Augen halten, daß die Schwankinhalte nicht nur von einer Figur namens Neidhart erlebt, sondern auch von einem mit dieser als identisch gedachten Autor aufgezeichnet und weitergegeben wurde.[95]

Als ein abschließendes Beispiel für eine relativ eindeutige Dissoziation von erzählten und erzählenden Instanzen möchte ich den in einer Prager Handschrift des 15. Jahrhunderts erst im Jahr 1984 publizierten (und kurz zuvor entdeckten) **Schneiderschwank (ZB 2)** anführen, der mit den Worten beginnt:

> Nithart, der ist aber tod
> syner zelen pflege got
> eyns andern mannes were uns not
> de wns von den geburen kunde getichten
> (pr. 1 I 1-4)

Hier bleibt das erzählende Ich anonym und wird mit keiner Figur gleichgesetzt. Neidhart wird als Autorität anzitiert, ist aber nicht mit der listigen Schwankfigur des Schneiders identisch, dem es in der Nachfolge des legen-

---

94 Vgl. z.B. Boueke 8 (Veilchenschwank B).
95 Dieser Doppelaspekt von Autor- und Protagonistenschaft wurde bereits in I.1 angesprochen.

dären Bauernfeinds gelingt, einen hochfahrenden Bauern zu betrügen. Zugleich rückt sich der anonyme Autor des Schwanks, der sich auf den verstorbenen Dichter beruft, in dessen Schule ein und zieht damit jene Differenzen zwischen Autor, Figur und Sprecher, die innerhalb der Liedüberlieferung zumeist verwischt werden. Allerdings, so muß man betonen, stellt der Schneiderschwank in Hinblick auf die Grenzziehung zwischen Autor und Protagonist einen echten Sonderfall dar.

Es bleibt nun noch zu untersuchen, wie die Kombination dieser Namen im Liedcorpus auftreten und in welchen Nennungen Neidhart in den Beischriften erscheint, also außerhalb des eigentlichen Textes im Bereich der inhaltlichen Markierung und Kennzeichnung durch die Überlieferung selbst.

(iii.) „Her Nithart von Riuwental"?

Das Vorkommen einer Kombination von „Nithart" und „Riuwental" ist sehr selten in der Liedüberlieferung, ihre Deutung schwierig. In der nur in Hs. c überlieferten (und in HW für unecht erklärten) Strophe zu c 93 (WL 35) XII folgt der Beschreibung eines Dörpers eine rhetorische Frage des Sprechers mit folgender dazugehöriger Antwort:

> Sie fragent alle wer er sej mit seinem hohen hútt:
> So sprich ich er sej herr Neitharcz veindt von Rubentall
> (c 93 XII 13f.)

Die Interpretation dieser Stelle ist schwierig, insofern sie zwei Lesarten zuläßt: „Riuwental kann sowohl Attribut zu Nîthart sein (so die Vulgatlesung) - mit eingeschobenem Objekt (rhetorische Figur der Sperrung); Riuwental kann sich aber auch als Herkunftsbezeichnung auf ‚er' beziehen (...)."[96] Je nach Deutung läßt sich der letzte Teilsatz also übersetzten mit „er sei Herrn Neidharts von Reuental Feind" oder aber „er sei Herrn Neidharts Feind aus dem Reuental". Eine Entscheidung über die Richtigkeit der Lesarten ist in diesem Fall aufgrund der Zweideutigkeit der Stelle nicht möglich.

Die kombinierte Namensform findet sich innerhalb der Liedüberlieferung nur in noch einer Parallele in der Liedüberschrift eines Lieds in f (Boueke 11): „Her Neithart von Rewental vnd sein bruder Eberzann". Diese Nennung ist ebenfalls ein Sonderfall, dessen Aussagewert sich darauf beschränkt, daß die Kombination des Eigen- mit dem Ortsnamen äußerst selten ist.

Als letzter Fall der Typologie erscheinen die Autornamen als Bei- und Überschriften in der Überlieferung.

---

96 SCHWEIKLE 1990, S. 52.

(iv.) Die Autornamen als Bei- und Überschriften

Im Falle der Neidhartüberlieferung kommen als Phänomene, die in traditioneller Betrachtung außerhalb der ‚eigentlichen' Texte stehen, die Verwendung des Autorennamens in Über- und Beischriften in Handschriften und frühen Drucken hinzu. Im Sinne Gerard Genettes handelt es sich hierbei um Paratexte, die in einer spezifischen, keineswegs zu vernachlässigenden Weise die Rezeption literarischer Werke steuern, also Anteil an ihrer Bedeutung haben.[97] Da Werktitel als eigenständige Paratexte mit festgelegter Kennzeichnungsfunktion sich erst ab dem 15. Jahrhundert in der volkssprachlichen Literatur entwickeln, übernehmen vor und in dieser Entwicklung zum Titel oft die Beischriften oder ein Incipit bzw. Explicit deren Kennzeichnungsfunktion.[98]

Die in der Neidhart-Liedüberlieferung vorhandenen Paratexte dieser Art changieren in einer sehr bezeichnenden Weise zwischen der Angabe von Verfassernamen, Textsorte und Hauptprotagonisten. Die Neidhartsammlungen in den Hss. A und C geben mit den vorangestellten Überschriften „Nithart" (A)[99] und „Her Nithart" (C)[100] noch relativ eindeutig den Namen des Verfassers an, zumal wenn Herr Neidhart auch noch in der Manessischen Liederhandschrift, wie andere Autoren auch, durch eine Autorminiatur vergegenwärtigt wird. Auch die Überschriften der Lieder im Münchener Neidhart-Fragment C^b („H Nit" [Bl.1rb] und „H Nithart" [Bl. 1vb]) scheinen sich auf den Verfasser der Strophen zu beziehen, da im überlieferten Text weder der Reuentaler noch Neidhart als Protagonisten eine Rolle spielen. Das Incipit der Riedegger Handschrift: „hie endet sich der phaff amis und hebt sich an hern neitharts weis" (Bl. 48ra) gibt ebenfalls den Autor der Verse an, genauso wie das auf der Außenseite des Vordeckels der Riedschen Hs. stehende „des Neitharts rayen" eine Verfasserangabe meint. Bestimmte in der Tradition beliebte Lieder stellen ihren Titel mit dem Namen ihres vermeintlichen Verfassers zusammen. Dies ist der Fall, wenn im Frankfurter Neidhart-Fragment O ein Lied mit der Bemerkung „dit is heren nithardes scilling" (Bl. 3v) betitelt wird oder wenn das beliebte Freßlied ‚Neidharts Gefräß'[101] im ‚Liederbuch der Clara Hätzlerin' (h), im ‚Liederbuch des Martin Ebenreuter' (e), der ‚Kolmarer Liederhandschrift' (ko) und schließlich auch noch im ‚Neithart-Fuchs'-Druck unter dieser Überschrift erscheint,[102] während es in allen Überlieferungsträgern durch das

---

97 Vgl. GENETTE 1992.
98 Vgl. exemplarisch zu den Beischriften BECKER 1978, S. 147ff. (für Hs. c).
99 Bei den Angaben zu den Beischriften der Hss. stütze ich mich im wesentlichen auf die Beschreibung der Überlieferungsträger bei BOUEKE (S. 7-43) sowie SCHWEIKLEs (1990, S. 1-23) Darstellung der Überlieferung.
100 Vg. die Beschreibungen bei HOLZNAGEL 1995, S. 89f. u. S. 141.
101 Boueke 9 (= BOUEKE, S. 177-183). Überlieferung: e 1-7; h 1-7 (S. 69-72); ko 1-7; s 16; z 31,1-7.
102 Vgl. Anhang III.

Explicit „vnd wil dann singen Nytharcz güt gefresse" (Boueke 9 VII 22) als vom berühmten Bauernfeind verfaßt vorgestellt wird. Eine ähnliche Verbindung zwischen Liedtitel und Verfassernamen hat auch das obszöne ‚Lied vom Rosenkranz' (UL 8) erhalten, das in der Berner Sammelhandschrift p unter der Überschrift „diz ist der rosenkrantz hern nithartes" überliefert ist.[103] Daß man diese Lieder auf den *Autor* Neidhart zurückführte, läßt sich bereits aus der Tatsache ableiten, daß Neidhart nicht Protagonist der Lieder ist, die Relation zwischen Liedinhalt und Neidhart also nur in der diesem von der Tradition zugeschriebenen Verfasserschaft liegen kann.

Die bloße Überschrift mit dem Namen des Dichtersängers kann nun ebensogut eine Textsorte bezeichnen, nämlich den Gattungstyp Neidhart, unabhängig davon, wie man sich in der ursprünglichen Rezeption einen Zusammenhang mit dem historischen Autor dachte. Als Gattungsname erscheint „Aber ain nithart", „Aber ein ander nithart" oder „Ain ander nithart" in der Handschrift d.[104] Im Fribourger Neidhart-Fragment erscheint der Krechsenschwank unter der Überschrift „Nythardus", scheint also zunächst auf den Verfasser hinzudeuten, während abschließende die Bemerkung „Explicit Nythardus qui dicitur dy krippe nadel" (fr. Bl. 145r) eindeutig die Textsorte zusammen mit dem Titel des vorliegenden Schwanklieds bezeichnet. Einige Handschriften erhalten die Beischrift „Neidhart", womit sowohl der Autor bezeichnet wie auch der Texttyp gemeint sein kann. Im Schlemmerlied ‚Neidhart Gefräß' etwa ist die Verwendung des Namens als Autormarke relativ eindeutig „Dyß ist herrn Nytharcz frass" (Boueke 9, Überschrift nach Hs. ko). So läßt sich aus dieser Musterung der Beischriften folgern, daß nicht für jeden Fall zu klären ist, welche genaue Bedeutung den Beischriften in der Überlieferung zukommt. Ebenso ist nirgendwo in der Überlieferung ein Beispiel dafür auszumachen, daß zwischen der Texttypenbezeichnung und der Autorzuordnung ein krasser Gegensatz gesehen wurde.

Als resümierende und kritische Frage zu dieser Darstellung der Benennungstypen des Hauptprotagonisten der Neidhart-Tradition bleibt zu stellen: Ist diesem typologischen Befund, der ja weitgehend synchron vorging und somit überlieferungsgeschichtliche Entwicklungen außer acht ließ, eine ‚Logik der Namen' zu entnehmen?

Zunächst einmal fällt auf, daß sowohl „Riuwental" als auch „Nithart" vielschichtig verwendet werden, was dem von der Forschung zumeist anhand des reduzierten Corpus gewonnenen Bildes widerspricht.[105] Dann fällt auf, daß der Name „Neidhart" in seinen Varianten („Nîthart", „Neythart", „Neithart" usw.) zweifellos öfter auftaucht als der Bezeichnungstyp „der von Riuwental" mit

---

103 Burgerbibliothek Bern, Cod. 260, Bl. 234rb. Vgl. zum Rosenkranzlied IV.2.3.
104 Vgl. BOUEKE, S. 30.
105 Vgl oben den Kapiteleinstieg.

seinen Varianten („Rubental", „Rosenthal" usw.).[106] In den Schwänken dominiert dabei die Bezeichnung als (‚Herr' oder einfach der) Neidhart; in den Neidhartspielen und in den chronikalischen Zeugnissen ist das Wissen um den Reuentaler teilweise gar nicht mehr vorhanden. Dies mag insofern nicht verwundern, als „Neidhart" ja von vornherein die personale Instanz bzw. die Instanzen bezeichnet, während „der von Riuwental" sich aus einer Ortsbezeichnung ableitet, die in der weiteren Tradition keine Rolle mehr spielt, sondern durch andere Ortsnamen und Schauplätze (wie Wien und Zeiselmauer) ersetzt wird. Insgesamt ist aber keiner der Namen semantisch oder pragmatisch eindeutig abgegrenzt. Für die Benennungen läßt sich daher - ganz gegen die Gepflogenheiten der Neidhart-Philologie - kein System aufstellen, das über folgende Erkenntnisse hinausgeht: „Neidhart" kann zur Bezeichnung des Autors, des Sängers, der Figur der Lieder und Schwänke genauso verwendet werden wie als Gattungsname für einen neidischen Menschen oder als Texttypenbezeichnung für ein Lied, das mit den personalen Neidhart-Instanzen in irgendeiner Beziehung steht. Die Bezeichnung des Protagonisten der Lieder als „der von Riuwental" ist dagegen eingeschränkter und bezieht sich zumeist auf die liedinternen Instanzen; selten werden die Namen kombiniert.

Über die *Bedeutung* beider Namensbestandteile in Hinblick auf eine Gesamtwertung besteht in der Forschung bis heute Uneinigkeit; sie ist eng an das Biographie-Problem gebunden, soll aber unabhängig von diesem gewertet werden.

2 Nîthart/Neidhart - ein Teufelsname?

Wenn Eigennamen, wie oben gesagt, heute tendenziell als sinnlos betrachtet werden, insofern sie starre Designatoren bilden, aber keinen regelhaften sprachsystemimmanent ableitbaren Inhalt, dann dürfte sich eine Diskussion über den Sinn der Namen Neidharts erübrigen.[107]

Dieser Auffassung steht aber nicht nur die Praxis der sprechenden Namen in der Dichtung gegenüber, sondern auch andere Sprachauffassungen, die von der Einsicht in die identitätsstiftende Rolle von Eigennamen bis hin zur Sprachmagie reichen.

Goethe hat so zum Beispiel angesichts der scherzhaften doppelten Etymologisierung seines Namens durch Herder (der bemerkte, „Goethe" sei gleichermaßen von „Goten" oder „Kote" ableitbar) entrüstet festgehalten, daß der „Eigenname eines Menschen [...] ein vollkommen passendes Kleid, ja wie die

---

106 Nachweise bei KIVERNAGEL 1970, S. 153-174.
107 Die Diskussion um Namen als „starre Designatoren" knüpft an Saul Kripke an. vgl. oben Anm. 11.

Haut selbst ihm über und über angewachsen"[108] sei. Jenseits der modernen Sprachauffassung und der in Hinblick auf das Namensproblem von der Neidhart-Philologie stark fokussierten Opposition von möglicher realhistorischer Benennung und allegorischer Bedeutung der Namen „Nîthart" und „Riuwental" läßt sich also nach einer objektiven Sinndimension fragen, die in der Aktualisierung von möglichen Bedeutungen in der Verwendung des Namens liegt. „Riuwental" als Beiname hat genauso wie das „Rubental" einen solchen Sinn bereits gezeigt. Im Fall des Namens „Nîthart" lassen sich solche Sinndimensionen ebenfalls feststellen.

Zunächst zeigt eine Reihe von Rezeptionszeugnissen, daß die Verwendung von „Neidhart" im Sinne einer Personifikation des Neids gebraucht wurde, wenn auch der Zusammenhang mit der Neidhart-Tradition gelegentlich sehr locker ist.[109] Auch das ‚**Sterzinger Neidhartspiel**' schließt mit einer Deutung des Precursors, die den Hauptprotagonisten zu einer Personifikation umdeutet:

> Der Neythart ist lenngst gestorbn
> Sein Geschlächt aber nye gar verdorbn
> Er hat nach Ime vil Erbn gelassen
> Die aneinander seer tuont hassen
> Aber daran nit vil gewynnen
> Des werdent Sy zelest wol ynnen
> Damit hat dits Spyl ain Ennd
> Macht auf Ir Spylleute pald vnd behennd
> (StNsp V. 1054-1061)

Mit diesem Abschluß wird dem Spielgeschehen ein moralischer Sinn unterlegt, das Spiel wird zur Negativ-Didaxe erklärt, die Neid wohl in Anspielung auf eine der sieben Todsünden (*invidia*) in den Handlungen des Neidhart exemplifiziert. Im Fall der zitierten Passage ist Neidhart ein Kürzel für einen spezifischen negativen Inhalt, der gewissermaßen im Sinnbezirk des Bösen spielt. Die Art und Weise, wie Neidhart mit dem Bösen in Verbindung gebracht wird, ist aber keineswegs nur auf die naheliegende Bedeutung des ‚Neiders'

---

108 Johann Wolfgang GOETHE. Aus meinem Leben. Dichtung und Wahrheit. Hg. von Peter Sprengel. München 1985 (= ders.: Sämtliche Werke nach Epochen seines Schaffens. Münchner Ausgabe. Hg. von Karl Richter et al.), S. 439.
109 Eine Zusammenstellung wichtiger Zeugnisse, vor allem von Flugblättern, findet sich bereits bei BOLTE 1905. JÖST (1976, S. 329-331) bildet drei Flugblätter Albrecht Dürers (im ‚Narrenschiff' Sebastian Brants, Hans Guldenmundts und des Schmiehers) ab (nähere Nachweise dort.). Vgl. auch die Belege zu „Nithart" in MHDT. HWB. 2, Sp. 86; DWB 13, Sp. 559f. Auch in Kaiser Maximilians ‚Theuerdank' tritt ein Neydelhart als Personifikation des Neides auf. Vgl. Kaiser Maximilian I.: Theuerdank (1517). Hg. von Horst APPUHN. Dortmund 1979.

oder in der personifizierenden Lesart des Neides selbst beschränkt, sondern zeigt über den Namen eine Verbindung zum Bösen, das dieses in verschiedener Gestalt bis hin zum Teuflischen zum Vorschein bringt. Die Verbindung zum Teuflischen ist dabei einmal durch die sündentheologische Bewertung des Neides[110] (dem Etymon des Namens Neidhart) gegeben, kann aber (im Fall des Schwankhelden) darüber hinaus auch durch den Beinamen Fuchs nahegelegt sein.[111]

In diesem Zusammenhang steht eine erstmals von Samuel Singer (1920) gemachte Beobachtung, die auf die Negativierung des Namens im Sinne einer Teufelsgleichheit aufmerksam machte. Singers Notiz wird zwar gelegentlich in der Forschung aufgenommen, zumeist aber in der Funktion eines Motivbelegs.[112] Singers Hinweis, Neidhart könne auch als Teufelsname aufgefaßt werden, ist es nun allerdings wert, daß man ihm nicht nur um der Motivik willen nachgeht. Mit seiner Hilfe gelangt man gewissermaßen zu ‚Isotopien des Bösen', die in den Liedern eine Rolle spielen, unabhängig von der Frage, ob sie vom Namen Neidharts ausgehen.

Singer bezieht sich mit seinem Hinweis auf das ‚**Liber Visionum**' des Otloh von St. Emmeran, in dem der Teufel selbst sich den Neidhart-Namen zulegt und diesen mit seiner haßerfüllten und bösartigen Art erklärt:

> At diabolus respondit dicens ‚Nithart vocor', quod Latine odiosus vel valde malignus dici potest. Et merito tali nomine sese dicebat nuncupatum, a quo odium omnisque malicia venit in mundum.[113]

Dieser Beleg aus der mittelalterlichen Visionenliteratur kann natürlich nicht - genauso wenig wie andere Belege - beweisen, daß „Nithart" von vornherein ein Name des Teufels war.[114] Die Belege zeigen aber, daß die Bedeutungen der

---

110 Vgl. Artikel ‚Neid', in: LThK 7 (1962), S. 869.
111 Der Fuchs kann im Mittelalter als Teufel figuriert sein. Vgl hierzu den Art. ‚Fuchs' in LCI 2, Sp. 63-65. Zu einer Figuration des Reinhart Fuchs als Antichrist, die ebenfalls eine Besetzung einer literarischen Gestalt mit teuflischen Attributen nahelegt vgl. HARMS 1972.
112 Auf Singer berufen sich sowohl Karl BERTAU (1973, S. 1045) als auch Horst WENZEL (1983, S. 54f.), der den Gedanken einer negativen Selbstcharakterisierung zur Grundlage seiner Interpretation von WL 6 macht.
113 OTLOH, LIBER VISIONUM, S. 109, Z. 19f. [Visio XIII, Bl. 44v]. Auch Moriz HAUPT (1849) macht auf diese Stelle aufmerksam.
114 Vgl. SINGER 1920, S. 11-13. Singer (ebd.) führt des weiteren eine Stelle aus ‚Potis und Sidonia' auf („der böse nithart, ich meine den alten sathenas, kunt des nit erlten" (1S. 1) und kennt einen Belege für die Verwendung von „Engelmar" als Name eines Engels. Die weiteren Annahmen, die ein Magdalenendrama mit einem Teufel namens Nîthart und einem Engel namens Engelmar postulieren, sind, wie Singer selbst sagt, gewagt (S. 13).

Namen in ihrem wörtlichen und volksetymologischen Sinn jederzeit aktualisierbar sind. Die Aktualisierung ist im Fall des Neidhart-Corpus jedoch keineswegs durchgängig, sondern ist ein Aspekt der Verlaufsdimension der Lieder. Ob der Name die diabolische Bedeutung hat, hängt von der Kontextualierung des Namens ab und muß also je nach Zusammenhang anders bewertet werden. Für die verschiedene Nutzbarmachung des Teufelsnamens möchte ich im folgenden nur die markantesten Beispiele untersuchen.

In c 92 (WL 27) ist eine (nur hier und in O) überlieferte Trutzstrophe erhalten, in der die Dörper den Sänger auffordern, seine spöttischen Berichte zu unterlassen und diese und andere Eigenschaften des ritterlichen Gegners als teuflisch bezeichnen. Der Ritter wird dabei einmal von einem Dörper direkt angesprochen, dann von einem namentlich ebenfalls nicht gekennzeichneten weiteren Widersacher mit dem Teufel verglichen:

> Herr Neithart múgt Irs lassen
> euch mag misselingen/
> nun habt es auff die trewe mein
> vnd mag ich es muß euch bej dem tancz werden laidt
> 5 wolt ir auf der strassen
> uil mit vns gedringen
> wie brait aber ewr multer sind
> die da gelbe scheinen.vnd die ringlett pfait
> nu soll er sein der teufell
> 10 mit seinem gliczten hut
> ich mach yne plute far
> mit meinem swerte gut
> (c 92 IX 1-12)

Die Charakterisierung als Teufel, die Neidhart hier von einer weiteren Figur zugesprochen wird, läßt sich mit einer Interpretationshypothese Horst Wenzels zu den Winterliedern 6 und 11, auch als negative Selbstcharakterisierung eines Sprecher-Ich deuten.[115] Was Wenzel allerdings als Selbstcharakterisierung Neidharts als häßlicher Sänger kennzeichnet, ist von der Identitätskonstitution der Neidhart-Figur her betrachtet nur *ein* Zug dieser Konstitution.[116] Außerdem betrifft die Charakterisierung als Teufel keineswegs nur Neidhart, sondern gelegentlich auch andere Figuren. Korrekt ausgedrückt müßte man daher also sagen: Aus der Perspektive einer Figur wird die abgewertete Handlungsabsicht einer *anderen* als teuflisch gekennzeichnet.

---

115 WENZEL (1983,. S. 55) bezieht sich dabei ebenfalls auf SINGER (1920, S. 10f.).
116 Von Selbstcharakterisierung im engen Sinn kann man nur sprechen, wenn der historische Autor als Subjekt und Objekt der Teufelsprädizierungen zugleich angenommen wird.

Dies vermag **c 22 (SL 21)** zu zeigen. Der in diesem Mutter-Tochter-Dialog entbrennende Streit um die Tanzerlaubnis der Tochter, der zugleich für das Liebesstreben des Mädchens steht, wird durch die Tochter mit einem Hinwegsetzen über die mütterlichen Wünsche beendet. Sie begibt sich zum Reuentaler und beginnt mit ihm zu spielen. Diese sich hinwegsetzende Handlung der Tochter wird von der Mutter aufs äußerste abgewertet:

> VII An leget sie das Rocklein also palde
> das was gelegen In kleinem mangem valte
> Ir gúrtell was ein porten smal
> in des handt von Rubentall
> 5 warff die stolcz Iren gigelfehen pall
> (...)
> IX Die muter do erwuscht ein Rocken grossen
> Sie wolt/Die tochter slahen vnd auch stossenn
> Das hab dir des von Rubental
> fech ist Im sein vberfall
> 5 Nun far hin das heindt der teufell auß dir kall
> (c 22 VIII; IX)

Der Mann aus dem Reuental hat ein teuflisches Aussehen; zugleich ist es der Teufel selbst, der aus der Tochter spricht, wenn sie sich zu ihm begeben will. Was in Hinblick auf die Autorinstanz also als Selbstcharakterisierung erscheint, ist eine starke Abwertung des Handelns unter Figuren. Dies ist – wie im Kapitel über die Schwänke im ‚Neithart Fuchs' noch deutlich werden wird – besonders in den Schwänken der Fall. Hier erscheint in einer Reihe von Fällen wechselseitig der Ritter den Bauern als Teufel oder umgekehrt.[117]

Nach Wenzels Befund zeichnet sich Neidhart selbst (d.h. der historische Autor) in Torengestalt als ‚häßlicher Sänger'. Das Häßliche sei aber nur eine Erscheinungsform des Bösen,[118] so daß die Identität Neidharts über diese Selbstcharakterisierung als „negativ gewertete Thematisierung von Vereinzelung" deutbar ist.[119] Was Wenzel für die Selbstcharakterisierung des Sängers feststellt, gilt nach den hier angeführten Beispielen auch für die Figureninteraktion. In Hinblick auf die gesamte Liedüberlieferung läßt sich daraus jedoch ein Befund ableiten, der Wenzels Diagnose der Selbstcharakterisierung Neidharts als ‚häßlicher Sänger' auf der Figurenebene entspricht: In der Figureninteraktion wird die Identität Neidharts genauso wie die einiger anderer Fi-

---

117 Vgl. hierzu die Analyse des ‚Krämerschwanks' in V.2.5.
118 WENZEL 1983, S. 45 et passim.
119 So Horst WENZEL ([HG.] 1983, S. 8) im Vorwort des Bands über ‚Typus und Individualität' mit Bezug auf Individualitätsformationen im Mittelalter allgemein.

guren auch über bestimmte ‚Isotopien des Bösen', d.h. über immer wieder vorkommende Anspielungen, Charakterisierungen, Schlüsselwörter aus dem Bereich des Teuflischen hergestellt.

Fragt man über die Namensproblematik hinaus nach dem historischen Sinn dieser Konstitutionstechnik, dann scheint die Kennzeichnung der Figuren als teuflische Gestalten nicht so sehr eine ‚geistliche' Bedeutung des Namens Neidharts anzuzeigen als vielmehr die grundsätzliche Gegenbildlichkeit der in den Neidhartiana entworfenen Welt. Diese Welt ist eben auch eine der *mala*, die hier zur Darstellung kommen und einmal in ihrem Gegenbild zu den höfischen Werten diese *e contrario* thematisieren und dabei zugleich ihre Bewältigung versuchen.[120]

3 Fazit zum Namensproblem

Das Namensproblem hat eine faszinierende Perspektive gezeigt, insofern in keinem Fall, der gemustert wurde, wirklich eine feste Beziehung zwischen den Namen Neidharts („Nithart", „Riuwental", „Rubental" usw.) und der damit bezeichneten Figur festgestellt werden konnte. Der Ortsname „Riuwental" scheint zwar in vielen Fällen eine Einsetzbarkeit für den Protagonisten nahezulegen; Sicherheit ist indes darüber keineswegs zu gelangen. Die Substituierbarkeit des Ortsnamens für seinen Bewohner wird mit Blick auf das Gesamtcorpus widerlegt durch die Tatsache, daß „Riuwental" im Fall der meisten Schwanklieder weitestgehend, wenn auch nicht vollständig durch den Ortsnamen „Zeiselmauer" verdrängt wird, als dessen Bewohner Herr Neithart eben nicht mehr erscheint.[121] Wenn aber dennoch in den Zwischenüberschriften der ‚Neithart-Fuchs'-Inkunabel der Reuentaler-Name noch unvermittelt neben dem Herrn Neidharts stehen konnte,[122] dann deutet dies auf eine ‚Vereindeutigung' der handelnden Instanzen und ihrer Namen, für die man nach Gründen zu suchen hat.

Bei der Untersuchung der Namensproblematik in der Neidhart-Tradition war zunächst das negative Fazit zu ziehen, daß es hier entgegen der Forschungsmeinung keine Eindeutigkeiten gibt. „Neidhart" ist so keineswegs die eindeutige Bezeichnung nur für den Autor, während „der von Riuwental" dessen Figur bezeichnet, wie dies gelegentlich nahegelegt wird. Eine auch noch so rudimentäre Systematik oder Logik der Namen läßt sich mit Blick auf die Gesamtüberlieferung nicht ermitteln.

---

120 Dieses Moment hebt RÖCKE (1987, S. 24ff.) hervor.
121 Hierzu vgl. NELLMANN 1984.
122 Vgl. Anhang III.

Als Konstante der Namensproblematik stellte sich lediglich die Tendenz heraus, diese mit negativen Konnotationen zu versehen, die von der Etymologisierung Riuwentals als Jammertal bis hin zu regelrechten Isotopien des Bösen anhand des Namens „Neidhart" reichen.

Insgesamt bauen die einzelnen Texte der Neidhart-Tradition auf einer traditionsspezifischen Textstrategie auf, die man bis in die Rezeptionsdokumente auch als solche zu behandeln wußte. Im wesentlichen besteht diese Strategie darin, eine bequeme Identifizierung der handelnden und sprechenden Instanzen mit verschiedenen Namen gerade zu vermeiden, so daß die Frage nach der Identität des Protagonisten sich immer wieder neu stellte und nach neuen Antworten verlangte.[123]

---

[123] Vgl. den Abschnitt ‚Das Spiel mit der Sängerfigur' bei HOLZNAGEL (1995, S. 417-422), in dem deutlich wird, daß dieses Phänomen in allen überlieferten Liedern gegenwärtig ist.

IV   Die Neidhart-Figur in den Liedern

Die Neidhart-Figur konstituiert sich in den Liedern über ihre Beziehungen zu anderen Figuren sowie ihre komplex entfalteten Sprecherrollen. Die Konstitutionsweisen der Figurenidentität Neidharts zu untersuchen kommt einer Analyse der Beziehungen, innerhalb derer sie erscheint, sowie der diskursiven Techniken, mit deren Hilfe diese Konstellationen entworfen werden, gleich.

Ich möchte in den folgenden zwei Teilen des Kapitels (1) zunächst die allgemeinen Modelle, innerhalb derer man die Figurenkonstellationen der Neidharte beschrieben hat, diskutieren und (2) in einem weiteren Hauptabschnitt die prototypischen Konstellationen der Lieder mit Hilfe exemplarischer Analysen untersuchen.

Der Schwerpunkt der Untersuchung liegt im folgenden auf den Figurenkonstellationen und -interaktionen und damit auf jenen Konstitutionsweisen von Figurenidentität, die - dem in Kapitel II entworfenen Textmodell zufolge - auf der *histoire*-Ebene anzusiedeln sind. Diese methodische Präferenz hat eine Reihe von Gründen. Zunächst wird die Identität einer Figur primär durch das Handeln mit anderen hergestellt. Zweitens lassen sich Konstitutionsweisen der Figurenidentität auf der Geschichtsebene besonders anschaulich machen. Und drittens besteht als weiterer Grund auch das eingangs erwähnte Forschungsdesiderat: Die Handlungsschemata der Geschichtsebene aller überlieferten Neidharte, also die Figureninteraktionen und -konstellationen in der gesamten Neidhart-Tradition, sind bisher noch nie systematisch untersucht worden. Die diskursiven Techniken wurden dagegen vor allem im Fall der sogenannten Pseudo-Neidharte auch in der traditionellen Neidhart-Philologie stets hervorgehoben.[1]

Ein Schwerpunkt auf der Geschichtsebene in der Liedanalyse gewährleistet schließlich auch die Vergleichbarkeit mit den Schwanknliedern, welche ja, einem breiten Forschungskonsens zufolge, durch die Fokussierung der Handlungsmomente gekennzeichnet sind.

Der Unterschied zwischen Diskurs- und Geschichtsebene, wie er im theoretischen Teil dieser Arbeit expliziert wurde, ist auch in der Praxis der Interpretation meistens leicht zu ziehen: So sind etwa die stets wiederkehrenden Beschreibungen bäuerlicher Prunkkleidung (Hauben, große Schwerter, Gürtel usw.) eindeutig eine Angelegenheit des Diskurses. Solche Kleidungsbeschreibungen werden nun zu einem Element der Geschichtsebene, wenn die entsprechenden Gegenstände in die Handlung eintreten - wenn es etwa zum Streit um

---

1   Die Entwicklung der Neidharte zu den Pseudo-Neidharten ist ja geradezu als diskursiver Verfallsprozeß beschrieben worden. Vgl. I.2.

sie kommt, zum Tausch oder wenn sie ein auf andere Weise handlungsrelevantes Moment darstellen.

Unabhängig von den beiden Konstitutionsweisen der Figurenidentität und dem Schwergewicht auf der Konstellation und Interaktion bleiben für die Liedanalyse dennoch beide Ebenen einzubeziehen, da Personenbeziehungen innerhalb der literarischen Kommunikation notwendigerweise durch diskursive Techniken und Strategien der sprechenden Instanzen hergestellt werden. Die begriffliche Unterscheidung zwischen Diskurs und Geschichte sagt noch nichts über die Realität einzelner Lieder, welche sich nur in exemplarischen Untersuchungen zeigen kann.

Die exemplarische Analyse, die in diesem Kapitel praktiziert wird, ist dem Prozeßcharakter der Lieder verschrieben. Jede Interaktion und Konstellation wird im Verlauf eines Lieds aufgebaut, durch Verknüpfungstechniken unterschiedlich perspektiviert und erst durch Variation diverser Grundkonstellationen auch in regelrechte Geschichten überführt. Die Exemplarik der Methode zeitigt so nicht nur eine leichter lesbare Darstellungsweise, sondern liegt im Gegenstand begründet, insofern Identitätskonstitution hauptsächlich im einzelnen Text und seinen Dimensionen stattfindet.

Die diskursiven Verknüpfungen innerhalb der Neidharte sowie der gesamten Liedüberlieferung funktionieren mit Hilfe eines bestimmten quasi-biographischen Arsenals an Themen, Motiven und Stoffen. Sie lassen sich als rekurrente Verfahren beschreiben, die in Hinblick auf das Gesamtcorpus einen zyklischen Charakter erzeugen.[2] Die diskursiven Techniken der Lieder umfassen aufgrund einer ‚stofflichen' Basis in der Geschichtsebene tendenziell die gesamte Liedüberlieferung. Aus diesem Grund soll im folgenden zwar jeweils ein einzelner Text im Mittelpunkt stehen, prinzipiell aber das Liedcorpus in seiner Gesamtheit einbezogen werden. Das herangezogene Corpus hat dabei tendenziell genau den Umfang, in dem es auch einem spätmittelalterlichen Rezipienten gegenwärtig sein konnte.[3]

Von dem Grundsatz des Einbezugs der gesamten Überlieferung wird in diesem Kapitel nur in Hinblick auf drei Texttypen abgewichen: den Schwänken, die Gegenstand des nächsten Kapitels sind, sowie den Kreuz- und den sogenannten Alters- oder Weltabsageliedern.[4] Die beiden letztgenannten

---

2   Zur Zyklizität vgl. insbes. LIENERT 1989 und TRAVERSE 1997.

3   Materialbasis sind dabei im wesentlichen die beiden Haupthandschriften des Corpus, welche den größten Teil des Liedguts überliefern: R und c. Zur Einordnung von R vgl. BENNEWITZ-Behr 1987, zu c vor allem BECKER 1978. Liedzitate werden im folgenden immer nach einer der benutzten Transkriptionen wiedergegeben. Zur Zitierweise vgl. Anm. 32 in Kapitel III.

4   Traditionellerweise gelten nur die SLL 11 und 12 als Kreuzlieder; die WLL 28, 30, 34 (von BEYSCHLAG in der Gruppe L 54-56 unter dem Stichwort „Frau Welt" zusammengefaßt) als Weltabsagelieder bzw. Werltsüeze-Lieder. Die Kreuzlieder ließen sich noch

Textsorten fallen in verschiedenen Hinsichten aus dem Typenspektrum der Neidharte heraus und können daher im folgenden nur gestreift werden.[5] Zudem sind sie bereits des öfteren Gegenstand eigener, teils umfangreicher Untersuchungen geworden, welche die historischen und typologischen Besonderheiten zu berücksichtigen suchen. Auf einen gesonderten Einbezug dieser Lieder wurde auch aus diesem Grund verzichtet.[6]

Eingeleitet wird das Kapitel durch eine Diskussion der Konstellations- und Interaktionsschemata in den Neidharten und ihren Vorgängern im klassischen Minnesang. Die diskutierten Modelle, insbesondere die wirkungsmächtigen Schemata der Figureninteraktion durch Kurt Ruh (1974/86), werden anhand des Typus Sommerlied überprüft. Die Ergebnisse der Diskussion werden sodann für die weitere Analyse benutzt.

Mittelpunkt des zweiten Teils des Kapitels wird die Interaktion der Figuren nach ihren jeweils dominanten Relationen zueinander sein.

Zu diesen Relationen sind zu rechnen: die Beziehung der Neidhart-Figur zu den weiblichen Figuren (Neidhart als Objekt der Begierde oder in der Liebhaberrolle, als ‚Vagant'); die Beziehung des Protagonisten zu den männlichen Figuren (zumeist als Konkurrenten-Verhältnis um eine meist anonyme Dame figuriert).

Schließlich wird es um die Relationen gehen, in denen der Protagonist dem Kollektiv der fiktiven Dörperwelt gegenübersteht, womit auch der Übergang zum Typ der Schwänke markiert ist.

---

mindestens um RB 17 und RB 49, eventuell auch URB 1 ergänzen (zu letzterem, auch unter anderem Namen edierten Lied vgl. BOUEKE, S. 27). Eine Untersuchung der Werltsüeze-Lieder unternimmt bereits KIVERNAGEL 1970; vgl. zu dieser Gruppe BENNEWITZ 1986/87 und TRAVERSE 1997. Das titelgebende Wort findet sich in H 83,40.

5 Die Kreuz- und Alterslieder sind besonders problematische Fälle für eine traditionsgeschichtliche Untersuchung der Neidhart-Überlieferung. Insbesondere die Alterslieder werden nicht primär von der Figureninteraktion bestimmt, sondern von den Sprechakten eines Sprecher-Ich, die sich als Reflexionen über Vergangenes zu erkennen geben. Es geht ihnen somit gerade das hier schwerpunktmäßig untersuchte Moment der Identitätskonstitution mittels Interaktion ab. In den Kreuzliedern potenziert sich das aporetische Problem des Einbezugs der Realgeschichte in die Deutung. Will man die Lieder nicht doch wieder als mehr oder weniger direkte Erfahrungsreflexe eines Autorsubjekts deuten, wie es die neueste Arbeit zu dieser Liedgruppe (BLECK 1998) in der Tat unternimmt, dann müßten gerade sie mit einem Instrumentarium untersucht werden, das die ihnen eingeschriebenen Momente des Wissens um Geschichte auch rezipientenspezifisch analysiert. Ein solcher Ansatz würde eine gänzlich neue Untersuchung erfordern.

6 Zu den Kreuzliedern vgl. MÜLLER, U. 1983/84; SCHULZE 1977/86; BLECK 1998. Die Problematik der Alterslieder hat TRAVERSE (1997) unter dem Gesichtspunkt der Zyklizität untersucht und damit eine Loslösung vom Biographismus, wie er gerade bei diesem Texttyp vorherrscht, geleistet.

1 Figurenidentität in den Neidharten und im Minnesang

1.1 Figurenkonstellation in den Neidharten
Strukturen und Modelle

Überblickt man die Figuren in ihrer Vielfalt, wie sie sich in der gesamten Liedüberlieferung zeigen, dann lassen sie sich grob zu folgenden Gruppen zusammenfassen: dem Hauptprotagonisten der Lieder, den werbenden und umworbenen Frauen sowie den männlichen Antagonisten der fiktiven bäuerlichen Lebenswelt, in der die meisten Lieder spielen: den *dörpern*.[7] Neben diesen Personengruppen kommen noch die Gestalten der *vriunde* des Protagonisten, die in einigen Liedern angerufen werden, sowie sein Herr und fürstlicher Gönner einschließlich dessen Umfeld (*familia*) hinzu.[8]

Unter Konstellation verstehe ich die aus den konkreten Personenbeziehungen abstrahierten Muster sozialer Relationen.[9] Als Figurenkonstellation lassen sich entsprechend die inhaltlich jeweils spezifisch gestalteten Relationen einzelner Figuren oder Figurengruppen zueinander definieren. In Hinblick auf die Identität der Neidhart-Figur sind die personalen Beziehungen des Protagonisten zu den genannten Gruppen von Belang. Im Fall der durch die Konstellationen geschaffenen Figurenidentität sind dies die Beziehungen, welche zwischen der Neidhart-Figur und den weiteren handelnden Personen auf der Geschichtsebene (also innerhalb der fiktiven Welt der Lieder) zur Darstellung kommen.[10]

Die Beziehung des Sängers zu sich selbst zeigt sich dagegen auf der Diskursebene: als Formation eines sprechenden Ich. Sie kann also nicht zur Figurenkonstellation im engeren Sinn gezählt werden.

Die Neidhart-Liedüberlieferung weist bestimmte typische Figurenkonstellationen auf, die zumeist anhand der Personen (und Personengruppen) Sänger, werbende und umworbene Frauen sowie Dörper schon Thema der Forschung geworden sind. Beschreibungen der Figurenkonstellation finden sich hier meist

---

7 Zum Begriff vgl. SCHWEIKLE 1994. Vgl. auch I.4.
8 Der Fürst wird als Figur in den Schwankliedern faßbar, während er in den anderen Liedern Adressat des Sprechers ist.
9 In den Sozialwissenschaften werden diese Relationen gelegentlich schematisch in der bekannten Form des Soziogramms wiedergegeben.
10 Neben den angeführten Gruppen sind dies: die Beziehung der Neidhart-Figur zu den Frauen, die ihn begehren oder zu der einen Frau, die er umwirbt; zu den Bauern/*dörpern*; zu den Freunden sowie zu den Mitgliedern der fürstlichen Familie in einigen Schwankliedern. Alle genannten Relationen werden in den Liedern auch realisiert. Dies mag banal erscheinen, ist aber keineswegs selbstverständlich; schließlich ist auch die Einführung einer Personengruppe denkbar, die in *keiner* Relation zur Neidhart-Figur steht. Es bestehen auch Relationen zwischen den Gruppen, keine ist jedoch ohne Bezug zur Neidhart-Figur.

im Rahmen der Zielsetzung, die Kontrastrelation der Neidhartlieder zu denen des klassischen Minnesangs zu kennzeichnen. Die mutmaßliche Wirkung oder Wirkungsabsicht des Kontrasts genauso wie der literatur- und sozialgeschichtliche Stellenwert der textuellen Verfahren, mit denen er erreicht wird, gehen dabei in die Beschreibung mit ein. Eine gewissermaßen reine, d.h. primär nur auf die Figureninteraktionen selbst gerichtete Deskription der Figurenkonstellation findet sich aus diesem Grund in der Forschung nicht.[11]

So heißt es in vielen Abhandlungen, daß bei Neidhart aus der höfischen Minnedame ein bäuerliches Mädchen, aus dem ritterlichen Sänger des hohen Minnesangs ein Krautritter, aus den Formen der höfischen Sprache der Realismus einer mit Derbheiten gefüllten Sprechweise geworden sei, weil der Dichter auf diese Weise Stil und Ideologie des dekadent gewordenen Minnesangs entlarven wolle.[12] Die spezifische Stilisierung der Protagonisten wird so beinahe ausschließlich aus der Kontrastfolie des Minnesangs hergeleitet; was in Bezug auf das Thema der Identitätskonstitution keineswegs unproblematisch ist.

Insgesamt werden die figuralen Konstellationen der Lieder von der Forschung auf Techniken und Verfahrensweisen des (impliziten oder realen) *Autors* zurückgeführt, der damit auf eine spezifische literarische Situation oder auf realhistorische Entwicklungen reagiere. Das Organisationsprinzip der Lieder wird so z.B. als „parodistische Transformation konventioneller literarischer Schemata"[13] bestimmt, die auf der Ebene der Figurenkonstellation durch eine „Travestie der höfischen Minnesituation ins *dörper*-Milieu"[14] erreicht wird. Welchen Stellenwert haben Urteile wie dieses? Auf welche Weise sollen sie in das Vorhaben integriert werden?

Es ist primär die *Funktion* der attestierten literarischen Verfahren, die in der bisherigen Forschungsgeschichte die Beschreibungen der Figurenkonstellation bestimmt. So können die in den Sommer- und Winterliedern vorgefundenen Konstellationen als artistische Parodie der Personenbeziehungen im Minnesang (d.h. als kritische Auseinandersetzung mit Prätexten), als ständische Satire, die soziale Aufstiegsbewegungen ihrer Zeit thematisiert, oder als kulturelle

---

11 Besonders offenkundig wird dies bei ORTMANN ET AL. (1976), die ja eigentlich einen handlungsbezogenen Literaturbegriff zugrunde legen wollen. In der Analyse beschränken sich die Autorinnen aber expressis verbis auf die Wirkungsabsicht in bezug auf den Minnesang.
Die Autorinnen konzentrieren sich zudem auf die Winterlieder, da für diese „in der Regel klarer und präziser der kontrastive Bezug auf das idealtypische Schema des ‚klassischen' Minnesangs nachgewiesen werden" (ebd., S. 2) könne als in den Sommerliedern.
12 Ich habe hier Urteile aus dem Bestand insbesondere der älteren Neidhart-Philologie bis in die 60er Jahre zusammengestellt. Der Tendenz nach findet man ein solches auf die entlarvende Absicht des Autors abhebendes Urteil vor allem bei GAIER (1967).
13 GILOY-HIRTZ 1982, S. 46.
14 ORTMANN ET AL. 1976, S. 8.

Selbstdeutung einer herrschenden Schicht durch Entwurf einer Gegenwelt gedeutet werden.[15]

Ich möchte mich im folgenden keiner dieser funktionalen Deutungen anschließen, sondern werde ein Beschreibungsraster für die Figurenkonstellation zu entwickeln suchen, das sich eines Urteils über den sozial- und literargeschichtlichen Stellenwert der zugrundeliegenden Verfahren und die Zuschreibbarkeit dieser Verfahren an eine Autorinstanz weitgehend enthält. Nur wenn das System der figuralen Relationen von der Geschichte seiner Entwicklung unterschieden wird, wenn also Synchronie und Diachronie auf deutlich verschiedenen Deskriptionsebenen angesiedelt sind, läßt sich eine genaue Beschreibung der Figurenkonstellation in den Liedern überhaupt erreichen.

Die Untersuchung der Figurenkonstellation verlangt ein auf die Neidharte zugeschnittenes textanalytisches Instrumentarium.[16] Zu diesem Zweck gehe ich zunächst von der forschungsgeschichtlich bedeutsamen Abhandlung Kurt Ruhs ‚Neidharts Lieder. Eine Beschreibung des Typus' (1974) aus, die gut reformulierbare Modelle der Figurenkonstellation und -interaktion enthält. Es ist bei einer solchen Darstellungsabsicht zu fragen, ob die Ruhschen Konstellationsschemata flexibel genug sein können, um sich für die Analyse aller Neidharte zu eignen. Diese Fragen möchte ich in konstruktiv-kritischer Absicht stellen, so daß die Reformulierung des Ruhschen Modells eine der Grundlagen für die an der Figurenkonstellation orientierte Untersuchung bereitzustellen vermag.

Die Absicht Ruhs ist es, eine Beschreibung der Lieder Neidharts in ihren wesentlichen Merkmalen zu geben. Mit diesem Ziel versucht Ruh, den „Typus" der Lieder aus dem kanonischen Textcorpus (also den Liedern der ATB-Ausgabe) zu abstrahieren, indem er die gattungshaften Merkmale der Lieder einzeltextübergreifend zusammenstellt.[17] Obwohl Ruhs Voraussetzungen, die nicht nur in der Beschränkung auf das sogenannte echte Corpus der Lieder Neidharts, sondern auch in einer Aussonderung von weiteren Sonderfällen aus der Betrachtung liegen, höchst problematisch sind, repräsentieren sie immer noch den geltenden Forschungskonsens in Hinblick auf eine Typologie der Lieder.[18] Innerhalb der typologischen Kennzeichnungen sind es insbesondere seine „Minneschemata", auf welche die Neidhart-Philologie als gewissermaßen gesi-

---

15 Für eine artistische Parodie plädiert der Sache nach SIMON (1970, S. 40), für die soziale Satire in Hinblick auf den sozialen Aufstieg bäuerlicher Schichten BEHR (1983), für die Selbstdeutung ORTMANN ET AL. (1976).
16 Dieses ergänzt die in II.2.2 entwickelten textanalytischen Aspekte.
17 Die Absicht RUHs 1974/86 ist die „Deskription einer Gattung" (S. 252).
18 Zur Beschränkung des Corpus vgl. ebd., S. 253f. und 262. Ausgeschlossen werden aus der Betrachtung die SLL 11, 12 (Kreuzlieder), 27-29 (Lieder „mit zeitkritischem Akzent") und 22 (Lied über den Spiegelraub) sowie die WLL 21 (wegen mangelnder Echtheit) und 37 (als „Reihung von Einzelstrophen"). Zur Kritik der Beschränkung des Corpus bei Ruh und anderen auf die Texte der ATB-Ausgabe vgl. MÜLLER, U. 1977, S. 148.

cherten Wissensbestand hinsichtlich der Figurenkonstellation noch heute gerne zurückgreift.[19]

Im folgenden gilt das Interesse nicht der Typologie als solcher. Die Auseinandersetzung mit Ruh soll primär, wie erwähnt, der Schaffung eines analytischen Vergleichsrasters für die Figurenkonstellation und -interaktion in den Liedern dienen. Ruhs typologische Vorgehensweise und deren Reformulierung zu einem analytischen Inventar der Figurenkonstellation treffen sich in dem Beschreibungsniveau jenseits der Ebene von Einzelinterpretationen. Sie unterscheiden sich aber im Erkenntnisinteresse. Mit der Umdeutung der Ruhschen Typologie zu einem Inventar der Figurenkonstellation kann nicht mehr der Anspruch erhoben werden, tendenziell alle Texte zu beschreiben, wie es einer Gattungstypologie entspricht; es wird statt dessen eine spezifische Möglichkeit bereitgestellt, jeden einzelnen hinsichtlich der Konstellation genauer zu vermessen.

Zunächst muß man sich bei einer Auseinandersetzung mit der typologischen Skizze Ruhs eine gewichtige Beschränkung vergegenwärtigen: Der Rahmen, innerhalb dessen hier Personenkonstellationen in den Neidhartliedern und denen des Minnesangs dargestellt werden, ist das Interaktionsschema der höfischen Minnelyrik. Personenkonstellationen außerhalb dieses Schemas werden nicht thematisiert, auch wenn sie sogar in der angezielten reduzierten Gruppe der ‚echten' Lieder unübersehbar sind.[20] Damit ist die Vergleichbarkeit der einbezogenen Texttypen klassisches Minnelied, Sommer- und Winterlied zwar gewährleistet; deren postuliertes gemeinsames Grundschema ist andererseits aber eindeutig durch das Vergleichsinteresse selbst gesteuert. Die Figureninteraktionen in den Liedern und die ihr zugrundeliegenden Konstellationen sind sowohl in Hinsicht auf ihre inhaltliche Herkunft wie auch auf die damit verbundenen thematischen Rollen in hohem Maß festgelegt. Vorausgesetzt wird, daß es in den Neidharten - genau wie in der wichtigsten Gruppe ihrer Prätexte - um ‚Minne' im Sinn höfischen Selbstverständnisses geht, selbst wenn der Bezug in parodistischer oder in irgendeiner Weise kontrastiver Brechung geschieht.

Ruh stellt dem Minneschema der Lieder Neidharts das der Hohen Minne gegenüber, aus dem es sich „genetisch und funktional" erklären lasse. Das Schema der Hohen Minne skizziert Ruh folgendermaßen:[21]

---

19 So greifen auch neuere Arbeiten (wie etwa HÄNDL 1987, S. 85) auf Ruhs Typologie als Belegbasis zurück. Da Ruhs Charakterisierung der Figurenkonstellation in eine allgemeine Typologie der Lieder eingebaut ist, berücksichtigt er des weiteren auch formale, motivische und strukturelle Aspekte, die für die Betrachtung der Personenbeziehungen nicht relevant sind.
20 Hier ist insbesondere an die Beziehungen der Dörper untereinander zu denken, die in Form eines teilweise quasi-archaischen Personenverbandes figuriert sind. Vgl. MÜLLER, J.-D. 1986, S. 424ff.
21 RUH 1974/86, S. 258f.

Der Minnesang dient dem Preis der ‚hohen' Frau und dem Werben um diese Frau (Minnedienst). Aus dieser Funktion ergeben sich für das Minneschema 3 Positionen und 2 Relationen. Die Positionen: der Sänger (S), sozial (oder nur fiktiv) niedriggestellt, die *frouwe* (F), sozial (oder nur fiktiv) hochgestellt, die Gesellschaft (G), konkretisiert als *huote* (h), selten als Rivalen (R). Die Relationen: der Minnebezug (—>), eine (mögliche) Konfliktsituation (—>->), in der Regel zwischen Sänger und Gesellschaft, abgeschwächt zwischen Gesellschaft und *frouwe*, insofern sich die *huote* auch gegen die Wünsche der Dame richtet.

Dieses Minneschema gibt Ruh mit folgender graphischer Schema-Darstellung wieder:

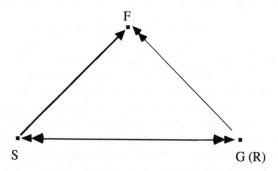

Abb. 1: Das Schema der Hohen Minne nach Kurt Ruh (1974/86)[22]

Die Minneschemata der Sommer- und Winterlieder stellt Ruh sodann in direktem Vergleich zu diesem Schema der Hohen Minne dar. Die Schemata der Neidhartlieder basieren ebenfalls auf den drei Positionen Sänger, Frau und Gesellschaft; auch wenn diese Positionen sich in allen drei Texttypen durch unterschiedliche Figuren konkretisieren und durch verschiedenartige Relationen zueinander spezifizieren lassen.

So sei im Gegensatz zum Schema der Hohen Minne in den Sommerliedern der „soziale Status von S und F" (also von Sänger und der umworbenen Frau) sowie die Minnerelation selbst vertauscht. Zudem sei die Position der Gesell-

---

[22] Ruh erläutert die graphischen Konventionen nicht weiter; sie sind jedoch leicht aufzuschlüsseln: Der einfache Pfeil zeigt in jedem Fall einen Minnebezug an, meistens im Sinn einer Werbung; er verläuft immer in eine Richtung. Der Doppelpfeil steht für den Konflikt, der in beide Richtungen verläuft. Beide Relationen sind bei Ruh im Modus der Latenz oder der Manifestation gedacht (hier: dünnere vs. dickere Linie).

schaft (G) in dieser Textgruppe durch die Mutter eingenommen.[23] Das Minneschema des Texttyps Sommerlied faßt Ruh in folgender Graphik zusammen:

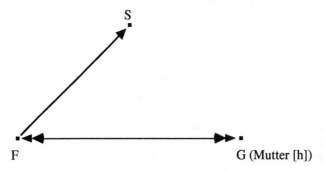

Abb. 2: Das Minneschema der Sommerlieder nach Kurt Ruh (1974/86)

Auch die Winterlieder sind durch die drei Positionen Sänger, Frau (*vrouwe*) und Gesellschaft gattungsmäßig bestimmt. Das „traditionelle Minneschema (...) als solches", so Ruh, bleibe hier allerdings im Gegensatz zu den Sommerliedern erhalten. Der gewichtige Unterschied zum klassischen Minnelied bestehe darin, daß „die *vrouwe* (...) in Übereinstimmung mit den Sommerliedern ein Bauernmädchen im dörflichen Milieu" sei und die Position der Gesellschaft durch die Rivalen besetzt werde.[24] Für die Winterlieder gelangt Ruh zu folgender schematischer Darstellung:

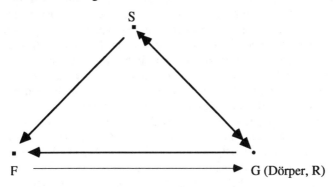

Abb. 3: Das Minneschema der Winterlieder nach Kurt Ruh (1974/86)

---

23 RUH 1974/86, S. 259. Ein ähnliches Modell der Sommerlieder findet sich auch bei FRITSCH 1976, S. 184.
24 Ebd., S. 269. Mit „Rivalen" sind stets die Dörper als die männlichen Antagonisten der Neidhart-Figur gemeint.

Mit diesen knappen Kennzeichnungen und schematischen Darstellungen sind Ruhs Anspruch nach drei Texttypen charakterisiert. Reformuliert man diese Kennzeichnungen in Hinblick auf die Figurenkonstellation, stellt sich die Frage: Was genau stellen die Minneschemata dar? Anhand der Positionen und Relationen des Modells möchte ich diese Frage im folgenden jeweils kurz beantworten.

Die Ruhschen Positionen und Relationen scheinen insgesamt auf den ersten Blick durchaus als Gruppe von Handlungsträgern und -funktion (Aktanten) verstehbar zu sein, wie sie in verschiedenen textanalytischen Modellen des Strukturalismus entwickelt wurden.[25] Eine **Position** - wie die der Gesellschaft - kann nämlich durch verschiedene Figuren bzw. Figurengruppen (Mutter, Gespielin, Dörper) eingenommen werden; sie wird aber primär durch deren Handlungsfunktion in einem gattungstypischen Inventar definiert.[26] So können im Ruhschen Schema prinzipiell alle Figuren die Position der Gesellschaft einnehmen, die nicht zu den anderen beiden Positionen Sänger und Dame gehören. Zur Position Gesellschaft gehören - in den Neidhartliedern genauso wie im Minnesang - tendenziell alle Figuren, die aus der Sicht der primären Interaktanten die ‚anderen' sind und als solche beobachtend, helfend oder störend in deren Interaktion eingreifen.[27]

Bei genauerem Hinsehen stellt sich aber heraus, daß die Positionen bei Ruh keineswegs als Handlungsfunktionen im strukturalistischen Sinn zu verstehen sind, sondern weitgehend von traditionellen inhaltlichen Festlegungen bestimmt sind. Wenn man die Ruhsche Skizze reformuliert, fällt auf, daß sie hauptsächlich auf die Geschichtsebene abhebt. Versucht man die drei Positionen zu reformulieren, muß man zunächst ermitteln, was die drei Positionen Sänger, Dame und Gesellschaft in den verglichenen Texttypen jeweils gemein haben, damit man auch von einer Position sprechen kann. Bei der Bestimmung einer Position gilt es also im wesentlichen, den kleinsten gemeinsamen Nenner der Figureneigenschaften in den unterschiedlichen Texttypen zu ermitteln. Dieser Nenner geht in jedem Fall der drei Positionen über strukturelle und funktionale Eigenschaften der entsprechenden Handlungsträger hinaus.

Die Position Sänger bestimmt sich etwa durch die Merkmale einer männlichen Figur sowie der zusätzlichen Eigenschaft, daß diese liedintern als singend Werbender gekennzeichnet ist. Hat eine Figur beide Merkmale inne, erfüllt sie die notwendigen und zusammen hinreichenden Bedingungen dafür, Inhaber der Position Sänger zu sein. Diese Bedingungen nehmen sich auf den ersten Blick

---

25 Vgl. etwa BARTHES 1988, S. 121-123.
26 Im Fall der Ruhschen Position G läßt sich deren Funktion am besten im Sinne der Proppschen *dramatis personae* (wie Helfer, Gegenspieler usw.) verstehen, welche ebenfalls funktional bestimmte Figurengruppen sind. Vgl. GÜLICH/RAIBLE 1977, S. 197.
27 Vgl. hierzu MÜLLER, J.-D. 1986, S. 416ff.

wie Selbstverständlichkeiten aus und sind wohl aus diesem Grund auch nie an Ruhs Typenschema kritisiert worden. Ihre Konsequenzen sind aber keineswegs banal. So kommt ein weiblicher Sprecher per Definition für die Position Sänger in keinem der von Ruh untersuchten Texttypen in Frage, auch wenn in den Sommerliedern hauptsächlich Frauen die Sprecherrollen innehaben.

Die Position der Dame ist hauptsächlich durch ihre Geschlechterrolle definiert. Da diese Position in den Neidhartliedern wie auch im Minnesang von ständisch stark unterschiedenen Figuren eingenommen wird und das Merkmal der Frauen, die Umworbenen zu sein, in den Sommerliedern z.t. fortfällt, verbleibt nur das Geschlechtsattribut als kleinster gemeinsamer Nenner. Die Konsequenz dieser Festlegung ist, daß alle weibliche Figuren, die nicht der Position Gesellschaft zuzurechnen sind, die Position Dame einnehmen.

Für die Position der Gesellschaft läßt sich primär die Bestimmung anführen, daß sie immer von den anderen der Minne-Interaktion eingenommen wird. Das sind alle Figuren, die zunächst weder eine Sänger- noch eine Dame-Position einnehmen und darüber hinaus keinen Minnebezug zum Sänger kennen.[28] Die Positionen sind innerhalb des Ruhschen Modells also vergleichsweise stark inhaltlich festgelegt.

Flexibilität erhält das Ruhsche Modell durch die **Relationen**, welche in einem Fall als potentielle oder reale Minnebeziehung, im anderen Fall als eine „(mögliche) Konfliktsituation"[29] gekennzeichnet sind. Die Relationen zeichnen sich durch eine prinzipiell weite Bedeutung aus und lassen sich darüber hinaus durch ihre Ausrichtung (Symmetrie oder Asymmetrie) und ‚Wertigkeit' charakterisieren. Konflikte können so grundsätzlich von jeder Position zu jeder anderen verlaufen. Minnebeziehungen sind hingegen auf die personalen Positionen des Sängers und der Dame beschränkt; sie können auch einseitig von einer Position zur anderen gerichtet sein. Eine Konfliktsituation ist somit immer symmetrisch, während eine Minnerelation asymmetrisch sein kann.[30] Als ‚Wertigkeit' läßt sich die Möglichkeit charakterisieren, jede Konstellation als eine Funktion aufzufassen, die mindestens zwei (Sänger und Dame), höchstens aber drei Argumentstellen hat (Sänger, Dame, Gesellschaft). In einer Umdeutung der Relationen und ihrer zu interaktiven Funktionen liegt sicher die größte Ausbaumöglichkeit der Ruhschen Minneschemata, welche allerdings auch Ruhs Unterscheidung zwischen Positionen und Relationen suspendierte.[31]

---

28 Ein möglicher Minnebezug zur Dame dürfte hingegen in Ruhs Modell, auch wenn das nicht eigens thematisiert wird, durchaus in Form einer Konkurrenz zwischen verschiedenen Bewerbern möglich sein.
29 RUH 1974/86, S. 259.
30 Zudem ist die Gerichtetheit der Relationen so aufzufassen, daß sie nicht durch die Positionen festgelegt ist. Der Sänger kann so Subjekt *und* Objekt der Liebe sein.
31 Faßt man Minneschemata als interaktive Funktionen (in Analogie zur formalen Logik) auf, lassen sich auch Erweiterungen des Minneschemas um weiteres Personal als kom-

Am auffälligsten bei der kritischen Reformulierung der Ruhschen Konstellationsschemata ist die Tatsache, daß dieselben Positionen dem Minnesang wie den Neidharten zugrunde liegen sollen, während die Abweichungen durch veränderte Relationen dargestellt werden. In allen drei Schemazeichnungen bezeichnen die Positionen inhaltlich weitgehend Identisches, nämlich: Werber, Umworbene und Dritte (z.B. als Rivalen oder Aufpasser). Entsprechendes gilt für die Relationen: Sie bezeichnen die Werbung, ein Dienstverhältnis und die Rivalität der Werbenden. Abschließend stellt sich die Frage, ob das Ruhsche Postulat identischer Positionen samt variierender Relationen zwischen ihnen ausreicht, um nicht nur drei sehr unterschiedliche Texttypen zu beschreiben, sondern auch die Spezifik der unterschiedlichen Figurenkonstellation in den Texttypen wiedergeben zu können.

Anhand der Sommerlieder lassen sich diese Fragen gut klären. Das hat folgende Gründe: Der Quellenbezug der Sommerlieder zu denen des Minnesangs ist umstritten, so daß sich schon aus einer literaturgeschichtlichen Perspektive die Frage nach der Legitimität eines identischen Interaktionsschemas für Lieder des Minnesangs und die Neidhartlieder stellen läßt.[32] Im Gegensatz zu den Winterliedern, in denen der Bezug zum Minnesang forschungsgeschichtlich unbestritten ist, liegt der Vergleich mit den klassischen Prätexten im Fall der Sommerlieder also in weitaus höherem Maße auf einer strukturellen Ebene. Schließlich ist im Fall der Sommerlieder durch die Änderung der Perspektive auf die Minneangelegenheiten auch die Konzeption der Minne im ganzen berührt. Minne wird hier vorwiegend aus der Sicht bäuerlicher Frauen geschildert. Die Dame-Sänger-Relation läßt also bereits auf den ersten Blick eine doppelte Umbesetzung erkennen, da erstens der Sänger nicht mehr Subjekt der Minnewerbung, sondern (auch) deren Objekt geworden ist, und zweitens die ständische Kennzeichnung der Handlungsposition Dame sich radikal verändert

---

plexere Funktionen beschreiben. Minne ist demzufolge immer eine mindestens zweistellige Relation, die noch durch weitere freie Argumentstellen (wie zusätzliche Helfer, Verwandte etc.) erweiterbar ist.

32 Hier ist an die Diskussion des Einflusses der romanischen und mittellateinischen Lyrik zu denken, der immer noch ein schwieriges Problem für die Literaturgeschichtsschreibung darstellt. Vgl. hierzu SIMON 1968, S. 58f. Während Henning BRINKMANN (1971, S. 161f.) in knapper Form einen Einfluß mittellateinischer Literatur auf Walther und Neidhart als Selbstverständlichkeit konstatiert, versucht GÜNTHER (1931, S. 9-13) diesen Einfluß anhand motivischer und stofflicher Parallelen zwischen den ‚Carmina Burana' (CB) und den Neidhartliedern zu belegen. Vgl. hierzu auch Johanne OSTERDELL: Inhaltliche und stilistische Übereinstimmungen der Lieder Neidharts von Reuental mit den Vagantenliedern der Carmina Burana. Köln 1928. Das Problem überlieferungsgeschichtlicher Berührungen zwischen Minnesang und lateinischer Lyrik anhand der CB erläutert WACHINGER 1981/85. Vgl. auch HOLZNAGEL (1995, S. 319f.), der auf die in CB 168 V überlieferte Neidhartstrophe H 11,8 eingeht.

hat. In dieser Hinsicht wird es sogar fraglich, ob nicht die Konstellat˙
schemata in ihrer spezifischen Ausrichtung auf die *höfische* Liebe mod˙
werden müssen, wenn nicht bereits die Analyseinstrumente Analogien ᵴ
ren sollen, wo in Wahrheit Umbesetzungen und Transformationen ˌ
den haben.

Im folgenden soll ein Vergleich des Typs Sommerlied mit dˌ
schen Minnelieds vorgenommen werden, zunächst anhand der
lation, dann anhand des im theoretischen Teil entworfenen Texᴛ

1.2 Ruhs Minnemodell - hinterfragt am Beispiel der Som.   ˌr

Es hat sich im Fall der Sommerlieder in der Neidhart-Philologie eine ɩnerkwürdige Diskrepanz aufgetan. Während für einige der Lieder philologisch detaillierte und insbesondere in Hinblick auf die Autorfrage stark abwägende Einzelinterpretationen vorliegen,[34] ist das Instrumentarium, mit dessen Hilfe die Poetik des Texttyps selbst beschrieben wird, in der Regel noch stark an traditionellen Beschreibungskategorien ausgerichtet und berücksichtigt kaum die Unterschiede, die zwischen verschiedenen textuellen Dimensionen und Aspekten gelten.[35]

Vergleicht man das Modell höfischer Liebe mit der Interaktion, wie sie zwischen den Personen der Sommerlieder verläuft, ergibt sich zunächst das Bild einer radikalen Differenz. Auf den ersten Blick sieht es so aus, als sei nichts mehr aus dem Gesamtkonzept des Minnelieds erhalten: die Akteure entstammen dem bäuerlichen Milieu, also jener Gruppe, der Andreas Capellanus die Fähigkeit zur Liebe im höfischen Sinne völlig abspricht und statt dessen lediglich eine Liebesfähigkeit auf der Stufe von Maultieren und Eseln zubilligt.[36] Der Sänger ist nicht mehr der primäre Sprecher, sondern das besprochene Objekt, das zudem in die Position des Begehrten eintritt. Bäuerliche Frauen übernehmen anscheinend die Positionen des höfischen Minnesängers und Minnedieners,

---

33 Ich beziehe mich wiederum auf das in II.2.2 entwickelte Textmodell.
34 Interessanterweise liegen gerade für jene Lieder aus dem echten Corpus Einzelinterpretationen vor, die Ruh als ‚Sondertypen' aus seiner Betrachtung ausschließt: die Kreuzlieder und das Lied vom Spiegelraub SL 22. Vgl. Anm. 18.
35 Vgl. zum Texttyp der Sommerlieder JANSSEN 1980 (gattungsgeschichtlich), FRITSCH 1976 (motivgeschichtlich) und WENZEL, E. 1973 (textkritisch). Die Arbeit von BECKER (1978) ist von einem typologischen Interesse geprägt, entwickelt dieses aber anhand der konkreten Überlieferung in der Hs. c.
36 De amore, I xi: „Dicimus enim vix contingere posse, quod agricolae in amoris inveniantur curia militare, sed naturaliter sicut equus et mulus ad Veneris opera promoventur." Der Vergleich mit Andreas' Traktat soll keine direkte genetische Beziehung zu den Sommerliedern nahelegen.

d.h. die Subjektpositionen der alten Einheit Sänger. Die Liebesbeziehungen erscheinen als „naturhaft-sinnliche Minne"[37], wenn es zum Austausch von Geschenken, Liebespfändern, zu Spielen und erotisch aufgeladenem Tanzgeschehen kommt.[38] Auch die ‚natürlichen' Umstände der Liebeswerbung und -verhältnisse werden breit entfaltet: die drohenden, warnenden, manchmal auch gewalttätigen Versuche der Mütter, ihre Töchter von der Geschlechterliebe und dem begehrten Mann fernzuhalten und die unliebsamen Folgen, wenn diese sich doch mit ihm einlassen, wie Schwangerschaft oder gelegentlich auch die Gewalttätigkeiten des Liebhabers.[39]

Das Konzept der Hohen Minne scheint insgesamt in den Sommerliedern zu jenem ‚naturwüchsigen' Tauschmodell der Liebe naturalisiert worden zu sein, von dem sich der Traktat des Hofkaplans Andreas und die Gattung des Minnelieds gleichermaßen abgrenzen.[40] Auf allen Ebenen scheinen die Sommerlieder anderen Gesetzen als denen des Minnesangs zu folgen und sind gerade deshalb der Fragestellung eines strukturellen Vergleichs gut zugänglich. Trotz oder wegen dieser Andersartigkeit der Sommerlieder werden sie gelegentlich als „Travestie" des höfischen Minnesangs mit seinen zentralen Gattungsnormen dargestellt.[41] Es drohen allerdings bei genauerem Hinsehen beachtliche Widersprüche, geht man dieser Bestimmung der Sommerlieder anhand der Figurenkonstellation nach. So läßt sich fragen, ob die Sommerlieder wirklich als „Umkehr der traditionellen Minnesituation"[42] deutbar sind. Zunächst läßt sich diese Frage anhand der drei von Ruh aufgestellten Positionen erörtern.

Wenn es um die Beziehung der Frau bei Neidhart zur Dame des Minnesangs geht, möchte auch Ruh diese keineswegs nur als „Pervertierung der Minnedame"[43] betrachten. Die Frauen der Sommerlieder werden mit ihrem vitalen Liebesbegehren in die Sphäre einer positiv gezeichneten Kreatürlichkeit gestellt.[44] Die weiblichen Figuren der Sommerlieder, die aus einer Vertauschung der Dame-Sänger-Relation heraus beschrieben werden, fallen also wieder aus genau dem Minnesang-Bezug heraus, der sie erklären soll.

Eine ähnlich latente Widersprüchlichkeit gilt auch für das Postulat einer *Minne*beziehung zwischen Dame und Sänger.[45]

---

37 RUH 1974/86, 259.
38 Eine umfassende Darstellung dieser Aspekte leistet FRITSCH 1976.
39 Zur Interaktion Neidhart und die Frauen vgl. die nächsten beiden Abschnitte.
40 Vgl. hierzu auch HAFERLAND 1989, S. 180.
41 Vgl. z.B. SIMON 1970, S. 45 und KASTEN 1988, S. 179.
42 SCHWEIKLE 1989a, S. 254.
43 RUH 1974/86, S. 258.
44 Vgl. GOHEEN 1984, S. 167f.
45 SCHWEIKLE (1990, S. 72) führt die Frauengestalten Neidharts in den Sommerliedern auf die Pastourellendichtung zurück, sieht in ihnen aber ebenfalls einen beabsichtigten Kontrast zum Minnesang realisiert.

So behauptet Ruh für das Verhältnis Sänger-Dame einerseits eine Umkehr der im Minnesang geltenden Relation, hält aber andererseits fest, daß ein im Minnesang wie auch in den Winterliedern vorhandenes Dienst-Lohn-Verhältnis in den Sommerliedern entfalle und folglich „die Möglichkeit der direkten Parodie (...) entscheidend eingeschränkt"[46] sei. Wie soll aber eine Relation einerseits nur „vertauscht" sein, andererseits aber ihr wesentliches Definitionskriterium verloren haben? Die Relationen zwischen den Positionen Dame und Sänger werden schließlich auch innerhalb der Ruhschen Schemata als „Minnebezug" definiert, und das heißt dem Sinn des Wortes nach: als Dienst-Lohn-Relationen.

Ruhs Minneschema der Sommerlieder läßt sich auch nicht vollständig in der *Ausrichtung* der Minnerelation aufrechterhalten. Zwar bekennen die Frauen der Sommerlieder, gelegentlich sogar in Termini des Minnesangs, ihre Neigung zum Sänger, umgekehrt wird dieser jedoch im Frauendialog immer noch als der Werbende gekennzeichnet, so daß statt der umgekehrten Minnerelation eher ein wechselseitiges Verhältnis angezeigt wird.[47]

Ein Gemeinplatz der Forschung ist die Kennzeichnung der Mutter-Tochter-Beziehung als Manifestation oder direkte Parodie der höfischen *huote*.[48] Die Mutter nimmt dabei - dem Minnschema der Sommerlieder zufolge - die Position ein, welche die Gesellschaft in den meist anonymen Instanzen der anderen im Minnesang inne hat. In der Umbesetzung der Positionen sieht Ruh eine Parodie des Minnesangs, die sich potenziere, wenn die Tochter die Rolle der Warnerin für ihre Mutter annimmt, wie es in den sogenannten Altenliedern geschieht.[49]

Zunächst muß man zu dieser Charakterisierung der Sommerlieder bemerken, daß nur ein bestimmter Texttyp unter ihnen, nämlich die Mutter-Tochter-Dialoge, zum Sommerlied generalisiert wird, während die Gespielinnendialoge oder die monologischen Sommerlieder keine Beachtung finden.[50] Doch selbst wenn man diese Generalisierung eines Subtyps zum Sommerliedtypus hinnimmt,[51] ergibt sich die Frage, ob sich eine Mutter-Tochter-Beziehung wirklich mit dem *huote*-Begriff des Minnesangs in eine derart analoge Verbindung bringen läßt.

Betrachtet man nämlich die Mutter-Tochter-Relation näher, stößt man auf einen gewissen Erklärungsbedarf, der in der Neidhart-Philologie kaum jemals

---

46 RUH 1974/86, S. 260.
47 Vgl. die Mädchenrede in c 21 (SL 14) V 7 („es wirbt einer vmbe mich, der trawren kan vertreiben") mit ebd. IX 5 („Ich pin Im holt mein laidt ist gar verswunden").
48 Vgl. SCHNEIDER 1976, S. 144; JANSSEN 1980, S. 78ff; HÄNDL 1987, S. 107.
49 Vgl. RUH 1974/86, S. 260.
50 Zur Typologie der Sommerlieder vgl. SCHWEIKLE 1990, S. 71-79.
51 Auch innerhalb des ATB-Corpus machen die Mutter-Tochter-Dialoge noch nicht einmal die Hälfte der Sommerlieder aus.

beachtet worden ist. Die Tatsache, daß es Mütter sind, welche die Aufsichtspflicht gegenüber den Töchtern ausüben, sie vor den Gefahren der Geschlechterliebe und den Männern warnen, mag einem modernen Leser als anthropologische Konstante erscheinen.[52] Diese Konstellation ist jedoch weder in der gesellschaftlichen Realität des Mittelalters noch in der höfischen Lyrik vorgebildet. Auch in anderen Gattungen höfischer Literatur wird die *huote* normalerweise nicht von den Müttern, sondern von männlichen Figuren ausgeübt.[53] In der historischen Realität hatte der *Vater* die Muntschaft über die Tochter.[54] Im Minnesang werden die *huote*-Instanzen in der Regel nicht näher sozial oder geschlechtlich spezifiziert[55] Angesichts der Rechtspraxis der sie rezipierenden Gesellschaft darf man jedoch auch hier eher an männliche Personen denken, denen die *huote* unterstand.[56] Wenn nun aber die Mutter-Tochter-Beziehung weder unter den *huote*-Begriff im Sinn einer Muntschaft noch den einer höfischen Aufsichtspflicht fällt, stellt sich die Frage, wie diese Beziehung in Hinblick auf den begehrten und werbenden männlichen Protagonisten statt dessen zu charakterisieren ist.[57] Wie sich noch herausstellen wird, ist die Mutter-Tochter-Relation in den meisten Fällen besser als Konkurrenzverhältnis denn als Fürsorgeverhältnis zu interpretieren.[58]

---

52 In diese Richtung geht die Deutung der Mutter-Tochter-Konstellation bei Ingrid BENNEWITZ (1994).
53 Vgl. JANSSEN (1980, S. 90f.) und RASMUSSEN (1993, S. 22f.), die beide zum Ergebnis kommen, in den Neidhartliedern liege eine *huote*-Parodie vor.
54 Vgl. HRG III, Sp. 750-761 (Artikel ‚Muntschaft').
55 Dies zeigte bereits deutlich das Beispiel des Gesprächslieds ‚Ich vant si âne huote' (MF 93,12) Albrechts von Johannsdorf, das oben (II.3.2) vorgestellt wurde. Vgl. auch Friedrichs von Hausen ‚Ich lobe got der sîner güete' (MF 50,19), in dem die *huote* eine schon abstrakte, in den Sänger hinein verlagerte Instanz meint. Ihre Funktion geht hier - der Minneideologie entsprechend - soweit, daß der Werber sie sich nicht einmal durch sich selbst durchbrochen wünscht: „Doch bezzer ist, daz ich si mîde / danne si âne huote waere" (II 1f.).
56 Vgl. DUBY (1989, S. 46f.), der die Institution der Ehe als Hintergrund der höfischen Liebe betrachtet. Als zweite gesellschaftliche Instanz, der die Aufsichtspflicht über die Frauen bis in die Frühe Neuzeit hinein zustand, ist der Hausvater, das männliche Familienoberhaupt, zu nennen. So übt in der ebenfalls konkretisierten Minnewerbung, die Bertschi Triefnas in Wittenwilers ‚Ring' um seine bäuerliche Geliebte vollführt, der Vater die *huote* über seine Tochter aus. Vgl. RING, V. 1536ff.
57 Väter und Brüder kommen in den Liedern der Neidhart-Tradition nie als *huote*-Instanzen zur Geltung. Nur in c 39 [RB 21] nimmt ein Vater seine Muntschaft andeutungsweise wahr, als er seine Tochter einem Mann zur Ehe gibt. In c 37 [RB 20] wird der Vater als Ehemann der Mutter erwähnt; in c 63 [RB 29] warnt eine Mutter ihre Tochter vor dem Verlust ihres Bruders. Aber auch hier ist weder Muntschaft noch *huote* zu erkennen: „las dein rayen sein / du verleust deinen bruder / vnd ander freundt ein fuder" (II 13-15).
58 Vgl. zur Konkurrenz Anm. 83.

Auch die **Sängerposition** ist in den Gesprächsliedern keineswegs eindeutig. Ruh zufolge teilt sie sich nach den zwei Teilen der Lieder (Natureingang und Gespräch) in zwei Rollen auf. In der Rolle des Natureingangssprechers wird die Funktion des Sängers als *vröude*-Bringer hervorgehoben, die dieser durch seine Kunst und den Frühlingspreis einnimmt. Zugleich ist er in den Gesprächsteilen jedoch die besprochene Figur, nämlich der begehrte Liebhaber aus dem Reuental. Mit der Aufteilung des Sängers in eine Sprecherinstanz und eine Figur ergibt sich somit ein „Auseinandertreten von Sänger und Liebhaber", das Ruh weiter beschreibt:

> Als Liebhaber in der Perspektive erotisierter Mädchen (und Alten) ist der Riuwentaler ein ritterlicher Galan, dem die Dorfmädchen zufliegen und der sich bewundern läßt, als Sänger Freudenbringer in alter Minnesangfunktion. Es ist die Entzweiung um so bemerkenswerter, als sich das lyrische Ich als Liebhaber negativ, als Sänger positiv darstellt, also in Wertungen polarisiert. Was die Gesellschaft Morungens, Reinmars und Walthers Minneliedern nicht abnehmen wollte, die Echtheit des Minnebekenntnisses in gesellschaftlicher Rolle, was die Sänger selbst als Problem empfanden, daß nämlich Minneleid der *vröude* der Gesellschaft dienen soll: diese im Minnesang angelegte, aber nothaft zusammengehaltene Antinomie ist bei Neidhart als Sänger-Liebhaber-Polarisierung strukturell geworden.[59]

Der Minnediener und der Minnesänger, dies waren im Minnesang in der Tat die zwei Aspekte der Einheit Sänger, die allerdings im Ruhschen Minneschema ja nur eine Position darstellt. Wer ist angesichts dieser Differenzierung in Aspekte noch „der Sänger" in den Neidhartliedern? Denn unter Sänger kann ja gleichermaßen der Autor verstanden werden, den das Publikum oder die Rezipienten annehmen, wie auch der Mann, den sich die Damenwelt der Sommerlieder als Sänger vorstellt: der Knappe oder Ritter von Reuental. Entsprechendes gilt auch vom Sänger als Figur unter anderen Figuren. Die Eindeutigkeit der Ruhschen Position Sänger scheint somit durch die Differenzierung in verschiedene Aspekte letztlich aufgehoben zu sein.[60]

---

59 RUH 1974/86, S. 262. Zur Sängerfigur vgl. JANSSEN 1980, S. 125ff., FRITSCH 1976, S. 184, ORTMANN ET AL. 1976, S. 25-27, GILOY-HIRTZ 1982, S. 175-189.
60 Dies hängt sicherlich auch damit zusammen, daß Ruh noch keine Unterscheidung zwischen den Ebenen des Diskurses und der Geschichte trifft; diese Differenzierung erst stellt ein Instrument zur Verfügung, mit dem die Figur-Sänger-Opposition methodisch trennschärfer zu führen gewesen wäre.

Die Sommerlieder, die im Vergleich mit den Winterliedern schon immer als die einfachere und gewissermaßen unbeschwerte Gattung angesehen wurden,[61] werfen somit viele Fragen auf, von denen solche nach Figurenkonstellation und Sprecherinstanzen noch keineswegs zureichend beantwortet sind. Das Ruhsche Modell somit weist Grenzen auf, die sogar durch Ruhs eigene Ausführungen schon gesprengt werden.

Als Schwachpunkt der Ruhschen Positionen und Relationen hat sich ihre einseitige inhaltliche Orientierung am Modell der höfischen Liebe in der Gestalt, wie sie ihr der deutsche Minnesang Reinmarscher Prägung gegeben hat, herausgestellt. Ihnen fehlt die Universalität, die ein Aktantenmodell hat. Da dessen Postulate wiederum in ihrer Universalität die Grenzen zur Banalität zu überschreiten droht und es gilt, Kategorien zu finden, die auf ein Set historischer Textarten zugeschnitten sind, ohne deren explizite Inhaltsmerkmale einfach auszuschreiben, möchte ich die Ruhschen Positionen und Relationen für alle hier in Betracht gezogenen Texte respezifizieren.

Um dies tun zu können, sollen die Ruhschen Positionen und Relationen im folgenden zunächst immer als Einheiten der Geschichtsebene betrachtet werden. Sie sind keineswegs statisch, wie das Ruhsche Modell nahelegt, sondern können sich im jeweiligen Text verändern (ähnlich wie sich das Aktantenschema erst in einem Dreischritt realisiert). Darüber hinaus können sie durch die Gestaltung der Diskursebene und den Verlauf eines Lieds perspektiviert werden.

Ein großer Mangel der Ruhschen Positionen ist vor allem bei seiner Analyse der Sommerlieder aufgefallen und wird als solcher im folgenden noch vertieft behandelt werden: Die Positionen Sänger, Dame, Gesellschaft greifen hier alleine nicht. Der Sänger ist oft als Figur und Sprecher abwesend; er hat meistens den Status, den die Dame in anderen Liedern hat: begehrtes Objekt zu sein. Der Dame hingegen geht dieses Merkmal auf den ersten Blick ab; zudem handelt es sich bei ihr um eine als solche nicht einfach zu erkennende Position, wenn etwa zwei Frauen im Gespräch sind. Entsprechendes gilt für die Position der Gemeinschaft, die hier im Wortsinn nicht existiert. Statt einer beobachtenden Gemeinschaft treten ja der Tendenz nach eher Konkurrenten - eine andere Frau oder die Mutter - auf.

Gerade vor dem Hintergrund des universalistischen Aktantenmodells läßt sich also auch das Ruhsche Modell noch weiter generalisieren. Die eigentlichen Positionen, die Minnelied, Winterlied und Sommerlied gleichermaßen beschreiben können, sind demnach folgende:

(1) Ein Protagonist (männlich oder weiblich, oft, aber nicht immer in der Einheit von Minnesänger und -diener)

---

61   GILOY-HIRTZ (1982, S. 183) sieht in den Sommerliedern sogar eine Form der Idyllendichtung im Sinne Schillers!

(2) Ein begehrtes Objekt (männlich oder weiblich, in den Sommerliedern der Ritter als Minnediener eigener Prägung, sonst eine Frau)
(3) Die konkurrierenden, beobachtenden oder indifferenten anderen (in den Sommerliedern Frauen, in den weiteren Liedtypen die Gemeinschaft oder die Dörper)

Ähnliches wie für die Positionen gilt auch für die Relationen: In ihrem Bezug auf das Modell des Minnesangs greifen sie nicht unbedingt für die Neidharte. Ruh setzte zwei Relationen an: den Minnebezug und die Konfliktsituation. Auch hier sind es die Sommerlieder, die zu einer Umdefinition führen müssen. Der Minnebezug ist besser in der generalisierten Form eines sich irgendwie ausdrückenden *Begehrens* zu fassen. Die Konfliktsituation ist in den Neidharten wie im Minnesang entweder ein Verhältnis der Konkurrenz oder ein Beobachten; in den Sommerliedern läßt sich in den meisten Fällen nur ein latentes oder manifestes Konkurrenzverhältnis ausmachen.

Um weitere analytische Kriterien für die Einzelinterpretationen zu gewinnen, möchte ich im folgenden die Sommerlieder mit Hilfe des identitätsthematischen Analysemodells untersuchen, wie es oben bereits am klassischen Minnelied erprobt wurde.[62] Zugleich ist damit ein wichtiger Bestand der Liedüberlieferung abgedeckt. Ich gehe bei der Interpretation aus Gründen der Vergleichbarkeit ebenfalls von der Postulierung eines Texttyps Sommerlied aus, wie sie Ruh und andere praktizieren. Der Texttyp enthält vor allem jene Teile der Neidhart-Liedüberlieferung, welche die Gesprächslieder zwischen Mutter und Tochter sowie die zwischen Freundinnen (Gespielinnendialoge) umfaßt.[63]

1.3 Das identitätsthematische Textmodell am Beispiel der Sommerlieder

Im theoretischen Teil dieser Arbeit wurden folgende Grundkonstituenten eines identitätsthematischen Modells der Liedanalyse benannt:

---

62 Vgl. II.3.
63 Vgl. die Einteilung bei RUH (1974/86, S. 258), der folgende Typen unterscheidet: Mutter-Tochter Dialoge (SLL 1,2,6-9,15-19,21,23); Gespielinnen-Dialoge (SLL 10,14,20,25, 26 [28]); Sängerlieder, d.h. Sommerlieder mit einer im wesentlichen monologischen Sprechsituation (SL 3-5, [11,12,], [22], [27], [29]) und Sängerlieder mit Mädchenstrophen (SL 13,24). Die in eckige Klammern gesetzten Liednummern bezeichnen „Sonderfälle". Zu den Altenliedern werden üblicherweise SLL 1, 9 und 17 gezählt. Für die Tradition kommen hinzu: UL 2, UL 17; UL 20, RB 13, RB 30.
Die empirische Revision des Texttyps erfolgt in den folgenden Abschnitten anhand des gesamten Liedcorpus, hauptsächlich in der Gestalt, in die Hs. c die Texte überliefert.

(i.) Die *Mitteilungsdimension*, welche den gesamten mitgeteilten Inhalt des Lieds samt der Art der Mitteilung meint (Diskurs, Geschichte, Axiologie)
(ii.) Der *Prozeßcharakter* des Lieds, der die Performanz- sowie die Verlaufsdimension meint
(iii.) Die *Modellfunktion*, womit der Charakter jedes Textes als „gedachte Ordnung" (Jan-Dirk Müller) gemeint ist.[64]

ad (i.) Zur Mitteilungsdimension
Die Geschichtsebene ist in den Sommerliedern im wesentlichen durch die Figurenkonstellation bestimmt, d.h. durch die beteiligten Figuren und ihre Verhältnisse untereinander. Im weiteren werden diese Relationen durch den Verlauf des Gesprächs und die Art und Weise, wie die Inhalte zur Sprache kommen, perspektiviert. Das geschieht meistens im Dialog.

Die Hauptfiguren in den Sommerliedern sind jüngere und ältere Frauen, die in den Konstellationen als zwei Freundinnen oder als Mutter und Tochter gekennzeichnet sind. Immer werden die Frauen implizit oder explizit in den Lebensraum einer bäuerlichen Gemeinschaft gestellt. Verbunden mit diesem Figurenpersonal und seiner Variation sind bestimmte Typen und Ablaufformen der Lieder. In den sommerlichen Gesprächsliedern agieren die Frauengestalten in folgenden Rollen und Konstellationen:

(1) Alte Frauen als Mütter, welche ihre Töchter von den Männern im allgemeinen oder dem ritterlichen Galan „von Riuwental/Rubental" abhalten wollen, indem sie vor den Folgen eines Verhältnisses mit ihm warnen oder das Fortgehen zum Tanzplatz zu verhindern suchen (Mutter-Tochter-Dialoge)
(2) Alte Frauen, die selbst als tanz- und liebesbegierig auftreten und in manchen Fällen von ihren Töchtern gewarnt werden (Altenlieder)
(3) Junge Frauen als Freundinnen im vertrauten Gespräch, dessen Inhalt die Liebe zu einem Mann ist, der häufig mit dem Reuentaler identifiziert wird (Gespielinnenlieder).[65]

---

64 Vgl. II.2.2., Anm. 73.
65 Die Texttypen sind nur der Tendenz nach zu differenzieren, da gelegentlich auch Mutter-Tochter-Dialoge noch Gespielinnenstrophen enthalten oder umgekehrt. Die doppelten Belegungen erklären sich aus der Kombination der Gesprächstypen. In der gesamten Liedüberlieferung findet sich folgende Aufteilung:
(1) LIEDER MIT MUTTER-TOCHTER-STROPHEN:
SL 1; SL 2; SL 6; SL 7; SL 8; [SL 9], SL 15; SL 16; SL 17; SL 23; SL 27; UE 2; UE 17; UE 20; UE 21; RB 13; RB 17; RB 18; RB 20; RB 21; RB 27; RB 29; RB 30; RB 36; ZB 1. Eine Besonderheit ist SL 9, da hier nicht explizit von Mutter und Tochter die Rede ist, sondern von einer Alten und einer Jungen.
(2) LIEDER MIT GESPIELINNENSTROPHEN:

Jeder der angeführten Liedtypen verfügt über bestimmte kennzeichnende Ablaufformen. Typische Ablaufform eines Mutter-Tochter-Gesprächs ist die Bitte der Tochter um Tanzerlaubnis und die anschließende Weigerung der Mutter. Verbunden mit der Weigerung ist eine Warnung vor dem Tanz sowie vor dem metonymisch damit bezeichneten Liebesbegehren der Tochter und seinen Folgen. Es folgt zumeist ein Streit, der bis hin zur tätlichen Gewalt eskalieren kann.[66]

Typische Ablaufform der Gespielinnengespräche ist das Liebesbekenntnis einer der Frauen zu einem Mann sowie die anschließende Reaktion der anderen, welche sich für den Liebhaber genauso interessiert.[67] Der Ablauf als solcher ist bereits eine Geschichte, er läßt sich in Form von Handlungssequenzen und Sprechakten (Bekenntnis, Bitte, Aufforderung, Verweigerung usw.) wiedergeben. Die Geschichtsebene ist hier durch einen zweiten Faktor noch stärker bestimmt: die in der Kommunikationssituation zwischen den Frauen besprochenen, angedeuteten oder sonstwie bezeichneten Ereignisse.

Hauptinhalt der Geschichtsebene der Sommerlieder ist die Liebe, welche als Form des sexuellen und sozialen Begehrens gekennzeichnet und in unterschiedlicher Terminologie codiert ist. Das Begehren der Frauen richtet sich dabei auf einen anonymen Mann oder den namentlich genannten Ritter bzw. „knappen" von Riuwental. Der zyklische Zusammenhang der Lieder legt, wie im Kapitel über die Namensproblematik bereits gezeigt wurde, in fast jedem Fall eine Einsetzbarkeit der Neidhart-Figur in die Positionen der von weiblichen Sprechern bezeichneten männlichen Figuren nahe.[68] Eine synchrone Sicht auf die Lieder zeigt somit ein Konstellationsschema, das den Riuwentaler tendenziell immer zwischen zwei Frauen stellt: zwischen zwei gleichaltrige junge Frauen oder zwischen Mutter und Tochter. Die Identität der weiblichen Figuren ist damit von vornherein durch die strukturelle Konkurrenz zwischen ihnen bestimmt. Die Identität des männlichen Protagonisten ist auf der anderen Seite durch seine Stellung als Begehrter geprägt. Die Positionen und Relationen der Figuren werden in jedem Lied auf andere Weise diskursiv konstituiert und im Verlauf des Textes durch den Rezipienten erst hergestellt.

Wichtig für die Konstellationen ist das sexuelle Begehren, das die Figuren bestimmt. Das in den Gesprächsliedern zutage tretende Begehren kann sich

---

SL 10; SL 14; SL 16; SL 20; SL 21; SL 23; SL 24; SL 25; SL 26; SL 28; UB 21; RB 14; RB 26; RB 28.
(3) ALTENLIEDER:
SLL 1, 9, 17, UL 20; RB 13.
66 Ein angedrohtes oder umgesetztes gewalttätiges Ende nehmen: SL 7 (C 271); SL 8 (c 67); SL 16 (c 23); SL 21 (c 22); SL 23 (c 28); RB 15 (c 29); RB 30 (c 69).
67 Zur Ablaufform vgl. JANSSEN 1980, S. 78-102 sowie BECKER 1978, S. 188-233 (Mutter-Tochter-Dialoge) u. S. 252-280 (Gespielinnenlieder).
68 Vgl. hierzu die Belege im Kapitel über die Namensproblematik (III.1.2).

nämlich in fast allen Richtungen äußern: Es kann von der alten Frau zum Sänger, von diesem jedoch nur zu einer jungen Frau verlaufen.[69] Es kann von einer oder mehreren jungen Frauen zur Sängerfigur verlaufen. Die den Gesprächsliedern zugrundeliegende Konstellation ist, betrachtet man sie im zyklischen Zusammenhang der Lieder, somit immer ein Verhältnis zum Protagonisten. Dieses Verhältnis kann als vergangenes, noch bis in die Gegenwart andauerndes oder in der Zukunft erhofftes von den Töchtern, Müttern und Freundinnen zum Ausdruck gebracht werden.[70]

Auch die Attribute des Begehrten fallen je nach Einzelfall durchaus unterschiedlich aus. Um eine knappe Übersicht zu bieten: er ist etwa ständisch als der „knabe werde(n)" (c 55 [SL 2] VI 5) oder der „ritter stolczen / von rubentall" (c 57 [SL 17] VII 5) gekennzeichnet; er macht den Mädchen Geschenke, ist der Vortänzer der jungen Leute oder ist mit ihnen im Ballspiel beschäftigt (SLL 17, 21, 25; UL 13). In Liebesdingen ist er der Minnediener und Werbende. Zugleich ist er der Verführer, ein Mann, der „uns den gimppelgemppel gesanc" (c 23 [SL 16] IV 2), d.h. einen ‚Tanz', der ein Mädchen schwanger werden läßt (SL 18). Er ist der Liebhaber, den ein Mädchen „vmbefahen" (c 55 [SL 2] V 5) will und von dem eine Tochter ihrer Mutter knapp berichtet, daß er bei einer Verabredung „tät mir als man tut den werden weiben" (ZB 1[Hs. m] IV 5). Die Bandbreite der in den Dialogliedern zutage tretenden Attribute des Protagonisten wie auch der darauf aufbauenden Konstellationen sind im Vergleich zu den relativ konstanten Figurenattributen und -konstellationen des Minnesangs eklatant.

Im Gegensatz zum Forschungsbild, wie es die Ruhschen Schemata exemplifizieren, zeichnet sich das Verhältnis des Protagonisten zu den jungen Frauen keineswegs durch Eindeutigkeiten, sondern durch Mehrdeutigkeiten und gegenseitige Perspektivierungen der Figurenreden aus. Darüber hinaus muß betont werden, daß der latente Widerspruch, welcher sich aus den unterschiedlichen Attributen, die dem männlichen Protagonisten insgesamt beigelegt werden, ergibt, nicht zur Konstruktion einer eindeutig bestimmbaren Figur führen kann. Der dorfbekannte Mädchenverführer und ein um deren Gunst heimlich werbender Minnediener können (auch aus der Sicht weiter gefaßter Kohärenzerwartungen eines mittelalterlichen Publikums) eben nicht problemlos miteinander identifiziert werden. Dieser Widerspruch in der Figurenkonstitution unterschei-

---

69   Die Beziehungen der alten Frauen zum begehrten Mann sind als Wünsche gekennzeichnet, deren Erfüllung zwar nicht dargestellt, aber auch nicht dementiert wird. Eine Ausnahme bildet das nur in C überlieferte SL 1 (C 211, 4 „ich weis wol, was er mir enbot") sowie das aus dem Rahmen fallende Altenlied c 29 (RB 13), in welchem eine Mutter einen jungen Mann mit „uil pfenningen" (V 2) für seine Liebesdienste bezahlt.

70   Die Zeitstruktur der Geschichtsebene auszumachen ist allerdings gelegentlich sehr schwierig, vgl. dazu die Beispielanalyse von c 128 (WL 7) in IV.1.5.

det die Sommerlieder weiterhin von den Liedern des Minnesangs, in denen die ‚Rätselspannung' nicht die Identität des Sängers, sondern die der Dame betraf.[71] Die Frage ‚Von wem mag hier wohl die Rede sein?', wenn es um das begehrte Objekt geht, ist in den Gesprächsliedern einerseits immer schon beantwortet, wird die Antwort doch durch die kotextuellen und paratextuellen Umfelder der jeweiligen Autorsammlung vorgegeben.[72] Andererseits wird die - bei eindeutigen Konstellationen rezipientenseitig nicht vorhandene - Frage nach dem Protagonisten gerade dadurch hervorgerufen, daß dem Protagonisten so unterschiedliche und teilweise widersprüchliche Merkmale zugesprochen werden.

Innerhalb einzelner Lieder lassen sich unterschiedliche Eigenschaften des begehrten Ritters durchaus erklären: nämlich als Perspektivierungen, die er in der Figurenrede aus dem Darstellungsinteresse der jeweiligen Figur erhält. Die in den Liedern dargestellten Inhalte sind damit auf der *Diskursebene* relativiert: sie werden nicht als wahre Ereignisse in einer Erzählerrede wiedergegeben, sondern als interessengesteuerte Figurenrede. Das Grundprinzip der Gesprächslieder ist, daß die Organisation der mitgeteilten Inhalte in der Form ihrer Verteilung auf mehrere Sprecherinstanzen (Diskurs) auch die Inhalte selbst (Geschichte) in eine wechselseitig perspektivierende Beziehung setzt.[73]

Die Perspektivierung geschieht in den Gesprächsliedern prototypisch in folgender Weise: In den Mutter-Tochter-Dialogliedern bekennt die Tochter oder die Mutter (in den Altenliedern) ihre Zuneigung zum Reuentaler.[74] Die Anbindung des Bekenntnisses der Zuneigung durch das Mädchen an die Warnung durch die Mutter (oder im umgekehrten Fall durch die Tochter) perspektiviert den besprochenen Gegenstand, d.h. die Figur des Ritters von Reuental.

Die Versuche, die andere Frau (Mutter oder Tochter) von einer Annäherung an diesen Mann abzuhalten, verlaufen auf spezifische Weise. Sprachlich betrachtet können diese Versuche sehr unterschiedlich realisiert werde: Sie reichen so etwa von einer normalen Warnung über den explizit performativen Akt des Abratens bis hin zur verschlüsselten Mahnung. In der berichteten Rede kommt es sogar gelegentlich zu Gewalttätigkeiten zwischen Mutter und

---

71 Vgl. WARNING 1979a, S. 132.
72 Abgesehen von der Aufführung durch den historischen Sänger (in welcher die Anwesenheit des Sängers selbst den Kontext darstellt), sind dies hauptsächlich die Beischriften der Überlieferung.
73 Gegenüber dem Minnesang Reinmarscher Prägung, der sowohl in seinem poetologischen wie auch dem rein sprachlichen Redemodus eine weitgehend ‚monologische' Gattung war, hat die Dialogisierung in den Sprecherrollen eine Vielstimmigkeit im Bachtinschen Sinne hervorgebracht, die sich an der Figurenkonstellation erkennen läßt, aber auch an den weiteren Textaspekten festmachen läßt.
74 In Verbindung mit der expliziten „Riuwental / Rubental"-Nennung bekennt die Mutter nur in SL 1 I 4 (nur in C) ihre Zuneigung.

Tochter.[75] Wesentlich für das Spezifikum der Sommerlieder ist die Dialogisierung der Geschichten als solche. Aus der Sicht der einen Frau erscheint der gleiche Mann gefährlich, der für die andere begehrenswert ist. In den Gespielinnendialogen ist es nicht die Gefahr, welche eine Frau sieht und betont, während die andere sie ignoriert, sondern die Attraktion des begehrten Ritters, die für beide gilt. Manifest oder latent ist es daher nicht die Aufpasserfunktion (*huote*), sondern die Konkurrenz, welche die Relation zwischen den Frauen prägt. Der Zusammenhang der Liedtypen besteht in der Gemeinsamkeit, daß immer die Attraktion des Mannes im Vordergrund steht. Diese wird von den Figuren stets in irgendeiner Form zur Sprache gebracht, sei es als Warnung oder Verbot, als Neugier auf den Geliebten der Freundin oder schlichtweg in Erwartung des als kurz bevorstehend gedachten Tanzgeschehens.[76] Die ‚Dreieckssituation' des Minneschemas tritt dabei in den neidhartianischen Gesprächsliedern keineswegs nur in unterschiedlicher Gestaltung der Relationen auf, sondern kann um weitere Positionen und damit auch Relationen bereichert werden, die im Minnesang überhaupt keinen Platz hatten. Neben Mutter, Tochter und Ritter treten so noch bäuerliche Mitbewerber, Verwandte, Dorfbewohner auf.[77] Für diese Erweiterungen der einfachen Konstellationen Mutter-Tochter oder Freundinnen seien Beispiele gegeben.

In vielen Liedern, in denen die Frauen der Dorfgemeinschaft als Sprecherinnen erscheinen, spielt der Kontrast zwischen dem adligen Mann als Wunschpartner und einem Bauern als unattraktiver Alternative eine gewichtige Rolle. Der Ritter ist dabei immer der Mann, der die soziale Symmetrie zu stören droht. Er wird von den Frauen begehrt und - dies ist die eigentliche Sprengkraft der Konstellation - an die Stelle der ständisch angemessenen Partner, d.h. bäuerlicher Männer, gesetzt.

In c 70 (SL 25), einem Gespielinnendialog mit der Kennwortüberschrift „Die hailstatt", wird ein Bauer dem Ritter von Reuental gegenübergestellt. Während das Mädchen den Heiratsantrag des Bauern aufgrund seiner und seiner Gesellen direkten ‚Werbetaktik' zurückweist, stellt sie dem mutmaßlichen

---

75 So folgt in c 23 (SL 16) der Aufforderung eines Mädchens an ihre Gefährtin „dahin da súll wir rayen mit dem von Rubental" (c 23 III 5) die indirekte Warnung der Mutter an ihre Tochter, sich dem Mann, „der uns den gimpell gemppell sanck" (IV 2) nicht anzuvertrauen: „(...) vnd werd Im dein ein plick / er leg dein strick" (IV 3f.); eine Warnung, die durch massive Gewaltandrohung der Mutter bekräftigt wird.

76 Die Erwartung des Tanz- und des metonymisch damit verbundenen bzw. sogar gleichgesetzten Liebesgeschehens kommt besonders in den Gespielinnenliedern zum Ausdruck. Vgl. insbes. c 30 (RB 14), c 59 (SL 26), c 75 (SL 10).

77 In folgenden Gesprächsliedern (hier in der Reihenfolge der Hs. c) spielen Mitbewerber oder dörfliche Mitbewohner eine Rolle: c 28 (SL 23), 31 (UL 21), 37 (RB 20), 70 (SL 25). Erweiterung ist hier nicht wie bei BECKER (1978, S. 246ff.) im texttypologischen Sinn zu verstehen, sondern als Erweiterung der Figurenkonstellation.

Ehealltag mit dem standesgleichen Partner das Ballspiel mit dem Reuentaler gegenüber.[78]

> VII Der kam da here vnd mútet mein zu weibe
> do zoch sie mir das róckell ab dem leib
> Er muß mein
> wais got gar versawmet sein
> 5 er gepur
> mich nem gar vntewr
>
> VIII Wenn er went das ich da heymen lege
> vnd im seins dings schon pflege
> wurff ich den pale
> in des hant von Rubental
> 5 an der strasse
> der ist mir zu massen
> (c 70 [SL 25] VII-VIII)

Eine ähnliche Opposition (adliger Mann und höfische Unterhaltung auf der einen vs. bäuerlicher Mann und Haushaltsführung auf der anderen Seite) weist auch **c 28 (SL 23)** auf. In diesem Mutter-Tochter-Dialog bekennt ein Mädchen sein Begehren, beim Tanz einem Ritter die Gefährtin zu sein, und wird von der Mutter verwarnt und beraten, lieber den ständisch passenderen Meiersohn als Partner zu erwägen.

Auch hier bekennt die Tochter ihre Zuneigung zum Ritter „von Rubental", die quer zur ständisch angemessenen Wahl steht. Dabei macht das angedeutete sexuelle Verhältnis zum Ritter diese Wahl auch für die Zukunft schwer, wenn nicht sogar unmöglich:

> Tochterlein nu was geschah dir néchsten
> Ich hórt dich vnter der lauben laute prechsten
> mit einem Ritter das ist war
> bind auff dein har
> 5 er hat souil getiselt vnd getaselt
> mit dir das ist wol offenbar
> (c 28 [SL 23] X)[79]

---

78 Das Ballspiel kommt in vielen Liedern als Motiv vor. Vgl. IV.2.5.
79 Zum Motiv des Haar-Aufbindens, das einen Verlust der Jungfräulichkeit anzeigt, vgl. JANSSEN 1980, S. 86.

Auch in c 31 (UL 21 = HW LI, 1) spielen Oppositionen eine Rolle, die im Beispiellied c 128 wichtig sind: alt vs. jung, adlig vs. bäuerlich, Mutter- vs. Tochtergeneration. c 31 enthält sowohl einen Gespielinnen- als auch einen Mutter-Tochter-Dialog und läßt sich wohl am kohärentesten interpretieren, wenn man in ihm die Rede zweier Geschwister und die jeweilige Antwort der Mutter an beide sieht.[80] Für das eine Mädchen ist der Wunsch nach einem jungen Mann dominant und steht im Gegensatz zum Rat der Mutter, einen alten zu nehmen; für das andere Mädchen ist es ein „edel knecht" (III 10, IV 1), den sie sich zum Mann wünscht: „mich mach ein edel knecht zu einem weibe" (III 13). Auch dieser Wunsch ist gegen den Willen und Rat der Mutter. Der erwünschte Edelknecht stellt sich als identisch mit dem Reihentänzer des Natureingangs und jenem Herrn Neidhart heraus, der ja nicht nur textextern als Autor der Sammlung, sondern in vielen Liedern als Hauptfigur der Handlung gekennzeichnet ist. So lassen sich die folgenden Zeilen als Mädchenrede lesen, die ebenfalls auf den Standesgegensatz bäuerlicher vs. ritterlicher Partner bezogen ist: „Herr Neythart vns den rayen sangk / was hillfet rede mere / er liebet wol dem herczen mein" (V 8-10).

Die letzten Beispiele konnten zeigen, wie der Protagonist Neidhart in einigen Gesprächsliedern in ein Konkurrenzverhältnis zu anderen Männern gerät, die selbst nicht in Aktion treten. Es herrscht in diesen Liedern somit eine Personenkonstellation, die denen der Winterlieder strukturell ähnlich ist und sich nur durch das Auftreten der Mutter unterscheidet. Aber auch die Mutter ist nimmt in keinem Fall eindeutig die Position der anderen - der Gesellschaft - ein.[81] In zwei Liedern geht die Mutter sogar einen regelrechten Vertrag mit der Tochter ein, der beide Dritten gegenüber zum Schweigen verpflichtet und so beide die êre behalten läßt.[82] Angesichts der Existenz von Altenliedern, in denen es die Mutter ist, die es nach dem Mann aus dem Reuental verlangt, scheint die mütterliche Rolle insgesamt also weniger die einer Aufpasserin als die einer Konkurrentin und (Ex-)Geliebten zu sein. Handlungsfunkional betrachtet nehmen Mutter und Tochter somit austauschbare Rollen ein. Das gilt auch für die jungen Frauen der Gespielinnenlieder, die den Beobachtungen von Hildegard Janssen und Ann Marie Rasmussen zufolge namenlos und im Prinzip austauschbar sind.[83]

---

80 Vgl. hierzu SINGER 1920, S. 19f.
81 Diese Position der Gesellschaft sieht RUH (1974/86, S. 259) in seinem Schema der Sommerlieder für die Mutter vor. Vgl. IV.1.2.
82 Dies ist der Fall in c 37 [RB 20] und c 64 [UL 2]; im ersten Fall erinnert die Tochter ihre Mutter an die eigene Vergangenheit, im zweiten argumentiert sie im Sinne des in den Sommerliedern von allen Seiten postulierten gleichen Minnerechts der Frauen auf einen Mann: „mutter ir habt einen man / also hett ich auch gern" (c 64 V 3f.).
83 JANSSEN 1980, S. 111. RASMUSSEN (1997, S. 174ff.) widmet dieser Austauschbarkeit einen eigenen Abschnitt mit dem Titel ‚Sexual Continuity between Mother and Daughter'.

Die Variation der Konstellationsschemata in den Sommerliedern mag in dieser strukturellen Austauschbarkeit der weiblichen Figuren auf der Geschichtsebene ihren tieferen Grund haben. Ein genauso wichtiges Merkmal der Sommerlieder ist die Dialogisierung einer Grundkonstellation und -geschichte durch die Perspektive mehrerer Sprecher; dies verursacht nicht nur eine Perspektivierung im Sinne verschiedener Sichtweisen auf ein Geschehen, sondern letztlich eine Vervielfältigung der Geschichten selbst. Faßt man ‚Geschichte' in einem erweiterten strukturalen Modell als das Gesamt der in irgendeiner Weise zur Darstellung kommenden Ereignisse, Handlungen und Relationen zwischen Figuren auf, dann lassen die sommerlichen Gesprächslieder eine große Vielzahl auf dieser Ebene erkennen. Diese Vielzahl ist wiederum kaum vergleichbar mit der Grundgeschichte und -konstellation des klassischen Minnesangs.[84]

In den Sommerliedern sind es also spezifische diskursive Techniken der Perspektivierung, die eine Vervielfältigung und Mehrdeutigkeit der Geschichten zur Folge haben. Dies läßt sich an zwei Beispielen besonders gut verdeutlichen.

In c 21[85], einem Gespielinnenlied, das mit einem längeren Natureingang beginnt, beklagt ein Mädchen das Fehlen von Minnedienern in der jetzigen Zeit („Ir kainer wirbt vmb ein weib" IV 7). Ihre Gefährtin erwidert, daß es diese Männer, „die noch gern dienen raynen weiben" (V 5), durchaus gebe, und führt ihr eigenes Minneverhältnis als Beispiel an: „es wirbt einer vmb mich der trawren kan vertreiben" (V 7). Daraufhin wird sie von der Freundin aufgefordert, gegen die Gabe eines Gürtels den Namen des vorbildlichen Frauendieners preiszugeben: „sag mir seinen namen der dich mynne / so tugentlicher synne!" (VI 5f.).[86] In diesem Kontext erscheint nun eine Bekenntnisstrophe des ersten Mädchens, mit der sie zugleich der Bitte ihrer Freundin Folge leistet:

> Den wir alle nennen
> den von Rubental
> vnd sein gesanck erkennen
> wol vberall
> 5 der ist mir holdt mitt gút ich Im des lone
> (c 21 VII 1-5)[87]

Die Austauschbarkeit der Positionen erzeugt letztlich das latente oder manifeste Konkurrenzverhältnis zwischen Mutter und Tochter.

84 Der Unterschied der Gesprächslieder in der Neidhart-Tradition zu denen des Minnesangs wird auch augenfällig bei einem Vergleich mit der Gattung des Wechsels, wo es trotz zweier Sprecherrollen nicht zum Dialog kommt; vgl. hierzu SCHWEIKLE 1989, S. 131.
85 Vgl. auch BECKER 1978, S. 162ff. (mit weiterer Literatur). Becker erhellt insbesondere die nur in c vorhandenen beiden letzten Strophen c 21 VIII-IX, in der zwei weitere Frauenfiguren auftauchen.
86 R (15 VI) liest hier „tavgenlicher sinne".
87 In R steht anstelle von VII 1 „Den si alle nennent".

Aus dem Gespräch der Freundinnen, wie es bis zu dieser Stelle verläuft, lassen sich bereits mehrere Einheiten der *histoire* und ihrer Generierung aus der diskursiven Technik erkennen: Was hier auf der Ebene des Gesprächsverlaufs (der Diskursebene) stattgefunden hat, ist die Handlungssequenz Aufforderung durch den einen und das Nachkommen der Aufforderung durch den anderen Interaktanten.

Auf der Ebene der durch den Gesprächsverlauf exemplifizierten Geschichte entspricht diesem Verlauf eine erste Tauschgeschichte: Das Mädchen leistet der Aufforderung ihrer Freundin Folge, wenn ein materieller Gegenstand aus deren in seinen Besitz übergeht. Dem Gesprächsverlauf entspricht also etwas, was man eine **Gesprächsgeschichte** nennen kann, das heißt eine Einheit, innerhalb derer das Gespräch selbst eine Handlung ist. Diese Gesprächsgeschichte läßt sich in unserem Fall als reziproker Austausch von Gütern bestimmen: der Tausch des Gürtels gegen den Namen des Minnedieners.[88] Der Besitz der einen wird im Gespräch und seinem Handlungsrahmen zum Besitz der anderen.

Der Inhalt des Bekenntnisses folgt darüber hinaus nicht nur der Logik eines Gabentauschs (wie es die Kranzgeschenke, Liebespfänder usw. tun), sondern gibt eine weitere Tauschrelation zu erkennen.[89] Diese betrifft die von den Sprechern selbst kundgegebene Geschichte, die man auch die Sprechererzählung oder **Versionengeschichte** nennen könnte, weil sie eine als solche erkennbare Version einer dargestellten Ereignisfolge ist. Die Versionengeschichte beschreibt im vorliegenden Fall das Minneverhältnis zwischen dem Mädchen des Dialogs und dem Sänger von Rubental.

Die Sprecherin der Bekenntnisstrophe hat, während sie den Namen des Minnedieners preisgibt, bereits ein Verhältnis zu diesem. In diesem Verhältnis scheint, wie in der Interaktion zwischen den Frauen, ebenfalls ein Güteraustausch in ausgeglichener Reziprozität praktiziert zu werden: der Sang des Ritters gegen ein nicht näher bezeichnetes Gut der Dame.[90] Nimmt man die symbolische Auflading der Gabe Gürtel, die ein Jungfräulichkeitssymbol ist,[91] und den stets präsenten Zusammenhang aller Lieder eines Typs hinzu, dann entstehen durch die Wechselwirkung von Gesprächsverlauf, Gesprächsgeschichte und

---

88 Natürlich liegt auf der Ebene intertextueller Bezüge auch eine Verdrehung der Regel im Minnesang zugrunde, daß der werbende Sänger niemals den Namen seiner Geliebten preisgibt. Dieses Gebot wird in c 126 (UL 12) V thematisiert.
89 Zu den Pfändern vgl. FRITSCH 1976, S. 87ff. Der Vorschlag zu einem ähnlichen Tauschhandel zwischen den Mädchen findet auch in c 48 (RB 26) statt (ein Spiegel gegen den Namen); er wird allerdings nicht umgesetzt.
90 Im Fall der meisten Mutter-Tochter-Beziehung ist die Gegenleistung der Dame immer die körperliche Hingabe, so auch im Lied c 20 (SL 15) oder dessen Variante in der Hs. m (ZB 1). Der Rezipient der Lieder kann also den Terminus „guot" durchaus konkret im Sinne körperlicher Liebe verstehen.
91 Vgl. FRITSCH 1976, S. 107f.

Versionengeschichte mindestens zwei weitere Geschichten bzw. liegen dem textuellen Komplex des Lieds zugrunde.

Da die Freundinnen auch in diesem Lied tendenziell als Konkurrentinnen[92] gekennzeichnet sind und die Preisgabe des Jungfräulichkeitssymbols auch als Bereitschaft zur Preisgabe der Jungfräulichkeit beschrieben werden kann, deutet die zweifache Tauschaktion auf eine dritte. Dieser Tausch stellt einen weiteren bisher nicht entfalteten Aspekt der Geschichtsebene[93] dar: eine nicht explizit entfaltete, sondern suggerierte Ereignisfolge, die man **Suggestivgeschichte** nennen kann. Diese dem Publikum indirekt bedeutete Geschichte lautet: Wie der Gürtel seinen Besitzer von einem zum anderen Mädchen gewechselt hat, droht in Zukunft der Liebhaber selbst die ‚Besitzerin' zu wechseln.

Erscheint der Liebhaber der Sommerlieder als Tauschobjekt zwischen zwei konkurrierenden Subjekten, so erinnert das letztere Modell sehr an das von Greimas aufgestellte und von Warning für den Artusroman modifizierte Aktantenschema, das ja selbst eine Art **Tiefengeschichte** darstellt. Die Deutung ist verlockend, könnte sie doch zu einer Neudeutung der hier betrachteten Gesprächslieder führen. In den Gespielinnenliedern würde der Protagonist als Objektaktant zwischen den als Subjektaktanten fungierenden Frauen stehen, während es in den Mutter-Tochter-Dialogen die junge Frau ist, die zwischen den Opponenten Mutter und dem Ritter aus dem Reuental hin- und herpendelt. Viele Lieder zeigen nun in der Tat in der in ihnen zur Darstellung kommenden **Grundgeschichte**, d.h. dem hauptsächlichen Plot, einen Verlauf, der sich durch das Warningsche Aktantenmodell erklären läßt.[94] Dieses Ergebnis läßt jedoch nur die den Texten eingeschriebene Grundgeschichte besser erkennen, erklärt sie jedoch nicht im eigentlichen Sinn. Für eine Analyse der Lieder sind noch zwei weitere entscheidenden Dimension der Texte von Bedeutung: der Prozeßcharakter und die Modelldimension der Sommerlieder.[95]

---

92 Vgl. das nachfolgend untersuchte Lied c 50 (SL 20) oder c 48 (RB 26).
93 Das heißt hier: der insgesamt geschilderten, angedeuteten Ereignisse des aktantiell zugrundeliegenden, des latenten oder sogar potentiellen Geschehens.
94 Das heißt einen Dreischritt von Konflikt, Attribution und Domination. Dies ist vor allem in den Mutter-Tochter-Dialogen der Fall, wenn die Tochter (1) eine Vorgeschichte mit dem Ritter zu erkennen gibt (Konfliktsituation), sich (2) während des Gesprächs in mütterlicher Obhut befindet (Attribution) und (3) die Anziehungskräfte des ritterlichen Galans so groß sind, daß das Mädchen zu ihm gehen wird (Domination). Da es in den meisten Mütter-Töchter-Gesprächen zur Umgehung des mütterlichen Tanzverbots kommt, trifft die Beschreibung im Rahmen des Warningsche Handlungsmodell durchaus zu, insofern der Ritter schließlich obsiegt. Ausnahmen sind nur Lieder, die nicht mehr auf diese Grundsatzkonstellation bezogen sind, z.B. c 64 (UL 2), das Streitgedicht über den richtigen Zeitpunkt der Minne, oder c 31 (UL 21), der Disput über den ständisch korrekten Liebhaber.
95 Über die axiologische Besetzung der Frauen möchte ich im Rahmen ihrer Modelldimension zu sprechen kommen.

ad (ii.) Prozeßcharakter/Verlaufsdimension

Für die Neidharte gilt es im verstärkten Maße ihren prozeßhaften Charakter zu beachten, der im Fall der schriftlichen Überlieferung ihre Verlaufsdimension genannt wurde. Im Verlauf der Lieder, so wie ein impliziter Rezipient ihm folgt, wird die Bedeutung des Vorangegangenen durch das später Gesagte verändert, so daß sich keine Gesamtaussage aus der Summe einzelner Bedeutungsmomente errechnen läßt, sondern der Prozeß der Sinnkonstitution im Nachvollziehen der textuellen Bewegungen auf den bisher geschilderten Ebenen ergibt. Karl Bertau hat für dieses Moment der Neidhartlieder den schönen Begriff der **rückwärtigen Verknüpfung**[96] geprägt. Für das Rezipieren eines Liedtextes ist damit das Phänomen bezeichnet, daß sich die Bedeutung einer Strophe beim ersten Lesen bzw. Hören anders ausnimmt als beim Einbezug der nächsten. Der Sinn der Lieder entsteht erst durch eine rückwärtige Bedeutungsveränderung.[97] Die Verknüpfungen müssen vom Rezipienten erst geleistet werden, dem damit eine Deutungsaktivität als Aufgabe zufällt.

Der Anstoß für eine rückwärtige Verknüpfung ist häufig eine vorgängige Verwirrung, die insbesondere die Sprecherinstanzen betrifft. Diese sind in den Neidharten keineswegs immer deutlich markiert.[98] Diese „Irritationsstrategie"[99] hinsichtlich der Sprecherinstanzen betrifft in vielen Fällen nicht nur die diskursiven Momente, sondern auch die Einheiten der Geschichtsebene. Ein Rezipient wird somit ebenso mit der Frage ‚Wer spricht hier?' konfrontiert wie mit der Frage, über wen oder was gesprochen wird, und kann diese Fragen prinzipiell auf unterschiedliche Weise beantworten.[100] Den prozeßhaften Verlauf eines Lieds zu analysieren ist gleichbedeutend mit dem rationalen Rekonstruieren des Rezeptionsprozesses. Auch hierfür kann c 21 (SL 14) als Beispiel dienen.

Das Lied **c 21 (SL 14)** beginnt in der Ich-Rede eines anonymen Sängers. Als Natureingangssprechers führt die sprechende Ich-Instanz das implizite Publikum an den Schauplatz und spricht dabei auch interne Figuren an (wie die „maidt" in I 6), die er zum Tanz auffordert:

---

96 BERTAU 1973, S. 1041f.
97 Dies betrifft Strukturen wie den doppelten Kursus oder das typologische Schema. Vgl. hierzu WARNING 1979, S. 563-568.
98 Dies zeigt sich auch an der wechselnden Bestimmung wörtlicher Rede durch die Herausgeber der verschiedenen Ausgaben. Die Sprecherinstanzen werden auch im folgenden immer wieder Thema der Liedanalyse sein.
99 So der Terminus von ORTMANN et al. (1976, S. 3 et passim) für das von den Texten provozierte Rezeptionsmuster.
100 Auf die grundsätzliche Offenheit der Neidharte in dieser Hinsicht hat auch Jan-Dirk MÜLLER (1986, S. 428 et passim) hingewiesen.

> ir maiget wol gethan
> vnd mynnigleich
> zieret euch das euch die pawrn dancken
> die swaben vnd die francken
> (c 21 III 3-6)[101]

Durch die Aufforderung wird das anonyme Sprecher-Ich zur **Sänger-Figur**, d.h. zu einer Instanz, die noch nicht durch Eigenschaften, die andere ihm zusprechen, gestaltet ist, sondern alleine durch die sprachlichen Handlungen, die er vollführt. Die Sänger-Figur ist hier Frühlingskünder, Aufforderer zum Tanz und in einer Protoform auch Erzähler, d.h. Berichterstatter eines objektiven Geschehens.[102] Die letzten Zeilen des Natureingangs bestehen aus einer Aufforderung an anonyme junge Frauen, sich für den Tanz zu schmücken. Unmittelbar darauf folgt der Dialog zwischen den Mädchen. Ein Rezipient wird zwischen allen Teilen Zusammenhänge stiften und damit die textintern angesprochenen Mädchen des Natureingangs mit den Mädchen des Gesprächs, die Sänger-Figur mit der im Frauendialog besprochenen Liebhabergestalt des Reuentalers ineins setzen. Dies wird spätestens rückwirkend ab der zitierten Bekenntnis-Strophe des Mädchens geschehen, so daß aus Sprecherinstanzen tendenziell Figuren werden.

Zunächst wandelt das Sprecher-Ich von der Diskursposition in die Geschichtsposition hinüber. Statt der „Entzweiung", von der Ruh sprach, findet jedoch nur eine Dissoziation mit einer anschließenden Identifizierung statt. Dieses Phänomen führt nun zur weiteren Klärung der Sänger-Instanz, die keineswegs in den Frauenstrophen nur begehrtes Objekt, in den Sängerstrophen nur Sprecher und Minnesänger ist,[103] sondern mit einer großen Bandbreite von Übergängen stets beides. Dieses Phänomen der Oszillation von Sprecherinstanzen sei an SL 20 in der Fassung der Handschrift c (c 50) demonstriert.

Der Dialog zweier Freundinnen in **c 50 (SL 20)** kreist um einen unbekannten attraktiven Mann, von dem die eine behauptet, sie habe von ihm „einen sprung" (IV 3) gelernt. Der begehrte Mann wird also mit einer dem Rezipienten der Neidharte leicht entschlüsselbaren sexuellen Metapher als Lehrmeister weiblicher Initianden in das Reich der freien Geschlechterliebe dargestellt.[104] Die andere („Jr gespill" V 1) begehrt zu wissen, um wen es sich bei diesem Mann

---

101 R hat anstelle von „die pawrn" die „beier" gesetzt, c setzt dagegen bereits im Natureingang auf den Kontrast des hohen Stilregisters mit dem Personal.
102 Kommunikationsgeschichtlich wird die Sänger-Figur oft auf die mündliche Aufführungssituation des Minnesangs zurückgeführt, in der sie eine der fiktionalen Rolle des realen Sängers darstellte. Diese Aspekte hat für den Minnesang im allgemeinen STROHSCHNEIDER (1996) und für die Neidharte HÄNDL (1987) herausgearbeitet.
103 RUH 1974/86, S. 261.
104 Zur Sprungmetapher vgl. FRITSCH 1976, S. 76ff.

handelt, da auch sie ihn gerne kennen würde (V 3). Die Grundkonstellation zwischen den Figuren ist also in beiden Liedern (c 21 und c 50) dieselbe: die Beziehung zweier Frauen, von denen die eine etwas hat, was die andere auch gerne hätte (die sexuelle Erfahrung, den Liebhaber oder wenigstens seinen Namen). Im Gegensatz zu c 20 (SL 14) verweigert das erste Mädchen jedoch den Namen ihres ‚Lehrmeisters', woraufhin ihre Gesprächspartnerin ihr Dienst und Treue aufkündigt.[105] Die erste Sprecherin repliziert mit dem Lob ihres Liebhabers, den sie als höfischen Ritter darstellt:

> Nun zeihestu mich ich sej vngefúge
> Jch wais ein Ritter der mich an sein bette trúge
> das er mich nicht enwurff hin
> du pist laider on synn
> 5 das du mich so schwechest
> (c 50 VII 1-6)

Diese Strophe, die als Sprechakt nicht gerade den Grundregeln des rationalen Zweckhandelns folgt, sondern den Triumph der einen über die andere Frau ausspielt, kann als Umkehrung der Suggestivgeschichte von SL 14 (c 21) gesehen werden. Diese liefert in gewisser Weise sogar die Erklärung für jene. Wenn das Mädchen in SL 14 auf den von ihrer Gefährtin vorgeschlagenen Tauschhandel eingeht, droht sie ihren Liebhaber zu verlieren. Nach der Logik dieser Erzählung kann eine Frau, die den Namen des Liebhabers verweigert, mit Recht triumphieren, arretiert sie doch mit ihrer Weigerung den Tausch und damit den drohenden Verlust. Demnach würde sich ein Aktantenschema, das die Neidhart-Figur in der Rolle des Tauschobjekts sieht, zunächst bestätigen. Die Verknüpfung dieser Frauenstrophe mit dem nachfolgenden Kommentar des sprechenden Ich, der jetzt Erzähler ist, macht eine solche Deutung jedoch wieder zunichte. Auch der Rezipient wird diesen Widerruf als rückwirkende Verknüpfung wahrnehmen. Mit folgenden Worten endet das Lied:

> Von Ir geselschafft sie sich schiden
> nyemant *kund* Ir wechsel rede *volrecken* an den lieden
> Sie wurden paid an einander gram
> eine ich mir zu trauten nam
> 5 das ich sie ymmer traute
> das neydent ander leute
> (c 50 VIII 1-6)[106]

---

105 „hewer sej dir widersagt / dinst vnd auch trewe / dein mut ist ytzunt newe" (VI 4-6).
106 LESARTEN:
VII 2 Niemen kund ir wehselrede volrecken an den liden *R;* kund (...) volrecken *fehlt c.*

Entstanden ist durch diese Strophe im Liedverlauf eine Rahmung des Vorangegangenen in verschiedenen Hinsichten und Aspekten. Zunächst enthält die zuletzt zitierte Sängerstrophe die Fortsetzung der im Gesprächspart erzählten Ereignisse. Nach dem Streitgespräch um einen Mann nahm der Sänger eine der Frauen zur Freundin und beendete damit anscheinend auch den Streit. Er ist damit wieder in die diskursive Subjektposition als Sprecher und Berichtender eingetreten, hat zugleich aber auch eine neue Position auf der Figurenebene erhalten.[107] Die nur in verkürzter Sprechweise „Sänger" genannte Instanz (die für den Protagonisten in verschiedenen Sprecher- und Handlungspositionen steht) war anfangs nur als Sänger-Figur erkennbar, am Ende als Erzähler und Figur der dargestellten Geschichte.

Durch den *Verlauf* des Lieds ergibt sich jedoch eine Verknüpfung dieser zunächst dissoziierten Instanzen auf der Figurenebene. Derjenige, der am Liedanfang „ich" sagt, ist notwendigerweise identisch mit demjenigen, der am Ende „ich" sagt, wenn er über den Fortgang der Geschichte berichtet. Da er als Ich-Erzähler zugleich Redegegenstand der im Gespräch besprochenen Geschichte war, sind die sprechenden Instanzen wiederum mit der Figur des Reuentalers identisch. Die durch den Verlauf von Sprecherinstanzen und dargestellten Geschichten bewirkte Identifizierung des Reuentalers mit dem Ich-Sprecher suggeriert nun etwa folgende Geschichte (die Anführungen markieren im folgenden kein Zitat sondern den Inhalt der ungefähren Rezipientenmeinung):

‚Der Mann, der zum Tanz auffordert, wird von zwei jungen Frauen begehrt. Eine von ihnen hat ein Verhältnis zu ihm (oder behauptet es zumindest). Selbst auf Bitten ihrer Freundin hin gibt die junge Frau den Namen des höfischen Galans nicht preis, da sie anscheinend um seinen Verlust fürchten muß. Sie meint mit dieser Strategie der Gefahr zu entkommen, daß ihre Gefährtin ihr den Mann abspenstig macht. Aus Triumph über dessen Besitz rühmt sie sich der Gunst des Liebhabers und nimmt dafür sogar die Freundschaftsaufkündigung ihrer Freundin hin.[108] Der Sänger selbst berichtet schließlich, daß er eine von beiden zur Geliebten nahm. Mit diesem Entschluß hat er zwar den Streit zwischen den Frauen beendet, aber zugleich den Neid anderer auf sich gezogen.'

---

107 Und hat damit wohl die, wie Ingrid BENNEWITZ (1994) in einem Aufsatztitel formuliert, ‚männliche Inszenierung weiblicher Gespräche' in die Perspektive eines impliziten männlichen Adressaten gerückt.

108 Daß diese Geschichte in Termini des Minnesangs beschrieben wird, ändert nichts an ihrem suggerierten Verlauf. Die Frauen rühmen sich, begehen also ein Verhaltenstabu nach den Maßstäben des Minnesangs. Außerdem kündigen sie ein Dienst-Lohn-Verhältnis untereinander auf, das gar nicht bestanden hat. Diese Bezüge zum Minnesang zeigen allerdings nicht unbedingt dessen Parodie im strengen Sinn an, da sie keine genauen Umkehrungen, sondern eher Überdrehung von im Minnesang geltenden Interaktionsmustern sind.

Interessant an dieser Suggestiv-Geschichte ist ihre Entstehung durch den Verlauf des Textes; denn expressis verbis ist derjenige, der im Natureingang „ich" sagt, keineswegs mit dem anonymen Ritter und Liebhaber der Frauenstrophe identisch, dieser wiederum nicht mit dem Erzähler der zuletzt zitierten Strophen (oder dem Ritter von Reuental anderer Strophen). Zugleich wird mit der Erzähler-Strophe am Ende die im Mittelteil dargestellte Figurenkonstellation in eine andere überführt.[109] Zunächst wird der Eindruck, zwei Frauen streiten sich um den Liebhaber, desillusioniert, weil sich der männliche Protagonist als derjenige herausstellt, der die Entscheidung über seine Position im Minneschema selbst herbeiführen kann. Auf der Geschichtsebene taucht aber wiederum ein anderes Minneschema auf, das an das des Minnesangs Anleihen macht: Der Sänger steht, wenn er Neider aufkommen läßt, nicht mehr zwischen zwei Frauen (deren begehrtes Objekt er ist), sondern in vertrauter Weise zwischen der anonymen Gesellschaft und der Geliebten. Nach der Konkretisierung des Sängers als Figur des ritterlichen Liebhabers wird dieser kurzzeitig zum Klagenden und Berichterstatter seiner eigenen Lage. „das ich sie ymmer traute / das neydent ander leute" (VIII 5f.). Mit dieser Kurzformel ist die knappe Rekapitulation des Minneschemas im Hohen Sang geleistet, in welchem ein Sprecher-Ich zwischen der Dame und der Gesellschaft („ander leute") steht. Aber auch die Gesellschaft als die anderen der Liebesinteraktion, die im Minnesang die Ferne der Dame zu motivieren helfen, bleiben hier kein abstraktes Element, sondern werden in der Schlußstrophe konkretisiert:

   1   Der mich vmb die wolgethanen neyde
       dem wunsch ich das Im dick beschehe das er vnsaffte
                                                                                                                                       [layde
       gewynn er ymmer herczen lieb
       die stell Im der mynne dieb
   5   das muß sein alles rómen
       mein freundt nu sprechet alle Amen
       (c 50 IX 1-6)[110]

---

109 Gelegentlich ist der Erzähler nicht mit dem Reuentaler identisch. Vgl. HÄNDL 1987, S. 109f. Händl benutzt durchgehend „Erzählerinstanz"; BECKER (1978, S. 271 mit Bezug auf c 50) spricht von einer „Erzählerfigur" und „Sänger-Erzähler". Es lassen sich diese Begriffe zu einer terminologischen Differenzierung benutzen: „Erzählerfigur" bzw. „Ich-Erzähler" ist ein Sprecher, der u.a. über sich selbst berichtet, „Erzählerinstanz" eine Position, die „ich" sagt, aber nicht Gegenstand der Erzählung wird, d.h. keine Figur darstellt. Eine Unterscheidung kommunikativer Neidhart-Instanzen schlägt auch Herfried VÖGEL (1997) vor.
110 LESARTEN:
     IX 5 ramen (*räumen*) R.

Die unkonkreten „ander leute" der vorangegangenen Strophe werden zu einem anonymen, aber konkreten Neider um die Gunst der Dame. Die abstrakte Position der Gesellschaft wird damit zur konkreten Figur eines Konkurrenten transformiert. Herbeizitiert werden weitere Gestalten - wie die Freunde und der Minnedieb - durch eine sprachliche Aufforderungsgeste („mein freundt nu sprechet alle Amen" IX 7), die sicher ein Mittel war, um die Fiktionalität der Gesprächsgeschichte zu markieren.[111] Im schriftlichen Text funktioniert die Konkretisierung der Gesellschaft in zwei antagonistische Teile durch den sprachlichen Trick, einen generischen Artikel („Der mich vmb die wolgethanen neyde" IX 1) zu einem Personalpronomen umzudefinieren. Die Gesellschaft verkörpert sich in einen Rivalen auf der einen und die Gruppe der Helfer und Freunde des Protagonisten auf der anderen Seite.

An diesem Beispiel zeigt sich, daß die Gesprächslieder weder auf der Diskurs- noch auf der Geschichtsebene die festen und durchgängigen Positionen und Relationen kennen, die ihnen zumeist unterstellt werden. Vielmehr werden diese stets im Verlauf des Textes prozeßhaft hergestellt und gegeneinander perspektiviert. Bedenkt man das Prinzip der rückwirkenden Verknüpfung (Bertau) sowie den zyklischen Zusammenhang der Lieder, werden die einzelnen Lieder darüber hinaus mit Bezügen zu anderen, jeweils den Rezipienten gegenwärtigen Prätexten angereichert.[112]

Für die Sommerlieder lautet das Ergebnis bis hierher, daß weder ihre Personenkonstellation noch ihre anderen mit dem Minnesang vergleichbaren Aspekte als dessen direkte ‚Umkehrung' zu verstehen sind, sondern allenfalls als Variation und Verschiebung. Es fragt sich, ob das Entsprechende auch für ihren Status als Interaktions- und Gesellschaftsmodell gilt.

ad (iii.) zur Modellfunktion
Bei einem Versuch, den Status der Sommerlieder in ihrer exemplarischen Gestalt der Gesprächslieder zu bestimmen, darf man weder der Gefahr erliegen, in ihnen direkte Widerspiegelungen realhistorischer Verhältnisse zu sehen, noch sie zu einer selbstversorgten, artistischen Liedform ohne gesellschaftliche Dimension zu machen. Um die gedachten Ordnungen der Sommerlieder zu verorten, läßt sich in Entsprechung zum Minnesang von einer Bestimmung als Gesellschaftskunst ausgehen.

---

111 Diesen Aspekt hebt Jan-Dirk MÜLLER (1996) anhand von WL 4 heraus.
112 Vgl. zur rückwärtigen Verknüpfung Anm. 96. Mein Ergebnis ist dem von Petra Herrmanns Untersuchung durchaus analog: Es ist angemessen, zumindest *alle* Lieder eines Typs als einen großen, im Bachtinschen Sinne vielstimmigen Text anzusehen. Vgl. HERRMANN 1984, insbes. S. 1-49. Zum Bachtinschen Konzept vgl. BACHTIN 1979, hieraus vor allem: Das Wort im Roman, S. 154-300.

Das auffälligste Merkmal der Sommerlieder im Vergleich zu denen des Minnesangs ist sicher die Tatsache, daß sich die in den Texten dargestellte Gesellschaft erheblich von der mutmaßlichen Gesellschaft, welche sie rezipierte, unterscheidet. Dies gilt über den gesamten Rezeptionszeitraum der Liedüberlieferung hinweg und für das mutmaßliche Publikum der Texte, seien dies nun tendenziell Adlige im 13. Jahrhundert oder Stadtbürger im 15. Jahrhundert. Der mit nur geringen Hindernissen gekennzeichnete freie Kontakt eines Ritters mit den Mädchen einer beinahe ausschließlich von weiblichen Figuren dominierten bäuerlichen Welt, deren Haupttätigkeit im Tanzen in der topischen Zeit des Mais besteht, ist dem Publikum deutlich als Entwurf einer fiktiven Welt erkennbar. Die Abwesenheit von Vätern und Brüdern ist mit dem fiktionalen Status der dargestellten Welt erklärlich, ebenso wie die ‚Feiertäglichkeit' dieser Welt, die zwar ländlich ist, aber keinen agrarischen Alltag kennt.

Insgesamt erweist sich die dörperliche Welt der Sommerlieder als Imagination einer literaturfähigen Oberschicht: Im spezifischen gegenbildlichen Entwurf haben die Figuren Handlungslizenzen, die weder in der außerliterarischen Realität noch im höfischen Diskurs denkbar wären.[113] Mit diesem Merkmal ist jedoch nur der allgemeinste Grundzug des Modellcharakters der Sommerlieder angegeben, noch nicht ihr Funktionieren und ihre spezifische Gestaltung.

Die spezifische Gestaltung der entworfenen Welt zeigt sich in der Gesellschaft der Dorfgemeinschaft, deren Figuren in einer natürlichen oder zumindest archaischen Ordnung zu leben scheinen. Diese Ordnung drückt sich in einer entfalteten Natursymbolik sowie in einem gut funktionierende Gabentausch aus, bedenkt man, wie der Austausch zwischen Sänger und Frauen in der Natur mit natürlichen oder bäuerlichen Gaben (Blumen, Kränzen, Schleifen, Hüten usw.) dargestellt wird.[114]

Doch ist es nicht nur die konstruierte ‚natürliche Ordnung', die in den Liedern zur Geltung kommt. Für den Status der Sommerlieder als Modell ist es wichtig festzuhalten, daß es sich bei der gültigen gesellschaftlichen Ordnung um den artistischen Entwurf einer naturalisierten Gesellschaft handelt, der als solcher erst eine gesellschaftliche Dimension durch die Rezeption erhält. Die

---

113 Vgl. zur Rolle der Dörper und ihrer Beurteilung durch die Forschung SCHWEIKLE 1994. In Hinblick auf die Sommerlieder gilt, wie Ann Marie RASMUSSEN (1993, S. 22) bemerkt, daß in dieser „Gegenwelt zum Hof (...) sowohl Narrheit wie erotische Freizügigkeit an der Tagesordnung" sei; wobei erst in diesem „Bezirk der Ungebundenheit (...) die weibliche Sexualität aussprechbar und darstellbar" werde.

114 Der Gabentausch findet im Rahmen eines literarisch inszenierten Brauchtums statt. Häufigstes Geschenk und Liebespfand sind Kränze, welche den Tausch metonymisch (durch Objektsymbolisation) zum Ausdruck bringen. Auf der Geschichtsebene findet ein paralleler Austausch statt wie bei den Figuren. Neben FRITSCH (1976, S. 119-178.), der die Gaben verzeichnet, erläutert LIENERT (1989) mit dem Motiv der roten Stiefel eine weitere Art des Gabentausches in den Neidharten.

dargestellte ‚Natürlichkeit' der bäuerlichen Gesellschaft ist im Kontext der Überlieferung immer als spezifisches literarisches Konstrukt erkennbar, das sich von anderen Konstrukten, namentlich der im Minnesang entworfenen, auf Affektregulierung beruhenden Zivilisatorik erheblich unterscheidet. Die Natürlichkeit ist so eine ‚künstliche Natürlichkeit', die als Gegen- und Konkurrenzmodell anderer literarischer Entwürfe ihren spezifischen Sinn erhält.[115]

Die gesellschaftliche Dimension der Sommerlieder zeigt sich unter anderem textintern in der Bedeutung, die soziale Bindungen hier haben. Solche Bindungen kommen in den genannten Konstellationstypen (Mutter-Tochter, Gespielinnen) zum Ausdruck, aber auch dann, wenn die Lieder Erweiterungen der Konstellation von Sänger, Frau und Gespielin bzw. Mutter um weitere Mitglieder der Dorfgemeinschaft aufweisen.[116] Die Bindungen und Relationen zwischen den Figuren beruhen auf verwandtschaftlichen Verhältnissen (Mutter-Tochter), auf der Konkurrenz zwischen Frauen oder aber auf der freien Wahl des begehrten Objekts.

Wesentlich für die Interaktionsregeln der sommerlichen Gesprächslieder ist das stets vorausgesetzte wechselseitige Begehren zwischen der jeweiligen Frau und dem Sänger, das selbst keiner Begründung bedarf. Die Wahl des Reuentalers als idealem Liebhaber durch eine der dörflichen Frauen ist genauso wenig einem Erklärungs- oder Begründungsakt ausgeliefert wie die Wahl einer bäuerlichen Lebenswelt und die entsprechende Wahl von Dorfschönen durch den Ritter und Knappen von Riuwental. In Entsprechung zur künstlichen Natürlichkeit der dörperlichen Welt könnte man bei diesem Interaktionsmuster von einer freiwilligen Unfreiwilligkeit sprechen: Den Frauen steht es frei, über soziale Grenzen hinweg einen idealen Liebhaber zu wählen. Daß der Reuentaler der hoffnungsvollste Aspirant für diese Position ist, ist aber wiederum zwangsläufig innerhalb der Redewelt der Gattung.

Entsprechendes läßt sich von der Position der Konkurrenten sagen: Diese scheinen nur eingeführt, um ihre Ausschaltung umso wirkungsvoller demonstrieren zu können. Die Position ‚Konkurrent' hängt davon ab, wer die aktantielle Subjektposition einnimmt (eine Frau, der Sänger), und kann mit

---

115 Der Begriff „natürliche Künstlichkeit" geht auf Helmut Plessner zurück. Er ist von der modernen Wissenssoziologie wieder aufgenommen worden, vgl. SOEFFNER (1992, S. 105). Die „natürliche Künstlichkeit" bildet sich durch den institutionalisierten Gebrauch von Zeichen, welche die Natur codieren. Dies trifft auf die Naturtopik des Minnesangs genauso wie auf die Natursymbolik der Sommerlieder zu.

116 Aber auch die Bindungen zwischen den Frauen nehmen häufig die Form von regelrechten Verträgen ein, wie am Motiv des Gürteltausches in c 21 (SL 14) bereits gezeigt wurde. Auch die Lossagungs- und Fehdeformen sprechen dafür; vgl. die Gespielin-Rede in c 50 (SL 20) VI 4 „hewer sej dir widersagt" oder die Mutter-Rede c 67(SL 8) V 3 „ich wil mich dein verczeihen". Die Gespielinnen-Dialoge bestehen in einigen Fällen aus Beratungsakten (c 59 [SL 26], c 46 [SL 28], c 61 [RB 28]).

unterschiedlichen Figuren besetzt sein und: mit der Freundin, der Mutter oder einem nur im Gespräch erwähnten standesmäßig unterlegenen Mann.[117] Alter, Geschlecht und Stand finden sich dabei im Vergleich zum Minnesang handlungsfunktional umgedeutet, insofern Konkurrenz um die Dame oder den Sänger immer nur als überwindenswertes Hindernis zur Erfüllung des Begehrens inszeniert wird.

Das Hindernis zur Erfüllung des Begehrens ist dabei in den Gesprächsliedern in dem Maß auf konkrete Personen verlagert, wie die begehrte Person als Minneobjekt konkret ist. Der Sänger hat so keine Skrupel, sich irgendeine der Frauen als Geliebte zu nehmen. Die Frauen wiederum sind ebenfalls nicht durch verinnerlichte Gesellschaftsnormen geprägt, sondern protestieren gegen ihre „instrumentale Funktion als Tauschobjekt zwischen Familien"[118], wenn es sie gewissermaßen mit Naturgewalt und trotz aller Warnungen zum sozial und anscheinend auch körperlich attraktiveren Reuentaler zieht.

Die Werbung ist nichts, was die Frauenfiguren der Sommerlieder ablehnen, sondern im Gegenteil herbeisehnen: „If the knight is a sexual hunter, then these poems suggest that the prey desires the chase."[119] Mit diesem Entwurf formen die Lieder vorgängige höfische Modelle der Figurenidentität um, insofern die Werbung selbst nicht mehr als notwendige Maßnahme zur Selbsterziehung des Manns erscheint, sondern als leicht durchschaubare Strategie, zum Ziel zu kommen.

Im Status der Werbung liegt nun auch der Schlüssel für ein Verständnis der Sommerlieder, das sich an einem identitätsthematischen Analysemodell orientiert: Vorausgesetzt, daß die Sommerlieder einen Modellcharakter besitzen, muß gefragt werden, wie dieser in Hinblick auf den Wertetransfer realisiert wird. Im Warningschen Modell des Artusromans genauso wie in der oben vorgelegten Analyse des klassischen Minnelieds[120] ist nämlich die Frage des spezifischen Wertetransfers entscheidend, um die Identitätskonstitution und die thematische Rolle des Protagonisten beschreiben zu können.

In den hier betrachteten sommerlichen Gesprächsliedern entfällt zunächst die spezifische Ideologie und Ökonomie der höfischen Minne, die sich auf der Handlungsebene durch das vergebliche Bemühen des Werbenden um das Umworbene und auf der Diskursebene durch die Betonung des Sprechers ausdrückt, daß genau darin der Wert der Werbung liegt. Der Sänger ist in den Sommerliedern wenn schon nicht als Werbender, so doch als der attraktive Mann höheren Standes und als Geschlechtspartner zwar immer noch derjenige, der sich im Dienst bemüht. Im Vergleich zum Minnelied besteht allerdings der

---

117 Vgl. unten die Deutung von c 31 (UL 21).
118 RASMUSSEN 1993, S. 23.
119 RASMUSSEN 1997, S. 172.
120 Vgl. II.3.1.

Unterschied, daß er in den Sommerliedern zugleich der Begehrte ist und daß die Dame ihn gern entlohnt. Der Wertetransfer des Minnesangs ist damit nicht nur spezifisch variiert, sondern geradezu aufgehoben. Ein Wertetransfer findet aber dennoch in diesen Liedern statt. Er zeigt sich im Rahmen eines komplexen Ineinanders von gesellschaftlich-höfischer, dörperlich-ländlicher und quasi-natürlicher Ordnung. Die Dörperwelt der Sommerlieder verbindet die Gegensätze verschiedener sozialer Ordnungen mit einer ebenso spezifischen naturalisierten Ordnung.[121] Die Überlagerung erst macht in ihrer gattungspoetologischen Verfaßtheit den Wertetransfer sichtbar, der in den Liedern gilt.

Schon des öfteren sind in der Forschung die positiven Aspekte der dargestellten ‚Kreatürlichkeit' der Liebe in den Sommerliedern hervorgehoben worden, die im engen Zusammenhang mit der Topik und Symbolik der aufblühenden Natur stehen.[122] Die Zeichenhaftigkeit der Natur findet sich grundsätzlich auch im Minnesang und der höfischen Epik als komplexe symbolische Relation zwischen Natur und Gesellschaft vorgeformt, wie sie vor allem im Begriff der *vröude* ausgedrückt ist.

Die *vröude*, welche die aufblühende Natur auslöst, steht hier in einer Analogiebeziehung zu der, die in der höfischen Gesellschaft durch das Wissen des Übereinstimmens ihrer Mitglieder untereinander herrschen soll. *Vröude*, verstanden als soziale Harmonie *(gaudium)* und Integration aller unter einem Zentralkonzept einer höfischen (d.h. adligen und friedlichen) Vergesellschaftung, wird durch die Freude an der Natur gleichermaßen parallelisiert, symbolisiert und vermittelt.[123] Diese typisch höfische Vermittlung von *vröude* läßt sich nun durchaus auch als eine der Funktionen der Sommerlieder sehen, auch dann, wenn sie nicht mehr von Adligen, sondern spätmittelalterlichen Stadtbürgern rezipiert werden. Die Art und Weise, wie Freude vermittelt wird, ist auch in

---

121 Besonders deutlich macht den Gegensatz von gesellschaftlicher und natürlicher Ordnung das nur in der Manessischen Hs. (C) überlieferte SL 7. Eine Tochter schlägt in diesem Lied die Warnung der Mutter vor einem Einlassen mit Merze (einem schon dem Namen nach naturalisierten Dörper) und damit vor der möglichen Folge einer Schwangerschaft in den Wind. Das Gegenargument besteht nicht im Aufbegehren gegen die Erziehungsrolle der Mutter, sondern in einer Berufung auf den Zyklus des natürlichen Lebens:

> Mv̊ter ir sorget vmbe dē wint
> mirst vnmere
> solhe swere
> wib dú trůgē ie dú kint
> (C 269, 1-4)

122 Diesem Aspekt widmet sich Jutta GOHEEN (1984, S. 18-91) auch anhand weiterer mittelalterlicher Lyrik.
123 Vgl. ORTMANN/RAGOTZKY 1990, S. 232f.

den Sommerliedern von hoher Artistik, insofern das Verfahren zur Vermittlung von Freude eine komplexe Form des Wertetransfers darstellt.

Der Wertetransfer beruht auch in den Sommerliedern auf einer axiologischen Besetzung und einer aktantiellen Verlaufsform, anhand derer er vorgenommen werden kann. Die Vermittlungsform läßt sich direkt und indirekt an der Personeninteraktion festmachen. Auch in den Neidharten ist die Frau Aktantenobjekt, Wertspender und Reflexionsmedium in einem. Der im wesentlichen vermittelte Wert ist auch hier derjenige der *vröude*, die in den Sommerliedern nicht mehr über die Artikulation des Leidens hergestellt wird, sondern über die Teilnahme des Sängers am naturalisierten und gegenbildlichen Entwurf des bäuerlichen Lebens. Auf der axiologischen Ebene nehmen die Frauen an der positiven Besetzung der Natur teil und vermögen die hieraus resultierenden Werte an den Sänger zu vermitteln.[124]

Der Sänger bleibt dabei zentrale Gestalt der Lieder, auch wenn sich seine thematische Rolle als Integrator und Mediator in sehr verschiedene Sprecher- und Handlungsinstanzen entfaltet. Der Sänger kann als anonymes Sprecher-Ich, als minnesängerische und anonyme Sänger-Figur, als anonymer begehrter Mann, als Erzähler und als der bekannte Sänger (Mann, Knappe, Ritter) von Reuental oder als Herr Neidhart auftreten. Die Dissoziationen und Identifizierungen der Sängerinstanzen, die eine ständige Analyse- und Syntheseleistung durch den Rezipienten verlangen, lassen sich jedoch einer sinnhaften Verlaufsform zuordnen, die sie integriert.

Bedeutsam für die Sinnkonstitution sind vor allem die Diskursposition des sprechenden Ich, das sich an das implizite Publikum wendet, und die Geschichtsposition der begehrten Figur (des Ritters von Reuental). In seiner Rolle als Verkünder des Sommers agiert der Sänger auf beiden Ebenen: Er vermittelt einem impliziten (d.h. textinternen Publikum) durch Ankündigung der Jahreszeit genauso *vröude* wie den *mägden* in den Liedern.

Die tiefenstrukturelle Verlaufsform, welche die verschiedenen Ebenen des Diskurses und der Geschichte integriert und den Wertetransfer möglich macht, ist folgende: Der Sänger führt als Sänger-Figur das Publikum in die Welt der aufblühenden Natur, fordert zum Reihentanz, zur Begrüßung des Sommers, kurz: zur Teilnahme an jener Welt der Freude auf. Zugleich ist damit der erste Schritt in die Figurenwelt getan, die aus bäuerlichen Frauen besteht, welche die Tänzerinnen und Freudebringerinnen auf der Figurenebene sind. Im szenischen Dialog der Lieder ist dann auch der Sänger auf der Figurenebene angekommen.

---

124 Damit findet auch eine Umbesetzung der Freude statt, die auf der Wechselseitigkeit des Austauschs von Frauen und Sänger und damit auf der Geschlechterkonstruktion der Sommerlieder beruht. Der Austausch ist auf der Figurenebene freiwillig, wenn er sich auch insgesamt als nur eine Variante der männlichen Definition von Geschlechterliebe ausmachen läßt. Zu diesem Aspekt vgl. RASMUSSEN 1997, S. 163-188.

Als begehrter Ritter erfüllt er die Sehnsüchte der Frauen, die über ihn sprechen. Zugleich nimmt er an ihrer Welt teil, indem er für sie singt und spielt. In dieser Hinsicht ist er der Gebende. Zugleich kann er den freudebringenden Wert dieser Frauen als Trägerin eben dieser naturalisierten Freude, den er auf der Figurenebene im Tausch von Werbung und Hingabe erworben hat, besingen und im Gesang aufbewahren. Der Sang als Aufbewahrungsform naturalisierter Freude ist zugleich deren Sublimation und macht eine Weitergabe an ein Publikum außerhalb der Figurenwelt möglich. Der Sänger hat damit als Ritter-Figur etwas erworben, was kein anderer verloren hat und was er nun als Artist, weitervermitteln kann. Diese tiefenstrukturelle Verlaufsform definiert auch die thematische Rolle des Sängers, d.h. des sprechenden und handelnden Protagonisten in diesem spezifischen Texttyp.[125]

Mit dieser These über die Tiefenstruktur des Texttyps Sommerlied möchte ich den Vergleich der Sommerlieder mit dem Minnelied abschließen. Das, was Kurt Ruh über die Sänger-Figuren-Dissoziation in den Sommerliedern Richtiges konstatiert hat, ist mit dieser These zugleich auf eine andere Erklärungsebene gehoben worden, indem es vor dem Hintergrund eines identitätsthematischen Modells reformuliert und ausgeführt wurde.[126]

Die Konstitution der Figurenidentität läßt sich en detail immer nur an einzelnen Texten erweisen. Bevor diese nach Konstellationstypen geordnet erörtert werden, sei eine Zwischenbilanz über das bisher gewonnene Instrumentarium hinsichtlich der Sprecher- und Handlungsinstanzen in den Liedern gezogen.

1.4 Zwischenbilanz

Aus den Erörterungen der Konstellationsschemata, der Figureninteraktion sowie der Sprecherinstanzen in den Neidharten lassen sich hinsichtlich der Textanalyse Konsequenzen ziehen: Zunächst ist die Kommunikation und Interaktion in den Liedern nach verschiedenen Textdimensionen und semiotischen Niveaus zu analysieren (Mitteilungsdimension, Prozeßcharakter und Modellfunktion sowie Sprecher-, Autor- und Rezipienteninstanzen).

Als einer der wichtigsten Aspekte der Lieder hat sich dabei ihr *Prozeßcharakter* herausgestellt. Indem die Lieder Sprecher- wie Handlungs-

---

125 Eine Konkretisierung dieser tiefentextuellen Verlaufsform findet sich im Veilchenschwank. Hier ist es der brauchtümliche Hintergrund der ‚Maibuhlschaft' mit der ersten Frau der Gesellschaft (der Herzogin), welcher Neidhart zum Überbringer der Freude an die Hofgesellschaft macht. Im Moment ihrer Konkretisierung ist diese Geschichte jedoch nur noch als Störung erzählbar. Vgl. zum Veilchenschwank V.2.3.
126 Hier muß auf die Prämisse (Anm. 112) verwiesen werden, daß alle Texte dieses Texttyps letztlich als ein großer Text betrachtbar ist.

positionen dynamisch gestalten, sind deren wechselseitige Relativierungen und Perspektivierungen immer mitzubedenken. Die diskutierten Schemata der Figurenkonstellation lassen sich daher genausowenig wie die Ablaufmuster oder die Sprecherpositionen in typologische Aussagen über alle Lieder generalisieren. Diese Generalisierung würde der Prozeßhaftigkeit der Texte widersprechen: Die Figurenidentität wird erst in der textinternen Interaktion der Lieder hergestellt und bleibt durch die Uneindeutigkeiten und die „Irritationsstrategie"[127] der Neidharte labil und mehrdeutig. Dies betrifft jede Figur, die Konstellation zwischen ihnen, in allererste Linie aber den Protagonisten der Tradition selbst.

Die anderen Figuren der Neidhartiana lassen sich hauptsächlich über ihre Positionen auf der Geschichtsebene bestimmen. Sie können dabei verschiedene Arten von Sprecherrollen einnehmen: die szenische als dramatische Figur, die Sprecherrolle als Natureingangssprecher (im Fall einiger Frauenstrophen) oder die Rolle als Widersacher der Neidhart-Figur (im Fall der Trutzstrophen).

Die Geschichtsebene hat sich ihrerseits angesichts der Komplexität des in den Liedern Mitgeteilten als äußerst differenzierungsbedürftig gezeigt. Sie läßt sich nach ihrer Latenz oder dem Manifestationsgrad unterteilen in oberflächen- und tiefentextuelle Ebenen, welche je nach Einzeltext zu ermitteln sind. Diese Unterteilung trifft auf die Figurenkonstellationen insgesamt zu. Schon bei einer Musterung der Sommerlieder hat sich ein Set von ‚Handlungspositionen' ergeben, das unterhalb der universellen Struktur von Subjekt- und Objektaktanten liegt, aber oberhalb der konkreten Konstellation in den einzelnen Liedern. Dieses Set von Handlungspositionen besteht aus:

(1) Dem Hauptprotagonisten, der in beinahe allen Liedern als Neidhart-Figur identifiziert werden kann
(2) Dem begehrten Objekt, das mit diesem identisch sein kann, aber nicht sein muß
(3) Den Konkurrenten und Widersachern
(4) Den indifferenten anderen der Gesellschaft
(5) Den Helfern des Protagonisten
(6) Den Helfern oder indifferenten Beziehungsfiguren der Widersacher

Diese Positionen sind Gattungskonstrukte, insofern sie sich in Hinblick auf die Figureninteraktion durch ihre Potentialität, ihre Multifunktionalität und ihre Abstraktheit bestimmen lassen. Eine Position meint weder einen konkreten Sprecher noch eine Figur, sondern ein Merkmalsbündel auf einer Ebene ‚mittlerer Allgemeinheit', das sich je spezifisch konkretisiert.[128]

---

127 ORTMANN ET AL. 1976, S. 3 et passim.
128 Vgl. die Gattungsdiskussion in II. 2.1.

Die Konstellationen müssen sich in einem zeitlichen Verlauf verorten lassen. Jede Konstellation kann in verschiedene Geschichten umgeformt werden. Im Gegensatz zum Minnelied, das nur *eine* bestimmte Konstellation kennt (nämlich die Minnesituation) und sie mit einer minimalen Zeitstruktur auffüllt, zeigen die Figurenkonstellationen der Neidhartlieder mehrere Stadien, die im Fall der Schwanklieder dann auch in die Ablaufform einer regelrechten Erzählung zu bringen sind. Aber auch in den nicht episch wirkenden Liedern zeigen sich eine Vielzahl von Geschichten. Diese können im Gespräch oder im Bericht wiedergegeben werden bzw. sich hierin vollziehen; sie können als aktuell, vergangen, zukünftig, wahrscheinlich oder nur erwünscht erweisen und sind insgesamt in jedem denkbaren Seins-, Zeit-, und Gedankenmodus realisierbar.

Bei den bisherigen Analysen hat sich eine bestimmte Typenmenge an Geschichten als analytisch sinnvoll herausgestellt und soll daher auch weiter angewandt werden:

(1) Die Gesprächs- und Interaktionsgeschichte, welche die Kommunikation der Figuren als Handlungssequenz und wechselseitige Verstehensprozesse zeigt
(2) Die Versionengeschichten, also Ereignisfolgen, die in der Figurenrede aus der Figurenperspektive wiedergegeben werden
(3) Die Grundgeschichte, welche die im Text insgesamt zu entnehmende Ereignisfolge meint
(4) Die Suggestivgeschichte, d.h. die durch den Verlauf von Liedern irgendwie nahegelegte Verknüpfung von bestimmten Ereignissen, die indirekt zur Darstellung kommen
(5) Die Tiefengeschichte, womit jede Form von aktantieller Konstellation oder untergründiger Interaktion gemeint ist, die in eine Verlaufsform überführt wird.

Wurden bisher neben der Grundlegung eines identitätsthematischen Textanalysemodells auch noch die spezifischer an den Neidhartliedern ausgerichteten Modelle der Figurenkonstellation anhand der Ruhschen Minneschemata erörtert und so das Textanalysemodell verfeinert, so möchte ich im folgenden Abschnitt in Hinblick auf das verfeinerte Modell mit einer Beispielanalyse gewissermaßen die Probe aufs Exempel machen.

Als Beispiel wähle ich bewußt einen Sonderfall, der unabhängig vom Texttypus aufzeigen kann, welche Aspekte der Figurenidentität durch Konstellationen hervorgerufen werden: Winterlied 7 in der Fassung der Handschrift c.

1.5 Eine exemplarische Analyse: c 128 (WL 7)

Das Lied c 128 (WL 7) gehört seinem Natureingang nach zum Typus der Winterlieder, enthält allerdings mit seinen Dialogpassagen Elemente von Sommerliedern, die in ihrer Kombination einen einmalig Fall sowohl innerhalb des eingeschränkten ‚echten' als auch des weiteren Liedcorpus darstellen: die Verbindung eines Mutter-Tochter mit einem Mutter-Sänger-Dialog.

Das Lied stellt zudem, ein weiterer Grund für seine Wahl, in seiner Überlieferung die Absicht dieser Arbeit auf die Probe, sich primär an die Überlieferungszeugen zu halten: Während bis Strophe VII eine Parallelüberlieferung in R (30,1-7) und C (249-254) vorliegt,[129] folgen in der Fassung von c noch drei weitere Strophen, die sich auch als eigenständiges Lied auffassen lassen, aber vom Schreiber der Handschrift zu einem Text zusammengefaßt wurden.[130] Unter der Überschrift „Der rodt told" finden sich in c insgesamt zehn Strophen (Bl. 264r-265v). Der Interpret steht also vor der Wahl, entweder der Überlieferung radikal zu folgen (und ist damit allerdings auch gezwungen, einen Sinn für die gesamte Überlieferungseinheit zu finden), oder er entscheidet sich gegen die Fakten des Überlieferungsträgers und ist damit gezwungen, in den Überlieferungsbestand einzugreifen.[131] Ich werde im folgenden, wie die bisherige Neidhart-Philologie dies bereits getan hat, ebenfalls von zwei Liedern ausgehen.[132] Wenn ich dieser Entscheidung ebenfalls folge, dann aus sachlichen Gründen: Erstens deutet der verkürzte winterliche Natureingang und das anonyme Personal in den c 128 I-VII folgenden Strophen auf eine neue und selbständige Liedeinheit hin. Zweitens läßt sich der Inhalt aller unter der Kennwortüberschrift „Der rodt told" versammelten zehn Strophen nicht sinnvoll als Einheit interpretieren. Die Interpretationsgrenzen und -kriterien des Literaturwissenschaftlers greifen in solchen Fällen also in die Textkonstitution ein, selbst wenn dieser sich ansonsten an der Überlieferung orientiert.

Der Text von c 128 ‚Der rodt told' (I-VII) lautet in der handschriftlichen Transkription:

---

129 Ausnahme ist Strophe V, die C fehlt.
130 Zu beachten ist, daß die Transkription Ingrid Bennewitz' hier, wie bei allen Liedern der Hs. c, der Unterteilung nach Kennwortüberschriften in der Hs. selbst folgt. Ihre Strophen c 128 VII-X entsprechen in der traditionellen Zählung c 129 I-III.
131 Tatsächlich attestiert man damit der Überlieferung einen Fehler, wie es Karl STACKMANN (1994, S. 420f.) in seiner Erörterung der New Philology für grundsätzlich möglich und in bestimmten Fällen für sinnvoll hält. Vgl. auch I.3.
132 Beginnend mit von der Hagen (HMS) setzte sich diese Entscheidung bei Haupt (H) und den anderen Editoren (HW, Wießner in der ATB-Ausgabe, BEYSCHLAG) durch.

Der rodt told[133]

I   Awe diser not
    sprach ein maid der summer will zergan
    des gewynn ich liecht fur laid ein grawes har
    Ich sah die plumen rot/
5   vor dem wald wuniglichen stan
    die hetten alle liechten schein nu sind sie alle vngefar
    mochten vns die rosen also schón sein beliben
    der hett ich geprochen einen krancz
    ir glancz
10 hat mir meiner swer uil vertriben

II Die haide hat verplút
    die roten rosen reisen alle nyder
    das kumpt von den sorgen die sie zu dem reiffe hand
    wie sere sie das mút
5   herr augolff kumpt der sumer nymer wider
    so grúnecz vnder ewern danck so sie aber schón auff
                                                   [gand
    zicken rutell wie sis da mit tanczen tichten soll
    des wolhillfft eselbrecht vnd Irmelgart
    eberhart
10 der get an Jrer handt vnd ist Im woll

III Ich kam an ein stat
    traun da fand ich hubscher kind vil
    die hetten einen tancz dem ward der flecz gar zu weitt
    zu einer ich da trat
5   Ir muter sprach was ob ich des nicht will
    das ir mit Ir nicht raunet we das ir zu Ruen seit
    lat sie mit gnaden zecket anderthalben hin
    ich wais wol das sie mit euch nicht schimpfen kan
    alter man
10 ist sie frej die weil ich leben pin

IV Fraw muter zúrnet nicht
    Ja mach Ich Im das peten gar zu lanck

---

133 Text nach HS.-C-TRANSKR., S. 334f. Die Beispielanalyse bezieht sich auf die abgedruckten Strophen. Die in der Hs. und in HS.-C-TRANSKR. von Ingrid Bennewitz direkt folgenden drei Strophen werden in II.2.2 behandelt.

vnd bet er mich vncz morgen ich kund Ims dennoch wol
                                          [versagen
   als In mein aug angesicht
5 von Im stett mir aller mein gedanck
   ich ward uert also wol durch seinen willen geslagen
   we wie es mir versmahett das es mir von Im geschah
   muter nu seit Im durch meinen willen gram
   ich bin Im sam
10 Ia ist es der den ye mein mut versprach

V Sie hat ewert sich mein
   sie hat das schón gethan
   sie zaiget mir den wolffs zan das sie uil eben saz
   ob sie wol gefert
5 so muß mein ding auch nach hail ergan
   zwing ich heut so gesih ich morgen pas
   arge weib lonen selten guten mannen wol
   wer/da trew suchett da Ir wenig ist
   das ist ein list
10 der sie vill kleine hellffen soll

VI Sorig ich hinder icht
   wie sie ymmer hillff an mir bewar
   ich wais wol sie gedenckt mein Jn welcher maß das sej
   anders sawmpt sie nicht
5 wann ich in grossen rewen von ir far
   tórst ich Ia wer ich Ir zu allen zeiten gern nahet bej
   Ich widersicz ein scholl in des lande sie da stát
   er sie anderthalben suchen soll denn ich bitt
   solichen sitt
1o als man daheym in meiner pfarr hatt

VII Mein schimpff halff an Ir
    da sie zornes mutes widerwandt
    da ward ich des Innen das hassen was ein trawm
    freunde wurden wir
5   sie gieng den tag uil schón an meiner handt
    wo ich an dem tancz gieng des nam mein mecze gam
    Sie sprach fraw tut sein nicht Ir kumpt sein in grossen
                                             [neid
    mit der rede kund sie Irs verpieten nye

auff die knye
10 bracht mich dieselb diern seydt [134]

c 128 hat verschiedene personale Beziehungen zum Inhalt, die in anderen Liedtypen getrennt oder gar nicht thematisiert werden: die Mutter-Tochter-, die Mutter-Sänger-, die Sänger-Mädchen- und die Gespielinnen-Relation. Die Beziehungen der Akteure werden dabei so entwickelt, daß sie als Geschichte erst am Ende des Lieds - oder besser: durch seinen Verlauf - deutlich werden.

Das Lied beginnt mit der Sprecherrede einer „maid" (I 2), die den vergehenden Sommer beschreibt und mit der geäußerten Furcht vor grauem Haar auf ein sonst nur in den Selbstcharakterisierungen des Sängers benutztes Altersmotiv zurückgreift.[135] In dieser Strophe schon findet ein Sprecherwechsel statt, insofern der Teilsatz „der hett ich geprochen einen krancz" (I 8) sich auf das Mädchen als die Empfängerin des Kranzes beziehen muß und sich damit als Rede einer anonymen Sänger-Figur zu erkennen gibt.[136] Die zweite Strophe fährt mit der Winterklage fort, indem sie Sommer und Winter mit anthropomorphen Attributen ausstattet, den Winter etwa mit dem schwer deutbaren „Herr augolff" personifiziert und die Schilderung in eine Tanzszenerie übergehen läßt.[137]

Die berichtete Handlung des Lieds beginnt mit der Erzählung des Sängers in der dritten Strophe. Dieser stößt auf eine Schar „hubscher kind" (III 2), zu denen durch die Suggestion des Textverlaufs die weibliche Sprecherin des Natureingangs und das hier angesprochene Personal gehören. Die bezeichneten jungen Leute des Natureingangs werden also zu den Statisten der Szenerie, die Sprecherin zur *dramatis persona*. Die Identitätsrelation zwischen den Figuren

---

134 LESARTEN IN HS. R:
I 2 wîp; 8 seht d' wvrde mir vil leiht ein chranz; II 5 er avcholf; *7-9 lauten in R Muscha mirz, wiez Gisel da mit tanze tichen sol! / Seht, des hilfet Jiutel, Pehtel, Irmengart./ Eberhard;* III 1 kom, 6 Woy, daz ir verwazen sit!; 8 Ir hoetet wol das sie mit iu niht runen kan; 9 aller man ; IV 2 Macht mi das beiten niht ze lanc ; 3 Beitet unz morgen, seht, so muoz ich im versagen ; 8 frouwe; V 2 Wie rehte kume si daz hat getan; 6 zwinz; VI 1 mich; 2 min vrouwe; 4 sündet anders sich; 5 triuwen; 6 gerne bi; 7 den ensalman; VII 3 si brachte mich des innen daz zürnen was ein troum; 6 die wil ich bi dem tanze was Des nam ir Matze goum.
135 Vgl. SL 30; WL 3; H XII,14 ; H 60,18.
136 In R ist das Mädchen in der ganzen ersten Strophe noch die Sprecherin (so auch in der ATB-Ausgabe). In c ist der Part des Mädchens auf I 1-3 begrenzt. Das bekräftigt die schon festgestellte Tatsache, daß die Sprecherrollen in den Natureingängen kaum jemals eindeutig sind. Die späte Überlieferung besetzt nur ohnehin uneindeutige Positionen anders.
137 Vgl. Wießners Anmerkungen in HW, S. 227 (mit Verweis auf Jacob Grimms ‚Mythologie'); BEYSCHLAG übersetzt das mit „oukolf" konjizierte Wort als „der Kröter" (L 28, S. 139). Die Strophe ist in der gesamten Überlieferung schwer verstehbar.

des Anfangs und den nun bezeichneten Figuren wird nicht explizit hergestellt, sondern eröffnet sich dem Rezipienten durch nichts anderes als den Verlauf des Lieds. In einem Akt der Kohärenzstiftung und in rückwirkender Verknüpfung stellt ein Rezipient den Zusammenhang zwischen dem Handlungsinhalt des Natureingangs und dem folgenden Gespräch her: einen Zusammenhang, der bereits die Szenerie und die Zeitstruktur impliziert.

„Ich kam an ein stat" (III 1): So setzt ein Erzähler ein, für den das erzählte Geschehen bereits vergangen sein muß, so daß er darüber als etwas Abgeschlossenes berichten kann. Der zunächst anonymer Sänger-Erzähler berichtet hier einem (impliziten) Publikum, wie er an einer Tanzstätte auf eine junge Frau zugeht und von deren Mutter vor einer weiteren Werbung gewarnt wird. Identifiziert wird nun die Sprecherin des Eingangs, welcher die Sängerfigur gerne einen Kranz gegeben hätte, zunächst mit einer der Tanzenden, dann auch mit der Angesprochenen. Das Verbot der Mutter in seiner konkreten Form, der Sänger möge nicht mit ihrer Tochter raunen (III 6), legt darüber hinaus nahe, daß er dies *vor* dem Zeitpunkt des Gesprächs getan hat, suggeriert also eine Vorgeschichte. In Frage kommt für diesen Zeitraum wieder ein weiterer Teilinhalt des Natureingangs: die zur Zeit des berichteten Gesprächs vergangene Sommerzeit. Nimmt man die Identität der Sprecherin von I 1ff. mit dem Mädchen der Gesprächsstrophen an, dann liefert die Behauptung des Sängers im Natureingang, er hätte gerne (ihr) einen Kranz gebrochen, mit diesem innerhalb der Sommerlieder beliebten metaphorischen Motiv[138] nicht nur ein Indiz für das Liebesverlangen, sondern legt sogar schon für diesen Liedteil eine Liebesgeschichte bzw. ein sexuell geprägtes Verhältnis nahe.

Mit den ersten drei Strophen und ihren suggerierten Zusammenhängen, die allerdings nicht im Konkreten ausgesponnen werden, steht damit bereits folgende Zeitstruktur fest, welche durch die insgesamt erzählte Geschichte wie auch die Sprechsituation markiert wird: Nimmt man das Präteritum der Formen von *sprechen* und *kommen* (I 2 und III 1) ernst, befindet sich das berichtete Gespräch - vom fiktiven gegenwärtigen Sprechzeitpunkt des Lieds aus betrachtet - bereits in der Vergangenheit. Der interessierende Ausschnitt dieser Vergangenheit, der in Szene gesetzt ist, besteht aus dem verkürzten Mutter-Sänger-Gespräch (III 5-10), dem anschließenden Dialog zwischen Mutter und Tochter (IV) sowie der Nachgeschichte des Gesprächs, wie sie in den erzählenden Strophen der Ich-Rede erschließbar ist (V-VII). Es gibt somit jenseits des geschilderten Gesprächszeitraums verschiedene Zeiten, von denen berichtet wird oder die angedeutet werden. Innerhalb der Logik des Erzählens sind dies: die Zeit der Vorgeschichte, die Zeit bis zum inszenierten Gespräch, die Gesprächsgeschichte selbst sowie die Nachgeschichte.

---

138 Vgl. FRITSCH 1976, S. 36ff. sowie S. 115ff.

Die Geschichte, die das Lied insgesamt erzählt, ist damit in eine triadische Chronologie strukturiert. Die berichteten Zeiten können nur durch den Sänger von einem fiktiven gegenwärtigen Sprechzeitpunkt aus (auf der Diskursebene) dargeboten werden. Dieser ist der erste Betrachtungszeitpunkt, der das Präteritum der Erzählung verlangt. Die Vorgeschichte kann von der dramatischen Figur des Mädchens im gleichen Verhältnis - von ihrem damaligen Sprechzeitpunkt aus - als Vergangenheit betrachtet werden, ist aber aus der Sicht des Erzählers der letzten beiden Strophen Vorvergangenheit. Die Zeit vor dem Gesprächszeitpunkt, das Gespräch selbst und die Ereignisse nach dem Gespräch sind die Inhalte dieses Lieds als Erzählung.

Das sprechende Ich des Textes ist durch diese Verschränkung von diskursiven und *histoire*-Einheiten Sänger, Sängerfigur, handelnde Figur und Erzähler in einem. Durch den Verlauf nimmt dieses Ich von seiner Rolle als Sänger kommend die des ‚Helden' einer Liebesgeschichte ein: Die Identität des Sängers konstituiert sich, indem sein Verhältnis zu den anderen Figuren sich im Verlauf des Lieds herausbildet. Aus der Sicht der Mutter ist er der bedrohliche Werber um ihre Tochter und zudem ein „alter man" (III 9), der sich daher aus dem Staub machen soll („zecket anderthalben hin" III 7). Die Tochter hat einen milderen Blick auf den Werber. Um seinetwillen sei sie zwar noch im Vorjahr geschlagen worden (IV 6), dennoch möchte sie ihm erst am nächsten Tag „versagen", also die Werbung zurückweisen.[139] Ihre Begründung gegenüber der Mutter ist, den Mann durch sein langes Warten zu bestrafen: Selbst wenn er sie bis zum nächsten Tag bitten würde, wiese sie ihn ab (IV 3). Die dadurch zum Vorschein kommende Gesprächsgeschichte ist die von der Kontaktaufnahme durch den Protagonisten (Erzählerfigur), der Einmischung der Mutter und der Beruhigung der Mutter durch die Tochter.

Der Sänger, in seiner Funktion als Erzählerinstanz und -figur der vergangenen Handlung gleichermaßen, weiß nun zu berichten, in welcher Form sich das Vorhaben des Mädchens realisierte. Die Bekundung des Mädchens wird dabei durch die Sängerstrophen perspektiviert. Es entsteht eine Versionengeschichte, welche die Gesprächsgeschichte relativiert. Das Mädchen habe sich seiner erwehrt (V 1), wie er zusammenfaßt und dann ausführt. Er scheint dies auch erwartet und einkalkuliert zu haben und setzt der Abwehr das Abwarten als Strategie gegenüber. Siegesgewiß („so muß mein ding auch nach hail ergan" V 5) kalkuliert er ein, daß die Abwehr nur vorübergehend sei und perspektiviert die Gesprächsgeschichte damit sehr spezifisch. Die Ankündigung des Mädchens ge-

---

139 Änderung in c gegenüber RC sind folgender Art: In c muß der Sänger warten; in RC die Mutter. Das Warten ist demzufolge in c als quälender Aufschub für den Sänger geschildert, in RC ist es eine Gelegenheit für die Tochter, unter den Augen der Mutter scheinbar abzuwehren, d.h. die Option zu haben, nicht abzusagen. Vgl. die ausgewählten Lesarten in Anm. 134.

genüber der Mutter wird so aus seiner Sicht als Vorwand lesbar, ebenso auch die Abwehr gegenüber dem Sänger.

Der Sänger setzt sich selbst als Figur bzw. in der Rolle des Werbenden voraus, der sich vergeblich um Minnedienst bemüht. So klagt er über das ungleiche Tauschverhältnis zwischen ihm und dem Mädchen auf einem generalisierenden Niveau: „arge weib lonen selten guten mannen wol" (V 7). Im Vergleich zum Minnesang ist an dieser Stelle jedoch die Attribuierung der umworbenen Frauen als „arg" und der werbenden Männer als „gut" ungewöhnlich, da nach dem hergebrachten Konzept die Qualität der Dame schließlich wesentlich in ihrer Abwehr der Männer, die Qualität der Werber in ihrer Unablässigkeit besteht. Die Zurückweisung des Mannes durch die Frau wird darüber hinaus nicht nur stark abgewertet und eventuell sogar dämonisiert (durch das dunkle Motiv des Wolfzahn-Zeigens).[140] Es wird darüber hinaus auch als Verstellung gebrandmarkt: als Merkmal weiblicher „list" (V 9). Der Sänger als der auktoriale Erzähler der Welt, in der er auch Liebesheld ist, weiß um die wahren Gedanken der Umworbenen: „ich wais wol sie gedenckt mein / Jn welcher maß das sej"(VI 3).[141] Neben dieser Einschätzung der *puella*, die sich in einer dem männlichen Protagonisten durchschaubaren Weise zu verstellen vermag, gesteht sich dieser eine höhere Form von List zu, die einer Form der Verstellung des Mädchens mit wirksamen Gegenstrategien (hier: dem bloßen Abwarten) begegnet.

So kann die letzte Strophe von c 128 davon erzählen, wie der Sänger seine Werbung durch seine Unterhaltungskünste („mein schimpff halff an Ir" VII 1) zum Erfolg führen konnte: „das hassen was ein trawm / freunde wurden wir" (VII 3f.). In dieser Strophe erfährt man - wie in der Strophe zuvor - auch mehr über den zeitlichen Rahmen. Anscheinend ist es zum Sprechzeitpunkt nicht ohne weiteres möglich, das Mädchen zu jedem Zeitpunkt zu sehen, da der Ich-Erzähler behauptet, immer bei der Geliebten sein zu wollen, - wenn er dazu den Mut hätte (VI 7).[142]

---

140 Vgl. WIESSNER, Kommentar, S. 106.

141 Damit steht der Text in einer Tradition naturalistischer und ovidianischer Liebeslehren, in denen die Abwehr der Frau als Strategie erscheint, den Mann zu prüfen oder bloß hinzuhalten, nie aber als das, was sie den Worten nach ist: Zurückweisung. Vgl. hierzu etwa Boncompagnos ‚Rota Veneris'. Ein Liebesbriefsteller des 13. Jahrhunderts, hg. von Fr. Baethgen, Rom 1927, S. 20: „Preterea sciendum est, quod unaquaeque mulier, cuiuscum que ordinis vel conditionis sit, negat in primis, quod facere peroptat." Im deutschen Sprachraum ist sicher die Konstanzer ‚Minnelehre' der deutlichste Vertreter dieses Typs. Vgl. BOCKMANN/KLINGER 1998.

142 Diese Stelle ist teilweise schwierig zu verstehen, gemeint ist die Gefahr, daß irgend jemand - so wie im unmittelbaren Umfeld („pharre") - das Mädchen (zum Verheiraten?) fortgibt.

Doch - wie man aus dem Nacheinander der Strophen IV und VII schließen kann - hat der Protagonist anscheinend schon nach dem Gespräch mit der Mutter die Tochter zum Tanzplatz geführt („sie gieng den tag uil schón an meiner handt" VII 5). Evoziert wird damit die Geschichte einer heimlichen Liebe, die sich nur in gelegentlichen Treffen äußert, d.h. eine nur indirekt mitgeteilte Suggestivgeschichte.

Ist bisher der Sänger in Gestalt des Sprechers dieser letzten drei Strophen auch der auktoriale Erzähler des Geschehens gewesen, so folgt gegen Ende von Strophe VII eine Perspektivierung durch eine andere Figur. Berichtet wird, wie eine weibliche Figur - durch den zyklischen Zusammenhang der Lieder wird eine Freundin des ersten Mädchens nahegelegt - den Protagonisten beim Tanz sieht und ihre Freundin vor dem Galan warnt: „fraw tut sein nicht. Ir kumpt sein in grossen neid" (VII 7). Mit dieser zweiten Warnung wird das Interesse des Helden und seine Rolle als Minnediener negativ relativiert, da die Suggestivgeschichte auf eine vorangegangene Erfahrung des Protagonisten mit dieser Frau („mein mecze") herausläuft.

Damit zeigt dieses Winterlied die prototypische Figurenkonstellation der Sommerlieder: der Sänger als begehrtes Objekt, das zwischen zwei Frauen steht. Die Folgen des Verhältnisses sind für die Frau, die sich mit der Sänger-Figur einläßt, zunächst einmal negativ: In der Vorvergangenheit waren es schon einmal Schläge, jetzt soll es „neid" (VII 7), d.h. Feindschaft im weitesten Sinne sein, die sie um ihres Geliebten willen zu erdulden hat. Hier deckt sich c 128 mit jenen Liedern, die den Ritter aus dem Reuental als unruhebringenden Konkurrenten zu ständisch angemesseneren Mitbewerbern der Dorfschönen darstellt, insofern die soziale Ordnung der fiktiven bäuerlichen Welt durch den Sänger als Held dieser von ihm geschilderten Welt in Gefahr gerät.

Um zu c 128 zurückzukommen: die Feindschaft, welche das Mädchen bei der Wahl des Ritters zu befürchten hat, ist auch hier die Feindschaft der Dorfgemeinschaft, welche eine Mesalliance[143] zu sanktionieren in der Lage ist. Bei einem weiteren Blick auf die Frauenstrophen in den Neidharten zeigt sich jedoch, daß - von diesen Warnungen vor einer Mesalliance abgesehen - die eigentlich Problematik der Relationen Sänger-Dame tendenziell immer in der Konkurrenz einer weiteren Figur entweder zum Sänger oder zur Dame besteht. Auch in c 128 ließ sich ein Konkurrenzverhältnis aufweisen: das Konkurrenzverhältnis zweier Frauen um die Gunst des begehrten Mannes. Die Figurenidentität des Protagonisten wird also auch hier, wie bereits im untersuchten Sommerlied-Typus durch einen Konflikt im Beziehungsfeld der Positionen Sänger, begehrtes Objekt und Konkurrenten hergestellt.

Mit dieser Beispielanalyse sollten konkreten Konstellationen in einem einzigen Text nachgegangen werden. Der ausgewählte Text bewegte sich als bewußt

---

143 Zur Problematik der Mesalliance vgl. HERRMANN 1984, S. 139.

ausgewählter Sonderfall jenseits der Typik von Konstellationen in den Neidhartliedern. Um die verbleibende Menge der überlieferten Lieder darstellungstechnisch zu bändigen, muß ich im folgenden Hauptabschnitt wieder auf die Typik zurückkommen.

2 Figurenkonstellation in den Liedern

2.1 Konstellationstypen

Geht man von den bisher erörterten Liedern aus, die eine Beziehung zwischen den dörperlichen Frauen und Neidhart herstellen, lassen sich auch die im gesamten Liedcorpus vorzufindenden Konstellationen zusammenstellen und zu bestimmten Liedtypen in Beziehung setzen. Gliederungsrelevant sind in erster Linie die Konstellationstypen, nicht die Texttypologie als solche, die in den folgenden Abschnitten nur eine untergeordnete Rolle spielt. Die typischen Konstellationen sind nämlich nur einer groben Tendenz nach mit den Liedtypen gleichzuordnen, in denen sie hauptsächlich vorkommen.

Die grundlegenden Konstellationen werden durch drei Positionen bestimmt: den Protagonisten des Lieds, die Konkurrenten und ein begehrtes Objekt.[144] Sieht man vom Typ der sommerlichen Gesprächslieder ab, in denen der Sänger das begehrte Objekt ist und die Position des Konkurrenten durch eine andere Frau eingenommen wird, dann lassen sich die Positionen für die verbleibenden Liedern in Termini der diskutierten Ruhschen Konstellationsschemata zu folgenden Konstellationstypen zusammenfassen: (1) Sänger-Dame; (2) Sänger-Dame-Konkurrenten; (3) Sänger-Konkurrenten.[145]

Um einen Überblick über die Verteilung dieser Konstellationen zu den Liedtypen zu geben, kann man zunächst von der zweistelligen Relation zwischen Dame und Sänger ausgehen, die allen Gattungen mittelalterlicher Liebeslyrik trivialerweise gemeinsam ist. Dabei fällt auf, daß auch die meisten Lieder der Neidhart-Tradition in irgendeiner Weise an diese Grundrelation anknüpfen. Ausgehend von der Grundbeziehung eines Sängers zu einer Frau lassen sich die meisten Lieder als Änderungen und Erweiterungen dieser basalen zweistelligen Relation begreifen.

Die nur zweistellige Relation Sänger-Dame ist auf wenige Fälle begrenzt. Es gibt in den überlieferten Neidhartliedern Fälle, in denen die Beziehung zwischen dem Sänger und einer Dame in monologischen Sprechakten von jeweils einer der beiden Positionen aus im Lied aufgebaut wird, wobei es sich zumeist

---

144 Vgl. IV.1.1.
145 Die mögliche Konstellation von Dame-Konkurrenten kommt in keinem der Lieder als dominante Relation vor.

um imaginierte Verbindungen innerhalb der beschriebenen Welt handelt (Sänger-Monologe, Damen-Monologe).[146] Sodann ist eine Dynamisierung dieser Konstellation in dialogische Formen möglich (Sänger-Dame-Dialoge). Damit ist eine direkte Interaktion von Dame und Sänger darstellbar geworden, die, wenn sie sich auf diese beiden Figuren beschränkt, oft die Form obszöner bzw. erotischer Lieder annimmt.

In einer großen Anzahl von Fällen führt die Konstellation Dame und Sänger in eine dreistellige Relation zu einer Besetzung als ‚Dreiecksverhältnis', wenn die Konkurrenten des Sängers hinzukommen. Das Verhältnis zu diesen kann explizit auf deren Konkurrentenstatus aufbauen, aber auch losgelöst hiervon in deren bloßer Beschreibung liegen. Die Konstellation zwischen Sänger und Konkurrenten ist die des klassischen Winterliedes; aber auch die Schwänke bauen noch oft auf dieser Konstellation auf, wenn in ihnen auch meistens die Position der Dame marginalisiert ist oder gänzlich fehlt.

So bleibt als letzter der behandelten Konstellationstypen die tendenziell zweistellige Relation von Protagonist und Konkurrent (bei Ruh: Sänger vs. Dörper) zu untersuchen, die immer dann verwirklicht ist, wenn die Hauptfigur einem Konkurrenten oder einem Kollektiv gegenüber steht. Nur in sehr wenigen Fällen steht der Sänger - als anonymes Sprecher-Ich oder als Sänger-Figur - einem Kollektiv in friedlicher Koexistenz gegenüber. In anderen Fällen ist dieses Kollektiv ihm feindlich gesinnt, es handelt sich dann um den Redetyp ‚Dörperkampf' oder ‚Dörperbeschreibung', der für einen ganzen Liedtyp bestimmend sein kann[147] Die nur zweistellige Relation Konkurrenten-Sänger ist damit auf wenige Lieder zweier Typen beschränkt.

Die gliederungsrelevanten Konstellationen stehen damit in folgenden Beziehungen zu den Liedtypen:

(i.) Sänger-Dame (Gesprächslieder, monologische Lieder, Sänger-Mädchen-Dialoge)
(ii.) Sänger-Dame-Konkurrenten (Konstellation des Winterlieds in Form eines Dreiecksverhältnisses)
(iii.) Sänger-Konkurrenten (Typ Dörperkampf, Dörperbeschreibung)

Das motivische Geflecht, das die Lieder miteinander verbindet, erschwert eine genaue Grenzziehung dieser Konstellationstypen und ihrer Zuordnung zu einem Liedtyp im Einzelfall. Die nachstehenden Abschnitte sollen den skizzierten Prototypen aber dennoch folgen. Aufgrund der Verlaufsdimension der Lieder, welche ihren Sinn immer nur im Prozeß eines die Bedeutung einzelner

---

146 SCHWEIKLE (1990, S. 69-97) unternimmt eine differenzierte Typologie der Lieder, bei der die genannten Begriffe teilweise erwähnt werden.
147 Vgl. IV.2.5.

Strophen rückwirkend verknüpfenden Beziehungsnetzes entstehen läßt, bilden exemplarische Analysen den Schwerpunkt. Hauptinhalte dieser Analysen sollen wiederum vor allem einige der vernachlässigten ‚unechten' Lieder sein, die lange Zeit nur als Dokumente einer derben spätmittelalterlichen Gesinnung galten.[148]

2.2 Der Ritter und die Frauen I: Sänger-Dame-Beziehungen außerhalb der Gesprächslieder

Eine Form, welche die Grundrelation zwischen Sänger und Dame außerhalb der Mutter-Tochter- und der Gespielinnenlieder variiert, ist die des monologischen Bekenntnisses einer Figur. Auch die Gesprächslieder sind zum Teil bereits aus Bekenntnisstrophen zusammengesetzt, wenn der Sänger seine Minnebeziehung zu einer Frau oder eine der sprechenden Frauenfiguren die Zuneigung zum Mann/Ritter/Sänger „von Riuwental" zum Inhalt der Rede macht. Bekenntnisstrophen in monologischer Rede sind dagegen wieder dem Beziehungsschema des Minnesangs angenähert, insofern die (zumindest im Moment der Sprechsituation) unerfüllte Sehnsucht ihr Gegenstand ist und damit der Aspekt der Wechselseitigkeit der Liebe entfällt. Durch Querverbindungen innerhalb der Lieder wie auch durch ihren Verlauf können jedoch auch monologische Bekenntnisse in eine zumindest imaginierte Personenkonstellation von drei Positionen umgewandelt werden.

Lieder, denen eine rein monologische Sprechsituation zu eigen ist, finden sich relativ selten in der Neidhart-Tradition. Als Beispiele, deren Konstellation nur die zwischen dem Sänger und einer Dame zugrunde liegt, ohne diese zu dialogisieren oder weitere Positionen der Handlungs- oder Sprecherebene einzuführen, lassen sich ausschließlich c 18 (SL 30) und c 129 (RB 50) anführen. Ich möchte mich daher im folgenden diesen beiden Liedern kurz zuwenden, bevor zwei weitere Lieder als Beispiele für die Überführung einer monologischen Sprechsituation und zweistelligen Minnerelation in eine tendenziell triadische Relation analysiert werden.

---

[148] Der Gliederung des Abschnitts liegen somit folgende Verbindungen von Konstellations- und Liedtyp zugrunde: die Sänger-Dame-Verbindungen in Gesprächsliedern (bereits behandelt bei der Interpretation der Sommerlieder in IV.1.2); die Sänger-Dame-Verbindungen außerhalb der Gesprächslieder; die Sänger-Dame-Verbindungen im obszönen Diskurs; das Sänger-Dame-Konkurrenten-Verhältnis (Konstellation des klassischen Winterlieds) und schließlich das Verhältnis Sänger-Konkurrenten (Typ: Dörperkampf, und Dörperbeschreibung).

c 18 (SL 30)

c 18 überliefert das Sommerlied 30, das fast 130 Jahre zwischen dem Erscheinen der Edition Haupts 1858 (HW XI,1) und dem der zweiten Auflage der ATB-Ausgabe 1984 als unecht galt, seitdem aber wieder zum Kanon des ursprünglichen Corpus gezählt wird.[149] Nach dem Urteil Hans Beckers ist das Lied

> ein konventionelles Minnelied, in dem der Sommereingang als Kontrastfolie zur Darstellung der eigenen Klage über die Erfolglosigkeit in einem lebenslangen Minne- und Sangesdienst verwendet wird. Trotz dieser Erfahrung hält der Sprechende an der Hoffnung auf Lohn fest und empfiehlt dies auch jüngeren Generationen.[150]

Das Lied hält also sowohl hinsichtlich der Sprecherkonfiguration als auch hinsichtlich der Figurenkonstellation die Gattungsregeln des Minnesangs ein. Dies läßt sich etwa an der folgenden Strophe deutlich erkennen:

```
V   Hoher mút
    darczu frút
    Ist den Jungen manen gút
    [ ]
5   wer das peste gern thút
    den begeusett selden flút
    mynnet er rayne weib
    hat er scham
    weibes nam
10  dem enwirt er nymmer gram
    Ist er guten weiben zam/
    vnd sein zung an schelten lam
    so plúet Im der tugent stam
    (c 18 V 1-13)
```

Eine Geschichte im Sinn einer Narration von Ereignissen, wie sie das Warningsche Konstitutionsmodell behandelt, kann sich in c 18 in der Tat nicht entfalten. Lediglich eine minimale zeitliche Strukturierung der Geschichtsebene ist zu erkennen, wenn der Sänger in der dritten Strophe bekennt, daß er seit dem ersten Anblick der Dame und dem gegenwärtigen Zeitpunkt (Sprechzeitpunkt) ergraut sei. Ansonsten liegt das Schwergewicht des Lieds in

---

[149] Haupt schied dieses Lied, LILIENCRON (1848, S. 91f.) folgend, aus dem echten Bestand aus, da es „den charakteristischen neidhartschen inhalt nicht hat".
[150] BECKER 1992, S. 727.

seiner Modelldimension, insofern es im wesentlichen die konventionelle Minnelehre vermittelt.[151]

c 129 (RB 50)

Ein weiteres Beispiel eines Lieds in monologischer Sprechweise, in dem eine Relation Sänger-Dame aufgebaut wird, ist c 129 (RB 50).[152] Bei den drei Strophen des Lieds fällt zunächst auf, daß sie hinsichtlich der Figurenkonstellation von jedem konkreten namentlichen Bezug auf eine Figur gereinigt sind. Es sprechen ein anonymer Mann und eine anonyme Frau.[153]

> I [VIII] Was ist darumb vnd haben wir der blumen nicht
> andre kurczweil die ist also gut
> wenn ein man ein mynniglichs weib an siht
> die Im in den augen also sanfte tutt
> 5 die verpeut ich den die vngefuge sein
> das sie nicht anschawen schone frawen
> sunst gethann gericht ist mein

> II [IX] Owe sprach ein frewlein das nu die mann
> nicht werben vmb vns wolgethane weib
> ich bin eine die nicht gereden kan
> we warumb solt ich preisenn meinen leib
> 5 mein Róck die faulend in den schnúren gar
> so das ich Ir eins nicht auffgepinden tar
> wann nyemant nympt der falten ware

---

[151] Dazu paßt auch die Kennwortüberschrift in der Hs. c: „Die pesserung" (fol. 150v), die an die Minneideologie anknüpft, insofern das Bemühen des Sängers hauptsächlich zur ethischen und affektiven Perfektionierung seiner selbst und der Gesellschaft geschieht.

[152] Dieses Lied schließt in der Handschrift direkt an das oben (VI.1.5) exemplarisch untersuchte c 128 (WL 7) an und läßt sich sowohl als dessen Fortführung wie auch als eigenständiges Lied deuten. Aufgrund des verkürzten, aber eigenständigen Natureingangs scheint letzteres wahrscheinlicher. Die c 128 folgenden Strophen werden auch in dieser Arbeit (vgl. Anhang II) als c 129 gezählt [HS.-C-TRANSKR. Nr. 128 VIII-X]. Die Textkonstitution läßt in diesem Fall die hier im Mittelpunkt stehende Frage der Figurenkonstellation unberührt, insofern auch eine Deutung der Strophen als Teilbestand des vorangegangenen Liedes zum selben inhaltlichen Ergebnis hinsichtlich der zentralen Fragestellung kommen würde. Vgl. zur Textkonstitution Anm. 131 u. 132.

[153] Das mit infiniten Pronomen gekennzeichnete Minnepaar der Sängerstrophe (I 3ff.) hat eine generalisierende Bedeutung, im Sinn von: Welcher Mann und welche „mynnigliche" Frau sich auch immer in Minneangelegenheiten begeben. Das Minnepaar steht in seiner Exemplarität in unklarer Beziehung zu dem anonymen Paar der Frauenstrophen.

III [X] Ich will in ein closter ich han gedacht
   meiner schón der wil ich nymer pflegen
   meinen leib hett ich In newe freude/bracht
   nu ist mein hochster trost an einem mann gelegen
5 den hett ich auß aller werlt mir erkorn
   zu einem freund das ist laider gar verloren
   des ist mir von schulden zorn
   (c 129 I-III)

Der Sänger in der Spruchdichtergeste beschränkt die als „kurczweil" (I [VIII] 2) bezeichnete Minnebeziehung auf jene Männer, die dazu in der Lage sind. Dies geschieht, indem er diejenigen ausschließt, die „vngefuge sein" (I [VIII] 5). Die junge Frau, die nach der Sängerinstanz das Wort ergreift, beklagt nun entsprechend das Fehlen der zur Minne geeigneten Männer und ihren eigenen Zustand. Die Richtung des Begehrens verläuft im Fall der Frauenstrophe genau wie in den Gesprächsliedern, im Vergleich zu dem voranstehenden Lied c 128 aber in umgekehrter Richtung: Die Frau hat einen Mann auserwählt, sich aber anscheinend vergeblich um ihn bemüht. Diese Suggestivgeschichte wird zum einen durch die Anknüpfung an die Kleidermotivik und die erotische Metapher von der nicht wahrgenommen „falte" des Kleides[154] nahegelegt, zum anderen durch ihren Willen, in ein Kloster einzutreten. Der freiwillige Zölibat der Dame wird vom Text ausschließlich aus ihrer Frustration des getäuschten Begehrens heraus motiviert. Das Lied bestätigt damit *e contrario* die Ordnung der sommerlichen Gesprächslieder.

Im Zusammenhang mit dem vorangegangenen Bericht, sich „auß aller werlt" (III [X] 5) einen Mann erkoren zu haben, diesen aber verloren oder gar nicht bekommen zu haben, setzt die Bekundung, „meiner schón der wil ich nymer pflegen" (III [X] 2) voraus, daß die ‚Schönheitspflege' vorher nur dem Zweck diente, umworben zu werden. Die Werbung ist damit untergründig doch wieder auf ein wechselseitiges Verhältnis und Begehren beider Figuren zurückzuführen. Auch mit der aus vielen (Sommer-)Liedern bekannten, oft erotisch konnotierten Kleidermotivik nimmt die Sprecherin dieser Strophen zurück, was die jungen Frauen in den typischen Sommerliedern auszeichnet: das Schmücken des Körpers: „mein rock die faulend in den schnúren gar" (II [IX] 5). Das Schmücken dient im Regelfall dazu, sich im sommerlichen Reihentanz mit der Gemeinschaft zusammenzufinden und sich der Sängerfigur des Reuentalers oder anderen Männern zu nähern. Erst die Ornamentik des eigenen Körpers im Sinne des in den Gesprächsliedern oft angesprochenen Herausputzens mit schönen Kleidern und dem Bereitmachen für den Reigentanz läßt die weiblichen Figuren in den Liedern zu dem werden, was sie für die Sänger-Figur sind:

---

154 Vgl. zur Kleidermotivik FRITSCH 1976, S. 104ff.

halbnaturalisierte Objekte seines Begehrens im Sinne des wechselseitigen Werbens. In Hinblick auf die Sänger-Dame-Relation machen die letzten beiden zitierten Strophen einen hybriden Eindruck, scheint doch die explizite Absage der Frau an ein Verhältnis als Wunsch eben dieses Verhältnisses im Spiegel der Negation deutbar. Als diese Sprechgeste ist die Frauenstrophe wiederum als vermittelte Rede durch die männliche Sängerinstanz der ersten Strophe lesbar, welche hier zumindest in die übergeordnete diskursive Position einrücken würde.[155]

c 62 (SL 13)

In c 62 (SL 13), einem Sommerlied mit der Überschrift ‚Der Rubentall' findet sich die Sprechsituation des Lieds zu großen Teilen aus der im Vergleich zum letzten Beispiel komplementären Position heraus wiedergegeben, d.h. aus der Sängerperspektive. Der Sänger fordert die „Iungen maid" (I 5) zur Freude auf und resümiert nach dem ausführlichen Natureingang (I-IV) dessen pragmatischen Sinn: „Hochgemút / solten sein die Jungen das wer gut" (V 1f.). An diese Rede des Sprechers schließt unmittelbar die Minneklage einer Frau an, die die Aufforderung der Sängerinstanz nicht erfüllen kann:

> O we sprach ein gaile maidt ich bin behút
> Ich gethar
> 5   nicht fro gesein offenbar
> got wólte
> das nyemant hüten solte
> (c 62 V 3-7)

Wie in vielen Sommerliedern ist aus den angesprochenen Figuren des Liedanfangs eine Sprecherrolle hervorgegangen. Die weibliche Figur der *maid* bleibt jedoch anonym, ihre Rede ist eingerahmt von jener der Sängerinstanz. Auch aus dieser Instanz wird jedoch eine handelnde Figur, wenn es im Anschluß an dieses Bekenntnis der *maid* aus dem Mund des männlichen Sprechers verlautet:

> Lieben wan
> hat mein lieb nach lieb das ist wol gethan
> lieb vor allem lieb ich mir zu lieb hab
> (c 62 VI 1-3)

---

155 Dieses Ergebnis ließe sich an die Beispielanalyse von c 128 (IV.1.4) anschließen.

Zunächst stehen sich - wie in der Gattung des Wechsels - die beiden erwähnten Redeanteile der Sprecher (V und VI) gegenüber.[156] In jeder Strophe wird ein Liebesverlangen ausgedrückt, ohne daß die Rede des weiblichen an den männlichen Sprecher oder umgekehrt *gerichtet* ist. Die Rede des sprechenden Ich steht darüber hinaus an der Schnittstelle zwischen Minnebekenntnis und Erzählung. Einerseits ist sein Minneverlangen anonymisiert (es heißt bezeichnenderweise: „hat mein lieb nach lieb"), andererseits zeigt der Verlauf des Lieds, daß statt der diskursiv entworfenen zweistelligen im ganzen eine dreistellige Relation als die zugrundeliegende Personenkonstellation vorliegt. Der Zusammenhang der beiden Strophen legt nämlich ein wechselseitiges Liebesverlangen nahe, welches nur durch die Institution der *huote* nicht zur Erfüllung kommen kann.[157] Die Person, welche die *huote*-Funktion erfüllt, wäre demzufolge das dritte Glied in der Relation. Die Schlußstrophe, aus dem Mund des Reuentalers vorgestellt, gibt nun aber, statt eine *huote*-Person zu benennen, die desillusionierende Auskunft über die in der Liedwirklichkeit gültige Konstellation:

    Sunder sal
    sein den maiden Ir zópff vnd klaider fal
    solt ich wunschen sie múst in dem Rubental
    fraw sein
5   so ist die maisterinne mein
    des mútes
    Sie spilt Ir selten gutes
    (c 62 VIII 1-7)

Der erwünschten Beziehung zu ‚ihr', d.h. der an dieser Stelle nicht benannten Minnedame, steht auf der nun erst zum Ausdruck kommenden Figurenkonstellation im ganzen ein weiteres, bereits bestehendes Verhältnis zu einer anderen Frau entgegen. Diese Frau wird, mit einem semantisch unklaren Terminus als „maisterinne" bezeichnet und ist in der Forschungsgeschichte gelegentlich mit Neidharts Ehefrau gleichgesetzt worden.[158] Sieht man von der biographistischen Gleichordnung von textexterner Autorinstanz und textinterner Neidhart-Figur einmal ab und liest den Vorschlag als Hypothese über die Figurenkonstellation, ist diese Übersetzung von „maisterinne" keineswegs abwegig. Gerade wegen der Uneindeutigkeit läßt der Ausdruck nämlich durchaus zu, daß

---

156 Zum Wechsel vgl. SCHWEIKLE 1989, S. 131.
157 Nichts spricht übrigens dafür, daß es hier die Mutter sein soll, welche die *huote* ausübt. Die *huote* ist an dieser Stelle, wie im Minnesang auch, eine anonyme Instanz. Die Stelle widerspricht also keineswegs dem oben Gesagten. Die Mutter ist auch hier Konkurrentin der Tochter. Vgl. Anm. 82.
158 Vgl. WIESSNER, Kommentar, S. 31 u. S. 224 (mit Verweisen auf ältere Forschungen).

sein Begriffsumfang auch Ehefrauen umfaßt.[159] In Hinblick auf die Figurenkonstellation ist dabei die Tatsache von Relevanz, daß aus dem nur angedeuteten triadischen *huote*-Verhältnis der Minnestrophen durch die Hinzufügung einer weiteren Figur im Verlauf des Lieds aus den beiden Minnebekenntnissen ein komisch anmutendes ‚Dreiecksverhältnis' geworden ist - und zwar unabhängig davon, wie man „maisterinne" übersetzt.

In Hinblick auf die Konstitution der Figurenverhältnisse muß die Verlaufsstruktur des Lieds näher betrachtet werden. Der Sänger verwandelt sich auch in diesem Lied von der unkonkreten Instanz des Sprecher-Ich, der Sänger-Figur und des Erzählers in die Reuentaler-Figur. Dies geschieht, indem diese einen - parallel zur weiblichen Sprecherfigur gesetzten - „lieben wan" (VI 1) gesteht, sich mit einem der „maiden" (VIII 2) zu verbinden. Der Verlauf des Lieds suggeriert, daß der Reuentaler mit dem Sprecher des Natureingangs identisch ist, die weibliche Sprecherfigur mit einem Mädchen, welches im Natureingang angesprochen wird. So wird eine erste Sänger-Dame-Relation hergestellt. Diese läßt sich allerdings nur bedingt mit dem Schema des Minnesangs in Verbindung bringen, auch wenn der Sänger und die geliebte Dame gleichermaßen der *huote* zu unterliegen scheinen. Beider Wünsche befinden sich im Bereich der Möglichkeit, aus der Perspektive der Figuren also: der Imagination. Beide Minnenden stellen sich ein Entfallen der Schranken vor, die zwischen ihnen stehen. Bezeichnenderweise geht der Wunsch der anonymen „gailen maidt"[160] nur so weit, sich ein Fortfallen des *huote*-Instituts generell zu wünschen, während die Sänger-Figur sich ausmalt, was wäre, wenn die Minnedame mit der „maisterinne" zusammen im Reuental zu leben hätte. Die Identität der Sänger-Figur ist damit allerdings nicht nur durch eine ‚kreativere' Imaginationsfähigkeit gezeichnet, sondern liegt vor allem in seiner Rolle als Sprecher des Ganzen begründet: Die Fähigkeit, das *huote*-Institut als Konkurrenzverhältnis zu zeigen, indem es in den semantischen Raum des Reuentalers und seines Guts verlegt und zugleich komisch konkretisiert wird, spricht der Rezipient dem Autor zu.

Die Kompetenz des Autors - verstanden als eine für den Rezipienten erkennbare Textfunktion - liegt dabei in der Umbesetzung von Grenzziehungen und Positionen. Zum einen wird die bekannte Konstellation des Minnelieds zwischen begehrtem Objekt, Begehrendem und Verhinderer/Aufpasser, wie sie im *huote*-Modell topisch vorgeformt ist, komisch mit der Gestalt des Reuentalers, einer *maid* und einer weiteren Frau, die als Ehefrau denkbar ist, neu besetzt. Dann findet ein Spiel mit den Normen der Gattung in Hinblick auf deren

---

159 Vgl. die Einträge bei WIESSNER, Wörterbuch, S. 181.
160 Der Widerspruch zwischen dem kennzeichnenden Attribut „gail" und dem Inhalt ihres Sprechakts als Klage spiegelt die Spannung zwischen Liebeswunsch und dessen Verhinderung durch die Umstände (Minneklage) wider.

Ausschlußregeln statt. Legt man nämlich der Konstellation *meisterin-maid-Sänger* einen noch feudalhistorisch gefärbten Verständnishorizont zugrunde, demzufolge Ehe die Normalform der institutionalisierten Mann-Frau-Beziehung ist, von der sich die höfische Liebe als spielerisch entworfene und fiktionalisierte Geschlechter-Interaktion gerade abgrenzt, dann wird in diesem Lied jene wieder in diese hineingenommen. Die Minnebeziehung wird mit ihrem realhistorischen Horizont konfrontiert, dadurch konkretisiert und auf diese Weise in die Figurenwelt zurückgeholt. Bei dieser ‚Rückführung' findet allerdings keineswegs eine Annäherung an vermutbare realhistorische Verhältnisse statt, in denen Männern außereheliche Beziehungen zu Frauen der unteren Stände nachgesehen wurden.[161] Der im Vergleich zum Minnesang ‚naturalistische' Wunsch nach Erfüllung führt zum Gedankenexperiment einer de facto polygamen Dreiecksbeziehung und macht zugleich deren Status als Experiment im Bereich einer Kunstübung deutlich. Der Irrealis der Abschlußstrophe legt so auf der poetologischen Ebene den *wân*-Charakter der höfischen Minne[162] offen: Liebeserfüllung ist hier im Rahmen eines Durchspielens von Möglichkeiten denkbar, deren Realisierung alles andere als attraktiv wäre.

Mit der Vorstellung eines Zusammenlebens der anonymen Frau und der „meisterinne" ist aufgrund ihres Status als Imagination zugleich die Nähe des (impliziten) Autors zum sprechenden Ich ausgedrückt. Die dargestellte Welt ist als imaginierte und poetologisch motivierte erkennbar, so daß mit der Vorstellungskraft der Sänger-Figur zugleich eine sich selbst zur Darstellung bringende Fiktionalität des Lieds angezeigt ist.

Die meisten sogenannten Sängermonologe sind genauso wie die entsprechenden Strophen der Gesprächslieder und Winterlieder nur selten als ungebrochene Imaginationen eines Dame-Sänger-Verhältnisses lesbar. Mit einigen Ausnahmen[163] wird diese zweistellige Relation zumeist gegen Ende des Lieds in eine dreistellige Relation umgewandelt.

Das zweite Beispiellied für eine Dame-Sänger-Relation außerhalb der Gesprächslieder zeigt eine in dieser Hinsicht noch eigenwilligere Konstitutionsweise.

---

161 Vgl. DUBY 1989, S. 7-31, hier S. 15.
162 Vgl. Rudolf v. FENIS, MF 81,33ff.:

>Wan minne hât mich brâht ze sölhen wân,
>dem ich sô lîhte niht mac entwenken,
>wan ich ime lange her gevolget hân.

163 Vgl. grundsätzlich zu den Monologliedern SCHWEIKLE 1990, S. 77-79. Eine Ausnahme bildet c 53 (SL 5), ein dreistrophiges Sommerlied, in dem eine anonyme Sänger-Figur in der letzten Strophe beschreibt, wie er „mein lieb in der linden schatt" beim Tanzen zusah.

c 95b (RB 37)

In c 95b (RB 37) stellt ein Sänger-Ich aus einer monologischen Sprechsituation heraus seine Minneergriffenheit dar. Auf der Geschichtsebene wird dieses Sprechen über Minne durch einen gewissermaßen liebestheoretisch korrekten Anlaß motiviert: einen Blick der Dame, der den Sänger ins Herz trifft.[164]

> Ich sah einen plick der In mein hercz gieng
> nyemant sol mich fragen mer
> von zwayen spilenden augenn
> mir geschah nye so lieb oder so laide me
> 5 mir was wol vnd dabej wee
> das ist on laugen
> Ich was fro mein hercz das stund in stricken
> wann sie warff den slayer also dicken
> vber ire lichte wenglein nach den plicken
> (c 95b VIII 1-9)[165]

Nach der Schilderung des Anlasses wird die Gedankenfigur ‚Ich wäre gerne ein XY, wenn ich bei der Liebsten wäre'[166] ausgeführt. Durchgespielt wird für die Argumentstelle: ein Seidenschleier (IX), ein Gürtel, ein Umhang (IX), ein Pelz und ein Vogel (XII, XIII), letzterer in einem Bild, das bis ins Groteske übersteigert wird:

> Mich zympt in meinem mut ich wolt ein zeisell sein
> so trug mich mein fraw gemaidt
> schón zu aller stunde
> So wer das die peste freude mein
> 5 das mir trincken werden berait
> auß irem roten mund
> So sehe ich durch die rote ir zenlein weis
> eines dinges des wolt ich mich vleissen
> vor lieb wólt ich sie in Ir zúnglein peyssen
> (c 95b XIII 1-9)

---

164 Damit entspricht das Lied mittelalterlichen Vorstellungen von der Entstehung der Liebe aus einem Blickkontakt heraus. Vgl. SCHNELL 1985, S. 120ff.

165 In der Zählung der Lieder bei Bennewitz, HS.-C-TRANSKR., wird 95a und 95b als ein Lied gezählt, so daß die Strophen I-XI von 95b (nach alter Zählung) bei ihr als 95 VII-XVII gezählt werden.

166 Die Verwandtschaft zu Volksliedern des Typs ‚Wenn ich ein Vöglein wär' ist offenkundig. Vgl. Deutscher Liederhort: Auswahl der vorzüglichen deutschen Volkslieder (...). Hg. von Ludwig ERK, bearbeitet von Franz M. BÖHME. 3 Bde. Leipzig 1893-94, Nr. 512-14.

Auch diese Strophe markiert sich selbst als Imagination eines anonymen Sänger-Ich, der Bilder auszuphantasieren in seine Kompetenz als Sänger stellt. Es schließen sich übergangslos Dörperstrophen an, in denen die Beziehungen des Sängers, jetzt als Figur unter anderen Figuren, zu verschiedenen namentlich genannten Feinden eine Rolle spielen, unter ihnen auch Engelmar, der in den Schwänken zum Hauptantagonisten avanciert.[167] Der Corpuszusammenhang legt eine Gleichsetzung des sprechenden Ich mit dem Mann „von Rubental" oder Herrn Neidhart nahe. Umgekehrt erscheint die Einsetzbarkeit des Reuentalers durch Nennung eines Rivalen plausibilisiert. In der Verknüpfung der Liedteile wird offenkundig, daß die Sänger-Figur, die sich in eine Minnebeziehung zu einer Dame setzt, immer (wenn auch manchmal nur latent) von Konkurrenten umgeben ist. Dies gilt auch dann, wenn die Beziehung zur Dame nur in der Imagination stattfindet.

Die Realisation des Feindschaftsverhältnisses zwischen Neidhart und den Dörpern wird bekanntlich in den Winterliedern und den Schwänken ausagiert. Nur in einigen der Sänger-Mädchen-Dialoge sind die dörperlichen Konkurrenten weitgehend ausgespart. Diese Dialoge finden sich in den von der Neidhart-Philologie nach der Anordnung in der Hauptschen Ausgabe so titulierten „frühen Winterliedern" sowie in den erotischen Liedern der Neidhart-Tradition.[168] In beiden Fällen kommt mehr oder weniger ausschließlich nur die Relation Dame-Sänger zum Tragen. Für die erotischen Lieder gilt dies natürlich in besonderer Weise.

2.3 Der Ritter und die Frauen II:
Liebhaber und Vagant (Sänger-Mädchen-Dialoge)

In einer Anzahl von Liedern kommt es zu einer Besetzung jener Leerstelle der Minneinteraktion, die bis in die Beschreibungssprache heutiger Philologen hinein oft noch in verhüllter Redeweise als „Erfüllung der Minne" o.ä. benannt wird. In den in diesem Abschnitt diskutierten Liedern ist sie mit der Darstellung von Sexualität und sexuellen Handlungen identisch. Diesen erotischen bzw. obszönen Liedern[169] möchte ich mich in diesem Abschnitt zuwenden. Es

---

167 Der Übergang zu XIV gestaltet sich abrupt: „Engelmair du solst ein grosser Essell sein / das du trúgest gein / der múle vngevúge" usw. Engelmar ist in vielen Liedern als der Spiegelräuber bekannt (vgl. zu diesem Motiv insbes. MÜCK 1986).
168 Vgl. SCHWEIKLE 1990, S. 77f. Schweikle spricht von „dörperkonformen Liedern" (S. 82f.) und meint damit die Gruppe von Winterliedern (WLL 1-10), die man in den kanonischen Neidhart-Ausgaben der Frühzeit des historischen Autors zuspricht.
169 Die Unterscheidung von Erotik und Obszönität ist literaturtheoretisch schwierig. Vgl. Wolf-Dieter STEMPEL: Mittelalterliche Obszönität als literarästhetisches Problem. In: Die

handelt sich um folgende häufig als „Schmutz" und allenfalls sittengeschichtlich interessant abqualifizierte Texte der Neidhart-Tradition:[170]

- Das Lied vom ‚Rosenkranz' (HW XXVII,9 [UL 8]), das sehr reichhaltig überliefert ist und das Motiv der Kranzübergabe sexuell umdeutet;
- Die „Pastourellen der Manessischen Handschrift", wie Ulrich Müller diese Lieder[171] nennt, d.h.:
  - Das Gesprächslied vom Ritter, der seine ‚Scheide' verloren hat und von der Gesprächspartnerin eine neue angeboten bekommt (HW XLIV,1 = C 195-197 [UL 14])
  - Das Lied vom gemeinsamen Verzehren der Haselnüsse (HW XLIV,25 = C 198-200 [UL 15])
  - Das Lied von der Frau Diemel, die den Reuentaler mit einem fremden Ritter betrügt (HW XLV,9 = C 201-205 [UL 12])
  - Das Lied vom gemeinsamen Ankleiden und Essen mit der Liebsten (HW XLVII,24 = C 227-231 [UL 19])
- Das Lied vom „wengling" (c 7 [RB 5]), in dem ein Kinderspiel zu einer sexuellen Annäherung der Sängerfigur an eine junge Frau umgedeutet wird
- Das bekannte Winterlied 8, in dem die Sängerfigur sich einer jungen bäuerlichen Frau beim Flachsschwingen nähert
- „Ein raye" (c 73 [RB 32]), ein erzählendes Lied, das nur in Handschrift c überliefert ist und ebenfalls von der erfolgreichen Annäherung der Sängerfigur an eine junge Frau berichtet

Auffällig an diesen Liedern ist, daß sie ein gänzlich anderes Bild vom Protagonisten entwerfen, als es den Gesprächsliedern oder den typischen Winterliedern eigen ist. Der Minnesänger ist hier gewissermaßen zum Liebhaber und Vaganten geworden, der sein Handlungsziel (ohne die von Andreas Capellanus geforderte Verfeinerung) unverhüllt im Beischlaf sucht. Die diskursiven Techniken, mit denen diese Figurenidentität entworfen wird, sind dabei sehr verschieden. Zumeist werden in ihnen zwei semantische Komplexe (Isotopien)[172] so miteinander verknüpft, daß nur einer der des Sexus ist. Die Isotopien außerhalb der Sexualität gehören zum Bereich Essen/Nahrungsaufnahme (UL 15,19), Waffen (UL 14) oder brauchtümliche Gaben (Kranzgeschenke) und Spiele (UL 18, RB 5). Hinsichtlich des Modus dicendi enthalten die meisten Lieder eine Kombination lyrischer, dramatischer und epischer Elemente, setzen sich also

---

nicht mehr schönen Künste. Hg. von Hans Robert Jauß. München 1968 (= Poetik und Hermeneutik 3), S. 187-205.
170 Vgl. MÜLLER, U. 1989, S. 75f.
171 MÜLLER, U. 1989 im Titel des Aufsatzes.
172 Zum Isotopiebegriff vgl. GREIMAS 1971, S. 60-92, insbes. S. 86.

aus situationsunspezifischen Ich-Aussagen, Dialogen und Berichten vergangener Ereignisse zusammen. Als Texttypen sind dabei das Rosenkranzlied und c 73 herausgehoben, weil das erstere eine kaum noch auf Handlung abbildbare Kombination der Isotopien ‚Kranzübergabe' und ‚sexuelle Hingabe' darstellt, während das letztere die auch innerhalb der Neidhart-Tradition einmalige Überführung der Gesprächsliedsituation in eine Erzählung vollführt. Diese beiden Lieder seien daher zunächst kurz skizziert, bevor die sogenannten obszönen Dialoge zum Thema werden.

c 73 (RB 32)

Mit c 73 (RB 32) liegt das Beispiel eines Lieds vor, das in seiner paargereimten Form der Erzählung eines Minneabenteuers nahekommt und in seiner Motivik durchaus mit einigen Minnereden des 14. und 15. Jahrhunderts vergleichbar ist.[173] Das Lied setzt mit dem Anlaß der *queste* nach der Minnedame ein, die konkret an einem bestimmten Ort gedacht wird: „ICH gieng lugen vmb das Hauß / als ein kacz nach der mauß / wo ich die wolgethanen fünde" (I 1-3). Ziel der Suche ist es, einen „plick" (II 1) auf die begehrte Frau zu erhaschen. Die dritte Strophe gibt sich jedoch im Zusammenhang mit der vierten als die Rede an eine Kupplerin zu erkennen, welche „die frawen" (III 1) im Auftrag der Erzählerfigur zum gemeinsamen Essen einladen möge. Gegen „miet" (IV 2) ist die Alte bereit, Auskunft darüber zu geben, „wo sie sich verporgen hat die raine" (IV 3). Mit diesem Handel gelingt es der Erzählerfigur, in das Haus der Liebsten zu kommen und - nach Erbrechen eines Riegels (VI 2) - die überraschte Dame auch zu finden. Diese fürchtet, anscheinend mit Bezug auf eine Vorgeschichte mit dem Protagonisten (VI 4), um den Verlust ihrer Ehre, wehrt ihn ab und wandelt ihren Sinn erst, als dieser sich über ihre Bitte hinwegsetzt:

VI Zu tett sie die túr
   Ich sties den rigel fúr
   des erschrack sie sere
   Sie sprach herre des entut nicht mere
5 seit ich muß mit euch wagen. leib vnd all mein ere
   ymer mere

VII Do legt Ich mich zu Ir
    do ward an dem herczen mir

---

173 Eine Übersicht findet sich bei Tilo BRANDIS: Mittelhochdeutsche, mittelniederdeutsche und mittelniederländische Minnereden. München 1968 (= MTU 25). Vgl. hier etwa Nr. 352.

>   als ich In dem paradis were
>   ein swáre
>
> VIII Do sprach sie Ja wol mich wartt
>   ich wil mit euch an die fart
>   ich bleib mit euch als mér
>   offenbáre
>   (c 73 VI-VIII)[174]

Aus der Abneigung und Abwehr wird also plötzliche Zuneigung und sogar der Plan, der *huote* durch eine gemeinsame Flucht („an die fart") zu entgehen. Eine ähnliche Handlungsstruktur und Konstitutionsweise der Identität männlicher und weiblicher Figuren zeigen auch die Lieder c 7 (RB 5) und WL 8, in denen die Abwehr der Dame in eine Bindung an die Erzählerfigur umkippt (wie weiter unten noch zu zeigen ist). Ein besonderer Fall ist c 73 hauptsächlich aufgrund der in Reinform vorliegenden Geschichte, die einen Anfang, einen Mittelteil und ein Ende kennt und daher das Lied an den Modus dicendi der Erzählung im eigentlichen Sinne annähert. Zudem liegt hier - im Gegensatz zu den anderen erwähnten Liedern - keine Verknüpfung zweier thematischer Komplexe vor, so daß der Entfaltung der Geschichtsebene eine gewisse Unterstrukturierung der Diskursebene gegenübersteht.[175] Als Beispiel für den umgekehrten Fall, in dem die Diskursebene dominiert, kann das ‚Lied vom Rosenkranz' dienen.

Rosenkranz-Lied (HW XXVII,9 [UL 8])

Daß das Lied vom Rosenkranz (UL 8) primär als neidhartianische Durchformung der Diskursebene zu verstehen ist, legen sogar schon die zeitgenössischen Rezeptionen nahe.

Wenn etwa in der Handschrift p aus der Mitte des 14. Jahrhunderts das Lied mit der Überschrift „Dis ist der Rosenkrantz hern Nithartes" (Bl. 234rb) bezeichnet wird, dann scheint mit Herrn Neidhart in diesem Fall primär der Autor des Lieds gemeint zu sein, nicht das textintern sprechende Ich. Auch die Anspielung Heinrichs von Freiberg auf die Blumen, von denen Herr Neidhart sang,[176] bezieht sich auf den Schöpfer des Lieds vom Rosenkranz, nicht etwa

---

174 Die Wendung „ein swáre" ist offenkundig aus „an swere" verderbt.
175 Allenfalls ließe sich im Vorgang des Tür-Aufbrechens (VI 1f.) eine Sexualmetapher erblicken.
176 Vgl. Heinrich von Freiberg: Tristan. Hg. von Reinhold BECHSTEIN, Leipzig 1877, V. 3779 f.: „hin an daz engerlîn sô zart dâ von der hübesche Nîthart sanc als ich vernomen hân, aldâ die brûnen bluomen stân".

auf eine Figur oder den Protagonisten der Lieder.[177] Dies liegt beim Rosenkranzlied indes sehr nahe, da hier die Motivik der Kranzübergabe, die in den sommerlichen Gesprächsliedern ebenfalls eine Rolle spielt, dazu benutzt wird, um sie in eine doppeldeutige, teils wörtliche, teils obszöne Sprechweise zu überführen. Es kommt in diesem Lied zu keiner erzählbaren Handlung, sondern zu einer Umbesetzung bzw. konsequenten Weiterführung eines einzigen Motivs: der Kranzübergabe.

Der quasi-zeremonielle Akt der Kranzübergabe bleibt aber in diesem Lied auf der literalen Ebene erhalten und wird zugleich metaphorisch als sexuelle Hingabe gedeutet. Das sprechende Ich ist somit nicht bzw. nur in äußerst reduziertem Maß in eine Figurenhandlung eingebunden, sondern gerät in unvermitteltere Nähe zum impliziten Autor (bzw. der Autorfigur in der Sicht der Rezipienten). Im Gegensatz zu den Philologen des 19. und 20. Jahrhunderts schrieben die historischen Rezipienten die mehrsinnige Redeweise des Lieds, das mit seiner frühesten Überlieferung bereits um 1300 in der Weingartner Liederhandschrift greifbar ist, eindeutig einer neidhartianischen Autorinstanz zu, schufen damit also eine Identität, die auch auf die Figur zurückfärben kann.[178] Aus diesem Grund möchte ich das Lied einer kurzen Analyse unterziehen.

Das Lied vom Rosenkranz, im folgenden in der Fassung der Handschrift c gedeutet, zitiert zunächst die Ausgangskonstellation des Minnesangs, wenn das Sänger-Ich zu berichten weiß, daß „mich Ir lieb mit Irer gút beczwungen" (c 19 I 12) habe. Mit dieser anzitierten Konstellation ist der Anlaß gegeben, die Wirkungen der Liebe zu beschreiben (II). Mit der dann folgenden Strophe (III) baut das Sommerlied auf der Motivik des ausgetauschten Kranzes auf, setzt aber eine viel direktere Zeichenrelation zwischen Kranzaustausch und Liebesinteraktion als die bisher betrachteten Sommerlieder. Während in diesen der Kranztausch eine *Analogie* für den Austausch der Liebenden im Sinne eines ‚naturwüchsigen' Werbungsmodells sein konnte, oszilliert die Kranzmotivik im Rosenkranzlied zwischen Wörtlichkeit des Bekränzungsakts und der sexuellen

---

177 Die gleiche Zuschreibung an den Autor läßt sich bei Neidharts Gefräß feststellen. Vgl. die Überschrift in der Hs. ko „Dyß ist herrn Nytharcz ffrass".
178 Die Überlieferung des Lieds in den Pergamenthss. (B 64-68; G 2-4, 1-5) ist zwar anonym, die Papierhss. (c 19,1-5; p Bl. 234rb-vb, w 8,1-4) kennen dagegen keinerlei Unsicherheiten in der Einordnung des Texts in die jeweilige Autorsammlung. Das Lied ist damit kaum später überliefert als die Texte der Hs. R. Sein Ausschluß aus dem echten Corpus durch die frühen Editoren verdankt sich primär seinem Inhalt, auch wenn das entsprechende Argument Haupts auf die stollige Strophenform des Sommerlieds abhebt: „aber dieses zeugnis ist kaum älter als die handschrift B und hat, da auf Neidharts namen frühzeitig fremde und zumahl schlüpfrige lieder gekommen sind, wenig bedeutung gegen die von LILIENCRON [1848] s. 92 hervorgehobene unwahrscheinlichkeit dass Neidhart gegen seine feste gewohnheit einem sommerliede keinen reihenton sollte gegeben haben" (HW, S. XLI).

Lesart, wird also tendenziell zur Sexualmetaphorik. Die symbolische Interaktion der Sommerlieder verwandelt sich im Rosenkranzlied tendenziell in eine Rhetorik der sinnlichen Liebe, auch wenn diese keineswegs als besonders komplex erscheint:

III Was ich blumen ye gesahe
      was ich rosen ye geprach
      den summer vnd den mayen
      die sind vngeleich gefar den rosen die trug
5   Ir schón die sie mir
      zu einem krenczlein gab von mir
      die hett sie gehayen
      das ich nye bekannt mer rosen also klug
      rosen auß irm belgelein
10 den wollen nicht entlachen
      der ward mir ein krenczelein auff das haupt mein
      das hett mir die lieb die gut versprochen

IV Man [sol] es tugentlichen verstan
      wie es vmb das krenczlein sey gethan
      so schón geschicket
      keiner plumen ist so uil sam der brawnen da
5   nyemant es verkeren soll
      Wann es ist noch wunsche woll
      zu freuden geschickt
      wer das krenczlein tragen soll der wirt selten graw
      Selig sey das engerlein
10 da die plumen entsprungen
      da mag auch das raiffell wol gewúrckt sein
      da soll hinfur nyemant denn mir angelingen

V   Immer muß ich sein ein dieb
      sej mir das krenczlein nicht lieb
      sie sol mir es behalten
      so sie es aller peste kan das sie es yemantz geb
5   wann es mir so rechte kumpt
      als es mir selber sej gefúgt
      sein raif ist gespalten
      nach der wúnschel ruten stam recht sam es leb
      schón geschicket sunder neit
10 ist es auff meinem haupt

ist das sie das krenczlein yemant furpas geit
so hat sie mich eren vnd freud beraubet
(c 19 III-V)[179]

Die angesprochene mehrsinnige Redeweise ist nun allerdings auch nicht auf die Sexualmetaphorik allein (der Kranz als Metapher für die weibliche Scham) reduzierbar. Der Logik der Metaphorik zufolge müßte die Bekränzung, ähnlich wie die eindeutig obszöne Metapher vom „haerin vingerlin" (HW 96,35) der Frau Minne, in die ein Knecht seinen Finger stößt, nämlich eine uneigentliche Bezeichnung für einen auch wörtlich bezeichenbaren Gegenstand sein.[180] Im Fall eindeutiger Metaphorik löst sich die bildspendende Ebene zugunsten der bildempfangenden Ebene gänzlich auf.[181] Dies ist allerdings im Rosenkranzlied trotz aller eindeutigen Zweideutigkeiten nicht der Fall. So ist die Bereichsangabe „auß irm belgelein" (c 19 III 9) sowohl auf der sexuellen Ebene als auch innerhalb der Isotopie der ‚botanischen Gabe' deutbar. Dennoch soll dasselbe Kränzlein auf dem „haupt mein" (c 19 III 11), d.h. höchst anständig, plaziert werden. Der Kranz selbst wird wiederum in der Schlußstrophe mit Begriffen beschrieben, die kaum als nicht-sexuelle Termini verstanden werden können.[182] Einer eindeutig sexualmetaphorischen Lesart des Kranzes wirkt das Sänger-Ich zwar an der Oberfläche mit den Aufforderungen, man solle den Sinn des Gesagten „tugentlichen verstan"(c 19 IV 1) und dem Satz „nyemant es verkeren soll" (c 19 IV 5) entgegen. Durch Zurückweisen einer vom Publikum antizipierten doppelten Lesart wird diese rezeptionsästhetisch betrachtet mehr hervorgerufen als unterbunden.

Auf der Ebene des Diskurses läßt sich das Lied als die Manifestation mehrerer „isotoper Pläne"[183] deuten, die zusammen zu einem heterogenen, nicht in eine eindeutige Geschichte auflösbaren Isotopienkomplex verknüpft sind.[184]

---

179 Lesarten bei HW, S. XLI.
180 Die von der Forschung konstatierte, aber nie explizierte Eindeutigkeit der Sexualmetaphorik (vgl. etwa BEYSCHLAG, S. 614) müßte übrigens in zwei Metaphern differenziert werden: die Wortmetapher des Kranzes (für die weibliche Scham) und die Textmetapher der Kranzübergabe (für den Geschlechtsakt).
181 Dies gilt für Metaphorik im rhetorischen Sinn. Im Fall der allegorischen Ausdeutung im Sinn der mittelalterlichen Hermeneutik bleibt auch die bildspendende Ebene im Literalsinn als Sprache der Dinge erhalten. Vgl. Augustins' DE DOCTRINA CHRISTIANA II, 10, 15.
182 Vgl. V 7ff.: „sein raif ist gespalten / nach der wünschel ruten stam recht sam es leb".
183 GREIMAS 1971, S. 87.
184 Die Kranzgabe und die Sexualität bilden die dominierenden Isotopien, sind aber keineswegs die einzigen Themenkomplexe des Lieds. Hinzu kommt die Bedeutung des Rosenkranzes in der Liebesinteraktion und der symbolische Gehalt des Kranzes in einer quasireligiösen Weise. Die minimale Geschichte, die dem Lied zugrunde liegt, beschränkt sich auf die Handlung der Kranzübergabe: Eine Frau hat dem Sänger einen Kranz gegeben, den sie niemand anderem überlassen möge. Die erste Isotopie ist die von der Gabe des

Wichtig hinsichtlich der Figurenidentität jenes Herrn Neidharts, dem das Lied als Autor zugesprochen wird, ist jedoch die intendierte Mehrdeutigkeit der Lesarten, die durch keine textuelle Gegenstrategie wirklich eingegrenzt würde. Genau dieses Changieren des Gesagten hinsichtlich mehrerer Lesarten hat man nun anscheinend der Autorfigur Neidhart zugesprochen.

Obszönität und Erotik sind, dies ließ sich an den beiden oben analysierten Liedern zeigen, sowohl eine Angelegenheit der Handlung als auch ein Aspekt der Diskursebene der Lieder. In Hinblick auf die Neidhart-Identität ist dabei von Interesse, daß beide Aspekte in der Tradition auf Herrn Neidhart zurückgeführt werden, der damit Protagonist und Autor zugleich ist. Abschließend möchte ich dies an zwei weiteren obszönen bzw. erotischen Liedern ausführen, in denen die Konstitution der Figurenidentität primär auf der Handlungsebene abläuft: einmal mit dem Lied vom Wengling (c 7 [RB 5]), dann anhand des Winterlieds 8.

c 7 (RB 5)

Im Lied vom Wengling (c 7)[185] sind zusammen mit den Isotopien des Kinderspiels und der Sexualität auch zwei Geschichten miteinander kombiniert: die Geschichte von einem Mädchen, das mit anderen ein Kinderspiel spielt, und die Geschichte vom Mann, der sie weglockt und danach verführt.

Die Handlung läßt sich in wenigen Worten umreißen: Der Protagonist kommt auf eine Aue, wo er eine „maid die haist ges" trifft. Diese vertreibt sich die Zeit mit einem Spiel namens „wennling bergen" (I 10). Nach dem Zeugnis Samuel Singers läßt sich darunter ein „Gesellschaftsspiel" verstehen, das „unserem Plumpsackverstecken entspricht, in dem ein Tuch irgendwie zusammengeknotet und versteckt wird. Die Mädchen sitzen im Kreise, die eine geht herum, das zusammengeknotete Tuch in der Hand verborgen."[186] Der Protagonist trifft auf die Runde und fragt die von ihm Auserwählte, was sie tue. Sie gibt zur Antwort, einen Rosenkranz auf ihr Haupt binden zu wollen. Der Prot-

---

Kranzes. Der Kranz ist Abzeichen der Liebe, über die in der zweiten Strophe reflektiert wird (indem sie hier als Diebstahl bestimmt wird). Liebe und Diebstahl sind damit die weiteren Isotopien, wobei Diebstahl nur als metaphorisches Modell mit Liebe verknüpft ist und sich in der konkreten Metapher des Minnediebes konkretisiert (II 11f.). Eine weitere thematisch-semantische Ebene ist die der religiösen Deutung der Rose, die für Unschuld und Heil stehen kann. (Vgl. HDAG, Bd. 7, Sp. 776ff.) Diese Isotopie drückt sich in der Zeile aus: „wer das krenczelein tragen soll . der wirt selten graw" (IV 8).

[185] Überlieferung von c 7 (RB 5) auch in f 12,1-5; die Überschrift in c lautet „Der wenglinck/" (136v), in f „Her Neithart wie er mit der Junckfrawen den wendlich parge" (Bl. 19r). Ich lege in der Analyse die Fassung der Hs. c zugrunde, da diese umfangreicher ist.

[186] SINGER 1920, S. 34.

agonist schlägt ihr vor, dafür die Rosen zu liefern, so daß in einem Tauschhandel Ware gegen Dienstleistung seine Rosen zu zwei Kränzen für beide gebunden werden können. Anschließend amüsieren sich beide unabhängig von den anderen Spielenden mit einer Neckerei, die nur kurz benannt wird („Schimpffes ich mich vnterwandt [...] Do begund ich mit der klugen zwicken zwergen" III 4-11). Als der Protagonist gefragt wird, ob er das Spiel des „wennelinck pergen" (III 12) beherrsche, stimmt er zu, deutet diese Frage allerdings radikal um, indem er sie als Aufforderung zum Beischlaf versteht. Das Mädchen ist über das Geschehene nurmehr verwundert, worauf ihr das nun sexuell eindeutige ‚Spiel' noch weitere Male gezeigt wird, bis sie zum Schluß selber daran Gefallen findet und sich um die Erkenntnis des *wenglinck* bereichert weiß.

Das Lied vom Wengling ist alles andere als ein dunkler Text. Es läßt sich zunächst in die Kategorie ‚Männerphantasien eines mittelalterlichen Herren'[187] einordnen, insofern es wie viele der unter dem Etikett mittelalterlicher Liebesdichtung versammelten Texte eine leichte Verführbarkeit der Frau imaginiert, die ohne soziale, ethische, juristische oder ständische Grenzen und ohne Folgen verfügbar ist. Das Lied läßt sich daher auch zunächst als einer jener *contretextes* betrachten, die Liebe unter dem der Entsagung höfischer Liebe konträren Aspekt behandeln. Solche Gattungen treffen sich mit dem Minnelied dennoch in der Gemeinsamkeit, daß es sich auch bei der zur Darstellung kommenden Liebe in den oft zitierten Worten Georges Dubys immer „um ein spezifisch männliches Spiel" handelt, in dem „kaum etwas anderes als männliche Werte gefeiert werden."[188]

Was Duby über das Konzept höfischer Liebe sagt, scheint sich direkt auch auf dieses obszöne Lied übertragen zu lassen und sogar auf besondere Weise zu bestätigen. Der Spiel-Charakter, den Duby der höfischen Kultur, die Minne thematisiert, insgesamt zuschreibt, konkretisiert sich im Wengling-Lied in der Handlungsebene. Das, was der Ritter mit der *maid* macht, wird mit dem analogisiert, was sie vorher tat: Beides erscheint als harmloses Spiel. Die grundsätzliche Figurenperspektive gleicht derjenigen der romanischen Pastourelle.[189] Der *point of view*, aus dem heraus erzählt wird, ist der des Vaganten, der „vom versuchten oder erfolgreichen Liebesabenteuer (...) mit einem ständisch meist

---

187 So der Titel eines Aufsatzes von Ulrich MÜLLER: Männerphantasien eines mittelalterlichen Herren. Ulrich von Lichtenstein und sein ‚Frauendienst'. In: Variationen der Liebe: historische Psychologie der Geschlechterbeziehungen. Hg. von Wolfgang MAAZ, Thomas KORNBICHLER. Tübingen 1995 (= Forum Psychohistorie 4), S. 27-50.
188 DUBY 1989, S. 48.
189 Auf die genetische Frage einer möglichen Berührung der Neidharte mit diesem Typus gehe ich an dieser Stelle nicht ein. Vgl. BRINKMANN, S. 1985, S. 237. SCHWEIKLE (1990, S. 78) nennt das Lied vom Wengling eine „der in der dt. Lyrik seltenen echten Pastourellen".

niedriger stehenden Mädchen berichtet, zumeist irgendwo in der freien Natur, auf jeden Fall aber ohne hinderliche Beobachter."[190]

Auch die Sprecher- und Handlungspositionen sind festgelegt: Die Rede des Sängers richtet sich an ein implizites Publikum („Ich wil singen / von einer maid" I 2f.), der Redegegenstand ist das Mädchen. Textintern hat zwar auch das Mädchen eine Sprecherrolle. Die Instanz des Sängers ist hier jedoch Sprecher, Erzähler und handelnde Figur in einem. Seine Identität ist also nicht durch die Rede einer anderen Figur perspektiviert, sondern perspektiviert selbst das Geschehen, das schließlich auch durch seine Absicht (Spielen und Verführen) von vornherein doppeldeutig ist.

Auf der semantischen Ebene entspricht dieser Doppelperspektivierung die allmähliche Umbesetzung des Wortes „wenglinck". Dieses wird nach und nach „ganz eindeutig als eine Bezeichnung für das männliche Glied (membrum virile)"[191] eingesetzt, selbst wenn das Wort anfangs nur den weitergereichten Spielgegenstand meint. Die Isotopie der Sexualität ist so deutlich in der Beschreibung des Spiels gegenwärtig, daß die Umcodierung der Bezeichnung im zweiten Teil des Lieds für einen aufmerksamen Leser keine Überraschung mehr enthält.[192]

> AVff mein zwar vnd auff mein ses
> Ich wil singen
> von einer maid die haist ges
> die sah ich den hayerles
> 5 schón *springen*
> Mitt den kinden traib sie uil
> *zwicken zwergen*
> darczu kund sie ein *spill*
> haisset als ich wenen will
> 10 *wennling bergen*
> Da sie da nyder sassen fúr dy tume
> sie sprach lat mich den *wenling* tragen vmbe
> Ir beqund ir hendel al zugrossen
> seht darumb sie es nicht lie
> 15 zu iglicher sie da ging
> *zwuschen vnd ober der knye*
> da ward sie den wenling vast *verstossenn*
> (c 7 I 1-17)

---

190 MÜLLER, U. 1989, S. 76.
191 MÜLLER, U. 1986, S. 131. Das Wort „wengling" (auch „wenckling" oder „wenckling") ist ein Hapaxlegomenon in der Neidhart-Überlieferung (ebd.)
192 Begriffe, die an beiden Isotopien (Sexualität und Spiel) teilhaben, sind kursiviert.

Um das Zusammenwirken der Isotopien mit der erzählten Geschichte und der Perspektivierung durch den Protagonisten und Sänger deutlicher zu verstehen, muß man sich vor Augen halten, daß das beschriebene Gesellschaftsspiel der Mädchen keineswegs schon auf der wörtlichen Ebene des berichteten Geschehens eine erotische Tätigkeit ist. Zu dieser wird es erst durch die Beschreibungssprache des Berichtenden (vgl. insbes. I 16f.).[193] Epistemologisch betrachtet befindet sich das Sprecher-Ich dadurch in einer dominanten Position. Als Sprecher der Rede steuert er die Signale, die das Mädchen auf der Figurenebene nicht, das implizite Publikum dagegen sehr wohl verstehen kann.

Geht man weiterhin von der Bekanntheit des Lieds vom Rosenkranz (UL 8) im 15. Jahrhundert aus, dann läßt sich zu diesem Rezeptionszeitpunkt auch bei einer isolierten Lektüre oder einem Vortrag des Wengling-Lieds das Motiv des Bekränzens mit einem Rosenkranz (in c 7 II 12f.: „sie sprach ich pinde / ein rosen krenczel auff mein haubt zu zier") mit dem in jenem Lied nahegelegten Kontrakt einer sexuellen Partnerschaft wahrnehmen. Wenn das Mädchen sich auf den Tauschhandel einläßt, die Rosen des Sängers zu nehmen, um beiden einen Kranz daraus zu binden, liest der Rezipient dies folgerichtig als Einwilligung der Dame in die sexuelle Vereinigung. Dadurch ergibt sich eine Differenz zwischen Figurenwissen und Publikumswissen, für die das Sänger-Ich der Vermittler ist.

Als Held und Erzähler gleichermaßen kennt der Protagonist wie das Publikum den symbolischen Code der Bekränzung, den die Figur des Mädchens nicht kennt. Wenn sie den Protagonisten bekränzt, spricht sie also eine Sprache, die sie nicht versteht, sendet aber dennoch eine Botschaft, die objektiv ist. Sie ist bei der anschließenden Verführung daher auch nur verwundert, weil sie diese Sprache (d.h. den symbolischen Code, der im Kranztausch zum Ausdruck kommt) durch den Protagonisten, erst erlernen muß. So zeigt sich sogar in diesem relativ eindeutigen Text eine Verlaufsstruktur, die auf dramatischer Ironie und dem Verhandeln von Wissensunterschieden aufbaut.

Der abschließende Handlungsteil des Lieds stellt sich folgerichtig als Personenkonstellation im Gesprächsmuster von Lehrer und Schüler dar, insofern der Held die Rolle des Lehrers (als der Wissende) und das Mädchen die Rolle des Schülers (als die Nicht-Wissende) einnimmt. Die Überlagerung der Isotopien ‚Spiel‘, ‚Sexualität‘ und ‚Unterricht‘ wird dabei nur von der Erzählerinstanz durchschaut, die damit sowohl auf der Handlungs- als auch auf der diskursiven Ebene dominant ist. Das Mädchen hingegen bleibt dem anfangs zitierten Spiel-Diskurs verhaftet, da sie auch die mehrmalige Verführung noch als Spiel miß-

---

[193] Dies sei im Gegensatz zur Interpretation Ulrich MÜLLERs (1986, S. 132) festgehalten, der bereits im Spiel des Wengling-Bergens selbst eine unter Jugendlichen aller Zeiten übliche spielerische sexuelle Aktivität sehen will und im Wengling ein sexualpraktisches Hilfsmittel ausmacht.

versteht. Sie wird daher als „wicz"-los und „tumme" bezeichnet, auch wenn sie um die Wirkung des für sie neuen Gegenstandes und Spiels nun wissen müßte:

> Sie sprach herr dem ewerm spill kan sie nicht genossenn
> mir ist als die erde lauff vmb
> Ich pin wicz worden frej
> 15 als der hymel kuppfrej sey
> vnd der Sunnen wern drey
> des geswúr ich ayde so sprach die tumme
> (c 7 V 12-17)

Daß dieses Lied in seiner Konstitution des männlichen Protagonisten auf einem „misogyne(n) Frauenbild" aufbaut, das Ingrid Bennewitz zufolge „Neidharts Liedern grundsätzlich zu eigen"[194] sei, ist in diesem Fall offenkundig und nicht weiter beweisbedürftig. Die Misogynie eignet allerdings nicht nur Neidhartliedern, sondern vielen Gattungen, die als Gegentexte zum Minnesang oder den klassischen höfischen Gattungen betrachtet werden können. Der Handlungsverlauf einer Verführung, die zunächst auf Unverständnis und Widerstand stößt, dann aber - wenn der Widerstand vom männlichen Protagonisten durchbrochen wird - in Einwilligung umschlägt, ist so nicht nur gattungskonstitutiv für die Pastourelle, sondern findet sich auch in anderen Texten spätmittelalterlicher Literatur wie der Konstanzer ‚Minnelehre' oder Wittenwilers ‚Ring'.[195] Die obszönen Neidhartlieder stehen damit nicht nur im Zusammenhang der Neidhartiana, sondern in größeren literaturgeschichtlichen Kontexten. Als Gemeinsamkeit von Pastourelle und dem hier behandelten Lied läßt sich feststellen, daß die Konstitution der Figurenidentität in beiden Fällen mittels der Handlungsform ‚Verführung eines Mädchens' geschieht, die dazu dient, den geschlechtlichen Wert des Sängers zu bestätigen.

Die Konstitution der Figur als sexuelles Wesen wird aber auch in der Neidhart-Tradition keineswegs immer in der Eindeutigkeit des Wengling-Lieds vorgenommen. Dies soll eine kurze Untersuchung von WL 8 zeigen.

WL 8 (c 82)

Winterlied 8[196] ist von der Forschung im allgemeinen unter dem Gattungsaspekt, namentlich der Ähnlichkeit zum romanischen Pastourellentypus, behan-

---

194 BENNEWITZ 1993, S. 335.
195 Man vergleiche die Verführung Mätzlis durch den Dorfarzt Chrippenchra in Wittenwilers ‚Ring' (V. 2001-2182).
196 Überlieferung von WL 8: R 31, 1-5; c 82,1-6. Überschrift in c 82: „Die derr plahen" (207v). Vgl. auch den Stellenkommentar bei TERVOOREN 1995, S. 273-276.

delt worden.[197] Das Lied mit der Kennwortüberschrift „Die derr plahen"
(207v) beginnt mit einer Klage über den Verlust des Sommers, die gegenüber
anderen Natureingängen sehr detailgenau wirkt.[198] Die Sprechsituation stellt
sich als Dialog mit den Freunden dar, welche die Sänger-Figur um Rat in Minnedingen bitten. Damit ist die Erzähl- wie auch die erzählte Situation umrissen.
Der Sprechzeitpunkt wird als gegenwärtig herausgestellt, während das Ereignis,
von dem berichtet wird, in der Vergangenheit liegt. Mit dem Wissen desjenigen, der das noch zu erzählende Abenteuer bereits hinter sich hat, versetzt sich
das sprechende Ich als Erzähler also in einen Zeitpunkt, der vor diesem berichteten Geschehen liegt:[199]

> II Ratet lieben freund wie Ich gepar
>   vmb ein weib die wert sich mein
>   die begraiff ich da sie flachs Irer maisterine swangk
>   des ersten weret sie sich mein vntáre
> 5   doch tett sis zu dem leczten schein
>   das sie mir zu starck was vnd Ich ir gar zu kranck
>   (c 82 II 1-6)

Anlaß der Bitte um Freundesrat ist das ‚Wehren' der Frau, d.h. die gegenüber dem Minnesang auf die Dame selbst verschobene, konkrete körperliche
Abwehr. Diese Abwehr der Dame soll zunächst gering, dann aber so erfolgreich gewesen sein, daß sie dabei als die Stärkere obsiegte. Bis zu dieser Stelle
kündigt sich der Inhalt der ‚Erzählung' als eine Geschichte der Niederlage an.
Der Protagonist traf irgendwann auf eine *puella* (als „ein weib" bezeichnet), die
im Auftrag einer „maisterine" der bäuerlichen Tätigkeit des Flachsschwingens
nachgeht. Wer die „maisterine" ist, ist hier noch unklar; sie muß ein dem
Mädchen gegenüber in der Aufsichtspflicht oder Befehlsmöglichkeit stehenden
Frau sein.[200] Der Protagonist nähert sich dem Mädchen physisch; wobei die
handgreifliche Annäherung einen Erfolg gehabt haben muß, den der Sänger mit
dem negativen Befund seiner Kräftebilanz resümiert.
Es schlägt an dieser Stelle das Resümee des Erlebten in die Erzählung des
Ereignisses selbst um:

---

197 Vgl. zum Gattungsaspekt zuletzt BENNEWITZ-BEHR/MÜLLER 1989, S. 96 (mit Verweisen auf ältere Literatur); BENNEWITZ 1993.
198 Das Motiv der schattenspendenden Linde, die im Sommer den Tanzplatz markiert, ist innerhalb der winterlichen Naturbeschreibungen jedenfalls nur ein weiteres Mal, nämlich in c 105 I 3, enthalten: „nú piere vns die linden fúr die sunnen nyndert schatt".
199 Der Betrachtungszeitpunkt, von dem aus das vergangene Geschehen resümiert wird, liegt dagegen in der Vorvergangenheit.
200 Vgl. zum Ausdruck „maisterin" Anm. 158 u. 159.

> II laider lúczell halff mich da mein ringen
> yedoch versucht ich sein genug
> mengen vngefúgenn puchs sie mir do slug
> sie sprach lieber siczet vnd last mich swingen
> (c 82 II 7-10) [...]
>
> III do tett sie mir kunt Irn vngelimpffen
> mit den fuessen sie mich sties
> sere gein den brústen das ich also weit ergint
> lat mich wurcken laider wúteschen
> 5 ewer leib ist vngesatt
> erforschet es mein mwme Ia tut sie mir laid
> das ich ymmer mit euch mere gezencke
> (c 82 III 4-10)

Wie im Lied vom Wengling beginnt der Protagonist mit Handlungsweisen, die zwar als Unterhaltung („mit der guten schimpffen") gekennzeichnet werden, dann aber die Form eines sexuellen Übergriffs annehmen, dem in der Neidhart-Tradition berühmt gewordenen ‚frechen Griff':

> Do begund Ich mit der guten schimpffen
> als mich mein fughait hies
> leis graif ich da hin da weib so súzz sind
> (c 82 III 1-3)[201]

Dieser Übergriff wird von der Dame jedoch mit massiver Gegengewalt beantwortet: Sie schlägt ihn mit ihren Füßen an die Brust und verweist auf „mein mwme", die nicht erfahren darf, daß das Mädchen „mit euch mere gezencke" (III 10).

Die Austragung des Konflikts geschieht ebenfalls gewalttätig:

> Grosse krafft die was vns baiden tewer
> von dem / ringen das wir do
> tetten vmb ein kleines dingell des ist hewer sitt
> (c 82 IV 1-3)

---

[201] Haupt und Wießner konjizieren in HW 47,12 (c 82 III 3) für „stundic" (R) und „súzz" (c) das sonst nicht belegte „slündic". Dieser starke Eingriff in die Überlieferung ist weder inhaltlich noch philologisch zu rechtfertigen. Das Motiv des „frechen Griffs" kommt auch in den WLL 6, 8, 20 und 31 sowie in RB 26 vor. Zu kulturhistorischen Einordnung des Motivs, das seinen „Diskursort von Sexualität" nicht nur in der Literatur hatte, vgl. TERVOOREN 1995, S. 287f.

Der Sieg über die Frau ist hier also um den Preis eines wörtlich aufzufassenden Ringens zu erlangen. ‚Ringen' als körperlicher Kampf bleibt hier, ähnlich wie die Kranzübergabe im Rosenkranzlied, auf der Literalebene erhalten und wird zugleich zum Indikator für das kräftezehrende Liebesspiel: ein Ringkampf, der allerdings Mittel und Ziel zugleich ist, insofern diese erotisch besetzte Form der Interaktion metaphorisch für den Geschlechtsverkehr steht.[202] Mit dem nicht näher erklärten „dingell des ist hewer sitt", um dessentwillen das Ringen veranstaltet wurde, ist der Protagonist zum Ziel gelangt, hat aber jetzt genau die Kräftebilanz zu verzeichnen, die der Sänger zuvor vorgreifend aufgestellt hat: „doch tett sis zu dem leczten schein / das sie mir zu starck was vnd Ich ir gar zu kranck" (s.o.). Diese negative Bilanz spiegelt sich in der Nahrungsstatistik wider:

    Sechs piern brieten wir vns bej dem fewer
5   der gab mir die liebe zwú
    selbs azz sie vier da labten wir vns baide mitt
    hetten wir des obs nit empfunden
    Ich wer in mein augen tot
    we warumb leid ich armer solicher nott
10 wes hab ich mich armer hewer aber vnterwunden
    (c 82 IV 4-10)

Das Tauschgeschäft ist zwar vom Sänger ausgegangen, kennt jetzt allerdings nur eine negative Bilanz, die sich auch in der Nahrungsstatistik zeigt (vier zu zwei). Doch auch diese für die Erzählerfigur negative Bilanz, welche jener in der Liebesinteraktion analog ist, muß wieder aufgehoben werden. Im Gegensatz zu den Neidhartliedern der Manessischen Handschrift, in denen die Isotopien Nahrung und Sexualität sich ausgeglichen gegenseitig stützen und metaphorisieren, findet zwar auch hier eine Metaphorisierung von Sexualität durch Nahrungsaufnahme statt.[203] Diese wiederum (und damit indirekt auch jene) zeigt allerdings ein Ungleichgewicht an, das nach Ausgleich strebt.[204] Das Gleiche

---

202 Vgl. FRITSCH 1976, S. 164-167, die Belege im DWB, Bd. 14, Sp. 1004; TERVOOREN 1995, S. 273.
203 Schon Richard BRILL (1908, S. 212) bemerkt den „obscönen Nebensinn" des Birnenbratens; WIESSNER (Kommentar, S. 109) sieht in ihm einen „verhüllende(n) Ausdruck für den Geschlechtsverkehr". Weiteres zu diesem Motiv bei TERVOOREN 1995, S. 275f.
204 Im Lied UL 15 (HXLIV,25), das nur in der Manessischen Hs. überliefert ist (C 198-200), verzehren der Protagonist und die Dame beide die (d.h. seine) Haselnüsse. In UL 19 (H XLVII,21) hilft der Sänger der Liebsten beim Ankleiden, wobei beide (ihren) Birnenmost trinken. Wie bereits SINGER (1920, S. 14ff.) herausstellt, handelt es sich bei den Lebensmitteln um erotische Metaphern. Noch wichtiger als diese Metaphorik ist die

gilt für die Verteilung der Kräfte, die mit der Opposition stark vs. kranck ungleich auf die beiden Protagonisten in der für eine männerdominierte Gesellschaft ebenfalls ungewöhnlichen Geschlechterverteilung starke Frau vs. schwacher Mann verteilt sind. Doch sowohl in Hinblick auf die Nahrung als auch in Hinblick auf die Körperkräfte wird der Mangel des Mannes ausgeglichen. Im Text wird dieser Ausgleich sogar als Sühne mit Hilfe sexueller Gaben durch die Frau dargestellt. In der fünften Strophe schließt die Figurenrede sich wieder mit dem Erzählerbericht des Anfangs zusammen und weiß dabei von dieser spezifischen Art des Ausgleiches zu berichten:

> Lange rede lat euch kurcz machen
> wie es vmb den schimpff ergieng
> Ich sahe nye so Iunges weib als grymiglichen slahen
> Irs vngelimpffen must ich lachen
> 5 was darumb geschah. mir wee
> das versúnet ich seitt mit Ir auff einer dúrren plahen
> hinter Irer muter haus vnter einer heckke
> kam ich zu ir des was sie gail
> do ward Ir meins leibs der beste tail
> 10 den layhe ich den schonen saffteneggke
> (c 82 V 1-10)[205]

Der beschriebene Ausgleich ist jedoch nicht nur einer der Kräfte, sondern geschieht auch auf einer axiologischen Ebene: Die Schläge der Frau, die grundsätzlich für einen Ritter auch Ehrverlust bedeuten könnten, werden als „vngelimpffen" abgewertet und durch Lachen marginalisiert. Die Sühne findet auf der Flachsdarre (und somit dem Anlaß der Handlung) statt. Ähnlich wie im ‚Lied vom Wengling' geht die Fassung des Lieds in Handschrift c jedoch in der Art des Ausgleichs noch weiter: Der Dame wird der beste Körperteil der Erzählerfigur („meins leibs der beste tail" V 9) dargeboten. Dieser wird in c als „safteneggke" bezeichnet, eine unschwer zu deutende Metapher für das auch in der nächsten Strophe angesprochene Körperteil.[206] Zudem wird in der nachfol-

---

Mahlgemeinschaft als solche, da diese eine symmetrische Relation zwischen den Figuren anzeigt.

205 LESARTEN IN R:
V 2 aller spot erge; 3 so grimmeclîche geslahen; 4 ich muoz dicke ir schimpfes vil gelachen; 6 derre plahen; 7 bi ir muome hus; 8 mines guotes wart ir doz daz beste teil; do liez ich der vrouwe sufteneke.

206 Vgl. hierzu die Erläuterung bei WIESSNER (Wörterbuch, S. 244), der „Seufzenegg" übersetzt und dies als „Scherzname eines erdichteten Gutes" ansieht. SCHWEIKLE (1990, S. 34) bemerkt zu Recht, daß die Strophe wohl nur deshalb „den moralischen Sperriegel" der ersten Herausgeber passieren konnte, weil diese „die Hauptpointe im Schlußvers,

genden Strophe nochmals der Verlauf von vorübergehender Niederlage und Rehabilitation des Erzählers vollzogen, der bis jetzt in den Strophen II-V schon stattgefunden hat:

> Ich begraifs allein auff einer tille
> das was meins herczen gere
> alda warff ichs vnter mich vnd tratt Ir vpf das gewandt
> dennoch lag der wundt stecke stille
> 5 wir rúckten hin wir ruckten here
> er ward ir aussermassen lieb sie nan yn In ir handt
> einer freud sie alda geluste
> Sie sprach zu mir das es selig sey
> herczen lieber bul. ich will dir wesen bey
> 10 vor lieb sie mich in das aug kuste
> (VI 1-10)

Diese nur in c überlieferte Strophe läßt sich poetologisch als Verdoppelung bzw. Wiederholung des bereits geleisteten Ausgleichs deuten. In Hinblick auf den angezielten Rezipienten legt sie vom Bedürfnis nach bestätigender Wiederholung Zeugnis ab, das der latenten Bedrohung der Geschlechtsidentität des männlichen Protagonisten in den vorangegangenen Strophen Rechnung trägt. Genauso wie der Protagonist der Erzählung am Anfang die Flachsschwingerin alleine antraf und „begraif" (VI 1), so geschieht dies jetzt nochmals, wobei die Annäherung noch weiter durch die Geste des „Auf-das-Kleid-Tretens"[207] konkretisiert wird. Der Verlust der Kräfte, der sich in den unterschiedlichen Proportionen der Nahrungsaufnahme zeigte, wird hier als Impotenz gedeutet. Die Rehabilitation auf der Flachsdarre gestaltet sich hier als unmotivierte Wende, nämlich als sexuelle Hilfsmaßnahme und Beischlafwunsch der Dame. Sogar der konkrete Ausdruck des Kräfteverlusts in IV 8 „Ich wer in mein augen tot" wird hier nochmals explizit zurückgenommen, wenn die Frau dem Rehabilitierten nun auf genau dieses „tote Auge" küßt (VI 10).[208]

Die negative Stilisierung des handelnden Mannes führt also zu einem eigenartigen Ausgleichsmechanismus am Ende des Lieds, der gegenüber den souveränen Handlungsakten der Figur in den zuvor untersuchten erotischen Liedern recht labil wirkt.

‚Siuftenecke', nicht verstanden und in aller Unschuld" als Scherznamen aufgefaßt hätten. Ähnlich auch BENNEWITZ 1993, S. 330; TERVOOREN 1995, S. 276.
207 TERVOOREN (1995, S. 276) zufolge handelt es sich hierbei um eine „Deflorationsmetapher".
208 TERVOOREN (1995, S. 281), sieht in diesem Motiv einen „Verweis auf drohende Impotenz".

Während die Verträge der Geschlechterbeziehungen (besonders eindeutig im ‚Lied vom Wengling') vom männlichen Protagonisten entworfen und gewissermaßen durchgeführt wurden, ist in WL 8 diese Handlungssouveränität durch die dargestellte Stärke der umworbenen Frau gefährdet. Die Hingabe der Frau verdankt sich hier hauptsächlich der Tatsache, daß sie die von ihr verursachte Mangelbilanz des Protagonisten wieder ausgleicht. Wenn das Objekt des Ausgleichs (die verführte Frau) zum Subjekt des Ausgleichens wird, dann ist auch denkbar, daß die Frau einen anderen Mann entlohnt als den, der um sie dient. Damit treten die Konkurrenten des Sängers auf den Plan, werden zu gefährlichen, weil möglichen Partnern der Dame. In der bekanntesten Form liegt diese Konstellation den Winterliedern zugrunde. Aus diesem Textbereich seien im nächsten Abschnitt Beispiele erörtert.

2.4 Der Ritter unter Bauern: Das ‚Dreiecksverhältnis'

Knüpft man an die Diskussion der Figurenkonstellation im Rahmen der Minneschemata an, dann zeichnen sich nach übereinstimmender Meinung der Forschung die meisten Winterlieder durch ein Dreiecksverhältnis aus.[209] In ihnen trifft man auf jene dreistellige personale Relation, in welcher der Sänger, eine Dame und die Dörper die jeweiligen Positionen der Konstellation einnehmen. Grundsätzlich werden diese Positionen der Winterlieder unter sehr verschiedenen Aspekten in der Forschung fokussiert: entweder in ihrer Konstitution auf der Geschichtsebene (Konstellationen), auf der Diskursebene (Sprecherinstanzen), in ihrer Verlaufsform (Einzeltextinterpretationen) oder hinsichtlich ihres Modellcharakters.[210]

Die Verfahrensweisen der Forschung richten sich auf verschiedene Erkenntnisziele: Während so die vorgestellte Typologie Ruhs einen synchronen Überblick über die Personalbeziehungen für die Winterlieder bereithält, demzufolge die Positionen Sänger, Dame und Gesellschaft (*dörper*) primär auf der Geschichtsebene rekonstruiert werden, geht es anderen Arbeiten um die Vermengung von biographischer oder fiktionaler Realität in der dargestellten Wirklichkeit der Lieder (d.h. um den hier ausgeschlossenen ‚Zeugniswert'), anderen um die diskursive Formation[211] oder den kommunikativen oder sozialen Sinn der Lieder im literarischen Handeln ihrer Zeit.

Im Mittelpunkt der Diskussionen von personalen Beziehungen in den Winterliedern steht vor allem deren transformatorischer Charakter, den sie zwei-

---

209 Vgl. die Diskussion der Ruhschen Minneschemata in IV.1.2.
210 Die Winterlieder nehmen zweifelsohne den größten Raum in der Analyse und Interpretation der Neidharte ein. Vgl. Anm. 11.
211 ORTMANN ET AL. 1976, S. 8.

felsohne in Hinblick auf die Gattung des Minnelieds besitzen, daneben aber auch der Modellcharakter dieser Lieder sowie die konkreten Verfahren, mit denen beides bewerkstelligt wird. So untersuchen Ortmann, Ragotzky und Rischer (1976) in einem programmatischen Aufsatz, der Neidharts Lieder als soziales Handeln beschreibt, die textuellen Verfahren der Winterlieder und kommen zum Ergebnis, das Grundverfahren der Travestie der Minnesituation in einer „Rollenverdoppelung" ausmachen zu können. Diese Doppelung, die sie vor allem an der ambivalenten Rolle des Sängers als Minnesänger in alter Funktion auf der einen und Krautritter auf der anderen Seite (Reuentalerfigur) festmachen, schreiben sie die Funktion eines provokativen Anstoßes zur Selbstdeutung der höfischen Gesellschaft zu.[212]

Jan-Dirk Müller untersucht in einem Neidhart-Aufsatz aus dem Jahr 1986 die diskursive Formation der Lieder und kommt zu einem ähnlichen Ergebnis. Aus der „Interferenz zweier Systeme" oder Diskurstypen (dem des höfischen und des gegenhöfischen Sprechens), aus denen die besondere Struktur der Neidhartlieder resultiere, erwachse die Ambivalenz aller vorgeführten Verhaltensweisen.[213] Diese Ambivalenz zeige sich vor allem durch den fehlenden generalisierenden Gestus der Lieder in der Sängerrolle, da der Sänger eben auch als Figur in der archaischen Gegenwelt der Dörper operiert. Letztlich kommt Müller zur selben Funktionsbestimmung wie Ortmann et al., nämlich zum Urteil, daß gerade durch diese Verfahren das höfische Schema keineswegs verkehrt werde, sondern „die relative Stabiliät von Normen und Verhaltenserwartungen" diskutiert werde.[214] Angeleitet werde mit dem Entwurf der in den Liedern dargestellten Ordnungen (gemeint sind vor allem die fiktiven sozialen Verhaltenssysteme) „zur Neubestimmung sozialer Identität und zur Reflexion über konkurrierende soziale Ordnungen."[215]

Faßt man die bisher rekapitulierten Erkenntnisse der Forschung über die Figurenkonstellationen zusammen und rekonstruiert sie mit Hilfe des hier vorgeschlagenen Textmodells, dann lassen sich die Winterlieder in ihrer spezifischen Gestaltung der textuellen Aspekte relativ eindeutig beschreiben.[216] Die Handlungs- und Sprecherpositionen des Minnesangs differenzieren sich hier in die der diskursiven Ebene (Sprecherinstanzen) und die der Geschichtsebene

---

212 Zur Rollenverdoppelung und Doppelrolle (Minneritter vs. Krautritter) vgl. ebd., S. 10.
213 MÜLLER, J.-D. 1986, S. 422. In der Gleichsetzung von ‚System' mit ‚Diskurstyp' liegt die besondere Inkonsequenz des Müllerschen Aufsatzes, der bezeichnenderweise mit einer Berufung auf Foucault beginnt, um mit Luhmannschen Termini zu enden. Schon in einer der ersten Anmerkungen kommt es bei Müller zum Eingeständnis dieser Schwäche (auf eine Anregung Horst Wenzels hin). Statt von zwei verschiedenen Systemen sei es besser, von zwei Diskurstypen in einem System zu sprechen (ebd., Anm. 5, S. 413).
214 Ebd.
215 Ebd., S. 440.
216 Vgl. II.2.2 sowie die Beschreibung der Sommerlieder in IV.1.3.

(Figuren) aus, wobei jede Position im Liedverlauf auf beiden Ebenen angesiedelt werden kann. Dame, Dörper, Sänger: Alle drei Positionen sind in den Winterliedern sowohl Sprecherinstanzen als auch handelnde Figuren. Der Sänger spricht im Natureingang als Kommentator und Berichterstatter, aber auch als Erzählerinstanz und -figur. Wie alle anderen Positionen agiert er sowohl textintern auf der Figurenebene als auch für ein implizites Publikum. Die bäuerlichen Damen erhalten eine Stimme in einigen Sänger-Mädchen-Dialogen, während sie in einem oft beschriebenen Identifikationsprozeß zumeist die Position der umworbenen Minneherrin und Dörperbraut zugleich einnehmen. Die männlichen Figuren dagegen tauchen sowohl im Bericht des Sängers auf als auch in den Sprecherrollen der Trutzstrophen.[217]

Betrachtet man die Figurenwelt der Winterlieder vollkommen isoliert von ihrer diskursiven Gestaltung durch den Liedverlauf und ihrer möglichen sozialgeschichtlichen Funktion (also in einer nur im philologischen Diskurs möglichen Reduktion auf die reine Konstellation), dann ergibt sich ungefähr folgendes Bild: Der Sänger bemüht sich beständig um die Gunst einer Dame. Diese erhört ihn aber nicht, sondern statt dessen einen der Dörper, die sie ebenfalls beständig umwerben. Die Dame zeigt sich als beiden Seiten gegenüber verführbar; zumeist erkennt sie auf sehr deutliche Art und Weise die aggressiven und heimlichen Annäherungen der bäuerlichen Bewerber (*runen*) mehr an als den Gesang des Ritters (*singen*).[218]

Die beidseitigen Bemühungen um die Dame führen zu einer Konkurrenzbeziehung und tiefen Feindschaft zwischen Sänger und Dörpern. In ihren Eigenschaften sind allerdings beide Seiten auf der Figurenebene einander angenähert: Der Ritter erscheint ‚verbauert', insofern er sich ständig unter den Dörpern aufhält und deren Gewalttätigkeiten zumindest in seiner Vorstellungskraft ebenfalls ausübt. Die Bauern dagegen sind ‚verrittert', sie praktizieren vermeintlich höfische Geselligkeitsformen (wie Tanz und das Werbungsritual selbst), was dem Sänger immer wieder Anlaß zu Spott und Hohn gibt. Die Grundkonstellation bleibt die ewiger Spannung. Nie kommt es zu einem Sieg der einen oder anderen Seite, auch wenn die Dörper untereinander oft in Schlachtausmaße annehmende Prügeleien geraten.[219]

Dennoch können beide Seiten in unterschiedlicher Besetzung und unterschiedlicher Weise miteinander agieren: die Dörper in konfliktfreier Vergesellschaftung genauso wie in Fehde oder Krieg, aber auch der Sänger zwischen ihnen im (fast) konfliktfreien Raum der bäuerlichen Stube, beim Spielen oder Tanz. Der Sänger und die Dörper können sich darüber hinaus sowohl als Feinde am Rande der manifesten Gewalt belauern, aber auch als Beobachter

---

217 Zu den Trutzstrophe vgl. WACHINGER 1979/86.
218 Vgl. WIESSNER, Wörterbuch S. 221f. u 242.
219 Besonders ausgeprägt etwa in c 117,1-19 (WL 14).

und Kommentatoren des Handelns der jeweils anderen Seite ihr Handeln gegeneinander aufrechnen.[220]

Diese Skizze ist eine synchrone Rekonstruktion der Attribute, die den Figuren in den Winterliedern zugeschrieben werden und die alles in allem auch für das erweiterte Corpus (mit Ausnahme der Schwänke in Winterliedform) gelten. Ich möchte im folgenden nicht so sehr die Diskussion des Texttyps Winterlied fortführen, sondern von den Konstellationen zwischen Dame, Sänger und Dörper an sich ausgehen, um deren Entwurf in den Liedern aufzeigen zu können. Dabei soll es nicht in erster Linie um die klassische Interaktion zwischen diesen drei Handlungspositionen in bezug auf den Minnesang gehen, sondern um die den Liedern ablesbaren Interaktionsformen, insofern sie auch die Neidhart-Figur betreffen.

Der einfachste Fall der Beziehung zwischen Sänger, Dame und Dörper ist der Einsatz der Neidhart-Figur in die Position des Werbenden, eines Dörpers in die Position des Konkurrenten sowie die Benennung der Dame und die Angabe der eindeutigen Beziehungen aller zueinander. Obwohl dies zweifelsohne eine prototypische Winterliedkonstellation ist, läßt sich aufgrund der Verlaufsdimension der Lieder sagen: In aller Eindeutigkeit läßt sich diese Konstellation fast nie ermitteln. So herrscht über die Identität der Konkurrenten wie der Dame oft genug auch dann Verwirrung, wenn sie zunächst eindeutig benannt werden. Dies läßt sich an WL 26 gut demonstrieren. Anhand dieses Lieds in der Fassung der Handschrift c kann deutlich werden, wie auch bei einer relativ einfachen Gestaltung der personalen Beziehungen eine Konkretisierung in kohärente Geschichten zwar suggeriert, aber durch bestimmte Textstrategien immer wieder zurückgenommen wird.

c 87 (WL 26)

In c 87 mit dem Titel „Der gast klingk" (Bl. 212r) wird vom Sänger-Ich im Natureingang (I) dreierlei Leid beschworen: das Leid der herannahenden Winterzeit, das Leid, das aus dem vergeblichen Dienst resultiert, und die konkrete Mangelsituation, „das die gut nicht an meinem arme leitt" (I 9). Nach der konventionellen Erklärung der Entstehung der Liebe aus dem Blickkontakt (II 2)[221] wird nun die Nähe der Dame dem namentlich identifizierten Konkurrenten ebenfalls stark mißgönnt: „nymer muß madelwigen lieb von yr geschehen" (II 7). Der Konkurrent hat anscheinend aber schon den Wettbewerb um die Dame gewonnen; diese hat wiederum des Sängers Minnedienst ausgeschlagen:

---

220 Vgl. BOUEKE 1 u. 2. sowie RB 12 (c 17).
221 Vgl. Anm. 164.

> 5 Ich sang ir meinen newen gesangk
> gegen der wandelung
> damit Ich Ir dinet den summer vnd den wintter lanck
> ee mich madelweich von ir verdrúnge
> nu sicz ich auff dem schamel er oben auf der panck
> (c 87 III 5-9)

Nach einem einjährigen Dienst, so die erzählte Geschichte dieser Zeilen, hat der Konkurrent Madelwaich den Sieg davongetragen, während der Dame die „sénigliche clag liedel / (...) in Ir oren als das wasser in den stain" (IV 1f.) eingehen. Die Bilanz bringt der Sänger auf die Kurzformel, auf die sich auch die Personenbeziehung zwischen Sänger und Dame im Minnesang bringen ließe: „Sie ist mir veindt vnd Ich Ir holt" (IV 5). Als Konkurrenten werden aber *zwei* Dörper aufgezählt: „madelwaich vnd willewolt" (IV 7), denen „got (...) alles Ir glúcke wende(n)" (IV 8) möge. In der nächsten Strophe setzt der Sänger sich als Minnesänger-Figur aber nur zu dem genannten Madelweich in Beziehung:

> Ich leid vngemach von madelweich
> vngenaden han ich noch mere denne vil
> Sein vppigkait ich vil versweig/
> mer denn ich den leuten halb zu oren pringen will
> 5 Ich bin Im von schulden gram
> er ist schnabelrauß
> sehe aber yemant den der friderun iren spigell nam
> dem gleich ich alles sein gelasse
> einer vngefúg ich mich dick fur yn scham
> (c 87 V 1-9)[222]

Madelweichs Erfolg wird vor einer dritten Instanz, „den leuten", nicht völlig preisgegeben. Um dieser Instanz - als der textintern entworfenen Öffentlichkeit - aber dennoch eine Vorstellung vom Konkurrenten zu geben, wird er mit der immer wieder im Liedcorpus erwähnten Gestalt des Spiegelräubers verglichen.[223] Der „yemant" (V 7), der in diesem Fall den Vergleich mit dem Spiegelräuber treffen kann, besteht nun nicht mehr in einem textinternen Publikum (d.h. den Leuten als Figuren der *fiktiven* Welt), sondern aus dem *impliziten* Publikum. Wer immer aus dem Kreis der Zuhörenden oder Lesenden den Spiegelräuber kennt, der weiß, daß jener Madelweich ihm ähnlich ist.

---

[222] Das Wort „schnabelrauß" („snabelraeze" in R) meint nach WIESSNER (Wörterbuch, S. 246) „scharf mit der Zunge" sein.
[223] Dieser wird gelegentlich mit Engelmar, gelegentlich aber auch mit anderen Dörpern identifiziert. Vgl. zum Motiv des Spiegelräubers vor allem MÜCK 1986.

Durch die Schaffung verschiedener Formen von Öffentlichkeit hat der Sprecher eine Verbindung außerhalb der fiktiven Welt und in seiner Rolle als Figur zugleich mehrere Relationen zu anderen Figuren aufgebaut. Zur nicht genannten Dame besteht eine erhoffte Lohn-Dienst-Beziehung, zum Konkurrenten einerseits „gram", andererseits „scham" (V 5,9). In der ersten Hinsicht läßt sich die Relation zwischen Sängerfigur und Madelweich durchaus als Feindschaft übersetzen (die seinem Bekenntnis nach zu Recht besteht), in der zweiten Hinsicht muß man länger paraphrasieren, da natürlich keine „Beschämung" im neuzeitlichen Sinn vorliegt.[224] Der Sänger verschweigt der Öffentlichkeit einen Teil der Geschichte ganz nach dem Muster einer höfischen Selbstcharakterisierung. Da die Geschichte um die verlorene Dame für ihn die einer Niederlage ist, schweigt er zunächst gemäß der Denkfigur, daß ein nicht-öffentlicher Ehrverlust nur ein potentieller, aber kein De-facto-Ehrverlust ist.[225] Dann schweigt er gemäß der Verhaltensregel höfischer Zurückhaltung, die gegenüber solchen potentiell ehrverletzenden Angelegenheiten gefordert ist. Die Selbstcharakterisierung der Sängerfigur schlägt jedoch in der nächsten Strophe in die Verwirrung der vorliegenden Figurenkonstellation um. Der Sänger-Erzähler weiß zu berichten, was der Konkurrent unternommen hat, um bei der Dame zu reüssieren: „Hewer da die kind der freuden pflagen / do sprang er den rayen an ir weyssen hantt." (VI 1f.).

Als jedoch eine weitere Instanz der Öffentlichkeit hinzukommt, will er von der Identität des Konkurrenten nichts wissen: „mein freund begunden mich zu fragen / wer der tórper were do was er mir vnbekantt" (VI 3-4). Durch die Auskunftsverweigerung gerät die Sängerfigur in Widerspruch zur genauen Charakterisierung der Herkunfts- und Familienverhältnisse des Konkurrenten. Diese ist sowohl für die vermittelnde Instanz der Freunde wie auch das (gelegentlich angesprochene) Publikum identifizierbar, wie der Fortgang des Lieds zeigt:

Ia ward so hauß nye sein vater engelwer
nu pin ich beswerett von dem Iungen
O we wer bracht yne nye von sandt linhart here
(c 87 VI 7-9)[226]

---

224 Vgl. HAFERLAND 1989, S. 111. Haferland geht auf die Scham als Furcht vor Ehr- und Identitätsverlust ein.
225 Diese Denkfigur hat Horst Wenzel anhand Gottfrieds von Straßburg ‚Tristan' herausgearbeitet. Horst WENZEL: „Ze hove und ze holze - offenlîch und tougen." Zur Darstellung und Deutung des Unhöfischen in der höfischen Epik und im Nibelungenlied. In: KAISER/MÜLLER (HGG.) 1986, S. 277-300.
226 Zu St. Linhart vgl. BEYSCHLAG, S. 767.

Bereits dieses Lied, das im Vergleich mit der Verwirrung der angesprochenen und bezeichneten Figuren in anderen Liedern noch klare Verhältnisse abgibt, vermochte zu zeigen, wie Konstellationen der Handlungsinstanzen mit Hilfe verschiedener diskursiver Techniken gebrochen werden.[227] Dieses Phänomen gilt nun auch für alle anderen Lieder, die im Entwurf ihrer Personenbeziehungen nur durch Einzelanalysen greifbar sind. Die Konstellationen, wie sie die Ruhschen Schemata auf einer einzeltextübergreifenden Ebene feststellen, ebenso wie die ‚Grundgeschichten' werden in den Liedern durch ihren Verlauf dynamisiert und häufig durch untergründige Interaktionen durchkreuzt.

Die typische Verlaufsform der Winterlieder besteht hinsichtlich der Figurenkonstellation im Besingen der Minnedame, einer Beschreibung der *dörper*, die sich ebenfalls um diese Dame bemühen (wobei sie entweder gegen sie oder den Sänger zu Übergriffen bereit sind), und einem Schluß, der von einem vergangenen Erfolg der Konkurrenten bei der Dame berichtet. Im Verlauf des Lieds wird dabei die Identität des Sängers mit Herrn Nîthart oder dem Reuentaler genauso hergestellt wie die der Dame als ebenfalls zum dörperlichen Umfeld gehörender Figur.[228] Ein besonders deutliches Beispiel für diese Verlaufsform wie auch für die angesprochenen untergründigen Interaktionen ist WL 4, das ich wegen der Nähe im Überlieferungsverbund mit dem besprochenen WL 8 (R 33) in der Fassung von R betrachten möchte.[229]

WL 4 (R 33)

In der Fassung von R 33 scheint zunächst die Minnedame den Sänger anzureden („Singe ein guldin huon" I 1); wodurch die Dame und der Sänger gleichermaßen zwischen Figurenstatus und dem Status einer dramatischen Person changieren. Der Sänger handelt als dramatis persona, wenn er in den Strophen II und III die Dörper der Figurenhandlung anredet. Als Sänger-Kommentator wechselt er mit der Publikumsansprache ab Strophe IV auf ein vermittelndes Niveau und nimmt in Strophe V die Rolle des Erzählers ein.

1 Vil dorperlich stat allez sin gervuste
   daz er treit

---

227 Zu dieser Konfusion der Bezüge in Form des ‚Bruchs' vgl. MÜLLER, J.-D. 1986, S. 413f
228 Zur Ablaufform vgl. BECKER 1978, S. 350ff.
229 Jan-Dirk MÜLLER (1996) hat die Verlaufsform von WL 4 im Spannungsfeld von Aufführung, Ritualität und Repräsentation kommunikationspragmatisch untersucht, indem er in Auseinandersetzung mit WARNING (1979a) sich ebenfalls Bühlerscher Begriffe wie „Umfeld" und „Situationsentkoppelung" für die Liedanalyse bedient. Im Gegensatz zu Müller, der das Lied mit Rückgriff auf die mutmaßliche Entstehung und Aufführungssituation untersucht, betrachte ich den Text in seiner schriftsprachlichen Verfaßtheit und möglichen Rezeption seit der ersten greifbaren Aufzeichnung.

> mir ist gesait
> er sinn engelpoltes tohter aven
> 5 den gewerp erteil ich im ze vlvste
> (R 33 V 1-5)

Als Erzähler gibt er die Vorgeschichte wieder und kommt auf den schon zuvor beschriebenen Konkurrenten zu sprechen. Die Konstellation wird dadurch zur Geschichte: In dieser wird von den grundsätzlichen Bemühungen eines Dörpers um „Engelpoltes tohter aven" (V 4) berichtet, die auf den vergangenen Sommer verlegt werden. Durch diesen Bericht und die Erwähnung Riuwentals wird der bis dahin anonyme Sänger mit dem Reuentaler identifiziert.

Die Minnedame des Anfangs (die sich durch das agrarische Bild des singenden Huhns allerdings als bäuerlich zu erkennen gibt) wird hier suggestiv mit jener Ave identifiziert, die der Konkurrent wie Brot im vorigen Sommer gekaut habe (VII 5f.). Zugleich wird eine Suggestivgeschichte erzeugt, in der die Konstellation des Anfangs nicht mehr die des Endes ist. In rückwirkender Verknüpfung erscheint jene Konstellation als wiedergegebener Dialog, der in der Vergangenheit gespielt haben muß, während der Bericht über den Erfolg des Konkurrenten den Stand der Dinge, also die im Sprechzeitpunkt gegenwärtigen Verhältnisse wiedergibt. Der Reuentaler hat sich lange um die Frau bemüht, sich von ihr mit Versprechungen abspeisen lassen und am Ende doch den kürzeren dabei gezogen. Um sie doch noch zu erhalten, schlägt er den Tausch vor, ihr das Reuental zu geben, wenn sie sein würde. WL 4 zeigt damit durch den suggestiven Zusammenhang seiner Strophen die Phasen der Erzählung in Form von Anfangs-, Mittel- und Endkonstellation.[230] Welche Interaktionen prägen diese Konstellationen, wie bildet sich die Identität des Protagonisten aus?

Im Zusammenhang der im vorangehenden Abschnitt untersuchten Lieder scheint hier relativ klar, daß es um erotische Beziehungen geht, die durch die Isotopien der Nahrung ausgedrückt werden. Dem Sänger, der in einer Verdrehung seiner ständischen und Geschlechtsattribute von der Dame als „guldin huon" bezeichnet wird, bietet diese als konkrete Gabe Weizen für seinen Gesang an.[231] Gesang ist hier, wenn schon nicht als Minnedienst im wörtlichen Sinn, so doch als Dienst-Lohn-Verhältnis gegenwärtig. Einmal erscheint Singen - was in der Kunstwelt der Dörper keineswegs selbstverständlich ist - als Leistung, die grundsätzlich Lohn erfordert. Dann wird dieser Lohn aber nicht mehr in der verfeinerten Reziprozität der Minneaktion durch „eine pesserung" (so die Kennwortüberschrift von c 129 [SL 30]) belohnt, sondern gemäß einem

---

[230] WARNING (1979, S. 558) nennt diese Phasen die „allgemeinste Form", in der sich ein narrativer Prozeß fassen lasse.
[231] Zu dieser Stelle vgl. MÜLLER, J.-D. 1996, S. 60-62.

naturalisierten Tauschmodell. Im Unterschied zu den Pastourellen-Liedern bekommt der Protagonist Nahrung nicht für seine körperliche, sondern für seine geistige Leistung angeboten. Diese reicht bezeichnenderweise für seine erotischen Erfahrungen nicht aus, denn Nutznießer der Nahrungsgabe ist keineswegs der Reuentaler, sondern sein Konkurrent, welcher die Dame selbst als Lebensmittel betrachtet: „disen sumer hat er si geschowen / gar vur brot" (VII 5f.).[232] Über den gewissermaßen naturalisierten Gabentausch, der metaphorisch als sexueller gekennzeichnet ist,[233] ist die Sängerfigur beschämt („schamrot / wart ich do si bi ein ander sazen" VII 7f.) und verfällt auf die Idee, die Dame ebenfalls mit einem anderen Gütertausch zu locken:

>   wirt si mir, der ich da gerne diene,
>   gvtes gibe ich ir die wal,
>   riuwental
>   gar vur aigen: da ist min Hohe Sinne
>   (R 33 VII 9-12)[234]

Auf diese Weise erscheint die Dienst-Lohn-Relation in einem dritten Modell nochmals variiert. Auch dieses Modell weicht von der Interaktion des Minnesangs erheblich ab, selbst wenn es dessen Topoi („der ich da gerne diene" VI 9) zitiert. Die Erzählerfigur des Reuentaler imaginiert den in der Erzählsituation kontrafaktischen Besitzwechsel der Dame, bei dem beide in der Position von Gabenspender und Empfänger sind. Er stellt ihn sich als ausgeglichenen reziproken Austausch vor: Gibt sich die Dame ihm in den Besitz, erhält sie das eventuell sogar mit der staufischen Festung Siena verglichene, auf jeden Fall überhöht dargestellte Reuental.[235]

Auf einer tieferliegenden Ebene symbolischer Stellvertretungen besteht eine metonymische Beziehung zum Reuental und seinem Bewohner,[236] so daß der Sänger sich letztlich nur selbst als Tauschobjekt anbieten kann und damit gewissermaßen Händler und Ware zugleich ist. Dadurch unterscheidet er sich aber weder von der Dame noch von seinem Konkurrenten.

Auf der aktantiellen Ebene sind die Positionen der Handelnden exakt gleichwertig, nur auf der Diskursebene nimmt der Reuentaler eine herausgehobene Position ein. Als Kommentator, d.h. als Sprecherinstanz, die sich von der

---

232 HW lesen VI 5 „geschowen" als „gekouwen".
233 In der Manessischen Hs., die einen Teil von WL 4 überliefert (durch Blattverlust reduziert, ursprünglich das ganze Lied), wird dieser Zusammenhang durch die im Überlieferungsverbund stehenden Pastourellenlieder besonders deutlich.
234 HW lesen VI 12 als „Hohiu Siene". Vgl. III.1.2, hier insbes. Am. 57.
235 Vgl. hierzu BEYSCHLAG, S. 564.
236 Vgl. III 1.2.

damit identischen Figur dennoch in Kommentierungen abheben kann, empfindet er angesichts des beobachteten Geschehens „scham" (VI 7). Scham meint auch hier nicht Beschämung im modernen Sinn, sondern den Ausdruck objektiven Ehrverlusts und der Zurückhaltung, welche die Furcht vor dessen Entdeckung bei einem höfischen Menschen hervorrufen mußte.[237] Die Preisgabe dieser Scham durch den Kommentator fällt so auf die Reuentaler-Figur zurück.

Zugleich wird durch die Dissoziation von Subjekt und Objekt der Scham in den Instanzen Kommentator und Reuentaler-Figur die Rollendoppelung des Sprechers selbst deutlich gemacht. Dieser steht zwischen der Welt der *dörper*, deren Maßstäbe er als Sänger in ihrer Naturwüchsigkeit vorführt, und den zivilisatorischen Modellen, an denen er als Figur scheitert, da sie keiner versteht. Auch hinsichtlich der entworfenen bzw. anzitierten Interaktionsmodelle steht er zwischen den Stufen bäuerlichen und höfischen Verhaltens. Das abgewehrte Modell der Liebe als Austausch von Naturalien (durch die Lebensmittelisotopie codiert) steht ein nicht funktionierendes Lohn-Dienst-Modell gegenüber. Kompromißhaft steht der Güteraustausch, bei dem das Reuental ins Spiel kommt, zwischen beiden Modellen, wird aber bezeichnenderweise nur als gedankliche Möglichkeit entworfen. Die Aporie der Interferenz zweier gleichermaßen problematischer Modelle findet nur im ironischen Selbstbezug eine Aufhebung.

Die Relation von Dame, Sänger und Konkurrent kann erweitert oder spezifisch verändert werden. Im ersten Fall kommen zu den Grundrelationen von Dame, Sänger und Dörper(n) weitere Handlungs- und Sprecherinstanzen hinzu. Im zweiten Fall wird eine der Relationen zwischen Dame und Sänger, Sänger und Dörper, Dörper und Dame so verändert oder marginalisiert, daß diese Operationen andere Typen von Figurenkonstellationen und letztlich andere Liedtypen generieren. Der Sänger schildert dann eine prinzipiell friedliche dörperliche Gesellschaft (im Tanz, Ballspiel, Würfelspiel) oder aber eine Gesellschaft genereller Feindseligkeit, die an der prinzipiellen Gewalttätigkeit zu kollabieren droht. Zunächst seien die Erweiterungen der Figurenkonstellation erörtert.[238]

Die Erweiterungen können die Instanzen Freunde, Verwandtschaft, auch Fürst und weitere Figuren sein. Die grundsätzliche Änderung der Konstellationen betrifft vor allem die Beziehung zwischen Dörpern und Sänger. Deren Feindschaftlichkeit kann in vielen Liedern gegenüber dem Konkurrenzgedanken dominant werden oder entfallen.[239]

Zu den Erweiterungen der Grundkonstellation Sänger-Dame-Dörper läßt sich sagen: Es ist zunächst die Erweiterung um die Handlungsposition Helfer

---

237 Vgl. WOLFRAM, Parzival 299,17: „(...) scham versliuzet sinen munt / daz dem verschamten ist unkunt".
238 Im nächsten Abschnitt seien dann die Vergesellschaftungsformen der Dörperwelt und ihre Beziehungen zum Protagonisten erörtert.
239 Vgl. hier die von SCHWEIKLE (1990, S. 83) „dörperkontrovers" genannten Lieder.

möglich, die in einer Apostrophe, aber auch direkt auf der Figurenebene anwesend sein kann. Zwei möchte ich stellvertretend erörtern.

c 107 (RB 41)

In c 107 (RB 41) wird die Konkurrenz der Dörper um eine Minnedame beschrieben, die sich in einer Erzählung konkretisiert. Die Dame kann sich der Dörper kaum erwehren; diese geraten in Streit über sie und schlagen sich gegenseitig. Während das Sprecher-Ich zum Erzähler der eigenen unglücklichen Lage geworden ist, in welcher er die dörperlichen Aufdringlichkeiten hilflos mit ansehen mußte, ergibt der ausbrechende Dörperkampf eine einmalige Gelegenheit zur Flucht mit der Dame:

>   Der hauff durch einander gieng
>   das volk alles nach
>   von der linden in dem dorff hinab
>   do ich das versan
> 5   die vil guten ich gefieng
>   das es nyemant sahe
>   meinen freunden ich sie bald gab
>   mit mir furen dan
>   Willenbrecht erslagen wardt
> 10 von dannen ich mich stall
>   wol mich diser lieben fartt
>   nú gelagen auff dem wall
>   ich fúrt die schonen elsemúten hin gein Rubentall
> (c 107 IX 1-13)

Die Minnedame ist in diesem Lied als die namentlich bekannte Frau „elsemut" konkretisiert. Darüber hinaus gerät sie durch die Handlung auch in eine gegenüber vielen anderen Liedern veränderte Konstellation. Nicht mehr das spannungsreiche Verhältnis zwischen der Dame, den Dörpern und der Sängerfigur liegt hier vor, sondern die Überführung der Ausgangskonstellation in eine andere. Auch die Gewalt ist hier manifest geworden und unterscheidet sich von den Drohgebärden der Sängerfigur in anderen Texten.[240] Die Identität Neidharts ist hier sehr deutlich zu der eines Protagonisten im eigentlichen Sinn, d.h. zu einer handelnden Figur geworden.

Auch auf der Ebene der Sprecherpositionen kann Neidhart aktiv werden und die alte Konstellation zugunsten mehrerer Helfer aufbrechen. So besteht c 120

---

240 Vgl. etwa die typische Drohgebärde in c 97 (WL 17) V 10f.: „sie wollen ab der strasse mit einem fuß nicht weichen / solt ich Ir ettlichem noch sein stelczen streichen".

(RB 44) aus dem typischen Ablauf von Natureingang, Minneklage und Dörperteil, der schließlich auch in eine Kampfbeschreibung übergeht. Die im obigen Beispiel umgesetzte Gewalt wird hier nur imaginiert, wobei Herzog Friedrich[241] und Gott um Beistand angerufen werden:

>   Herczog fridrich ich bitt dich sere
>   durch dein hohe wirdigkait
>   nú stór ir volles neste
>   tustu das ich frew mich ymmer mere
> 5   der mir heut das mere sait
>   wie gern ich das weste
>   herr gott du solt sein nicht verhengen
>   du solt nymer mer kein Jar ir faiges leben lengen
>   vnd vergib mir meinen neid
> 10 nym die Jungen bej der zeit
>   ee das sie das anfangen
>   (c 120 XI 1-11)

Auch mit dieser Strophe, die an die alten Heischestrophen anklingt, aber diese umfunktionalisiert, ist wieder das Thema der Gewalt zwischen dem Protagonisten und den Dörpern berührt. Jede Berührung mit den Dörpern, auch deren Beziehungen untereinander, können relativ unvermittelt zur Gewalt führen.

2.5 Der Ritter und das Kollektiv: Friedliche Vergesellschaftung vs. Explosion der Gewalt

Die forschungsgeschichtliche Fokussierung der Dreiecksgeschichte von Dame, Sänger und Dörpern als Konstellationsform, die sich aus dem Minneschema ergibt, verhindert das Einbeziehen aller jener Lieder, in denen der Konflikt keine oder eine nur unbedeutende Rolle spielt. Viele Lieder stellen die Beziehungen zwischen dem Protagonisten und der Gemeinschaft der Figuren, unter denen die Sängerfigur ja auch eine darstellt, in den Mittelpunkt. Daß in diesen Fällen die eigentliche Minnebeziehung zwischen Sänger und Dame für die Gesamtkonstellation nicht dieselbe Rolle spielt wie in den Liedern des voranstehenden Abschnitts, sei an Beispielen kurz demonstriert.

In einigen Liedern nimmt das sprechende Ich die Beobachterperspektive ein; die beobachtete Szenerie ist dabei entweder durch eine friedliche Geselligkeit oder eine ungeheure Gewalttätigkeit geprägt. Die Symmetrie beider Vergesellschaftungsmodi der geschilderten dörperlichen Welt macht deren Ambivalenz

---

241 Zu weiteren Anspielung auf Herzog Friedrich vgl. WIESSNER 1936/86.

deutlich, an welcher der Sänger teilhat. Dies läßt sich in den sogenannten frühen Winterliedern, zeigen, in denen die Ambivalenz der Dörperwelt bereits angelegt ist.[242] So ist in den Liedern WL 2 (c 115) und WL 3 (c 106) eine im geselligen Tanz oder Würfelspiel vereinte Gemeinschaft von Männern und Frauen zu beobachten, die allerdings bei näherem Hinsehen den Keim der Gewalt schon in sich trägt. In c 115 ist zwar eine friedliche Szenerie des Würfelspiels entworfen, dennoch wird ein Mädchen namens Jiute vom Spielmeister geschlagen (II 5ff.).

Das Lied c 106 (WL 3) beginnt mit dem Aufruf zum Schlittenspiel (I 1) und schildert einen Tanz in der Stube aus der Teilnehmerperspektive (III-IV), endet aber mit einer Prügelei zweier Dörper (VI), die allerdings geschlichtet werden kann (V). Die Ambivalenz der Dörperwelt, der gegenüber sich der Protagonist als Figur verhält und als Sänger Stellung bezieht, ist hier innerhalb der Lieder zu finden. Diese Ambivalenz äußert sich deutlich in zwei Texttypen, die jeweils eine positive und negative Darstellungsweise dieser Welt verkörpern: einmal im Texttyp, den man ‚friedliche Dörperwelt' benennen könnte, dann im Texttyp, der den Dörperkampf enthält. Wesentliches Kennzeichen beider Typen ist, daß die Position des Sängers tendenziell als echte Handlungsinstanz entfällt und dieser nur noch als Beobachter zugegen ist. Die umworbene Dame ist der Tendenz nach gänzlich abwesend, so daß die dreistellige Relation Dame-Sänger-Dörper auf die letzten beiden Glieder reduziert ist.

Auffallend viele jener Texte, die Moriz Haupt als unechte Lieder im Anhang seiner Vorrede zur ersten Neidhart-Ausgabe 1858 abdruckte, gehören zum ersten der genannten Typen. Sie weisen eine Vergesellschaftung ihres Personals auf, die weitgehend konfliktfrei ist.[243] Es handelt sich dabei um Tanzlieder oder Lieder, die das Ball- oder Würfelspiel zum Gegenstand haben. So ist das Lied HW XVI,1 (UL 3) die Beschreibung eines Würfelspiels, das in die gesellige Tanzpaarbildung übergeht und keine abwertenden Beschreibungstendenzen des Handlungspersonals kennt. In HW XL,7 (UL 13) wird aus der Beobachterperspektive ein Ballspiel geschildert, bei dem sich ein Mädchen besonders hervortut. Dieses steht aber in keiner besonderen Beziehung zum Sänger, sondern hat nur dessen Sympathie als Berichterstatter.

Der Ball wechselt im Besitz zwischen Männern oder Frauen der Dorfgemeinschaft hin und her, ohne Anlaß von Streitereien zu sein. Das beobachtete Mädchen bekommt nach einem ‚Foul' den Ball wieder und wird vom Sprecher gelobt (V 17ff.). Das ist alles. Die Handlungsfiguration wie auch die diskursive

---

242 Gemeint ist die Textgruppe der WLL 1-10; vgl. Anm. 168.
243 Dies ist natürlich auf die Auswahl Haupts zurückzuführen, der diese Lieder für nicht wert befand, Neidhart zugesprochen, aber für wertvoll genug, abgedruckt zu werden. Die gewalttätigeren Gegenbilder allerdings verblieben damit im unedierten Restbestand des Corpus.

Gestaltung dieser Texte unterscheidet sich so erheblich von den typischen Winterliedern.

Mit Schilderungen dieser Art stehen die erwähnten Lieder jedoch im strikten Kontrast zu anderen, in denen die Dörperwelt gänzlich anders beschrieben wird. Bereits nichtige Anlässe sind hier in der Lage, Schlachten hervorzurufen. So heißt es in c 4 (RB 3 „Der stamph"), daß „hewr do ward vmb einen pal / gar ein hubscher krieg gethan" (III 1f). Dies ist umso erstaunlicher, als die Handlungskonfiguration dem letztgenannten friedlichen Beispiel durchaus analog ist: Auch hier steht lediglich ein Wechsel des Balls im Mittelpunkt des Geschehens. Er bildet nun aber den Ausgangspunkt für Gewalttätigkeiten der Dörper untereinander. Die beobachteten Gewalttätigkeiten werden zugleich als Befriedigung des Schadenswunsches inszeniert, den der Protagonist gegenüber den Dörpern hat: „Nun wólt gott das mein will an yne wúrd erfúllett" (VII 6). Die Schadenfreude ist in diesen Liedern ein Merkmal des Protagonisten, das nicht mehr über das Konkurrentenmotiv begründet wird. Dieselben Situationen, die in einigen Liedern als friedliche Interaktionen gekennzeichnet sind, können also der Anstoß zu Gewalttätigkeiten sein, wobei sich auch die demonstrierte Einschätzung der berichtenden Sängerinstanz mit den gegensätzlichen Tendenzen des Wohlgefallens oder der Schadenfreude radikal ändert.

Der Dörperkampf gehört zu den häufigsten Konstellationen und Moiven in den Liedern.[244] Dieser Texttyp ist weder in seiner Konstellation noch in seiner diskursiven Gestaltung besonders komplex. Nur selten etwa kommt es zu einer Verwirrung der handelnden Figuren. Grundmerkmal des Dörperkampfes, der als Stilelement natürlich auch in anderen Texttypen angelegt ist, ist der explosive Ausbruch der Gewalt. Es lassen sich viele Texte des Typs Dörperkampf finden, die auch in der Ikonographie ihre Spuren hinterlassen haben.[245] Auch wenn Gewalt als Handlungsmoment sich in vielen Texten findet, so ist die Explosion der Gewalt im Typ Dörperkampf anders zu bewerten: Demonstriert wird hier nicht mehr eine Sozialordnung, in der die Gewalt weniger scharfen Restriktionen unterliegt als in einer höfisch regulierten Welt, sondern vielmehr das tendenzielle Außer-Kraft-Setzen jeder Sozialordnung, wie es eben nur durch explosive Ausbrüche möglich ist. Gewalt wird tendenziell zum Krieg aller gegen alle: Mütter gegen Töchter, Töchter gegen Mütter, Männer gegen Frauen.[246]

---

244 Es sind hier zu nennen (als Motivbestand oder als ein die ganze Handlung bestimmendes Element): WL 3, WL 14, Boueke 4, Boueke 11; RB 23; RB 33; RB 38; RB 43; RB 51.
245 So in den Wiener Neidhartfresken; vgl. HÖHLE 1987.
246 Das Thema der Gewalt in den Neidharten ist noch nicht systematisch untersucht worden. Jan-Dirk Müller (1986, S. 442-49) thematisiert die Gewalt unter dem Stichwort „Ambivalenz der gegenhöfischen Welt".

Diese Explosion der Gewalt ist nun allerdings in anderen Texttypen der Neidhartiana bereits angelegt: Gewaltwünsche und Drohungen mit Gewalt sind auch in den Liedern, welche die Interaktion zwischen Protagonisten, Dörpern und gemeinsam umworbener Frau zum Gegenstand haben, gegenwärtig. Latent wird auch hier schon ein Kampf aller gegen alle ausgefochten: der Frauen gegen die Männer (WL 8), der Frauen untereinander (WL 5), der Dörper untereinander, ja sogar der Jahreszeiten untereinander.[247] Der Protagonist wünscht jedem Dörper Gewalt; die Dörper wünschen, wie in den Trutzstrophen deutlich wird, auch Neidhart nichts Gutes. Schließlich ist auch die jeweilige Dame weder vor den Übergriffen der Dörper noch vor denen des Sängers geschützt. In einigen Winterliedern vermag sie sich selbst gewalttätig zur Wehr zu setzen.[248]

Die Identität des Protagonisten, der im Typ der Dörperkampf-Lieder immer als Beobachter außerhalb des Geschehens steht, ändert sich aber dennoch gegenüber den Liedern, die einen deutlichen Minnebezug erkennen lassen. Die Stellung Neidharts zum Kollektiv, das aus der kriegerischen Masse der aggressiven Dörper besteht, verändert sich insbesondere in Hinblick auf die Minnedame. Die Figur der Dame nähert sich sowohl auf der Figuren- wie auch auf der diskursiven und axiologischen Ebene dem Nullpunkt. Zwischen Minnedame und den Frauen des dörperlichen Umfelds gibt es in diesen Liedern nur wenige Berührungspunkte. Frauen werden hier letztlich der Masse der (männlichen) Dörper zugeschlagen. Sie rücken zusammen mit diesen in die Position der Antagonisten ein, so daß die Position Minnedame als begehrtes Objekt unbesetzt bleibt. Zusammen mit dem Verlust jeder Gewaltrestriktion ist dieses Merkmal die eigentliche Besonderheit der Dörperkämpfe. Dies läßt sich gut an c 2 (RB 2) zeigen.

c 2 (RB 2)

‚Das straussen horn', wie c 2 (RB 2) von der Handschrift benannt wird, beginnt mit einem sommerlichen Natureingang und setzt sich mit einer relativ konventionellen Minneklage fort (I-II). Es folgt eine abrupt einsetzende Dörperbeschreibung, was nicht ungewöhnlich wäre, wenn nicht die Schadenswünsche des Sängers *alle* einschließen würden, also auch die Frauen der Dörpergemeinschaft:

> 1   Sich hub ein hawen
>   vor den frawen
>   durch den tantz
>   Ir weibes sterben

---

[247] Besonders ausgeprägt in WL 25.
[248] Besonders deutlich in WL 8, das in Abschnitt IV.2.3 untersucht wurde.

5   vnd verderben
    was ir spil
    got geb dasdas yn also múß gelingen
    Die in den awen
    liessen schawen
10 mangen krancz
    auff der erden
    múß yne werden
    (c 2 V 1-12)

Auffällig ist an dieser Beschreibung zweierlei: Zum einen sind die Frauen der Dörpergemeinschaft in den Schadenswunsch einbezogen. Dies geht so weit, daß die Frauen, die in den Sommerliedern mit dem Kranzmotiv in das vitale Liebesspiel zwischen Dorfschönheiten und Sänger einbezogen waren, nun in seinen Tötungswunsch eingeschlossen sind.[249] Eine weitere Auffälligkeit ist, daß die Gewalt hier manifest geworden ist und nicht mehr in der Latenz einer Gewaltphantasie gefangen gehalten wird, sondern wirklich ausbricht. Beides steht in starkem Kontrast zu den Schädigungswünschen, von denen die Figuren sonst geprägt sind. Dieser Kontrast sei an einem Ausschnitt aus einem der Kreuzlieder verdeutlicht.

c 34 (RB 17)
Der Sänger-Erzähler des Lieds c 34 (RB 17) mit dem Titel „Die merfart' berichtet, wie er mit dem Kreuzfahrerheer Kaiser Friedrichs ins Heilige Land gefahren und dort von einem „haydenische(n) pheyll" (I 5) verwundet worden sei.[250] Das Lied ist seinem fiktiven Sprechzeitpunkt und -ort nach - wie die beiden anderen Kreuzlieder SL 11 und 12 - jenseits des Meers, also im Heiligen Land und somit in äußerster Entfernung zur Döperwelt angesiedelt.[251] Der Protagonist befindet sich damit zugleich in einen anderen semantischen Raum der Figurenhandlung als seine Antagonisten. Dadurch drückt sich eine Distanzierung von der Figurenwelt aus.[252] Aufgrund der Ferne des Erfahrungsraums im Verhältnis zu dem seiner Feinde vermag sich der Protagonist dennoch (nämlich im Gedankenexperiment) vorzustellen, was wäre, wenn die Dörper von seinem Unglück erführen:

---

249 Erreicht wird dies durch die Apo-Koinou-Konstruktion in V 8-12.
250 Zum Komplex der Kreuzlieder vgl. Anm. 5 u. Anm. 6.
251 Vgl. MÜLLER, U. 1983/84, der auch c 114 (URB 2) zu den Kreuzliedern zählt.
252 Vgl. auch die beiden bekannten Kreuzlieder SL 11 und SL 12, die ihrer Form nach Sommerlieder sind.

> Mitt kaiser fridrichs here
> gefar ich werlich nymermer
> in solichen. vngelingen
> als mir ward auff der fartt kúndt
> 5 kom Ich noch haym zu land gesundt
> so wollt ich aber singen
> von mengem tórpere
> vnd westen sie mein swere
> (c 34 IV 1-8)

Der Schadenswille wird hier als gegenseitiger vorausgesetzt, er äußert sich aber nicht aktuell vermittels realer Bedrohungen, sondern auf einer Stufe reflektierter Imagination und im Modus der Möglichkeit: Selbst wenn die Dörper von seiner „swere" wüßten (und diese in ihrer Schadenfreude begrüßten), würde der Sänger von ihrer Art berichten und ihnen damit schaden.[253] Nicht einmal die Schädigung selbst wäre also eine reale physische Verletzung. Die Indirektheit der Schädigungswünsche in diesem Beispiel hat nun aber wiederum mit der Aufteilung der Handlungssphären zu tun: Gerade weil der Protagonist im Heiligen Land imaginiert wird, ist eine direkte Schädigung ohnehin nicht mehr möglich.

Wenn das Verhältnis zwischen Neidhart und den Dörpern, das sich ja bisher auf allen Ebenen der Handlung und des Diskurses realisiert, in verschiedene Sinnsphären und semantische Räume aufgeteilt wird, ist auch der Übergang zu anderen Texttypen wie den Schwänken gegeben. Die Position der Dame, die in einer an den Minnesang angeglichenen Position an eine berichtende Sängerinstanz gebunden ist, wird damit auf der Handlungsebene entbehrlich. Dies möchte ich abschließend am Fall einer Dörperschilderung aus der Handschrift d festmachen.

d 2 (Boueke 4)

Im Lied d 2 (Boueke 4) mit der Überschrift „Aber ein ander nithart", dessen fiktiver Sprechzeitpunkt jahreszeitlich als „gen disen wichnächten" (I 2) angesiedelt wird, verspricht die Sänger-Figur statt Weihnachtsgebäck eine Geschichte in Liedform: „Dass ist nun der wichnächt gesang" (II 1). Der Anlaß für den Bericht ist natürlich der Gegensatz zwischen Dörpern und Sänger. Dieser besteht aber nicht mehr an sich als Grundkonstellation noch ist er durch Konkurrenz um eine Dame geprägt, sondern muß erst geschaffen werden. Zu

---

[253] Die „swere", die in Minneliedern den affektiven Spannungszustand von notwendigerweise unerfülltem Begehren bezeichnet, meint an dieser Stelle real erfahrenes Unglück, das nur durch seine Nicht-Mitteilung an die übrige Figurenwelt nicht vermehrt würde.

diesem Zweck bekennt der Sänger seine Absicht eindeutig: „ich wil die dörper stören, so si cze raigen söllent gon" (II 5). Ab der dritten Strophe befindet sich der Sänger als Figur in der Dörperwelt und kann zugleich distanziert von ihr Bericht erstatten.[254]
Als Berichterstatter erzählt er von der „dörper vppikait" (III 3), die unter anderem aus deren anmaßender Kleidung besteht. Als Figur trifft er einmal auf einen jungen Dörper, der sich im Tanzen als eifriger Minnediener erweist. Der Mann verausgabt sich so, als er „ein jungfrow an die hant" (XIII 2) nimmt, daß „lung vnd leber vnd hercz vnd magen in im vmbe schwang" (ebd. 5). Kurz darauf sieht man ihn mit blutender Nase und Mund zu Boden fallen.[255] Angesichts dieser Symptome der Liebeskrankheit vermag der Ich-Erzähler dem jungen Mann nur noch einen pragmatischen Ratschlag zu geben:

> Do ich das gewar vff den törpper wart,
> das er sich in frowen dienst mügt als hart,
> do sprach ich vngelimpfe „du bist an wiczen blint,
> vil tumber dann ain kind,
> 5 ich stürb vmb all diss frowen nit, die hie czů Paigern
> [sint!"
> (d2 XVI 1-5)

Die Ökonomie und Ideologie des Minnesangs haben sich in diesem Lied vollkommen verflüchtigt und mit ihr die spezifische Konstellation zwischen Sänger, Dörper und Dame. Im Fall der Schwanklieder ist die Minnebeziehung zur Dame ausschließlich in die Figurenhandlung hineinverlegt worden und hier auf die Dörper begrenzt. Nur in dem (auch in anderen Liedern zu beobachtenden) Bericht über sie und einen Dörper im Tanz findet sich der Rest einer personalen Bindung an die Minnedame wieder.

Wenn die personale Beziehung zwischen Dame und Sänger aber gänzlich aufgelöst ist, treten die Sphäre des Protagonisten und die der handelnden Dörper auch räumlich und zeitlich auseinander. Die Dörperwelt und die des Ritters treten hier getrennt als die der Erzählsituation und die der erzählten Situation auf. Der Protagonist ist hauptsächlich Beobachter, der Ausflug in die Dörperwelt dient trotz des kurzen Dialogs, hauptsächlich zum Beschaffen von Geschichten. Er ist froh, wenn er dieser Welt wieder entkommt:

---

254 Dies wird auch durch den ständigen und unregelmäßigen Tempuswechsel der Strophen III-XVI angezeigt, die zwischen Präteritum und Präsens schwanken.
255 Vgl. ‚Frauendienst' Ulrichs von Liechtenstein 307, 9ff. Der Protagonist blutet aufgrund des Minnedienstes aus der Nase. Ähnlich auch im ‚Ring', V. 1326f.: „Do martret in der minne gluot / So ser, daz im die nas pluot".

„mich dunkt in minem won, / ich müest selb derschlagen sin, kum dran ich darvon." (XVIII 4f). Mit diesen neuen Konstellationen hat man die Sphäre der Neidhart-Schwänke bereits betreten.

V   Die Schwänke im ‚Neithart Fuchs'

Anders als in den vorangegangenen Kapiteln geht es im vorliegenden nicht um die Konstitutionsweise von Identität in einem umfangreichen Corpus verschiedener Überlieferungsträger, sondern um das Bild des Protagonisten in einem bestimmten Werk- und Überlieferungskontext: dem der ‚Neithart Fuchs'-Inkunabel.[1] Der „alte Druck", den bereits von der Hagen kannte und in seine ‚Minnesinger'-Ausgabe integrierte,[2] erschien erstmals in den 1490er Jahren in Augsburg und erlebte noch im 16. Jahrhundert zwei Neuauflagen: 1537 in Nürnberg und 1566 in Frankfurt am Main.[3] Der anonyme Kompilator stellte im ‚Neithart Fuchs' Lieder und liedhafte Schwänke der Neidhart-Tradition zusammen, verband sie zu einer Reihe und beendete diese mit einem selbstverfaßten Epilog auf den verstorbenen Helden. Die Schwänke werden im folgenden Hauptgegenstand des Kapitels sein.

Insgesamt lassen sich drei Aspekte hervorheben, die an der ‚Neithart Fuchs'-Inkunabel hinsichtlich der Figurenidentität von zentralem Interesse sind:

(1) **Mediengeschichtlicher und wissenssoziologischer Aspekt**
In der Inkunabel finden sich Lieder der Neidhart-Tradition im neuen Medium des Drucks zu einer Kompilation zusammengestellt, die auf einem sehr heterogenen Überlieferungsmaterial aufbaut und durch eine spezifische Rahmung mittels Titelangabe und Epilog zeitgenössisch gewissermaßen aktualisiert wird.
Es stellt sich die Frage nach der Neukonzeption des Wissensbestands über Neidhart durch die Kompilation und ihre Rahmung.

---

1   Den Ausdruck „Volksbuch", der gelegentlich auf den ‚Neithart Fuchs' angewendet wird, benutze ich aufgrund der bekannten Problematik nur gelegentlich und unter Vorbehalt. Vgl. den Artikel von Jan-Dirk MÜLLER in GRIMM/MAX (Hgg.) 1989, S. 458-471. Zu den Termini „Schwankbuch" und „Schwankroman" s.u. im nächsten Abschnitt (V.1.)
2   HMS Bd. III, S. 296-313 [Auszüge aus ‚Neithart Fuchs'].
3   Eine ausführliche Beschreibung der drei Drucke und ihrer erhaltenen Exemplare findet sich bei BOUEKE, S. 44-65; vgl. auch Anhang I.2 unter den Siglen z (Augsburger), z1 (Nürnberger) und z2 (Frankfurter Druck). Es sind nach heutigem Wissensstand nur die drei genannten Druckausgaben erschienen. Die Annahme eines Marburger Drucks, wie sie JÖST (1976, S. 95) vermutet, ist durch Manfred ZIMMERMANN (1984) widerlegt worden. Frieder SCHANZE (1984) hat jedoch für den Nürnberger Druck einen Vorläufer in der Werkstatt Jobst Gutknechts postuliert. Eine kurze Zusammenstellung der Überlieferung mit einem Abriß der Rezeptionsproblematik geben auch BENNEWITZ ET AL. (1990/91, S. 192ff.).

(2) **Aspekt der gattungsspezifischen Identitätskonstitution**
Im Mittelpunkt der Kompilation stehen zweifelsohne - wie der Titel bereits zu erkennen gibt - die „abentewrige gidicht" (s.u.) des Neithart Fuchs samt den entsprechenden Historien. Darunter ist in erster Linie die Reihe von Schwänken zu verstehen, die mit zwei Initialabenteuern (Hosen- und Veilchenschwank) beginnt und erst mit dem Tod des Schwankhelden, von dem der Epilog berichtet, beendet wird.
Hier stellt sich die Frage, wie die Identität des Protagonisten im zentralen Texttyp der Schwänke konstituiert wird.

(3) **Poetik der Kompilation**
Die Schwänke wie auch die anderen Lieder werden vom Kompilator unter das vereinheitlichende Konzept einer Biographie gebracht, indem sie zu einer Reihe zusammengestellt werden, die auf den Epilog zuläuft. Die Schwankreihe soll nach Auskunft des Titels und des Epilogs einen Lebenslauf des Helden widerspiegeln, der konsequenterweise mit dessen Tod enden muß.
Hier stellt sich die Frage, auf welche Weise ein Bild des Protagonisten durch die Reihung der Texte und die Kompilation als solche entstehen kann; dann ist der Wechselwirkung von Texttyp und Figurenidentität nachzugehen.

Diese drei Fragestellungen sollen durch eine Interpretation aller Schwänke in ihrer überlieferten Reihenfolge beantwortet werden. Im ersten Abschnitt werden die medien- und überlieferungsgeschichtlichen Realien unter einem wissenssoziologischen Aspekt behandelt; im zweiten werden die Schwänke der Inkunabel vorgestellt und interpretiert; im dritten schließlich kann die Poetik der Kompilation untersucht werden. Dies soll vor allem anhand des Epilogs unternommen werden.

Insgesamt möchte ich zu einer Neubewertung des ‚Neithart Fuchs'-Drucks beitragen, dem in der Beurteilung durch die Forschung bis heute der Ruf eines „Machwerks"[4] anhängt.

1 Realien und Wissensstrukturen:
Zur Geschichte des ‚Neithart Fuchs'

Als in den 1490er Jahren die Inkunabel ‚Neithart Fuchs' die Werkstatt Johann Schaurs in Augsburg verließ, war dies kein herausragendes Ereignis der lokalen Druck- und Verlagsgeschichte. Der Band erschien im Kleinoktav-

---

4 So Felix BOBERTAG in seinem Vorwort zum ‚Neithart Fuchs' (S. 146).

format, ohne Angabe von Drucker und Verlagsort.⁵ Die Ausstattung des Drucks wird von der Buch- und Druckgeschichte hinsichtlich der verwendeten Typen, des Satzspiegels und der beigegebenen Holzschnitte als nicht sonderlich anspruchsvoll eingeschätzt.⁶ Weder über den Entstehungsprozeß der Inkunabel noch über deren unmittelbare Rezipienten ist Genaues bekannt. Was sich zum Rezeptionskontext der Inkunabel mit Sicherheit anführen läßt, ist die Tatsache, daß die freie Reichsstadt Augsburg Ende des 15. Jahrhunderts ein - in wirtschaftlicher und kultureller Hinsicht - ausgesprochen förderliches Klima für die Verlegung volkssprachlicher Literatur bot. In Augsburg gab es „bereits im 15. Jahrhundert ein reiches literarisches Leben, wodurch sich ein selbstbewußtes bürgerliches Laienpublikum zu erkennen gab. Bereits bei den Handschriften, die vor Erfindung des Buchdrucks im Augsburger Raum geschrieben wurden, ist der deutschsprachige Anteil im Vergleich zu anderen Regionen sehr hoch. Hier fanden die Drucker die Anregungen für ihre Verlagsprogramme, denn sie veröffentlichten bevorzugt Werke, die bereits die städtischen Führungsschichten der ersten Hälfte des 15. Jahrhunderts schätzten."⁷

Über die konkreten Käufer des Drucks besteht, so muß man betonen, dennoch kein sicheres Wissen; lediglich einige Hinweise auf einen *Besitz* des Drucks zeugen von der großen Bandbreite der Rezeption, die das Buch bis in das 16. Jahrhundert gefunden haben muß. Unter den nachweisbaren Besitzern finden sich Kaiser Maximilian genauso wie Hartmann Schedel und Hans Sachs.⁸ Mit diesen Namen ist die Bandbreite der sozialen und zeitlichen Distri-

---

5   MATTHEY (1957, S. 52/16), der die Herkunft der Inkunabel aus der Werkstatt Schaurs identifiziert, vermutet ein Erscheinen zwischen 1491 und 1497. SIMON (1972/86, S. 220-225) geht auf den Druck und seine Rezeption ein. Zur Augsburger Druck- und Verlagsgeschichte vgl. KÜNAST 1997 sowie den Sammelband GIER/JANOTA (HGG.) 1997. Zum Drucker Johann Schaur vgl. Hans-Jörg KÜNASTs ‚Dokumentation', ebd., S. 1205-1340, hier S. 1213, (jeweils mit weiterer Literatur). Schaur findet auch als Drucker von Prosaromanen Erwähnung in Jan-Dirk MÜLLERs Beitrag ‚Augsburger Drucke von Prosaromanen im 15. und 16. Jahrhundert', in: GIER/JANOTA (HGG.) 1997, S. 337-352, hier S. 344f. Zur Literaturgeschichte Augsburg vgl.: Literarisches Leben in Augsburg während des 15. Jahrhunderts. Hg. von Johannes JANOTA und Werner WILLIAMS-KRAPP. Tübingen 1995 (= Studia Augustana 7).
6   Vgl. MATTHEY 1957. Die anonyme Erscheinungsweise kann vielerlei Gründe haben. Nach SIMON (1972/86, S. 221) lag Schaur nicht viel daran, „seinen Namen mit dieser frivolen Sammlung in Verbindung zu bringen." Ebenso gut kann die Anonymität des Druckers ihren Grund in der Tatsache haben, daß die erhaltene Inkunabel möglicherweise schon ein Nachdruck eines Drucks aus einer anderen Werkstatt darstellte. Die Gründe müssen hypothetisch bleiben.
7   KÜNAST 1997, S. 9f.
8   Zu den genannten Besitzerkreisen lassen sich folgende Daten anführen: Hartmann Schedel gibt 1498 in seinem Verzeichnis der ‚libri vulgares in lingua Theotonica' (Clm 263, Bl. 149r) einen Hinweis auf den Druck, wenn er diesen neben an-

bution des Drucks bezeichnet; zugleich zeigt sich, daß der Druck und sein Inhalt nicht auf das Rezeptionsinteresse sozial exakt eingrenzbarer Schichten zu beziehen sind - sieht man von der sozialen Begrenzung ab, welche im Besitz früher Drucke an sich liegt. Die Sammlung der Inkunabel kann daher nur vor dem Hintergrund eines im weiten Sinn literaturkundigen Publikums des ausgehenden 15. Jahrhunderts gedeutet werden, das sich aus verschiedenen Gründen für die Abenteuer des Herrn Neidhart interessiert haben muß.[9]

Die Frage, wovon die Inkunabel handelt, war für ein Publikum der Zeit leicht zu beantworten: nämlich hauptsächlich „van herre Nitharth", wie es in

---

deren aufführt: „Marcolfus. Der pfarrer vom Kalen-/berg. Der Neithart und Dietrich / von Bern und Hidebrant [sic]". (Zitiert nach SIMON 1972/86, S. 222.) Die Zusammenstellung bezieht sich, wie SIMON (ebd.) anmerkt, auf Schaurs Inkunabel, nicht auf die Handschriften.

Im Umfeld Maximilians finden sich zwei Hinweise auf eine Neidhart-Sammlung, von der sich nur einer mit Sicherheit auf den Druck bezieht. Der erste Hinweis ist folgender Eintrag in das dritte ‚Gedenkbuechel' (1509-1513) des Kaisers, geschrieben von seinem Sekretär Marx Treytzsaurwein:
„Hernach volgen ander sachen (...) daran die kay. Mt. zu vermanen ist: Die Kay. Mt. wil die puecher auf ein news dannen richten: Nydthart, pfarrer am Kalenberg und pfaf Amis und Dietrich von Bern." (Zitiert nach SIMON 1972/86, S. 223 [dieser nach Theodor GOTTLIEB: Büchersammlung Kaiser Max. I. Leipzig 1900, S. 61].) Ein weiterer Hinweis im ‚Gedenkbuechel' (vor 1505) weist einen der kaiserlichen Räte, Caspar Winzer, als Besitzer des „neythart buch" aus (Gottlieb, ebd., S. 54), was sich freilich auch auf eine Hs., d.h. ein Buch im Sinne von Codex, beziehen kann. Zum nicht in die Tat umgesetzten Editionsvorhaben des Kaisers vgl. auch Jan-Dirk MÜLLER: Gedechtnus. Literatur und Hofgesellschaft um Maximilian I. München 1982 (= Forschungen zur Geschichte der älteren deutschen Literatur 2), S. 257 u. S. 372. Christel Müller brachte einen Besitzhinweis des kaiserlichen Rats Job Enenkel in die Diskussion ein. Vgl. Christel MÜLLER: Altdeutsche Handschriften und Drucke in der Bibliothek des Job Hartmann von Enenkel (1676-1627). In: Würzburger Prosastudien II. Kurt Ruh zum 60. Geburtstag. Hg. von Peter Kesting, München 1975, S. 237-254.

Hans Sachs hat sich in insgesamt drei Fällen neidhartianischer Stoffe bedient: (1) in seinem Fastnachtspiel ‚Der Neidhart mit dem feyhel' von 1557, in dem neben dem Veilchenschwank der Schwank um Neidharts ‚taube' Frau inszeniert wird; (2) in dem Meistergesang ‚Der Neidhart mit seinen listen. In dem hofton Donhewsers' (1538), einer Version des Veilchenschwanks, und (3) im Meistergesang ‚Die perschoren rot. In dem vergessen thon Frawenlobs' (1539), in dem er auf den Kuttenschwank zurückgreift. Die Texte sind abgedruckt in NEIDHARTSPIELE, ed. Margetts, S. 209-230. Die Abhängigkeit der beiden letztgenannten Texte vom Volksbuch weist nach: A. L. STIEFEL: Über die Quellen der Hans Sachsischen Dramen. In: Germania 37 (1892), S. 203-240, hier S. 220f. Hans Sachs wird vermutlich den Nürnberger Druck des Volksbuchs benutzt haben. Zu Hans Sachs als Bearbeiter des Veilchenschwanks vgl. auch SIMON 1972/86, S. 224; BOCKMANN 1995, S. 244-246.

9 Die belegte breite Rezeption schränkt insbesondere JÖSTS (1976) Bewertungstendenz ein, die historischen Rezipienten ausschließlich in Adel und Patriziat auszumachen.

einer handschriftlichen Kennzeichnung des Hamburger Exemplars der Inkunabel heißt.[10] Eine Unterscheidung zwischen verschiedenen historischen Instanzen oder Sprecherrollen, die mit dem Namen Neidharts belegbar sind, wird in der Inkunabel auf keiner Ebene getroffen. Dies erweist sich sowohl in den Texten der Sammlung wie auch im Rahmen, den der Redaktor mit Titelangabe und Epilog hinzufügte, und soll anhand der weiteren Realien der Augsburger Inkunabel kurz aufgezeigt werden.[11]

Titelei des ‚Neithart Fuchs'

Zunächst steht der Held des Volksbuchs den Lesern in der Inkunabel auch bildlich vor Augen: Auf dem Holzschnitt des Titelblatts sieht man - in einem Innenraum eines Schlosses oder einer Burg - einen Mann mit Umhang, längeren Haaren und einem Hut auf dem Kopf, wie er eine Blume in der Hand hält. Dieser Mann wird durch die Überschrift als „Neytharrt" identifiziert.[12] Die Kleidung und die Blume weisen ihn als den Ritter Neidhart aus, der mit dem zentralen Attribut des bekanntesten um ihn rankenden Schwankstoffs gekennzeichnet ist: als ‚Neidhart mit dem Veilchen'.[13] Neidhart wird also schon an dieser Stelle mit dem Schwankhelden identifiziert, der zum Zeitpunkt bereits weit verbreitete Berühmtheit erlangt haben muß. Die Identifizierung Neidharts mit dem Schwankhelden zeigt sich auch in der Titelankündigung der Augsburger Inkunabel, in der dieser zudem als historische Person konkretisiert wird:

> Hye nach volget gar hüpsche | abentewrige gidicht so gar |
> kurczweillyg sind zelessenn | vnd zesingen die der edel vñ | gestreng

---

10   Hamburg, Staats- und Universitätsbibliothek (SUB) Carl von Ossietzky, In scrinio 229 c, Bl. 1*. Das Hamburger Exemplar ist neben dem Nürnberger Fragment der einzige erhaltene Überlieferungsträger der Inkunabel (vgl. Anhang I.2 und III). Blattangaben beziehen sich im folgenden stets auf das Hamburger Exemplar.
     Die Zitate aus der Inkunabel entnehme ich einem Mikrofilm, den mir die Hamburger SUB freundlicherweise überließ. Sie ist durch eine Autopsie im April 1994 gestützt. Zitate und Versangaben des ‚Neithart Fuchs' werden nach der Edition BOBERTAGs gegeben, der seiner Ausgabe den Augsburger Druck zugrunde legte und Abweichungen der Drucke voneinander notierte.
11   Für eine genaue Beschreibung des Hamburger Exemplars der Inkunabel sei auf BOUEKE (1967, S. 44-46) und BOBERTAGs Vorwort zum ‚Neithart Fuchs' (S. 143f.) verwiesen. Dem Hamburger Exemplar liegt ein undatiertes maschinenschriftliches Gutachten des Bibliothekars Dr. Gerhard Alexander bei, das sich im wesentlichen auf MATTHEY (1957) stützt.
12   Der Holzschnitt befindet sich auf z, Bl. 2*.
13   So der Titel der Monographie von GUSINDE (1899). Das betreffende Titelblatt des ‚Neithart Fuchs' findet sich bei JÖST (1976, S. 290) und bei HERRMANN (1984) im Vorsatzblatt.

herrē. Neithart fuchs gepor | en auß meichssenn. Rytter der durch- | leüchtigē hochgeporn fürstē vnd herrn | herr Otten vnd friderichen herczogen | zů österreych saligen diener by seinē | zeittenn gemacht vnd volbracht hatt | mit denn paurenn zů zeichellmaur in | ôsterreich vnd ander halbsen:[14]

Herr Neidhart ist dieser Ankündigung zufolge der Ritter Neithart Fuchs, der unter zwei österreichischen Herzögen gedient und durch die Streiche, die er den Bauern der näheren und weiteren Umgebung gespielt hat, bekannt wurde. Die Gleichsetzung Herrn Neidharts mit dem legendären Neithart Fuchs war, wie die entsprechenden Rezeptionszeugnisse zeigen, zum Zeitpunkt des Erscheinens der Inkunabel weitverbreitet und geht vermutlich auf eine spezifische Wiener Lokaltradition innerhalb der breiteren Neidhart-Rezeption zurück.[15] Dieser Tradition zufolge, die reichhaltig bis in die Chronistik der Neuzeit hinein belegt ist, sieht in Neithart Fuchs einen Hofnarren Herzog Ottos des Fröhlichen (1301-1339).[16] Sie ist insbesondere mit dem Wiener Grabmal des Stephansdoms verbunden, in dem jener Neithart Fuchs seine letzte Ruhestätte gefunden haben soll und das bis heute mehr oder weniger Anlaß zu spekulativen Überlegungen zur Historizität des darin Begrabenen bietet.[17] Die Titelankündigung, aber auch der Epilog zeugen von der Kenntnis dieser Tradition. Genauer gesagt: Bestimmte Teile des mit dieser Tradition verbundenen Wissens werden im Druck verwendet, um die Lieder und Schwänke zeitgenössisch zu rahmen. Der Autor der Lieder, der auch der Held der Schwänke ist, wird als historischer Fürstendiener identifiziert, dessen Taten aus der Sicht des Inkunabellesers nicht in einer fernen Vergangenheit spielen (wie etwa die Heldenepen oder Antikendichtungen), sondern durchaus noch Aktualität besitzen.

In seiner Funktion als Fürstendiener in Österreich ist Neidharts Wirkungsstätte für einen Leser des ausgehenden 15. Jahrhunderts leicht mit dem Wiener Herzogshof identifizierbar. Das Titelblatt macht darüber hinaus spezifische Aussagen, die indes erst im Epilog wieder aufgenommen werden. Demzufolge ist Neithart Fuchs ein Ritter, der aus Meißen stammt und in den „hochgeporn fürstē (..) Otten vnd friderichen herczogen | zů ôsterreych" seine Herren gefunden habe.[18] Die historische Zuordnung des Ritters Neithart Fuchs geht freilich im Volksbuch nicht so weit wie in der zeitgenössischen und späteren Chroni-

---

14 z, Bl. 1. Umschrift des Titels; lediglich auf die Unterscheidung zwischen normalem und Schaft-s (s und ſ) wurde hier verzichtet. Das Zeichen | markiert den Zeilenumbruch.
15 Diese Wiener Tradition hat JÖST (1976, S. 13-45; 1986, S. 400-405; 2000) aufgearbeitet.
16 Vgl. ebd., S. 13.
17 Vgl. hier den Forschungsbericht bei SAARY 1983 sowie JÖST 2000.
18 BENNEWITZ ET AL. (1990/91, S. 191) versuchen mit Bezug auf MEYER (1887, S. 76) die Herkunftsangabe Meißen zu erklären, die auf ein Mißverständnis der Strophe H 216,9 zurückgehe.

stik, die Angaben zu machen sucht über die Lebensdaten des Manns und seine genaue Stellung am Hof.[19] Das Umfeld seiner Taten ist in der Inkunabel die nähere und weitere Umgebung des herzoglichen Hofs, also Wien und das als Ort der Schwankhandlungen bekannte Zeiselmauer. Dabei kommt der Angabe der Gegenspieler und ihres Wirkungsfelds („denn paurenn zů zeichellmaur | in ôsterreich vnd ander halbsen") zum frühesten Rezeptionszeitpunkt des Drucks vermutlich bereits eher der Status erinnerten oder angespielten Wissens zu als der einer neuen Information.[20]

Rahmung durch Titel und Epilog

Im Epilog findet das auch im Titel verbreitete bzw. anzitierte Wissen eine Bestätigung: Der aus der Perspektive der Gegenwart des Kompilators mittlerweile verstorbene Neidhart erhält einen Nachruf, der ihn nochmals als jenen Neithart Fuchs ausweist, als der er im Titelblatt gekennzeichnet ist: als Fürstendiener und berühmten Bauernfeind. Der Neithart liege nun nach vollbrachten Taten, die als „so mengen klůgen list" (V. 3897) gegen die Bauern bezeichnet werden, in der Wiener Stephanskirche begraben. An seinem Grabmal könne man auch heute noch Bauern sehen, die ihm Haß nachtragen „nur darumb, das er an in rach, / das man im den feiel abbrach" (V. 3908f.). Als eigentlich handlungsmotivierender Schwank, der die Reihe von „listen" Neidharts gegen die Bauern in Gang setzte, gilt also das Veilchenabenteuer, in dessen Verlauf die Bauern „ein merdum" (V. 149) gegen das vom Hofmann Neidhart gefundene erste Veilchen austauschen, was dieser mit seinen Anhängern an den Bauern bitter rächt. Ursache des Hasses Neidharts auf die Bauern ist die Schmach, die ihm diese mit dem Veilchenraub angetan haben.[21] Ursache des Hasses der Bauern auf Neidhart ist wiederum die Rache, welche er dafür ausgeübt hat. Das Veilchenschwankzitat des Titelblatts wie auch die Zitation der Neidhart-Legende im Titel schließen sich mit dem Epilog zu einer Klammer, welche die dazwischenliegenden Schwänke zu einer regelrechten Reihe verbindet.

Auf diese Weise wird der angesprochene Lebenslauf erst erzeugt, der im Epilog reflektiert wird. So wird in der Grobstruktur ein kausalisierendes Verfahren erkennbar, das in der Verkettung von Ursache und Wirkung eine lineare

---

19   Daß es an dieser Stelle *zwei* Herzöge sind, zeugt von einem spezifischen Umgang mit dem tradierten Material durch den Redaktor. Vgl. V.3.3.
20   Vgl. zum Wissen um Neidhart als Feind der Bauern von Zeiselmauer insbesondere NELLMANN 1984. Der Status, den das Wissen der Rezipienten hat, ist hier allerdings unabhängig von dem Verfahren im Epilog zu sehen.
21   Dies ist allgemeiner Forschungskonsens, dessen Problematik weiter unten (V.2.3) zu diskutieren sein wird.

Erzähllogik (Motivation von vorn) eröffnet.[22] Auf diesen für die Kompilation als solche wie auch die Figurenidentität zentralen Aspekt der Motivation der Schwänke aus der ‚Ursünde' des Veilchenraubs wird noch später bei der Behandlung des Schwanks und des Epilogs zurückzukommen sein.

Gattungsproblem

Im Gegensatz zur Neidhart-Philologie, die in bezug auf das gesamte Liedcorpus zwischen dem historischen Autor, der Sängerrolle, dem Helden der Schwänke und der Legendengestalt des Neithart Fuchs zu unterscheiden pflegt, ist in der Inkunabel von Unterscheidungen dieser Art nichts zu bemerken. Die literaturgeschichtliche Etikettierung der Inkunabel als Schwankzyklus, Schwankroman oder einfach Schwankbuch[23] legt zwar nahe, im Eigennamen „Neithart Fuchs" vorwiegend die handelnde *Hauptfigur*, also den Schwankhelden, bezeichnet zu sehen. Doch darf diese Etikettierung nicht über die Besonderheiten der Textkompilation im ‚Neithart Fuchs' hinwegtäuschen.

Nach der Definition Werner Röckes zählen zur Gattung der Schwankromane alle Schwanksammlungen, die „durch einen gemeinsamen Helden, vielleicht noch durch einen biographischen Rahmen verbunden sind, ansonsten aber nur eine lockere Erzähleinheit bilden."[24] Im ‚Neithart Fuchs' drückt sich im Gegensatz zu anderen Texten dieses Typs jedoch ein eigentümliches Selbstverständnis aus. Zunächst wird hier nicht nur erzählt, sondern auch gesungen: Die „abentewrige gedicht" der Schwankreihe sind dem Titel zufolge „zelessenn | vnd zesingen". Zugleich fungiert der Held der Schwänke den Angaben der Inkunabel zufolge nicht nur als Held, sondern auch als Autor der Texte: Was man an Abenteuern lesen kann, sei „gemacht vnd volbracht", d.h. nicht nur als Dichtung produziert, sondern auch erlebt. Der ‚Neithart Fuchs' entspricht aufgrund dieser Ambivalenzen daher in seinem Texttyp weder den vorgängigen Schwankromanen (in der Hauptsache also dem ‚Pfaffen Amis' und dem ‚Pfarrer vom Kalenberg') noch den Liederhandschriften und Liederbüchern des 15. Jahrhunderts, sondern nimmt typologisch eine Sonderstellung ein.

Bereits in der Titelankündigung zeigt sich das Doppelverständnis Neidharts als Autor und Schwankheld, das mehr noch als die Doppelfunktion der Sammlung in Hinblick auf Sangbarkeit und narrativer Literalität („zelessenn | vnd

---

22 Vgl. LUGOWSKI 1976, S. 66 u. S. 75ff. Anhand der Romane Wickrams entwickelt Lugowski die Begriffe „Motivation von vorn" und „Motivation von hinten", mit denen auch eine Gegenüberstellung linearer und zyklischer Erzähllogik markiert ist. Im Fall der Motivation von hinten steht das Ende der Erzählung immer schon fest, so daß nur über das ‚Wie' noch eine Spannung entstehen kann.
23 Vgl. zur Gattungsdiskussion BENNEWITZ ET AL. 1990/91, S. 201ff.
24 RÖCKE 1991, S. 185.

zesingen") von der besonderen Ambivalenz des Texttyps zeugt. Was ein zeitgenössischer Leser nunmehr im Medium des Drucks schwarz auf weiß fixiert sieht, sind die „abentewrige[n] gidicht", die der Herr Neithart Fuchs „by seinē | zeitten gemacht vnd volbracht hatt". Zu rezipieren waren demnach neben den Texten auch die Taten: Nach dem Satzbau des Titels und dem doppelten Bezug des Ausdrucks „abentewrige gidicht" zu urteilen ist mit dieser Wendung sowohl der zentrale Text- wie auch der Handlungstyp zu verstehen, für den Herr Neithart bekannt war. Auch hier werden die Lieder dem Protagonisten der Tradition in seiner Funktion als Autor wie auch als Hauptfigur zugesprochen.

Das Hauptindiz für dieses Doppelverständnis ist die zitierte zeugmatische Wendung. Wie kann jemand „abentewrige gidicht" vollbringen? Würde der ‚Neithart Fuchs' primär vom Leben der Hauptfigur erzählen, hätte man an Stelle von „gidicht" das Wort „historia" erwarten können. Die Schwankromane, die vor und nach dem ‚Neithart Fuchs' erscheinen, bezeichnen sich alle selbst als „historien" oder „geschicht".[25] Die Nichtverwendung dieser Begriffe sowie die hybride Wendung der „abentewrige[n] gidicht" zeugen vom hybriden Texttyp der Kompilation als ganzer.

Verständnis von Protagonisten- und Autorschaft Neidharts

Ein weiterer Hinweis für das Doppelverständnis Neidharts als Autor und Protagonist der Inkunabel sind jene Lieder, in denen Herr Neidhart nicht als Schwankheld oder Protagonist im weitesten Sinne erscheint, sondern jeweils als Sprecher des ganzen Lieds zu verstehen ist. Unter den bisher erörterten Liedern zählen hierzu besonders die Typen der Mutter-Tochter-Dialoge und der Dörper-Lieder, die Eingang in die Inkunabel gefunden haben (vgl. die Zusammenstellung in Anhang III).[26] Für das polyvalente Verständnis der Autor- und

---

25 So die ‚geschicht des pfarrers vom Kalenberg' (zuerst Augsburg, ca. 1470), die ‚Histori Peter Lewen des andern Kalenbergers' (Frankfurt 1557) und natürlich auch ‚Ein kurtzweilig lesen von Dyl Ulenspiegel', das ja die „Geschichten aus seinem Leben" (wie es im Titelblatt des ersten Drucks, Straßburger 1510, heißt) wiedergeben soll. Eine Ausnahme hinsichtlich der Bezeichnung als Historie oder Geschichte stellt lediglich der ‚Pfaffe Amis' dar, der als erster Vertreter des Schwankromans gilt. Zu den Selbstbezeichnungen der Drucke als „historien" oder „geschicht" vgl. Bodo GOTZKOWSKY: „Volksbücher". Prosaromane, Renaissancenovellen, Versdichtungen und Schwankbücher. Bibliographie der deutschen Drucke. Teil I: Drucke des 15. und 16. Jahrhunderts. Baden-Baden 1991 (= Bibliotheca Bibliographica Aureliana CXXV). Zum Historia-Begriff vgl. Joachim KNAPE: Historie in Mittelalter und früher Neuzeit. Begriffs- und gattungsgeschichtliche Untersuchungen im geistesgeschichtlichen Kontext. Baden-Baden 1984 (= Saecula Spiritualia 10), insbes. S. 23-400 (‚Historie als literarischer Terminus technicus vom 15. bis 17. Jahrhundert').

26 Den Ausdruck „Dörperlieder" gebrauche ich hier in Anlehnung an SCHWEIKLE (1990, S. 80ff.) für alle Lieder, die im Zusammenhang des ‚Neithart Fuchs' weder den Schwänken

Protagonistenschaft seien im folgenden Beispiele gegeben. Ich orientiere mich dabei in erster Linie an den Liedüberschriften.

Die Liedüberschriften werden im ‚Neithart Fuchs' durch Holzschnitte illustriert, welche deren Inhalt ins Bild setzen.[27] Die Überschriften zeugen vom Liedverständnis des Redaktors, sind für den frühen Druck typische Gliederungsformeln und zeigen zugleich ein bestimmtes Konzept von Autor- und Protagonistenschaft im jeweils nachfolgenden Lied an. Zunächst gilt dabei für alle Texte, deren Überschriften mit Einleitungsphrasen wie „Hie sagt Her Neithart ..." beginnen, daß sie einem *Autor* Neithart zugesprochen werden. Neitharts Beteiligung an der Geschichte (im Warningschen Sinn) ist höchst unterschiedlich; sie reicht von der Dominanz über die Geschichtsebene als Hauptprotagonist im Fall der Schwanklieder über eine implizite Teilnahme als Berichterstatter des geschilderten Geschehens (wie im Fall der Dörperkämpfe) bis hin zur völligen Abwesenheit als Figur zugunsten der unterstellten Autorschaft.

Interessant für das Phänomen der Autorschaft sind jene Liedtypen, in denen die Figur Neitharts keine Rolle spielt. Die Liedüberschriften zeigen so z.B. deutlich die Typen Dörperbeschreibung oder Dörperkampf an. Muster für die Kennzeichnung eines Lieds als Dörperbeschreibung mag z 20 sein („Hie nach sagt Neithart von dem hofertigosten tŏrpel, den er ie gesehen hat"), Musterbeispiel für einen Dörperkampf kann das darauf folgende z 21 darstellen („Hie sagt Neithart, wie die pauren an ein ander schlůgen vnd Windelgŏß sein hand an der haut hieng").[28] In beiden Fällen kommt es zu nicht viel mehr als dem, was die Überschrift besagt: Der antagonistische Bezug zu einer Figur Neithart liegt im zyklischen Zusammenhang zu Liedern und Schwänken, in dem dieser konkreter ausagiert wird sowie in der negativierenden Beschreibungstendenz selbst. Letztere schreibt man vor allem der Kunst des dichtenden Bauernfeinds - d.h. der neidhartianischen Autorinstanz - zu, nicht der Figur.

---

noch anderen Liedtypen angehören, sondern von Dörpern handeln. Dominant sind dabei die Komponenten der Dörperbeschreibung, des Dörperkampfs und gelegentlich auch des Spiels unter Dörpern, wobei „tŏrpel", „tŏlpel", „getteling", „dŏrfer" mit dem ständisch eindeutigen „pauren" identifiziert wird. Vgl. hierzu JÖST 1976, S. 59 ff.

27   Die Holzschnitte konnten in dieser Arbeit nur marginal einbezogen werden. Eine Reproduktion der Holzschnitte aller Drucke findet sich bei JÖST (1976, S. 288-323), der auch eine kunsthistorische Einordnung (ebd, S. 192-217) vornimmt. JÖST (1976a) kommt zum Ergebnis, daß die Aussage der Lieder und der Holzschnitte identisch seien (S. 263 und passim). Dies läßt sich m.E. aber nur für die Beziehung von Überschrift und Holzschnitt zeigen. Vgl. mit Bezug auf den Entstehungsraum der Inkunabel Norbert H. OTT: Frühe Augsburger Buchillustration. In: GIER/JANOTA (Hgg.) 1997, S. 201-241. Die Bild-Text-Beziehung in der Neidhart-Tradition ist ein komplexes und noch relativ wenig behandeltes Thema; vgl. neben den Arbeiten von JÖST insbes. BENNEWITZ 1998.

28   Zitate nach der Inkunabel (wie in Anhang III).

Weitere Fälle der Abwesenheit Neidharts als Protagonist sind die Mutter-Tochter-Dialoge. Der Mutter-Tochter-Dialog z 9 (V. 824-924 = RB 18)[29] handelt von der Bitte einer Tochter um Minneerlaubnis und einem anschließenden Vertrag mit der Mutter, ohne Neidhart oder Reuental zu erwähnen:[30] „Hie nach sagt Neithart wie ain můter irer tochter die min erlabet"[31]. Der Zusammenhang von Text und Bildüberschrift weist Neidhart eindeutig als Subjekt der Erzählung, nicht des erzählten Inhalts aus. Eine Erklärung für das Zustandekommen solcher Überschriften und die Zuordnung bestimmter Texte zur Autorinstanz Neidhart ist sicher die Möglichkeit, daß dem Redaktor der Mutter-Tochter-Dialog als typisch neidhartianischer Text (in Inhalt, Form oder Sprechweise) erschien, so daß man ihn dem Autor Neidhart zugesprochen hat.[32]

Ähnliches gilt auch für das reichhaltig überlieferte Schlemmerlied ‚Neithards Gefräß' (z 31). Dieses Lied galt den Zeitgenossen bereits als typischer Fall neidhartianischer Sprechweise, auch wenn die Inhalte keineswegs zum üblichen Motiv- oder Stoffinventar der Neidhartiana gehören.[33] Die Loslösung von einem Autorkonzept, das sich an einem stofflichen Repertoire festmacht, kann vielleicht auch die Aufnahme zweier Lieder erklären, die man Oswald von Wolkenstein zuspricht. Ähnlich wie in ‚Neidharts Rosenkranz', das durch seine obszöne Sprechweise zum weitverbreiteten Text der Neidhart-Überlieferung geworden ist, werden die Oswald-Lieder aufgrund ihrer obszön-erotischen Sprechweise dem Überlieferungs- und Werkkontext der Inkunabel eingegliedert.[34]

---

29 Im folgenden werde ich die Lieder und Schwänke nach ihrer Kurzbezeichnung gemäß BOBERTAG benennen. Hierfür ist stets Anhang III heranzuziehen.
30 Zu diesem Lied vgl. RASMUSSEN 1997, S. 185ff.
31 z, Bl. 44, NF, ed. BOBERTAG, S. 180.
32 BOBERTAG weist in seiner Einleitung zum ‚Neithart Fuchs' (S. 147) auf die Sorglosigkeit des Redaktors hin. Hieraus ließe sich folgern, daß dieser blind einer Vorlage gefolgt sei. Mit einem solchen Argument würde das Problem aber nur auf die Vorlagenstufe zurückverlagert. Aber auch bei dem Benutzen von mehreren hss. Vorlagen sollte man aus methodischen Gründen immer von einer sinnvollen Zusammenstellung und Auswahl ausgehen, da diese ansonsten nicht zu entdecken wäre. Zu einer positiven Bewertung der Leistung des Redaktors gelangen BENNEWITZ ET AL. 1990/91.
  Aussagen über den Redaktor beziehen sich im folgenden nicht auf ein historisches Subjekt, das mit dem Drucker identisch sein könnte aber nicht muß (da in der Druckherstellung auch mehrere für die Zusammenstellung zuständig gewesen sein können), sondern auf jene Instanz, die die Redaktion des Materials rational rekonstruierbar zu verantworten hat: den ‚impliziten Redaktor'.
33 ‚Neidharts Gefräß' ist das einzige Schlemmerlied der Tradition, stellt also auch keine typisch neidhartianische Gattung dar, wie es bei den Mutter-Tochter-Dialogen der Fall ist.
34 Es handelt sich um: z 25 (V. 2846-3014 = OSWALD, ED. KLEIN, Lied 21), dann z 26 (V. 3015-3038 = OSWALD, ED. KLEIN, Lied 76). Zu K 76 vgl. BENNEWITZ 1998, S. 761-763. Der ‚Rosenkranz' (UL 8) wurde in IV.2.3 behandelt.

Aufbau der Inkunabel

Der ‚Neithart Fuchs' nimmt aus der gesamten Liedüberlieferung eine Auswahl vor, von der sich textkritisch nicht sagen läßt, welche Faktoren für sie verantwortlich sind. Möglich ist eine vom historischen Redaktor nicht hinterfragte und mehr oder wenig vom Zufall bestimmte Ausschreibung einer oder zweier Vorlagen.[35] Ebenso möglich ist aber auch ein bewußter Auswahlprozeß. Was sich allerdings - ohne auf Spekulationen zurückgreifen zu müssen - beschreiben läßt, ist einmal die konkrete Reihung der Schwänke und Lieder und, auf dieser aufbauend, die abstrakten Auswahlprinzipien und Verknüpfungsstrategien, die auch ein impliziter Rezipient zu erkennen vermag.

Betrachtet man den Aufbau der Inkunabel, dann ergibt sich aus der Sichtweise einer Polyvalenz von Autor- und Protagonistenschaft eine Einteilungsmöglichkeit der Lieder nach Beteiligung Neidharts als Protagonist, Berichterstatter oder Autor des im Lied Gesagten. Der Aufbau der Inkunabel nimmt unter diesem Blickwinkel folgende Gestalt an: Die Inkunabel beginnt mit einer Reihe von Liedern, in denen Neidhart eindeutig als primäre Handlungsfigur (Protagonist im engeren Sinn) dominiert. Aufgrund ihres stofflichen Gehalts nennt man diese Lieder Schwänke (s.u.). Diese Schwankreihe reicht von z 1 bis z 15 und wird lediglich durch den genannten Mutter-Tochter-Dialog (z 9) unterbrochen. Es folgt eine Reihe von Liedern, in denen Herr Neidhart in der Perspektive des Berichterstatters und Beschreibers von bäuerlichem Aussehen und Handeln erscheint. Weil auch dieser nicht unbeteiligt ist, wie aus den Beschreibungen der *toerpel* und *pauren* ersichtlich, nimmt er hier eine Zwischenposition im Übergang von Handlungsfigur zum (unbeteiligten) Sprecher des ganzen Lieds ein. Die Reihe von Liedern mit Dörperbeschreibungen und Dörperkämpfen reicht von z 16a bis z 24 und wird lediglich einmal vom Schwank um ‚Neidharts taube Frau' unterbrochen (z 18). Es folgen mit den beiden Oswald-Liedern (z 25-26), einem Dörperkampf (z 27), dem Schweikle zufolge „dörperkonformen" WL 1 (z 28)[36] und dem Ballspiellied in z 29 eine bunte Reihe von Texten, in der weder eine eindeutige Perspektive Neidharts auf die Dörperwelt noch seine Protagonistenschaft stark ausgeprägt ist. Diese Reihe setzt sich fort mit zwei Mutter-Tochter-Dialogen (z 30; z 32), die durch ‚Neidharts Gefräß' (z 31) unterbrochen wird. Eine Dörperbeschreibung (z 33) und zwei Dörperkämpfe (z 34; z 35) bilden wiederum einen eigenen Block, insofern sie aus der distanzierten Perspektive des alternden Ich-Erzählers geschildert werden. Die Motive wie auch die Perspektiven kulminieren schließlich in z 36. In diesem Lied wird Neidhart in der Überschrift als Fürstendiener figuriert („Hie clagt Neithart dem fürsten [...]"), er beschreibt einen Dörperkampf und entsagt der Welt als alternder Mann. Die letzte Strophe beinhaltet

---

35 Vgl. zum Redaktor Anm. 32.
36 SCHWEIKLE 1990, S. 82f.

den Schadenswunsch des Sprechers (XI 4 „so müste ir gar manger ligen tod"), schließt mit dem Motiv von mit Waffen ins Grab gehenden Dörpern ab und vermittelt dadurch zugleich den Übergang zum Epilog.[37] Als Lagenfüllung beschließt ein anonymes Gedicht über „der welt lauff" (Bl. 207-215) den Druck.[38]

Kompilationsprinzip
Die Rahmung der Inkunabel durch Titelangabe und Epilog, deren historisierende Angaben in der Textsammlung selbst keine weitere Rolle mehr spielen, weist ein Kompilationsprinzip auf, das gegenüber den Handschriften einmalig ist. Die zyklische Struktur der Lieder, die im wesentlichen in deren latentem Verweisungszusammenhang liegt und in jedem Überlieferungsträger anders realisiert wurde, wird im ‚Neithart Fuchs' durch eine lineare Rahmung überlagert. Neitharts Leben ist den Zeitgenossen mit einem Anfang (zwei Initialschwänken) und einem Ende (seinem Tod und Grabmal in Wien) als erzählte Geschichte überschaubar gemacht worden. Die Lieder erhalten damit im Volksbuch eine Mitteilungsdimension und einen Redemodus, der sie wiederum den Schwankromanen und sogar den Prosaromanen um 1500 vergleichbar macht: Sie werden zu *Historien* erklärt.[39] Andererseits bleiben die zusammengestellten Texte natürlich Lieder, was auch an ihrer erhaltenen strophischen Form erkennbar ist. Sogar der Titel der letzten ‚Neithart Fuchs'-Ausgabe, die ihren Helden als „ANDER Eulenspiegel" anpreist, behauptet noch, die „Wunderbarliche Gedichte und Historien des Edlen Ritters Neidharts Fuchß (...)" seien „sehr kurtzweilig zu lesen und zu singen"[40]. Diese Heterogenität und Offenheit in bezug auf zeitgleiche Gattungen macht den ‚Neithart Fuchs' als Sammlung zu einem gattungstypologischen Unikum.

In der Forschungsgeschichte ist die gattungstypologische Heterogenität des ‚Neithart Fuchs' auf das relativ unverbundene Nebeneinander von Schwänken und Liedern zurückgeführt worden. Mit diesem Urteil wird dem ‚Neithart Fuchs' jedoch eine poetologische Dimension, wie sie auch für die Frage der Figurenidentität relevant ist, abgesprochen.[41] Man billigt dem Werk dann wegen

---

37 Der Übergang von diesem Lied zum Epilog soll in V.3.2 behandelt werden.
38 Dieses Lied wurde von Bobertag nicht in die Ausgabe aufgenommen und wird im allgemeinen nicht zur Neithart-Tradition gezählt. Auch in der Inkunabel selbst ist das Gedicht als Anhang gekennzeichnet, da es an die letzten Worte des Epilogs mit dem deutlichen Schlußsignal „Damit endet sich disse geschicht" (z, Bl. 206) anschließt. Vgl. hierzu auch BENNEWITZ et al. 1990/1991, S. 200.
39 Vgl. Anm. 25.
40 Vgl. NF-Faksimile, ed. JÖST (Abbildung des Titels), sowie BOUEKE, S. 64f.
41 So z.B. das Urteil von HERRMANN (1984, S. 296) Bei der Anthologiethese ist eine Interpretation des ‚Neithart Fuchs' als ganzem nicht mehr möglich. Nur die Annahme, auch

seiner heterogenen Gattungsmomente allenfalls einen Anthologiecharakter zu, nicht aber eine eigene sinnstiftende Ordnung.[42] Was hat es nun aber mit dieser Heterogenität eigentlich auf sich?

Die angesprochene Heterogenität ist zunächst die des überlieferten Materials und seiner Rahmung; die sich hieraus ergebenden Brüche sind aber vor dem Hintergrund einer weitergespannten Kohärenzerwartung eines spätmittelalterlichen Publikums zu deuten. Darüber hinaus besteht die Heterogenität jedoch auf der poetologischen Ebene in der Überlagerung zweier Erzählschemata, um es in der Warningschen Begrifflichkeit auszudrücken. Zunächst macht die Rahmung und die Anfangsstellung der Schwanklieder diese zur zentralen Gattung des ‚Neithart Fuchs'. In den „abenteurig[en] gidicht" des Titels darf man in erster Linie die Schwänke sehen. Die Inkunabel bietet nicht nur Schwanklieder in Verbindung mit anderen Liedern in beliebiger Serie, sondern ordnet die in ihr versammelten Texte in eine Abfolge, welche der Biographie des Helden entsprechen soll. Statt der Ansammlung von Liedern, die als solche Muster für prinzipiell unendlich viele weitere Texte sind, werden alle Texte vom Prinzip der *vita* dominiert.[43] Eine zyklische Struktur wird somit von einer linearen überlagert, so daß das von der Forschung mehr oder weniger stark verachtete Buch[44] damit auf dem gleichen Prinzip beruht, welches nach Warnings Analyse auch der renommierten Gattung des Artusromans zugrunde liegt: einer konstitutiven Heterogenität, die sich im wesentlichen aus der Interferenz eines zyklischen mit einem linearen Erzählprinzip ergibt.[45]

Es ist die *vita* des Ritters Neithart Fuchs, die sich in einzelnen Schwankabenteuern (*Historien*) zeigt. Im ‚Neithart Fuchs' werden nach dem Selbstverständnis des Textes im wesentlichen selbständige Schwankabenteuer aneinandergereiht, die sich erst am Ende durch den Epilog zu einer abgeschlossenen Sequenz fügen. Zu einer Bilanzierung der Reihe kommt es erst bei der Betrachtung des Lebens des berühmten Bauernfeinds im Epilog. Aus dieser abschließenden Rahmung folgt, daß jeder Schwank unter zwei Ordnungen lesbar ist: der seiner eigenen Erzähllogik, die ihn zu einem abgeschlossenen, seiner Form nach wiederholbaren Abenteuer macht, und jener der geordneten quasibiographischen Reihe. Auf diese Weise wird ansatzweise die von Bertau angesprochene Serialität der Neidharte zur Geschichte transformiert.[46] Für die Analyse der Kompilation im ‚Neithart Fuchs' (konkret: für die Reihung ver-

---

die Kompilation verfüge als solche über eine eigene Poetik, erlaubt es, über die Interpretation einzelner Schwänke und Lieder hinauszugehen.
42 Zur Poetik der Kompilation vgl. abschließend V.3.
43 Das Prinzip der Vita stellen auch BENNEWITZ ET AL. (1990/91, S. 200) fest.
44 So resümieren BENNEWITZ ET AL. (1990/91, S. 195ff.) die Forschungsgeschichte.
45 Vgl. II.2.1 u. WARNING 1979, S. 564.
46 Vgl. BERTAU 1967, S. 77.

schiedener Schwänke und Lieder) stellt sich auf der strukturellen Ebene wieder die Frage nach der gattungsspezifischen Konstitution der Figurenidentität.[47]

Ich möchte der Konstitution der Figurenidentität im ‚Neithart Fuchs' daher auf eine Weise nachspüren, welche die beiden bestimmenden Ordnungen, unter denen er als Text steht (Zyklizität und Linearität) berücksichtigt. Dies soll zunächst durch die Interpretation einzelner Schwänke geschehen und erst abschließend durch eine Beschreibung ihrer Verknüpfung in der Kompilation zu einem Versuch über die Poetik des ‚Neithart Fuchs' führen.

2 Die Schwänke im ‚Neithart Fuchs'

2.1 Texttyp und Übersicht

Die Schwänke stellen einen wirkungsmächtigen Teil der Neidhart-Tradition dar. Dabei wird in der Forschungsgeschichte unter „Schwank" grundsätzlich zweierlei verstanden: In der einen Verwendungsweise bezeichnet dieser Ausdruck den Schwankstoff, also das Handlungssubstrat verschiedener (teilweise sogar in unterschiedlichen Medien erscheinender) Zeugnisse, deren Varianten zugunsten eines gemeinsamen Plots vernachlässigt werden. In einer zweiten Verwendungsweise ist zumeist ein bestimmtes Lied bezeichnet, das aufgrund seines Inhalts so viele gemeinsame Merkmale mit der Gattung Schwank bzw. ihren mittelalterlichen Äquivalenten hat, daß man es zu beiden Gattungen zählt und oft auch mit dem hybriden Ausdruck „Schwanklied" belegt.[48] Im folgenden spreche ich von Schwankstoff, wenn ausschließlich auf das Handlungssubstrat - d.h. das Identische verschiedener Zeugnisse auf der Geschichtsebene - Bezug genommen wird; von Schwankversion, wenn ein bestimmtes konkretes Zeugnis der Tradition bezeichnet wird.[49]

Im Zusammenhang schriftlich verfaßter Schwankversionen meint der Terminus „Schwank" die spezifische Gestaltung eines Textes auf der Geschichtsebene, die ihn zu jener Kleinform der Erzählung werden läßt, bei der die Ge-

---

47 Der Vergleich Artusroman-Schwankroman soll natürlich nur auf die benannten Hinsichten beschränkt bleiben; auch für einen strukturellen Vergleich wären die literar-historischen Voraussetzungen der epischen Gattung und der Schwankkompilation offenkundig zu verschieden.
48 Zum Gattungsproblem vgl. auch STRASSNER 1978, S. 8f.
49 Der Gegensatz von Schwankstoff und Schwanktext entspricht in semiotischer Terminologie der Opposition von Inhalt und Ausdruck (*signifié* und *signifiant*), insofern der Gegensatz als solcher voraussetzt, daß ein bestimmter Inhalt in verschiedenen Ausdrucksformen realisiert werden kann. In den Termini der strukturalen Textanalyse entspricht er der basalen Unterscheidung von Geschichte und Diskurs.

schichte mit einer komischen Wirkungsabsicht dargeboten wird. Als Erzählung, „für die das ridiculum das entscheidende Merkmal" ist, so hat bereits Hanns Fischer betont, ist „Schwank" kein Gattungsterminus im eigentlichen Sinn, „weil das Wort nur eine stoffliche Qualifikation beinhaltet oder eine ‚Möglichkeit jeder Gattung'"[50] bezeichnet. Im Gegensatz zu den Großformen Roman und Epos liegt der *histoire*-Ebene des Schwanks meist nur *eine* Geschichte zugrunde; wird diese Geschichte in Liedform ausgedrückt, spricht man von Schwankliedern. Die hier zur Debatte stehenden Schwankversionen der Neidhart-Tradition sind allesamt Schwanklieder. Im Unterschied zu anderen Schwankformen bleiben die Neidhartschwänke auch im ‚Neithart Fuchs' Lieder; sie weisen eine strophische Form auf und haben zumeist einen winterlichen Natureingang. In den Papierhss. des 15. Jahrhunderts sind die Schwanklieder auf der formalen Ebene nicht von anderen Liedtypen unterschieden.[51] In dieser Hinsicht unterscheiden sie sich erheblich von den im Mittelalter meist paargereimten *maeren* und Versnovellen oder den in Prosa verfaßten Schwankhistorien späterer Sammlungen.[52]

Im Rahmen des zugrundegelegten kompositionellen Gattungsbegriffs läßt sich zum Schwanklied der Neidhart-Tradition zusammenfassend sagen: Das Set von Erwartungen, welches sich für einen spätmittelalterlichen Rezipienten an den Texttyp Neidhartschwank knüpft, ist durch dessen Liedhaftigkeit genauso geprägt wie durch dessen Schwankhaftigkeit, wobei sich erstere an der Strophenform und der möglichen Singbarkeit, letztere an dem dargebotenen Stoff, der erzählten Geschichte um Herrn Neidhart, festmacht.

---

50 Hanns FISCHER: Studien zur deutschen Märendichtung, 2. Auflage besorgt von Johannes Janota, Tübingen 1983, S. 115 (mit Bezug auf Max Lüthi und Helmut de Boor).
51 Formal gesehen besteht in der Neidhart-Tradition kein Unterschied zwischen Schwank und Lied. Schwänke können sowohl Sommerlieder als auch Winterlieder sein. Formal nicht unterschieden meint weiterhin: Auch hinsichtlich der Strophenform oder der Anordnung noch hinsichtlich ihrer (durch die Melodienüberlieferung angezeigte) Sangbarkeit. Nicht nur die Lieder, auch die Schwänke sind größtenteils mit Melodien überliefert. So sind in den Hss. c, s und w die Schwanklieder mit Melodien überliefert. Ein Beispiel sei das ‚Schratsche Liederbuch' (Hs. w). Hs. w überliefert insgesamt zwölf Neidharte mit neun Melodien; darunter befinden sich vier Schwanklieder, von denen der Jägerschwank (w 3) und der Kuttenschwank (w 8) mit Melodien, der Hosenschwank (w 7) und der Krechsenschwank (w 12) ohne Melodien überliefert sind. Die Zugehörigkeit zur Liedgattung hängt also offenkundig nicht mit der Zugehörigkeit zum Inhaltstyp Schwank zusammen. Ähnliches gilt auch für die anderen Papierhandschriften, wie man den entsprechenden Faksimiles und Transkriptionen entnehmen kann. In die geplante neue Salzburger Neidhart-Edition wird die gesamte Melodienüberlieferung eingehen.
52 Die teilweise sehr langwierigen und kontroversen Debatten um einen angemessenen Begriff mittelalterlicher Kurzerzählungen (wie sie sich hauptsächlich anhand des Terminus „maere" entzündet haben) möchte ich an dieser Stelle nicht aufrollen.

Die Schwankstoffe der Neidhart-Tradition müssen spätestens ab der zweiten Hälfte des 14. Jahrhunderts im süddeutschen Raum bekannt gewesen sein, wie sich an der Ikonographie des Veilchenschwanks belegen läßt (s.u.). Im restlichen Deutschland, das ja in den überlieferten Papierhandschriften nur durch das Maastrichter (um 1300, rheinisch) und das Frankfurter Fragment (Anfang 14. Jahrhundert, niederdeutsch) vertreten ist, muß die Kenntnis der Neidhartschwankstoffe ebenfalls weit verbreitet gewesen sein. Um einen Eindruck von der Rezeptionsbreite der Schwankstoffe zu geben, möchte ich kurz auf einige dieser Belege eingehen.

Zunächst zu zwei Anspielungen auf den sogenannten Krämerschwank (auch Krechsenschwank), die nicht nur über das Verbreitungsgebiet der Stoffe, sondern auch über deren Verbreitungswege etwas zu sagen vermögen. Ende des 15. Jahrhunderts beklagt sich der Rostocker Prediger Nicolaus Russ über die Gewohnheiten seiner Zeit, daß die Mönche „in de stede des lidendes christi malen se den strid van troye [d.h. den Krämerschwank] unde in de stede der apostele malen se nyterdes dantz effte andere nakede untuchtige wivesbilde unde meerwunder mit bloten brusten"[53]. Auch in einer Rechtsbeschwerde, die Eckehard Simon zufolge „um 1351 von den Ältesten der Gewandschneiderzunft in Stendal eingereicht wurde", findet sich eine Anspielung auf diesen Schwankstoff. Den Meistern der Zunft wird vorgeworfen, sie hielten - wie der Neidhart im Schwank - bestimmte Informationen zurück: „Dy Wantsnyder mester dy sungen, als et Nithard sang, dy sang wat om behagede, dat ander lyd he faren."[54] Die früheste schriftliche Überlieferung des Krechsenschwanks datiert nun aus dem späten 14. Jahrhundert (mit der Handschrift G, dem Grieshaberschen Fragment) und steht offenkundig in keiner direkten Quellenbeziehung zu den zitierten Verbreitungsbelegen. Die Art und Weise der Allusion auf den Stoff spricht also stark für die Vermutung, daß sich die Verbreitung der Schwankstoffe auch mündlich vollzogen haben muß. Dies vermögen auch spätmittelalterliche Belege weiterer Schwankstoffe zu zeigen.

In einer Handschrift der Universitätsbibliothek Königsberg war ein Epitaph auf Neithart Fuchs in lateinischen Hexametern überliefert. Dieses Epitaph zeugt von einem Wissen, das sich nicht auf eine konkrete Version eines Schwanks bezieht, sondern auf die kursierenden Geschichten um den Schwankhelden Neithart Fuchs, wie sie im 15. Jahrhundert oft zu finden sind:

> Strenuus hic saxo miles neithart operitur,
> Cognominatus vochs, ingenuus genere.
> Qui dedit hostibus hic et transmare bella paganis
> [Hier ist ein Pentameter ausgefallen.]

---
53 Zitiert nach SIMON 1971, S. 243.
54 SIMON 1972/86, S. 230.

> Sub nota suam [!] q[uae] finxit carmina panxit,
> Per q[uae] eius hodie gesta canunt populi.
> Qualiter in cziselmawr vexauerat ipse colon[os],
> Quorum quis primam sumpsit ei violam
> Ex prato q[ue] locum viole cum stercore texit,
> Tale nephas neithard reddere curat eis.
> Vt monach[os], sic rasit eos vestitque cucullis,
> Hos pupugerunt, quas vase retundit, apes,
> Ventris de fungis doluerunt, quos dedit illis,
> Vngento demum fecit eos fetidos,
> In sporta effigies similes eis attulit ipsis.
> Huc sua non scribi singula [facta] queunt. [...]⁵⁵

Diese Aufzählung von Stoffen der Neidhartlieder besteht fast ausschließlich in der kurzen Nennung von Schwankstoffen. Die Reihe der erwähnten Schwänke wird dabei als mehr oder weniger willkürliche markiert und mit dem Verweis auf weitere vorhandene Stoffe abgebrochen. Dieser Beleg gehört deutlich in die Kategorie der Neidhart-Rezeption, die in dieser Arbeit von einer Neidhart-Tradition abgegrenzt wurde: Was im Epitaph steht, *ist* selbst kein Schwank, sondern lediglich die Zitation von Schwankstoffen. Ähnliche Verweise lassen sich auch in der Chronistik und der Ikonographie des 15. und 16. Jahrhunderts finden, wie weiter unten noch am Veilchenschwank aufgezeigt wird. Verweise dieser Art können den weiteren Kontext der schriftlichen Schwankversionen, d.h. der Schwanklieder, aufzeigen. Die Schwanklieder müssen also nicht unbedingt der Ausgangspunkt des jeweiligen Stoffs gewesen sein, sondern stellen einen spezifischen Ausdruck dar.

---

55 UB Königsberg, Ms. 1304 von 1479 (mit dem Gesamtbestand im letzten Krieg verbrannt). Zitiert nach STEFFENHAGEN 1872, S. 40f. Die Herkunft des anonymen Epitaphs ist aus Steffenhagens Angaben nicht mehr zu rekonstruieren. Wegen der Länge gebe ich im folgenden Übersetzungen, bei denen mir Christoph Petersen (München) behilflich war:
„Hier liegt, vom Stein bedeckt, der wackere Ritter Neidhart, mit Beinamen Fuchs, von edlem Geschlecht, der hier gegen Feinde und jenseits des Meeres gegen die Heiden Kämpfe führte, [...]. Mit tadelndem Spott hat er seine von ihm erdachten Lieder verfaßt, in denen heute die Leute seine Taten besingen: Wie er in Zeiselmauer die Bauern strafte, von denen einer ihm das erste Veilchen von der Wiese stahl und die Stelle des Veilchens mit Kot bedeckte; solchen Frevel suchte Neidhart ihnen heimzuzahlen. Als wären sie Mönche, so schor er sie und kleidete sie in Kutten; Bienen, die er in einem Gefäß hielt, zerstachen sie; die Bäuche schmerzten ihnen von Pilzen, die er ihnen gegeben hatte; mit einer Salbe machte er sie schließlich stinkend; in einem Korb brachte er ihnen Bildnisse, die ihnen ähnelten. All seine Taten können hier im einzelnen nicht beschrieben werden [...]". Das Epitaph enthält Anspielungen auf die Kreuzliedthematik, auf den Veilchen-, den Kutten-, den Mönchs-, den Salben- und den Bilderschwank.

Die in den Schwänken erzählten Geschichten lassen sich relativ leicht auf bestimmte typische Handlungsschemata reduzieren. Die Anwendung des Warningschen Analysemodells ergibt folgendes Bild für die Schwanklieder der Neidhart-Tradition: Zunächst weisen auch Neidhartschwänke die typische Dreiphasigkeit der Erzählung auf. Stehen sich anfangs beide Seiten in der antagonistischen Konstellation gegenüber (Neidhart auf der einen, die Bauern auf der anderen Seite), wird diese statische Konstellation durch eine Aktion der einen oder anderen Seite (zumeist durch einen Schädigungswunsch der Bauern) in eine vorübergehende Situation überführt, welche den Ritter als den Unterlegenen erscheinen läßt. Diese Situation wird durch eine Reaktion des Ritters wiederum in eine Endsituation überführt, die zu seinen Gunsten ausfällt. Die narrative Dreiphasigkeit gestaltet sich im Fall der Neidhartschwänke wie folgt:

(1) Konflikt und Aktion der einen Seite
(2) Gegenaktion der anderen Seite
(3) Endkonstellation zugunsten des Ritters[56]

Fast alle Schwankstoffe der Neidhart-Tradition weisen diese Form auf: Dafür im folgenden drei Beispiele: Im Veilchenschwank findet Neidhart das erste Veilchen (1), die Bauern vertauschen es mit dem Dreck (2), ihre Tat wird entdeckt und sie werden bitter bestraft (3). Im Beichtschwank begibt sich Neidhart als Mönch verkleidet unter die Bauern (1), diese bekennen ihm nichtsahnend ihren Haß (2), der ‚Beichtvater‘ stuft sie als *casus reservati* ein und entkommt (3). Die Bauern wollen Neidhart im Salbenschwank mit einer stinkenden Salbe bestreichen (1), er geht verkleidet zu ihnen (2) und schafft es durch einen Trick, die Bauern selbst mit der Salbe zu bestreichen (3).

Die Grundspannung der Schwänke besteht unschwer erkennbar im Antagonismus zwischen Bauern und Ritter; die Aktionen der Protagonisten zielen immer auf Schädigung der jeweiligen Gegenseite. Am Ende jeder Schwankhandlung zeigt die Bilanz in bezug auf die Schädigung stets ein Haben auf dem Konto des Ritters, das in Einheiten von beabsichtigten und durchgeführten Schädigungen gemessen wird.

Mit dieser Grobstruktur ist zunächst eine allgemeine Beschreibung des Texttyps Schwanklied auf der formalen und der Geschichtsebene gegeben, die allerdings nur den Diskussionsrahmen für eine Interpretation der Schwankversionen im ‚Neithart Fuchs‘ darstellen kann.

Da es im folgenden auch um den Werk- und Überlieferungszusammenhang des ‚Neithart Fuchs‘ im ganzen geht, muß man betonen, daß der frühe Druck aus den vorhandenen Schwänken einen großen Teil übernimmt, während das verwendete Liedmaterial nur zu einem kleineren Teil die Gesamtüberlieferung

---

56 Vgl. auch das weiter oben (V.2.4) wiedergegebene Strukturschema JÖSTs.

widerspiegelt.[57] Die bereits angesprochene Dominanz der Schwänke im ‚Neithart Fuchs' kann auch eine Übersicht zur gesamten Schwanküberlieferung aufzeigen. In der Neidhart-Philologie werden die überlieferten Schwankversionen üblicherweise zu 16 Schwankstoffen zusammengefaßt, die seit der Entdeckung des Prager ‚Schneiderschwanks' um einen weiteren zu ergänzen sind.[58] Da sich die Namen der Schwänke im Lauf der Forschungsgeschichte im großen und ganzen fest etabliert haben, insofern sie immer einen bestimmten Stoff bezeichnen und diesem verschiedene Versionen subsumieren, seien sie im folgenden kurz in alphabetischer Reihenfolge wiedergegeben. Die Übersicht bezieht sich primär auf die Liedüberlieferung, sie nennt die im Anhang II aufgelösten Kurztitel der Liedeinheiten. Im Fall des Säulen- und Schwertfegerschwanks liegt keine Liedversion vor; die Stoffe sind nur in ihrer Version im ‚Großen Neidhartspiel' überliefert. Das Volksbuch enthält zwölf der überlieferten Schwankstoffe (in der Übersicht kursiviert).[59]

Übersicht zu den überlieferten Neidhartschwänken
(Stoffe und Überlieferung im Liedcorpus)

	Kurzname	**Liedüberlieferung**
(1)	*Beicht-*	(RB 8)
(2)	*Bilder-*	(Boueke 6)
(3)	*Braut-*	(RB 52)
(4)	*Bremsen-*	(RB 7)
(5)	*Faß-*	(UL 9)
(6)	*Hosen-*	(Boueke 5)
(7)	*Jäger-*	(RB 1)
(8)	*Krämer- oder Krechsen-*	(Boueke 3)
(9)	*Mistgruben-*	(RB 22)
(10)	*Mönchs- oder Kutten-*	(Boueke 7)
(11)	Pfifferlings- oder Pilz-	(Boueke 10 u. ZB 3)
(12)	*Salben-*	(Boueke 2 u. ZB 3)
(13)	Säulen-	(GNSp. V. 2381-2423)
(14)	Schneider-	(ZB 2)

---

57 Dies ergibt sich aus Anhang III verglichen mit Anhang II.
58 Diese werden seit BRILL (1908, S. 152-191) je nach Beteiligung der entsprechenden Handlungsfiguren nach Bauern- und Herzogsschwänken klassifiziert.
59 Für die Einzelheiten der Überlieferung ist neben Anhang II vor allem die Arbeit von BRILL (1908, S. 147-191) heranzuziehen, welche unter stoffgeschichtlichen und textkritischen Aspekten auf die verschiedenen Versionen der Stoffe eingeht und dabei auch die außerhalb der Liedüberlieferung liegenden Zeugnisse aufführt (Spiele, Ikonographie).

	Kurzname	**Liedüberlieferung**
(15)	Schwertfegerschwank	(GNSp. V. 1180-1341)
(16)	*Neidharts ‚taube' Frau*	(RB 34)
(17)	*Veilchenschwank* (A und B)	(Boueke 8 u. RB 11)

Die einzelnen Schwänke weisen eine durchaus divergente Überlieferung auf, die von der Bezeugung durch nur eine Handschrift[60] oder den Druck allein[61], der Überlieferung in verschiedenen Liedern bis hin zu einem ganzen medienübergreifenden Komplex von Versionen (wie dies vor allem beim Veilchenschwank der Fall ist) reichen kann.[62] Der Opinio communis der Neidhart-Philologie zufolge gehören die Schwänke zu den ‚unechten' Liedern und sind in ihrer Entstehung ab der Mitte des 14. Jahrhunderts zu datieren. Innerhalb der Überlieferungen werden sie zwar durchaus unterschiedlich gewichtet,[63] als Texttyp sind die Schwänke aber gerade nicht von anderen durch überlieferungsimmanente Mittel (wie Reihenfolge und Ordnung in den Handschriften, Überschriften oder - in den Drucken - Typen der Illustrierung) abgegrenzt.

2.2 Initialschwank I:
Neithart Fuchs als Fürstendiener (Hosenschwank)

Der sogenannte Hosenschwank ist der Schwank, der im ‚Neithart Fuchs' die Aufnahme des Helden in die fürstliche *familia* des österreichischen Herzogs motiviert. Er arbeitet mit konkreten Situierungen, die Neidhart aus Meißen kommen und nun in Nürnberg auf einem Marktplatz stehen lassen.[64] Die Ankunft in Nürnberg ist die Folge seines Auszugs in die Fremde, welchen er um einer Dame willen vollzog. Als Sänger bleibt er auf die Gunst eines Fürsten angewiesen. Diese erst zu erwerbende Gunst ist primäres Movens der Schwankversion:

> Eins mals mich zwang ein tumber mût
> das ich durch ein frawen gůt
> auß fûr in das ellende:
> von Meichsen in ein ander lant, das man mich auch erkante

---

60 Wie im Schneiderschwank (pr. fol. 195r [ZB 2]) und Mistgrubenschwank (c 43 [RB 22]) oder der kombinierten Version des Pfifferling- und Salbenschwanks (s 40, pr. 1 [Boueke 10]).
61 Wie im Brautschwank [z 7].
62 Zum Veilchenschwank vgl. den nächsten Abschnitt.
63 So bevorzugen Hss. f und w eindeutig die Schwänke.
64 Daß Neidhart hier als Meißner charakterisiert wird, hat mit der ‚Neidhart-Legende' zu tun, die seine Herkunft aus unterschiedlichen Regionen beschreibt. Vgl. Anm. 18.

ich kam dahin gen Nierenberg,
da sang ich mein gedichtes werck
von abenteür vnd schalle.
man sprach, wer ich ze hoff erkant, es würd dem fürsten wol
[gefallen.
(V. 33-40)

Die nachfolgende Handlung verdankt sich zwei Quellbereichen: einmal den Versionen des Schwanks in den Papierhandschriften, dann der Gestaltung des Initialschwanks im ‚Pfarrer vom Kalenberg'. Die anderen Schwankversionen innerhalb der Neidhart-Tradition unterscheiden sich deutlich von der Version im Druck, insofern sie die Akzente auf die im ‚Neithart Fuchs' fehlende Namensgebung setzen.[65] Für den ‚Pfarrer vom Kalenberg', der 1473 ebenfalls zuerst in Augsburg erschien und eine weite Verbreitung bis in das 16. Jahrhundert erfahren hat, hat hingegen die Forschung des öfteren eine Vorbildfunktion für die Version des Hosenschwanks im ‚Neithart Fuchs' ausfindig gemacht.[66] Neben den inhaltlichen Parallelen, auf die noch einzugehen sein wird, kann man eine weitere Basis für den Vergleich beider Schwankromane in einigen Rezeptionszeugnissen wie etwa er österreichischen Chronistik des 16. Jahrhunderts sehen. Neithart Fuchs und der Pfarrer vom Kalenberg werden hier nämlich in einem Atemzug als die beiden „lustigen Räte" Ottos des Fröhlichen genannt.[67] Im Fall des Kalenberger Pfarrers stellt sich zudem ein ähnliches historiographisch-philologisches Problem wie im ‚Neithart Fuchs', insofern in beiden Fällen darüber spekuliert wurde, ob die bezeichnete Person nun eine historische Entsprechung hat oder nicht.

Für beide Schwanksammlungen, den ‚Pfarrer von Kalenberg' genauso wie den ‚Neithart Fuchs', läßt sich hinsichtlich der Beziehung von Legendengestalt und literarischer Figur mit Werner Röcke festhalten:

> Es besteht kein Zweifel, daß Frankfurters ‚Geschicht' der Überlieferung von Herzog Otto und seinen lustigen Räten zugehört, wie sie außerdem noch in dem etwas späteren ‚Neithart Fuchs' (...) greifbar wird, nur gibt sie diese - soweit sie überhaupt rekonstruierbar ist - nicht nur wieder, sondern verwendet sie zu einer durchaus eigenständigen Erzählung.[68]

---

65 Vgl. Boueke 5 (Überlieferung: f 2, s 7, st 2, w 10). BOUEKE ediert seinen Text nach f und druckt im Apparat die Version in w ab, da diese Fassung so stark von f abweiche, daß „eine Notierung der Lesarten nicht sinnvoll" sei (BOUEKE, S. 146ff.).
66 So RÖCKE 1987, S. 188f.
67 Vgl. ebd., S. 327.
68 RÖCKE 1987, S. 161.

Wenden wir uns der angesprochenen Ebene der literarischen Verwertung eines vorhandenen Stoffs zu, dann fällt in der Tat auf, daß sich die Initialabenteuer beider Schwankbücher nicht nur stofflich ähneln, sondern von einer vergleichbaren Handlungslogik bestimmt sind. Ich möchte daher zunächst die Exposition des ‚Kalenberger'-Buchs kurz skizzieren, bevor ich mich weiter dem Hosenschwank im ‚Neithart Fuchs' zuwende.

Der Eingangsschwank im ‚Kalenberger'-Druck (Augsburg 1473)
Im Eingangsschwank des ‚Pfarrers vom Kalenberg' von Philipp Frankfurter[69] versucht ein Student in Wien die Aufmerksamkeit Herzog Ottos auf sich zu lenken, um von diesem eine Pfarrstelle zu erhalten. Er versucht dies über einen Plan, bei dem er dem Fürsten eine Gabe zukommen lassen will, die dieser mit der Pfarrstelle als Gegengabe erwidern soll: Auf dem Marktplatz sucht der zukünftige Geistliche von einem Händler einen besonders großen Fisch zu erstehen, den er dem Fürsten schenken will. Um die Investition tätigen zu können, muß der spätere Pfarrer vom Kalenberg sich von einem Bürger Geld leihen. Außerdem muß er sich, um seine Pläne erfüllen zu können, auch noch ein geistliches Gewand borgen. Dann begibt er sich zum Fürsten. Am Hof wird er von einem Türhüter aufgehalten, der ihn, als er der Nahrungsgabe für den Herzog gewahr wird, erst einläßt, als ihm versprochen wird, die Hälfte dessen, was der Student vom Herzog bekommt, zu erhalten. Die Bitte, die der Herzog dem Studenten angesichts der Übergabe des Fischs auch zu gewähren bereit ist, ist nun aber nicht die nach einer Pfarrstelle, sondern die, ihn binden und schlagen zu lassen. Diese wird dem Bittenden nach anfänglichem Zögern des Herzogs auch gewährt. Nach der erwünschten Tracht Prügel durch zwei Knechte des Fürsten, möchte der Landesherr vom Studenten wissen, „(...) was doch nun dein meinung ist" (V. 156), was also seine eigentliche Bitte sei. Darauf hin offenbart der Schwankheld ihm das Versprechen, das der Türhüter ihm abnahm und das noch in einem regelrechten Eid beider Seiten bekräftigt wurde. So erhält der Türhüter die andere Hälfte der dem Fischschenker versprochenen Gabe. Wie der Student wird er nun nach der Logik der Gabenteilung geschlagen: „Der fůrst sprach: es gefelt mir wol, / die gab man mit dir teilen sol" (V. 187f.).
Nach diesem Ausgleich, der die korrupte Forderung des Türhüters als potentielle Schädigung des Studenten erwidert, fragt der Fürst ein drittes Mal, was die Bitte des Studenten sei. Jetzt erst eröffnet dieser sein eigentliches Begehren: Da er ein „schuler" (V. 198), aber ohne „gutte" (V. 200) sei, möchte er gerne Priester mit einer eigenen Pfründe werden. Diese Bitte wird ihm gewährt, womit die Ausgangssituation der folgenden Schwankreihe geschaffen ist.

---
69 Vgl. zum Inhalt des Kalenberger-Buchs auch JÖST 1986, S. 412-417.

Wie Werner Röcke in seinen ‚Studien zu einer Poetik des deutschen Schwankromans im Spätmittelalter' (1987) plausibel machen konnte, basiert diese Episode ganz auf einer „Ökonomie des Geschenktausches', der Gabe und der großzügigen Veräußerung". Diese stellte zur Zeit der Entstehung des Kalenberger-Buchs nicht mehr die herrschende Wirtschaftsform dar und reflektiert Röcke zufolge daher einen Umbruch der „Wirtschaftsmentalität". In der Eingangsepisode des Schwankromans zeige sich dieser Umbruch als „Formwandel der List zur höchst ertragreichen Spekulation mit dem Verlust."[70] Der Student kaufe den Fisch keineswegs zum eigenen Verzehr, sondern „als Mittel zum sozialen Aufstieg". Der Held der Erzählung verhalte sich nicht nur nach den überkommenen Regeln einer ‚Ökonomie des Geschenktausches', sondern bediene sich ihrer lediglich im Zeichen einer ‚Ökonomie des Utilitarismus' (Mauss): „Er erwirbt den Fisch, um ihn zu verschenken, und er verschenkt, um noch größeren Gewinn zu machen: er verwirrt die vertrauten Mechanismen des Tauschs und ruft damit Lachen hervor."[71] Diese Deutung des Kalenberger-Initialschwanks, ist auch für die Handlungslogik des Beginns vom ‚Neithart Fuchs' bedenkenswert. Sie läßt sich jedoch um eine zusätzliche Deutungsebene erweitern.

In Hinblick auf ‚Neithart Fuchs' ist an der Kalenberger-Historie ein weiterer Aspekt hervorhebenswert: der Status, der Verkleidung und Verstellung als den „charakteristischen Handlungs- und Verkehrsformen der Figuren"[72], wie Röcke die Interaktionsmuster der Protagonisten in seiner Studie nennt, zukommt. Nach der internen Logik des Schwankstoffs wird das Verleihen der Kalenberger-Pfründe erst durch die *Aufschiebung* der erwartbaren Gegengabe des Herzogs erreicht. Die zu erwartende Gegengabe wäre nämlich nach der Überreichung des Fischs und der ersten Frage des Herzogs nach der Absicht des verkleideten Geistlichen sicher geringer ausgefallen als die Belohnung mit einer einträglichen Pfründe. Erst durch die Aufdeckung des Zusammenhangs, den der listige Student selbst geschaffen hat, wird diese Belohnung möglich. Es gelingt dem zukünftigen Pfarrer erst durch die Verwirrung über seine Motive und deren anschließende Erklärung eine größere Gabe zu bekommen, als er jemals auf üblichem Weg hätte fordern dürfen.[73] Die auf die höfischen Handlungs-

---

70 RÖCKE 1987, S. 165. Röcke führt die thomistische Lehre des gerechten Preises an, die Spekulationsgewinne als sündhaft diskreditiert und die *iustitia* des Tauschs hervorhebt.
71 Ebd., S. 166f.
72 RÖCKE 1987, S. 165 et passim.
73 Wenn man unterstellt, daß das Nahrungsgeschenk vielleicht sogar einen historischen Brauch in Wien widerspiegelt, „die Geschenke der Stadt an einflußreiche (...) Persönlichkeiten bei Hofe (..) in Gestalt von Fisch oder Wein" (ebd., S. 165). zu übermitteln, wird diese Deutung bestätigt: Auch dann wäre der Plot und die Handlungslogik des Kalenberger-Abenteuers als eine kunstvolle Umarbeitung eines vorhandenen Stoffes erkennbar und verdient als solche gerade Belohnung.

figuren zunächst absonderlich wirkende Bitte des Studenten, sich binden und schlagen zu lassen, wird erst durch die Teilung dieser Gabe mit dem Türhüter erklärlich. Mit dieser Strategie entdeckt der treue Diener seinem Landesherren nicht nur einen korrupten Türsteher, an dem er sich gekonnt rächen kann, der Fürst wird zudem durch die Art der Aufdeckung des kausalen Zusammenhangs zwischen paradox scheinender Bitte und Lohnerfüllung, mithin die erlebte Geschichte selbst, anspruchsvoll unterhalten. Die kunstvolle und listige Aufschiebung der Lohnforderung als solche ist - auch in ihrer Verwebung mit dem topischen Türhüterstoff - belohnenswert.[74]

Das Rollentheater des Kalenbergers wird als solches am Ende der Schwankhandlung für die Figur des Fürsten wie auch für das Lesepublikum erkennbar, so daß seine Bitte um eine Pfründe, welche die Grundlage weiterer Leistungen auf dem Gebiet der Verstellung in den Schwankabenteuern ist, nicht nur gerecht erscheint, sondern auch als Kunstleistung anerkennenswert ist. Es wird durch die Verstellung des Helden also erst jene Realität geschaffen, die er antizipiert hat. Der Protagonist des ‚Pfarrers vom Kalenberg', von dem nicht einmal sicher ist, ob er Theologie studiert hat, muß sich so auch das geistliche Gewand erst leihen, um es anschließend zu Recht tragen zu dürfen. Er muß, indem er Prügel einfordert, so tun, als ob er ein *stultus* sei, um dann als besonders listig erscheinen zu können. Auf dieser Struktur baut auch die Eingangsepisode des ‚Neithart Fuchs' auf.

Der Aufstieg des Ritters Neithart Fuchs im Hosenschwank

Neidhart ist in der zitierten Eingangspassage des ‚Neithart Fuchs' (V. 33-40) Frauendiener, Minneritter, Sänger und Fürstendiener. In der entworfenen Figur werden somit mehrere Rollen der höfischen Literatur zitiert, von der nur die letztgenannte handlungsfunktional bedeutsam ist. In dem, was „man" spricht (also eine Instanz von Öffentlichkeit, die hier nicht weiter motiviert ist), liegt die Hoffnung des Helden „ze hoff erkant" (V. 40) zu werden. Erst am Ende der Schwankversion wird die Motivation des Schwankgeschehens, das Avancement bei Hofe, explizit: „wer fürsten huld erwerben wil, der muß etwas verpringen" (V. 104). Alles, was der Ritter und bekannte Schwankheld tut, steht also im Zeichen seines geplanten Aufstiegs zum Fürstendiener. Die Ausgangssituation, aus der heraus das Avancement gelingen soll, scheint zunächst ungünstig für den Ritter. Er agiert gewissermaßen als Landadliger, wie er bereits in der Reuentaler-Figur vorgebildet war, auf dem Markt einer Stadt, einem fremden Umfeld, in dem er sich zurechtfinden muß und dessen Handlungs- und Verkehrsformen offenkundig nicht die seinen sind:

---

74 Vgl. RÖCKE 1987, S. 167f.

> ich stond gleich sam ein gôgkelman,
> der vor kein stat erkante,
> manger mein spot vnd schimpft mich an,
> mein hercz vor zoren prante.
> nun hôrt, was ich darnach erdicht,
> ja hôt ich keinen prechen nicht
> an pfôrd gelt non an gewande,
> doch vil der toren spoten mein, daz tôd mir etwas ande.
> (V. 41-48)

Auf den ersten Blick ließe sich diese Passage als ein Ausspielen adliger gegen bürgerliche Lebensformen interpretieren: Der Landadlige findet sich im städtischen Marktgeschehen nicht zurecht. Diese Deutung beleuchtet allerdings nur einen Aspekt des Schwanks. Es ist - wie Jöst betont - in erster Linie die Funktion, dem Helden einen Platz bei Hofe zu verschaffen, die den Hosenschwank bestimmt und an erster Stelle in der Reihe stehen läßt.[75] Neithart Fuchs gelingt dies - wie auch dem Kalenberger Pfaffen - durch die Logik des Verausgabens, indem er eine nach normalen ökonomischen Maßstäben unsinnige Investition tätigt und dadurch die Aufmerksamkeit des Fürsten auf sich lenkt: Auf dem Markt wird der Ritter von einem Händler aufgefordert, ein Paar Hosen zu kaufen. Nach dem Preis fragend, erhält er die Antwort, diese würden 20 Regensburger Pfennige kosten, feilscht dann aber „nur durch abentüer, ich dorft ir nit zetragen" (V. 64). Die Kaufaktion steht also nicht im Zeichen eines Warenerwerbs, sondern dient einem gänzlich anderen Zweck. Die Handlung des Ritters entspricht einer theatralischen Rolle, insofern sie im Modus des Als-Ob vorgenommen wird. Die Handlungsweisen der anderen Akteure entsprechen aber normalen sozialen Rollen, da sie den Kommunikationsmodus der Hauptfigur verkennen.[76] Dadurch entsteht ein Gefälle in der Interaktion zwischen Protagonisten und Antagonisten, das sich in den folgenden Schwänken schematisch wiederholen wird. (Lediglich der Veilchenschwank stellt eine Ausnahme in Hinblick auf dieses Gefälle dar.)

Auch wenn die städtischen Mitspieler im gesamten Schwankroman keine Rolle mehr spielen werden, so gilt für sie Ähnliches wie für die bäuerlichen Antagonisten: Durch die Antizipation des Verhaltens seiner Mit- und Gegenspieler macht der Protagonist der Neidhartschwänke (ähnlich wie vor ihm der Pfaffe Amis und der Kalenberger) diese zu Funktionsträgern seiner Strategie. Der Ritter bietet dem Händler zehn Pfennige an und erhält die wütende Antwort, er solle sich doch jemand zum Kaufen anstellen, wenn er dies selbst nicht könne („weistu selber zekaufen nit, ein soltest zû dir mieten" V. 72). Diesen

---

[75] Vgl. die Deutung bei JÖST 1976, S. 112-116.
[76] Vgl. zum Rollenbegriff II.1.3.

Rat, den der Abenteuerbedürftige antizipierte, kann er nun wörtlich nehmen und dadurch die Aufmerksamkeit auf sich ziehen:

>ich sprach zů im: vil gůter man,
>hapt ir hie sôlichen siten,
>wer kaufens sich nit tůt verstan,
>das er ein zů im tůt pitten?
>(V. 73-76)

Er winkt einen Passanten als Kaufhelfer herbei und gibt ihm einen Pfennig zum Lohn; woraufhin sich ein Zustrom hin zum freigebigen Spender entwickelt, bis dreißig Kaufhelfer entlohnt sind und der angeblich kaufunkundige Ritter auf diese Weise zehn Pfennig mehr ausgegeben hat, als dies bei einem normalen Abwickeln des Warenerwerbs der Fall gewesen wäre. Das Unterlaufen der im sozialen System Markt üblichen Handels- und Verkehrsform erzeugt ein großes Gelächter (V. 89) und zieht dadurch die Aufmerksamkeit des vorbeiziehenden Herzogs und seines Gefolges auf sich. Ein Bote wird zu Neidhart geschickt und führt ihn im Auftrag des Fürsten an den Hof, wo er „mit speis" und (...) „mit gůden wein" (V. 112) belohnt wird.

Wenn auch die Schwankversion des Hosenschwanks im ‚Neithart Fuchs' verkürzt und stellenweise verderbt sein mag,[77] so bleibt auch hier als Gemeinsamkeit zum ‚Pfaffen vom Kalenberg' der geplante und strategisch durchgeführte Aufstieg an den Fürstenhof. Darüber hinaus ist auch das Moment der gelungenen Handlungsweise als Kunststück zur Unterhaltung des Fürsten von Bedeutung. Neithart Fuchs als Protagonist der Handlung faßt den Erfolg seiner gelungenen Aktion denn auch unter dem bereits diskutierten Begriff eines abenteuerlichen Gedichts zusammen, welcher die Poetik nicht nur des entsprechenden Textes, sondern auch der darin zum Ausdruck gebrachten Handlungsweise meint: „da ward mir abentůr bekant, / das geschach als durch mein singen" (V. 102f.). Diese Selbstwertung der vollbrachten Handlung als Kunstwerk wird aber nur verständlich, wenn man sich den ständig präsenten Doppelaspekt Neidharts als Protagonist und Schöpfer (Sänger) der von ihm erlebten Geschichten vor Augen hält. Diese werden von ihm als „abenteür" eingeschätzt, die im Gegensatz zur Aventiure der Artusromane nicht auf ihn zukommen, sondern von ihm selbst auf jeder der beiden Ebenen *histoire* und *discours* gewissermaßen produziert werden. Als Dichter (er-)findet er die Abenteuer, so wie ein Trobador eine Melodie und die Bearbeitung eines Motivarsenals findet. Als Held der Schwänke bestimmt er deren Verlauf durch ein vorausplanendes

---

[77] Wie bereits BRILL (1908, S. 100) bemerkt, ist die Türhüter-Geschichte hier bis zur Unkenntlichkeit verknappt und dürfte in der vorliegenden Form (V. 97-100) kaum noch verstehbar gewesen sein.

Handeln, das ihn den Antagonisten in Hinblick auf die interaktive Kalkulationsfähigkeit, d.h. die strategische Antizipation und Beeinflussung des Handelns anderer, überlegen macht. Auf diese Weise kann jede Schädigungsabsicht bereits vorweggenommen und entsprechend auf sie reagiert werden. Von dieser Kennzeichnung weicht nur ein Schwankstoff ab, der nicht zuletzt aus diesem Grund Initial der Schwänke als Handlungsreihe von Schädigungsabsicht und Revanche ist: der Veilchenschwank.

2.3 Initialschwank II:
Neithart Fuchs als Bauernfeind (Veilchenschwank)

Der Veilchenschwank ist der am weitesten verbreitete Stoff der gesamten Neidhart-Tradition. Er ist in den Papierhandschriften in zwei Versionen überliefert, hat aber vor allem außerhalb der Liedüberlieferung seine Attraktivität und seine den Bauernhaß Neidharts legitimierende, motivierende und exemplifizierende Funktion entfalten können. Er ist Kern aller heute bekannten Neidhartspiele, ist bereits in der ersten Hälfte des 14. Jahrhunderts in bildlichen Darstellungen bezeugt und muß ab diesem Zeitpunkt auch mündlich tradiert worden sein. Vom 15. Jahrhundert an bis in unsere Zeit hinein wird er in Chroniken und Reiseführern als historische Begebenheit eines österreichischen Ritters und Hofmanns tradiert.[78]

Aus der Fülle der Belege über die Verbreitung des Veilchenschwankstoffs seien einige besonders markante herausgegriffen. Als ältestes Zeugnis galt bis vor kurzem das auf 1360 bis 1380 datierte Fresko eines Patrizierhauses in Winterthur mit einer Darstellung des Veilchenschwanks, dem sich weitere Fresken in Dießenhofen, auf der Burg Trautson und in Wien (um 1400) zur Seite stellen lassen.[79] Seit der Entdeckung von Wandmalereien eines bereits 1330 urkundlich erwähnten Hauses einer jüdischen Familie in Zürich im Jahr 1996 muß dieser Befund allerdings revidiert werden.[80] Die Zürcher Wandmalereien datieren bereits aus dem ersten Drittel des 14. Jahrhundert und stellen damit den frühesten Beleg für die Verbreitung des Veilchenschwanks dar. Sehr wahrscheinlich enthalten sie - neben weiteren Neidhartschen Motiven - auch eine Darstellung der zentralen Szene des Veilchenschwanks (der Aufdeckung des Huts durch die Herzogin). Sie stammen, wie Edith Wenzel bemerkt, aus

---

78 Die erste umfassende Darstellung der literarischen Belege gibt GUSINDE (1899). Eine textkritische Übersicht der Liedfassungen findet sich bei BRILL (1908, S. 152-159), eine neuere Zusammenstellung der Zeugnisse bei BOCKMANN (1995, S.219).
79 Zur Darstellung der Ikonographie vgl. den Bildanhang bei JÖST (1976, S. 287-349) sowie JÖST 1976a.
80 Zu den Umständen der Entdeckung vgl. WENZEL, E. 1997.

derselben Zeit, in der auch die Manessische Handschrift in Zürich entstand.[81] Durch ihre bloße Existenz vermögen diese ikonographischen Zeugnisse einige Urteile der älteren Neidhart-Philologie zurechtzurücken: Die Entdeckung der Zürcher Wandmalereien ist zunächst ein Beleg sowohl für die frühe Verbreitung wie auch die weite Akzeptanz der Neidhart-Stoffe unter sehr verschiedenen Gruppen der spätmittelalterlichen Gesellschaft. Dann bezeugen die Wandmalereien die Intermedialität der Neidhart-Tradition, die ein weiteres Mal auf die mündliche Verbreitung der Stoffe deutet. Das Alter der Zürcher Wandmalereien widerspricht zudem der Vorstellung einer tendenziell späten Entstehung der Schwänke und rückt ihre Bewahrung in die Nähe der Tradierung von Liedern des Minnesangs.

Weitere Belege sprechen dafür, daß spätestens ab der zweiten Hälfte des 14. Jahrhunderts die Neidhartstoffe sich so großer Beliebtheit und allgemeiner Bekanntheit erfreut haben müssen, daß nur kurze Andeutungen reichten, um diese Stoffe zu evozieren. So kann ein Kommentator des um 1450 entstandenen ‚Lochhamer Liederbuchs', der sich „mit bissigen Sottisen zu etlichen Liedern verewigt hat"[82], neben den Schluß eines Lieds mit dem Wortlaut „dw erfreuest mich zwar vnd enczündest mir mein mut recht als der may den plumlein tut" spöttisch bemerken „als des neythartes veyel"[83]. Auch das bereits zitierte Epitaph aus der Königsberger Handschrift hat den Schwankstoff nicht mehr ausführen, sondern nur anspielen müssen.[84] Insgesamt zeigen die Zeugnisse, daß die Kenntnis der neidhartianischen Stoffe zum Wissensvorrat kulturbildender Schichten in der spätmittelalterlichen Gesellschaft gehört haben muß.

Ein Spezifikum der Neidhart-Tradition ist, daß die Schwankstoffe um die Gestalt des Neithart Fuchs in der Weise mit einer (aus unserer Sicht: vermeintlichen) historischen Person verbunden waren, daß keiner der Termini wie „Legende", „Sage" oder „Historie" das Phänomen vollständig und zutreffend zu beschreiben vermag. Gerade der Veilchenschwank ist Musterbeispiel dieses Phänomens: Ausgangspunkt des stofflichen Inhalts der Veilchenraubgeschichte soll der Brauch eines Frühlingsfests am österreichischen Herzogshof im 13. und 14. Jahrhundert gewesen sein; dieses Fest wird bis in moderne Anthologien und Literaturgeschichten hinein unter der Rubrik historisch belegten Brauchtums angeführt. So sieht Lutz Röhrich in seiner Anthologie zu den ‚Erzählungen des späten Mittelalters' den brauchtümlichen Hintergrund der Schwankversionen

---

81 Ebd., S. 422.
82 ZIMMERMANN 1980, S. 305.
83 LOCHAMER LIEDERBUCH Nr. 29, S. 85f. Auch aufgeführt in HW, S. 328. Ähnliche Hinweise sind oben (V. 2.1) in Hinblick auf den Krämerschwank zitiert worden. In einem um 1400 entstandenen mittelniederländischen Gedicht findet sich eine sehr ähnliche Anspielung. Vgl. hierzu ZIMMERMANN (1980, S. 304f.).
84 Vgl. V.2.1.

im Jahresbrauch der Maiehe, die vom Herzogshof in höfischer Überformung weitergeführt worden sei: „Mit der ersten Blüte war die Zeit der Frühlingstänze gekommen, und am Wiener Hof der beiden letzten Babenberger war es tatsächlich üblich, daß man alljährlich in die Auen der Umgebung auszog, das erste Veilchen zu suchen. Der Herzog selbst führte dabei die Schar der Teilnehmenden an."[85]

Eckehard Simon gelang es in einem kritischen Beitrag über die bildlichen Tradierungen von Neidhartstoffen, die in Literaturgeschichten postulierten Frühlings- und Veilchenfeste auf einen frühneuzeitlichen Reisebericht zurückzuführen.[86] Im ‚Odeporicon' des Italieners Ricardo Bartolino (Riccardus Bartholinus) findet sich die erste auserzählte Version des Stoffs außerhalb der literarischen Gattungen. Bartolino war Begleiter des Kardinals Lang und lernte bei einer Besichtigung des Neidhart-Grabmals im Stephansdom einige der offenkundig mündlich im Umlauf befindlichen Neidhartschwänke kennen. Als wichtigster der Schwankstoffe wird ihm dabei der Veilchenschwank präsentiert:

> Sed interim paulisper iocari lubet, templum exibamus, cum ego
> secundum ualuas tumulum incpicio, mihi, cuiusnam esset, sedulo
> percontanti aedituus respondit Neythatrtis ossa illhic condita esse,
> redii domum accurateque hominis uitam inquirens, urbanum
> apprime, ne dicam facetum fuisse intellexi. Is cum apud Duces
> Austriae summo esset in pretio charus habebatur, mos indigenarum
> erat, ut qui primus ueris initio florentem uiolam reperisset locum
> signaret, nunciaretque principi, hac scilicet gratia institutum, ut
> omnes nuptae, innuptaeque puellae, ac glabella iuuenum pubes
> choreas ductantes, ad locum proficiscerentur, ubi solutis paululum
> curis laetitiae, bacchoque effusissime indulgerent. Neythart ergo,
> cum uiolam reperisset, pileo cooperuit, festinusque urbem ingressus
> Principi, se uiolam reperisse nunciat, Nec mora ingens uirorum,
> foeminarumque uis ad locum confluit, Interim paganus quidam cum
> pileum inuuenisset, agnouissetque primitias ueris, florem substulit,
> locumque probe excacauit, pileoque iterum operiens, abiit, Jam
> Viennensis iuuentus aderat laetabunda, Jam circa pileum saltare
> inceperant cum detecto loco, pro uiola flos merdaceus inuentus est

---

85 RÖHRICH II, S. 499. Röhrich lehnt sich implizit stark an GUSINDE (1899, S. 14ff.) an. Der Brauch wird hier an den Babenbergerhof Leopolds IV. und Friedrichs II. versetzt, den mutmaßlichen Gönnern Walthers und des historischen Neidhart. Röhrich dürfte hier aber gewissermaßen Opfer genau jener Suggestion gewesen sein, die die Neidhart-Tradition am Leben erhielt: der Suggestion, das über den Protagonisten Erzählte sei dem realen Autor widerfahren, also der Identität von Autor und Protagonisten.
86 So SIMON 1971, S. 250ff. Zur Person Bartolinos vgl. JÖST 1976, S. 20f.

risus simul et indignatio orta est, omnes in Neythartem iniicere manus volebant, is sibi fuga salutem comparauit, paulo post cum rus iret, uillanos repperit circum eandem uiolam saltantes agnouit suam esse, quare concitus indignatione, aliquot ex iis interfecit, sumpsitque de furto supplicium, ex illo inposterum tempore, paganorum hostis acerrimus cum euasisset, mira de eo fabulamenta narrantur (...).[87]

Der zitierte Textteil wie auch seine mögliche Weiterverarbeitung ist in mehreren Hinsichten aufschlußreich für ein Verständnis des Veilchenschwanks:

1. Was an dieser Passage ebenso wie am zitierten anonymen Epitaph und dem Postulat eines Veilchenfests durch Literatur- und Kulturhistoriker des 19. und 20. Jahrhunderts zunächst auffällt, ist die Tatsache, daß sich die histo-

---

[87] ODEporicon id est Itinerarium Reuerendissi/lmi in Christo patris & Domini Domini Mathei San/llcti Angeli Cardinalis Gurcensis [...] per ‖ Riccardum Bartholinum perusinum [...]. Wien: Hieronymus Vietor, 13.9.1515 (VD 16, Bd. 2, 569), Bl. Biiv-Biiir; zitiert nach ZINGERLE 1888, S. 431. Übersetzung (J.B.):
„Unterdes wollten wir uns ein Weilchen erholen und begaben uns in die Kirche. Während ich ein Grab in der Nähe der Türflügel betrachtete, antwortete mir auf meine eifrige Frage, wessen Grab dies denn sei, der Küster, daß dort die Gebeine Neidharts lägen. Ich ging nach Haus zurück, und als ich mich nach dem Leben dieses Mannes genau erkundigte, erfuhr ich, daß er sehr geistreich, um nicht zu sagen gewitzt gewesen sei. Als selbiger bei den Herzögen Österreichs in höchstem Wert stand, wurde er (allgemein) hoch geschätzt. Es gab einen Brauch bei den Einwohnern, daß der, welcher als erster bei Frühlingsbeginn ein blühendes Veilchen gefunden hat, den Ort kennzeichnen und es dem Fürsten melden soll. Dieses Veilchens wegen nämlich war es üblich, daß alle verheirateten und unverheirateten Mädchen wie auch die jugendlichen Männer Reigen tanzend zu der Stelle aufbrachen, wo sie unbeschwert sich der Heiterkeit und dem Wein ausgiebigst hingaben. Neidhart also, als er ein Veilchen gefunden hatte, bedeckte es mit seinem Hut, begab sich eilig in die Stadt und meldete dem Fürsten, daß er ein Veilchen gefunden habe. Ohne Zögern strömte eine große Schar von Männern und Frauen an der Stelle zusammen. Inzwischen hatte aber ein Bauer, als er den Hut gefunden und die erste Frühlingsgabe erkannt hatte, die Blume entwendet, die Stelle beschmutzt und war, die Stelle mit dem Hut wiederum bedeckend, fortgegangen. Bald war die Wiener Jugend da, sich zu erfreuen; schon begannen sie, um den Hut herumzutanzen. Als die Stelle entdeckt war und statt des Veilchens die Kot-Blume sich fand, kam zugleich Gelächter und Entrüstung auf. Alle wollten Neidhart verprügeln; doch er fand sein Heil in der Flucht. Als er wenig später aufs Land ging, fand er dort die Bauern um ein Veilchen tanzen, erkannte es als das seine, tötete aus Entrüstung darüber einige von ihnen und nahm Sühne für den Diebstahl. Von diesem Zeitpunkt an, als er zum erbittertsten Feind der Bauern geworden war, werden über ihn wundersame Geschichten erzählt (...)."
(Es folgen noch kurze Zusammenfassungen des Kuttenschwanks und des Brautschwanks.)

risierende Sicht auf den Schwankstoff und seinen Helden vom 15. Jahrhundert an mit unterschiedlichen Akzenten lange Zeit hat halten können. Dies zeugt von der Suggestivkraft des Schwankstoffs und seinem ihm innewohnenden Diskussionspotential.[88]
2. Der Veilchenschwank ist zentral in dem Sinn, daß er die Bauernfeindschaft des Ritters begründet und legitimiert. Er wird damit bestimmend für die Identität Neidharts, sowohl aus der Sicht der Hofgesellschaft, zu der er offenkundig gehört, als auch aus seiner eigenen Sicht. Neidhart wird fortan als derjenige wahrgenommen, dem die Veilchengeschichte zugestoßen ist und der fortan Fürstendiener und Bauernfeind ist.
3. Die Wirkung des Veilchenabenteuers auf die höfischen Protagonisten ist vom Berichterstatter des Reiseberichts, der bis dahin nichts über Neidhart wußte und einige der mündlich verbreiteten Schwankstoffe in Erfahrung zu bringen sucht, exakt auf eine Formel gebracht worden: „risus et indignatio". Der Schwankstoff ist somit nicht nur eine Geschichte, bei der das *ridiculum* im Mittelpunkt steht, sondern auch die *indignatio* der höfischen Gesellschaft - Indignation über das, was einem der ihren zugestoßen ist. Dies gilt zumindest für die interne Bewertung des Veilchenraubs durch die adligen Figuren; aber auch in der Rezeption haben beide Aspekte in unterschiedlicher Gewichtung eine Rolle gespielt.
4. Die Handlungselemente dieser Version sind hier ziemlich genau mit jenen identisch, die auch im ‚Neithart Fuchs' und den Neidhartspielen des 15. Jahrhunderts bestimmend sind. Es sind dies folgende Elemente: (a) der Fund des ersten Veilchens als Zeichen des Sommers durch den Ritter und Fürstendiener Neidhart, (b) die Vermeldung des Funds am Herzogshof, (c) der zeitgleiche Raub des Veilchens durch die Bauern und der Ersatz durch den Dreck, (d) der feierliche Auszug zur vermeintlichen Frühlingsblume, (e) die Entdeckung des verwandelten ‚Veilchens' und (f) die harte Bestrafung der Bauern durch Neidhart und die Ritterschaft.

Es soll im folgenden kein Vergleich der unterschiedlichen Fassungen angestellt werden, sondern anhand der Version des ‚Neithart Fuchs' die Figurenidentität des Protagonisten im Mittelpunkt stehen.[89] Angesichts der zentralen Bedeutung, die der Stoff in der gesamten Tradition und auch im Volksbuch

---

88 Wenn SIMON (1971) Kommentare im Stil Röhrichs kritisiert, indem er das Veilchenfest als Mythos der Literaturgeschichte entlarvt, der auf den zitierten Reisebericht zurückgeht, so ist dies eine realhistorisch höchst wahrscheinliche Lesart. Diese Lesart ist aber nicht die der Zeitgenossen ab dem 15. Jahrhundert, welche den Stoff wörtlich genommen haben.
89 Ein ausführlicher Vergleich der Fassungen wird von BOCKMANN (1995, S. 226-246) unternommen.

selbst hat, soll diese Version entsprechend ausführlich behandelt werden. Auch hier konstituiert sich die Figurenidentität Neidharts auf der Geschichtsebene im wesentlichen in der Interaktion zwischen Protagonisten, begehrtem Objekt und Antagonisten (Geschichtsebene). Weiterhin ist die Gestaltung des Schwankstoffs als Organisationsform des Erzählten (Diskursebene) zu berücksichtigen.

Zunächst sei der Handlungsverlauf der Veilchenschwankversion im ‚Neithart Fuchs' skizziert. Die Version im Druck ist eine überlieferungsgeschichtlich recht komplizierte Verschachtelung der in den Liederhandschriften vorfindbaren zwei Fassungen, die seit Brills Studien A- und B-Fassung genannt werden.[90] Bei dem skizzierten Verlauf der Gesamtversion im Druck, die von der Textkritik Brills herabsetzend als „Ausbeutung" aller Liedfassungen durch den Redaktor der Inkunabel mit Verrohungstendenzen beschrieben wurde,[91] geht es mir nicht um die mögliche Entstehungs- oder Bearbeitungsweise, sondern primär um deren Endergebnis. Die im Druck vorliegende Version des Veilchenschwanks hat ebenso wie beide Fassungen eine eigene Handlungs- und Erzähllogik, die nur bei einer Nachzeichnung ihres -auf heutige Leser tendenziell redundant und verworren wirkenden- Aufbaus auch erkennbar wird. Die 13 Strophen des Veilchenschwanks im ‚Neithart Fuchs' haben (gekennzeichnet mit der üblichen Einteilung nach Bobertags Sinnabschnitten und seiner Verszählung) folgenden Verlauf:

Inhalt der Veilchenschwankversion im ‚Neithart Fuchs'

z 2 I (V. 113-131)	Um der Minne willen macht sich Neidhart auf mit dem Ziel, „den ersten veiel [zu] sůchen" (V. 128).
z 2 II (V. 132-150)	Der Minneritter findet die Blume und markiert sie mit seinem darüber gestülpten Hut; zeitgleich beobachtet ihn „(...) ein filcze paur / hinder mein in einem tale" (V. 142f.). Zusammen mit einem Mitstreiter wird das Veilchen geraubt und durch „ein merdum" (V. 149) ersetzt.
z 2 III (V. 151-172)	Der Veilchenfinder geht „auf die purg" (V. 152), also die Wiener Herzogsresidenz, und meldet: „ich han den sumer funden" (V. 155). Er führt die Herzogin zum Platz; ein Tanz beginnt. In einer Art

---

90 Zum Vergleich der Fassungen vgl. BRILL 1908, S. 226-234; zu den überlieferungsgeschichtlichen und motivischen Gemeinsamkeiten bzw. Unterschieden ebd., S. 156-158).
91 Ebd., S. 157.

	Festzug macht die Hofgesellschaft sich zum Veilchen auf. Die Herzogin wird von ihrem Untertan aufgefordert, den Hut zu heben, woraufhin alle höfische „frôd" bei Entdeckung des *merdum* verschwindet.
z 2 IV (V. 173-191)	Die Fürstin beklagt die ihr angetane „schmacheit" (V. 176) und droht, den Ritter bei seinem Landesherrn anzuzeigen („dem fürsten wil ich es sagen" V. 180). Neidhart beklagt seine eigene Not und das Leid seiner Herrin und verspricht Rache für den Täter: „west ich, wer dieses kunder / hett her getragen, / ich wolt im pliuen seinen kragen" (V. 189-191).
z 3 I (V. 192-207)	Der Ritter bittet die „edle frawe mein" (V. 192) um Gnade, beteuert sein treues Dienstverhältnis („ewr trewer diener wil ich sein" V. 193) und weiß die wahren Täter zu benennen: „es hat getan ein acker man" (V. 196). Neidhart schwört sich und seiner Fürstin Rache für das ihnen angetane Leid: „der veiel wirt gerochen / all an den ôden tôrpeln, die mir in hand abgeprochen" (V. 206 f.).
z 4 I (V. 208-223)	Szenenwechsel: An einem Samstag wurde - so der anonyme Erzähler - das Veilchen auf den Tanzplatz der Bauern getragen, worauf diese es am darauffolgenden „sontag morgen also drat" (V. 209) in einem Reihentanz umspringen können.
z 4 II (V. 224-248)	Ein Jäger sieht, wie die Bauern das Veilchen umtanzen, und fragt einen Hirten, „warumb die pawren wâren fro, / das si frôlich sprungen" (V. 229). Die Antwort auf die Frage wird umgehend „dem Neithart geseit" (V. 232), der mit Rittern und Knechten auf „den kirchtag" (V. 236) der Bauern kommt. 32 Bauern verlieren Hände und Beine, so daß sie, wie einer von ihnen klagt, nicht mehr tanzen können.[92]

---

92 Dieses Motiv läßt sich nach MARGETTS (1982, S. 280f.) als Leibesstrafe auffassen.

z 4 III (V. 249-264)	Von der Stange, auf welcher das Veilchen sich befand, nimmt Neidhart es wieder und erstattet es seiner Herzogin zurück, worüber diese „vnd vil der schônen frawen" (V. 258) natürlich erfreut sind. Die Bilanz bis hierher lautet: „also wart der feiel gerochen / all an den ôden tôrpelen, die in hand abgeprochen." (V. 263f.).

Unter einer neuen Überschrift („Hie sagt Neithart den edelleüten, wie es im ist ergangen mit dem feiel", ohne Holzschnitt) wird der Veilchenschwank dem Inkunabelleser nochmals dargeboten:[93]

z 5 I (V265-280)	Neidhart wird in Wien „darnach" (V. 265), also nach dem bestandenen Abenteuer, bewirtet.
z 5 II (V. 281-296)	Nach Ende des Mahls reitet eine Schar Ritter ein, die ihn willkommen heißt und ihn zu einer Gesangsgabe auffordert: „seit gotwilkomen her Neithart, / waß dient ir hie auf diser fart? / was wôllent ir vns schencken?" (V. 293f.). Als Geschenk bietet Neidhart die erlebte Geschichte des Veilchenraubs an: „ich sprach: ein hübsche awenteir, dar bei wert ir mein gedencken." (V. 296).
z 5 III (V. 297-312)	Hier wird der Inhalt der ersten erzählenden Strophe der Schwankversion wiedergegeben (z 2 II), also der Veilchenfund und -raub.
z 5 IV (V. 313-328)	Schilderung des Auszugs zur Blume (wie oben z 2 III).
z 5 V (V. 329-344)	Der Tanz findet unter Neidharts Leitung statt („ich Neithart fûrt den reien" V. 335); es folgt die Aufdeckung des Huts und der bäuerlichen Schandtat. Schließlich wird Neidhart mit einem starken Fluch der Herzogin („daz dich der teifel schende" V. 340) des Landes verwiesen: „ich rat dir auf die trewe mein, du hebst dich auß dem lande" (V. 344).

---

93 Hier wird zu großen Teilen die B-Fassung benutzt. Näheres bei BRILL 1908, S. 155f.

Die erste Auffälligkeit der beiden Fassungen besteht in ihrem Changieren zwischen Bewältigung und Nicht-Bewältigung der erlittenen Schmach. In der ersten Fassung (bis z 4 III), im wesentlichen die A-Fassung des Schwanks, kommt es nach dem Veilchenraub zur Rache an den Bauern und zur Versöhnung mit der Herzogin. In der zweiten Fassung legt die Rahmenerzählung ebenfalls eine Versöhnung mit dem Herzogspaar nahe; allerdings ist ihr fiktiver Sprechzeitpunkt irgendwann *nach* der schmachvollen Geschichte um das geraubte Veilchen angesiedelt. Es bleibt dabei unklar, wann genau die Wiedergutmachung stattgefunden hat und vor allem, wie Neidhart es geschafft hat, diese zu erreichen. Mit der unmittelbaren Aufeinanderfolge beider Fassungen des Schwankstoffs bietet der Druck zwei Lösungen an. Die erste Lösung zeigt einen gewissermaßen materiellen Ausgleich des Schadens, den Neidhart und seine Herrin erlitten haben: Das Veilchen wird zurückerstattet, ein neuer Tanz wird angedeutet (z 4 III). Die zweite Lösung (ab z 5 I), im wesentlichen die B-Fassung des Stoffs, besteht in einer Bewältigung durch die Erzählhaltung: Das Veilchenabenteuer wird in eine Rahmenerzählung gebettet, die eine Versöhnung mit der Herzogin nahelegt. Neidhart befindet sich zum Zeitpunkt der Rahmenhandlung bereits am herzoglichen Hof in Wien; die Schmach des Veilchentauschs muß so als bewältigt gelten, da eine Aufnahme des Protagonisten in das fürstliche Gefolge sonst nicht möglich wäre. Der Held und Sänger bietet denn auch das Veilchenabenteuer als kurzweiligen Aventiure-Stoff dar, den er in einer Haltung höfischen *gemachs* erzählen kann.[94]

Beide Fassungen bleiben jedoch problematisch, was die Frage des Ausgleichs zwischen den Schädigungen der antagonistischen Parteien angeht: *Wie* es zu einer Versöhnung mit der Herzogin gekommen ist, wird in der B-Fassung nicht geschildert. In der Erzählung der Ereignisse endet der Schwank mit der Verbannung Neidharts vom Hof: „ich rat dir auf die trewe mein / du hebst dich auß dem lande" (V. 344). Der Rahmen wird nicht geschlossen. Die Erzählhaltung verweist so auf einen gelungenen Ausgleich, das Erzählte jedoch nicht.

Von der A-Fassung des Schwanks läßt sich nun geradezu das Umgekehrte behaupten: Hier wird die gelungene Rache an den Bauern zwar behauptet (V. 263f.); die bloße Fortsetzung des Schwanks sowie die kommende Schwankreihe straft diese Behauptung allerdings Lügen. Das zugrundeliegende Problem des Ausgleichs stellt sich grundsätzlich schwierig dar und verweist auf weitere Bedeutungsschichten des Schwanks, die sich mit einem Aktantenschema allein nicht in den Griff bekommen lassen.

Es stellen sich die Fragen: Was genau gewinnt und verliert der Ritter Neithart Fuchs beim Veilchenabenteuer? Worin liegt die eigentliche Brisanz des Stoffs? Wie läßt sich der Veilchenschwank in Hinblick auf die Identität des Protagonisten deuten? Im folgenden sei zunächst der Stoff anhand der ‚Neithart

---

[94] Vgl. BOCKMANN 1995, S. 230.

Fuchs'-Version mit Hilfe des Aktantenschemas ausgedeutet, um dann zu weiteren Schlüssen zu kommen. Die Struktur der geschilderten Geschichte ist zumindest in der A-Fassung des Veilchenschwanks sehr einfach und entspricht weitgehend dem Warningschen Schema einer ‚recit redouble', d.h. einer gedoppelten Dreierreihe von Konfrontation, Attribution und Domination, die sich auf die drei universellen Phasen der Erzählung abbilden läßt (Ausgangssituation, Mittelteil, Endsituation).[95] Nach diesem Modell verhalten sich Protagonist, Antagonist und begehrtes Objekt wie folgt:

Struktur des Veilchenschwanks (A) nach Warnings Aktantenschema

(a) Erste Handlungsreihe

Ausgangssituation 1 (Konfrontation)	Das Veilchen gerät in eine Konfliktsituation zwischen zwei Subjektaktanten, nämlich zwischen Neidhart und Ritterschaft auf der einen und der feindlichen Bauernschaft auf der anderen Seite.
Mittelteil 1 (Domination)	Die Gegenspieler eignen sich die Blume an, indem sie diese gegen ein ehrschädigendes Substitut austauschen.
Endsituation 1 (Attribution)	Die Antagonisten benutzen das begehrte Objekt für ihre Zwecke, indem sie einen Tanz um das Veilchen veranstalten.

(b) Zweite Handlungsreihe

Ausgangssituation 1 (Konfrontation)	Der Raub des Objekts wird durch die Aufdeckung und das schandebringende Substitut entdeckt, worin der Protagonist das Werk seiner Antagonisten erkennen kann.
Mittelteil 2 (Domination)	Der Protagonist reitet aus, kämpft mit den Helfern der ihm zugeordneten Ritterschaft gegen die Bauern und bestraft diese für die ihm angetane Schmach.
Endsituation 2 (Attribution)	Der Protagonist eignet sich das Objekt wieder an und erhält auch die Gunst seiner Herrin wieder.

---

95 Vgl. WARNINGs (1979) Konstitutionsmodell, wie es in II.2.1 erläutert wird.

Das von Warning anhand des Artusromans aufgestellte Aktantenschema stellt zunächst eine relativ gut funktionierende Analyse der Geschichtsebene der ersten Veilchenschwankversion dar. Auch der Befund hinsichtlich der Axiologie fügt sich hier ein: Dem Objekttransfer entspricht eine axiologische Besetzung und ein Wertetransfer in Form der Gunst der Herrin. Das begehrte Objekt und die Gunst der Herzogin sind am Ende der Handlung wieder bei Neidhart als dem rechtmäßigen Besitzer beider. Über eine strukturelle Analyse hinaus muß allerdings festgehalten werden, daß die Bauern natürlich nicht die Gunst der Herzogin *und* das Objekt geraubt haben, sondern durch ihre Aktion die ursprüngliche zeichenhafte Einheit von Blume, Gunst der Dame und Minnebeziehung zwischen ihr und dem Protagonisten zerstört haben. Trotz ihrer erzähltechnischen Einfachheit verfügen die Schwankversionen über eine relativ komplexe Symbolstruktur, die eng mit dem Zeichencharakter des Veilchens verbunden ist. Dieser Struktur möchte ich im folgenden nachgehen.

Im ‚Neithart Fuchs' geht der Ritter, dem wörtlichen Text zufolge um der Minne willen („seit si mir woll gefellet" V. 131) auf die Suche nach der Frühlingsblume. Die in der Version des Drucks erzählte Geschichte ist also zunächst die einer Minnewerbung. Das Veilchen stiftet, ähnlich wie die Kränze in den Sommerliedern, eine Minnebeziehung zwischen dem Ritter und seiner Dame. Eventuell ist der symbolischen Stiftung der Minnebeziehung auch noch der brauchtümliche Hintergrund der Maibuhlschaft[96] inhärent, wie sie insbesondere in der Fassung des ‚St. Pauler Neidhartspiels' vorzuliegen scheint: „Wer vinde daz erst blůmelin / der sol der ander bůl jarlang sin" (StpNsp. V. 10f.). Unabhängig von der Frage, ob dieser brauchtümliche Hintergrund vorliegt oder nicht, ist das Veilchen in jeder Fassung stark symbolisch besetzt:[97] Es ist nicht nur Zeichen des Sommers, sondern als begehrtes Objekt des Ritters in einer zeichenhaften Stellvertretungsrelation mit der Gunst der Dame identisch.[98] Die

---

96 Vgl. hierzu GUSINDE (1899, S. 15ff.) sowie den Artikel ‚Maibraut' im HdAG 5, Sp. 1524-1538. Eine ausführliche Diskussion des Maibrauchtums unternimmt Hans MOSER: Maibaum und Maienbrauch. Beiträge und Erörterungen zur Brauchforschung. In: Bayerisches Jahrbuch für Volkskunde 1961, S. 115-159; zur Neidhart-Tradition vgl. ebd., S. 126f. und 136f. Moser betont die Diskontinuität des immer wieder als uralt dargestellten Maibrauchtums.

97 Belege für die Symbolik des Veilchens bei Wilhelmine E. DELP: Die symbolische Bedeutung des Veilchens in der deutschen Dichtung. In: Publications of the English Goethe Society. N.S. VII (1928-1930). S. 92-120; Artikel ‚Veilchen' im HDAG, Bd. 8, Sp. 1537-1540.

98 Vor dem Hintergrund der brauchtümlichen ‚Maienbuhlschaft' ist das Veilchen als Symbol mit der Minnedame selbst bzw. dem Liebesverhältnis identisch: Wer immer das Veilchen hat, hat auch die Liebe des anderen. Auch in den sommerlichen Gesprächsliedern hat sich gezeigt, daß die Übergabe eines Blumenkranzes mit dem Schenken der Liebesgunst identisch ist. Für die hier vermutete tiefenstrukturelle Identität von Veilchen, Dame (Maibraut) und ihrer Liebesgunst läßt sich ein Lied des Mönchs von Salzburg anführen.

Bauern sind hier von vornherein die Antagonisten des Ritters, die ihm mit dem Veilchen auch die Gunst der Dame rauben und in spiegelbildlicher Verkehrung ein Objekt aus ihrem Interaktionsbereich (der als körperbetont gezeichneten *Tôrpel*-Welt) samt der damit verbundenen Schmach hinterlassen.

Die Symbolik rührt an die Frage des Diskussionspotentials, das mit dem Veilchenschwank lange Zeit verbunden war. Die Brisanz und die Beliebtheit, die der Veilchenstoff nachweisbar von der Mitte des 14. Jahrhunderts an entfalten konnte und die erst im 16. Jahrhundert langsam wieder verlorenging, hängt mit dem Repräsentationsprinzip zusammen, dem zufolge „das aristokratische Standesideal sichtbar werden muß, sobald der Inhaber von Herrschaftspositionen öffentlich sich zeigt"[99]. Im Rahmen eines stark an der symbolischen Bekundung und Herstellung von Herrschaft orientierten Denkens liegt die Komik und Diskussionskraft des Veilchenstoffs in seiner Darstellungsfunktion als Anti-Zeremoniell begründet.[100] Liest man die Zeugnisse des Veilchenschwanks in ihren zentralen Handlungselementen bis zur Aufdeckung als eine kontrastive Interaktionsform zu höfischen Repäsentationsakten im allgemeinen und Zeremoniellen im besonderen, dann wohnt dem Stoff ein Diskussionspotential in bezug auf das Repräsentationsprinzip selbst inne.[101] Dieses Diskussionspotential entsteht durch eine Kombination der aktantiellen Substitution mit der Symbolik des Veilchens und der hiermit verbundenen Repräsentationsformen: Die Bauern vertauschen das ursprüngliche Zeremonialobjekt der höfischen Gesellschaft. Das Veilchen ist zum Inbegriff der höfischen *vreude*, d.h. zum Symbol

---

Vgl. Der Mönch von Salzburg: „ich bin du und du bist ich". Lieder des Mittelalters. Hrsg. von Franz Spechtler u.a. München 1980, S. 107f. [Text] sowie 185f. [Kommentar]:
>   Den ersten veyol den ich vant
>   hewer in dysem merczen stan
>   der abrill mich des wol ermant
>   wie ich enphahen sol den mayen
>   und wer mir das czum pesten czelt
>   der sey mit mir ain maygesell
>   und helf mir vertreiben
>   mein grosses ungefell
>   mir ist entsprungen aber das
>   das ich czu freweden ausderlaß
>   das es mir pilleich lieber was
>   dy stund und dy czeit frewet mich

99 So Wenzels knappe Charakterisierung in: Horst WENZEL: Öffentlichkeit und Heimlichkeit in Gottfrieds Tristan. In: Zeitschrift für deutsche Philologie 107 (1988), S. 335-361, hier S. 338.
100 Ich lehne mich in diesem Absatz an die Argumente von BOCKMANN (1995) an, werde im folgenden aber andere Akzente setzen und mich ausschließlich auf die Schwankversion des ‚Neithart Fuchs' konzentrieren.
101 Zur Geschichte des Zeremoniellbegriffs vgl. BERNS/RAHN (Hgg.) 1995.

der friedlichen und zivilisatorisch herausgehobenen Vergesellschaftung stilisiert und wird durch ein Objekt aus der bäuerlich-gegenweltlichen Sinnsphäre substituiert. Durch ihre Vertauschungsaktion funktionieren die Bauern den Auszug zum Veilchen, den Tanz um den Hut und die Aufdeckung zu einem zunächst nur für den Rezipienten erkennbaren Anti-Zeremoniell um.[102]

Das Diskussionspotential des Stoffs hängt untrennbar mit dem zusammen, was in der theoretischen Grundlegung der Arbeit als Modellcharakter von Literatur bezeichnet wurde. Nur dank seiner Fiktionalität konnte der Stoff sich auch im Adel so großer Beliebtheit erfreuen und hat daher mit der von Jöst postulierten Propaganda-Funktion[103] nur am Rand zu tun. Fiktionalität wurde als ‚Situationsspaltung' zwischen einer rezipierten und einer Rezeptionssituation bestimmt.[104] Im Fall der Veilchenschwankversionen ist hierunter jene Trennung des Stoffs in eine je nach Darstellungsmedium aufgeführte, textuell beschriebene oder in bildlicher Form berichtete Situation von Figuren, deren Zeremoniell gestört ist, auf der einen und eine externe Rezeptionssituation, in der diese Störung schon von Anfang an erkennbar ist, zu verstehen: Die Komik des Stoffes, die moderne Leser freilich nur noch in begrenztem Maß nachvollziehen können, liegt in jeder Version schließlich darin, daß die höfischen Figuren nicht wissen, daß sie mit ihrem Tanz um das vermeintliche Frühlingssymbol zu Darstellern einer verkehrten Welt geworden sind, während die Rezipienten genau das erkennen. Die zentrale antizeremonielle Szene vor der Aufdeckung zeigt dem Rezipienten eine um den Kothaufen tanzende höfische Gesellschaft, während eine von vornherein als Gegenwelt konstruierte bäuerliche Gesellschaft um das Veilchen tanzt. Wie jede Inszenierung einer verkehrten Welt vermag auch diese auf die Frage nach der in der Darstellung negierten ‚richtigen' Ordnung aufmerksam zu machen, unabhängig davon, welchen Typ von Antwort sie selbst vorschlägt.[105]

---

102 Ihr Tanz um das Veilchen läßt sich unter den Begriff des Pseudo-Zeremoniells fassen; er ist eine angemaßte höfische Interaktionsform, die in der Tradition neidhartianischer Schilderungen der Usurpation ständisch exklusiver Attribute (Kleidung, Waffen, Minnedienst) durch die Dörper steht. Vgl. BOCKMANN 1995, S. 223.
103 Vgl. JÖST 1976, S. 118 u. 124.
104 Zum Fiktionalitätsbegriff vgl. WARNING 1983.
105 Als grundsätzliche Antworttypen sind affirmative, kritische oder im Bachtinschen Sinne karnevaleske Funktionen der Gegenwelt-Darstellung möglich. Es ist hier nicht der Ort, auf die von Dietz-Rüdiger Moser entfachte Debatte um die Funktion des Karnevals und sogenannter karnevalesker Formen in der älteren deutschen Literatur einzugehen. Ein kritischer Überblick über die Debatte findet sich bei Norbert SCHINDLER: Karneval, Kirche und verkehrte Welt. Zur Funktion der Lachkultur im 16. Jahrhundert. In: ders.: Widerspenstige Leute. Studien zur Volkskultur in der frühen Neuzeit. Frankfurt am Main 1992. S. 121-174.

Mit diesen Interpretationsaspekten - der Zurückführung auf ein Aktantenschema, der symbolischen sowie der repräsentativ-zeremoniellen Schicht - ist der Veilchenschwank als einzelner Stoff im wesentlichen ausgedeutet. Der Veilchenschwank steht im ‚Neithart Fuchs' jedoch - genauso wie in den meisten Neidhartspielen - nicht isoliert, sondern hat eine motivierende und begründende Funktion in Hinblick auf eine sich anschließende Schwankreihe, insofern diese als Rache Neidharts für die ihm im Veilchenabenteuer angetane Schmach dargestellt wird. Diese Motivationsfunktion ist dem isolierten Stoff noch keineswegs anzusehen; sie steht vielmehr als noch offener Interpretationsbedarf im Raum. Kehren wir also zur anfangs gestellten Frage zurück: Wie konnte der Schwankstoff, der ja auch in der Erzählung des Italieners Bartholino an den Anfang gestellt wurde, jemals zur Begründung der Bauernfeindlichkeit des Helden funktionalisiert werden, wenn innerhalb des Schwanks der Ausgleich zwischen den Antagonisten stattgefunden hat?

Zur Motivationsfunktion
Es gibt zwei Möglichkeiten, die Frage nach der Motivationsfunktion des Veilchenschwanks im ‚Neithart Fuchs' zu beantworten. Die erste besteht darin, dem Schwankroman selbst eine schlechte Motivationstechnik zu unterstellen, deren Ursachen in äußeren Umständen und außerliterarischen Gründen liegen. Dieser Weg wird von Erhard Jöst (1976) gegangen. Es ist nicht von vornherein ausgeschlossen, daß Jöst recht hat. Die Auseinandersetzung mit Jösts These ist außerdem lohnend, weil sie auf eine Deutungsalternative führen soll.

Die zweite Möglichkeit, die gestellte Frage zu beantworten, ist ein Antwortversuch, der sich auf die Suche nach der spezifischen Logik des Schwankromans macht, ohne dessen Widersprüche harmonisieren zu wollen. Dieser Weg soll weiter unten nach einer Auseinandersetzungen mit den Thesen Jösts beschritten werden.

Erhard Jöst bemerkt in seinen Studien über den ‚Neithart Fuchs'-Druck zur zentralen Stellung des Veilchenraubs, daß es im Schwankbuch keinen Grund gebe, warum „die Bauern sich zu dieser gegen Neidhart gerichteten Aktion entschlossen haben."[106] Also müsse die „Feindschaft zwischen Neidhart und den Bauern zum Zeitpunkt des Veilchenstreichs bereits" bestanden haben.[107] Mit Verweis auf die Schwankversion im ‚Sterzinger Neidhartspiel', in welcher der Veilchenraub der Bauern als Racheakt gegenüber dem Ritter und seinen demnach schon vorangegangenen Streichen erscheint[108] kommt Jöst zum Ergebnis, „daß der Veilchentausch nicht am Beginn der Auseinandersetzung zwischen

---
106 JÖST 1976, S. 132
107 Ebd.
108 „Neydthardt ist ain pos Man / Das vns vil Vnglücks hat getan" (StNsp., V. 133f.).

Neithart und den ‚ackertrappen' steht und somit auch nicht der Anlaß für Neitharts Bauernfeindlichkeit gewesen ist."[109] Alles in allem wirft der Literarhistoriker seinem Gegenstand also eine verfehlte Motivation vor. Der unbekannte Kompilator habe einen „triftige[n] Grund für Neidharts Bauernhaß" angeben müssen und dabei „allerdings Ursache und Wirkung des Konflikts (...) vertauscht.[110] Die Motivationsfunktion des Veilchenschwanks lasse sich nicht innerliterarisch erklären, sondern „verweist auf den historisch-sozialen Kontext."[111]

Was Jöst als logischen Widerspruch der Handlungs- und Motivationsstruktur des ‚Neithart Fuchs'-Drucks beurteilt, kann nicht in dieser abwertenden Beschreibung belassen werden, sondern bedarf einer Erklärung, die nicht gleich im ersten Schritt auf außerliterarische Faktoren wie die Motivierungsnot des Kompilators und den Propagandabedarf des Publikums hinsichtlich einer angeblich weit verbreiteten Bauernfeindlichkeit der rezipierenden Schichten zurückgreift. Zunächst kann man Jösts Interpretation entgegnen: In jeder Version, in der dem Veilchenstoff noch weitere Schwänke folgen, begründet der Streich der Bauern de facto die gegen die Bauern gerichteten Streiche, wie bereits die Initialstellung am Anfang der Schwankreihen zeigt.[112] Es müßten neben dem Kompilator des ‚Neithart Fuchs' auch noch die anonymen Autoren der Neidhartspiele des 15. Jahrhunderts sowie die Chronisten des 16. Jahrhunderts Ursache und Wirkung vertauscht haben. Ob der Stoff diese motivierende Funktion bereits bei seiner Entstehung hatte, ist hingegen nicht relevant und kaum zu entscheiden.[113]

Aus der Sichtweise einer strukturalen Analyse des Stoffs ist schon die Fragestellung Jösts nach den gewissermaßen wahren Verhältnissen von Ursache und Wirkung verfehlt: Der Veilchenraub ist Ausdruck eines Antagonismus, bei dem die Kategorien ‚Vorher und Nachher' ohnehin nicht greifen. Wie jeder Stoff, der eine Geschichte erzählt, bedarf er eines Spielers und eines Gegenspielers (Protagonist und Antagonist), die sich auch in einer Anfangskonstellation gegenüberstehen. So weiß im ‚Neithart Fuchs' der Ritter schon bei der

---

109 Den Aufbau des Buchs beschreibt JÖST (1976, S. 133-135) als eine Verwechslung von „Ursache und Wirkung des Konflikts zwischen dem Ritter und den Bauern". Die Angaben des Epilogs wertet er dementsprechend als „ungerechtfertigte, wenn auch naheliegende Vereinfachung des Sachverhalts."
110 Ebd., S. 135.
111 Ebd.
112 Auch in der oben zitierten Reisebeschreibung des Riccardo Bartholino hat der Veilchenschwank diese Funktion.
113 JÖST (ebd.) erkennt zwar die Funktion des Schwanks, den Antagonismus zu begründen, an und führt darauf sogar „die zentrale Stellung des Veilchenschwank in der Neidhart-Tradition" zurück. Er nimmt dies aber zurück, indem er behauptet, diese Funktion habe der Schwank „sicher nicht von Anfang an" gehabt, ohne dies näher auszuführen.

Aufdeckung des Huts und dem Fund der falschen Blume sofort, daß „es hat getan ein acker man" (V. 196). Der feindliche Akt der Bauern ist dabei allerdings nicht als *Reaktion* innerhalb einer schon vorher bestehenden Feindschaft lesbar, sondern Ausdruck eines Antagonismus, der immer schon gilt. Der aktantielle Antagonismus stellt also nur einen oberflächlichen Widerspruch zur motivierenden Funktion des Veilchenabenteuers dar: Kein zeitgenössischer Rezipient hat sich jemals daran gestört, daß ein Ereignis ein Verhältnis begründen soll, das es bei einer kausalen Betrachtung schon voraussetzt.[114]

Die Verwunderung über die Motivationsfunktion des Veilchenschwanks läßt sich nun allerdings noch früher ansetzen. Wie oben gezeigt, ist in der Version des ‚Neithart Fuchs' auf der aktantiellen und axiologischen Ebene der erzählten Geschichte ein Ausgleich zwischen den antagonistischen Parteien erreicht: Als Fürstendiener, Minneritter und Sänger, als der Neidhart im Hosenschwank eingeführt wird, ist er der rechtmäßige Besitzer des konkreten genauso wie des damit verbundenen abstrakten Objekts (Veilchen und Gunst der Herrin), das zwar geraubt, aber am Ende wieder in den Händen des Ritters und damit des rechtmäßigen Besitzers ist. Wenn aber nun dank der Rückeroberung und der harten Rache an den Gegenspielern ein Ausgleich auf dem Konto der gegenseitigen Schädigung zwischen Protagonisten und Antagonisten erreicht ist, wieso kommt es im Verlauf des Schwankromans zur nachfolgenden Schwankreihe? Diese stellt sich schließlich als die immer wieder erneuerte Ausfahrt nach Zeiselmauer zum Zweck der Rache dar und steht somit im Zeichen eines noch *nicht* gelungenen Ausgleichs.

Eine mögliche Diagnose ist der Warnings zum Artusroman analog: Der Ritter Neithart hätte demzufolge etwas verloren, was kein anderer gewinnen kann. Dieses ‚Etwas' scheint nun aber weder das Veilchen noch die Gunst der Herzogin zu sein, denn beide spielen in der Schwankreihe des ‚Neithart Fuchs' keine Rolle mehr. Als eine der Artusroman-Deutung analoge Antwort böte sich so an: Das, was Neidhart beim Veilchenraub verloren hat, ohne daß es ein anderer bekommen hat, ist „seine thematische Rolle als höfischer Mensch, die je nach Fassung die des Minnedieners oder des Ritters ist."[115] Diese Hypothese ist jedoch bei einem genaueren Blick verfehlt. Die Rolle des Fürsten- und Minnedieners nimmt der Ritter Neithart Fuchs kurioserweise allenfalls in den Neidhartspielen ein.[116]

---

114 Darin ist der Veilchenschwankstoff dem Sündenfall parallel. Er entspricht strukturell einer Denkfigur, die im ‚Großen Neidhartspiel' sogar explizit wird. Vgl. GrNsp, V. 1743-1755.
115 BOCKMANN 1995, S. 248. Wie den folgenden Ausführungen zu entnehmen ist, halte ich diese Deutung mittlerweile für überzogen.
116 So etwa, wenn im ‚Großen Neidhartspiel' der Ausfahrt in die fremde Welt der Bauern am Ende eine Belohnung des Helden durch das Herzogspaar folgt (V. 2595-2615).

Im ‚Neithart Fuchs' erweist sich das Verlorene der Identität jedoch in der Anordnung der Schwänke, die auf eine andere thematische Rolle deutet. Im Hosenschwank gelingt es dem Protagonisten durch vorausschauendes, kalkulierendes Handeln, das seinen Ausgangspunkt von einer scheinbaren Unterlegenheit gegenüber den Städtern genommen hat, einen Platz in der fürstlichen *familia* zu erlangen. Dieser Platz bleibt ihm bis an sein Lebensende gesichert, da er ansonsten kaum vom Epilog als Diener des österreichischen Herzogs bezeichnet worden wäre und auch sein Platz im Stephansdom keine Erwähnung gefunden hätte (V. 3892ff.). Damit ist eine Teilrelation der allen Schwänken zugrundeliegenden Personenkonstellation definiert: die grundsätzliche Dienerschaft des Ritters gegenüber dem Herzog. Mit dem Veilchenabenteuer kommen in der Abfolge des Schwankromans die Gegenspieler hinzu: die Bauern. Deren Verhältnis zu Neidhart ist nun allerdings von Anfang an eines der Feindschaft, das in der Ursünde des Veilchenraubs lediglich einen sinnbildlichen Ausdruck erhält. Die Personenkonstellation wie auch die entsprechende raumsemantische Organisation der Schwänke steht damit fest: der Wiener Herzogshof auf der einen, das Dorf Zeiselmauer auf der anderen Seite, Ritter Neidhart als Pendler zwischen den Welten, der die erlebten und erfundenen Schwankgeschichten (wie ein Artusritter die erlebten Aventiuren der Gemeinschaft) darbietet.[117]

Die beiden Initialschwänke haben damit eine gemeinsame Funktion im Aufbau der Welt und ihrer Organisation, in welcher der Schwankheld fortan operiert. Sie unterscheiden sich jedoch erheblich hinsichtlich des Handlungsschemas, das ihnen zugrunde liegt. Im Hosenschwank zeigt sich der Ritter als der Listige, d.h. der in seiner Handlungsweise souveräne Mensch, welcher auch die Handlungsweisen seiner Antagonisten zu antizipieren und in seinem Sinne zu nutzen weiß. Im Veilchenschwank ist er dagegen der situativ und handlungsstrategisch Unterlegene. Hier sind es die Gegenspieler, die seine Handlungsweise antizipieren und für ihre Zwecke (d.h. die Schädigung des Protagonisten) zu nutzen wissen. Die Rolle, die Neidhart kurzzeitig verloren geht, ist also die des *Listigen*, d.h. des andere Menschen im Sinne eigener Pläne Übervorteilenden, wie sie im ‚Pfaffen Amis' und ‚Pfarrer vom Kalenberg' literarisch vorgeprägt ist.

Diese These läßt auch eine neue Lösung des Problems des Ausgleichs zu. Wenn die Handlungssouveränität im Modus der List die thematische Rolle der Schwankreihe darstellt,[118] dann macht diese Rolle einen wesentlichen Teil der

---

117 Die Entsprechung von Personenkonstellation und raumsemantischer Organisation hat HERRMANN (1984, S. 279f.) herausgearbeitet.
118 Hierin liegt die eigentliche Gemeinsamkeit mit den anderen vorgängigen Schwankromanen - und nicht in der „öffentlichen Verspottung" von Fehlverhalten, wie Erhard JÖST (1986, S. 419) konstatiert.

Identität des Helden aus und benennt zugleich das Vorzeichen, unter dem jeder einzelne Schwank wie auch die ganze Reihe steht. Der Veilchenschwank ist nun der einzige Stoff, in dem der Held diese Handlungssouveränität *nicht* hat und selbst zum Funktionsträger der Absichten anderer wird, indem er die von diesen antizipierten Handlungen vollzieht und dabei den Schaden hat. Die Schwänke der folgenden Reihen drehen dieses Schema zwar wieder um, indem die Bauern regelmäßig die Übervorteilten sind und indem deren Aggressivität und Schädigungswünsche immer wieder auf sie selbst zurückfallen. Dies ist jedoch nicht das entscheidende Moment für die gebrochene Identität des Protagonisten. Entscheidend ist, daß er in jeder der Schwankepisoden wieder die Position des Unterlegenen einnehmen könnte, wenn er die vorgegebene Rolle nicht zu erfüllen vermag. Diese Identität, die Rolle des Handlungssouveränen und Listigen, ist etwas, was kein anderer verloren hat. Sie muß der Held in der folgenden Schwankreihe gewinnen und sich dabei immer wieder bewähren, d.h. die Rolle seinem Publikum im Handeln demonstrieren. Diese These über die Funktion des Veilchenschwanks im ‚Neithart Fuchs' wird sich auch in der Analyse der folgenden Schwankreihe erweisen müssen.

2.4 Die Schwankreihe nach den Initialschwänken: Allgemeine Merkmale

Dem Hosen- und Veilchenschwank als den beiden Initialschwänken folgt eine Schwankreihe, für die Erhard Jöst folgendes Ablaufschema postuliert:

(1) Auf einen Natureingang folgen längere Passagen mit
(2) Beschreibungen oder Beschimpfungen der Bauern, dann fügt sich
(3) die Durchführung eines gegen die Bauern gerichteten Abenteuers an und schließlich beendet
(4) die Belohnung des Bauernfeinds durch den Herzog die Erzählung.[119]

Dem Veilchen- und dem Hosenschwank folgen noch zehn weitere Schwanklieder. Die Schwankreihe verläuft von z 6 bis z 15 mit nur einer Unterbrechung und endet mit dem Bilderschwank, in dem auf die eigentliche Schwankhandlung noch die Klage der Bauern folgt, welche diese dem Herzog vortragen. Relativ isoliert steht dann ein zweiter Herzogsschwank: der Schwank um Neidharts ‚taube' Frau (z 18). Mit Ausnahme der ersten beiden und der letzten beiden Schwankversionen (d.h. vier von insgesamt zwölf) trifft das Jöstsche Schema mit Abstrichen auf die verbleibenden Schwänke zu. Die Charak-

---

119 JÖST (1976, S. 148). STROHSCHNEIDER (1988, S. 166) übernimmt das Schema.

terisierungen, die Jöst und - ihm folgend - Strohschneider in Hinblick auf den Ablauf und die Poetik des immer noch relativ spärlich erforschten Schwankbuchs vornehmen, können dabei durchaus für den Forschungskonsens stehen.[120]

Alle Autoren, die das Volksbuch behandeln, halten die folgenden Merkmale der Schwankreihe fest: die ausgesprochene Bauernfeindlichkeit, die sich sowohl in den Beschreibungen wie auch in den Schwankabenteuern selbst findet; die starre Konstellation der Personen und Orte; die Zentrierung der Schwankversionen auf die Perspektive des Protagonisten *(point of view)*.[121] Bis auf Ingrid Bennewitz et al. (1991) sprechen die Interpreten der Kompilation zudem jede echte Linearität ab. Der biographische Rahmen wird zumeist als aufgesetzte Klammer angesehen, welcher die Schwankreihe zwar beendet, aber zu keinem sinnstiftenden Abschluß führt.[122] Diese Merkmale bedürfen der gründlichen Überprüfung.

Zunächst zur Bauernfeindlichkeit, die Jöst als zentrales Inhaltsmoment der gesamten Tradition wie auch des Schwankromans herausstellt. Jöst betont die Schärfe der Bauernbeschreibungen im ‚Neithart Fuchs', interpretiert dieses Moment sozialsatirisch und führt es auf eine die alte Standesideologie von einer gottgewollten Ordnung konservierende Propagandafunktion zurück. Jösts Befund ist hinsichtlich der Bauernbeschreibungen zunächst durchaus richtig: Bauern werden im ‚Neithart Fuchs' in der Tat als dumm, gierig, anmaßend in Kleidung und Benehmen und in jeder Hinsicht als aggressiv dargestellt. Sie versuchen sich auch, wie in Liedern anderen Typs, an der *imitatio* adliger Lebensformen, die ihnen natürlich mißlingt. Über die mutmaßliche Funktion und den Modellcharakter, der solchen Beschreibungen innewohnt, ist damit allerdings nicht automatisch entschieden. Die propagandistische Lesart ist zwar denkbar, aber nicht die einzig mögliche und nicht für jedes Publikum die wahrscheinlichste.[123]

Die Berichtsperspektive wird von allen zitierten Autoren als allein auf den Ritter konzentrierte hervorgehoben: Seine „Optik ist die des Textes"[124]. In der Tat scheint sich auch dies bis in die sprachliche Feinstruktur hinein zu bestätigen. Die bekannten von Richard Meyer aufgestellten Phasen der Neidhart-Legende, die zugleich Phasen des Überlieferungsprozesses sein sollen („zuerst erzählt man als Neidhart; dann erzählt man wie Neidhart; endlich erzählt man von Neidhart") lassen sich im Volksbuch nicht einmal als unterschiedliche

---

120 Frühere Charakterisierungen heben vor allem auf die Entstehungsumstände ab. Vgl. hier RUPPRICH 1966 und RUPPRICH 1970, S. 113-124.
121 Vgl. JÖST 1976, S. 103; KIVERNAGEL 1970, S. 158.
122 BENNEWITZ ET AL. 1990/91, S.195ff.
123 Vgl. Anm. 9.
124 STROHSCHNEIDER 1988, S. 167.

Redeformen ausmachen.[125] Im ‚Neithart Fuchs' liegt keine nach textgrammatischen Ansprüchen korrekte Pronominalisierung vor, sondern statt dessen ein wildes Durcheinander von Ich-Rede, Er-Erzählung und Personenrede.[126] Ob Neidhart mit diesem Befund jedoch immer auch das Wahrnehmungszentrum des berichteten Geschehens ist, bleibt noch zu überprüfen. Insbesondere auf die auch in den Liedern anderen Typs angetroffenen Aspekte von Autor- und Protagonistenschaft wird hier zu achten sein.

Ein letzter Aspekt des Forschungskonsens über die Schwankreihe des ‚Neithart Fuchs' betrifft das Erzählprinzip der Kompilation. Peter Strohschneider bringt diesen Aspekt auf die Formel, daß eine „Logik der Rache"[127] die Schwankreihe beherrsche. Hauptfunktion jedes einzelnen Schwanks ist es, die aufsässigen Bauern in ihre ständischen Schranken zu verweisen und ihre prinzipiell nicht endenden Überschreitungsversuche zu ahnden. Die Schwankreihe als solche wird als „Serie stereotypisierter Erzählabschnitte" gesehen, das „Erzählprinzip" sei das der Repitition. Die Lebensgeschichte des Protagonisten „zerfällt in eine Vielzahl der Geschichten"; die Erzählfolge könne „deswegen zwar aufhören, aber sie ist prinzipiell unabschließbar."[128] Auch Petra Herrmann sieht in der Schwankreihe des ‚Neithart Fuchs' einen „strukturell unendliche[n] Stationenweg"[129]. Gegen diesen nur von Ingrid Bennewitz et al. (1990/91) durchbrochenen Forschungskonsens, die auf dem Prinzip der Vita als Erzählprinzip des ‚Neithart Fuchs' bestehen, läßt sich schon in Hinblick auf das Selbstverständnis der Kompilation Einspruch erheben. Nach dem im Epilog aufgezeigten Selbstverständnis, wie es noch ausführlich zu behandeln sein wird, ist jeder Schwank unter zwei Ordnungen zu lesen: einer zyklischen, innerhalb derer jedes Schwankabenteuer nicht endbar ist, weil auf der Geschichtsebene ein Ausgleich der Parteien noch nicht stattgefunden hat und einer linearen, innerhalb derer die Reihe in ein Ergebnis mündet.[130] Dieses Ende wird rein äußerlich durch den Tod des Protagonisten angezeigt; das Ergebnis ist aber eine exemplarische *summa* seines Lebens, die nach diesem Selbstverständnis eben kein willkürlicher Abschluß mehr ist.

Dieser Anspruch des Textes selbst - ein Leben erzählen, d.h. dem Leser zu dessen Kurzweil darbieten zu wollen - beeinflußt seine Rezeption notgedrungen und geht in den Texttypus mit ein.

---

125 MEYER 1887, S.66.
126 Diese Inkonsequenzen in der Verwendung der Pronomen zeigen sich etwa in einer im nächsten Abschnitt zitierten Passage aus dem Kuttenschwank (V. 1246-1254) sehr deutlich.
127 STROHSCHNEIDER 1988, S. 166.
128 Ebd., S. 169.
129 HERRMANN 1984, S. 341.
130 Vgl. den Abschnitt ‚Kompilationsprinzip' in V.1 sowie Anm. 22.

2.5 Exemplifizierte Bauernfeindlichkeit (z 6 - z 15): Weitere Schwänke und ein Zwischenergebnis

Die Struktur der Schwanklieder ist - trotz des ähnlichen Ablaufschemas - von sehr unterschiedlicher Komplexität. So zeigt der erste, den beiden Versionen des Veilchenschwanks folgende Faßschwank eine sehr einfach strukturierte Geschichte, deren Komik nur darin besteht, daß Neidhart in einem Weinfaß versteckt einen bäuerlichen Tanz sieht (I-VI), um dann den Spiegelraub Engelmars an Friderun zu beobachten, der in vielen anderen Liedern ja nur angedeutet, aber nicht auserzählt wird.[131] Der Übeltäter wird „gerichtet auf ein stelczen" (V. 436), d.h., wenn man auch den Illustrationen Glauben schenken darf,[132] mit einer harten Leibesstrafe versehen, die im Abschlagen seines Beins besteht.[133] Neidhart schaut als Beobachter dem Dörperkampf zu, wünscht seinen Feinden alles Schlechte („werens halt gar erschlagen!" V. 440) und wird von einem der Bauern - aus nicht erläutertem Anlaß - erkannt. Der Bauernfeind tritt sofort die Flucht an und verläßt die Szene mit einer Verwünschung seiner Widersacher:

> der Rockenbolcz schrei oben in der gassen:
> ir pauren schlaget in das holcz, der Neithart ist im fasse.
> czehant ich floch
> die öden gach,
> der tiefel müeß sie hassen.
> (V. 445-449)

In der letzten Strophe (IX) bekennt der Sprecher, wie froh er sei, daß „mein knecht / gar schiere kam zů staten" (IX 1f.), da es ihm ansonsten wohl schlecht ergehen würde. Der Trost für seine Flucht besteht in der Vorstellung, daß sein Rivale verstümmelt sei, was in dem grotesken Bild kulminiert, daß „Engelmeirs bůß die waz stati, / daz er mit sinem glincken fůsse in ein löffel treti" (458f.).[134] Angesichts des Tanzbildes in den ersten Strophen (I-VI) und der Ähnlichkeit mit der Körperstrafe im Veilchenschwank entspringt die eigentliche Schadenfreude wohl dem Umstand, daß der Rivale nicht mehr tanzen kann.

---

131 Näheres bei MÜCK 1986.
132 Die Holzschnitte zeigen Engelmar fortan immer mit einem Holzbein; nur beim Holzschnitt zum Brautschwank (Z, Bl. 26) ist ein Irrtum unterlaufen, da hier nicht Engelmar, sondern Neidhart auf einem Holzbein gezeigt wird (Abbildung bei BENNEWITZ 1998, S. 765).
133 Auch im Veilchenschwank werden den Bauern die Beine abgeschlagen (V. 242ff). Vgl. Anm. 92.
134 Nach BOBERTAGs Erläuterung im Apparat der Ausgabe ist diese Stelle so aufzufassen, daß Engelmars Fuß, nunmehr in der Stelzenform, einen so kleinen Umfang hat, daß er in einen Löffel passe.

Angesichts der Handlung des Faßschwanks stellt sich einem modernen Leser die Frage, worin genau das Abenteuer des Ritters und wo der Schaden der Bauern bestehen soll, der ihnen von diesem zugefügt wird. Denn es ist erstens der Ritter, der sich verstecken und schließlich fliehen muß; und zweitens wird die Strafe, die Engelmar für sein Vergehen zu gewärtigen hat, ihm nicht vom Ritter im Faß, sondern anscheinend von der männlichen Dorfgemeinschaft bei einer der allfälligen Prügeleien zugefügt. Die Frage nach dem ‚eigentlichen' Schaden führt zunächst weg von der (in der Forschung allein fokussierten) Schwankhandlung und hin zu ihrer Tiefenstruktur.

Im Faßschwank, der Überlieferung nach der älteste Schwank,[135] zeigt sich folgende zugrundeliegende Struktur, die in den Versionen der folgenden Schwankreihe noch deutlicher erkennbar ist: Abenteuer ist nicht nur das, was der Ritter bei seinem Auszug in die Fremde der dörperlichen Welt erlebt, sondern in erster Linie das, was er später davon zu *erzählen* weiß. Daß Neidhart sich im Faß versteckt hält, hat zur Folge, daß er von den „öden gauchen" berichten kann. Dieser Bericht an sich ist schädigend. Wenn Neidhart flieht, drückt sich nicht die Niederlage aus, fliehen zu müssen, sondern sein Geschick, fliehen zu können.

Obschon der Rezipient erwarten darf, daß Neidhart entkommen wird, bildet die Gefahr, von den Bauern erkannt zu werden, in beinahe allen Schwankliedern das zentrale Spannungsmoment. Während es in der Ausgangssituation um den zugrundeliegenden, durch das Veilchenabenteuer begründeten ewigen Konflikt zwischen Neidhart und den Bauern geht, die sich in einer Art Ausfahrt[136] in das Dorf Zeiselmauer manifestiert, kommt es im Mittelteil der Schwankerzählung zu einer Attribution eines zu erlangenden Guts. Der Mittelteil ist dabei in der Schwankreihe nach dem Veilchenschwank immer durch das Moment des Versteckens und Verkleidens geprägt, d.h. des rollenhaften Verhaltens auf einer höheren Stufe, wie sie durch die fiktionale Rolle beschreibbar ist. Die Attribution eines Guts hat ihre Entsprechung in der Zufügung eines Schadens, die sich erst in der Ausgangssituation zu einem Erfolg des Ritters bilanziert, insofern am Ende tatsächlich immer er es ist, der den Bauern einen Schaden zugefügt und sich ein Gut angeeignet hat. Sowohl der Schaden als auch das gewonnene Gut sind dabei keineswegs ausschließlich körperlicher oder materieller Natur. In vielen Schwänken erleiden die Bauern zwar körperlichen Schaden und der Ritter bringt sie um ihr Geld (s.u.), aber im Faßschwank wie auch im Kuttenschwank ist es nicht so sehr körperliche oder materielle Schädi-

---

135 Vgl. NELLMANN 1984, S. 408 ff.
136 Vgl. zum Ausfahrtschema der Schwänke BECKER 1978, S. 404ff.; HERRMANN 1984, S. 273ff. JÖST (1986, S. 410) kommt zum vernichtenden Urteil, die „armseligen und banalen Aventiurefahrten [der Schwänke] wirken wie eine Persiflage auf das Grundmuster der höfischen Ritterepen."

gung, die der Ritter auf seinem Konto verbuchen kann, sondern ein abstrakteres Gut. Sein eigentlicher Gewinn, den er dem Herzogshof bzw. dem impliziten Publikum vorzuführen vermag, besteht nämlich in der erlebten und zum Lied gewordenen Aventiure.[137] Dieser Aspekt begründet die Aufnahme des Faßschwanks in die Reihe und erklärt seine durch die Überlieferung belegte Beliebtheit.[138] Dieser Aspekt wird in den folgenden Schwankliedern bedeutsam und im Krämerschwank als eigentliches Movens der Handlung auch auf der Textoberfläche konkret.

Zwischenergebnis zum Ablaufschema der Schwänke

Als Ergebnis der bisherigen Analyse läßt sich vor dem Hintergrund des strukturalen Instrumentariums folgendes Ablaufschema aufstellen:

(1) Konfliktsituation, manifestiert als ‚Ausfahrt'
Der Protagonist zieht aufgrund einer in den Schwankversionen nicht begründeten (und wohl nicht begründungsbedürftigen) ewigen Feindschaft in den Raum und die Sphäre seiner Feinde aus, um diese zu schädigen und um etwas von ihnen zu erobern, was er selbst nicht hat.

(2) Attribution, manifestiert als Schwankhandlung
Um sich dieses Gut (sei es Geld, eine weitere Gabe oder die zu erlebende ‚Aventiure' selbst) aneignen zu können, verkleidet oder versteckt sich der Ritter und übervorteilt in irgendeiner Weise, die ihn als besonders listig ausweist, seine Gegner.

(3) Domination, manifestiert in der Endsituation der Lieder
Dem Ritter ist es gelungen, einer für ihn gefährlichen Situation durch sein Geschick zu entkommen; er geht als der Überlegene aus ihr hervor, indem er, ausgestattet mit einem neuen Gut und auf jeden Fall einer neuen Aventiure, in seine Sphäre zurückkehrt und zumeist seinem Herrn, dem Herzog, dieses Gut überreicht.

Diese Struktur hebt auf die Geschichtsebene der Schwänke ab. Die Diskursebene ist noch nicht berührt; beide Ebenen werden aber durch das Doppel-

---

137 TODOROV (1972) machte an der Gralssuche des französischen ‚Lancelot en prose' eine ähnliche Beobachtung, insofern anstelle des Grals nur Geschichten von den Irrfahrten der Ritter an den Artushof zurückgebracht werden.
138 Vgl. die Zusammenstellung zur Überlieferung in Anhang II. Auch das Titelblatt von z2 zeigt ein Faßmotiv, ebenso zwei Flugblätter des 16. Jahrhunderts (vgl. JÖST 1976, S. 290 u. 329f.).

verständnis Neidharts als Figur und Dichter der Schwänke gleichermaßen beeinflußt. Ein die diskursive Organisation betreffendes Phänomen ist die Figurierung der Rezipienten: Internes Publikum ist der Hof des österreichischen Herzogs, wie bereits die zweite Veilchenschwankversion (Veilchenschwank B) zeigen konnte. Mit der Existenz einer Gruppe von intern angesprochenen Figuren und einem weiteren Publikum sind die Schwanklieder in der diskursiven Struktur anderen Liedern durchaus ähnlich. Der Unterschied zwischen den Schwank- und anderen Liedern liegt im wesentlichen in der Konkretheit der angesprochenen Instanzen, genauer: in ihrer Manifestation auf der Figurenebene. Während die Angesprochenen vieler Lieder meist potentielle Figuren bleiben, insofern sie nicht handelnd eingreifen, sind diese in den Schwankliedern konkretisiert. Der Herzog wie auch die ritterlichen Freunde Neidharts sind Akteure wie die Antagonisten auch.

Der Brautschwank (z 7)

Der Brautschwank baut auf einem alten Motiv auf: Ein Mann verkleidet sich als Braut und erschleicht sich auf diese Weise einen Teil des gemeinsamen Besitzes des zukünftigen Ehepaars.[139] Die verkürzte Handlung läuft nach dem oben genannten Schema ab: Neidhart geht als Frau verkleidet in das Dorf seiner Widersacher, findet sofort einen reichen Bauern, der ihn/sie zur Frau nimmt und schafft es durch einen Trick, den bäuerlichen Ehemann um seine Ersparnisse zu bringen. Ausgestattet mit der „morgengab" (V. 667) und einer neuen Geschichte gelangt der Ritter wieder zu seiner Herrin nach Wien.

Im ‚Neithart Fuchs' ist die nur hier überlieferte Schwankhandlung[140] so gestaltet, daß die Welt der Bauern von vornherein als gegenweltliches und geradezu theatralisches Konstrukt erkennbar wird. Was dem Publikum dargeboten wird, ist eine Geschichte, die auf einer Kirchweih anfängt, sich mit einem Freßgelage fortsetzt, in der Schwankhandlung um die Hochzeit Neidharts mit dem Bauern Rach in dessen Schlafzimmer mündet und mit dem gelungenen Abgang Neidharts aus dem Dorf endet. Das ergaunerte Geld wird in einer für einen historischen Bauern in der Entstehungszeit des Schwankbuchs schwindelerregenden Höhe von „sechczik pfund"[141] angesetzt und vertritt eine Zwitterstellung zwischen einer Aussteuer, welche eigentlich die Braut zu leisten hat,

---

139 Zum Motiv vgl. JÖST 1976, S. 138f; zum Brautschwank im ‚Neithart Fuchs' vgl. BENNEWITZ ET AL. 1991, S. 208-210; BENNEWITZ 1998, S. 764-766.
140 Eine Edition des Brautschwanks mit Lesarten aller Drucke (z, z1, z2) und den Varianten zu Bobertag findet sich bei BENNEWITZ 1998, S. 772-777. Ich folge auch hier der Edition BOBERTAGs, die nur echte Fehler der Überlieferung bereinigt.
141 60 Pfund entspricht etwa 14.000 Pfennigen. Vgl. Friedrich von SCHROETTER: Wörterbuch der Münzkunde, Berlin u.a. 1932, S. 506f.

und der Morgengabe, die vom Bräutigam kommt, aber nur symbolischen Charakter hat.[142] Der geradezu karnevalesken Gestaltung dieser Gabe entsprechend ist auch die Neidhart-Figur durch Merkmale geprägt, die sie zum Grenzgänger und Zwitterwesen machen. So ist es sicher kein Zufall, daß - anders als in den folgenden Schwänken - ausgerechnet in diesem Schwank, der mit dem Konzept der Homosexualität spielt,[143] die Herzogin und nicht ihr Mann als Empfängerin der erlebten Geschichte in Szene gesetzt wird. Auf diese Weise rückt Herr Neidhart wieder in die Minnebeziehung des Veilchenschwanks ein, und die Brautepisode bleibt trotz ihrer sexuellen Brisanz rückwirkend als Verkleidung des Minne- und Fürstendieners erkennbar. Intern muß die Episode von der Fürstin sogar mit einem Segenswunsch legitimiert werden, wenn Neidhart Bericht erstattet und abschließend eine Art Absolution erhält:

> Genådige fraw, in ewrem land
> han ich den pauren tan ein grosse schand,
> ich bin auch bi gelegen
> gleichsam ein praüt pei einem paurn,
> ich han in gleicht denselben laurn,
> Hanns Rach, also heißt der tegen.
> die morgengab zeigt er her für:
> fraw, glaubend es mir.
> sie sprach: got sol dein pflegen.
> (V. 661-669)

Mit diesem Schluß des Brautschwanks erscheint auch der Übergang zum nachfolgenden Beichtschwank motiviert. Die Art der Verbindung zweier Schwänke ist nicht nur motivischer Art, sondern erfolgt über eine latente Handlungsstruktur (Bekenntnis einer Sünde - Absolution). Sie beweist auch, daß die Schwankreihe im ‚Neithart Fuchs' keineswegs dem Prinzip der bloßen Addition, sondern in ihrer Anordnung ebenfalls einer gewissen Erzähllogik gehorcht. Als Verknüpfungsglied zwischen dem Faß- und dem nachfolgenden Brautschwank wird Engelmar als Hauptfigur des letzteren und Randfigur des vorliegenden Schwankabenteuers benutzt. Der momentan dargebotene Stoff wird auf der Diskursebene als neue Geschichte gekennzeichnet:

> Nun herend aber newe mer:
> her Engelmeir der tacht so schwår
> er vnd sein gesöln

---

142 Dementsprechend wird das Geld genauso als „morgengabe" wie auch als „steuer" bezeichnet (V. 646ff., s.u.).
143 Vgl. BENNEWITZ ET AL. 1990/91, S. 210.

> si wolten auf ein kirichtag
> gan, laut so rûfft der paurenschlag
> (V. 463-467)

Die Aufforderung, eine neue Geschichte zu vernehmen, gilt dem impliziten Publikum, während die erlebte Geschichte der Herzogin als der internen Adressatin von Neidharts Aventiure berichtet wird. Bis hierher ist das grobe Schema der Brautschwankversion und ihrer Rahmung skizziert, so daß nun die Feinstruktur beschrieben werden kann.

Die Exposition des Schwanks beginnt in einem Wirtshaus (II), so wie auch die Hochzeitsfeier in einem Wirtshaus angesiedelt ist. Eine Vorwegnahme findet die folgende eigentliche Schwankhandlung, wenn in der zweiten Strophe ein Bauer mit dem sprechenden Namen Villenmagen (d.h. ‚Füll-den-Magen') von einer „magt, die kochen kan" (V. 475) spricht, die er gerne als Frau hätte. Die folgenden drei Strophen (III-V) beschreiben die Lagebesprechung der Bauern im Wirtshaus, wo unter der Anführerschaft Engelmars („her Engelmeir der fûrt die schar" V. 491) beraten wird, wie man dem bekannten Feind Neidhart begegnen soll. Die Ansprache Engelmars an seine Standesgenossen zeigt, wie weit die Feindschaft zwischen Bauernschaft und Neidhart schon habituell geworden ist. Es stehen sich zwei feindliche Systeme gegenüber, die sich nicht nur gegenseitig zu schaden trachten, sondern auch die Schädigungsabsichten der anderen Seite antizipieren und sich als Wissensgut aneignen müssen, um sich präventiv zu schützen.

> er [= Engelmar] sprach: nun sult ir wissen,
> der Neithart ist vns worden gram,
> auch so ist er gar ein listig man
> vnd hat vns oft beschissen.
> wellicher paur wil nemen lon
> vnd wil hingan
> lûgen auf in geflissen?
> (V. 492-499)

Engelmar schlägt also, hier anscheinend in einer Rolle als Anführer, die er tendenziell auch in den weiteren Schwänken hat,[144] eine Auskundschaftung von Neidharts Absichten als Präventivmaßnahme vor. Seine Handlungsweise beruht auf höheren mentalen Fähigkeiten als denen seiner Standesgenossen, nämlich auf der Kalkulation des Handelns des Gegners. Er vermag zunächst aus

---

144 MÜCK (1986, S. 171f.) deutet den Namen Engelmars (häufig „Engelmair" auch „Engelmeier") als den des Dorfmeiers; eine solche enge soziale Deutung ist aber nicht immer möglich, so ist in NF, V. 505 Elhepolt der „meier".

den vergangenen Schädigungen die Folgerung eine grundsätzlichen Absicht abzuleiten, die er auch in der Zukunft antizipiert wird. Nicht nur die Feindseligkeit Neidharts wird erkannt, sondern dessen habituelle Disposition, diese auch in die Tat umzusetzen. Darüber hinaus weiß Engelmar der antizipierten Absicht Neidharts dadurch zu begegnen, daß er vermutet, ein *Wissen* um diese Absicht könne vielleicht ihre Ausführung verhindern. Engelmar hebt sich somit nicht nur in seiner sozialen Rolle als Anführer, die er immer wieder in den Schwänken hat, hervor, sondern auch durch die Erkenntnisfähigkeit rollenhaften Verhaltens anderer.[145]

Die bäuerlichen Mitstreiter wissen nun auch von vergangenen Schädigungen Neidharts zu berichten; Schnabelrausch etwa erzählt, daß der Ritter „mir einen průder" (V. 503) niederschlug; zwei andere finden sich zum Ausspionieren bereit (V. 505f.). Dieses Motiv wird ausgeführt. Auch wenn es für die eigentliche Schwankhandlung nicht weiter funktionalisiert wird, spielt es doch eine Rolle, insofern von nun an Erkennen und Verkennen Neidharts ein zentrales Moment der Schwankreihe wird. Die Bauern vermögen Neidhart in der Brautschwankversion zu erkennen, als dieser auf ihre Kirchweih kommt:

> Der Neithart kam geschlichen dar,
> etlich paurn wurden sein gewar,
> er macht ein groß gelaufe. (...)
> waffen! schrei Jos vnd Steffan,
> ei daz auf vnserm kirchtag
> hie niemant mag
> pleiben an Neitharcz essan!
> (V. 508-510; 513-516)

Erst als die Bauern erwartungsgemäß (d.h. wie die bereits geschilderten Szenen um Kirchweih und Wirtshaus erwarten lassen) wieder „zů dem wein" (V. 517) gehen und betrunken sind, kann Neidhart einen erneuten Anlauf nehmen, um in das Dorf zu gelangen. Die bisherige Anordnung der Schwanklieder zeigt damit bereits eine motivierte Handlungslogik in Hinblick auf die Erkenntnismöglichkeiten der Antagonisten und dem entsprechenden Verhalten des Protagonisten. Im Veilchenabenteuer ging es noch um ein unverdecktes Gegeneinander; im Faßschwank *versteckt* sich Neidhart; und erst im Brautschwank muß sich der Held - nach einem mißlungenen ersten Auftreten - fortan *verkleiden*, um dem Erkanntwerden zu entgehen.

Gegen Abend (V. 526) kommt Neidhart im Dorf in einem „junckfrauencleid" an, um den Bauern, wie es heißt „den lon" (V. 528) zu geben. Der Lohn ist die Belastung auf dem Kontostand von Schande und Ehre,

---

[145] Dieses Motiv wird im Jägerschwank zum Stoff der Handlung ausgebaut.

wobei die eigentliche Positivwährung in den Schwankliedern nicht die Ehre ist (der sprachlich exakte Gegenbegriff), sondern nach deren eigener Erzähllogik und darauf aufbauenden Semantik das „abenteür". Diese Erzähllogik verlangt auch keine psychologische Motivation, sondern läßt die Bauern mechanisch in ihr Verderben rennen. Bauer Rach sieht die Jungfrau und schlägt unvermittelt vor : „wir wollen machen ein hochzeit" (V. 532). Schon sitzen der Bräutigam und die Braut nebeneinander (V. 544f.), und das Fest beginnt. Eine Zeremonie findet nur andeutungsweise statt.[146] Braut und Bräutigam geben sich gegenseitig ein Versprechen, das, wie auch der Fortgang der Handlung zeigt, letztlich nichts anderes als ein Tauschhandel ist. Der Bauer, dem schon während des Festessens „pelanget nach der reinen" (V. 567), ist bereit, sein Bargeld der Braut zu schenken, wenn diese sich ihm hingibt:

> Der Neithart sprach: es ist geschen,
> ich bin dein braut ich wils verjehen,
> es hat mich noch nicht gerawen
> der paur schwur auf sein hinfart,
> daz im kein weib nie lieber ward,
> des sol du mir getrawen
> ich han pars gelcz wol sechczig pfund,
> die send dir gesund,
> die hab dir mein liebe frawe.
> (V. 571-579)

Dieser Tauschhandel entspricht natürlich nicht dem Wesen bäuerlicher Allianzenbildung im Spätmittelalter, sondern ist ein literarisch erzeugtes Bild, das seinen Platz allein im Diskurs komischer Gattungen hat.[147] In diesem Bild wird auf der Ebene der Figurencharakterisierung das Hochzeitsvorhaben des Bauern Rach in die Nähe der Prostitution und bloßen Trieberfüllung gerückt. Diese Inszenierung entspricht zugleich den funktionalen Erfordernissen einer ‚Motivation von hinten'[148], die es auf der Ebene der Schwankhandlung ermöglicht, daß der verkleidete Ritter den Dörpern außer einer Geschichte auch noch etwas anderes entreißen kann: Wie seinem geistlichen Vorgänger, dem Pfarrer vom Kalenberg, gelingt es Neidhart, den Bauern Geld zu entlocken. Der Bauer Rach springt „als ein tire" (V. 598) zur Bettstatt, an die die Braut gebracht wird; er verspricht der Frau „silber vnd golt", bevor er Hose und Hemd ablegt. Die angebliche Braut bittet um ein wenig Aufschub und verlangt unter Verweis

---

146 Wie in Wittenwilers ‚Ring' findet auch hier keine kirchliche Eheschließung statt, sondern eine Zeremonie „an schuoler und an pfaffen" (RING, V. 5275).
147 Zur Summe vgl. Anm. 141.
148 Vgl. Anm. 22.

auf weibliche Bedürfnisse, die der Mann nicht kenne („du weist nit, was den frawen prist" V. 631) den Schrein mit dem Geld. Unter deutlichem Hinweis darauf, daß dann endlich seine Ansprüche erfüllt werden sollen, gibt Bauer Rach nach und offenbart auch die Höhe seiner Barschaft:

> das gelt han ich behalten
> wol drei jar gar heimlich vnde stile,
> die sechczig pfund send dir gar eben,
> frölich solt du leben,
> doch solt mein mŭt erfüllen.
> (V. 638-642)

Neidhart als Braut macht sich mit dem Geld davon. Das gewonnene Gut besteht sowohl im erschwindelten Geld als auch im „abenteür", d.h. der gewissermaßen erbeuteten Geschichte, die der Protagonist nun weiterzugeben imstande ist:

> Der Neithart dacht in seinem mŭt:
> die sechczig pfund die send gar gŭt,
> ich wil darvon mit schalle.
> secht, ist das nit ein abenteür?
> dem Neithart ward ein grosse steuer,
> ja, von den paurn alle,
> (V. 643-648)

Wendet man wiederum das Warningsche Analyseschema an, läßt sich feststellen: Auf der Figurenebene wird Neidhart vertragsbrüchig, auf der Ebene der Aktantenstruktur eignet er sich das begehrte Objekt (das „abenteür" *und* das Geld) an, während der betrogene Bauer als Gegenspieler dieses Guts verlustig geht. Auf der Ebene der axiologischen Besetzung ist Neidhart derjenige, dem aufgrund seiner Listigkeit und seiner Position als Sänger die Aventiure-Erzählung und das abgenommene Geld gleichermaßen rechtmäßig zustehen.[149]

Dem Brautschwank wohnt dennoch eine gewisse Ambivalenz der Figurenidentität Neidharts inne, die durch die Vertauschung der Geschlechterrollen entsteht und struktural schlecht beschreibbar ist. In Hinblick auf die vom Ritter eingenommene Brautrolle ist der Brautschwank die einzige Version eines Stoffs, in der die Verkleidung in eine Art Identitätsverdoppelung hineinspielt. Nicht nur die Bauern sehen Neidhart als Braut und verkennen die Identität ihres Feinds mit der Frau, die bei ihnen ankommt. Auch dem Publikum wird der

---

149 Hier besteht eine Ähnlichkeit zu den Vorgänger-Schwankhelden, die auch anderen durch ihre Listigkeit beständig Geld abnehmen. Vgl. RÖCKE 1987, S. 40f.

Schwankheld als Frau präsentiert, wenn er als „praut" bezeichnet wird. Eine Unklarheit des Textes läßt sich nun auch als weitere Lesart deuten: Es geht nämlich aus der Version im ‚Neithart Fuchs' nicht gänzlich klar hervor, wann genau die Braut den Bauern Rach verläßt. Möglich ist ein Verschwinden, direkt nachdem sie den Schrein mit dem Geld an sich genommen hat; ebenso möglich ist aber auch ein Verschwinden erst am nächsten Morgen. Als Leerstelle des Textes, die ein Rezipient auszufüllen imstande ist, entsteht so ein Beilager des Bauern Rach mit seiner falschen Braut. Eine Beschreibung der Neidhart-Identität müßte dann lauten: In Hinblick auf diese Leerstelle tut er nicht nur so, als ob er eine Frau sei (fiktionale Rolle, Als-Ob-Handlung), sondern wird zur Braut (soziale Rolle, Als-Handlung).[150]

Die gewandelte Person verwandelt sich erst nach Verlassen des Brautgemachs innerhalb der verkehrten Welt der Dörper in die höfische Person zurück. Als Diener der Herzogin von Österreich, als der er auch in der Minnesängerrolle des Veilchenschwanks eingeführt wurde, kann Neidhart sich so auch wieder in seine männliche Individualität zurückverwandeln:[151]

> des morgens, da der tag her prach
> hôrt, was geschach:
> sich hůb ein selczamer kalle.
> Die praut die dacht: es dunckt mich zeit,
> si hůb sich auf vnd schrit gar weit
> gen Wien in Österreiche.
> do er die herczogine fand,
> si pott im ir schônweisse hand,
> er danckt ir adeleichen.
> si sprach: sag mir du vil gůter man,
> was leit dir an?
> des solt mich nit verczeichen
> (V. 649-660)

Das Rollenverhalten des Menschen, der am Herzogshof mit seiner Herrin Umgang pflegt, ist ein gänzlich anderes als das der Person, die in der Bauernwelt als Frau interagiert. Sein Verhalten entspricht nun wieder dem Standard von höfischer Dienerschaft und repräsentativen Gesten, während es zuvor durch Verstellung bzw. sogar Verwandlung geprägt war. Die Interaktionsformen des Ritters Neithart Fuchs sind also nicht immer, sondern nur situationsabhängig die des Adels. Zugleich deutet sich, wie bereits kurz erwähnt, durch den kurzen

---

150 Vgl. hierzu den Exkurs zum Rollenbegriff in II.1.3.
151 Auch die Pronomina wechseln in der folgenden Passage auf bezeichnende Weise von „sie" zu „er".

Dialog mit der Herzogin die Interaktionsform der nächsten Schwankversion an: Bekenntnis und Absolution. Neidhart darf seiner Herrin nichts vorenthalten; dennoch wird sie, was immer er ihr bekennt, verzeihen. Der Übergang zur nächsten Schwankversion ist so durch eine Handlungsform motiviert, der ein ähnliches Interaktionsmuster wie im Herrin-Diener-Dialog zugrunde liegt.

Der Beichtschwank (z 8)
Der Beichtschwank gehört zu den beliebtesten Stoffen der Neidhart-Tradition; neben der Version im ‚Neithart Fuchs' findet sich der Stoff in zwei Liedern, dem ‚Großen Neidhartspiel' und in Wittenwilers ‚Ring'.[152] Auch dieser Stoff baut auf dem Schema (1) Auszug nach Zeiselmauer, (2) Spannungssituation des verkleideten Neidhart, der erkannt zu werden fürchtet, und (3) Bilanz einer gelungenen Schädigung im Abgang auf.

Im Vergleich zur Komik in Wittenwilers ‚Ring'[153], in welchem die Sünden selbst die Narrheit der Bauern demonstrieren sollen,[154] basiert die Version des Volksbuchs ganz auf der Aggressivität der Gegenspieler und der Gefahr des Erkanntwerdens.

Die Beichtschwankversion im ‚Neithart Fuchs' beginnt mit vier Strophen, die ganz im Stil der Werltsüeze-Lieder[155] gehalten sind: Der Sprecher beklagt den harten Winter, den langen und vergeblichen Dienst an seiner Dame, wendet sich „einem andern herrn" (V. 684), also seinem Schöpfer zu und fordert sein

---

152 Überlieferung der Schwankversionen (außer NF): c 13,1-17; s 13 (Fragment); ‚RING', V. 660-829; GrNsp., V. 1341-1393. Eventuell kommt eine Abbildung am Neidhart-Grabmal in Wien hinzu. Zu diesem ikonographischen Motiv, das aufgrund der Verwitterung sehr unsicher ist, vgl. JÖST 1976a, S. 340f. Zur Geschichte des Beichtschwanks vgl. GUSINDE 1899, S. 92-97; BRILL 1908, S. 172f. u. S. 175f.; SINGER 1920, S. 40f.; Jöst 1976, S. 140f.; zu den spezifischen Merkmalen der Versionen in den Liedern, im ‚Großen Neidhartspiel' und im ‚Ring' vgl. BOCKMANN 1992.
153 Zur Neidhart-Passage im ‚Ring' vgl. Edmund WIESSNER: Neidhart und das Bauernturnier in Heinrich Wittenwilers ‚Ring'. In: Festschrift für Max Jellinek. Wien, Leipzig 1928, S. 191-208; Claudia HÄNDL: „Hofieren mit Stechen und Turnieren": Zur Funktion Neidharts beim Bauernturnier in Heinrich Wittenwilers ‚Ring'. In: ZfdPh 110 (1991), S. 98-112; Bernhard SOWINSKI: Wittenwilers ‚Ring' und die Neidharttradition. In: Heinrich Wittenwiler in Konstanz und ‚Der Ring' (Tagung 1993 in Konstanz). Hg. von Horst Brunner. Jahrbuch der Oswald von Wolkenstein-Gesellschaft 8 (1994/95), S. 3-11.
154 Das erste Beichtkind (Lekdenspiss) bekennt im ‚Ring', seine Frau „dri stund in den bauch" (V. 759) geküßt zu haben; das zweite (Haintzo), auf einer Kuh durch einen Bach geritten zu sein. Herr Neidhart stuft beide Fälle als *casus reservati* ein, schickt den einen zum Bischof, den anderen zum Papst. Zur Deutung dieser Sünden unter einem narrensatirischen Aspekt vgl. BOCKMANN 1992, S. 15-18 u. S. 25-27.
155 Vgl. zu den Werltsüeze-Liedern Kapitel IV, Anm. 4; zu den Anknüpfungspunkten an diesen Liedtyp vgl. ANACKER 1933, S. 2.

Publikum zur geistlichen Umkehr auf. Diese Umkehr behauptet er schon vollzogen zu haben, wenn er sich als Pilger oder Mönch[156] imaginiert:

> Vil liebe leüt, nun volgent meiner rede,
> lant von dem denst, ee es werd zespåte,
> vnd dienen einem, der ew lonen kan.
> vnd het ich dem gedient also sere
> wol dreisig jar, daz hülf an meinen eren.
> nun muß ich ein grabe kuten han.
> got der gesegen euch peide jung und alte,
> wist das ich seine pot behalte,
> man sicht mich nimer üppigclichen gan.
> (V. 688-696)

Wenn mit der nächsten Strophe die Behauptung der geistlichen Konversion als motivische Anknüpfung für die nun einsetzende Schwankhandlung benutzt wird, dann liegt nicht nur der Fall einer motivischen Ausbeutung vor, sondern die Übernahme einer Verlaufsstruktur, wie sie auch in den Werltsüeze-Liedern zutage tritt. Die Lieder beginnen mit der Behauptung einer Entsagung der sprechenden Instanz von allen Dingen der Welt, setzen sich aber in den bekannten Dörperstrophen fort. Die Geste der Absage wird so durch nachfolgende Gesten widerlegt und dadurch als rollenhaftes Handeln zurückgenommen.[157] Die Beichtschwankversion im ‚Neithart Fuchs' knüpft also mit der Übernahme dieses Musters an die diskursive Struktur anderer Neidhartlieder an.

Die Ausfahrt in das Dorf Zeiselmauer wird als Ankunft im heimischen Bereich geschildert, folgt also durchaus der Pilgermotivik der vorangegangenen Strophe. Diese bestimmt auch die räumliche Semantik des Lieds: Neidhart als Weltabsagesprecher wünscht sich „jenhalb des meres, daz man mich nimer mer / alhie gesech in keinem tüschen lande" (V. 702f.) und kommt dementsprechend aus der Fremde nach Hause und verschwindet abschließend wieder. Die Pilgermotivik konkretisiert sich zur Als-Ob-Rolle des verkleideten Mönchs, wobei Herr Neidhart in die altbekannte Konstellation einrückt:

---

156 Auf das Pilgermotiv deutet der Wunsch, sich „jenhalb des meres" (V. 702) zu befinden; eine Wendung, die auch in den Kreuzliedern für die Kennzeichnung der Pilgersituation im Heiligen Land steht. Vgl. ANACKER 1933, S. 8; BOCKMANN 1992, S. 23f.

157 Besonders deutlich wird dies in WL 30 (c 90), das in c die Überschrift „Der werlt vrlaub" (Bl. 215v) trägt. Über sechs Strophen behauptet der Sprecher eine Absage von der Dame, der Dörperwelt und dem Singen, um dann in den Strophen VII-XI eine der üblichen Dörperbeschreibung zu geben und in Strophe XII in einer Bilanzierung seines Schaffens zu enden: „Vier vnd hundert weis die ich gesungen han / von newn die der werlt noch nicht volkumen sein / vnd ein tagweis nicht mer meins gesanges ist/ was ich doran vppiglichen han gethan / Das machet nú die werlt vnd Ire thumme raiß kind" (XII 1 ff).

> Ich kam zehauß in meiner grawen kappen,
> da fand ich also vil der dôrfer trappen,
> die furen sam die jungen kranich enczwer.
> (V. 706-708)

Wie in vielen anderen Liedern mit einem winterlichen Natureingang, so ist der Schauplatz auch dieses Lieds die bäuerliche Stube. Die „dôrfer" begrüßen den „prûder reguler" (V. 711), halten also die Verkleidung (Als-Ob-Rolle) für die soziale Rolle. Die Identifizierung des Mönchs als verkleideter Neidhart, welche für das Publikum des Schwanklieds von Anfang an gegeben ist, ist prinzipiell auch den Figuren möglich, selbst wenn diese sie aktuell nicht vornehmen. Auf der Ebene der Rezeption läßt sich diese Gegebenheitsweise der Neidhart-Figur als die dramatische Ironie der Schwankszene beschreiben. Deren Effekt bestimmt die Komik der Handlung: Das Wissen des Publikums um die Möglichkeit des Erkanntwerdens des Protagonisten (des Identifizierens der Figur als Neidhart) ist mit dessen eigenem Wissen um die Situation identisch. Der Unterschied zwischen dem Publikums- und dem Protagonistenwissen besteht dabei in der Nähe bzw. Distanz zur geschilderten Situation. Während die Figur vor allem, was in der Situation passieren kann, große Angst hat, ist genau diese Angst aus der Beobachterperspektive ein *ridiculum*. Die freundliche Begrüßung hat beim vorgeblichen Mönch ein ängstliches Verstecken zur Folge, das der Text auch in den Beichten genüßlich als solches ausstellt:[158]

> ich neigt in vnd kert mich von in gar tauge,
> ja, hettens mich erkant vnder den augen,
> es wer mir werlich worden vil zeschwer.
> (V. 712-714)

Der Verkleidete wünscht sich in seine nicht existente Bruderschaft und sieht die Bauern mit Messern hantieren, von denen er befürchtet, „si zerschinten mir mein hand" (V. 717). Der die Angst der Schwankfigur vergegenwärtigende Charakter dieser Exposition wird durchbrochen von der Berichtsperspektive. Der ängstliche Mönch, der die Aggressivität der Bauern erlebt, ist identisch mit dem Berichterstatter, der einem Publikum davon Zeugnis abliefern kann:

> solt ich also nun farn von dem lande
> so triben leicht die sprinczeler ir schande,
> der ich euch sumeliche tůn bekant.
> (V. 718-720)

---

[158] Die Fassungen im ‚Ring' und im ‚GrNsp' zeichen demgegenüber eine sehr souveräne Neidhart-Figur; vgl. BOCKMANN 1992, S. 15-20.

Wie in anderen Liedern der Tradition werden also auch im Schwankgenre verschiedene Sprecher- und Handlungsinstanzen ineins gesetzt und durch diese Setzung dennoch als verschiedene bewußt gehalten. Der propositionale Gehalt der zitierten Behauptung läßt sich leicht in einen Irrealis umformulieren: „Wenn ich (Neidhart) jetzt (zum berichteten Zeitpunkt) davongelaufen wäre, könnte ich Euch (dem impliziten Publikum) nicht von den ungeheuren Taten der Bauernlümmel erzählen." Sprechzeitpunkt und berichteter Zeitpunkt werden dabei als identisch suggeriert: Wenn der Held „nun" die Flucht ergreift, diese Bedingung meint hier: im jetzigen Verlauf des Erzählten wie der Erzählung. Die Identifizierung dieser beiden Zeitpunkte, die im alltäglichen Erzählen qua Zeitstruktur jedes Erzählakts nicht möglich ist (das Erzählte ist immer bereits vergangen und daher unabänderlich), markiert die Fiktionalität sowohl des Sprechens wie auch des darin Mitgeteilten.

In der Beschreibung des Sprechers werden fünf Bauern aufgerufen, die „sam die leon (...) vnd die wilden bern" (V. 738) zu tanzen anfangen und nun geradezu die Konstellation herausfordern, die in ihrer Charakterisierung schon stereotyp angelegt ist: Neidhart gegen die Dörfler. So verlangen sie nach ihrem Antagonisten, der sich unter ihnen befindet:

si sprachen: wer her Neithart iecz zelande,
so wolt wir rechen an im unser schande.
ich stond dar vnd hörtes werlich nit geren.
(V. 739-741)

Unter dem Vorzeichen des Ausgleichs vorangegangener Schädigungen setzt nun die Handlung ein.[159] Neidhart ist Beobachter der „üppigliche[n] ding" der tanzenden Bauern; diese werden wiederum auf den Beobachter aufmerksam:

Da si gesprungen hetten vnde fassen,
gar üppiglicher ding si sich vermassen.
ich hõrcz vnd sach si alle samet an,
die gugel zuckt ich ferr für meine augen,
das mârckten da die öden gachen so taugen,
paur Wõrnbrecht seins mûtwillens began.
er sprach: wir wöllen peichten disem herren
(V. 751-757)

Nur durch eine Geste, die ein Sich-Verstecken-Wollen anzeigt (der vorgebliche Mönch zieht sich seine Kapuze noch tiefer in das Gesicht) werden die

---

[159] Zuvor wird nochmals der Haß auf Neidhart beschworen und dessen Furcht vor der Ausführung der Drohungen (V. 748ff.).

Bauern auf Neidhart aufmerksam und kommen auf die Idee, ihm zu beichten. Die folgende Beichtsituation ist daher nicht nur für den Rezipienten durch ihre Fiktionalität geprägt, sondern, wie sich im Verlauf der Handlung andeutet, auch für die Figuren selbst. Möglich ist also eine Lesart, in der Neidhart in der Exposition bereits erkannt ist, wodurch auch den Antagonisten ein rollenhaftes Verhalten höherer Intentionalitätsstufe zuzuschreiben wäre.

Die Bauern erkennen ihren Feind am Zeichen der Kleidung und der damit verbundenen Gestik. Dies Geste des vorgeblichen Mönchs wird aber nicht in einer direkten Schlußfolgerung als Zeichen des sozialen Stands oder der Rolle gelesen, sondern als Metazeichen einer nur vorgespielten Rolle. Neidhart zieht sich eine Mönchskutte an, damit die Bauern glauben, er sei ein Mönch, während diese vielleicht wissen, daß derjenige, der sich als ein Mönch verkleidet, sie nur glauben lassen möchte, er sei einer.[160]

Im weiter unten behandelten Jägerschwank ist es Engelmar, der den Algorithmus der Verkleidung eindeutig zu erkennen vermag. Er vermag die in anderen Schwänken nur dem Protagonisten und dem Publikum verfügbare Formel x=y (der Verkleidete ist Neidhart) auch auszusprechen. Im Beichtschwank bleibt eine explizite Identifikation noch aus, wird aber zumindest deutlich nahegelegt: Dies zeigt sich darin, daß die Reden der Bauern nicht den Anforderungen der komplexen Sprachhandlung Beichte, sondern vielmehr dem neidhartianischen Figurenattribuierungen gehorchen: Die Dörper bekennen relativ übermütig ihre typischen Verfehlungen, ohne die situationsangemessene Zerknirschung (*contritio*, s.u.) zu zeigen. Aus dieser Perspektive wären ihre Geständnisse also als spöttische Widerspiegelung der Erwartungen Neidharts zu lesen.

Die folgenden sechs Strophen (V. 760-813) enthalten jeweils eine Beichte, deren Hauptfunktion Erhard Jöst darin sieht, die Bauern all das bekennen zu lassen, was der Rezipient ohnehin aus ihren negativen Beschreibungen kennt.[161] Der „vngenant" (V. 760), der im Jägerschwank dann explizit mit Engelmar gleichgesetzt wird (s.u.), beichtet, der „gogelheit ein michel wunder" (V. 763) zu treiben und rühmt sich seiner Kleidung wie seiner Streitlust (V. 765ff.). Auch Woernbrecht bekennt „vil vppigclicher ding getan" (V. 771) zu haben und „gar vngestümbe, bi den meiden" (V. 773) zu sein. Die Beichte des dritten Bauern, Wilbrecht von Bernheüte (V. 778ff.), besteht (was seinem martialischen Namen, der im ‚Neithart Fuchs' gewählt wurde durchaus entspricht) beinahe ausschließlich aus einem Rühmen, das ziemlich unverhüllt als Drohung erkennbar wird:

---

160 Allgemeiner formuliert wissen die Bauern demzufolge: Sich als ein x benehmen kann zum Metazeichen für das y-Sein werden (wobei x die Als-ob-Rolle Neidharts und y die angestammte Bauernfeindrolle bezeichnet).
161 JÖST 1976, S. 141.

mein newes swert daz schneidet leichnam vaste,
ja wen ich daz erplôck gen einem gaste,
wie pald er leber vnde lungen vallen lat!
(V. 784-786)[162]

Auch die vierte (V. 787-795) und die fünfte Beichte (V. 796-804) lassen Bekenntnisse folgen, die eher Drohungen als *confessiones* sind und alles andere als die bei der Beichte geforderte *contritio cordis* erkennen lassen.[163] Die Bekundungen Sigenlochs und Eggenreichs richten sich gegen nicht konkretisierte Fremde, die man zusammenschlagen (V. 795) oder sogar „selber fressen" (V. 803) wolle. Die Bekenntnisse stehen als monologische Sprechakte isoliert da; ihnen folgt keine Antwort des angeblichen Beichtvaters. Abgesetzt von der Beichtreihe der ersten fünf Pönitenten kulminiert die Kette in Engelmars Bekenntnis einer Sünde, die im Faßschwank beschrieben wurde: „ich zucket Friderauen üppiglich / den iren spiegel vnd prach in ze stucken" (V. 810f.). Auch dieses Bekenntnis bleibt ohne Absolution. Neidhart gelingt es unter Verweis auf „meinen prûder Arnold" (V. 818) das Weite zu suchen. Der Schaden, den die Bauern haben, besteht also in Hinblick auf den geistlich-rituellen Charakter ihrer Sprachhandlungen als Beichtbekenntnissen darin, daß ihre Fälle als *casus reservati* eingestuft werden und sie mit dem Hinweis auf den fiktiven Mitbruder ohne Absolution bleiben müssen. Dieser rituelle Charakter wurde aber gerade durch die komische Inszenierung der Beichte in Frage gestellt. Einzig das schwankhafte Genre erlaubt eine derartige Mischung und Verkehrung realhistorischer Handlungsformen, wie sie auch schon im ‚Pfarrer vom Kalenberg' vorgebildet war.[164]

Der Nutzen für den Protagonisten besteht im Beichtschwank nur in der erlebten Geschichte selbst, die er als Erzähler-Instanz an das Publikum weiterzu-

---

162 LESARTEN in c 13:
XIII 1 hildebolt von bernreut; XIII 7 schneidet also vaste.
163 Diese ist nur in der Version des RING (V. 681ff.) erkennbar, indem sie hier in sehr wörtlicher Weise umgesetzt wird: Einer der Pönitenten schlägt sich solange auf die Brust, bis er zu bluten anfängt. Vgl. zu dieser Stelle Christa WOLF CROSS: Magister ludens. Der Erzähler in Heinrich Wittenwilers ‚Ring'. Chapel Hill 1984. (= University of North Carolina Studies in the Germanic Languages and Literatures 102), S.28. Zum theologischen Hintergrund, der im ‚Ring' auch explizit gegenwärtig ist, während er in den Schwankliedern keine Rolle spielt, vgl. BOCKMANN 1992, S. 9.
164 Im ‚Neithart Fuchs' werden die Formen der Ohren- und Kollektivbeichte vermischt; das Institut der Beichte wird unterlaufen, indem es den öffentlichen Prahlreden der Pönitenden dient. Eine solche Verdrehung ritueller geistlicher Formen findet sich auch im ‚Pfarrer vom Kalenberg'. Hier wird der Beischlaf des Bischofs mit der Haushälterin als „Kirchweih-Zeremoniell" metaphorisiert (V. 829-907). Vgl. zu dieser Stelle RÖCKE 1987, S. 177-183.

geben vermag und tendiert auf der Figurenebene gegen Null. Daher kann der Beichtschwank besonders deutlich zeigen, daß die angeblich in der gesamten Kompilation gültige Identifizierung der Perspektiven von Publikum und Protagonisten, die Jöst und Strohschneider allen Schwänken im ‚Neithart Fuchs' unterstellen (s.o.), hier keineswegs vorhanden ist. Gerade weil der Nutzen der vom Protagonisten erlebten Aventiure auf der entsprechenden Ebene der Figurenhandlung äußerst gering ist, muß ein Gewinn auf der Ebene des Erzählens betont werden, der Neidhart als Schöpfer, Finder und Erzähler des Stoffs zugeschrieben werden kann. Hier liegt auch die Gemeinsamkeit mit dem nächsten Schwank.

Der Krämerschwank (z 10)

Einer der interessantesten Schwänke der Neidhart-Tradition ist der Krämerschwank.[165] Dieser Schwank baut in der Version des ‚Neithart Fuchs' auf einer komplexen Erzähllogik auf, welche die Vielfalt der sprechenden Instanzen, wie sie im vorangegangenen Kapitel an vielen Liedern offenbar wurde, in die Handlungsweisen der Figuren konkretisiert.

Nach einem ausführlichen Winterliedeingang (V. 925-939) kommt die Sängerfigur auf sein Verhältnis zu den Bauern zu sprechen. Eine Reihe von Bauern, die im Moment vor seinen Unternehmungen Ruhe haben (sie haben „vor mir vil gůt gemach" V. 936), stünden ihm in Feindschaft gegenüber, woran er keine Schuld trage („si tragen mir gar grossen neit, / den ich vmb si nit han verscholdt" V. 939). Er aber sei nun in einer Bedarfslage, da er seinem Publikum gerne ein neues Lied darbieten möchte:

> Nun süng ich geren von der getteling geschicht,
> so weis ich auf den winter nüß gedene nicht,
> kind man mir etwas sagen von ir gogelheit,
> damit ich mecht gedichten mer ein newes lied,
> das man darmit det reien hüpsche frawen vnd meit
> (V. 940-944)

Ein Topos der Minnelyrik, der die Lieder in Beziehung zu ihrer Neuheit setzt, indem diese entweder ostentativ behauptet oder negiert wird, ist hier also

---

165 Oft auch „Krechsenschwank" genannt, nach der „krechse", dem Tragekorb eines fahrenden Händlers. Vgl. zur Überlieferung BRILL 1908, S. 339-342; Edition nach Hs. c bei BOUEKE, S. 127-135. Neben der bei BOUEKE aufgeführten Überlieferung (c 132, f 9, G, w 12, z 10) ist auch noch der von LOMNITZER beschriebene Überlieferungsträger fr, Bl. 144v-145r, mit der Gattungsüberschrift „Nydhardus" zu berücksichtigen. Edition dieses Überlieferungsträgers bei LOMNITZER 1974, S. 339-343.

zum Ausgangspunkt für die Schwankhandlung geworden.[166] Im Sinne der strukturalen Analyse ist Neidhart in einer Mangelsituation, während die Bauern von Zeiselmauer über das begehrte Objekt verfügen: den thematischen Stoff für sein Lied.[167] Von den Bauern heißt es, daß sie dem Sänger „manig kurczeweil" (V. 946) bereitet haben und daß er „von ir gugelfur (...) noch mer singen mag" (V. 948). Die konflikthafte Konstellation dieser Ausgangssituation besteht im Haß der Bauern auf Neidhart und dessen Mangel an einer besingbaren Geschichte auf der anderen Seite. Diese Konstellation, durch zwei asymmetrische Relationen dominiert, bestimmt die folgende Handlung. Der Auszug dient der Eroberung einer Erzählung und wird auch so motiviert, während der dadurch entstehende Schaden für die Bauern nur auf dieser Ebene besteht: in der Nachrede, die sie zu gewärtigen haben: „darumb wil ich gen Zeiselmaur den pauren machen clag" (V. 949).

Auf der Seite der Antagonisten besteht eine andere Gewichtung von Mangel und Schädigung. Die Mittel der Bauern, wie sie die bisherigen Schwankversionen des ‚Neithart Fuchs' nahelegen, werden die der körperlichen Gewalt sein. Unter diesen Vorzeichen begibt sich Neidhart, als Krämer verkleidet, in das Haus seines Erzrivalen:

zů diser abenteür wer mir ein krechsen gůt,
vnd auf die fart an meinem leib ein schwarcz gewand,
dahin gen Zeiselmaur so wil ich zehand,
gen einem, heissest Engelmeir, er ist mir wol erkant.
(V. 951-954)

Die Verkleidung ist nicht nur aufgrund der lange anwährenden Feindschaft zwischen Neidhart und Engelmar notwendig, sondern auch aufgrund der besonderen Gefahr, die sich mit diesem Namen verbindet: „Der ist der vbelst paur, als ich es het vernomen / (...) wer sich ein wenig gen im verschuldt, den schlůg er tod zehand" (V. 955-959). Da das Konto der Schädigungen auf des Bauernfeinds Seite ein großes Haben, bei Engelmar ein Soll verzeichnet, hat Neidhart besonderen Anlaß zur Sorge und Angst, als er in Engelmars Haus ankommt: „do hett ich grossen grauß" (V. 964).

Wer in der Figurenkonstellation negativ, wer positiv besetzt ist, daran läßt der Text im folgenden keinen Zweifel. Die Bitte um eine kurze Beherbergung löst bei Engelmars Frau nur Sorgen aufgrund der Bösartigkeit und Un-

---

166 Vgl. zu Reinmar II.3.2.
167 Die Mangelsituation ist Ausgangspunkt der Handlung, sie markiert hier den Konflikt im Warningschen Aktantenschema. In der Sichtweise Claude Bremonds ist *jede* Narration aus einer Mangelsituation zu erklären; vgl. GÜLICH/RAIBLE 1977, S. 202-218. Vgl. Claude BREMONT: Logique du récit. Paris 1968.

beherrschtheit ihres Mannes aus, die sie in einen Sprechakt des Abratens formuliert: „ ich han ze eim wirt leider als ein pôsen man / seiner fraîdigkeit vnd stolcze sorg ich euch nit engann" (V. 967f.). Die Zeichnung Engelmars als Bösewicht wird weitergeführt, wenn der Gast seine Überredungsgabe einsetzen muß, um eingelassen und mit einem Begrüßungstrunk bewirtet zu werden. Er erhält von der Frau den Ratschlag, sich still zu verhalten (V. 977), und gerät damit ganz in einen Gegensatz zu seinem Rivalen, der so ähnlich wie der ‚Bruder Rausch' des nachfolgenden Schwankromans als Teufelsbündler erscheint: „er prauset in dem hauß, mich wundtert, das er nit erpricht" (V. 979).[168] Auf die Frage, wo sich der Ehemann wohl befindet, gibt die Frau eine Antwort, welche Neidhart letztendlich sein *abenteür* verschafft:

> Ich sprach: wa ist er, fraw? er mag im wirczhauß sein.
> si, neiner, lieber gast, wir haben selber wein.
> im hat der übel teüfel eine müe erdacht
> mit einer neiwen troien, die man ieczen macht,
> damit hat er kein rû ieczen wol zehen tag vnd nacht.
> (V. 980-984)

Engelmar ist mit dem Anfertigen einer neuen Jacke beschäftigt, die, wie seine Frau weitererzählt, ganz mit „krume nadeln vnd auch pech" (V. 992) ausgestattet ist und ihn so unverwundbar machen soll. Niemand dürfe unter Strafe auch nur ein Wort über dieses Projekt erwähnen. Die aktantielle Konstellation ist bis zu diesem Punkt bereits klar entworfen: Neidhart und Engelmar stehen sich als die zwei Subjektaktanten gegenüber, denen jeweils eine Helferfigur zur Seite steht und die beide ein Objekt begehren, das noch im Besitz Engelmars ist. Die Helfer sind der Teufel auf seiten des „vbelsten" unter den Bauern und dessen Frau auf seiten Neidharts. Das von Engelmar gehütete Objekt ist das *Wissen* um seine neue Zauberjacke, welches sich zugleich als begehrter Liedstoff für Neidhart herausstellt. Frau und Teufel sind, wenn auch auf der Textoberfläche als Figur und Motiv durchaus unterschiedlich gewichtet, so doch funktional betrachtet nur Helfer-Aktanten: Wie der Teufel Engelmar zum Wissen um die Herstellung der Jacke verhilft, so verhilft die Frau Neidhart zum entsprechenden Wissen um Engelmars böse Absicht.[169] Ähnlich wie der so entworfene Konflikt um ein gemeinsam begehrtes Objekt sind auch die Schädigungsabsichten der Antagonisten verteilt.

---

168 Zu Bruder Rausch als Teufel vgl. RÖCKE 1987, S. 143-153.
169 Die Helfer-Aktanten spielen seit Propps ‚Morphologie des Märchens' eine große Rolle in der Narrativik. Daß es im Krämerschwank der Teufel ist, der als Helfer erscheint, ist sicher angesichts der erwähnten ‚Isotopien des Bösen' (vgl. III.2), die sich mit dem Namen Neidharts verbinden, kein Zufall.

Der Krämer wird von der Frau, die seine fiktionale als soziale Rolle verkennt, nach Herrn Neidhart aus Wien gefragt, um dann ungefragt die Absicht, welche Engelmar mit der Zauberrüstung verbindet, seinem verkleideten Erzfeind preiszugeben: Da Engelmar dem Neidhart feind sei, habe er einen Eid geschworen, daß, wenn „er in find, er [Neidhart] müß sein leben han verlorn" (V. 998). Der Schwankheld bejaht die zuvor gestellte Frage, ob er Neidhart kenne, wahrheitsgemäß und beschreibt sich selbst als bestausgerüsteten Ritter in ganz Österreich (V. 1002f.), bis seine Rede von dem hereinbrechenden Engelmar unterbrochen wird. Die Selbstbeschreibung als imposante Rittergestalt verliert sich in diesem Moment in die Angst der Beichtschwanksituation:[170]

> All in der red da kam der vngefiege man,
> ich glaub, das ich kein sollichen wirdt nie gewan,
> er rauschet ein gleich sam der rausche sturmwint,
> im fluchen ab dem weg magt, fraw vnd die kind,
> er sach mich grausselichen an, vor sorgen ward ich schier plind.
> (V. 1005-1009)

Der Fremde erklärt seine Herkunft und seinen langen Weg aus Wien (V. 1012f.) und wird prompt vom ungestümen Wirt nach diesem gefragt. Hauptaugenmerk ist dabei, ob der Neidhart einen neuen Stoff über die Bauern zu einem Lied verarbeitet hat: „singt er nit von vns pawrn? daz er werd geschant!" (V. 1017). Zur Antwort erhält Engelmar, daß der Gast vor zehn Tagen bereits (also genau seit jenem Zeitpunkt, da Engelmar an seiner Jacke arbeitet) ein „newes lied gemacht" (V. 1021) habe. Dieses Lied handele „von einem tôrpel, der sei freidig vnde frech, / der mach ein troi von krumen nadeln vnde bech" (V. 1022f.) und sei in Zeiselmauer beheimatet. Das Wissen um die Zauberjacke ist in Form des Liedstoffs also bereits beim ritterlichen Rivalen angekommen. Neidhart hat auf wundersame Weise das bekommen, was Engelmar als alleiniges Gut verloren hat; er hat sich dieses Gut angeeignet und liefert als Geste der Domination das angeblich zehn Tage alte Lied als Beweis. Neidhart wird von Engelmar aufgefordert, das entsprechende Lied zu singen, und verhüllt dabei seine Identität als ‚Informationsräuber', indem er behauptet, er habe das Lied bereits gelernt, als er Wien verlassen habe:

> ich sing eüch von der newen troien, was ich kan,
> daz lernet ich zů Wien, da ich wolt scheiden danen.
> was mir gefiel, das sang ich nun, daz ander ließ ich stan.
> (V. 1027-1029)[171]

---

170 Vgl. zum Beichtschwank den vorigen Abschnitt sowie NF, V. 741, 750 u.759.
171 Zur Rolle des Zitats in der Neidhart-Rezeption vgl. V.2.1 sowie Anm. 53 u. 54.

Die anfängliche Konstellation hat sich verändert: Nun ist es Engelmar, der ohne das gehütete Objekt der Unterlegene ist, weil der andere es sich diesmal auf ihn bösartig erscheinende Weise angeeignet hat. Neben dem gehüteten Geheimnis um die Zauberjacke scheint auch der Teufel als Helfer die Seiten gewechselt zu haben:

> Der Engelmeir sprach: wie sol ich mich nun bewaren?
> der Neithart kan so heimliche ding erfaren.
> nun hat ims nie gesaget keines menschen mund,
> er hat ein übeln teüfel, der ims machet kond,
> (V. 1030-33)

Das Besondere der Überführung der Anfangskonstellation in eine Endkonstellation, bei der das begehrte Objekt vom Besitz des Antagonisten in den des Protagonisten überwechselt, liegt in dieser Schwankversion zweifelsohne in der Natur des Objekts, das eben kein physisches ist (wie das Veilchen oder die erbeutete Morgengabe), sondern eine Information. Daß es tatsächlich die Information ist, die Engelmars Verlust ausmacht, zeigt sich an der Tatsache, daß dieser sich geschlagen gibt und freiwillig dem Empfänger der Information noch eine Barschaft als Wegzehrung mitgibt („secht hin, herr gast, seidt wol gemût, verzirt das halbe pfund!" V. 1034). Auf diese Weise wird der Besitzerwechsel des begehrten Guts wiederum auf zwei Ebenen besiegelt.

Die eigentliche Besonderheit des Krämerschwanks besteht in seiner poetologischen Komplexität. Zunächst ist der Informationsraub und die Stoffgewinnung des Helden nur unter der Bedingung begrenzten Figurenwissens möglich: Der vermeintliche Krämer wird als Krämer identifiziert, nicht aber als Neidhart erkannt. Keine der Figuren außer Neidhart weiß, wie es zum Besitzerwechsel der Information kommen konnte. Dieses Wissen teilen der Held, der mit ihm gleichgesetzte (implizite) Autor und das Publikum des Textes. Dann ist das erbeutete Gut des Protagonisten nicht von Anfang an vorhanden, sondern verwandelt sich erst im Ablauf des Handlungsschemas von Konfrontation, Domination und Attribution zu dem, was Neidhart zu besitzen verlangt: Vom geheimen Wissen des Widersachers um die Herstellung einer Zauberjacke über die erfragte Information bis hin zum Stoff eines Lieds sind es mehrere Schritte. Der erbeutete Liedstoff manifestiert sich zunächst als Wissen, dann als Wissen um das Wissen, schließlich als Stoff einer darauf aufbauenden Wissensbearbeitung Es ist im wesentlichen die Transformation des erworbenen Guts, die zugleich aufzeigt, wie eine Handlung sich in Dichtung verwandelt, welche die Selbstreflexivität des Krämerschwanks ausmacht.[172]

---

172 Was im strukturalen Analysemodell als Wechsel eines Objekts von einem zum anderen Aktanten beschrieben wurde, blendet die beschriebene epistemologische und transforma-

Die Verwandlung des begehrten Objekts läßt sich wie folgt beschreiben: Neidhart zieht aus, weil er etwas sucht, was keiner außer ihm (er-)finden kann: ein neidhartianisches Lied. Den Stoff dazu kann er nun der Bauernwelt entnehmen. Textintern wird das ‚Lied von der Troie‘[173] aus dem Wissen um Engelmars Absichten gewissermaßen gefunden. Dieses textintern Lied hört das Publikum des Schwankromans aber nicht; es wird statt dessen mit der anscheinend sprichwörtlich gewordenen Wendung „was mir gefiel, das sang ich nun, daz ander ließ ich stan" (V. 1029) als Platzhalter bezeichnet. Textextern ist jedoch der Krämerschwank als ganzer das ‚Lied von der Troie‘, wie auch die anfangs zitierten Rezeptionsdokumente zeigen.[174] Das Lied, das Neidhart findet, ist also dasselbe wie jenes, das davon berichtet, wie er ein Lied findet. Der Doppelaspekt Neidharts als Autor, der Geschichten schafft, und als Figur, die Geschichten erlebt, ist in diesem Schwank reflektiert, indem er sich in einer eigenständigen Handlung *konkretisiert*: Neidhart als Autor ist als handelnde Figur gekennzeichnet, die sich die Bedingungen und Gegenstände ihrer Textproduktion selbst schafft. Auf diese Weise reflektiert der Krämerschwank die poetologische Verfaßtheit der Schwanklieder insgesamt.

Gegenüber der poetologischen Komplexität des Krämerschwanks fallen die letzten Schwankversionen der Reihe zurück; diese beruhen zumeist auf einem gegenüber den bisher analysierten Schwänken vereinfachten Schema der Geschichts- und der Diskursebene und sollen entsprechend weniger ausführlich behandelt werden.

Der Bremsenschwank (z 11)
Der Bremsenschwank[175] ist von einfacher Bauart: Im ‚Neithart Fuchs‘ besteht er nach einem längeren Natureingang (V. 1040-1090) zunächst aus einer spöttischen Schilderung eines Bauerntanzes (V. 1091-1138), die den motivischen Anlaß zur Schädigungsaktion gibt: Neidhart läßt Bremsen frei, damit seine Widersacher von diesen verletzt werden. Der Ursacher der Schädigungsaktion wird erkannt („Neithart der ist aber hie" V. 1183); aber natürlich gelingt dem Bauernfeind auch hier die Flucht. Dieses Handlungsgerüst wird durch eine gewissermaßen subjektivierte Perspektive und deren Details ausgefüllt: Bereits als Beobachter der bäuerlichen Szenerie befindet sich Neidhart mitten unter den

---

torische Dimension aus und kann die Selbstreflexivität des Schwanks daher auch nicht ausloten.
173 So sei das Lied nach der Überschrift in f („Neithart wie er zwm Engelmair zw herbirch was vnd sang ymb von der troyen") mit Kurztitel genannt.
174 Vgl. die unter V.2.1 genannten Dokumente.
175 Der Schwank, gelegentlich auch Bremsenschwank genannt, ist hs. in c 12,1-11; f 1,1-11 überliefert. Eine neuere kritische Edition findet sich bei MARELLI, Schwanklieder.

Tanzenden: „von in sach / ich tanczes trit" (V. 1110f.). „Heimelichen" (V. 1139) ist er in das Dorf gekommen. Nach dem Tanz ist die Gelegenheit günstig, die Bremsen unter die Bauern zu lassen, bis diese einen großen Schaden davongetragen haben (V. 1159ff.). Neidhart muß erst dann zur Flucht rüsten, da man ihn als Verursacher dieser Handlung erkannt hat („Neidhart der ist aber hie / der vns gespottes nicht erlie" V. 1183). Er verbindet sich den Mund, damit man ihn nicht erkenne (V. 1193ff.) und muß sich schließlich hinter einer Schwelle (V. 1199ff.) verstecken, bis niemand mehr nach ihm sucht. Der „gewin" (V. 1216) des Protagonisten besteht neben der gelungenen Schädigung der Bauern im Entfliehen-Können, d.h. dem auf Verstellung beruhenden, listigen Entkommen aus einer gefährlichen Situation.

Die Version des Bremsenschwanks im ‚Neithart Fuchs' baut auf einer einfachen Logik der Schädigungen auf und zeigt eine Verbindung mit dem Faßschwank durch das Motiv des Versteckens. Das Motiv der Flucht Neidharts schafft darüber hinaus eine Verbindung zu vielen anderen Liedern der Tradition sowie zum nachfolgenden Kuttenschwank.[176] Im Bremsenschwank werden zwei Verfolger auf Neidhart angesetzt, die schnell wieder außer Gefecht gesetzt werden.[177] Diese beiden Verfolger werden in der Einleitungsstrophe des Kuttenschwanks kurz erwähnt (V. 1221).

Das motivische Ineinandergreifen beider Schwankversionen macht den Bremsenschwank als Vorspiel der nächsten Schwankhandlung deutbar: Neidhart wird im Bremsenschwank als der alte Bauernfeind erkannt. Auch wenn ihm die Schädigung selbst gelingt, vermag er es nur durch das wenig trickreiche Verstecken, zu entkommen. Diese gefährliche (und als beinahe mißlungen dargestellte) Flucht ist aber ausgleichsbedürftig, da sie keinen Wert für den Protagonisten erzeugt. Nur eine erneute Verkleidung und ein damit verbundenes Abenteuer kann den Ausgleich erreichen.

Der Kuttenschwank (z 12)

Im Kuttenschwank[178], der neben dem ‚Neithart Fuchs' auch im ‚Großen Neidhartspiel' Verwendung findet und dort aufgrund dramaturgischer Erfordernisse zusammen mit dem Beichtschwank in Szene gesetzt wird,[179] beruht die Handlung ebenso wie in jenem auf Elementen der religiösen Sphäre, die

---

176 Neidharts Flucht wird in einigen Liedern als Motiv in Szene gesetzt (z.B. WL 14, RB 46).
177 Einer findet ihn nicht (V. 1199), den anderen vertreibt er (V. 1205ff.). Vgl. auch BRILL 1908, S. 185f.
178 Vgl. zum Kuttenschwank (Boueke 7) GUSINDE 1899, S. 97-106; BRILL 1908, S. 166-173; JÖST 1976, S. 146f. Der Kuttenschwank fand sogar noch Aufnahme in ‚Des Knaben Wunderhorn' (1806); vgl. JÖST 1976, S. 146.
179 GNSp, V. 1341-1601.

mit denen der Bauernwelt vermischt werden und durch den hybriden Charakter der daraus resultierenden Rede ihre Komik gewinnen.

Im ‚Neithart Fuchs' ergänzt der Kompilator - vermutlich aufgrund des unsicheren Übergangs zum vorangegangen Schwank - drei zusätzliche Zeilen, die nur hier überliefert sind und die sich auch als ausformulierte Überschrift der eigentlichen Schwankhandlung lesen lassen:

> Herr Neithart der wil vns aber eins schencken,
> ein newes lied, darbi wir sein gedencken
> darvon man fürbas singet vnde seit.
> (V. 1242-45)

Das folgende Schwanklied wird diesen Zeilen zufolge als Gabe des *Autors* Neidhart bezeichnet, welche zugleich seinem Andenken und Gedächtnis dient. Neidhart ist auf diese Weise im folgenden Lied Gegenstand der Rede und Berichterstatter zugleich; wobei diese Instanzen sprachlich nicht differenziert werden. Auf jeden Fall ist Neidhart Wahrnehmungsmittelpunkt des berichteten Geschehens, wie die zwischen dritter und erster Person hin- und herwechselnde nächste Strophe zeigt. Der Beobachtende, dessen Perspektive das Beobachtete strukturiert, ist so zweifelsohne der bekannte Bauernfeind, gerade weil an der Textoberfläche kein Unterschied zwischen sprechenden und handelnden Instanzen gemacht wird, welche mit „Neithart" bezeichenbar sind:

> Da hin gen Wien lief ich Neithart mit gewalte
> vnd kaufet einen loden also palde,
> als in die můnch gekutten sollen tragen,
> der Neithart sprach: ich wil nit abelassen,
> die bessen paurn wil ich darein stossen,
> ich hoff, die abentür sol mir behagen;
> er eilet pald zum schneider vnd sein knechte,
> das si iedem sein kutten machten rechte
> mit falten vnd mit zipfel vmb den kragen.
> (V. 1246-1254)

In Hinblick auf die Personenkonstellation läßt sich dieser Strophe Folgendes entnehmen: Nicht nur in der diffusen Absicht, seinen Feinden zu schaden oder sie beobachtend mit Spott zu bedecken, begibt sich Neidhart nach Zeiselmauer; seine Absicht ist gewissermaßen die einer vorsätzlichen und logistisch geplanten Schwankhandlung. Er scheint die Antagonisten bereits genau zu kennen, insofern die Kutten nach Maß genäht werden. Für 25 Bauern werden in der entsprechenden Länge geistliche Gewänder angefertigt, während Neidhart selbst die Absicht hat, sich für einen Abt auszugeben (V. 1255-1259). Mit einer Karre voller Kutten zieht der Schwankheld aus, so daß das Publikum mit dieser Exposition bereits Herrn Neidharts „aubenteir" (V. 1264) antizipieren kann. Durch einen Trick gelingt es Neidhart, die Bauern zum Schlafen zu bringen und ihnen eine Tonsur zu schneiden (V. 1281-1295).[180] Als sie ihre neuen Gewänder sehen, reagieren sie in derselben Weise, wie sie meistens auch auf Neidharts Verkleidungen reagieren: Sie fassen die Kleidung als quasi-natürliche Zeichen einer damit verbundenen sozialen Rolle auf. Genauso wie es den meisten Antagonisten nicht möglich ist, eine Mönchskutte bei einem anderen als gewähltes Zeichen einer beabsichtigten Verstellung zu erkennen, sind sie nun nicht in der Lage, die an sich selbst wahrgenommenen Zeichen als konventionelle Zeichenträger zu deuten, die von Inhalten ablösbar sind. Der Algorithmus, nach dem sie schließen, lautet: Wer eine Kutte trägt, muß Mönch sein. Die Bauern halten nicht nur sich selbst unreflektiert für Mönche, sondern auch ihren Feind, als er ihnen dies verkündet (V. 1316), für ihren Abt.

Die letzten Teile des Schwanks (V. 1318-1362) bestehen in der komischen Realisierung dieser Rollen- und Identitätsverkennung: Die Bauern kommen an den Hof Herzogs Ottos in der Absicht, eine Kirchweih vorzunehmen (V. 1325). Vermeintlich zelebrieren sie ein Hochamt.[181] Sie singen dabei aber „gleich sam narren vnde thoren" (V. 1350), bis auch dieser geistliche Akt in die unvermeidliche Schlägerei ausartet („den segen gabens ein ander mit den scheiten" V. 1352) und der Fürst Neidhart seine Mönchsschar von dannen führen läßt. Erst jetzt bemerkt die Schar, daß sie zum Spottobjekt geworden ist und schwört dem Verursacher des Streichs Rache.

Während in den bisher untersuchten Schwankversionen Erlebnisse des Neidharts als Abenteuer an den Hof getragen werden, kommen im Kuttenschwank nicht mehr Erzählungen über Bauern, sondern diese selbst an den Hof des Herzogs. Motivisch besteht in der Handlungsrolle des Herzogs eine Ähnlichkeit zu den letzten beiden Schwänken der Reihe (dem Bilderschwank und dem Schwank um Neidharts ‚taube' Frau). Die Rolle Neidharts als Hoflieferant von Unterhaltungsgütern ist mit dem direkten Agieren der Bauern und des Herzogs allerdings keineswegs außer Kraft gesetzt; denn in jedem Fall kommt der Hof auf seine Kosten, was die Zulieferung kurzweiliger Geschichten anbelangt.

Insbesondere im Kuttenschwank gestaltet sich das Auftreten der Bauern am Herzogshof so, daß der Herzog die Vorführung der unfreiwillig Verkleideten durch ihren Erzfeind als Unterhaltung betrachtet. Der Fürst und seine Hofgesellschaft („die edlen" V. 1345) haben dabei eine ähnliche Position wie das

---

180 Zur Geschichte dieser Motive vgl. GUSINDE 1899, S. 102-106.
181 Auch hier liegt wiederum ein parodistischer Bezug auf geistliche Rituale vor, wie er oben anhand des Beichtschwanks und des ‚Pfarrers vom Kalenberg' konstatiert wurde; vgl. Anm. 164

textintern angesprochene Publikum anderer Schwänke: Sie sind zu erkennen imstande, daß die vermeintlichen Mönche ihre Lage verkennen, wenn die dörperlichen Protagonisten geistliche Gesänge anstimmen und ausgerechnet Neidhart als ihren Anführer akzeptieren. In der dramatischen Ironie zwischen Erkennen und Verkennen sozialer Identitäten liegt der primäre Unterhaltungswert der Vorführung:

> Die edlen stondend aussen an der wende,
> vnd wolten hôren, wie es nem ein ende,
> die pauren wondent, si werent in dem kor; (...)
> si sungen all gleich sam narren vnde thoren,
> (V. 1345-1347; 1350)

Erst als Neidhart seine Rolle offenbart und die Bauern auf deren wahre Rolle hinweist, fallen Selbstbild und Fremdbild wieder zusammen. Neidhart macht die Verkleideten auf die noch ungemolkenen Kühe aufmerksam (V. 1358).[182] Ihr quasi-geistliche Benehmen wird damit zum Als-Ob-Handeln von Narren. Erst mit der Entdeckung der Identität ihres Feindes sind die vermeintlichen Mönche fähig, ihre eigene Identität wieder zu erkennen. Mit dieser Erkenntnis der Törpel geht die Erkenntnis einher, wieder einmal Stoff für eine höfische Unterhaltung abgegeben und zudem eine erneute Schädigung erlitten zu haben:

> der Engelmeir der sprach: wir seint betrogen.
> wer hat vns in die minchs kutten gelogen?
> ey das im alles vnheil widerfar!
> (V. 1360-62).

Der alte Mechanismus von Schädigung und Wunsch nach Gegenschädigung wird somit am Laufen gehalten und bleibt Movens aller weiteren Schwankabenteuer. Daß es Engelmar ist, der zur Erkenntnis der Lage (und der ihr vorausgesetzten Identifizierung Neidharts als Abt) fähig ist, schafft den Übergang zum nächsten Schwank, in welchem er sich ähnlich heraushebt.

Der Jägerschwank

Im Jägerschwank (RB1) wird die mehrmals herausgestrichene Sonderrolle Engelmars nochmals hervorgehoben. Der Schwankstoff baut auf einem Namensmotiv auf, das sich auch in anderen Liedern zeigt und hier plausibilisiert wird. In vielen Liedern ist einer der Rivalen der „vngenante", im Jägerschwank

---

[182] Disziplinarische Ratschläge wie diese sind in sozialsatirischen Bauernbeschreibungen in der Neidhart-Tradition und -Rezeption üblich. Vgl. etwa RING, V. 1268-1275.

wird dieser mit Engelmar identifiziert.[183] Der „vngenante" wird dadurch nicht mehr im Sinne eines Anonymus gebraucht, sondern wird zu einem weiteren Eigennamen für Neidharts Erzrivalen.[184] Wenn Handschrift c den Jägerschwank an den Anfang der Liedersammlung stellt, wird damit dem Leser eine Anweisung gegeben, den Namen „der vngenante" durch „Engelmeir" zu ersetzen, wodurch das rätselhafte Motiv des Ungenannten aufgelöst und mit dem Schwankstoff erklärt wird.

> Vnd engelmair wil ich yn nymer nennen.
> Er haist der Vngenante man.
> Der wol mit friderûnen kan.
> Ir mûgt yn wol erkennen
> (c 1 [RB 1] XI 7-10]

Das dem Leser Mitgeteilte ist hier weniger eine exakte Information über das Verhalten der Neidhart-Figur in Hinblick auf den Namen Engelmars als vielmehr eine Lese- und Erkennungsregel. Die eigentliche Information ist die Substitutionsregel, die auch eine Formel zur Identifizierung zweier Individuen ist. Engelmar und der Ungenannte werden als Gegebenheitsweisen ein- und derselben Person erkennbar.[185] Die hier vorgenommene Funktionalisierung trifft auch für die Schwankversion des ‚Neithart Fuchs' zu, wird aber an späterer Stelle und unter anderer Gewichtung vorgenommen.[186]

Herr Neidhart kommt in eine bäuerliche Stube und wird von Engelmar erkannt und dennoch von den Bauern freundlich bewirtet (V. 1396ff.). Neidhart, obwohl namentlich begrüßt („sint vns wilkumen her Neithart" V. 1406), verleugnet sich aber und gibt sich als Jäger des Herzogs aus (V. 1409-1412). Der Grund für die Verstellung liegt in der Logik der Schwankfolge, nach der die Bauern auf Rache sinnen werden; selbst dann, wenn sie Neidhart gegenüber freundlich scheinen. Nach dem Muster der bisherigen Schwankabenteuer schützt ein Verleugnen der Identität bzw. eine Verstellung vor dieser Rache. Diese Verstellung funktioniert anscheinend, denn niemand der Bauern bedrängt den Bauernfeind, mit Ausnahme ihres Anführers. Dieser ist zur Erkenntnis der Neidhart-Identität befähigt und hebt sich neben seiner Befehlsgewalt in dieser Schwankversion hauptsächlich durch diese Fähigkeit von den anderen ab. Da das Erkennen Neidharts in der feindlichen Umgebung immer mit der Gefahr an

---

183 Vgl. ANACKER 1933, S. 12f.
184 Vgl. BRILL 1908, S. 176.
185 Vgl. zur Identität als epistemischer Gegebenheitsweise II.1.2.
186 Eine Kohärenz im Sinne logischer Geschlossenheit kann die Kompilation des ‚Neithart Fuchs' auch hier keinesfalls erreichen. Der Ungenannte war bereits eines der Beichtkinder im Beichtschwank (V. 760ff.), während Engelmar ein weiteres war (s.u.).

Leib und Leben verbunden ist, kann der vorübergehend situationsmächtige Engelmar seinen Feind zu einem Tauschhandel zwingen:

> her Engelmeir in [den Bauern] da gebot
> all bi dem leben auf den tod,
> das si nider sessen alle:
> her Nithart ich kan euch wol erkennen,
> doch will ichs sagen keinem man,
> wan ich will euch wol helfen darvon,
> welt ier mich nimmer nennen.
> (V. 1416-1422)

Die Darstellung Engelmars als Herrscher über die anderen Bauern[187] legt folgenden aufgezwungenen Vertrag nahe: Wenn Neidhart als Dichter der bekannten Schwanklieder davon Abstand nimmt, Engelmar zu nennen (d.h. auf die Schädigung des Antagonisten verzichtet), dann verhilft dieser ihm aus der gefährlichen Situation, verzichtet also seinerseits auf die mögliche Schädigung des Protagonisten. Der Vertrag ist gerecht, aber Neidhart aufgezwungen, so daß er vorübergehend in die Situation des Unterlegenen geraten ist. Er stimmt den Bedingungen also zu, allerdings nur, um diese listig zu unterlaufen und als der Überlegene die Szene zu verlassen:

> Ich wil dir globen bi der handt:
> von mir wirst du nimmer mer genant,
> was ich dicht oder singe,
> was einer baß erdencken kan,
> so heist der vngenannte man,
> des magstu frölich springen
> (V. 1423-1428)

Mit dem letztlich nur (wie sich herausstellen wird) scheinbaren Eingehen auf die Bedingungen des Gegners wird dem Ritter der Weg geräumt (V. 1433). Wieder tritt neben die situative Überlegenheit, mit der Neidhart aus der Begegnung mit dem Gegner hervorgeht, noch ein zusätzliches materielles Gut, das in

---

[187] Nach MÜCK (1986, S. 172) ist die Rolle des Dörpers, dessen „sprechender Name ‚Engelmair' seinen sozialen Status als Meier" markiere, in vielen Hinsichten hervorgehoben: als Vortänzer, Spiegelräuber, Hauptrivale und eben als sogenannter Ungenannter (vgl. ebd., S. 182f.). Auch in den Schwänken erscheint Engelmar des öfteren in einer herausgehobenen Stellung (etwa Brautschwank, V. 490). Im ‚Großen Neidhartspiel' ist die Anführerrolle Engelmars sicher am deutlichsten in der Neidhart-Rezeption ausgebaut; sie entspricht in symmetrischer Weise der Rolle Neidharts unter den Rittern; vgl. MARGETTS 1982, S. 285f.

seinen Besitz gerät: Ihm wird ein „gûtes pferd" (V. 1436) geschenkt. Mit diesem Pferd macht er sich auf den Weg. Eine große Menge („ein michel gassen" V. 1447) folgt ihm, bis er seinem Gegner gefahrlos nachrufen kann: „her Engelmeir, ich dar auch nimer nenen, / iecz heist ir der vngenante man" (V. 1449). Das Versprechen wird in einer Weise gehalten, die sein Unterlaufen ermöglicht. Auf der wörtlichen Ebene wird der Gegner nicht genannt, sondern angeredet; durch die Übermittlung der entsprechenden Codierung (der genannten Substitutionsregel) ist es aber jedem möglich, in dem einstigen Anonymus innerhalb der Figurenwelt den nicht genannten Engelmar zu erkennen.[188] Die Identität des Protagonisten ist damit wieder durch seine List geprägt, seine Kalkulation der Verhaltensweise anderer und der Nutzbarmachung dieses Wissens für eigene Zwecke. Dies gilt auch für den nächsten Schwank.

Der Salbenschwank

Das Gut, das Neidhart gewinnt und die Bauern verlieren, kann in den Schwankliedern aus Geld oder einer anderen Gabe bzw. dem Mangel daran bestehen, ist aber in jedem Fall mit der aus der Schwankhandlung resultierenden Wirkung als Schädigung der einen oder der anderen Seite verbunden. Diese kann eine direkte Schädigung oder aber die Nachricht über die Handlung sein, was in den einzelnen Schwänken unterschiedlich gewichtet wird. Neidhart hat eine Aventiure erlebt und zu berichten; die Bauern haben eine Rufschädigung und einen allgemeinen, zumeist körperlichen Schaden zu erwarten, beide Aspekte lassen sich je nach Stoff und konkreter Schwankversion unterschiedlich gewichten. Im Salbenschwank (Boueke 2)[189] zeigt sich eine Betonung des direkten körperlichen Schadens.

Im Gegensatz zur allgemeinen Sommerfreude hat der Sprecher nur Leid durch seine Feinde zu gewärtigen (V. 1470ff.). Der Auszug in das Dorf wird aus der Beschreibung des Dörpertanzes heraus motiviert, den zu beobachten allein schon leidbringend für den Beobachter ist. Als Mittel, um nicht von den Widersachern erkannt zu werden, benutzt Neidhart eine Wurzel „in meinen mund" (V. 1491).[190] Als der angeblich todkranke Mann nach Zeiselmauer, den Ort seines erfolgreichen Wirkens („da hin, da manger tôrpel wardt entweicht, / gar listeglich (...)" V. 1498f), gelangt, wird er dort erwartungsgemäß als Kran-

---

188 Das Motiv, ein Pronomen zu einem Eigennamen umzudeuten, war dem Mittelalter durch den Stoff der Überwindung und Blendung des Zyklopen Polyphem durch Odysseus bekannt.
189 Vgl. zum Salbenschwank BRILL 1908, S. 176-182; SINGER 1920, S.62f. Zu den Versionen vgl. BOUEKE 1967, S. 117-126; BOKOVÁ/BOK 1984.
190 Die Wurzelmotivik ist bekannt aus SL 15 und ZB 3. Hier wird sie allerdings als Aphrodisiakum des Liebhabers benutzt. Anacker (1933, S. 10) führt eine Wurzel mit ähnlicher Wirkung in ‚Salman und Morolf' auf.

ker behandelt und in seiner wahren Identität verkannt. Wie im vorangegangenen Jägerschwank wird er von den Bauern „in fruntschafft" (V. 1514) bewirtet. Nach seiner Herkunft befragt (V. 1523), kann der Fremde sich auf die Kraft der Wurzel verlassen, die so wirksam ist, daß sie seine eigene Stärke zu verbergen vermag (V. 1529f.). Verkleidung ist durch ein Mittel der Körpermanipulation ersetzt, das allerdings die gleiche Wirkung hat wie diese: Es läßt Neidhart als einen anderen erscheinen als den, der er ist. Er wirkt schwach und ist doch stark. Das Entstellen und Verstellen bringt hier wie im Krämerschwank einen Aspekt der wahren Identität hervor.

Auch in dieser Schwankversion ist die Beinahe-Erkenntnis des Fremden ein gewichtiges Moment. Einer der Bauern steht - wie sonst Engelmar - auf der Stufe, auch Als-Ob-Rollen prinzipiell als solche entlarven zu können, und hat sogar ein in Hinblick auf die sonst übliche Gestaltung der bäuerlichen Figuren komplexes Identifizierungsverfahren parat, das der Fremde zu durchlaufen hat. Die Fähigkeit drückt sich in der Erkenntnismöglichkeit, Neidhart zu identifizieren, aus: „Ich bin der schalckheit wol gelart, / ich schaw, ob es sei herr Neithart" (V. 1537f.). Das entsprechende Prüfverfahren besteht in einer Frage an die Frau Engelmars, ob der Mann, der dort als Kranker erscheint, derselbe sei, „der ferent trůg die krechsen her" (V. 1544). Die Befragte verneint die Frage, da der gegenwärtige Fremde offenkundig ein „siecher man" sei, wie jedermann erkennen könne (V. 1548f.) In der Schwankversion ist die Kette der Antagonistenmacht so schwach wie ihr schwächstes Glied: Während der herausgehobene anonyme Bauer in der Lage gewesen wäre, Neidhart zu identifizieren, hätte er die über sinnliche Anschauung verfügt, besitzt die befragte bäuerliche Frau zwar diese Anschauung, kann sie aber nicht in Hinblick auf ein Identifizierungsverfahren abstrahieren. Daß eine Person unter zwei Gegebenheitsweisen (kranker Mann, gesunder Händler) erscheinen kann, ist für sie nicht denkbar.[191] Neidhart ist indes vor der Gefahr des Erkanntwerdens gerettet und erst durch Überstehen der Situation letztendlich in der Lage, „ein neuwes lied" (V. 1553) anzufertigen.

Die Zweifel an der Identität des Kranken, der fortan als solcher akzeptiert wird, bereuen die Bauern (V. 1555ff.); sie wollen ihn entschädigen und machen allerlei Vorschläge zur Gesundung (V. 1573ff.), bis einer von ihnen unvermittelt fragt, ob der Fremde den Neidhart kenne. Neidhart verneint und wird von den Bauern gegen „gelt und gůten lon" (V. 1588) angestellt, jenen Neidhart zu suchen. Ziel der Auskundschaftung ist es, den Bauernfeind mit einer Salbe zu bestreichen, die ihn so stinken läßt, daß „fürsten vnd heren (...) in dan meiden" (V. 1601) würden. Auch die kollektive Absicht der Bauern ist so von einer komplexeren Kalkulation geprägt, als es etwa bei dem bloßen Schädigungs-

---

191 Vgl. HERRMANN 1984, S.321: „Die beherrschende Opposition Identität/Verkleidung ist wie immer bei Neidharts Schwänken verschränkt mit der Opposition dumm/klug".

wunsch des Faßschwanks der Fall war. In Aussagen intentionaler Prädikate reformuliert, basiert ihr Schädigungswunsch auf folgendem Plan: Die Bauern wissen, daß sie eines Boten bedürfen, weil sie um Neidharts Kenntnis ihrer Schädigungsabsicht wissen. Zugleich sind sie sich bewußt, daß sie ihn schädigen, wenn sie ihm die Gunst des Landesvaters entziehen, und greifen zum Mittel, von dem sie annehmen, es könne ihre Absichten verwirklichen. Die Vereitelung dieses relativ gut ausgetüftelten Plans ist durch die Identität von Boten und Erzfeind vorbereitet, wird aber erst durch zwei strategische Handlungszüge des Protagonisten in eine gelungene Gegenschädigung verwandelt: Neidhart erklärt sich zur Ausführung des Plans bereit, macht die Bauern betrunken, um diese selbst mit der stinkenden Salbe zu bestreichen (V. 1607-1620).

Die erlebten Handlungen von Ausfahrt, Konfrontation mit den Bauern und ihrer erfolgreichen Schädigung hat Neidhart auch hier in „ein neuwes lied, / des sie mir doch getrauten nit" (V. 1553f.) verwandelt. In der Endsituation der Schwankhandlung ist jedoch bereits ihr Ergebnis als „aubentür" (V. 1622) bezeichenbar. Die erlebte Geschichte wird nicht nur durch Neidhart erzählt, was nicht explizit gesagt wird, sondern durch einen Boten beglaubigt, den der Herzog nach Neidharts eigenem Wunsch zu den Bauern nach Zeiselmauer schicken soll (XIII, V. 1621-1625). Dieser trifft auf die Betrogenen, deren Schädigungswunsch auf sie selbst zurückgefallen ist und die mittlerweile Neidhart als den eigentlich Schuldigen auszumachen wissen (V. 1634). Engelmar benennt Neidhart denn auch als den Schuldigen und bezichtigt ihn, genau wie im Krämerschwank, der Mithilfe des Teufels (V. 1634ff.). Mit der Erkenntnis, daß man niemandem von den Plänen gegen Neidhart erzählen dürfe, schwören die Bauern, Rache zu nehmen und fassen die Absicht, ihren Feind zu Tode zu bringen (V.1643ff.) Für die Zufügung des Schadens an den Bauern schenkt „der edel herczog Ott" (V. 1659)[192] Neidhart ein Pferd und ermutigt ihn „den pauren hewer alsß ferd" (V. 1662) zu begegnen. Das Auftreten des Fürsten ist die gemeinsame Klammer, welche diesen Schwank mit dem unmittelbar folgenden Bilderschwank und dem letzten Schwanklied des ‚Neithart Fuchs' verbindet.

2.6 Herr Neithart, die Bauern und der Fürst: Zwei weitere Schwänke

In nur drei Schwankversionen des ‚Neithart Fuchs' spielt der Herzog eine handlungsrelevante Rolle: im Kuttenschwank (z 12), im Bilderschwank (z 15) und im Schwank um Neidharts ‚taube' Frau (z 18). In den ersten beiden

---

192 Vgl. zum Herzog Otto V.3.3 .

Schwänken gibt der Herzogshof die räumliche Kulisse der Handlung ab, während es im letztgenannten Schwank Neidharts Burg ist, in welcher die Handlung angesiedelt ist. Während in den erstgenannten Schwänken der Herzog auf der Seite seines Ritters steht, wird er nur im Schwank um Neidharts ‚taube‘ Frau zum Protagonisten oder besser: Antagonisten der Handlung. Die Logik der Schädigungen von Ritter und Bauern, die in den bisherigen Schwänken aufgezeigt wurde, ist aber auch in diesen Liedern keineswegs aufgehoben. Dies läßt sich anhand der beiden bisher noch nicht behandelten Herzogsschwänken[193] aufzeigen.

Der Bilderschwank (z 15)

Der Bilderschwank baut auf dem bereits im Hochmittelalter weit verbreiteten Idolatrie-Komplex auf.[194] Ähnlich wie im Krämerschwank begegnet Neidhart auch hier in der Krämer-Verkleidung den Bauern.[195] Der verschlossene Korb, mit dem die angebliche Krämerin auf die Bauern zugeht, erhält die Abbilder von 42 Bauern: „ieclichen tôrpel sein genoß" (V. 1711). Welcher Art die Abbilder sind, ist nicht ganz klar: Der Holzschnitt der Inkunabel zeigt Holzpuppen, im Schwanklied ist von „pild" (V. 1714) die Rede.

Der Bauernfeind begibt sich wieder verkleidet nach Zeiselmauer und behauptet, den Schlüssel für den verschlossenen Korb vergessen zu haben (V. 1753). So macht er sich aus dem Staub, wobei die folgende Handlung der Bauern einkalkuliert ist. Die Dörfler, die sich inzwischen neugierig um den Korb scharen, brechen diesen auf (V. 1769) und sind entsetzt, als sie darin ihre Abbilder entdecken (V. 1772ff.). Eigentlich sollen die Abbilder nun verbrannt werden (V. 1781), doch Engelmar kommt auf die Idee „dem edlen fürsten sôln wirs clagen" (V. 1786).

Bis zu dieser Stelle ist eine Schwankhandlung der üblichen Form zu erkennen: Auszug in das Dorf Zeiselmauer aufgrund einer ursprünglichen Konfliktsituation, Begegnung mit den Feinden in einer Verkleidung und das Entkommen unter Gefahr aus der Situation und Schädigung der Feinde.[196] Welcher Sache Neidhart beschuldigt wird, ist dagegen sehr klar: der Beleidigung der

---

193 Vgl. Anm. 58.
194 Zum Idolatriekomplex vgl. WENZEL 1995, S. 305-316. Wenzel geht auf die Vorstellung ein, die Gegenwart einer Person könne durch ein Bild hergestellt werden. Vgl. auch HdAG, Bd 7, S.288-400 (Puppe). Vgl. auch JÖSTS (1976, S. 141-145) Interpretation des Bilderschwanks, die zu Recht auf dieses Moment abhebt.
195 Die Exposition bis zur Schwankhandlung ist dabei vergleichsweise ausführlich: Auf einer Kirchweih (V. 1707) begegnet Neidhart den Bauern. Im Unterschied zum Krämerschwank verkleidet er sich hier als Frau. Vgl. HERRMANN 1984, S. 314ff.
196 Vgl. das Ablaufschema in V.2.4. Die erneut einsetzende zweite Handlung mit dem Fürsten ist allerdings ungewöhnlich.

Bauern, wie sie sich in den Bildern widerspiegelt. Die Abbilder seien, so tragen die Verspotteten vor, „schôrpfer den die dorn" (V. 1793) und verspotten die Abgebildeten stark. Textinternes Publikum der Klage sind dabei ausgerechnet „der Neithart vnd menig edel" (V. 1798), welche sich natürlich des gelungenen Abenteuer einer der ihren erfreuen. Zur Erklärung des Schadens, den Neidhart angerichtet hat, ist daher auch zunächst der Bezug auf Bildermagie und Idolatrie nötig nachgeordnet. Textintern liegt der Fokus auf den in den Bildern zum Ausdruck kommenden Spott, der sich in *allen* Medien ausdrücken kann. In strukturell ähnlicher Weise wie im Veilchenschwank hat jetzt Neidhart Gegenstände vertauscht: die zu erwartenden des Kramladens mit den Mitteln seines Spotts. Was die Bauern vor sich sehen, sind direkte Abzeichen der Bauernfeindlichkeit, derentwegen sie schließlich beim Herzog Klage führen.

Mit den Beweismitteln in der Hand ist Engelmar der Sprecher der Gruppe und beschwert sich beim Landesherrn in dessen Funktion als oberster Gerichtsherr über die „schand vnd auch das laster breit" (V. 1802), die Neidhart über sie gebracht hat. Neidhart bekommt die Gelegenheit zur Erwiderung des Vorwurfs und leugnet die Schädigungsabsicht keineswegs, sondern legitimiert sich mittels eines ungültigen Schwurs:

> herr, was in lasters würt bekant,
> das zeichend si mich alles sant,
> her ich enhaun das nit geton,
> ich schwer alhie vor iederman
> ein eid bi ewerm zyprion.
> (V. 1812-1816)

Ähnlich wie die Abmachung mit dem Bräutigam Hans Rach im Brautschwank oder das Versprechen an Engelmar im Jägerschwank, seinen Namen nicht mehr zu nennen, ist der Ritter wörtlich an seine Versprechungen gebunden. Die Taktik, Versprechen zu machen, welche die Situationen entschärfen, ohne an diese gebunden zu sein, besteht auch hier in einem listigen Unterlaufen: Zyprion ist der Hund des Herzogs, so daß der Schwur nichtig ist.[197] Der Herzog selbst klärt vor den Bauern die Qualität des Schwurs auf (V. 1817ff.) und belohnt Neidhart mit Geld. Auch in diesem Schwank steht der Herzog also - in rechtsgeschichtlich betrachtet durchaus zweifelhafter Weise - auf der Seite seines Ritters.[198] Worüber man aber bei einem realhistorischen Vorgehen sicher noch im Nachhinein Ungerechtigkeit walten sehen kann, da zeigen sich in

---

197 JÖST (1976, S. 244f.; 1976a, S. 344f.) meint dieses Motiv als Relief am Wiener Grabmal dargestellt zu sehen und weist auf eine Rezeptionsspur des Eidmotivs in der ‚Mörin' Hermanns von Sachsenheim (ed. Martin, Tübingen 1878, V. 5758-5761) hin.
198 Der Herzog ist realhistorisch der oberste Vertreter der Gerichtsbarkeit.

der Schwankversion durchaus mehrere Schichten, die innerhalb der Reihe schlüssig sind: Strukturell betrachtet ist der Herzog hier primär eine Helferfigur Neidharts. Dessen Nähe zur Machtsphäre ist der bestimmende Zug der Figurenidentität. Wie beim Kuttenschwank kommen statt Neidharts erlebter Abenteuer mit den Bauern diese selbst an den Hof. Im Unterschied zum Kuttenschwank werden sie allerdings nicht von Neidhart dem Fürsten vorgeführt, sondern kommen aus eigenem Antrieb. Dies ist eine motivische Wiederaufnahme und zugleich eine Steigerung des erstgenannten Schwankstoffs. Nach der Abweisung der Bauern durch den Fürsten, welcher um seiner strukturellen Position willen sogar einen Meineid Neidharts deckt, bricht die Kette der direkt bauernfeindlichen Schwankversionen ab. Aus der im Bilderschwank bis aufs Äußerste gesteigerten Konstellation zwischen Bauernschaft auf der einen und Neidhart auf der anderen Seite, ist nur noch eine Form der Steigerung innerhalb der bestehenden Stoffe möglich: eine Handlung, in welcher der Fürst selbst zum Antagonisten Neidharts wird.

Der Schwank um Neidharts ‚taube Frau' (z 18)

Der letzte Schwank des ‚Neithart Fuchs', der vor dem Übergang in die nicht schwankhaften Liedgattungen dem Inkunabel-Leser dargeboten wird, ist eine zweite Schwankversion, bei der ein Mitglied des Herzogshauses gewissermaßen die Hauptrolle spielt: War es im Veilchenabenteuer die Herzogin, so ist nun der Herzog zum Spielball zwischen Protagonisten und Antagonisten geworden. Inhalt des Schwanks ist folgender: Der Ungenannte - nach der Substitutionsregel des Jägerschwanks also Engelmar - kommt zum österreichischen Herzog, gegen Neidhart zu intrigieren. Er erzählt dem Herzog von der Schönheit, die Neidharts Frau eigen sei.[199] Absicht ist es, den Fürsten auf diese Frau anzusetzen, um dem Rivalen zu schaden (V. 2148ff.). Engelmar gibt dem Fürsten den Rat, einen Boten zu Neidhart zu senden und eine Botschaft des Inhalts zu übermitteln, Neidhart möge sich unverzüglich zum Herzogshof begeben. Erstmals wird einer der Bauern, nämlich Engelmar, als Fürstendiener figuriert, während Neidhart in der Rolle des Lehnsmanns erscheint. Neidhart sieht von seiner Burgzinne herab, wie Engelmar auf ihn zukommt (V. 2179f.). Die Nachricht mit der Einbestellung zum Herzogshof wird überbracht, Neidhart leistet ihr Folge, wird auf höfische Weise empfangen (VIII) und erhält vom Herzog den Wunsch übermittelt, daß dieser in seinem, des Neidharts Schloß, bewirtet werden möchte (X). Durch die Lobpreisung der Neidhart-Frau gibt der Fürst sich als der Buhler zu erkennen, als der er schon zuvor geschildert wurde. Neidhart erzählt ihm daher, seine Frau sei taub, während er anschließend seiner Frau

---

199 Die Ehefrau Neidharts tritt im ‚Neithart Fuchs' zum ersten Mal als Figur auf.

Entsprechendes über den Fürsten erzählt. Als der Herzog dann bewirtet wird, schreien er und Neidharts Frau sich gegenseitig an, so daß jede heimliche Anknüpfung, wie sie von den Bauern anscheinend intendiert war, unmöglich wird (XIV). Die Vereitelung des gegnerischen Plans verarbeitet Neidhart wiederum zu einem Lied (XV).

Der Schädigungsmechanismus ist auch hier - in intentionalen Begriffen betrachtet - von einer gewissen Komplexität, insofern sie auf beiden Seiten Kalkulation, d.h. die Antizipation des Handelns anderer, die einer der Proponenten jeweils für die Schädigungsabsicht einzubeziehen, verlangt. Engelmar kann so kalkulieren, daß der Fürst, von einer schönen Frau erfahrend, versuchen wird, in deren Nähe zu kommen und ein heimliches Verhältnis mit ihr anzufangen. Verbunden mit dem Wissen um Neidharts Frau wird dieses zum Plan umgeschmiedet, den Landesherrn, dessen Wunsch sich der Ritter nicht entziehen kann, auf dessen Gut zu bringen, damit diese Annäherung stattfindet. Neidhart ist jedoch in der Lage, im Besuchsplan des Herzogs nicht nur dessen Absichten zu erkennen, sondern dahinter noch die Einfädelung der möglichen Minnebuhlschaft durch einen bäuerlichen Gegner. Sein Kalkulationstalent übertrifft also das der Gegner wieder einmal um eine Stufe, selbst wenn der Landesherr sich vorübergehen in deren Pläne einspannen läßt und die Gegnerschaft somit theoretisch schwer zu bewältigen ist.[200]

Die Sprengkraft, die darin liegt, daß der Herzog als Hilfsmittel eingesetzt wird, also zum Stoff einer Geschichte wird wie vorher nur die Bauern, wird dadurch abgemildert, daß er selbst diese Rolle zwar erkennt, aber sie im Nachhinein akzeptiert und angesichts des geringen Schadens und der Komik der Situation zu „lachen" (V. 2277) beginnt. Mit diesem Schwank endet die Reihe schwankhafter Lieder im ‚Neithart Fuchs' und der ‚Liederbuch-Teil' beginnt.[201]

Da dieser Teil des ‚Neithart Fuchs', dessen Texte aus Liedern der Neidhart-Überlieferung besteht und die gelegentlich als solche schon an anderen Stellen dieser Arbeit behandelt wurden, nicht Gegenstand des vorliegenden Kapitels ist, soll im folgenden von der Verknüpfung aller schwankhaften Teile gehandelt werden. Es bleibt die Aufgabe, für das Schwankbuch eine ‚Poetik der Kompilation' auszumachen, welche bisher von der Forschung als inexistent betrachtet wurde.

---

200 Die Gegnerschaft ist im Kontext komischer Gattungen indes leichter aufzulösen. Vgl. auch die Interpretation von Petra HERRMANN (1984), die die Verarbeitung des Schwankstoffs bei Hans Sachs untersucht. Dieser hat in seinem Fastnachtspiel ‚Der Neidhart mit dem feyhel' (1557), das neben dem Veilchenstoff auch den Schwank um Neidharts Frau enthält, die Figur des Narren Jeckel geschaffen. Der Narr reflektiere „das karnevaleske Prinzip, das Neidhart auf der Handlungsebene darstellt" (247). Vgl. zu Hans Sachs auch Anm. 8.
201 Vgl. zum Aufbau der Inkunabel V.1.

3 Poetik der Kompilation und Identität des Helden

3.1 Figurenidentität und Kompilation

Faßt man die bisher erwähnte Forschung hinsichtlich der Figurenidentität im ‚Neithart Fuchs' zusammen, dann ergibt sich kein sehr vorteilhaftes Bild für den frühen Druck. Als Kompilationsprinzip des Schwankroman nennen etwa Jöst, Herrmann und Strohschneider einhellig das der Addition. Nach diesem Prinzip sei jeder Schwank in sich abgeschlossen; der Zusammenhang sei der einer Reihe, die darüber hinaus keine Strukturierung erkennen lasse.[202] Die Identität der Neidhart-Figur wird zumeist in ihrer Rolle als Bauernfeind gesehen, der sich zwar in seinen Verkleidungen verschiedener Masken bedienen kann, aber weder eine regelrechte Geschichte hat noch eine Mehrschichtigkeit seiner Handlungsweisen aufweist.[203] Seine Handlungsweisen folgen ganz der ‚Logik der Rache'(Strohschneider)[204], insofern sie jede Schädigung mit einer Gegenschädigung zu beantworten suchen. Die Funktion der Schwänke wird dabei in der innerliterarischen stereotypen Bekämpfung bäuerlicher *inordinatio* gesehen, wobei dieser die realhistorische Abwehr des Aufstiegsstrebens von Bauern (Jöst) oder eine Angstbewältigung sozialer Ordnungsstörungen zugrunde liegt (Strohschneider).[205]

Im Verlauf der vorangegangenen Analysen der Schwankversionen ließ sich dieses Bild nicht bestätigen. Es hat sich gezeigt, daß es durchaus sinnvolle Verbindungen zwischen den einzelnen Texten der Kompilation gibt, die über das Prinzip der Serie hinausgehen und daher, wenn schon keine ‚Entwicklung' des Helden, so doch eine strukturierte Reihe seiner Abenteuer zeigen. Die Bauernfeindlichkeit des Protagonisten hat sich eher als stoffliches Konglomerat von Erzählinhalten erwiesen denn als literarisch dargestellte Rolle. Die Figurenidentität ist durch verschiedene Rollen beschreibbar und rekurriert auf diverse Handlungs- und Verkehrsformen, die sich überlagern und so auch der Identität des Helden ihre Eindeutigkeit nehmen. Neidhart war in den Rollen als Minnesänger, Frauendiener, Fürstendiener, Hofdichter und Ritter aktiv; seine Interaktionsform kann sich dem jeweiligen Umfeld und seinen Erfordernissen anpassen. Zeichen dieser Rollenvielfalt und der Rollensouveränität waren die Verkleidungen und die Verstellungskünste, welche die Schwänke dominieren. Die aufgezeigte Rollensouveränität kann vielleicht am besten mit dem Begriff der thematischen Rolle beschrieben werden, die hier in der List und der ihr entsprechenden Verlaufsform des *abenteürs* ihren Mittelpunkt hat. Der vom

---

202 Vgl. JÖST 1976, S. 103f.; HERRMANN 1984, S. 327ff.; STOHSCHNEIDER 1988, S. 171.
203 STROHSCHNEIDER 1988, S. 167.
204 Ebd., S. 166.
205 Ich beziehe mich auf die Hauptthesen der in Anm. 202 genannten Arbeiten.

Warningschen Modell entliehene Begriff ist so vor allem in Hinblick auf die Vielfalt der Schwänke von größerem methodischem Wert, als es etwa die Jöstsche quasi-soziale Rolle des Bauernfeinds oder das Herrmannsche überzeitliche Konzept des Schelms wären.[206]
Vor diesem Hintergrund erscheint auch die Funktion des Ritters Neithart Fuchs weniger auf eine bestimmte ideologische oder quasi-ideologische Modellfunktion hin beschreibbar als vielmehr unter dem Zeichen einer literarisch entworfenen Identität, die verschiedene Handlungsweisen vorführt und diskutierbar macht. Die drei genannten Aspekte - Kompilationsprinzip, Figurenidentität und Modellfunktion - der Schwänke möchte ich abschließend anhand des Epilogs diskutieren.

3.2 Der Übergang zum Epilog

Das Lied z 36[207] vermag zu zeigen, daß die Kompilation keineswegs nach dem Prinzip der willkürlichen Serie vorgenommen wurde, sondern durch die Redaktion der mutmaßlichen Vorlagen, d.h. die planvolle Zusammenstellung vorhandenen Materials, eine Strukturierung schafft, die über das zyklische Moment der Lieder in Richtung einer sinnvollen Reihe hinausgeht.

Da Neithart in fast allen Schwankabenteuern der Erfolgreiche war, haben die Versuche der Gegenschädigung durch die Bauern ein Soll auf ihrem Spielkonto hinterlassen. Ein Ende der Feindschaft zwischen Bauern und Neidhart kann nur durch den Tod entweder aller Dörper oder Neidharts erreicht werden. Diese Alternative zeigt auch der Übergang des Altersliedes z 36 [RB 24] zum Epilog auf. Die ‚Logik der Rache' erscheint hier bereits reflektiert, insofern sie sich erst in rückwirkender Verknüpfung des Epilogs zum voranstehenden Lied ergibt.

Das Lied z 36 ist auch in Handschrift c (als Nr. 45) überliefert und kann in seiner spezifischen Gewichtung in den Fassungen deutlich machen, wie der Kompilator den Übergang auf die von ihm gewählte Alternative hin gestaltet hat. Das Alterslied c 45, das Motive der Weltabsage in der für den Texttyp typischen Weise mit Dörperschilderungen und Beschreibungen eines Dörperkampfs kombiniert, endet mit einer Strophe, in welcher der Sänger den Tod aller Dörper als Bedingung seiner Erlösung nennt. Würde der Sänger alle hundert beschriebenen Dörper (und das meint in diesem Lied die Dörper in ihrer Gesamtheit) „mit woffem geschray zu dem grabe tragen" (c 45 XI 6), würde

---

206 Das betrifft HERRMANNS (1984) Gesamtinterpretation des ‚Neithart Fuchs': HERRMANN nennt eines ihrer Hauptkapitel (Kapitel 4) „Der Druck ‚Neithart Fuchs': Ein Ansatz zum Schelmenroman".
207 Vgl. RUPPRICH 1966, S. 313.

seiner Not ein Ende bereitet. Das heißt paraphrasiert: Nur wenn die Bauern sich selbst im Kampf alle in ihr eigenes Grab bringen, d.h. sich gegenseitig umbringen würden, wäre der Anlaß und der Zwang, sich mit ihnen auseinanderzusetzen, nichtig. Im ‚Neithart Fuchs' findet sich diese Stelle spezifisch variiert. Hier ist der letzte Satz bereits auf den Epilog bezogen und bedeutet soviel wie: Wenn ich 100 von ihnen zu *meinem* Grab sich begeben sehe, dann hätte meine Not ein Ende. Erst im Tod kann der Bauernfeind den Frieden finden. Während in c also auf das Ende der Dörper abgehoben ist, spielt die letzte Strophe in z auf das Ende Neidharts, konkret auf die Szene am Neidhartgrab an:

c 45 XI	z 36 XI (V. 3872-3879)
Das Ir hundert so gemercket weren.	Ei got, das si all also gemerckt weren!
das man sie erkant durch Jren spott	das man si all erkant mit irem spot!
das wer mir lieb vnd sehe es also geren	des wär ich fro vnd sech es zwar vil geren,
das sie samplich wern tott	so müste ir gar manger ligen tod.
Eye wie lúczel hórt man mich sie [clagen	secht, so sech man mich si gar wenig [clagen,
sehe ich Jr hundert oder mer	sech ich ir hundert oder mer
mit woffem geschray zu dem grabe [tragen	mit iren waffen zu dem grabe [tragen
Secht so wer vollendet alle meine nott	so het ein ende alle mein schwer

Die Gewichtung, die der Kompilator vorgenommen hat,[208] kann sehr deutlich zeigen, wie die Umformung einer zyklischen in eine lineare Struktur funktioniert.[209] Das Spiel ist zu Ende; die Bauern haben zwar den Neithart überlebt, sind aber dennoch die Verlierer, insofern ihre Rache keine Erfüllung finden kann. Im Fall Neidharts wird die Bilanzierung schwieriger, was damit zusammenhängt, daß Verlust und Gewinn auf verschiedenen Ebenen seiner Identität verrechenbar sind.

Die Ebenen, auf denen die Identität des Protagonisten hergestellt werden, sind einmal die außerliterarischen Wissensbestände, wie sie schon dargestellt wurden, dann die Ordnungen, nach denen die Figur in den einzelnen Schwankversionen und in der Kompilation als ganzer sich verhält.[210]

---

208 Die Gewichtung gilt unabhängig von der Frage, welche Vorlage der Redaktor nun benutzt hat. Hs. c war mit Sicherheit nicht die Vorlage. Vgl. zur Vorlagenfrage Anm. 32.
209 Vgl. hierzu V.1 und Anm. 22.
210 Diese unterschiedlichen ‚Ordnungen' - im Sinn von den in II.I.4 und II.2.2 diskutierten Sinnschichten und „gedachten Ordnungen" (MÜLLER, J.-D. 1986, S. 411f.) - werden im nächsten Abschnitt (V.3.4) noch einmal resümiert.

3.3 Der Epilog

Der Druck wird durch einen Epilog beschlossen (V. 3880-3942), in dem Neidhart als Verstorbener thematisiert wird, ohne daß sein Tod selbst geschildert würde. Der Epilog rahmt zusammen mit dem Titelblatt die Liederkompilation zeitgenössisch. Verfaßt vom historischen Redaktor des Drucks oder dessen Vorlage, mustert der Epilog den Inhalt des Buchs in verschiedenen Hinsichten. Er versucht, ein Fazit (eine *summa*) des Lebens Neidharts und seiner Lieder zu ziehen, stellt diese in den Zusammenhang weiterer Informationen, die nicht aus den Liedern selbst hervorgehen, und betrachtet die Historien Neidharts schließlich in Hinblick auf ihren Nutzen für den Leser unter dem Aspekt des Nachruhms Neidharts.

Der Epilog resümiert zunächst das von ihm selbst vermittelte und das andernorts zu findende Wissen über den Helden, indem er es nebeneinander stellt und gewichtet (V. 3880-3910). Dem Abschlußsignal des Buchs folgt die Aufzählung einiger Eigenschaften des Helden, die aus den Liedern und Schwänken bekannt sind, sowie eine Zitation seines berühmten Vorgängers, des Pfarrers vom Kalenberg:

> Hie endet sich auf diser fart
> das lesen des edlen Neithart,
> der da ein ritter ist gewesen
> vnd abenteurig, als wir lesen,
> also das man hie auf ertreich
> gar hart hat funden sein geleich.
> vnd herczog Ott, der was sein herr,
> der pfaff vom Kallenberg vnd er
> hand sellich abenteir verbracht,
> die sünst kein man nie hatt erdacht,
> das man seit von im frů vnd spat
> zů singen vnd zů sagen hat.
> (V. 3880-3891)

Die Verbindung der beiden Schwankhelden kommt an dieser Stelle zum ersten und einzigen Mal im ‚Neithart Fuchs' vor. Da sie auch in späteren Chroniken des öfteren anzutreffen ist, kann man annehmen, daß die Verbindung beider auch über den Raum des gemeinsamen Druckorts hinaus bekannt gewesen ist. Auch der ‚Pfarrer vom Kalenberg' endet mit einem Epilog und würdigt das Leben des Verstorbenen.[211] Merkmal beider Schwankhelden ist, daß sie ihre Geschichten nicht nur „verbracht", sondern auch „erdacht" haben. Der erdachte

---

[211] Vgl. RÖCKE 1987, S. 161f.

Charakter bezieht sich an dieser Stelle nicht so sehr auf den Aspekt des Gemacht-Seins als Dichtung (der Poetik im wörtlichen Sinn), sondern auf die Durchführung der Handlungen, die von den Protagonisten listig ins Werk gesetzt werden. Summe des Lebens ist in beiden Fällen ein erheblicher Nachruhm, der sich wiederum, wie die traditionelle Doppelformel vom Singen und Sagen zeigt, auf den literarischen Charakter der Schwankabenteuer beziehen läßt.

Durch die Rahmung der Lieder und Schwänke vermittels Titel und Epilog wird die Identität des Protagonisten in einer regelrechten Gleichsetzungskette festgelegt, in der sich Legendenbildung und Liedtradition treffen: Der Neidhart, der auch als Autor der Lieder figuriert wird, ist derselbe Mann wie der, dem die Bauern von Zeiselmauer das Veilchen stahlen. Der Veilchenfinder ist wiederum identisch mit dem Diener des österreichischen Herzogs Otto, der nun (Ende des 15. Jahrhunderts) in Wien begraben liegt.

Dieses Wissen wird im Epilog stellenweise eher referiert denn erzählt; seine Vermittlung unterliegt ebenfalls dem Kompilationsprinzip. So folgt der zitierten Passage die Angabe „auch fint man von dem Neithart, daz / er herczog Fridrichs diener was" (V. 3892f.). Neben der Information, daß er der Diener Herzog Ottos sei, wird hier wie bereits im Titel[212] ein weiterer Herzog genannt, der sich durchaus auf verschiedene historische Personen beziehen kann. Gelegentlich wird Herzog Ottos des Fröhlichen Bruder Friedrich[213] in diese Stelle eingesetzt.

Die Angaben des Drucks lassen die Vermutung eher unwahrscheinlich erscheinen, daß mit den Herzögen bestimmte historische Personen des regierenden Hauses ‚gemeint' seien. Herzog Otto war bereits durch das Kalenbergerbuch eine literarische Gestalt geworden, und der Fürst Friedrich meint *irgendeinen* Nachfolger oder ein Mitglied der fürstlichen Familia.[214] Für die Struktur des Epilogs in Hinblick auf die Figurenidentität ist allerdings primär die behauptete Historizität der Fürstendienerschaft an sich wichtig - und nicht so sehr

---

212 Im Titel der Inkunabel wird der Neidhart als „Rytter der durch- | leüchtigē hochgeporn fürstē vnd herrn | herr Otten vnd friderichen herczogen | zů ôsterreych saligen diener" bezeichnet wird. Vgl. auch V.1.
213 Vg. RUPPRICH 1970, S. 113.
214 Der zwanzig Jahre zuvor erschienene ‚Pfarrer vom Kalenberg' datiert den Tod Herzog Ottos konkret auf das Jahr 1350 und beruft sich auch explizit auf eine „cronica" (V. 2129). Mit dem Wiener Verfasser, dem Händler Philipp Frankfurter, verfügt dieser Schwankroman über günstigere Voraussetzungen, eine zu seiner Zeit historische Gestalt bezeichnen zu können. Der Redaktor des ‚Neithart Fuchs' hingegen wird eher die - auf welchem Weg auch immer erlangten - Informationen um den Diener Herzog Ottos mit den Erwähnungen eines Fürsten „Friderichs" in seinem Text harmonisiert haben, ohne eine bestimmte Person im Sinn gehabt zu haben. Der in der Neidhart-Philologie oft bemühte Friedrich der Streitbare war ihm sicher nicht mehr gegenwärtig.

ihre Abbildbarkeit auf Ereignisse der von Historikern entworfenen Realgeschichte.[215]

Quelle der Informationen ist im Epilog die „geschrift, / als es hie geschriben ist" (V. 3895f.), also eine in mittelalterlicher Manier angeführte Autorität eines Buchs, an die sich die Inkunabel an erster Stelle selbst setzt. Das, was man über Neidhart weiß (bzw. „finden" kann, V. 3892), ist ein Komplex von Stoffen, Motiven und Wissensbeständen, die literarisch, mündlich oder in anderen Formen verbreitet waren, nach dem Selbstverständnis der Inkunabel aber primär in der Schrift aufbewahrt sind. Vor diesem Hintergrund der auf verschiedenen Wegen vermittelten Informationen zum Ritter ‚Neithart Fuchs' wird auch das Wissen um das Grabmal zitiert:

> von im wir auch ein wissen haben,
> das er noch zů Wien leit begraben
> in der kichen zu sant Steffan,
> da sicht man noch mengen paurs man,
> die ab im hand ein gros verdrissen,
> si stechend in sein grab mit spiessen.
> was si im môchten ton zůleid
> darzů wårend si noch bereit.
> (V. 3900-3907)

Die Wissensbestände der Neidhart-Legende werden als historische *res factae* ausgegeben und mit dem Inhalt des bekanntesten Schwankstoffs in einer Weise verbunden, die am Grabschauplatz noch einmal die Hauptantagonisten in Szene setzt. So können Bauern dem Publikum im Modus einer recht diffusen Augenzeugenschaft („da sicht man noch") aufgerufen und mit den Figuren des Volksbuchs gleichgesetzt werden. Die dargebotenen Schwankabenteuer werden auf diese Weise beglaubigt. Das Grabmal, das ein Reisender auch um 1500 in Wien besichtigen konnte, ist das jenes Mannes, dessen Geschichten im Druck zu lesen sind.[216] Das Wissen um die Schwankstoffe geht hier eine Synthese mit dem möglichen Erfahrungswissen der Zeit und den zur Druckschrift gewordenen Liedern und Schwankstoffen der Neidhart-Tradition ein. Dabei stützen sich

---

215 Die Dienerschaft unter zwei Herzögen wird keineswegs konkretisiert, insofern man nicht erfährt, welchem der beiden Neithart Fuchs zuerst gedient haben soll.
216 Das Grabmal wird in seiner Entstehung auf die Mitte des 14. Jahrhunderts datiert, so daß es ab diesem Zeitpunkt tatsächlich jeder sehen konnte, der nach Wien kam (vgl. JÖST 1976a; 2000). Als anzitiertes Wissen hat die Erwähnung des Grabs eine gewisse Evidenz, ist aber von anderer Art als die Holzschnitte der Inkunabel. Die Holzschnitte vermögen nicht die Historizität des Helden zu unterstützen, sondern führen seine Abenteuer nur sinnfällig vor Augen. Vgl. zu den Holzschnitten Anm. 27.

diese Wissenstypen gegenseitig und erzeugen eine vereinheitlichte Identität ihres Helden, die sich an kleinen Widersprüchen nicht stört.[217]

Die Ebene der in der Kompilation der Schwänke gültigen Ordnungen wird zunächst in den Schwänken selbst, dann aber auch in den Verknüpfungen zwischen ihnen sichtbar. Die Verknüpfungen liegen auf motivischem, stofflichem, aber auch argumentativem Gebiet. Die gesamte Reihe steht unter dem problematischem Zeichen des Ausgleichs und dem damit zusammenhängenden Prinzip der Vita.[218] Das Buch vom Ritter Neithart Fuchs schließt, indem im Abgesang auf den verstorbenen Helden eine Art Bilanz gezogen wird. Das, was man über jenen Neidhart erfahren könne, seien einzelne Abenteuer, deren Gemeinsamkeit in ihrem Erfolg liege:

> wie er so mengen klügen list
> mit den pauren hat angefangen,
> der im ist aller wol außgangen.
> (V. 3897-99)

Der Text selbst weist mit dieser Harmonisierung auf das Problem des Ausgleichs. Bekanntlich sind Neidhart eben nicht *alle* Abenteuer gut ausgegangen, sondern haben mit dem Veilchenraub ihren Ausgang genommen, das den Ritter in seinem Ruf und seiner Ehre grundsätzlich beschädigt hat. Und die Bereitschaft der Bauern, ihren verstorbenen Feind noch zu beschädigen, zeugt ebenfalls nicht von einer ausgeglichenen Bilanz. Kurz vor der zitierten Stelle wurde der ewige Haß der Bauern damit begründet, daß sie die *Rache* für ihren Veilchenschwankraub nicht verwinden können („nur darumb, das er an in rach, / das man im den feiel abbrach" V. 3908f.). Die Schwänke stehen damit, wie oben anhand des Initialschwanks schon ausgeführt, in einer Folge von ursprünglicher Schandtat durch die Bauern, Rache durch den Ritter, Rache an der Rache Neidharts usw. Die einzelnen Schwänke beschreiben somit in ihrer Dynamik einen prinzipiell unendlichen Prozeß, insofern sie auf dieser Ebene tatsächlich nach der von Peter Strohschneider postulierten ‚Logik der Rache' funktionieren.[219] Diese Deutung schöpft aber noch nicht das Deutungspotential des ‚Neithart Fuchs' aus, da es hier in der Tat mehrere Ordnungen sind, welche die Kompilation bestimmen. Das Problem des Ausgleichs sei daher zum Anlaß genommen, ein Fazit zum ‚Neithart Fuchs' in Hinblick auf seine Poetik und die Figurenidentität zu ziehen.

---

217 So beginnt der Schwank auf dem Nürnberger Marktplatz; der plötzlich auftretende Herzog, dessen Gunst Neidhart aber erwerben will, ist aber bereits der „herczog von Oesterreich", wie die Titelüberschrift des entsprechenden Holzschnitts zeigt (z, Bl. 2).
218 Vgl. hierzu V.2.3 (zum Veilchenschwank).
219 Vgl. V.3.1 und Anm. 204.

3.4 Fazit

In der Tat sind es mehrere Ordnungen, unter denen Verlust und Gewinn in der Schwankkompilation funktionieren. Nur auf der oberflächlichen Ebene der Handlungsfolge, welche im Epilog selbst auf das Rachekonzept zurückgeführt wird, erscheint die Schwankreihe ausschließlich als Folge von Schädigung und Gegenschädigung. Das gewissermaßen quantifizierende Prinzip der Schädigungen ist eine der Ordnungen, innerhalb derer die Neidhart-Identität konstruiert wird, insofern Neidhart am Ende als der unzweideutige Gewinner dasteht. Im ‚Neithart Fuchs' setzt fast jeder Schwank eine Schädigung oder einen Schädigungsversuch der Bauern voraus, die der Schwankheld mit einer Gegenschädigung zu beantworten weiß. Die Bilanz aller Schädigungen lautet dabei zugunsten des Ritters 1:10, da mit Ausnahme des Hosenschwanks (bei dem die Bauernfeindschaft irrelevant war) nur im Veilchenraub den Gegnern die Schädigung auch gelingt, während in den weiteren Schwänken Versuche der Bauern, Neidhart zu schädigen, in deren Verluste umschlagen. Die Bauern hingegen suchen vergeblich, sich an ihm zu rächen, obwohl er mittlerweile tot und seine Plastik in der Tumba geschützt ist.[220]

Eine weitere Ordnung ist die höfische Interaktion. Ihre Einheit ist die der Ehre (auf der Haben-) bzw. der Schande (auf der Sollseite). Was Neidhart im Veilchenschwank verloren hat, ist einerseits seine Ehre, also sein Ansehen als höfischer Mensch, das er durch eine Anzahl von Bewährungsabenteuern wieder herstellen kann, und andererseits seine Handlungssouveränität. Neidhart ist darüber hinaus Diener des Herzogs und Unterhalter des Hofs. Als höfischer Mensch begibt er sich – wie der Artusritter – unter Gefahr in die fremde Welt der Dörper, erlebt dort ein Abenteuer und trägt es in Form eines Lieds zurück an den Hof.[221]

Was Neidhart in den Schwankabenteuern leistet, ist allerdings – anders als bei den Helden der Artusdichtung – keine Bewährung, bei der es auf Mut, Kraft und Ausdauer zumeist im Kampf mit dem Außerhöfischen ankommt, sondern auf seine List. Hier beginnen nun auch die Überlagerungen der Ordnungen: Die Identität in den Schwankliedern ist zweifach bestimmt durch die Ansprüche des Hofs und die Rolle als komischer Held, die vor ihm vor allem der Pfaffe Amis und der Pfarrer vom Kalenberg eingenommen haben. Beides, höfische wie Schelmenidentität, trifft sich in der thematischen Rolle der List. Die Ehre, die Neidhart durch den Veilchenschwank verlor (und die explizit im Komplementärbegriff der Schande thematisch wird), kann nur im Modus der List wiederhergestellt werden. Aus diesem Grund folgt der ersten Bestrafung der Bauern überhaupt eine Reihe von weiteren Schwänken. Den Verlust, den er erlitten hat,

---

220 Auch dies wird im Holzschnitt dargestellt; vgl. Anhang bei Jöst (1976, S. 322).
221 Zu den Grenzen des Vergleichs vgl. Anm. 47.

macht er durch Ausfahrten in das Dorf Zeiselmauer wieder gut. Hier gelingt ihm die Demonstration seiner Handlungssouveränität, indem er den Schädigungsversuchen der Bauern immer voraus ist, diese in einer Weise antizipiert, welche selbst nicht mehr von den Bauern berechnet werden kann. Die Schädigungsversuche der Bauern werden so von Neidhart zumeist in gelungene doppelte Gegenschädigungen umgedreht. Dies ist einerseits als gelungene Rache für die grundsätzliche Schmach im Veilchenabenteuer zu interpretieren, andererseits als Haben im antagonistischen Spiel der Aktanten verbuchbar. Es kommen jedoch - und dies ist entscheidend für die Gesamtdeutung des Schwankromans - noch Gewinne auf der Wertebene hinzu, die nur durch das Verfahren der List selbst geschöpft werden.

„Abenteuer" in dieser Schwankfolge ist nicht die mißlungene Adaption eines arturischen Begriffs, sondern bezeichnet ein sehr spezifisches Verfahren des Wertgewinns durch den Protagonisten.[222] Neidhart erlebt und bewältigt nicht eine Aventiure, sondern er gewinnt diese aus seinem Auszug in die bäuerliche Gegenwelt *und* dessen poetischer Verarbeitung: Jede Schwankhandlung in der Dörperwelt ist zugleich ein Lied, das der Schwankheld dem Wiener Hof als Gabe darbietet und für die er des öfteren entsprechend belohnt wird. Die Schande, die er dem Hof (bzw. der Herzogin als dessen Stellvertreterin) bereitet hat, kann er damit abbezahlen und zugleich seine Ehre wiedergewinnen. Der Gewinnung von Abenteuer korrespondiert fast immer ein Gewinn eines Guts; damit ist die dritte Ordnung angesprochen, die relevant ist für die Figurenidentität des Helden: die Logik von Gabe und Gegengabe.

Was schon den ‚Pfaffen Amis', noch deutlicher aber den ‚Pfarrer vom Kalenberg' auszeichnete, liegt als ein weiteres Ordnungssystem auch dem ‚Neithart Fuchs' zugrunde. Auch über den Schwankhelden Neithart Fuchs läßt sich sagen: „Erstaunen erregt insbesondere seine Bereitschaft zu Nachteil und Verlust, Investition und hohen Kosten (...)."[223] Auch wenn die Investition Neidharts kaum jemals eine geldliche ist, sondern der Einsatz des eigenen Lebens und des eigenen Körpers in der Welt der Dörper, die ihn zerstören will, so wird dieser Einsatz sehr häufig mit Gütern oder Geld belohnt.[224] Nach dem Codex einer später bürgerlich genannten Moral läßt sich der Gewinn als Übervorteilung und Betrug einer Vertragspartei beschreiben. Dieser Gewinnmodus liegt bereits dem ‚Pfaffen Amis' zugrunde und wird hier keineswegs als verwerflich ausgestellt, sondern als besondere List vorgeführt und in seiner kalkulierenden Verhaltensform, die sich denen aller anderen Protagonisten überlegen

---

222 Dies im Gegensatz zu BECKER (1978, S. 404ff.), der in der Benutzung des Abenteuer-Begriffs nur ein oberflächliches Echo höfischer Literatur sieht. Vgl. Anm. 136.
223 RÖCKE 1991, S. 188.
224 Besonders deutlich im Brautschwank. Im Hosenschwank rentiert sich der Einsatz des Geldes zunächst nur indirekt, da sein Ergebnis die Fürstengunst ist.

weiß, als Problemlösung diskutiert.[225] Wenn in der List die spezifische Modelldimension der dem ‚Neithart Fuchs' vorangegangenen Schwankromane liegt, läßt sich dieses Modell auf den ‚Neithart Fuchs' übertragen?

Der ‚Neithart Fuchs' endet mit der Konstellation, mit der er auch begonnen hat: der Feindschaft zwischen dem Titelhelden und den Bauern, wenn auch der Verlust nun auf seiten der Bauern zu beklagen ist. Die Bauern werden plötzlich zu „des Neitharcz kind" (V. 3911) ernannt, weil sie ihrem verstorbenen Erzrivalen immer noch Haß nachtragen. Damit bekommt der Konflikt zwischen den Bauern und Neidhart etwas Überzeitliches, wie es sich auch in der besonders im 16. Jahrhundert üblichen Allegorisierung des Namens festmacht.[226] Der Konflikt hat eine anthropologisch-theologische Dimension angenommen; im ‚Großen Neidhartspiel' wird er sogar direkt auf den Teufel zurückgeführt, der die Bauern zum Veilchenraub angestiftet haben soll.[227]

Der Veilchenraub, der die Handlungskette in Gang setzt, erscheint wie in anderen Liedern der Spiegelraub: als Ursünde der Bauern. Diese Ursünde bedarf keiner Erklärung, sondern setzt das voraus, was sie begründet: den Haß zwischen Neidhart und Bauern. Der Charakter des Veilchenraubs als Sündenfall erklärt auch jenseits der bisher geschilderten Verhaltens- und Zeichenordnungen, warum der Auszug Neidharts in die Dörperwelt immer wieder vorgenommen wird und prinzipiell unendlich ist, solange Menschen leben. Das einmal in die Welt gesetzte Übel kann zwar immer wieder bekämpft werden; solange die Welt besteht, wird es aber andauern. Zwischen Gut und Böse kann es nach dem Verständnis des Mittelalters keinen Ausgleich geben, da das Böse schließlich als Defizit des Guten definiert wird.[228]

Die Rache der Bauern kann nicht vollzogen werden, ihr Haß ist daher vergeblich. Diesem vergeblichen Haß wird der Nachruhm des Helden gegenübergestellt, der ihm noch nach über hundert Jahren gewiß sei. Dieser ist der eigentliche Triumph Neidharts über die Bauern. So lautet die rhetorische Frage des Epilogs, was denn ein Mensch auf Erden soll,

> der weder schimpf noch scherczen kan,
> vnd dem man hie in senem leben
> weder lobe noch breis kan geben.
> (V. 3923-25)

---

225 Vgl. Hedda RAGOTZKY: Das Handlungsmodell der „list" und die Thematisierung der Bedeutung von „guot". Zum Problem einer sozialgeschichtlich orientierten Interpretation von Strickers ‚Daniel vom blühenden Tal' und ‚Pfaffen Amis'. In: Literatur - Publikum - historischer Kontext. Hg. von Gert KAISER. Bern u.a. 1977, S. 183-203.
226 Vgl. BOLTE 1905.
227 Vgl. GRNSP, V.1743-1824.
228 Zur Theologie des Bösen in ihrer Beziehung zu den Schwankdichtungen vgl. RÖCKE 1987, S. 24ff.

Denn sobald der im Grab sei, würde Schweigen über ihn ausgebreitet, selbst wenn er Gutes in seinem Leben getan habe (3926ff.). Aber hundert Jahre nach dem Tod, wie ‚jetzt' (um 1500) bei dem Neidhart - so interpretiere ich das etwas verworrene Satzgefüge dieser Stelle - wo könne man da einen solchen Mann finden, dem wie Neidhart soviel Anerkennung und Ansehen zukomme:

> waw fint man ein sellichen mer,
> dem also mig lob vnd eer
> so lang nach seinem tod verjechen,
> als dann dem Neithart ist geschechen?
> (V. 3935ff.)

Mit dieser Frage endet der ‚Neithart Fuchs'-Druck.[229] Ähnlich wie die Berufung auf nicht genannte schriftliche Quellen, von denen der Druck eine sei (s.o.), ist die Antwort auf diese rhetorische Frage ein Selbstverweis. Eine Geschichte wie die vom Nachruhm Neidharts findet man nämlich im vorliegenden Buch selbst, das damit zum Beweis dieses Nachruhms wird, ohne sich an der Zirkularität dieses Beweises zu stören. Damit komme ich abschließend nochmals auf die Poetik der Kompilation zu sprechen.

Der Selbstverweis auf die Geschichten von Herrn Neidhart deutet auf die Abwesenheit einer direkten und eindeutigen Modelldimension mit handlungsanweisendem Charakter (Ideologie, Propaganda); es findet sich in diesem Verweis interessanterweise keine *inhaltliche* Bestimmung, wenn man von dem topischen Hinweis auf den kurzweiligen Charakter der Geschichten einmal absieht. Wenn das Verhalten Neidharts zuläßt, daß sein Name so etymologisiert wird, daß er auf die Feinde übergehen kann, dann entbehrt es offensichtlich jeder direkten Vorbildfunktion. Was bleibt, ist nach dem Selbstverständnis des Epilogs der Wert der Sammlung als solcher und darüber hinaus der in der Redaktion der Texte implizit zum Ausdruck kommende Modellcharakter der Schwänke.

Hier ist es die im vorigen Abschnitt konstatierte Demonstration eines auf Kalkulation und Antizipation des Handelns anderer aufbauenden Handlungsweise, die den Modellcharakter der Schwänke ausmacht und in dieser Hinsicht relativ unabhängig vom traditionellen Stoff der Feindschaft zwischen Neidhart und den Dörpern ist. Die Bauernfeindlichkeit der Schwänke ist daher auch nicht zwingend - oder jedenfalls nicht ausschließlich - als Funktion realhistori-

---

229 Es folgt nur noch eine kurze Abschlußfloskel:
  dem got die ewige rů
  vnd auch das ewige liecht dar zů
  gott hab vns auch in seiner pflicht,
  damit endet sich disse geschicht.
  (V. 3939-3942)

scher Propaganda gegen die bestehende Ständeordnung zu deuten. Diese bestand bekanntlich spätestens in der Zeit des Drucks der Inkunabel ohnehin nicht mehr im alten Zuschnitt. Weder die Produzenten noch die Rezipienten gehörten eindeutig einer der drei Ordnungen (Krieger, Bauern, Priester) an.[230] Die von Jöst vertretene Agitationsthese, derzufolge die „Konservierung der mittelalterlichen Ständeordnung" primäres Ziel der Schwankreihe sei, kann somit genausowenig wie die von Strohschneider vertretene Deutung der Stoffe als Angstabwehr des Aufstrebens bäuerlicher Schichten bestätigt werden.[231]

Die Besonderheit Neidharts als Held liegt zweifelsohne darin, daß er nicht wie seine beiden Vorgänger dem geistlichen Stand angehört, sondern immer noch Ritter und höfischer Sänger ist. Die Schelmenrolle, die er Petra Herrmann zufolge im Volksbuch gattungsdominant exemplifiziert,[232] ist aber durch die genannten Vorzeichen sehr spezifisch gewichtet. Die Gegebenheitsweise des Protagonisten ist sowohl für die Mit- und Gegenspieler der Figurenebene wie auch für das Publikum der Inkunabel die des ritterlichen Sängers und bösartigen und listigen Schelms zugleich. Neidhart bzw. Neithart Fuchs bleibt dabei eine Figur, das sei gegen den Forschungskonsens festgehalten, deren Ambivalenzen nicht hintergehbar sind.

---

230 Vgl. zur Breite der Rezeption auch Anm. 8.
231 Vgl. JÖST 1976, S. 376; STROHSCHNEIDER 1988, S. 167.
232 Vgl. Anm. 206.

VI AUSBLICK

1 Resümee der bisherigen Ergebnisse

Der in den vorangegangenen Untersuchungen zu den Liedern der Neidhart-Überlieferung eingeschlagene Weg stellt ein Experiment und einen Vorschlag dar. Die Arbeit nimmt ihren Ausgang von einer Frage, die sich jeder Leser der Lieder (der mittelalterliche genauso wie der moderne) aufgrund der den Texten eingeschriebenen biographischen Suggestionen stellt: Wer war Neidhart?

Die Antwortversuche auf diese Identitätsfrage sind zahlreich, divergieren erheblich voneinander, sind teilweise widersprüchlich und - wegen der großen Zeitspanne, innerhalb derer es eine Beschäftigung mit Neidhart gibt - insgesamt kaum miteinander kompatibel. Der Neuansatz dieser Arbeit besteht nun darin, statt einen neuen Antwortversuch auf die genannte Identitätsfrage zu geben, die Formen zu untersuchen, in denen die Identität Neidharts hergestellt wird.

Um beschreiben zu können, wie die Identität Neidharts in verschiedenen Texten und Textarten konstituiert wird, war es zwingend notwendig, sich des Urteils in der Frage nach den realhistorischen Urhebern der Lieder zu enthalten. Die alte Frage nach dem Autor hätte die neue Fragestellung unweigerlich unterlaufen. So würde das positive Urteil über die Autorschaft des ‚realhistorischen Neidharts' an einem Lied den gleichnamigen Protagonisten nur wieder zur Ausdrucksform eines historischen Subjekts machen, während ein negatives Urteil im gleichen Fall aus dem Protagonisten eine literarische Persona werden läßt.[1] Hauptsächlich aus diesem Grund wurde hier der zentrale und realhistorisch neutralisierte Begriff der Figurenidentität gewählt.

Grundlage für den eingeschlagenen Weg war zunächst die Tatsache, daß uns Neidhart als Protagonist und Autor ausschließlich in einer durch überlieferte Texte und andere Zeugnisse inszenierten Form entgegentritt, so daß jeder Versuch, eine außerhalb dieser Dokumente auffindbare Gestalt zu rekonstruieren, sich als aporetisch erwies. Daß der Autor ein anderer sei als der gleichnamige Protagonist der Lieder, hat in den Aussagen der überlieferten Zeugnisse keine Basis, so daß die Trennlinie zwischen textexternen und textinternen Instanzen, wie sie auch in den neuesten Arbeiten der Neidhart-Philologie zumeist aufrecht erhalten wird, in bezug auf die Identitätskonstitution irrelevant ist. Für die hier zugrundeliegende Fragestellung, die nicht Neidhart gilt, sondern der um diese Figur rankenden Tradition, ist daher der erste Schritt auf dem Weg einer veränderten Fragestellung eine gewissermaßen radikale Urteilsenthaltung hinsichtlich der Instanz des historischen Autors. Damit einher geht das Vorgehen, auch

---

1   Vgl. auch die Diskussion der ‚Maskentheorie' in Abschnitt I.4.

in Fragen der Überlieferungsgeschichte und Textkritik eine neutrale Position zu beziehen. In gewisser Weise ließe sich der erprobte Ansatz als Umkehrung des üblichen Verfahrens in den älteren Philologien beschreiben, bei dem ein zunächst nach bestimmten Maßstäben kritisch hergestellter Text literaturwissenschaftlich und -geschichtlich der Interpretation zugänglich gemacht wird.[2] Mit dem hier vorgelegten Versuch, das „Oszillieren der textgenerierten Autor-Figur, die überlieferungsspezifischen ‚personae' und deren Funktionen im Kontext der Gesamt-Überlieferung zu untersuchen", wie Edith und Horst Wenzel[3] es vor kurzem von der Neidhart-Philologie gefordert haben, besteht auch die Hoffnung, in einem weiteren Schritt zur Überlieferungsgeschichte und Textkritik beizutragen. Dieser Schritt ist indes noch nicht mit der praktizierten ‚figurenkritischen' Vorgehensweise vollzogen, sondern bleibt weiteren Arbeiten vorbehalten.[4]

Für die Fragestellung der Konstitution von Figurenidentität galt es zunächst nicht nur, sich von der Instanzenopposition Autor vs. Protagonist zu emanzipieren, sondern auch eine Textgrundlage zu finden, welche dieser Fragestellung gerecht wurde. Zunächst wurden dabei in einer Auseinandersetzung mit den klassischen Editionen und editorischen Entscheidungen deren biographistische Voraussetzungen als nur eine von vielen möglichen Weisen der Konstitution einer historischen Figur betrachtet.[5] Im Fall der Ausgaben in der Nachfolge Moriz Haupts ist das Ergebnis der Identitätskonstitution ein hierarchisiertes Textcorpus und ein Bild des Autors nach einem Muster des 19. und 20. Jahrhunderts (dem Entwicklungsschema von der unbeschwerten Jugend bis in die Bitternis des Alters), auf das sich die Untersuchungen nicht aufbauen lassen. Texte, die diesem Schema nicht entsprechen, wurden in den Ausgaben aus dem betrachtenswerten Corpus ausgeschlossen. Die Identitätskonstitution der Figur und die Textkonstitution stehen in den Ausgaben also in einem engen Zusam-

---

2 Dies stellt letztlich auch die Vorgehensweise von Albrecht HAUSMANN (1999) dar, der mithilfe der Überlieferung eine ‚programmatische Identität' des Reinmarschen Autorcorpus nachzuweisen sich vornimmt.
3 WENZEL, E. / WENZEL, H. 2000.
4 Figurenkritisch sei das Vorgehen behelfsmäßig genannt, weil die „Analyse des kunstvollen Spiels mit Autor-Figur und Sprecherrollen" (WENZEL, E. / WENZEL, H. 2000, S. 101) der Textkritik funktional analog ist, ihr aber bei Untersuchungen wie solchen der Neidhart-Tradition vorausgeht, sollen die Aporien des Bezugs auf den Autor vermieden werden. Ergänzt man die Ergebnisse dieser Analyse um bestimmte überlieferungsspezifische Motive, Erzählstrategien und ferner um die Realien der Neidhart-Rezeption (s.u.), wäre in Zukunft eine veränderte Textkritik der Neidharte wieder möglich. Auf diese Weise könnte sogar die Echtheitskritik der Lieder in Kulturgeschichtsschreibung transformiert werden.
5 Vgl. I.2.

menhang, von dem es sich zu emanzipieren galt, da in dieser Arbeit primär die Identitätskonstitution der Neidhartlieder und nicht die der Neidhart-Philologie im Mittelpunkt des Interesses stand.

Der erste Schritt zur Emanzipation vom Neidhart-Bild der klassischen Ausgaben und vergleichbarer biographischer Ansätze war die Vergegenwärtigung der Tatsache, daß deren Lösungsversuch letztlich aporetisch ist. Die von den Liedern selbst auf unterschiedliche Weise beantwortete Frage ‚Wer war Neidhart?' wird hier nämlich umgedeutet in die kaum lösbare, jedenfalls aber gänzlich andere Fragestellung nach dem wahren Urheber der Lieder, d.h. der nichtfiktiven Instanz ‚hinter den Texten'. Die grundsätzliche Schwierigkeit der Fragestellung, eine nur in überlieferten Texten inszenierte Figur von einem auf exakt gleiche Weise zugänglichen Autor (als Urheber dieser Texte) unterscheiden zu müssen, birgt vor allem die Problematik einer beständigen Sortierarbeit hinsichtlich des vermeintlichen Quellenwerts oder der vermeintlichen Fiktionalität der Lieder, für die es keine Entsprechung im Rezipienteninteresse der überlieferten Texte gegeben haben dürfte. Um nicht in dieselben Aporien zu geraten wie die traditionelle Neidhart-Philologie, deren in den kanonischen Ausgaben versteinerte Voraussetzungen zum großen Teil noch immer den Diskurs über den Neidhart-Komplex bestimmen, wurden für die textanalytischen Teile bestimmte dieser Voraussetzungen suspendiert. Die Suspension betraf vor allem die zentralen Begriffe Autorschaft, (Figuren-)Identität und Überlieferung und hatte Folgen für das gewählte Textcorpus.

Da weder das hierarchisierte und reduzierte Textcorpus der kanonischen Ausgaben noch das damit zusammenhängende biographische Bild des Autors eine Grundlage für die Untersuchung der Identitätskonstitution in den Liedern sein konnte, wurde die Konstruktionen von Identität unter Absehung von der Frage nach ihrem realhistorischen Zeugniswert zu rekonstruieren versucht. Der Terminus „Autor" meint so nicht mehr den realhistorischen Urheber von Texten, sondern eine Figur des jeweiligen Textes: nämlich genau jene Figur, welche im Text selbst oder seiner Rahmung als deren Schöpfer oder Sprecher figuriert wird. Umgekehrt enthält auch der Terminus „Figur" kein Urteil über die Fiktionalität der damit bezeichneten Instanz, sondern meint in schlichter operationaler Bestimmung jede Person, die nicht durch Wahrnehmungen, direkte Interaktionen o.ä., sondern durch (literarische) Verfahren konstituiert wird.[6]

In Hinblick auf die Textgrundlage wurde vor dem Hintergrund aktueller Diskussionen um Autorschaft und Überlieferung für den Fall der Neidharte die Konsequenz gezogen, die Lieder als das zu deuten, was sie in ihrer historischen Wirklichkeit in allererster Linie sind: schriftlich überlieferte Texte des 14. und 15. Jahrhunderts. Da die Figur Neidharts in der gesamten Liedüberlieferung,

---

6   Vgl. Anm. 11 in Kapitel I.

die erst im 15. Jahrhundert ihren Höhepunkt erreicht, nicht mehr mit einem (direkt ohnehin nicht mehr zugänglichen) Minnesänger des 13. Jahrhunderts identisch sein kann, ließ sich die Identität Neidharts so auch mit besonderem historischen Recht als Rezeptionsphänomen bestimmen.

Die Konstitution der Figurenidentität verläuft dabei im ganzen Neidhart-Komplex[7] auf sehr verschiedene Weise. Eigenart des Neidhart-Komplexes ist es, daß die um die Neidhart-Figur zentrierten Zeugnisse auf die Identitätsfrage jeweils ihre Antwort geben. Eine Besonderheit der Lieder ist es, daß diese behaupten, Neidharts *eigene* Antworten zu enthalten. Auf diese Weise war es möglich, die in der Mittelalter-Philologie im Mittelpunkt stehenden Lieder innerhalb des Komplexes inhaltlich von den anderen Zeugnissen abzugrenzen. Dabei half ein besonderes Merkmal der Liedüberlieferung zur Abgrenzung von Tradition und Rezeption: Neidhart wird in beinahe allen Liedern, die hier untersucht wurden, als Autor und Protagonist gleichermaßen figuriert. Die Identität von Schöpfer und Inhalt der Lieder ist dabei eine Suggestion, die den Texten selbst innewohnt und wiederum ihre Identität als neidhartianische Gattung ausmachte. Dabei war es nicht von Belang, ob ein historischer Rezipient de facto geglaubt hat, daß Neidhart Protagonist und Schöpfer eines Lieds sei (weder dafür noch für das Gegenteil gibt es irgendeinen historischen Beleg), sondern nur, ob ein Text dies als Tatsache inszeniert oder nicht.

Im Gegensatz zum üblichen Sprachgebrauch der Neidhart-Philologie wurde in den vorangegangenen Untersuchungen nicht zwischen einem Œuvre und einer Tradition, sondern zwischen einer breiteren Neidhart-*Rezeption* und einer engeren Neidhart-*Tradition* unterschieden. Angesichts der Überlieferungslage, die von den ersten erhaltenen Autorsammlungen an niemals zwischen dem Werk eines historischen Autors und den Produkten von anonymen Nachahmern einen Unterschied machte, wurden hier in einem an der Überlieferung orientierten Textbegriff alle Lieder, die Neidhart zugeschrieben wurden, zur Tradition gezählt.[8] In Abgrenzung zur Tradition steht die Neidhart-Rezeption, worunter alle Zeugnisse verstanden wurden, die zwar von Neidhart handeln, den genannten Doppelaspekt von Autor- und Protagonistenschaft aber nicht aufweisen. Oftmals stehen diese Zeugnisse in gänzlich anderen Sinn- und Funktionszusammenhängen als die Neidharte, wie sich an den Erwähnungen des Protagonisten in mittelalterlicher Epik, in frühneuzeitlicher Chronistik und Ikono-

---

7 Unter „Neidhart-Komplex" verstehe ich alle mit dem Namen Neidharts verbundenen Zeugnisse bis zur frühen Neuzeit. Den Ausdruck übernehme ich von Ursula Schulze (in MÜLLER/SCHULZE 1991, S. 124), die ihn allerdings auf Texte begrenzt.
8 Neidhart-Überlieferung und Neidhart-Tradition haben denselben begrifflichen Umfang, differieren allerdings inhaltlich, insofern Tradition grundsätzlich nicht nur im Sinn einer konkreten Überlieferung, sondern vor allem als das mit der Überlieferung verbundene Sinninstitut aufgefaßt wurde. Vgl. I.1.

graphie wohl am deutlichsten zeigt.⁹ Aber auch die im engen stofflichen Zusammenhang zu den Liedern stehenden Neidhartspiele wurden hier zur Neidhart-Rezeption gezählt: zu Textsorten, die das Leben des Protagonisten weiter ausdeuten, ohne sich als Selbstzeugnisse zu geben. Der für die Bestimmung der Neidhart-Tradition gewählte Doppelaspekt von Autor- und Protagonistenschaft, der die Tradition von einer breiteren Neidhart-Rezeption zu unterscheiden vermochte, erwies sich unter identitätsthematischen Gesichtspunkten als zentral. Definierender Mittelpunkt der Neidhart-Tradition war die Identität ihrer Hauptfigur vor dem Hintergrund des erwähnten Doppelaspekts. Die Identität Neidharts wird unter dem Vorzeichen dieses Doppelaspekts in der Liedüberlieferung in verschiedenen Spannungsfeldern konstituiert: zwischen figuralen Konstellationen und auserzählten Geschichten, zwischen Selbstcharakterisierungen und Interaktionsbeziehungen mit anderen Figuren, zwischen Werkhaftigkeit des einzelnen Lieds und Zyklizität der Inhalte und Stoffe in der gesamten Überlieferung. Während in anderen mittelalterlichen Überlieferungszusammenhängen der Name des Autors (etwa Reinmar, Wolfram, Walther) vornehmlich das Verhältnis von in der Überlieferung zugeschriebener Verfasserschaft zum überlieferten Text signalisierte,[10] hat sich im Fall der Neidhart-Überlieferung der zentrale Doppelaspekt von Autor- und Protagonistenschaft als nicht hintergehbar herausgestellt. Der rezeptionsästhetische Befund ist eindeutig: Bis auf wenige Ausnahmen gibt es keine Lieder, die Neidhart ausschließlich in seinem Autorenaspekt zugeschrieben werden, ohne von ihm handeln.[11]

Das mit der Überlieferung verbundene Sinninstitut (die Tradition in ihrem funktionalen Aspekt) arbeitet sich dabei im wesentlichen in einer Weise an der Identität ihres Helden ab, indem um ihn ein Netz von Beziehungen gespannt wird. Eine kohärente Geschichte oder gar ‚Entwicklung' der Figur war auf diese Weise genausowenig zu erwarten wie die Einheitlichkeit allgemeiner Identitätsmerkmale. Die Figur erscheint vielmehr in verschiedenen Aggregatzuständen, bei denen häufig nur der Stoff- und Motivvorrat und die den mei-

---

9   Eine der ersten Zusammenstellungen von Rezeptionsdokumenten (ohne ikonographische Zeugnisse) findet sich bei HW, S. 324-332. Eine Zusammenstellung ikonographischer Quellen außerhalb der engeren Neidhart-Tradition bietet JÖST 1976, S. 325-349. Zur literarischen Rezeption vgl. OBERMAYER 1983. Während der Schlußkorrektur an dieser Arbeit ging mir eine briefliche Mitteilung von Dr. Erhard Jöst zu, in der eine neue Publikation zu diesem Gebiet angekündigt wird: Neidhartrezeption in Wort und Bild. Hg. von Gertrud BLASCHITZ (= Medium aevum quotidianum, Sonderband X). Krems 2000. Dieser Band konnte nicht mehr einbezogen werden.
10 Vgl. WACHINGER 1991, S. 6f.
11 Ausnahmen waren lediglich Texte, die von der Überlieferung als von ‚neidhartianischer' Machart gekennzeichnet werden; z.B. ‚Neithards Gefräß' (Boueke 9) oder das ‚Lied vom Rosenkranz' (UL 8 [vgl. IV.2.3]).

sten Liedern immanente Beziehung zu einer gegenweltlichen Bauernwelt konstant bleiben, während die Personenkonstellationen, innerhalb derer die Figur interagiert, nach verschiedenen Texttypen stark differieren.[12]

Das Beziehungsnetz, innerhalb dessen Neidhart erscheint, ist in der gesamten Tradition gewissermaßen aus demselben Stoff gemacht; es besteht aus einem Grundarsenal von immergleichen Motiven, Stoffen und Personen, zu dem der Spiegelraub, der Veilchenschwank, die grundsätzliche Bauernfeindschaft Neidharts oder die Rivalität des Helden zu seinem Hauptantagonisten Engelmar gehören. Dennoch weisen die Verarbeitungen dieses Materials je nach Texttyp und Einzeltext unterschiedliche Strukturen auf, die auch für die Neidhart-Identität relevant sind. Grundsätzlich erscheint Neidhart in einer beschränkten Anzahl von Konstellationen und damit verbundenen Funktionen; etwa als Gesprächsgegenstand und begehrter Liebhaber von Frauen, als Feind der Bauern, als Fürstendiener, als Minnesänger. Diese Konstellationen werden aber wiederum in verschiedenen Modi dicendi realisiert, beispielsweise indem sie in monologischer Sprechweise beschrieben, in Figurendialoge aufgelöst oder auch in schwankhafte Handlungen konkretisiert werden. Die einzelnen Texttypen, in denen die Neidhart-Figur spezifisch konstituiert wird, weisen dabei bis in die erste Kompilation im neuen Medium des Drucks (welche zugleich die letzte Liedkompilation überhaupt sein sollte) eine Reihe von Querverbindungen auf, die keinen Text in einem singulären Werkcharakter interpretierbar macht, sondern beinahe alle Texte zyklisch miteinander verbindet.[13]

Auf diese Weise markieren die Pole von ‚Werkhaftigkeit' und ‚Zyklizität' ein Spannungsfeld, innerhalb dessen sich ein einzelnes Lied wie auch die darin konstituierte Figurenidentität verorten läßt. Gerade die Gesprächslieder haben hier eine Substituierbarkeit von Namen der Neidhart-Figur und Kennzeichnungen für einen anonymen Liebhaber gezeigt, welche für die entsprechende Wechselwirkung spricht.[14] Die hier untersuchten Lieder lassen sich einerseits nur in einem intratextuellen Zusammenhang aller Neidharte interpretieren, insofern hier Texte von bestimmten typischen Konstellationen und Formmerkmalen (wie Mutter-Tochter-Dialoge, Schwanklieder, Dörperlieder) zusammenrücken und sich gegenseitig erhellen. Andererseits erwies es sich als notwendig, der Verlaufsstruktur einzelner Texte nachzugehen, in denen die abstrakten Konstellationen zwischen den Figuren, wie sie noch für den Minne-

---

12 CZERWINSKI (1989, S. 15) spricht von einer Aggregation als dem Hauptmoment mittelalterlicher Reflexivität und Identität.
13 Auch noch im ‚Neithart Fuchs' spielt der Doppelaspekt von Autor- und Protagonistenschaft eine entscheidende Rolle. So ist in den meisten Schwankliedern Neidhart noch Sänger und Autor, gelegentlich sogar Minne- und Frauendiener, wie besonders anhand des Veilchenschwanks deutlich wurde; vgl. V.2.3.
14 Vgl. III.1.2.

sang typisch waren (zumeist in der dreistelligen Relation zwischen Frau, Sänger und der Gesellschaft), aufgelöst werden in teilweise sehr konkrete Geschichten, also Figurenhandlungen nach narrativen Mustern.

Die den Neidharten eingeschriebenen Geschichten kennen grundsätzlich verschiedene Modi, in denen sie sich einem Rezipienten darbieten: als Anspielung, Voraussetzung der einzelnen Sprechakte, Versionen verschiedener Sprecher usw. Darüber hinaus können sie auch zu regelrechten Erzählungen werden, in denen die Grundkonstellation zwischen Neidhart und seinen Antagonisten, wie sie vielen der Winterlieder zugrunde liegt, in eine Handlung dynamisiert und konkretisiert wird. Grundsätzlich wohnt zumindest der Keim zu einer Geschichte den meisten Liedern inne und unterscheidet diese von den Beschreibungen bloßer personaler Konstellationen im Minnesang.

Die „Übergänglichkeit" aller Stoffe in verschiedenen Form- und Funktionstypen, die Hugo Kuhn der Literatur des 15. Jahrhunderts attestiert, erwies sich auch als ein Phänomen der Neidhart-Tradition, das hinsichtlich der Identität Neidharts zu einem anderen Bild führte als dem bisher in der auf den historischen Autor fixierten Forschung vorhandenen.[15] Bei einer Änderung des Blickwinkels, die vom historischen Autor und dessen mutmaßlichem Lebensweg fortführte zu dem den Texten selbst eingeschriebenen Autorbild und der Neidhart-Figur, zeigten sich die Unterschiede der Lieder nicht mehr in ihrem Bezug auf eine personale Entwicklung, sondern auf Interaktionsverhältnisse der Figur in unterschiedlichen Konstellationen und Geschichten.

Der Entwicklungsbegriff ist indes nicht nur für den Protagonisten der Neidhart-Tradition problematisch, betrifft er doch auch die Überlieferung selbst. So beschreibt Titzmann die Entwicklung von den ‚echten' Liedern zu denen der ‚Tradition' (die seiner Meinung nach unecht sind) als eine Art Komplexitätsreduktion: „Die Tradition reagiert auf die Komplexität des Ich und seiner verschiedenen möglichen Zustände, indem sie die Ich-Ebene auf eine reduziert, dabei das lyrische und das biographische Ich identifiziert und zugleich an der Biographie N[eidharts] baut."[16] Die Problematik einer solchen These zeigt sich insbesondere an den Schwankliedern, an die Titzmann wohl vornehmlich denkt.

Daß Texte wie die Schwanklieder an der Biographie Neidharts weiterarbeiten, läßt sich zunächst kaum leugnen und wird in der ‚Neithart-Fuchs'-Inkunabel schließlich sogar zum Kompilationsprinzip gemacht. Ebenso ist es eine Tatsache, daß die Vielfalt der sprechenden Ich-Instanzen, wie sie in einigen Liedern zutage tritt, in den Schwänken nicht mehr zu erkennen ist. Dennoch haben auch die Schwänke eine gewisse Komplexität gezeigt, die primär allerdings auf

---

15   Vgl. KUHN 1980, S. 88f. Kuhns Urteil wäre somit angesichts der Neidhart-Tradition um mindestens ein Jahrhundert vorzuverlegen.
16   TITZMANN 1971, S. 493.

einer anderen Ebene anzusiedeln ist als der diskursiven Ebene der Sprecherinstanzen. Nimmt man etwa den Krechsenschwank oder den Veilchenschwank als Beispiel, dann lassen sich die Verfahren der Umbesetzung und des Austauschs zwischen Sprecherinstanzen hier auf der Geschichtsebene als konkretisiert erkennen.[17] Was auf den ersten Blick wie eine Reduktion aussieht, erweist sich in Wahrheit als Transformation: *translatio Neidhardi*.

Immer wieder hat sich derjenige, den ich mit einer Art Notnamen den „Protagonisten der Neidhart-Tradition" genannt habe, als äußerst vielseitig und variantenreich erwiesen. Die Vielseitigkeit der Figur Neidhart ist Grund genug, nicht nur auf die erreichten Erkenntnisse zurückzublicken, sondern auch einen Ausblick auf das in dieser Hinsicht noch Mögliche zu werfen.

2   Ausblick auf eine zukünftige Neidhart-Forschung

Die hier diskutierte Neidhart-Überlieferung und Neidhart-Tradition wurde als ein wesentlicher Teil des sie umfassenden Neidhart-Komplexes[18] aufgefaßt. Dieser umfaßt neben den untersuchten Liedern auch noch deren Melodienüberlieferung, die Ikonographie von Neidhart-Stoffen, die anonym überlieferten Neidhart-Spiele und deren Aufführungsbelege, die Berufungen von Autoren des Mittelalters und der frühen Neuzeit auf die Autorität Neidharts, die Einflüsse der Neidhart-Tradition in der ‚Schule Neidharts'[19], die Erwähnungen des Schwankhelden und Bauernfeinds in Chroniken und Archivalien, die Anspielungen in sonstigen Dokumenten bis hin zur modernen Rezeption in den Mittelalter-Romanen eines Dieter Kühn.[20] Der Neidhart-Komplex in seinem ganzen Umfang wird zumeist in sehr verknappter Form dargestellt. Auch in dieser Arbeit wurde er - unter der spezifizierten Begrifflichkeit der ‚Neidhart-Rezeption' - nur gelegentlich behandelt.

Die Untersuchung der Neidhart-Rezeption, auf die hier zugunsten einer späteren Arbeit verzichtet wurde, stellt eine komplexe Aufgabe für eine in Zukunft hoffentlich interdisziplinärer vorgehende germanistische Mediävistik dar, die sich dann allerdings auch ein Stück weg von der Philologie und in Richtung

---

17 Die Konkretisierung ist dabei eine nur sehr grobe Charakterisierung des Unterschieds verschiedener Liedtypen und darf nicht unbedingt als Beschreibung einer literarhistorischen Entwicklung gesehen werden. Zum Begriff in bezug auf den Minnesang vgl. Ingeborg GLIER: Konkretisierung im Minnesang des 13. Jahrhunderts. In: From Symbol to Mimesis. The Generation of Walther von der Vogelweide. Hg. von Franz H. Bäuml. Göppingen 1984 (= Göppinger Arbeiten zur Germanistik 368), S. 150-168.
18 Vgl. Anm. 7.
19 Diese hat zuletzt BRILL (1908, S. 192-217) in einem kurzen Kapitel über ‚Neidhart-Spiegelungen' untersucht.
20 Dieter KÜHN: Neidhart aus dem Reuental. Frankfurt/Main 1988.

einer gerade in letzter Zeit immer wieder eingeforderten transdisziplinären Kulturwissenschaft zu bewegen hätte.[21]

In seinem 1972 zum ersten Mal veröffentlichten Aufsatz über ‚Neidharte und Neidhartianer' stellt Eckehard Simon eine Reihe von Zeugnissen zusammen, welche die Bandbreite der Neidhart-Rezeption bezeugen. Die meisten dieser Hinweise seien „recht vage Anspielungen auf den sagenhaften Bauernfeind oder auf Schwanklied-Themen."[22] Nach der Zusammenstellung bei Haupt und Wießner[23] sind es bereits 60 Zeugnisse, d.h. „spätmittelalterliche Hinweise und Anspielungen auf Neidhart und das Liedcorpus", denen Simon zufolge „20 weitere (...) mit Leichtigkeit hinzugefügt werden"[24] könnten. Die Anzahl der Zeugnisse wie auch deren Bewertung durch Simon zeigt jedoch, daß ihre regelrechte Aufarbeitung noch nicht geleistet ist.

Die Vielfalt der Rezeptionszeugnisse, die noch aufzuarbeiten sind, läßt sich nur kurz anschneiden. In einer groben Typologie lassen sich folgende Zeugnisse zur Neidhart-Rezeption im hier vorgeschlagenen Sinn zählen:

(1) Berufungen auf den Autor in mittelhochdeutscher Epik
(2) Die teils sehr indirekten und subtilen Einflüsse der Neidharte auf die späte Minnelyrik[25]
(3) Die Inszenierung des Schwankhelden in den Spielen
(4) Verbildlichungen der Stoffe und Motive um Neidhart in ikonographischen Dokumenten
(5) Erwähnungen des Schwankhelden und Dichters in frühneuzeitlichen Chroniken
(6) Anspielungen auf den Dichter und legendären Bauernfeind in Briefen und Archivalien[26]

Im Gegensatz zu den Zeugnissen der unmittelbaren Tradition ist der Zusammenhang dieser Rezeptionszeugnisse untereinander weniger eng, ihre Einbindung in andere Sinn- und Überlieferungszusammenhänge (z.B. bestimmte

---

21 Vgl. hierzu: Literaturwissenschaft - Kulturwissenschaft. Positionen, Themen, Perspektiven. Hg. von Renate GLASER. Opladen 1996.
22 SIMON 1972/1986, S. 227. Simon hat seinem Aufsatz in insgesamt drei Nachträgen bis 1986 immer wieder neu aufgetauchte Dokumente der Rezeption hinzugefügt, so daß sich auch die Zahl von 20 zusätzlichen Dokumenten als Unterschreitung der in Zukunft verfügbaren Dokumente erweisen dürfte.
23 HW, S. 324-332.
24 SIMON 1972/1986, S. 227.
25 Zur Zeit ist eine Arbeit von Erika Jacobi über den Einfluß Neidharts auf die späte Minnelyrik unter der Betreuung von Prof. Franz Josef Worstbrock (Universität München) im Entstehen begriffen.
26 Zu diesen Zeugnissen vgl. JÖST 1976, S. 13-66, sowie die Arbeiten von SIMON.

Autorcorpora oder Quellenkontexte) dafür stark ausgeprägt. Die Bezüge der Rezeptionsdokumente zur Neidhart-Tradition sind sehr unterschiedlicher Art. In einigen Fällen der literarischen Rezeption, z.b. bei Gottfried von Neifen oder im ‚Ring' Heinrich Wittenwilers[27], lassen sich sehr dichte Bezüge zu Neidhartschen Themen, Stoffen und Motiven, ja ganzen literarischen Techniken finden - wie z.b. zum Verfahren der „Travestie der höfischen Minnesituation ins dörper-Millieu"[28]. Die Anbindung an die Neidhart-Tradition ist dagegen bereits weitaus weniger eng, wenn sie sich in den Fällen der Dichterberufungen oder des Zitats einiger als typisch bekannter neidhartianischer Stoffe äußert, wie dies von Wolfram von Eschenbach bis Hermann von Sachsenheim immer wieder der Fall ist. Die in Chroniken, Briefen und Archivalien aufweisbaren Bezüge weisen schließlich oft eine nur marginale Rolle innerhalb ihres eigenen Werkzusammenhangs auf, der häufig gänzlich andere als die in der Neidhart-Tradition bedeutsamen Themen in den Mittelpunkt rückt.

Angesichts der historischen, typologischen und rezeptionsbezogenen Unterschiedlichkeit der Rezeptionszeugnisse wäre der erste Schritt zur Neubewertung eine vollständige historisch-kritische Aufarbeitung der bloßen Realien, die in einer den Überlieferungen angemessenen typologischen Heuristik (wie oben angedeutet) erst einmal vorläufig zu ordnen wären, um dann einer interdisziplinären Beschreibung zugänglich gemacht zu werden. Eine Erforschung der einzelnen sozialhistorischen und wissenssoziologischen Gegebenheiten könnte ein weiteres Ziel einer solchen zukünftigen Bearbeitung des Neidhart-Komplexes sein. Erst wenn diese Arbeiten geleistet sind, darf nach dem sozialen Sinn gefragt werden, den dieser Komplex ca. 300 Jahre lang bis zum letzten Erscheinen des ‚Neithart Fuchs' für viele Generationen im deutschsprachigen Spätmittelalter und in der frühen Neuzeit gehabt haben muß.

Der „Endpunkt der unmittelbaren Neidhart-Tradition"[29] ist mit dem Schwankroman ‚Neithart-Fuchs' erreicht, dessen letzte Auflage 1566 schon damit werben muß, daß sein Held eigentlich ein „ander Eulenspiegel" sei, um die Aktualität der mit dem Bauernfeind verbundenen Stoffe und Lieder noch plausibilisieren zu können. Auch die Rezeptionszeugnisse nehmen, wie ein Blick auf die Zusammenstellung bei Haupt und Wießner[30] zeigt, ab der zweiten Hälfte des 16. Jahrhunderts rapide ab. Warum aber die Neidhartiana so abrupt aus dem Gedächtnis der Zeitgenossen und dem Wissensvorrat ihrer Gesellschaft verschwinden konnte, ist eine nicht geklärte Frage.

Sicher ist nur: Herr Neidhart verschwindet im Kreislauf der kulturellen Sinnzirkulation, den er rund 300 Jahre mitbestimmte, bis er wiederum etwa

---

27 ‚Ring', V. 103-1279. Vgl. zum ‚Ring' Anm. 153 in Kapitel V.
28 ORTMANN et al. 1976, S. 8.
29 Vgl. ‚Neithart Fuchs'- Faksimile, ed. JÖST, Einleitung, S. 49.
30 Vgl. Anm. 9.

300 Jahre später in sehr reduzierter Identität mit den ersten Ausgaben von der Altgermanistik in deren Diskurs eingespeichert wurde. Vielleicht ist es nun wieder Aufgabe der Philologie, Neidhart als kulturelles Phänomen der langen Dauer von den disziplinären Beschneidungen seiner Identität zu befreien. Dies kann aber nur geschehen, indem der ganze Komplex, der sich mit dem Namen verbindet, in seiner vollen Gestalt und einer ausreichend dokumentierten Rezeption in neuen Ausgaben unserer modernen Kommunikationsgemeinschaft zur Verfügung gestellt wird.

Literaturverzeichnis

I Texte und Quellen

1 Transkriptionen und Faksimiles

Hs.-B-Transkr.	Die Weingartner Liederhandschrift. Transkription bearbeitet von Otfrid Ehrismann. Stuttgart 1989.
Hs.-C-Faks.	Abbildungen zur Neidhart-Überlieferung II. Die Berliner Neidhart-Handschrift c (mgf 779). Hg. von Edith Wenzel. Göppingen 1976 (= Litterae 15).
Hs.-C-Transkr.	Die Berliner Neidhart-Handschrift c (mfg 779). Transkription der Texte und Melodien von Ingrid Bennewitz-Behr. Göppingen 1981 (= Göppinger Arbeiten zur Germanistik 356).
Hs.-R-Faks.	Abbildungen zur Neidhart-Überlieferung I. Die Berliner Neidhart-Handschrift R und die Pergamentfragmente Cb, K, O und M. Hg. von Gerd Fritz. Göppingen 1973 (= Litterae 11).
Hs.-R.-Transkr.	Transkription der Neidhart-Handschrift R von Ingrid Bennewitz. Unveröffentlichtes Typoskript.
Hs.-C-Transkr.	Die große Heidelberger Liederhandschrift. In getreuem Textabdruck. Hg. von Fridrich Pfaff. 1909. 2, verbesserte und ergänzte Auflage von Hellmut Salowsky. Heidelberg 1984
Hs.-W-Transkr.	Die Wiener Neidhart-Handschrift w. ÖNB, series nova 3344. Transkription der Texte und Melodien von Ingrid Bennewitz-Behr. Göppingen 1984 (= Göppinger Arbeiten zur Germanistik 417).

2 Textausgaben zur Neidhart-Tradition

ATB-AUSGABE
Neidharts Lieder
Die Lieder Neidharts. Hg. von Edmund Wießner. Fortgef. von Hanns Fischer, rev. von Paul Sappler. Mit einem Melodienanhang von Helmut Lomnitzer. 4. Auflage. Tübingen 1984; 5. Auflage. Tübingen 1999 (= Altdeutsche Textbibliothek 44).

BENECKE
Beyträge zur Kenntniss der altdeutschen Sprache und Litteratur von Georg Friedrich Benecke. Erster Theil: Minnelieder. Ergänzung der Sammlung von Minnesingern. Hg. von G.F.B. Göttingen 1810. Ein Lied von Hern Nîthart. S. 289-292 [WL 4, III-7]. Zweyte Häfte. Göttingen 1832. Herrn Nîtharts wîse. S. 297-445 [Transkr. der Hs. R.].

BEYSCHLAG
Siegfried Beyschlag: Die Lieder Neidharts. Der Textbestand der Pergament-Handschriften. Darmstadt 1975.

BOUEKE
Dietrich Boueke: Materialien zur Neidhart-Überlieferung. München 1967 (= Münchener Texte und Untersuchungen zur deutschen Literatur des Mittelalters 16), S. 105-196 [Edition von 11 Schwankliedern].

HMS
Minnesinger. Deutsche Liederdichter des zwölften, dreizehnten und vierzehnten Jahrhunderts (...). Hg. von Friedrich Heinrich von der Hagen. 5 Bde. Bd. I-IV. Leipzig 1838. Bd. V und Atlas Berlin 1856. Nachdruck Aalen 1962/63. Bd. II, S. 98-125 [Texte nach Hs. C]; Bd. III, S. 183-295 [Texte nach Hs. c], S. 296-313 [Neithart Fuchs, Auszüge], S. 667-678 u. S. 757-801 [Anmerkungen u. Lesarten]; Bd. IV S. 845-852 [Melodien nach O u. c].

H[AUPT]
Neidhart von Reuenthal. Hg. von Moriz Haupt. Leipzig 1858 (= Neidharts Lieder. Unveränderter Nachdruck der Ausgaben von 1858 und 1923, Bd.

	1. Moriz Haupts Ausgabe von 1858. Hg. von Ulrich Müller u.a. Stuttgart 1986).
HW	Neidharts Lieder. 2. Auflage neu bearbeitet von Edmund Wießner (= Neidharts Lieder. Unveränderte Nachdrucke der Ausgaben von 1858 und 1923. Bd. 2. Unveränderter Nachdruck der Ausgabe Leipzig 1923. Hg. von Ulrich Müller u.a. Stuttgart 1986).
KEINZ, LIEDER NEIDHARTS	Friedrich Keinz: Die Lieder Neidharts von Reuenthal. Auf Grund von M. Haupts Herstellung zeitlich gruppiert, mit Erklärungen und einer Einleitung. Leipzig 1889.
MARELLI, SCHWANKLIEDER	Gli „Schwanklieder" nella tradizione neidhartiana. Trascrizione dai manoscritti f, c, pr. Traduzione, commento; con edizione crittica del „Bremsenschwank". Göppingen 1999 (= Göppinger Arbeiten zur Germanistik 658).

Neidhartspiele

NEIDHARTSPIELE, ED. MARGETTS	Neidhartspiele. Hg. von John Margetts. Graz 1982 (= Wiener Neudrucke 7).
STPNSP	St. Pauler Neidhartspiel, ebd., S. 11-16.
GRNSP	Großes Neidhartspiel, ebd., S. 17-110.
KLNSP	Kleines Neidhartspiel, ebd., S. 111-121.
STSZ	Sterzinger Szenar, ebd., S. 123-168.
STSP	Sterzinger Neidhartspiel, ebd. S. 169-201.

Neithart Fuchs

NEITHART FUCHS (NF)	Neithart Fuchs. In: Narrenbuch. Hg. von Felix Bobertag. Berlin/Stuttgart o.J. [1884] (= Deutsche National-Literatur 11). S. 141-292.
NF-FAKSIMILE	Die Historien des Neithart Fuchs. Nach dem Frankfurter Druck von 1566. In Abbildungen herausgegeben von Erhard Jöst. Göppingen 1980 (= Litterae 49).

3 Weitere Texte

Sammlungen

DÜD — Dichter über Dichter in mhd. Literatur. Hg. von Günther Schweikle. Stuttgart 1970.

MF — Des Minnesangs Frühling. Unter Benutzung der Ausgaben von Karl Lachmann und Moriz Haupt, Friedrich Vogt und Carl von Kraus bearbeitet von Hugo Moser und Helmut Tervooren. Bd. I: Texte. 38., erneut revidierte Ausgabe. Mit einem Anhang: Das Budapester und Kremsmünsterer Fragment. Stuttgart 1988.

RÖHRICH 1967 — Erzählungen des späten Mittelalters und ihr Weiterleben in Literatur und Volksdichtung bis zur Gegenwart. 2 Bde. Bern, München 1967.

Einzelausgaben

ARISTOTELES, RHETORIK — Aristoteles: Rhetorik. Übersetzt von Franz G. Sieveke. 2. Aufl. München 1987.

DE AMORE — Andreas Capellanus on Love. Hg. v. P. G. Walsh. London 1982.

DE DOCTRINA CHRISTIANA — Aurelius Augustinus: De doctrina christiana. Hg. von J. Martin. Turnhout 1962 (= CC 32).

CARMINA BURANA (CB) — Carmina Burana. Hg. von Benedikt Konrad Vollmann. Frankfurt am Main 1987 (= Bibliothek des Mittelalters 13).

FREIDANKS BESCHEIDENHEIT — Freidanks Bescheidenheit. Hg. v. Wolfgang Spiewok. Leipzig 1991.

KONSTANZER MINNELEHRE — Johann von Konstanz: Die Minnelehre. Hg. von Frederic Elmore Sweet. Paris 1934.

LOCHAMER LIEDERBUCH — Locheimer [sic] Liederbuch und Fundamentum organisandi. Faksimiledruck. Hg. von Konrad Ameln. Berlin 1925.

OTHLOH, LIBER VISIONUM	Otloh von St. Emmeran: Liber Visionum. Hg. von Paul Gerhard Schmidt. Weimar 1989 (= MGH, Quellen zur Geistesgeschichte des Mittelalters 13).
OSWALD, ED. KLEIN	Die Lieder Oswalds von Wolkenstein. Unter Mitwirkung von Walter Weiß und Notburga Wolf Hg. von Karl Kurt Klein. 2., neubearbeitete und erweiterte Auflage von Hans Moser, Norbert Richard Wolf und Notburga Wolf. Tübingen 1975.
PFARRER VOM KALENBERG	Die Geschicht des Pfarrers vom Kalenberg. In: Narrenbuch. Hg. von Felix Bobertag. Berlin/Stuttgart o.J. [1884] (= Deutsche National-Literatur 11). S. 1-86.
STRICKER, PFAFFE AMIS	Der Stricker: Der Pfaffe Amis. Hg. v. Michael Schilling. Stuttgart 1994 (= Reclams Universalbibliothek 658).
TANNHÄUSER	Der Dichter Tannhäuser. Leben-Gedichte-Sage. Halle/Saale 1934 (Nachdruck Tübingen 1979).
ULRICHS FRAUENDIENST	Ulrichs von Lichtenstein Frauendienst. Hg. von Reinhold Bechstein. 2 Bde. Leipzig 1988 (= Deutsche Dichter des Mittelalters 6).
WALTHERS LIEDER	Walther von der Vogelweide. Sämtliche Lieder. Mittelhochdeutsch und in neuhochdeutscher Prosa. Mit einer Einführung in die Liedkunst Walthers hg. und übertragen von Friedrich Maurer. München 1972.
RING	Heinrich Wittenwilers Ring. Hg. von Edmund Wießner. Leipzig 1931 (= Deutsche Literatur in Entwicklungsreihen, Reihe IV: Realistik des Spätmittelalters, Bd. 3).
WOLFRAM	Wolfram von Eschenbach. Hg. von Karl Lachmann. Berlin 1891 [enthält: Lieder, Parzival, Titurel, Willehalm].

II Hilfsmittel

1 Wörterbücher und Kommentare

DWB	Jacob und Wilhelm Grimm: Deutsches Wörterbuch. Leipzig 1854 ff. 33 Bde. (Nachdruck München 1984).
MHDT. HWB.	Matthias Lexer: Mittelhochdeutsches Handwörterbuch. 3 Bde. Leipzig 1872-1878. (Nachdruck Stuttgart 1979).
WIESSNER, KOMMENTAR	Edmund Wießner: Kommentar zu Neidharts Liedern. Leipzig 1954. (Nachdruck Stuttgart 1989).
WIESSNER, WÖRTERBUCH	Edmund Wießner: Vollständiges Wörterbuch zu Neidharts Liedern. Leipzig 1954.

2 Handbücher und Lexika

HdAG	Handwörterbuch des deutschen Aberglaubens. Hg. von Hanns Bächtold-Stäubli. Berlin/Leipzig 1927ff. 6 Bde. (Nachdruck Berlin/New York 1987.)
HRG	Handwörterbuch der Rechtsgeschichte. 5 Bde. Berlin 1971-1998.
HWPh	Historisches Wörterbuch der Philosophie. Hg. von J. Ritter. Basel. Darmstadt 1971ff.
LCI	Lexikon der christlichen Ikonographie. 8 Bde. Rom u.a. 1968ff.
LThK	Lexikon für Theologie und Kirche. Freiburg im Breisgau 1957-69. (Nachdruck 1986.)
VL^2	Die deutsche Literatur des Mittelalters. Verfasserlexikon. 2., völlig neu bearbeitete Auflage. Hg. von Kurt Ruh u.a. Bd. 1ff. Berlin/ New York 1978ff.

III Forschungsliteratur

1 Bibliographien und Forschungsberichte

BRUNNER 1986 — Horst Brunner: Neidhart-Bibliographie 1967-1985. In: BRUNNER (HG.) 1986. Darmstadt 1986 (= Wege der Forschung 566). S. 355-366.

MÜLLER/SCHULZE 1991 — Sammelrezension Neidhart-Forschungen. 1 Teil: Ursula Schulze: Neidhart-Forschungen von 1976 bis 1987. 2. Teil: Ulrich Müller: Neidhart-Forschungen 1981-1988. In: PBB 113 (1991), S. 124-153 (1. Teil); S. 483-495 (2. Teil).

SIMON 1968 — Eckehard Simon: Neidhart von Reuental. Geschichte der Forschung und Bibliographie. Cambridge (Mass.)/ The Hague 1968 (= Harvard Germanic Studies 4). S. 143-179.

2 Sammelbände

ANDERSEN ET AL. 1998 — Autor und Autorschaft im Mittelalter. Kolloquium Meißen 1995. Hg. von Elisabeth Andersen, Jens Haustein, Anne Simon, Peter Strohschneider. Tübingen 1998.

BERNS/RAHN (HGG.) 1995 — Zeremoniell als höfische Ästhetik in Spätmittelalter und Früher Neuzeit. Hg. von Jörg Jochen Berns und Thomas Rahn. Tübingen 1995 (= Frühe Neuzeit 25).

BIRKHAN (HG.) 1983 — Helmut Birkhan: Neidhart von Reuental: Aspekte einer Neubewertung. Wien 1983 (= Philologica Germanica 5).

BRACKERT/STÜCKRATH (HGG.) 1994 — Helmut Brackert, Jörn Stückrath: Literaturwissenschaft. Ein Grundkurs. Reinbek 1994.

BRUNNER (Hg.) 1986 — Horst Brunner (Hg.): Neidhart. Darmstadt 1986 (= Wege der Forschung 566).

CORMEAU (Hg.) 1979	Deutsche Literatur im Mittelalter. Kontakte und Perspektiven. Hugo Kuhn zum Gedenken. Hg. von Christoph Cormeau. Stuttgart 1979.
EBENBAUER ET AL. (HGG.) 1977	Alfred Ebenbauer u.a. (Hrsg.) Österreichische Literatur zur Zeit der Babenberger. Vorträge der Lilienfelder Tagung 1976. Wien 1977 (= Wiener Arbeiten zur germanischen Altertumskunde und Philologie 10).
FRANK ET AL. (HGG.) 1988	Die Frage nach dem Subjekt. Hg. von Manfred Frank, Gérad Raulet, Willem van Reijen. Frankfurt am Main 1988 (= edition suhrkamp NF 430).
GIER/JANOTA (HGG.) 1997	Augsburger Buchdruck und Verlagswesen: von den Anfängen bis zur Gegenwart. Hg. von Johannes Janota u. Helmut Gier. Wiesbaden 1997.
GRIMM/MAX (Hgg.) 1989	Deutsche Dichter. Leben und Werk deutschsprachiger Autoren. Hg. von Gunter E. Grimm u. Frank Rainer Max. Bd. 1: Mittelalter. Stuttgart 1989 (= Reclams Universalbibliothek 8611).
HAUG/WACHINGER (Hgg.) 1991	Autorentypen. Hg. von Walter Haug u. Burghart Wachinger. Tübingen 1991 (= Fortuna vitrea 6).
INGOLD/WUNDERLICH (HGG.) 1995	Der Autor im Dialog. Beiträge zu Autorität und Autorschaft. St. Gallen 1995.
JANNIDIS ET AL. (HGG.) 2000	Texte zur Theorie der Autorschaft. Hg. und kommentiert von Fotis Jannidis u.a. Stuttgart 2000 (= Reclams Universalbibliothek 18058).
KAISER/MÜLLER (Hgg.) 1986	Höfische Literatur, Hofgesellschaft, höfische Lebensformen um 1200. Hg. von Gert Kaiser u. Jan-Dirk Müller. Düsseldorf 1986 (= Studia humaniora 6).
MARQUARD/STIERLE (Hgg.) 1979	Identität. Hg. von Odo Marquard u. Karlheinz Stierle. München 1979 (= Poetik u. Hermeneutik 8).

MÜLLER, J.-D. (HG.) 1996	‚Aufführung' und ‚Schrift' in Mittelalter und früher Neuzeit. DFG-Symposion 1994. Hg. von Jan-Dirk Müller. Stuttgart und Weimar 1996 (= Germanistische Symposien, Berichtsbände 17).
SCHILLING/ STROHSCHNEIDER (HGG.) 1996	Wechselspiele. Kommunikationsformen und Gattungsinterferenzen mittelhochdeutscher Lyrik. Hg. von Michael Schilling und Peter Strohschneider. Heidelberg 1996 (= Germanisch-romanische Monatsschrift, Beiheft 13).
TERVOOREN (HG.) 1993	Gedichte und Interpretationen. Mittelalter. Hg. von Helmut Tervooren. Stuttgart 1993.
WENZEL (HG.) 1983	Typus und Individualität im Mittelalter. Hg. von Horst Wenzel. München 1983 (= Forschungen zur Geschichte der älteren deutschen Literatur 4).
RAGOTZKY/WENZEL (HGG.) 1990	Höfische Repräsentation. Das Zeremoniell und die Zeichen. Tübingen 1990.

3 Einzeluntersuchungen

ANACKER 1933	Hilde von Anacker: Zur Geschichte einiger Neidhart-Schwänke. In: PMLA 48 (1933), S. 1-16.
ASSMANN 1999	Jan Assmann: Das kulturelle Gedächtnis. Schrift, Erinnerung und politische Identität in frühen Hochkulturen. München 1999.
BACHTIN 1979	Michail M. Bachtin: Die Ästhetik des Wortes. Hg. von Rainer Grübel. Frankfurt am Main 1979 (= edition suhrkamp 967).
BÄRMANN 1995	Michael Bärmann: Herr Göli: Neidhart-Rezeption in Basel. Berlin 1995 (= Quellen und Forschungen zur Literatur- und Kulturgeschichte 4/ 238).
BARTHES 1988	Roland Barthes: Einführung in die strukturale Analyse von Erzähltexten. In: ders.: Das semiolo-

gische Abenteuer. Frankfurt am Main 1988 (= edition suhrkamp NF 441), S. 102-143.

BECKER 1978 — Hans Becker: Die Neidharte. Studien zur Überlieferung, Binnentypisierung und Geschichte der Neidharte der Berliner Handschrift germ. fol. 779 (c). Göppingen 1978 (= Göppinger Arbeiten zur Germanistik 255).

BECKER 1992 — Hans Becker: „Meie dîn liehter schîn." Überlegungen zu Funktion und Geschichte des Minnelieds HW XI,1ff in den Neidhart-Liedern der Riedegger Handschrift. In: Festschrift Walter Haug und Burghart Wachinger. Hg. von Johannes Janota u.a. Bd. II. Tübingen 1992. S. 725-742.

BEHR 1983 — Hans-Joachim Behr: „Ich gevriesch bî mînen jâren nie gebûren alsô geile...." Neidharts ‚Dörper'-Feindlichkeit und das Problem des sozialen Aufstiegs im Rahmen des Territorialisierungsprozesses in Bayern und Österreich. In: BIRKHAN (HG.) 1983. S. 1-16.

BEIN/TERVOOREN 1988 — Thomas Bein/Helmut Tervooren: Ein neues Fragment zum Minnesang und zur Sangspruchdichtung: Reinmar von Zweter, Neidhart, Kelin, Rumzlant und Unbekanntes. In: ZfdPh 107 (1988), S. 1-26.

BENNEWITZ-BEHR/ MÜLLER 1985 — Ingrid Bennewitz-Behr, Ulrich Müller: Grundsätzliches zur Überlieferung, Interpretation und Edition von Neidhart-Liedern. Beobachtungen, Überlegungen und Fragen, exemplifiziert an Neidharts Lied von der *Werltsüeze* (Hpt. 82,3 = WL 28). In: ZfdPh 104 (1985) [= Sonderheft Überlieferungs-, Editions- und Interpretationsfragen zur mittelhochdeutschen Lyrik], S. 52-79 .

BENNEWITZ-BEHR 1987 — Ingrid Bennewitz-Behr: Original und Rezeption. Funktions- und überlieferungsgeschichtliche Studien zur Neidhartsammlung R. Göppingen 1987 (= Göppinger Arbeiten zur Germanistik 437).

BENNEWITZ-BEHR/ MÜLLER 1989	Ingrid Bennewitz-Behr, Ulrich Müller: Neidharts Lied von der „derr plahen" (R 31, c 82, HW 46,28). Ein Beispiel für Satire und Parodie im späten Mittelalter. In: Parodie und Satire in der Literatur des Mittelalters (Tagungsband). Hg. von Peter Richter. Greifswald 1989 (= Deutsche Literatur des Mittelalters 5), S. 90-102.
BENNEWITZ ET AL. 1990/91	Ingrid Bennewitz u.a.: „Historien des Edlen Ritters Neithart Fuchs aus Meissen". Variation und Kontinuität der frühneuzeitlichen Neidhart-Überlieferung. In: Jahrbuch der Oswald von Wolkenstein-Gesellschaft 6 (1990/91), S. 189-211.
BENNEWITZ 1993	Ingrid Bennewitz: Neidhart: „Wie sol ich die bluomen uberwinden." In: TERVOOREN (Hg.) 1993, S. 321-337.
BENNEWITZ 1994	Ingrid Bennewitz: ‚Wie ihre Mütter?' Zur männlichen Inszenierung des weiblichen Streitgesprächs in Neidharts Sommerliedern. In: Sprachsspiel und Lachkultur. Beiträge zur Literatur- und Sprachgeschichte. Rolf Bräuer zum 60. Geburtstaag. Hg. von Angela Bader u.a. Stuttgart 1994 (= Stuttgarter Arbeiten zur Germanistik 300), S. 178-193.
BENNEWITZ 1998	Ingrid Bennewitz: Von badenden Graserinnen, liebestollen Mädchen und männlichen Bräuten. Zum Verhältnis von Text und Illustration in den Neithart Fuchs-Drucken. In: „Ir sult sprechen willekomen". Grenzenlose Mediävistik. Festschrift für Helmut Birkhan zum 60. Geburtstag. Hg. von Christa Tuczay, Ulrike Hirhager und Karin Lichtblau. Bern u.a. 1998, S. 755-777.
BERGER /LUCKMANN 1995	Peter L. Berger/Thomas Luckmann: Die gesellschaftliche Konstruktion der Wirklichkeit. Eine Theorie der Wissenssoziologie. Mit einer Einleitung zur deutschen Ausgabe von Helmuth Plessner. Frankfurt am Main 1995.

BERTAU 1967	Karl Bertau: Stil und Klage beim späten Neidhart. In: DU 19 (1967), S. 76-97.
BERTAU 1971/86	Karl Bertau: Neidharts „Bayerische Lieder" und Wolframs ‚Willehalm'. In: BRUNNER (HG.) 1986, S. 157-195.
BERTAU 1973	Karl Bertau: Deutsche Literatur im europäischen Mittelalter II. München 1973.
BEYSCHLAG 1979/1986	Siegfried Beyschlag: Riuwental und Nîthart. In: Brunner (Hg.) 1986. S. 295-319.
BEYSCHLAG 1987	Siegfried Beyschlag: Art. ‚Neidhart und Neidhartianer'. In: VL^2. Bd. 6, Sp. 871-893.
BLECK 1998	Reinhard Bleck: Neidharts Kreuzzugs-, Bitt- und politische Lieder als Grundlage für seine Biographie. Göppingen 1998 (= Göppinger Arbeiten zur Germanistik 661).
BOCKMANN 1992	Jörn Bockmann: „Her Neithart in dem grüenen gras / Den pauren do ze peichte sas." - Zur Geschichte eines Schwankmotivs. In: Germanica Wratislaviensia 93 (1992), S. 8-27.
BOCKMANN 1995	Jörn Bockmann: Zeremoniell, Anti-Zeremoniell und Pseudo-Zeremoniell in der Neidhart-Tradition oder Nochmals der Veilchenschwank. In: BERNS/RAHN (HGG.) 1995, S. 209-249.
BOCKMANN/KLINGER 1998	Jörn Bockmann, Judith Klinger: Höfische Liebeskunst als Minnerhetorik: Die Konstanzer ‚Minnelehre'. In: Das Mittelalter. Perspektiven mediävistischer Forschung 3 (1998) [Themenheft Artes im Medienwechsel], S. 107-126.
BOKOVÁ/BOK 1984	H. Boková, V. Bok: Zwei Prager Neidharte. In: Wissenschaftl. Beiträge der Ernst-Moitz-Arndt-Universität Greifswald. Deutsche Literatur des Mittelalters 1 (1984), S. 104-116.

BOLTE 1905	Johannes Bolte: Neidhart, eine volkstümliche Personifikation des Neides. In: Zeitschrift des Vereins für Volkskunde 15 (1905), S. 14-27.
BRILL 1908	Richard Brill: Die Schule Neidharts. Eine Stiluntersuchung. Berlin 1908 (= Palästra 37).
BRINKMANN, H. 1971	Hennig Brinkmann: Entstehungsgeschichte des Minnesangs. Darmstadt 1971.
BRINKMANN, S. 1985	Sabine Brinkmann: Mittelhochdeutsche Pastourellendichtung. In: Der deutsche Minnesang. Aufsätze zu seiner Erforschung. Bd. 2. Hg. von Hans Fromm. Darmstadt 1985 (= Wege der Forschung 608), S. 401-432.
BÜHLER 1982	Karl Bühler: Sprachtheorie. Die Darstellungsfunktion der Sprache. Stuttgart/New York 1982 (= Neudruck der Ausgabe Jena 1934).
BUMKE 1986	Joachim Bumke: Höfische Kultur. Literatur und Gesellschaft im hohen Mittelalter. 2 Bde. München 1986.
BUMKE 1996	Joachim Bumke: Der unfeste Text. Überlegungen zur Überlieferungsgeschichte und Textkritik der höfischen Epik im 13. Jahrhundert. In: MÜLLER, J.-D. (HG.) 1996, S. 118-129
COSERIU 1985	Eugenio Coseriu, Textlinguistik. Eine Einführung. Hg. u. bearbeitet von Jörn Albrecht. Darmstadt 1985.
CZERWINSKI 1989	Peter Czerwinski: Der Glanz der Abstraktion. Frühe Formen von Reflexivität im Mittelalter. Exempel einer Geschichte der Wahrnehmung. Frankfurt am Main 1989.
DAHRENDORF 1974	Ralf Dahrendorf: Homo sociologicus. Ein Versuch zur Geschichte, Bedeutung und Kritik der

	Kategorie der sozialen Rolle. Opladen 1974 (= Studienbücher zur Sozialwissenschaft 20).
DUBY 1989	Georges Duby: Die Frau ohne Stimme. Liebe und Ehe im Mittelalter. Berlin 1989 (= Kleine kulturwissenschaftliche Bibliothek 13).
ECO 1977	Umberto Eco: Zeichen. Einführung in einen Begriff und seine Geschichte. Frankfurt am Main 1977.
EHLICH 1983	Konrad Ehlich: Text und sprachliches Handeln. Die Entstehung von Texten aus dem Bedürfnis nach Überlieferung. In: Schrift und Gedächtnis. Beiträge zur Archäologie der literarischen Kommunikation. Hg. von Aleida Assmann, Jan Assmann, Christof Hardmeier. München 1983, S. 24-43.
FOUCAULT 2000	Michel Foucault: Was ist ein Autor? In: JANNIDIS ET AL. (HGG.), S. 198-229.
FRANK 1988	Manfred Frank: Subjekt, Person, Individuum. In: FRANK ET AL. (HGG.) 1988, S. 7-28.
FREGE 1980	Gottlob Frege: Über Sinn und Bedeutung. In: ders.: Funktion, Begriff, Bedeutung. Fünf logische Studien. Hg. u. eingeleitet von Günther Patzig. Göttingen 1980, S. 40-65 (= Kleine Vandenhoeck-Reihe 1144).
FRITSCH 1976	Bruno Fritsch: Die erotischen Motive in den Liedern Neidharts. Göppingen 1976 (= Göppinger Arbeiten zur Germanistik 189).
FRITZ 1969	Gerd Fritz: Sprache und Überlieferung der Neidhart-Lieder in der Berliner Hs. germ fol. 779 (c). Göppingen 1969 (= Göppinger Arbeiten zur Germanistik 12).

FUHRMANN 1979	Manfred Fuhrmann: Persona, ein römischer Rollenbegriff. In: MARQUARD/STIERLE (Hgg.) 1979, S. 83-106.
GAIER 1967	Ulrich Gaier: Satire. Studien zu Neidhart, Wittenwiler, Brant und zur satirischen Schreibart. Tübingen 1967.
GENETTE 1992	Gérard Genette: Paratexte. Das Buch vom Beiwerk des Buches. Frankfurt am Main 1992.
GILOY-HIRTZ 1982	Petra Giloy-Hirtz: Deformation des Minnesangs. Wandel literarischer Kommunikation und gesellschaftlicher Funktionsverlust in Neidharts Liedern. Heidelberg 1982 (= Beihefte zum Euphorion II, 19).
GOHEEN 1984	Jutta Goheen: Mittelalterliche Liebeslyrik von Neidhart von Reuental bis zu Oswald von Wolkenstein. Berlin 1984 (= Philologische Studien und Quellen 110).
GREIMAS 1971	Algirdas Julien Greimas: Strukturale Semantik. Methodologische Untersuchungen. Braunschweig 1971.
GÜLICH/RAIBLE 1977	Linguistische Textmodelle. Grundlagen und Möglichkeiten. München 1977.
GÜNTHER 1931	Johannes Günther: Die Minneparodie bei Neidhart. Diss. Jena 1931.
GUMBRECHT 1988	Hans Ulrich Gumbrecht: Beginn von ‚Literatur'/Abschied vom Körper. In: Der Ursprung von Literatur. Medien, Rollen, Kommunikationssituationen zwischen 1450 und 1650. Hg. von Gisela Smolka-Koerdt u.a. München 1988, S. 15-50.
GURJEWITSCH 1994	Aaron J. Gurjewitsch: Das Individuum im europäischen Mittelalter. München 1994.

GUSINDE 1899	Konrad Gusinde: Neidhart mit dem Veilchen, Breslau 1899 (= Germanistische Abhandlungen 17).
HAFERLAND 1989	Harald Haferland: Interpretationen zur höfischen Epik und Didaktik um 1200. München 1988 (= Forschungen zur Geschichte der älteren deutchen Literatur 10).
HÄNDL 1987	Claudia Händl: Rollen und pragmatische Einbindung. Analysen zu Wandlung des Minnesangs nach Walther von der Vogelweide. Göppingen 1987 (= Göppinger Arbeiten zur Germanistik 467).
HARMS 1972	Wolfgang Harms: Reinhart Fuchs als Papst und Antichrist auf dem Rad der Fortuna. In: Frühmittelalterliche Studien 6 (1972), S. 419-440.
HAUPT 1849	Moriz Haupt: Eine Teufelssage aus dem elften Jahrhundert. In: Zeitschrift für deutsches Altertum 7 (1849), S. 522f.
HAUSMANN 1999	Albrecht Hausmann: Reinmar der Alte als Autor: Untersuchungen zur Überlieferung und zur programmatischen Identität. Tübingen u.a. 1999 (= Bibliotheca Germanica 40).
HENRICH 1979	Dieter Henrich: „Identität" - Begriffe, Probleme, Grenzen. In: MARQUARD/STIERLE (HGG.) 1979, 133-186.
HERRMANN 1984	Petra Herrmann: Karnevaleske Strukturen in der Neidhart-Tradition, Göppingen 1984 (= Göppinger Arbeiten zur Germanistik 406).
HÖHLE 1987	Neidhart-Fresken um 1400. Die ältesten profanen Wandmalereien Wiens. 2. Auflage. Hg. von Eva Maria Höhle. Wien 1987.
HOLZNAGEL 1995	Franz-Josef Holznagel: Wege in die Schriftlichkeit. Untersuchungen und Materialien zur Überlieferung

	der mittelhochdeutschen Lyrik. Tübingen und Basel 1995 (= Bibliotheca Germanica 32).
JANSSEN 1980	Hildegard Janssen: Das sogenannte ‚genre objectif'. Zum Problem mittelalterlicher literarischer Gattungen, dargestellt an den Sommerliedern Neidharts. Göppingen 1980 (= Göppinger Arbeiten zur Germanistik 281).
JAUSS 1977	Hans Robert Jauß: Alterität und Modernität der mittelalterlichen Literatur. Gesammelte Aufsätze 1956-1976. München 1977.
JAUSS 1977 [EINL.]	Hans Robert Jauß: Alterität und Modernität der mittelalterlichen Literatur. In: JAUSS 1977, S. 9-47 (= Einleitung zu JAUSS 1977).
JAUSS 1979	Hans Robert Jauß: Soziologischer und ästhetischer Rollenbegriff. In: MARQUARD/STIERLE (HGG.) 1979, S. 599-606.
JÖST 1976	Erhard Jöst: Bauernfeindlichkeit. Die Historien des Ritters Neithart Fuchs. Göppingen 1976 (= Göppinger Arbeiten zur Germanistik 192).
JÖST 1976a	Erhard Jöst: Literarische und ikonographische Korrelation im Mittelalter. Das Neidhart-Grabmal in Wien. In: Österreich in Geschichte und Literatur 20 (1976), S. 332-350.
JÖST 1986	Erhard Jöst: Die österreichischen Schwankbücher des Spätmittelalters. In: Die österreichische Literatur. Ihr Profil von den Anfängen im Mittelalter bis ins 18. Jahrhundert (1050-1750). Hg. von Herbert Zeman. Teil I. Graz 1986 (= Die österreichische Literatur. Eine Dokumentation ihrer literarhistorischen Entwicklung), S. 399-425.
JÖST 2000	Erhard Jöst: Das Wiener Neidhartgrab. Der Versuch, eine Legende aufzuklären. In: Wiener Geschichtsblätter 3 (2000), S. 234-241.

KASTEN 1988	Ingrid Kasten: Minnesang. In: Deutsche Literatur. Eine Sozialgeschichte. Aus der Mündlichkeit in die Schriftlichkeit: Höfische und andere Literatur. 750-1320. Hg. von Ursula Liebertz-Grün. Reinbek 1988, S.164-184.
KIVERNAGEL 1970	Heinz-Dieter Kivernagel: Die Werltsüeze-Lieder Neidharts. Diss. Köln 1970.
KLEINSCHMIDT 1998	Erich Kleinschmidt: Autorschaft. Konzepte einer Theorie. Tübingen, Basel 1998.
KUHN 1980	Hugo Kuhn: Versuch über das 15. Jahrhundert in der deutschen Literatur. In: ders.: Entwürfe zu einer Literatursystematik des Spätmittelalters. Tübingen 1980, S. 77-101.
KÜNAST 1997	Hans-Jörg Künast: Entwicklungslinien des Augsburger Buchdrucks von den Anfängen bis zum Ende des Dreißigjährigen Krieges. In: GIER/JANOTA (HGG.) 1997, S. 3-22.
KÜNNE 1986	Wolfgang Künne: Vom Sinn der Eigennamen. In: Namenzauber. Hg. von Eva-Maria Alves. Frankfurt am Main 1986, S. 64-89.
LIENERT 1989	Elisabeth Lienert: Spiegelraub und rote Stiefel. Selbstzitate in Neidharts Liedern. In: ZfdA 118 (1989), S. 1-16.
LIENERT 1998	Elisabeth Lienert: „Hoerâ Walther, wie ez mir stât". Autorschaft und Sängerrolle im Minnesang bis Neidhart. In: ANDERSEN (HGG.) 1998, S. 114-128.
LILIENCRON 1848	Rochus von Liliencron: Über Neidharts höfische Dorfpoesie. In: ZfdA 6 (1848), S. 69-117.
LINK 1980	Hannelore Link: Rezeptionsforschung. Eine Einführung in Methoden und Probleme. Stuttgart u.a. 1980.

LOMNITZER 1974	Helmut Lomnitzer: Ein neuer Textzeuge zur Neidhart-Überlieferung. In: Kritische Bewahrung. Beiträge zur deutschen Philologie. Festschrift für Werner Schröder zum 60. Geburtstag. Hg. von Ernst Joachim Schmidt. Berlin 1974, S. 335-343.
LOTMAN 1989	Jurij M. Lotman: Die Struktur literarischer Texte. 3. Auflage. München 1989.
LUCKMANN 1979	Thomas Luckmann: Persönliche Identität, soziale Rolle und Rollendistanz. In: MARQUARD/STIERLE (HGG.) 1979, S. 133-186.
LUCKMANN 1980	Thomas Luckmann: Aspekte einer Theorie der Sozialkommunikation. In: Lexikon der Germanistischen Linguistik. Hg. von Hans Peter Althaus, Helmut Henne u. Herbert Ernst Wiegand. Studienausgabe I. Tübingen 1980, S. 28-41.
LUHMANN 1989	Niklas Luhmann: Individuum, Individualität, Individualismus. In: ders.: Gesellschaftsstruktur und Semantik. Studien zur Wissenssoziologie der modernen Gesellschaft. Band 3. Frankfurt am Main, S. 149-258.
LUGOWSKI 1976	Clemens Lugowski: Die Form der Individualität im Roman. Frankfurt am Main 1976.
MARGETTS 1982	John Margetts: Nachwort; in: ders. (Hrsg.) NEIDHARTSPIELE. Graz 1982. S. 259-322.
MATTHEY 1957	Walter Matthey: Ein Wiegendruck-Fragment des Volksbuches Neithart Fuchs. In: Der Bibliophile. Internationale Zeitschrift für Bücherfreunde. Beilage zur Fachzeitschrift ‚Das Antiquariat' 2 (1957), S. 51/15-53/17.
MAUSS 1990	Marcel Mauss: Die Gabe: Form und Funktion des Austauschs in archaischen Gesellschaften. Frankfurt am Main 1990

MEYER 1887	Richard Moriz Meyer: Die Neidhart-Legende. In: ZfdA 31 (1887), S. 64-82.
MÖLK 1982	Ulrich Mölk: Trobador-Lyrik. Eine Einführung. München/Zürich 1982.
MÜCK 1983	Hans-Dieter Mück: Fiktiver Sänger Nîthart/Riuwental minus Fiktion = realer Dichter des Neidhart-Liedtyps? In: BIRKHAN (HG.) 1983. S. 74-91.
MÜCK 1986	Hans-Dieter Mück: ‚Ein politisches Eroticon'. Zur Funktion des ‚Spiegelraubs' in Neidharts Liedern der Handschrift c (MGF 779). In: „Minne ist ein swaerez spil." Neue Untersuchungen zum Minnesang und zur Geschichte der Liebe im Mittelalter. Hg. von Ulrich Müller Göppingen 1986 (= Göppinger Arbeiten zur Germanistik 440). S. 169-207.
MÜLLER, J.-D. 1986	Jan-Dirk Müller: Strukturen gegenhöfischer Welt. Höfisches und nicht-höfisches Sprechen bei Neidhart. In: KAISER/MÜLLER (HGG.) 1986. S. 409-153.
MÜLLER, J.-D. 1994	Jan-Dirk Müller: „Ir sullt sprechen willekomen". Sänger, Sprecherrolle und die Anfänge volkssprachlicher Lyrik. In: IASL 19 (1994). S. 1-21.
MÜLLER, J.-D. 1996	Jan-Dirk Müller: Ritual, Sprecherfiktion und Erzählung. Literarisierungstendenzen im späten Minnesang 1996. In: SCHILLING/STROHSCHNEIDER (HGG.) 1996, S. 43-76.
MÜLLER, U. 1977	Ulrich Müller: Überlegungen zu einer neuen Neidhart-Ausgabe. In: EBENBAUER ET AL. (HGG.) 1977, S. 136-171.
MÜLLER, U. 1983/84	Ulrich Müller: Die Kreuzfahrten der Neidharte: Neue Überlegungen zur Textüberlieferung und Textexegese. In: BIRKHAN (HG.) 1983. S. 92-128.

[nochmals veröffentlicht in: From Symbol to Mimesis. The Generation of Walther von der Vogelweide. Hg. von Franz H. Bäuml. Göppingen 1984, S. 35-68)].

MÜLLER, U. 1983　　Ulrich Müller: Die mittelhochdeutsche Lyrik. In: Lyrik des Mittelalters. Probleme und Interpretationen. Bd. 2. Stuttgart 1983, S. 7-227.

MÜLLER, U. 1986　　Ulrich Müller: Gaude Mihi! oder Das Neidhart-Lied vom „Wengling" (Lied c 7, f 12). In: Deutsche Literatur des Spätmittelalters. Ergebnisse, Probleme und Perspektiven der Forschung. Greifswald 1986 (= Deutsche Literatur des Mittelalters 3), S. 123-142.

MÜLLER, U. 1989　　Ulrich Müller: Neidharts Pastourellen der ‚Manessischen Handschrift". Unechter „Schmutz" oder die Kehrseite der Medaille? In: Entzauberung der Welt. Deutsche Literatur 1200-1500. Hg-. von James F. Poag, Thomas C. Fox. Tübingen 1989, S. 73-88.

MÜLLER, U. 1990　　Ulrich Müller: Neidhart - Das Salzburger Editionsprojekt. Einführung, Grundsätzliches, Textproben. In: Poetica 32 (1990), S. 43-67.

MÜLLER, U. 1991　　Ulrich Müller: Mündlichkeit und Schriftlichkeit: Probleme der Neidhartüberlieferung. In: Textkonstitution bei mündlicher und bei schriftlicher Überlieferung. Basler Editoren-Kolloquium 19.-22. März 1990. Autor- und werkbezogene Referate. Hg. von Martin Stern u.a. Tübingen 1991 (= Beihefte zu Editio 1), S. 1-6.

MÜLLER, U. 1995　　Ulrich Müller: Der Autor - Produkt und Problem der Überlieferung. Wunsch- und Angstträume eines Mediävisten anläßlich des mittelalterlichen Liedermachers Neidhart. In: INGOLD/ WUNDERLICH (HGG.) 1995, S. 33-53.

NELLMANN 1984	Eberhard Nellmann: Zeizenmûre im Nibelungenlied und in der Neidhart-Tradition. Mit einer Edition des Faßschwankes nach Hs. B. In: Festschrift Siegfried Grosse. Hg. von W. Besch. Göppingen 1984, S. 401-425.
OBERMAYER 1983	Susanne Obermayer: Zur Neidhart-Rezeption im Spätmittelalter. In: BIRKHAN (HG.) 1983. S. 129-148.
OPPITZ 1993	Michael Oppitz: Notwendige Beziehungen. Abriß der strukturalen Anthropologie. Frankfurt am Main 1993.
ORTMANN ET AL. 1976	Christa Ortmann, Hedda Ragotzky, Christelrose Rischer: Literarisches Handeln als Medium kultureller Selbstdeutung am Beispiel von Neidharts Liedern. In: IASL 1 (1976). S. 1-29.
ORTMANN/ RAGOTZKY 1990	Christa Ortmann/Hedda Ragotzky: Minnesang als „Vollzugskunst". Zur spezifischen Struktur literarischen Zeremonialhandelns im Kontext höfischer Repräsentation. In: RAGOTZKY/WEN-ZEL: (HGG.) 1990, S. 227-258.
PEIL 1996	Dietmar Peil: „Wîbes minne ist rehter hort". Die Beziehungen zwischen den Geschlechtern im Spannungsfeld von Minnesang und Spruchdichtung bei Reinmar von Zweter. In: SCHILLING/STROHSCHNEIDER (HGG.) 1996, S. 179-207.
PFISTER 1982	Manfred Pfister: Das Drama. Theorie und Analyse. München 1982.
RAGOTZKY/ WEINMAYER 1979	Hedda Ragotzky, Barbara Weinmayer: Höfischer Roman und soziale Identitätsbildung. Zur soziologischen Deutung des Doppelwegs im ‚Iwein' Hartmanns von Aue. In: CORMEAU (HG.) 1979, S. 211-253.

RASMUSSEN 1993	Ann Marie Rasmussen: Bist du begehrt, so bist du wert. Magische und höfische Mitgift für die Töchter „Die Winsbeckin". Gottfried von Straßburg, Tristan und Isolde, Neidhartsche Gedichte, Mären, Stiefmutter und Tochter, Hans Sachs' ‚Gesprech der mutter'. In: Mütter - Töchter - Frauen. Weiblichkeitsbilder in der Literatur. Hg. von Helga Kraft u. Elke Liebs. Stuttgart, Weimar 1993, S. 7-34.
RASMUSSEN 1997	Ann Marie Rasmussen: Mothers and Daughters in Medieval German Literature. New York 1997.
RÖCKE 1987	Werner Röcke: Die Freude am Bösen. Studien zu einer Poetik des deutschen Schwankromans im Spätmittelalter. München 1987 (= Forschungen zur Geschichte der älteren Deutschen Literatur 6).
RÖCKE 1991	Werner Röcke: Schwanksammlung und Schwankroman. In: Deutsche Literatur. Eine Sozialgeschichte. Bd. 2. Von der Handschrift zum Buchdruck: Spätmittelalter, Reformation, Humanismus. Hg. von Ingrid Bennewitz u. Ulrich Müller. Reinbek 1991, S. 180-195.
RUH 1974/1986	Kurt Ruh: Neidharts Lieder: Eine Beschreibung des Typus (1974). In: BRUNNER (HG.) 1986. S. 251-273.
RUPPRICH 1966	Hans Rupprich: Zwei österreichische Schwankbücher. Die Geschichte des Pfarrers vom Kalenberg. Neidhart Fuchs. In: Sprachkunst und Weltgestaltung. Festschrift für Herbert Seiler. Salzburg u. München1966, S. 299-316.
RUPPRICH 1970	Hans Rupprich: Geschichte der deutschen Literatur von den Anfängen bis zur Gegenwart. Hg. von Helmut de Boor und Richard Newald Bd. 4/1: Die deutsche Literatur vom späten Mittelalter bis zum Barock. München 1970.

SAARY 1983 — Margareta Saary: Das Neidhartgrab zu St. Stephan als Bestandteil der Wiener Neidharttradition. In: BIRKHAN (HG.) 1983. S. 189-214.

SCHANZE 1984 — Frieder Schanze: Der ‚Neithart Fuchs'-Druck von 1537 und sein verschollener Vorgänger. In: Gutenberg Jahrbuch 61 (1984), S. 208-210.

SCHNEIDER 1976 — Jürgen Schneider: Studien zur Thematik und Struktur der Lieder Neidharts. Göppingen 1976 (= Göppinger Arbeiten zur Germanistik 196/197).

SCHNELL 1985 — Rüdiger Schnell: Causa Amoris. Liebeskonzeption und Liebesdarstellung in der mittelalterlichen Literatur. Bern/München 1985.

SCHUMACHER 1960 — Theo Schumacher: Riuwental. In: Beiträge zur Namenforschung 2 (1960), S. 91-95.

SCHULZE 1977/86 — Ursula Schulze: Zur Frage des Realitätsbezugs bei Neidhart. In: BRUNNER (HG.) 1986. S. 274-294. Zuerst in: EBENBAUER ET AL. (HGG.) 1977, S. 197-232.

SCHWEIKLE 1981/86 — Günther Schweikle: Pseudo-Neidharte? (1981). In: BRUNNER 1986. (HG.) S. 334-354. Zuerst in: ZfdPh 100 (1981), S. 86-104.

SCHWEIKLE 1989 — Günther Schweikle: Minnesang. Stuttgart 1989 (= Sammlung Metzler 244).

SCHWEIKLE 1989a — Günther Schweikle: Neidhart. In: GRIMM/MAX (HGG.) 1989, S. 253-263.

SCHWEIKLE 1990 — Günther Schweikle: Neidhart. Stuttgart 1990 (= Sammlung Metzler 253).

SCHWEIKLE 1994 — Günther Schweikle: Dörper oder Bauer. Zum lyrischen Personal im Werk Neidharts. In: ders.: Minnesang in neuer Sicht. Stuttgart/Weimar 1994. S. 417-439.

SILLER 1985	Max Siller: Anmerkungen zu den Neidhart-Spielen. In: ZfdPH 104 (1985), 308-403.
SIMON 1971	Eckehard Simon: The Rustic Muse: Neidhartschwänke in Murals, Stone Carvings and Woodcuts. In: Germanic Review 46 (1971), S. 243-256.
SIMON 1972/86	Neidharte und Neidhartianer. Zur Geschichte eines Liedkorpus. In: BRUNNER (HG.) 1986, S. 196-250. [Zuerst unter dem Titel Neidharte and Neidhartianer. Notes on the History of a Song Corpus in: PBB (Tüb.) 94 (1972), S. 153-197.]
SIMON 1974	Eckehard Simon: Neidhart's Tomb Revisited. In: Seminar 7 (1974), S. 58-69.
SINGER 1920	Singer, Samuel: Neidhart-Studien. Tübingen 1920.
SOEFFNER 1983	Hans-Georg Soeffner: „Typus und Individualität" oder „Typen der Individualität"? - Entdeckungsreisen in das Land, in dem man zuhause ist. In: WENZEL (HG.) 1983, S. 11-44.
SOEFFNER 1992	Hans-Georg Soeffner: Die Ordnung der Rituale. Die Auslegung des Alltags. Bd. 2. Frankfurt/Main 1992.
SPIEGEL 1994	Gabrielle M. Spiegel: Geschichte, Historizität und die soziale Logik von mittelalterlichen Texten. In: Geschichte schreiben in der Postmoderne. Beiträge zur aktuellen Diskussion. Hg. von Christoph Conrad u. Martina Kessel. Stuttgart 1994, S. 161-202.
STACKMANN 1994	Karl Stackmann: Neue Philologie? In: Modernes Mittelalter. Hg. von Joachim Heinzle, S. 398-427.
STEFFENHAGEN 1872	Emil Steffenhagen: Grabschrift auf Neithart Fuchs. In: Germania 17 (1872), S. 40f.

STEMPEL 1972	Wolf-Dieter Stempel: Gibt es Textsorten? In: Textsorten - Differenzierungskriterien aus linguistischer Sicht. Hg. von Elisabeth Gülich u. Wolfgang Raible. Frankfurt am Main 1972. 175-179.
STRASSNER 1978	Erich Straßner: Schwank. Stuttgart 1978 (= Sammlung Metzler, Realien zur Literatur 77).
STROHSCHNEIDER 1988	Peter Strohschneider: Schwank und Schwankzyklus, Weltordnung und Erzählordnung im ‚Pfaffen vom Kalenberg' und im ‚Neithart Fuchs'. In: Kleinere Erzählformen im Mittelalter. Paderborner Colloquium 1987. Hg. von Klaus Grubmüller u.a. Paderborn u.a. 1988 (= Schriften der Universität-Gesamthochschule Paderborn: Reihe Sprach- und Literaturwissenschaft 10), S. 151-171.
STROHSCHNEIDER 1996	Peter Strohschneider: „nu sehent, wie der singet". Vom Hervortreten des Sängers im Minnesang. In: MÜLLER, J.-D. (HG.) 1996, S. 7-30.
TERVOOREN 1993 [EINL.]	Helmut Tervooren: Einleitung. Gattungen und Gattungsentwicklungen in mittelhochdeutscher Lyrik. [= Einleitung zu TERVOOREN (HG.) 1993], S. 11-39.
TERVOOREN 1995	Helmut Tervooren: Flachsdreschen und Birnenessen. Zu Neidharts Winterlied 8: „Wie sol ich die bluomen überwinden". In: ‚bickelwort' und ‚wildiu maere'. Festschrift für Eberhard Nellmann zum 65. Geburtstag. Hg. von Dorothee Lindemann u.a.. Göppingen 1995 (= Göppinger Arbeiten zur Germanistik 618), S. 272-293.
TITZMANN 1971	Michael Titzmann: Die Umstrukturierung des Minnesang-Sprachsystems zum 'offenen' System bei Neidhart. In: DVjS 45 (1971). S. 481-514.

TODOROV 1972	Tzvetan Todorov: Die Suche nach der Erzählung. In: ders.: Poetik der Prosa. Frankfurt am Main 1972, S. 126-145.
TRAVERSE 1997	Elizabeth I. Traverse: Peasants, Seasons and Werltsüeze: Cyclicity in Neidhart's Songs Reexamined. Göppingen 1997 (= Göppinger Arbeiten zur Germanistik 637).
VÖGEL 1997	Erfahrung der Fremde am Hof. Eine Skizze zu Neidharts Liedern unter dem Aspekt ihrer Aufführung. In: Fremdes wahrnehmen - fremdes Wahrnehmen. Studien zur Geschichte und Wahrnehmung und zur Begegnung von Kultur in Mittelalter und früher Neuzeit. Hg. von Wolfgang Harms und C. Stephen Jaeger in Verbindung mit Alexandra Stein. Stuttgart u.a. 1997, S. 167-176.
VOSSKAMP 1992	Wilhelm Voßkamp: Gattung. In: BRACKERT/ STÜCKRATH (HGG.) 1992, S. 253-269.
WACHINGER 1970/86	Die sogenannten Trutzstrophen zu den Liedern Neidharts (1970). In: BRUNNER (HG.) 1986. S. 143-156. Zuerst in: Formen mittelalterlicher Literatur. Festschrift Siegfried Beyschlag. Hg. von O. Werner, O. u. B. Naumann. Göppingen 1970 (= Göppinger Arbeiten zur Germanistik 25), S. 99-108.
WACHINGER 1991	Burkhard Wachinger: Autorschaft und Überlieferung. In: HAUG/WACHINGER (HGG.) 1991, S. 1-28.
WARNING 1979	Rainer Warning: Formen narrativer Identitätskonstitution im Höfischen Roman. In: MARQUART/STIERLE. (HGG.) 1979, S. 553-589.
WARNING 1979a	Rainer Warning: Lyrisches Ich und Öffentlichkeit bei den Trobadors. In: CORMEAU (HG.) 1979, S. 120-159.

WARNING 1983	Rainer Warning: Der inszenierte Diskurs. Bemerkungen zur pragmatischen Relation der Fiktion. In: Funktionen des Fiktiven. Hg. von Dieter Henrich u. Wolfgang Iser. München 1983 (= Poetik und Hermeneutik 10), S. 83-206.
WENZEL, E. 1973	Edith Wenzel: Zur Textkritik und Überlieferungsgeschichte einiger Sommerlieder Neidharts. Göppingen 1973 (= GAG 110).
WENZEL, E. 1997	Edith Wenzel: Ein neuer Fund. Mittelalterliche Wandmalereien in Zürich. In: ZfdPh 116 (1997), S. 417-426.
WENZEL, E. / WENZEL, H. 2000	Edith und Horst Wenzel: Die Handschriften und der Autor - Neidharte oder Neidhart? In: Edition und Interpretation. Festschrift für Helmut Teervooren. Hg. von Johannes Spicker u.a. Stuttgart 2000.
WENZEL, H. 1988	Horst WENZEL: Höfische Repräsentation. Zu den Anfängen der Höflichkeit im Mittelalter. In: Kultur und Alltag. Hg. von Hans-Georg Soeffner. Göttingen 1988 (= Soziale Welt, Sonderband 6), S. 105-120.
WENZEL, H. 1995	Horst Wenzel: Hören und Sehen, Schrift und Bild: Kultur und Gedächtnis im Mittelalter. München 1995.
WENZEL, H. 1983	Horst Wenzel: Neidhart. Der häßliche Sänger. Zur Ich-Darstellung in den Winterliedern 6 und 11. In: WENZEL (HG.) 1983, S. 45-75.
WENZEL, H. 1990	Horst Wenzel: Repräsentation und schöner Schein am Hof und in der höfischen Literatur. in: RAGOTZKY/WENZEL (HGG.) 1990, S. 171-208.
WIESSNER 1924	Edmund Wießner: Kritische Beiträge zur Textgestalt der Lieder Neidharts. In: ZfdA 61 (1924), S. 141-177.

WIESSNER 1936/86	Edmund Wießner: Die Preislieder Neidharts und des Tannhäusers auf Herzog Friedrich II. von Babenberg. In: Brunner (Hg.) 1986, S. 77-93.
WIESSNER 1958	Edmund Wießner: Neidharts Grabdenkmal am Wiener St. Stephansdome. In: Wiener Geschichtsblätter 13 (1958), S. 30-38.
ZIMMERMANN 1980	Manfred Zimmermann: Die Sterzinger Miszellaneen-Handschrift. Kommentierte Edition der deutschen Dichtungen. Innsbruck 1980 (= Innsbrucker Beiträge zur kulturwissenschaft, Germanistische Reihe 8).
ZIMMERMANN 1984	Manfred Zimmermann: Gab es einen Marburger Neithart-Fuchs-Druck von 1562? In: Euphorion 78 (1984), S. 92-94.
ZINGERLE 1888	Oswald Zingerle: Zur Neidhartlegende. In: ZfdA 32 (1888), S. 430-436.

Anhang I

Verzeichnis der Überlieferungsträger

Die folgende Übersicht der Handschriften und frühen Drucke mit Liedern der Neidhart-Tradition orientiert sich an den seit HAUPTs Ausgabe (1858) üblich gewordenen Siglen, ergänzt sie aber um die neu entdeckte Handschriften, wie sie bei SCHWEIKLE (1990, S. 2-19) und HOLZNAGEL (1995, S.662f.) verzeichnet sind.

1 Verzeichnis der Handschriften

Sigle	Name (mit Datierung)	Aufbewahrungsort
A	Kleine Heidelberger Liederhandschrift (um 1300)	Heidelberg, UB, Cpg 357
B	Weingartner Liederhandschrift (um 1300)	Stuttgart, LB, HB XIII 1
C	Große Heidleberger Liederhs. (Codex Manesse, um 1300)	Heidelberg, UB, Cpg 848
C^b	Münchener Neidhart-Fragment (14. Jh.)	München, BSB, Cgm 5249, 26
G	Grieshabersches Fragment (14. Jh.)	Freiburg, UB, Hs. 520
K	Bretschneidersches (auch: Lemberger) Fragment	verschollen
M	Hs. der Carmina Burana (Codex Buranus) (Mitte 13. Jh.)	München, BSB, Clm 4660
MaFr	Maastrichter Neidhart-Fragment (um 1300)	Limburg, Rijksarchiev, Ms. 167 III 11
O	Frankfurter Neidhart-Fragment (Anf. 14. Jh.)	Frankfurt, StUB, Mgo 18

Sigle	Name (mit Datierung)	Aufbewahrungsort
R	Riedegger Hs. (Ende 13. Jh.)	Berlin, SBPK, Mgf 1062
S	St. Pauler Fragment (Anf. 14. Jh.)	St. Paul i. Lavantal/Kärnten, Bibliothekt St. Paul, 10/8
d	Heidelberger Neidhart-Fragment (15. Jh.)	Heidelberg, UB, Cpg 696
e	Liederbuch des Martin Ebenreuter (1530)	Berlin, SBPK, Mgf 488
f	Brentanos Neidhart-Sammlung (2. H. 15. Jh.)	Berlin, SBPK, Mgq 764
fr	Fribourger Neidhart-Eintrag (1. H. 15. Jh.)	Fribourg/Schweiz, Bibl. Cantonale et Universitaire, L 24
h	Liederbuch der Clara Hätzlerin (1470/71)	Prag, Knihovna Národního musea, Cod. X A 12
k	Liederbuch des Jakob Käbitz (1. H. 15. Jh.)	München, BSB, Cgm 811
ko	Kolmarer Liederhs. (1460/70)	München, BSB, Cgm 4997
m	Augsburger Neidhart-Codex (15. Jh.)	München, BSB, Clm 3576
p	Berner Sammelhs. (Mitte 14. Jh.)	Bern, Burgerbibl., Cod. 260
pr	Prager Neidhart-Eintrag (1. H. 15. Jh.)	Prag, Archiv Praz̆veského hradu, M 86
r	Bechsteins Liederbuch	verschollen
st	Stockholmer Neidhart-Fragment (15. Jh.)	Stockholm, Kungliga Biblioteket, V.u 85:2
w	Schratsche Hs. (auch: ‚Liederbuch des Liebhard Eghenvelder') (1457)	Wien, ÖNB, Series nova 3344

2 Verzeichnis der ‚Neithart Fuchs'-Drucke

Die Siglen z, z1 und z2 hat Boueke für die frühen Drucke eingeführt; in Bobertags ‚Neithart Fuchs'-Ausgabe steht dafür A,B und C. (Angaben nach Boueke 1967, S. 44-65.)

Sigle	Name	Aufbewahrungsort
z	Augsburger ‚Neithart Fuchs'(NF)-Druck: s.a.l. et typ. (Augsburg: Johann Schaur, ca. 1491-1497)	(1) Hamburg, SUB, In scrinio 229c (2) Nürnberg, GNM, 8° Inc. 100996 (Fragment)
z1	Nürnberger NF-Druck: Nürnberg: Hans Guldenmundt, 1537	Zwickau, Ratsschulbibliothek, Ms. 30.5.22/1
z2	Frankfurter NF-Druck: Frankfurt/M.: Martin Lechler, 1566	(1) Berlin, SBPK, yg 3851 (2) Nürnberg, GNM, 8° L. 1878f.

Selbstnennungen der Drucke im Titel

z *Hye nach folget gar hüpsche | abentewrige gidicht so gar | kurczweillyg sind zelessen | vnd zesingen die der edel vñ gestreng herrē. Neithart fuchs gepor | en auß meichssen. Rytter der durch- | leüchtigē hochgeporn fürstē vnd herrn | herr Otten vnd friderichen herczogen | zů ôsterreych saligen diener by seinē zeitten gemacht vnd volbracht hatt | mit denn paurenn zů zeichellmaur in österreich vnd ander halbsen:*

z 1 *Hienach volget gar hůbsche abenthewr ge-|dicht/ die gar kůrtzweylig sein zu lesen vnnd zu | singen/ die der edel Neythart Fuchs/ geboren | auß Meychssen Ritter der durchleůchtigen | hochgepornen Fůrsten vñ Herrn herrn Otten| vñ Friderichen Hertzogen zu Osterreich seligen| diener/ bey seinen zeytten gemacht vnnd vol-| bracht hat/ mit den pawern zu Zeyselmawr in | Osterreich vnd allenthalben.*

z 2 *Wunderbarliche gedichte und Historien des Edlen Ritters Neidharts Fuchß/ auß Meissen geboren/ der Durchleuchtigen Hochgeborenen Fürsten und Herren/ Herrn Otten und Friderichen Herzogen zu Osterreich selig Diener/ was er bey seinen zeiten mit den Bawern und anderen mehr vollbracht und gestifftet hat/ sehr kurtzweilig zu lesen und zu singen/ das er wol der ANDER EULENSPIEGEL genannt werden mag.*

ANHANG II

EDITIONS- UND ÜBERLIEFERUNGSKONKORDANZ

Mit der nachfolgenden Überlieferungs- und Editionskonkordanz ist der gesamte unter Neidharts Namen überlieferte (bis heute bekannte) Textbestand verzeichnet. Das zugrundeliegende Ordnungsprinzip ist die *Erreichbarkeit* in den vorhandenen Editionen. Dieses Ordnungsprinzip dient dazu, einerseits die unübersichtliche Editionslage der Neidharte in den Griff zu bekommen, andererseits sich auf die Texte nach einer einheitlichen Zitierkonvention beziehen zu können.

Der Anhang kann dabei nicht mehr als einen Überblick über die bisher in der Neidhart-Philologie behandelten Lieder geben. Für ein exaktes Bild der Überlieferungsverhältnisse sei auf die Apparate der benutzten Editionen sowie die entsprechenden Konkordanzen, insbesondere bei BOUEKE und HOLZNAGEL (1995, S. 550-593), verwiesen. Bei der Erstellung der Übersicht habe ich vor allem auf BOUEKES ‚Tabellarische Übersicht über das in der Neidhart-Ausgabe von Haupt und Wießner nicht berücksichtigte Material' (S. 67-104) zurückgegriffen.

Die Textkonstitution durch die Philologie bietet angesichts der Überlieferungslage einige Probleme, die in Einzelfällen bis hin zur Unsicherheit auf der Ebene der Liedeinheit reicht: Da die Grenzen zwischen mehreren Fassungen eines Liedes und mehreren Liedern genauso wie die zwischen deren Strophen und Strophenteilen im Einzelfall durchaus fließend sind, lassen sich gelegentlich verschiedene Lösungen finden. In den vorangegangenen Untersuchungen habe ich alle Entscheidungen für Einzelfälle gesondert begründet, während im folgenden Überblick in Hinblick auf die vorliegenden Editionen und Transkriptionen nur in zwei Fällen eine andere Lösung als in diesen gewählt wurde:

1. Das von Haupt/Wiessner als „Umbildung" zu SL 15 bezeichnete Lied der Hs. m (HW, S. 196f.) ist hier als eigenständiges Lied (ZB 1) verzeichnet, da die Abweichungen von SL 15 (R 22, c 20 u. 49) so erheblich sind, daß sie meines Ermessens nicht mehr unter den Begriff der Parallelüberlieferung zu pressen sind.

2. Im Fall des Liedbestands der Hs. c folge ich dem Text der Transkription von Ingrid Bennewitz-Behr, aber nicht ihrer von den Ausgaben und Konkordanzen abweichenden Zählweise der Lieder (diese ist in ihrer Transkription in Klammern mit angegeben, so daß sich bei der Benutzung keine

Schwierigkeiten ergeben dürften). Auf diese Weise bleibt die Vergleichbarkeit mit den traditionellen Angaben der Neidhart-Philologie gewährleistet.[1]

Die Konkordanz enthält in der ersten Spalte die Kurzbezeichnungen der Lieder nach den Editionen der ATB-Ausgabe (SL und WL), dem Anhang ‚unechter Lieder' in der Ausgabe Haupts (UL) und den von BOUEKE edierten Texten. Hinzu kommt ein Restbestand (RB), der bereits in den ‚Minnesingern' von der Hagens (HMS) oder im ‚Neidhart-Fuchs' zugänglich war, sowie ein unsicherer Restbestand (URB). Letzterer meint Texte, die nach der überwiegenden Forschungsmeinung Fremdüberlieferungen darstellen, aber aufgrund ihrer Zugehörigkeit zur Hs. c dennoch gelegentlich in der Neidhart-Philologie behandelt werden (= c 66 und c 114). Die letzte Textkategorie besteht aus dem Zusatzbestand (ZB), zu dem ich einmal den in der Hs. m überlieferten Neidhart zähle (ZB 1) sowie den von Bokova/Bok (1984) entdeckten Prager ‚Schneiderschwank' (ZB 2).

Der Spalte mit den Kurzbezeichnungen der Lieder nach den entsprechenden Ausgaben folgen weitere Spalten, welche die Liednummern der wichtigen Ausgaben erhalten (Editionskonkordanz für die Ausgaben Haupts, Beyschlags und von der Hagens) sowie eine Spalte, welche die gesamte Überlieferung der jeweiligen Liedeinheit nennt (Überlieferungskonkordanz).

Das knappes Verzeichnis der Parallelüberlieferung folgt in der Zählweise den in der Minnesangphilologie üblichen Konventionen.[2]

Alle Angaben zum Druck beziehen sich in diesem wie im folgenden Anhang auf die Augsburger Inkunabel (z). Da die Neuausgaben des Drucks (z1, z2), jedoch nahezu textidentisch mit dieser sind, gelten die Angaben auch für diese.[3]

---

[1] Die doppelte Zählweise hat ihren Grund in der Tasache, daß Bennewitz-Behr der originalen Zählung der Hs. folgt, in allen Editionen und Konkordanzen jedoch die von Wilhelm Wackernagel in der ‚Minnesinger'-Ausgabe (HMS) eingeführte Zählweise verwendet wird. Unterschiede ergeben sich dadurch ab c 15 und 16 (üblicherweise als ein Lied gezählt) bis hin zu c 42 (bisher als zwei Lieder gezählt) sowie ab c 128 (bisher als zwei Lieder gezählt). Die Bennewitzsche Zählung unterscheidet sich ab c 16 bis c 41 und ab c 129 jeweils um eine Zahl positiver Differenz von der Wackernagelschen. Vgl. auch HS.-C-TRANSKR., S. IX.

[2] Vgl. hierzu HOLZNAGEL (1995, S. 550), der folgende Zählweisen aufführt: Strophenzählung (für A,B,C, G.K,e,h,k,ko,m,p); Liedzählung mit Angabe der Strophen (R,c,st,w,z); Blattnumerierung mit Angabe der Strophe (Cb) oder Zeilen (S) im diplomatischen Abdruck. z steht in der Konkordanz - wie bei HOLZNAGEL (ebd.) - ebenfalls für alle ‚Neithart-Fuchs'-Drucke.

[3] Zu den Abweichungen der Drucke untereinander vgl. BOUEKE, S. 44-65.

Editions- und Überlieferungskonkordanz der Neidhart-Lieder

Kurzbez.	Haupt	B	HMS	Überlieferung
SL 1	3,1-3,21	70		C 210-212
SL 2	3,22-4,30	63		C 222-226; c 55, 1-7
SL 3	4,31-5,7	69		C 237-239; c 60,1-3
SL 4	5,8-5,37	57		C 245-248; c 56,1-3
SL 5	6,1-6,18	58		C 258-260; c 53,1-3
SL 6	6,19-7,10	62		C 261-265; c 68, 1-6
SL 7	7,11-8,11	65		C 266-271
SL 8	8,12-9,12	64		C 280-284; c 67, 1-5
SL 9	9,13-10,21	16		A 2; R 9,1-8

Editions- und Überlieferungskonkordanz der Neidhart-Lieder

Kurzbez.	Haupt	B	HMS	Überlieferung
SL 10	10,22-11,7	4		R 11, 1-5; c 75, 1-5
SL 11	11,8-13,7	17		R 12, 1-11; C 26-33; c 26, 1-12; M 168a
SL 12	13,8-14,3	18		R 19,1-7; C 217-221; c 27,1-7
SL 13	14,4-15,20	1		R 14, 1-4 u. R 49,1; c 62, 1-8; S (Bl. 2v)
SL 14	15,21-16,37	5		R 15, 1-7; C 146-150; c 21,1-9; f 16, 1-7
SL 15	16,38-18,3	14		R 22,1-9; c 20,1-10 u. c 49, 1-10
SL 16	18,4-19,6	11		R 23, 1-7; c 23, 1-5
SL 17	19,7-20,37	15		R 50,1-7; B 35-41; c 57, 1-7
SL 18	20,38-21,33	12		R 56,1-5; C 276-79; c 71,1-6

Editions- und Überlieferungskonkordanz der Neidhart-Lieder

Kurzbez.	Haupt	B	HMS	Überlieferung
SL 19	21,34-22,37	9		R 25,1-6; c 74,1-5
SL 20	22,38-24,12	6	III, 227 (50)	A 13-18 (Gedrut); R 48,1-9; c 50,1-9
SL 21	24,13-25,13	21		R 51,1-8; C 109-116; c 22,1-9
SL 22	25,14-26,22	3		R 52,1-10; c 25,1-15; C^b 2 u. 3
SL 23	26,23-27,38	10		R 53,1-9; C 100-108; c 28, 1-11; f 13,1-10
SL 24	28,1-28,3	2		R 57,1-7; C 173-181; c 24,1-7
SL 25	28,36-29,26	7		R 58,1-5; c 70, 1-8
SL 26	29,27-31,4	8		R 54,1-7; C 5-9; A 34-38; c 59, 1-8;
SL 27	31,5-32,5	19		R 8, 1-8; c 38,1-15

Editions- und Überlieferungskonkordanz der Neidhart-Lieder

Kurzbez.	Haupt	B	HMS	Überlieferung
SL 28	32,6-33,14	20	III, 225f	R 10,1-7; c 46,1-8
SL 29	33,15-34,18	21		R 55,1-6
SL 30	XI,1-XIII,10	22		R 37,1-4; c 18,1-5; s 39,1-6; G Str. 1
WL 1	35,1-36,17	23		R 35,1-4; d 4, 1-5; z 28, 1-5
WL 2	36,18-38,8	26		R 36,1-7; C 132-138; C^b Bl.1, Str. I; c 115, 1-7; d 6,1-7
WL 3	38,9-39,39	24		R 27, 1-7; C 139-145; c 106, 1-7
WL 4	40,1-41,32	25		R 33, 1-6; C 172; K 1-6; O 5,1-5; c 104,1-7; d 14, 1-7
WL 5	41,33-43,14	31		R 34, 1-3; C (Herr Göli) Str. 18; c 119, 1-6
WL 6	43,15-44,35	32		R 42, 1-7; c 79, 1-7

Editions- und Überlieferungskonkordanz der Neidhart-Lieder

Kurzbez.	Haupt	B	HMS	Überlieferung
WL 7	44,36	28		R 30, 1-7; C 249-254; c 128,1-7
WL 8	46,28-47,39	29		R 31, 1-5; c 82,1-6
WL 9	48,28-47,39	30		R 17, 1-7 u. R 43, 1-6; S Bl. 1, c 96, 1-7
WL 10	49,10-50,36	27		C^b Bl. 1, Str. 5-12; R 16, 1-7; c 98, 1-8
WL 11	50,37-52,20	40		R 28, 1-7; c 86,1-3; d 12,1-8
WL 12	52,21-53,34	36		R 45,1-4
WL 13	53,35-55,18	37		R 3,1-7; A Str. 6-8; S Bl 2, 1-2; c 81, 1-7
WL 14	55,19-57,23	33		R 7,1-7; B 1-11; c 117,1-19; z 23, 1-7
WL 15	57,24-58,24	83		A 4-5; C 240-44; c 109, 1-5

Editions- und Überlieferungskonkordanz der Neidhart-Lieder

Kurzbez.	Haupt	B	HMS	Überlieferung
WL 16	58,25-59,35	38		A 14-17; R 26,1-5; S. Bl. 3; c 108, 1-5
WL 17	61,18-62,33	34		R 32, 1-6; C 94-99; c 97,1-10; z 24, 1-6
WL 18	59,36-61,17	35		R 29, 1-6; c 84,1-7
WL 19	62,34-64,20	46		R 39,1-6; c 105,1-7
WL 20	64,21-65,36	39		R 47,1-5; A 9-10; C^b Bl. 2 Str. 10-13; c 111, 1-7; d 11,1-6
WL 21	65,37-67,6	84		A (Niune 47); C (Rubin v. Rüdiger 4); c 65,1-8
WL 22	67,7-69,24	43		R 5,1-8; A 1; B 23-29; O 2,1-7; c 9,1-8 u. c 10, 1-5
WL 23	69,25-73,23	52		R 24,1-8; B 12-22; O 6, 1-8; c 123, 1-12; d 3,1-12
WL 24	73,24-75,14	41		R 2,1-9; A (Niune) 51-57; Cb Bl. 1, Str. 13-14; c 80, 1-15; d 16,1-7; s 38

Editions- und Überlieferungskonkordanz der Neidhart-Lieder

Kurzbez.	Haupt	B	HMS	Überlieferung
WL 25	75,15-78,10	47		R 1, 1-6; C (Goldast) 3; c 94, 1-7; d 5, 1-7; s 14, 1-7; w 5,1-7
WL 26	78,11-79,35	48		R 4,1-7; C 182-188; c 87, 1-7; d 10, 1-7
WL 27	79,36-82,2	45		R 6,1-7; A 3; C^b Bl. 2 Str. 4-9; O 1-5; c 92,1-10
WL 28	82,3-85,5	55		R 13,1-5; C 11-19; c 88, 1-9
WL 29	85,6-86,30	53		R 18, 1-7; C 117-131; c 113,1-14
WL 30	86,31-89,2	56		R 20,1-7; O 4,1-4; c 90, 1-12
WL 31	89,3-92,10	42		R 21,1-9; A 11-13; C (Goldast); c 85,1-9; d 15, 1-9
WL 32	92,11-95,5	49		R 38,1-7; c 101,1-14
WL 33	97,9-98,39	44		R 41,1-4; c 83,1-7; d 8,1-7

Editions- und Überlieferungskonkordanz der Neidhart-Lieder

Kurzbez.	Haupt	B	HMS	Überlieferung
WL 34	95,6-97,8	54		R 40, 1-9; c 91, 1-11; d 7,1-10
WL 35	99,1-101,19	50		R 44,1-5; C 1-10; c 93, 1-14
WL 36	101,20-102,31	51		R 46,1-5; C (Goldast) Str. 3; c 112, 1-10
WL 37	102,32-103,28	78		c 54,1-5; C 192-194
UL 1	XI,1-XIII,11	22	III, 204-206	R 37,1-4; G Str. 1; c 18,1-5; s 39,1-3;
UL 2	XIV,1-XV,24	67		c 64,1-5; B 42-46; z 30,1-5
UL 3	XVI,1-XVIII,9	79		c 103,1-7; B 47-51; d 9,1-6
UL 4	XVIII,10-XXI,6	87		c 41,1-5; B 52-58; C 6-12; O 13-17
UL 5	XXI,7-XXII,7	89		C 13-14; B 58, C 8; C 13-14; c 42,1-3

Editions- und Überlieferungskonkordanz der Neidhart-Lieder

Kurzbez.	Haupt	B	HMS	Überlieferung
UL 6	XXII,19- XXIV,17	90		B 53; C 15-17; c 42,4-6
UL 7	XXIV,18- XXVII,8	88		B 59-63; C (Göli) 1-5 u. C 19; c 5,1-5
UL 8	XXVII,9- XXX,5	74		B 64-68; G 2-4, 1-5; c 19,1-5; w 8,1-4
UL 9	XXX,6- XXXV,11	61		B 69-77; c 11,1-9; f 3,1-9; z 6,1-9
UL 10	XXXV,12- XXXVII,17	72		B 78-82; c 51,1-5
UL 11	XXXVII,18- XXXVIII,18	73		C 20-22
UL 12	XXXVIII,19 -XL,6	86		C 23-25; C^b 1,2-4; c 126,1-5
UL 13	XL,7- XLIII,24	60		C 189-191; c 3,1-5; z 29,1-5
UL 14	XLIV,1-24	77		C 195-197

Editions- und Überlieferungskonkordanz der Neidhart-Lieder

Kurzbez.	Haupt	B	HMS	Überlieferung
UL 15	XLIV,25-XLV,8	76		C 198-200
UL 16	XLV,9-XLVI,19	75		C 201-205
UL 17	XLVI,20-XLVII,8	66		C 206-209
UL 18	XLVII,9-XLVIII,23	81		C 213-216; c 131,1-4
UL 19	XLVII,24-L,5	82		A 26-27 (Lutold von Seven); C 227-231 u. C 5-6 (Fridr. d. kneht)
UL 20	L,6-25	71		C 232-236; c 52,1-5
UL 21	LI,1-LIII,30	68		C 255-257; c 31,1-7; f 15,1-7
UL 22	LIII,31-LIV,23	80		C 272-275
UL 23	LIV,24-LV,35	85		C 285-287

Editions- und Überlieferungskonkordanz der Neidhart-Lieder

Kurzbez.	Haupt	B	HMS	Überlieferung
UL 24	LVI,1-14	59		C 288-289
Boueke 1			III, 219-221	c 40,1-10; k 1-11; s 17,1-7; w 4,-9
Boueke 2			III, 238-240	c 76, 1-14; d 1, 1-10; f 10, 1-14; z 14,1-15
Boueke 3			III, 293-295	c 132,1-24; f 9, 1-25; G 5-8; w12,1-24; z 10,1-11
Boueke 4			III, 311-313	d 2,1-18; z 33,1-11
Boueke 5				f 2,1-10; s 7, 8-11; st 2,1-5; w 10, 1-10; z 1,1-7
Boueke 6				f 4, 1-19; s 5, 1-17; z 15, 1-18
Boueke 7				G 9; f 17,1-44; w 11, 1-37; z 12, 1-16
Boueke 8				f 18,1-9; s 2, 1-7; z 5,1-5; z 3,1; z 4,1-3

Editions- und Überlieferungskonkordanz der Neidhart-Lieder

Kurzbez.	Haupt	B	HMS	Überlieferung
Boueke 9			III, 798-800	e 1-7; h 1-7 (S. 69-72); ko 1-7; s 16, 1-7; z 31,1-7
Boueke 10				s 10, 1-23
Boueke 11				f 19, 1-11; w 9,1-18
RB 1			III, 185-186	c 1,1-11; f 8,1-11; w 3,1-11; z 13,1-9
RB 2			III, 186-187	c 2,1-5
RB 3			III, 187-188	c 4,1-7
RB 4			III, 188-189	c 6,1-5; z 27,1-5
RB 5			III, 189-190	c 7,1-5; f 12,1-5
RB 6			III, 190-192	c 8,1-7

Editions- und Überlieferungskonkordanz der Neidhart-Lieder

Kurzbez.	Haupt	B	HMS	Überlieferung
RB 7			III, 195-198	c 12,1-11; f 1,1-11; z 11,1-9
RB 8			III, 198-199	c 13,1-17; s 13, 1-4; z 8,1-17
RB 9			III, 199-200	c 14,1-7
RB 10			III, 200-202	c 15,1-2 u. c 15,3-6
RB 11			III, 202-203	c 16, 1-5; s 4, 1-5; z 2,1-4
RB 12			III, 203-204	c 17,1-7; s 15, 1-7
RB 13			III, 211	c 29,1-13; f 14,1-13
RB 14			III, 212	c 30,1-3
RB 15			III, 212-213	c 32,1-5; w 6,1-5

Editions- und Überlieferungskonkordanz der Neidhart-Lieder

Kurzbez.	Haupt	B	HMS	Überlieferung
RB 16			III, 213-214	c 33, 1-11
RB 17			III, 214-215	c 34,1-14; f 6,1-14; s 1,1-12; w 7,1-14; st 1,1-8
RB 18			III, 215-216	c 35,1-11; z 9, 1-17
RB 19			III, 216-217	c 36,1-5
RB 20			III, 217-218	c 37, 1-9
RB 21			III, 219	c 39,1-7; z 32,1-5
RB 22			III, 221-222	c 43,1-9
RB 23			III, 222-224	c 44,1-13
RB 24			III, 224-225	c 45,1-11; s 3, 1-6; w 1, 1-11

Editions- und Überlieferungskonkordanz der Neidhart-Lieder

Kurzbez.	Haupt	B	HMS	Überlieferung
RB 25			III, 226	c 47,1-7
RB 26			III, 226-227	c 48,1-9
RB 27			III, 230	c 58,1-7
RB 28			III, 231-232	c 61,1-6
RB 29			III, 232-233	c 63,1-3
RB 30			III, 235	c 69,1-5
RB 31			III, 236	c 72,1-9
RB 32			III, 237	c 73,1-3
RB 33			III, 240-241	c 77,1-15; f 11,1-15; z 35,1-15

Editions- und Überlieferungskonkordanz der Neidhart-Lieder

Kurzbez.	Haupt	B	HMS	Überlieferung
RB 34			III, 241-243	c 78,1-17; f 5,1-17; z 18,1-15
RB 35			III, 251-253	c 89,1-9
RB 36			III, 259	c 95a, 1-6; s 11, 1-6; z 16a,1-4
RB 37			III, 259-260	c 95b,1-11; s 12, 1-12; z 16b, 1-12
RB 38			III, 262-263	c 99,1-7
RB 39			III, 263-264	c 100,1-8; d 13,1-5; z 19,1-5
RB 40			III, 269-270	c 102,1-5
RB 41			III, 269-270	c 107, 1-9
RB 42			III, 273-275	c 116,1-9

Editions- und Überlieferungskonkordanz der Neidhart-Lieder

Kurzbez.	Haupt	B	HMS	Überlieferung
RB 43			III, 278-279	c 118,1-7
RB 44			III, 280-281	c 120,1-11; z 21,1-11
RB 45			III, 281-283	c 121,1-11
RB 46			III, 283-284	c 122,1-10; f 7,1-10
RB 47			III, 286-288	c 124,1-9; z 34,1-9
RB 48			III, 288-290	c 125,1-13; z 17,1-13
RB 49			III, 290-292	c 127,1-10
RB 50			III, 292	c 129,1-3
RB 51			III, 292-293	c 130, 1-7

Editions- und Überlieferungskonkordanz der Neidhart-Lieder

Kurzbez.	Haupt	B	HMS	Überlieferung
RB 52			III, 299-302	z 7,1-23
RB 53			III, 305-306	z 20,1-5
URB 1			I, 88	c 114,1-3
URB 2			II, 77	c 66 , 1-11
ZB 1	HW, S. 192			m (Bl. 170v)
ZB 2				pr. (Bl. 195r)

Anhang III

Übersicht zum Aufbau des ‚Neithart Fuchs'

Die Übersicht gibt den Aufbau des ‚Neithart Fuchs'-Drucks anhand der Edition Bobertags und der zugrundegelegten Augsburger Inkunabel (= z) aus den 1490er Jahren wieder. Die linke Spalte gibt die Numerierung und Verszählung nach Bobertag an; die mittlere Spalte die Kurzbezeichnung nach Anhang II. Die rechte Spalte bezeichnet den Liedtyp nach einer groben Charakteristik oder nennt den entsprechenden Schwank nach der üblichen Titulierung.

Die Überschriften sind zumeist, wenn auch nicht immer, wie an der Tabelle zu ersehen, auf einen dazugehörigen Holzschnitt bezogen. Die insgesamt 33 Holzschnitte der Augsburger Inkunabel illustrieren das in den Überschriften Gesagte. (Eine Reproduktion der Holzschnite aller Drucke findet sich bei JÖST 1976, S. 288-323.)

Die Blattangaben beziehen sich auf das Hamburger Exemplar des Drucks (Staats- und Universitätsbibliothek Hamburg, in scrinio 229c); auf die Wiedergabe von Zeilenumbrüchen und eine Differenzierung zwischen normalem und Schaft-s (s und ſ) wurde hier verzichtet; Nasalstriche wurden aufgelöst.

z-Nr. (Bobertag) Überschriften u. Bl.	Kurzbezeichnung (vgl. Anhang II)	Liedtyp oder Schwankname
1 (V. 1-122) Hie kaufft Neithart zwů hossen zů Nüernberg vnd gab den leůten regenspurger pfening zelon dz si den kauff machten. da kam d[er] herzog von ôsterreich vnd wolt sechen Was da wår, da gab er jm auch ain pfening zelon. [Bl. 2, mit Holzschnitt]	Boueke 5	Hosenschwank
2 (V. 113-191) Hye fint Neithart denn feiel [Bl. 8f., mit Holzschnitt]	RB 11	Veilchenschwank A
3-5 (V. 192-344) Hye danczt die herczogin vmb den veiel vnd die herczogin hept den hůt auf [Bl. 10, mit Holzschnitt] Hye danczen die pawren vmb den feiel den sy dem Neithart heten gestolen [Bl. 13, mit Holzschnitt] Hie sagt Neithart den edelleüten wie es im ist er gange[n] mit dem feiel [Bl. 16, ohne Holzschnitt]	Boueke 8	Veilchenschwank B
6 (V. 345-462) Hie schenckt Neithart wein vnd ließ pinen vnder die pauren [Bl. 21, mit Holzschnitt]	UL 9	Faßschwank
7 (V. 463-669) Hie hat ain paur hochczeit vnd neithart was die praut [Bl. 26, mit Holzschnitt]	RB 52	Brautschwank
8 (V. 670-822) Hye hôrt Neithart in ains münchs weis die paurn zů Zeiselmaur zepeicht [Bl. 35, mit Holzschnitt]	RB 8	Beichtschwank

z-Nr. (Bobertag) Überschriften u. Bl.	Kurzbezeichnung (vgl. Anhang II)	Liedtyp oder Schwankname
9 (V. 823-924) Hye nach sagt Neithart, wie ain můtter irer tochter die myn erlabet [Bl. 44, mit Holzschnitt]	RB 18	Mutter-Tochter-Dialog (= M-T-Dialog)
10 (V. 925-1039) Hye kam Neithart in kramerß weiß in engelmairs hauß vnd sang von d[er] troy [Bl. 49, mit Holzschnitt]	Boueke 3	Krechsenschwank
11 (V. 1040-1218) Hie lat Neithart die premen vnter die pauren andem dancz [Bl. 57, Holzschnitt auf Bl. 58]	RB 7	Bremsenschwank
12 (V. 1219-1362) Hie fint man, wie neithart vier vnd zwainczig pawren in munchs claidern anlegt vnd si zů herczog otten pracht [Bl. 64, Holzschnitt auf Bl. 65]	Boueke 7	Kuttenschwank
13 (V. 1363-1452) Nun hôrt man wye der engelmair mit den pauren dem neithart schanckten vnd wåndent er wôr des fürsten jôger [Bl. 73, Holzschnitt auf Bl 74]	RB 1	Jägerschwank
14 (V.1453-1662) Hye nach volget wie. Neythartt die paurn bestrich mit der salben vnd sy stuncken dar von. das niemant pei in beleiwen mocht. [Bl. 78, Holzschnitt auf Bl. 79]	Boueke 2	Salbenschwank

z-Nr. (Bobertag) Überschriften u. Bl.	Kurzbezeichnung (vgl. Anhang II)	Liedtyp oder Schwankname
15 (V. 1663-1825) Wie neithart mit ainem korb kam gen zeichselmaur vnd geschnitzet pauren jm korb het. [Bl. 91, mit Holzschnitt]	Boueke 6	Bilderschwank
16a (V. 1826-1879) Hie volget nach ain kurtzwilig lessen, wie ain tôrpel den andern in das mul schlůg das im die zen aüß fielen. [Bl. 99, mit Holzschnitt]	RB 36	Dörperkampf
16b (V. 1880-1984) [ohne Überschrift und Holzschnitt; Textbeginn Bl. 103]	RB 37	Dörperkampf
17 (V. 1985-2114) Hie wurden fierundzwainczig Ersch[lagen] [Bl. 109, mit Holzschnitt]	RB 47	Dörperkampf
18 (V. 2115-2277)	RB 34	Schwank um Neidharts ‚taube' Frau
Hie nach volget wie d[er] herczog von ôsterreich mit dem Neythart ain gancen můt wolt haben daz er sain schône fraw sech vnd wie in Neythart betrog [Bl. 116f., Holzschnitt auf Bl. 116]		
19 (V. 2278-2317)	RB 39	WL, Dörperbeschreibung
Hie sagt Naiethart von vier fraidigen pauren, ainer hieß urlug der ander weterkrancz vnd rôczel vnd elchenpold. [Bl. 124, Holzschnitt auf Bl. 125]		

z-Nr. (Bobertag) Überschriften u. Bl.	Kurzbezeichnung (vgl. Anhang II)	Liedtyp oder Schwankname
20 (V. 2318-2391) RB 53 Hie nach sagt Neythart von dem hofertigosten tôrpel den er ye gesehen hat [Bl. 128, ohne Holzschnitt]		WL, Dörperbeschr.
21 (V. 2392-2514) RB 44 Hye sagt neithart wie die paur[en] an ain ander schlůgen vnd windel gôß sei[n] hand an der haut hieng [Bl. 131, mit Holzschnitt]		WL, Dörperkampf
22 (V. 2515-2682) RB 23 Hye nach sagt Neithart von der toerpel streitt. [Bl. 137, Holzschnitt auf Bl. 138]		WL, Dörperkampf
23 (V. 2683-2779) WL 14 Hie sagt Neythart wie die pauren anainander schlůgen vnd ain tochter iren vater patt zeschaiden [Bl. 145, Holzschnitt auf Bl. 146]		WL
24 (V. 2780-2845) WL 17 Hie sagt Neythart von einem tôrpel von rewen tall [Bl. 148c, ohne Holzschnitt]		WL
25 (V. 2846-3014) Hie sagt Neythart wie er mit seiner schônen frawen gen pareyß kam und ir zewen schůch frimbt [Bl. 150, mit Holzschnitt]		Oswald v. Wolkenstein, Lied 21 (Klein)
26 (V. 3015-3038) Hie nach volget wie Neythart by ainer schônenn graßerin in der kastein badet [Bl. 156, Holzschnitt auf Bl. 57]		Oswald v. Wolkenstein, Lied 26 (Klein)

z-Nr. (Bobertag) Überschriften u. Bl.	Kurzbezeichnung (vgl. Anhang II)	Liedtyp oder Schwankname
27 (V. 3039-3098) Hye nach sagt Neythart von der pauren fechten [Bl. 158, Holzschnitt auf Bl. 159]	RB 4	Dörperstreit
28 (V. 3099-3153) Hye sagt neithart wie die tôchter tanczen vnd die pauren vechten [Bl. 162, ohne Holzschnitt]	WL 1	WL
29 (V. 3154-3237) Hie nach sagt Neythart wie die pauren den pal mit den diernen werffenn [Bl. 164, Holzschnitt auf Bl. 165]	UL 13	Mischtyp WL/SL, Ballspiellied
30 (V. 3238-3282) Hie nach sagt Nyethart wie ain tochter mit irer mûter kreiget vnd wolt ye pûlschafft pflegen [Bl. 168, Holzschnitt auf Bl. 169]	UL 2	SL, M-T-Dialog
31 (V. 3283-3491) Hye nach volgett des Neytharcz gfreß [Bl. 171, Holzschnitt auf Bl. 172]	Boueke 9	Neidharts Gefräß (Schlemmerlied)
32 (V. 3492-3526) Hie sagt Neythart, wie ain tochter ir mûter bat dz si ir ain man geb ir fud rauch [Bl. 178, mit Holzschnitt]	RB 21	SL, M-T-Dialog
33 (V. 3527-3581) Hie sagt Neytgart von ainem hochfertigem pauren wie er danczet vnd dobet [Bl. 180, ohne Holzschnitt]	Boueke 4	WL, Dörperbeschr.

z-Nr. (Bobertag) Überschriften u. Bl.	Kurzbezeichnung (vgl. Anhang II)	Liedtyp oder Schwankname
34 (V. 3582-3716) Hie nach sagt Neithart wie die von marckfeld vnd die von tulnerheid zů botenprun an ainander schlůgen [Bl. 184, mit Holzschnitt]	RB 47	Dörperkampf
35 (V. 3716-3791) Hye sagt Neythart wie die paurenn an ainander schlůgen [Bl. 192, mit Holzschnitt]	RB 33	Dörperkampf
36 (V. 3792-3879) Hye clagt Neythart dem fürsten wie in sein fraw vnwerd hett von des nachthungers wegen [Bl. 196, Holzschnitt auf Bl. 197]	RB 24	Erzähllied
37 (V. 3880-3942) [Holzschnitt auf Bl. 204, ohne Überschrift]		Epilog

Lagenfüllung (nicht ediert)
Hie nach stat von fraw erenn wie sy den richter von der welt lauff sagt
[Bl. 207, mit Holzschnitt]

MIKROKOSMOS

Beiträge zur Literaturwissenschaft und Bedeutungsforschung

Herausgegeben von Wolfgang Harms und Peter Strohschneider

Band 1 Andreas Wang: Der 'Miles Christianus' im 16. und 17. Jahrhundert und seine mittelalterliche Tradition. Ein Beitrag zum Verhältnis von sprachlicher und graphischer Bildlichkeit. 1975.

Band 2 Hans-Henning Rausch: Methoden und Bedeutung naturkundlicher Rezeption und Kompilation im 'Jüngeren Titurel'. 1977.

Band 3 Sara Stebbins: Studien zur Tradition und Rezeption der Bildlichkeit in der 'Eneide' Heinrichs von Veldeke. 1977.

Band 4 Michael Schilling: Imagines Mundi. Metaphorische Darstellungen der Welt in der Emblematik. 1979.

Band 5 Dennis Howard Green und Leslie Peter Johnson: Approaches to Wolfram von Eschenbach. 1978.

Band 6 Fred Wagner: Rudolf Borchardt and the Middle Ages. Translation, Anthology and Nationalism. 1981.

Band 7 Wolfgang Harms/Heimo Reinitzer (Hrsg.): Natura loquax. Naturkunde und allegorische Naturdeutung vom Mittelalter bis zur frühen Neuzeit. 1981.

Band 8 Sara Stebbins: Maxima in minimis. Zum Empirie- und Autoritätsverständnis in der physikotheologischen Literatur der Frühaufklärung. 1980.

Band 9 Marianne Wynn: Wolfram's 'Parzival': On the Genesis of its Poetry. 1984 2nd, revised edition. 2001.

Band 10 Waltraud Timmermann: Studien zur allegorischen Bildlichkeit in den Parabolae Bernhards von Clairvaux mit der Erstedition einer mittelniederdeutschen Übersetzung der Parabolae 'Vom Geistlichen Streit' und 'Vom Streit der vier Töchter Gottes'. 1982.

Band 11 Ruth Kastner: Geistlicher Rauffhandel. Illustrierte Flugblätter zum Reformationsjubiläum 1617 in ihrem historischen und publizistischen Kontext. 1982.

Band 12 Peter Frenz: Studien zu traditionellen Elementen des Geschichtsdenkens und der Bildlichkeit im Werk Johann Gottfried Herders. 1983.

Band 13 Katharina Wallmann: Minnebedingtes Schweigen in Minnesang, Lied und Minnerede des 12. bis 16. Jahrhunderts. 1985.

Band 14 Peter Strohschneider: Ritterromantische Versepik im ausgehenden Mittelalter. Studien zu einer funktionsgeschichtlichen Textinterpretation der 'Mörin' Hermanns von Sachsenheim sowie zu Ulrich Fuetrers 'Persibein' und Maximilians I. 'Teuerdank'. 1986.

Band 15 Norbert Bachleitner: Form und Funktion der Verseinlagen bei Abraham a Sancta Clara. 1985.

Band 16 Dietmar Peil: Der Streit der Glieder mit dem Magen. Studien zur Überlieferungs- und Deutungsgeschichte der Fabel des Menenius Agrippa von der Antike bis ins 20. Jahrhundert. 1985.

Band 17 Sonia Brough: The Goths and the Concept of Gothic in Germany from 1500 to 1750. Culture, Language and Architecture. 1985.

Band 18 Barbara Bauer: Jesuitische 'ars rhetorica' im Zeitalter der Glaubenskämpfe. 1986.

Band 19 Gabriele Hooffacker: Avaritia radix omnium malorum. Barocke Bildlichkeit um Geld und Eigennutz in Flugschriften, Flugblättern und benachbarter Literatur der Kipper- und Wipperzeit (1620-1625). 1988.

Band 20 Eva-Maria Bangerter-Schmid: Erbauliche illustrierte Flugblätter aus den Jahren 1570-1670. 1986.

Band 21 Albrecht Juergens: 'Wilhelm von Österreich'. Johanns von Würzburg 'Historia Poetica' von 1314 und die Aufgabenstellungen einer narrativen Fürstenlehre. 1990.

Band 22 Maria Magdalena Witte: Elias und Henoch als Exempel, typologische Figuren und apokalyptische Zeugen. Zu Verbindungen von Literatur und Theologie im Mittelalter. 1987.

Band 23 Felix Leibrock: Aufklärung und Mittelalter. Bodmer, Gottsched und die mittelalterliche deutsche Literatur. 1988.

Band 24 Herfried Vögel: Naturkundliches im 'Reinfried von Braunschweig'. Zur Funktion naturkundlicher Kenntnisse in deutscher Erzähldichtung des Mittelalters. 1990.

Band 25 Renate Haftlmeier-Seiffert: Bauerndarstellungen auf deutschen illustrierten Flugblättern des 17. Jahrhunderts. 1991.

Band 26 Otto Neudeck: Continuum historiale. Zur Synthese von tradierter Geschichtsauffassung und Gegenwartserfahrung im 'Reinfried von Braunschweig'. 1989.

Band 27 Reinhard Hahn: 'Von frantzosischer zungen in teütsch'. Das literarische Leben am Innsbrucker Hof des späteren 15. Jahrhundert und der Prosaroman 'Pontus und Sidonia (A)'. 1990.

Band 28 Jörg Krämer: Johann Beers Romane. Poetologie, immanente Poetik und Rezeption 'niederer' Texte im späten 17. Jahrhundert. 1991.

Band 29 Silvia Serena Tschopp: Heilsgeschichtliche Deutungsmuster in der Publizistik des Dreißigjährigen Krieges. Pro- und antischwedische Propaganda in Deutschland 1628 bis 1635. 1991.

Band 30 Jörg Platiel: Mythos und Mysterium. Die Rezeption des Mittelalters im Werk Gerhart Hauptmanns. 1993.

Band 31 Alexandra Stein: 'wort unde werc'. Studien zum narrativen Diskurs im 'Parzival' Wolframs von Eschenbach. 1993.

Band 32 Gabriele Dorothea Rödter: Via piae animae. Grundlagenuntersuchung zur emblematischen Verknüpfung von Bild und Wort in den "Pia desideria" (1624) des Herman Hugo S.J. (1588-1629). 1992.

Band 33 Bernd Bastert: Der Münchner Hof und Fuetrers 'Buch der Abenteuer'. Literarische Kontinuität im Spätmittelalter. 1993.

Band 34 Bernhard Jahn: Raumkonzepte in der Frühen Neuzeit. Zur Konstruktion von Wirklichkeit in Pilgerberichten, Amerikareisebeschreibungen und Prosaerzählungen. 1993.

Band 35 Ulrike Dorothea Hänisch: 'Confessio Augustana triumphans'. Funktionen der Publizistik zum Confessio Augustana-Jubiläum 1630. (Zeitung, Flugblatt, Flugschrift). 1993.

Band 36 Ulrike Draesner: Wege durch erzählte Welten. Intertextuelle Verweise als Mittel der Bedeutungskonstitution in Wolframs 'Parzival'. 1993.

Band 37 Eberhard Haufe: Die Behandlung der antiken Mythologie in den Textbüchern der Hamburger Oper 1678-1738. Herausgegeben von Hendrik Birus und Wolfgang Harms. 1994.

Band 38 Sabine Mödersheim: 'Domini Doctrina Coronat': Die geistliche Emblematik Daniel Cramers (1568-1637). 1994.

Band 39 Franz-Heinrich Beyer: Eigenart und Wirkung des reformatorisch-polemischen Flugblatts im Zusammenhang der Publizistik der Reformationszeit. 1994.

Band 40 Regina Pingel: Ritterliche Werte zwischen Tradition und Transformation. Zur veränderten Konzeption von Artusheld und Artushof in Strickers 'Daniel von dem Blühenden Tal'. 1994.

Band 41 Beate Kellner: Grimms Mythen. Studien zum Mythosbegriff und seiner Anwendung in Jacob Grimms 'Deutscher Mythologie'. 1994.

Band 42 Michèle Remakel: Rittertum zwischen Minne und Gral. Untersuchungen zum mittelhochdeutschen 'Prosa-Lancelot'. 1995.

Band 43 Mara Nottelmann-Feil: Ludwig Tiecks Rezeption der Antike. Literarische Kritik und Reflexion griechischer und römischer Dichtung im theoretischen und poetischen Werk Tiecks. 1996.

Band 44 Stephan Maksymiuk: The Court Magician in Medieval German Romance. 1996.

Band 45 Christoph Alexander Kleppel: *vremder bluomen underscheit*. Erzählen von Fremdem in Wolframs 'Willehalm'. 1996.

Band 46 Susanne Rikl: Erzählen im Kontext von Affekt und Ratio. Studien zu Konrads von Würzburg 'Partonopier und Meliûr'. 1996.

Band 47 Ludger Lieb: Erzählen an den Grenzen der Fabel. Studien zum 'Esopus' des Burkard Waldis. 1996.

Band 48 László Jónácsik: Poetik und Liebe. Studien zum liebeslyrischen Paradigmenwechsel, zur Petrarca- und zur Petrarkismus-Rezeption im 'Raaber Liederbuch'. Zugleich ein Beitrag zur Geschichte protestantischer »Renaissancelyrik« in Österreich. 1998.

Band 49 Monika Bopp: Die 'Tannengesellschaft': Studien zu einer Straßburger Sprachgesellschaft von 1633 bis um 1670. Johann Matthias Schneuber und Jesaias Rompler von Löwenhalt in ihrem literarischen Umfeld. 1998.

Band 50 Wolfgang Harms/Michael Schilling (Hrsg.): Das illustrierte Flugblatt in der Kultur der Frühen Neuzeit. Wolfenbütteler Arbeitsgespräch 1997. 1998.

Band 51 Michael Waltenberger: Das große Herz der Erzählung. Studien zu Narration und Interdiskursivität im 'Prosa-Lancelot'. 1999.

Band 52 Anja Sommer: 'Die Minneburg'. Beiträge zu einer Funktionsgeschichte der Allegorie im späten Mittelalter. Mit der Erstedition der Prosafassung. 1999.

Band 53 Andreas Daiber: Bekannte Helden in neuen Gewändern? Intertextuelles Erzählen im 'Biterolf und Dietleib' sowie am Beispiel Keies und Gaweins in 'Lanzelet', 'Wigalois' und der 'Crone'. 1999.

Band 54 Brigitte Pfeil: Die 'Vision des Tnugdalus' Albers von Windberg. Literatur- und Frömmigkeitsgeschichte im ausgehenden 12. Jahrhundert. Mit einer Edition der lateinischen 'Visio Tnugdali' aus Clm 22254. 1999.

Band 55 Thomas Gutwald: Schwank und Artushof. Komik unter den Bedingungen höfischer Interaktion in der 'Crône' des Heinrich von dem Türlin. 2000.

Band 56 Christine Mittlmeier: Publizistik im Dienste antijüdischer Polemik. Spätmittelalterliche und frühneuzeitliche Flugschriften und Flugblätter zu Hostienschändungen. 2000.

Band 57 Franziska Wenzel: Situationen höfischer Kommunikation. Studien zu Rudolfs von Ems 'Willehalm von Orlens'. 2000.

Band 58 Christine Bachmann: Wahre vnd eygentliche Bildnus. Situationsbezogene Stilisierungen historischer Personen auf illustrierten Flugblättern zwischen dem Ende des 15. und der Mitte des 17. Jahrhunderts. 2001.

Band 59   Friederike Niemeyer: *Ich, Michel Pehn*. Zum Kunst- und Rollenverständnis des meisterlichen Berufsdichters Michel Beheim. 2001.

Band 60   Reinhard Uhrig: Changing Ideas, Changing Texts. First-Person Novels in the Early Modern Period – *Francion, Courasche* and *Moll Flanders*. 2001.

Band 61   Jörn Bockmann: Translatio Neidhardi. Untersuchungen zur Konstitution der Figurenidentität in der Neidhart-Tradition. 2001.

Annelore Engel-Braunschmidt / Gerhard Fouquet / Wiebke von Hinden / Inken Schmidt (Hrsg.)

Ultima Thule

Bilder des Nordens von der Antike bis zur Gegenwart

Frankfurt/M., Berlin, Bern, Bruxelles, New York, Oxford, Wien, 2001.
212 S., 12 Abb.
Imaginatio borealis. Bilder des Nordens.
Herausgegeben von Thomas Haye. Bd. 1
ISBN 3-631-37091-1 · br. DM 65.–*

„Ultima Thule" – dieser Begriff stand am Beginn der Vorlesungsreihe des Kieler Graduiertenkollegs *Imaginatio Borealis. Perzeption, Rezeption und Konstruktion des Nordens* im Wintersemester 1999/2000. Mit ihm verbinden sich seit alters die Vorstellungen vom Norden, wie sie sich vom antiken Griechenland über den römischen Kulturkreis bis in die Neuzeit weitertrugen und entwickelten. Mit jenen Bildern des Nordens beschäftigen sich die Autoren dieses Bandes. Sie fragen nach der konkreten Ausprägung und den Vorstellungen, die sich für bestimmte Zeiten und bestimmte Menschen mit dem zumeist fremden Norden verbanden. Konstitutiv für Imaginationen in der Antike waren im wesentlichen mythologische Vorstellungen. Diese tradierten Imagines wurden im Laufe der Jahrhunderte durch neue Erfahrungen in Form von Reiseberichten erweitert, so daß ein vielfältiges und komplexes, durchaus ambivalentes Bild dessen entstand, was sich uns heute als Norden im geographischen und metaphorischen Sinn präsentiert – mit all jenen Konnotationen des Nordischen und der Nördlichkeit.

Aus dem Inhalt: L. Käppel: Bilder des Nordens im frühen antiken Griechenland · A. Lund: Die Erfindung Germaniens und die Entdeckung Skandinaviens in Antike und Mittelalter · F. Molina Moreno: Bilder des heiligen Nordens in Antike, Patristik und Mittelalter · O. Mörke: Die Europäisierung des Nordens in der Frühen Neuzeit · L. O. Larsson: Eine andere Antike und die wilde Natur · V. Kapp: Bilder des Nordens in der französischen Literatur der Romantik · S. Göttsch-Elten: Populäre Bilder vom Norden im 19. und 20. Jahrhundert · B. Menke: Polarfahrt als Bibliotheksphänomen und die Polargebiete der Bibliothek · B. Teuber: *Imaginatio borealis* in einer Topographie der Kultur

Frankfurt/M · Berlin · Bern · Bruxelles · New York · Oxford · Wien
Auslieferung: Verlag Peter Lang AG
Jupiterstr. 15, CH-3000 Bern 15
Telefax (004131) 9402131

*inklusive Mehrwertsteuer
Preisänderungen vorbehalten

Homepage http://www.peterlang.de